本报告得到中宣部社科名家自主选题"中国城市发展经济学"、国家自然科学基金面上项目"多中心群网化中国城市新体系的决定机制研究"（71774170）、中国社会科学院国情调研重大项目"房地产调控政策及其效果"（GQZD2020010）、国家自然科学基金面上项目"基于互联网大数据和重复交易法的中国城市住房价格指数编制研究"（71774169）、中国社会科学院哲学社会科学创新工程项目"新型城镇化与房地产发展"和住建部委托项目"中国房地产监测与预警研究"的资助。

统一发展经济学研究系列

中国城市统一发展经济学

中国城市竞争力报告 NO.20

China Urban Unified Development Economics

倪鹏飞　徐海东　曹清峰　郭　靖　等著

特邀主编　侯庆虎　沈建法　林祖嘉　刘成昆

中国社会科学出版社

图书在版编目（CIP）数据

中国城市竞争力报告. NO.20，中国城市统一发展经济学／倪鹏飞等著.
—北京：中国社会科学出版社，2022.12
（中社智库年度报告）
ISBN 978 - 7 - 5227 - 1190 - 4

Ⅰ.①中…　Ⅱ.①倪…　Ⅲ.①城市—竞争力—研究报告—中国
Ⅳ.①F299.2

中国版本图书馆 CIP 数据核字（2022）第 247706 号

出 版 人	赵剑英	
责任编辑	黄　晗	
责任校对	杜　威　马婷婷　党旺旺	
责任印制	王　超	

出　　　版	中国社会科学出版社	
社　　　址	北京鼓楼西大街甲 158 号	
邮　　　编	100720	
网　　　址	http://www.csspw.cn	
发 行 部	010 - 84083685	
门 市 部	010 - 84029450	
经　　　销	新华书店及其他书店	

印刷装订	北京君升印刷有限公司
版　　次	2022 年 12 月第 1 版
印　　次	2022 年 12 月第 1 次印刷

开　　本	710×1000　1/16
印　　张	37
字　　数	602 千字
定　　价	198.00 元

本书编委会

目　　录

第一章　中国城市统一发展经济学框架

第一节　中国城市发展：精彩的传奇故事[*]

《管子·度地》指出"内为之城，外为之廓"，将用城墙围起来的区域称为"城"。而《周易·系辞》则将"市"阐述为"日中为市，召天下之民，聚会天下货物，各易而退，各得其所"，即太阳天空正中的时刻定为交易时间，召集百姓，聚集货物，按其所需，进行自由交易，各取所需。可以说，城市的诞生孕育了真正的人类文明。5000年来，华夏大地上涌现了无数的都与城。各个城市的发展路径受到朝代的更迭、政治经济发展、领土扩张、社会变化等因素的影响各有千秋，却又万变不离其宗。

"最强城市"——长安。长安是西安的故称，地处关中平原中部，是华夏文明的发源地之一。西周在此兴文修武，制礼作乐，奠定了中华文明的基础；秦横扫六合，建立了大一统的封建帝国，确定了后世2000多年的国家政治框架；西汉王朝"罢黜百家，独尊儒术"，开辟"丝绸之路"，形成了中国历代封建王朝统治的思想基础，成为与罗马并峙东西的泱泱大国；唐朝励精图治，社会开放，创造了辉煌的大唐盛世。彼时"最强城市"长安具有公共资源优势大（交通便捷）、人口资源禀赋高的特点。依托着隋朝运河和发达的陆路交通，长安成为唐代丝

---

* 作者：倪鹏飞，中国社会科学院财经战略研究院，研究员；陈博宇，中国社会科学院大学，博士研究生。

绸之路的起点。在盛唐时期,长安同西域少数民族政权保持着密切联系的同时,与亚欧非的科技文化交流同样密切,成为世界经济、政治、文化的重要汇集点。与世界的经济贸易往来,使得人口的聚集效应逐渐显现,并与经济贸易的繁荣起到相互促进的作用。长安城内人口于盛唐时期达到顶峰,成为世界历史上第一个达到百万人口的大城市。

"最富城市"——开封。地处中原腹地的"八朝古都"开封,迄今已有4100余年的建城史,孕育了上承汉唐、下起明清、影响深远的宋朝文化。作为宋朝的都城,开封(时称"东京")是当时世界第一大城市,《清明上河图》正是北宋时期开封繁荣的见证,真实地记载了北宋时期开封汴河两岸的自然风光和繁荣景象。"天下首府"开封的繁荣离不开商业制度的创新。作为商品和财富的交汇中心,北宋时期开封商业发展极为繁荣,催生了一系列商业制度的创新,并促进了私商的发展。政府同意沿街设立商业设施,城内的坊墙逐渐被拆除,住宅区与商业区逐渐融为一体;"宵禁"制度的取消使商家可以通宵达旦地营业,推动了夜市的诞生,居民也可随时上街参与娱乐活动,城中商业活动热闹非凡。商业的繁华直接发挥了人口聚集效应,史书更以"八荒争凑,万国咸通"来形容开封城的繁荣。

"华夏文明的发源地"——洛阳。洛阳因地处洛水之阳而得名。作为华夏文明的发祥地之一、隋唐大运河的中心城市,洛阳拥有5000多年的文明史、4000多年的城市史,是中国最老的城市之一。位于洛阳盆地东部的二里头遗址被学术界认为是世界上第一座统筹规划的城市。在历史发展的长河中,洛阳城的兴衰与其公共资源变化有着直接联系。水运的兴衰见证洛阳变迁。洛阳深处中原,被多条河流环绕,自古就有"五水绕洛城"之喻。随着隋唐大运河的竣工,洛阳正式成为唐代漕运的交通枢纽中心。然而北宋时期的战乱及政府的经营不善导致漕运难以为继,洛阳的转运中心职能逐渐被弱化,耕种条件日趋恶化。洛阳地处伊洛平原,自古以来植被茂密,雨量富足,土地肥沃,十分适合耕作。先天的自然环境优势是其繁荣的重要原因之一。然而洛阳人口数量飞速增长,耕地需求量日趋增大,土地过度开垦和植被无序砍伐的情况日趋严重,直接导致土地肥力下降,农业生产力下降,粮食产量下降,洛阳的繁荣不再。

"中国运河第一城"——扬州。扬州位于长江中下游，拥有十分优越的地理位置，建城史可上溯至公元前486年。自春秋时期以来，历朝历代统治者均希望充分发挥扬州的空间区位优势，大力发展水路交通，促进经济繁荣发展。经过春秋时期的开邗沟、汉代的开盐河（通扬运河前身），扬州的内陆水路交通优势随着隋唐大运河的竣工而达到了顶峰。凭靠着隋唐大运河和长江中下游的区位优势，凭借着水运之利而富甲一方的扬州成为当时中国经济最为繁荣的都城之一。唐代时，随着中国古代大航海时代的开启，作为南北交通枢纽的扬州日趋繁华，与广州、泉州、交州并称为"东方四大商港"，东至日本、西抵西亚、南通南洋，是东方重要的国际港口之一。到了清代，扬州更是凭借其空间区位优势被指定为两淮地区的官盐营运中心，一时间风光无两，成为乾隆皇帝口中的"广陵风物久繁华"。

"千年瓷都"——景德镇。景德镇地处黄山、怀玉山余脉与鄱阳湖平原过渡地带，素有"瓷都"之名。作为景德镇的立城之本，景德镇的瓷器商品和制陶技艺早在公元10世纪就开始向朝鲜、日本和欧洲等地区传播。在景德镇走向世界的过程中，制陶工匠的聚集（人力资本）、昌南的优秀土质（物质资本）和高超的制陶工艺（科学技术）起到了决定性的作用。在宋代，宋真宗便将各地制陶名匠迁至景德镇。到了元代，忽必烈在景德镇设置浮梁瓷局，逐渐形成人才聚集效应。景德镇周边瓷土矿藏丰富，瓷土优良，松柴（古代烧窑所需的燃料）充足，为制瓷业的发展打下了坚实基础。随着制瓷工匠的聚集，各个流派的制瓷工艺也得到了充分交流，制瓷工艺得到了高速发展，斗彩浮雕金、四朝三釉等技艺冠绝全球，制瓷工艺水平也处于世界绝对领先地位。

改革开放以来，中国城市集体崛起，创造了人类城市史上的奇迹，留下了生动精彩的传奇故事，形成了与众不同的发展轨迹，积累了别具一格的宝贵经验。

一　政府竞争是中国城市高速发展的重要推动者

中国城市快速发展的推动主体，不仅有各类企业、城乡家庭，还有各级政府尤其是城市政府。

经过40多年的改革开放探索，"更好地发挥政府作用、推动有效市场和有为政府结合"已经成为中国城市的发展共识。在诸多城市中，合肥"时时处处找准政府位置，从始至终坚守科创经济"，不断加快经济增长和转型。一方面，始终坚持发展实体经济，通过科技推动从制造到创造的不断转型。另一方面，在不同领域、不同时期，找准政府自身的定位，用股权制的思维处理和优化政府与市场的关系，释放了最大化的市场和政府合力。

家庭既是物质和知识产品的消费者，是人口和人力资本的生产及投资者，也是劳动和人力资本的供给者。多样化消费与投资平衡不仅促进家庭而且促进城市的健康可持续发展。近20年，长沙始终坚持"房住不炒"的定位，一方面让利于民，拒绝炒卖土地，加大住房覆盖面；另一方面，完善长效机制，加强市场监管。从而使房价地价保持在合理水平，微观上促进了家庭合理支出，宏观上保障了住房与产业（制造业服务业）及民生的良性互动，促进了家庭和城市的均衡与可持续发展。截至2019年，长沙连续13年被评为"中国最具幸福感城市"。

企业是物质财富和知识财富创造的组织者。20余年来，长春把"强化龙头企业带动，聚力实体经济升级"作为经济发展的主线，顺应市场经济发展规律，强化中国一汽集团、中车长客等龙头企业的作用，突出发展以制造业为主体的实体经济，发挥中科院、吉林大学等机构科技创新优势促进产业升级，全面强化城市发展和产业发展的韧性，助力产业结构升级和区域经济高质量发展。

40多年来中国民营企业从无到有、从小到大、从弱到强，成为中国城市崛起的重要力量。杭州"弘扬民营经济传统，塑造宜居宜商环境"，将民营经济作为立市之本、经济发展之魂，引导与服务并重，创造了一流的营商环境。良好的营商环境不仅为企业创造安心谋发展的便利条件和市场环境，助力企业破解发展难题，也吸引更多人才汇聚，充分激发民营企业创造活力。杭州连续19年成为中国民营企业500强上榜企业数排名全国第一的城市。

二　制度转型对中国城市经济高速发展起决定作用

要素是驱动经济发展的能力因素，改革开放后，中国城市蕴藏的存量要素即土地、剩余劳动力得以释放，外部要素即资金、技术、管理迅速流入，增量要素即人力资本等迅速积累，进而形成驱动中国城市经济快速发展的巨大动能。中国城市创造了许多释放、吸引和培育这些动能的成功经验。

物质和金融资本是城市经济发展的基础要素。过去四十多年，资本积累和人才流入支撑了中国城市经济持续高速地增长。香港"汇聚全球资本，服务国家战略"，充分发挥"一国两制"的优势和地处亚太地理中心的区位优势，找准"国家所需、香港所长"的结合点，适应国家战略需要，打造自由开放透明的营商环境，吸引全球高端金融资源，汇聚全球资本，既促进了内地城市经济发展，又极大提升和巩固了香港国际金融中心的地位。

人力资本既是中国城市成功崛起的关键因素，也是中国城市快速发展的重要标志。政府、家庭与企业高度重视人力资本投资是中国城市成功最重要的经验。武汉"优质教育驱动精尖科研，精尖科研驱动科技产业"，以教育资源优势为依托，依靠人才优势，以产学研结合推动科技和产业发展，从而实现人才、科技、经济的良性循环和共赢，强化了武汉国家中心城市的地位，提升了武汉的城市竞争力和吸引力。

科学技术是城市经济发展的核心动能，中国城市高速发展在很大程度上得益于国内外先进科学技术在产业上的广泛应用和先进技术产业的扩散。北京"培育科创高精尖，融合科创产学研"，基于首都的功能定位和优势资源，打造一流宜居环境，吸引全球顶尖资源，以市场化机制和政府型平台，融合产学研环节，发展高精尖科创经济，建设国际科技中心，有力支撑了首都经济高速增长和不断转型升级。

制度通过决定经济主体的预期收益影响经济发展的内在动力。"一国两制"是党领导人民实现祖国和平统一的一项重要制度，是中国特色社会主义的一个伟大创举。澳门自回归以来，始终充分发挥"一国两制"优势，积极融入国家发展大局，扩展了澳门的外部市场和要素资源；积极完备法制，形成了以宪法和澳门基本法为核心、具有自身特色的法律体系。澳门的成熟市场、中央的大力支持及内地的合作形成合力，从而使得"一国"与"两制"相互支撑共赢，确保了澳门持续繁荣和稳定，彰显了"一国两制"的巨大优势。

城市文化通过塑造经济主体的意愿偏好影响城市经济发展的内在动

力。中国传统商业文化中的许多精华与现代商业文化十分契合，而成都不仅在传统商业文化中较全面地具有现代文化的气质，而且较好地将传统商业文化转型为现代的商业和创新文化。成都"弘扬传统商业精神，激发主体内生动力"，传承从古至今的消费与生产平衡的文化，嫁接古代工作与休闲文化为现代的创新文化，发展古代盆地外向文化为现代的国际化文化，弘扬古代重文为现代商业化文化，不仅激发了市场主体促进城市经济发展的内生动力，而且较好地满足了人民对美好生活的需要。

公共产品既是经济发展的基本条件，也是人民美好生活的目标内容。厦门通过"高端设施与服务同建，优质生活与工作共赢"，实现了发展手段和发展目标的双优统一。基于经济、地理、生态等的海岛优势，厦门致力打造高端城市基础设施和公共服务，营造优质的生活和工作（就业及创业）环境，满足了当地高质量的生活和工作需求，同时吸引了高端企业产业、人才和要素由此加快了厦门经济社会的发展。

生态环境也是重要的公共产品之一。过去40多年，中国城市也经历了"宁要金山银山，不要绿水青山"到"既要金山银山，也要绿水青山""绿水青山就是金山银山"的理念和实践的重大转变。青岛"打破先污染后治理常规，保持生态与发展双赢"，以强烈的环境保护意识不断强化城市生态环境优势，以生态环境优化促进经济增长和社会发展，以"走在前"的担当和勇气推进生态环境领域先行先试，从而实现了"环境一直好，经济一直强"的良性循环。

三 全球分工是中国城市崛起的重要法宝

生产、交换与服务是城市经济发展和财富创造的具体内容和主要活动。过去40多年，以经济建设为中心，中国城市创造了产业发展的奇迹，也积累了宝贵的经验。

在生产方面，广州"顺应城市发展规律，促进产业持续升级"。20年来，广州始终顺应城市与产业发展规律，立足城市历史文化底蕴和阶段演进特征，适应国内外新形势新要求，着眼于理顺产业与经济社会关系、产业与产业关系、产业与空间关系、政府与市场关系，不断调整优化现代产业体系发展目标思路，政府与市场合力促进产业升级。实施现代服务业、先进制造业和战略性新兴产业"三轮"驱动。促进数字经济与实体经济深度融合发展。强化都市圈产业链合作共建与协同布局，推动经济动能转换和高质量发展。

在交换方面，义乌"降低聚散交易费用，成就商品世界中心"。改革开放以来，义乌弘扬历史传统，通过降低学习成本、信用成本、空间成本、协调成本，不断发展报酬递增长的规模经济，不断扩大小商品市场规模，市场从地方走向全国和走向世界，发展为世界商品交易中心。

在服务方面，西安以"文旅带动全局发展，多方围绕文旅服务"。40多年来，西安充分利用文旅资源优势，始终坚持将文化旅游作为战略突破口、重点和主引擎，推动文化旅游与城市建设、产业升级和城市建设协同发展。通过文旅倒逼城市建设、改善营商环境、集聚高端要素，西安逐步驶入加速发展的快车道。

创新、学习和重复是城市经济发展和财富创造的一般内容和关键活动。过去40多年，大规模的学习，以及在此基础上的模仿创新和自主创新，是中国城市低成本高速发展的重要法宝。

在学习方面，天津"向全球学习兼顾全国学习，政府学习带动社会学习"。天津通过"走出去"和"引进来"、"干中学"和"学中学"、合作中学与竞争中学、对标对表和博采众长、政府示范和制度激励等学习途径和方法，不仅成为全国领先的学习型城市，而且迅速获得了科技、制度文化、管理经验，促进天津快速的发展与转型。

在创新方面，深圳"保持领先倒逼持续创新，开放学习驱动综合创新"。作为改革开放排头兵的深圳，中央要求并支持发展领先和先行先试，深圳内生意愿持续领先倒逼持续创新，以制度创新驱动产业创新和科技创新，以开放学习推动制度创新和产业创新，推动综合创新，实现由"跟跑"向"并跑""领跑"的转变。

竞争与合作是城市经济发展和财富创造的必然选择和重要活动。过去40多年，中国城市与国内外城市的竞争与合作，不仅成就中国城市经济的高速发展，也开拓了人类经济行为的新空间。

作为中国的经济中心，并逐步成为全球重要的中心城市，上海"构筑双循环枢纽和通道,推进三层次的竞争与合作"。自改革开放以来,上海始终致力平台城市的打造,将自身建设成为全球、全国、长三角的重要枢纽和通道。不仅直接参与和引领国际城市、国内区域之间和长三角城市之间的竞争与合作,而且发挥了内部循环、外部循环和内外循环的作用,促进全球、国家和区域经济资源流动和要素配置。激发和提升了经济主体的能动力,有力促进了上海、长三角、中国乃至世界城市的增长与发展。

四 非农聚集是中国城市高速发展根本支撑

经济增长和结构升级最终要落在空间上,在历经几千年农业经济和农村的缓慢发展后,中国开启了城市空间发展的新时代,具体表现为单个城市的快速建立和发展、现代城市体系的形成和演化,以及城市化不断提升和城乡一体化。

在城市发展上,改革开放后,中国在依次经历的小城镇、开发区和新城新区建设中收获了许多经验。在新城新区建设方面,郑州"建设现代高端服务新城,提升国家中心城市功能"。郑州作为中部人口"第一城",需要尽快适应做大人口与产业载体空间和提高国家中心城市能级的需求。郑州通过高起点规划和形象营销,导入高端产业及人口,实现了大规模的土地融资和高标准新区建设。高端产业及人口导入和高标准城市建设,支撑了国家中心城市的高功能提升,也带动了郑州及中原城市群快速发展。

在城市体系上,竞争与合作使得城市之间的关系变得复杂而特别,也使得中国城市体系及其演化各具特色。南京"建设跨省都市圈,打造城市体系典范",积极主动构建跨省城市多级协调机制,助力高质量发展。促进互联互通,共建轨道上的基础设施都市圈。聚力产业集群,打造"链"上都市圈,跨域公共服务共建共享,构建便民生活都市圈。很好地推动了都市圈参与城市经济共同发展和人民福利的共同提升,成为城市跨域融合发展典范。

在城市化上,中国一大批城市在遵循世界一般规律的基础上,创新了具有中国特色的城市化发展经验。作为中国农业转移人口最多的城市,重庆"探索市场城镇化,保障新型城镇化",积极探索户籍、土地、住房和融资制度的改革创新。一方面，让市场化在城镇化中发挥决定性作用，促进劳动力、土地、住房、金融等要素和资产在城乡之间自由流动和转移。另一方面，围绕以人为核心的新型城镇化，使农业转移人口与城镇居民享有同等的城镇基本公共服务和住房保障。不仅创造了具有中国特色的城市化健康发展道路，也促进了重庆经济高速增长和不断转型。

作为东南沿海的县级市，晋江"致力产城人融合发展，打造新型城市化典范"。遵循城市化发展规律，晋江探索和践行了新型城镇化模式。以人口城镇化为核心，从需求和供给两方面促进城市建设和产业发展；以产业非农化为依托，吸引和支持人口城镇化，推动城市建设即空间城镇化；以空间城镇化为载体，支持人口城镇化和产业非农化。同时实现了三者的匹配、同步、互动、协调，从而实现高质量城市化发展。

作为中国东部沿海最强的地级市，苏州几乎在改革、开放和发展的所有方面走在全国前列。这集中反映在它的经济社会发展全域的领先和均衡上，而它的经验却在制度创新上，苏州"放权"全域共同发展，"让利"城乡均衡一体。以经济建设为中心，放权使市县镇竞相争先，弘扬奋勇争先的历史文化，激发全民发展的内在动力，从而共同繁荣。将破除城乡二元结构作为发力重点，让城镇村互利多赢，从而实现一体均衡，推进经济、生态、文化、社会全面发展。

中国城市崛起所创造的散发着浓郁乡土气息的独特而宝贵的经验，不仅对传统的经济学理论提出了挑战，也为经济学的创新提供了最新的素材，不仅为城市发展经济学新突破提供系统性的新灵感，也向城市发展经济学的创新发展提出了实践需求。

第二节　中国城市发展：一个理论研究回顾[*]

一　关于经济发展的研究

古典经济学理论是将发展与增长合二为一，重视物质要素及分工

---

* 作者：倪鹏飞，中国社会科学院财经战略研究院，研究员。

与贸易的作用，强调规模报酬递减，忽视技术的连续性。亚当·斯密（1776）[①] 认为，一方面，资本积累可以使资本存量扩大，与此联系的劳动力数量的扩大；另一方面，市场容量扩大导致分工加深，进而导致劳动效率提高。两者联系在一起，促进经济增长。在贸易促进经济增长上，他提出了绝对优势理论。托马斯·罗伯特·马尔萨斯（1798）[②] 认为，虽然人口增长能够导致经济增长，但是经济增长又导致人口增长，经济增长除了受人口影响，还受到资源约束从而边际递减，所以经济增长短期存在波动，长期处于停滞状态。大卫·李嘉图（1821）[③] 虽然认同斯密的劳动数量增加和资本积累促进经济增长，但是认为土地收益报酬递减导致将导致增长边际递减。在部门和空间选择上，他提出了比较优势理论。阿尔弗雷德·马歇尔（1890）[④] 最早提出增长的外溢思想。认为企业内部规模经济导致行业扩大，行业扩大又产生外部经济，行业扩大可以借助厂商内部经济发挥作用，使企业成本下降，从而产生外部规模经济，促进经济增长。熊彼特（1912）[⑤] 认为创新是经济发展的源泉，企业家是推动经济发展的主体，信用制度是企业家实现创新的经济条件。詹姆斯·穆勒（1821）[⑥] 提出供给创造需求即产品生产本身能创造自己的需求的萨伊定律。斯图亚特·穆勒（1848）[⑦] 认为经济增长受劳动、资本、土地、生产效率、教育水平、所有权制度、分配制度、习俗等多种因素影响。

新古典主义学派分别从需求、供给和结构等方面研究增长与经济发

[①] A. Smith, *An Inquiry into the Nature and Causes of the Wealth of Nations*：*Volume One*，London：printed for W. Strahan；and T. Cadell，1776.

[②] T. R. Malthus，*An Essay on the Principle of Population*，London：J. Johnson in St Paul's Church – yard，1798。

[③] D. Ricardo，*On the Principles of Political Economy*，London：J. Murray，1821.

[④] A. Marshall，"Some Aspects of Competition"，*Journal of the Royal Statistical Society*，Vol. 53，No. 4，1890.

[⑤] J. A. Schumpeter，*Theory of Economic Development*，London：Routledge，1912.

[⑥] J. Mill，"The Article Government：Reprinted from the Supplement to the Encyclopædia Britannica"，*Traveller Office*，1821.

[⑦] J. S. Mill，"Principles of Political Economy with Some of Their Applications"，*Social Philosophy*，1848.

展，大多强调物质的增长。约翰·梅纳德·凯恩斯（1936）① 以有效需求原理为逻辑起点，以就业问题为中心，创立了宏观经济学。他认为社会的就业量取决于有效需求，但由于边际消费倾向递减规律的作用，使得社会总需求中有效需求不足，建议政府通过刺激需求，促进经济增长。哈罗德（1939）②、多马（1946）③ 在凯恩斯短期分析的基础上，提出了动态经济增长和发展理论，强调储蓄或资本形成是经济增长的决定性变量，政府干预不可避免。索洛（1956）④ 认为经济增长的源泉是劳动力的增加、资本投入的增加，以及技术进步引起的两种生产效率的提高。舒尔茨（1960）⑤ 提出，人力资本的积累是社会经济增长的源泉，教育也是使个人收入的社会分配趋于平等的因素。纳克斯（1966）⑥ 贫困恶性循环理论坚持供给创造需求的萨伊法则，认为只要同时平衡地增加各工业部门投资，就会出现市场全面扩大，提高需求弹性，实现从恶性循环摆脱出来的经济增长。

张培刚（1949）⑦ 最早从农业国家工业化的视角，探讨了国家的经济增长与结构转型问题。刘易斯（1956）⑧ 强调物质资本对经济增长的作用，构建了二元经济理论，指出在劳动无限供给的二元经济结构下，产出剩余越多，资本形成越大，农业过剩劳动力转移越快，经济发展越迅速。赫尔希曼（1958）⑨ 不平衡发展理论认为，不同经济部门的"联

① John Maynard Keynes, *The General Theory of Employment, Interest and Money*, Palgrave Macmillan, 1936.

② R. Harrod, "An essay in dynamic theory", *Palgrave Macmillan*, London, 1972. 修改为：②R. F. Harrod, "An Essay in Dynamic Theory", *The Economic Journal*, Vol. 49, No. 193, 1939.

③ E. D. Domar, "Capital Expansion, Rate of Growth, andEmployment", *Econometrica*, *Journal of the Econometric Society*, Vol. 14, No. 2, 1946.

④ R. M. Solow, "A Contribution to the Theory of Economic Growth", *The Quarterly Journal of Economics*, Vol. 70, No. 1, 1956.

⑤ T. W. Schultz, "Capital Formation by Education", *Journal of Political Economy*, Vol. 68, No. 6, 1960.

⑥ R. Nurkse, *Problems of Capital Formation in Underdeveloped Countries*, Oxford University Press, 1966.

⑦ P. K. Chang, *Agriculture and Industrialization*, Harvard University Press, Cambridge, 1949.

⑧ C. I. Lewis, *Mind and the World-Order: Outline of a Theory of Knowledge*, Courier Corporation, 1956.

⑨ A. O. Hirschman, *The Strategy of Economic Dynamic*, New Haven: Yale University, 1958.

系效应"不同，把资源重点投入联系效应较大的部门，会带动其他部门成长起来，获得更快的增长。西蒙·史密斯·库兹涅茨（1959、1966、1971）[①] 的研究发现：发达国家在快速的结构变化中，产业及就业先从农业主要转向工业，再从工业转向服务业；企业从个体及中、小型企业转向全国性或跨国性大公司。后发国家的经济结构变化缓慢，结构因素对经济增长的贡献较小，传统的结构把劳动力大都束缚在传统的农业生产部门，传统的生产技术和生产组织方式又阻碍经济增长。还提出三个倒"U"形曲线：在工业化过程中，随着人均收入的提升，居民收入差距先升后降，第二产业产值比重和劳动力比重先升后降，环境污染程度先升后降。钱纳里（1957）[②] 认为，经济增长与结构升级互相影响，将经济发展分成六个阶段，即传统社会阶段、工业化初期阶段、工业化中期、工业化后期、后工业化社会、现代化社会。尼古拉斯·卡尔多（1961）[③] 基于对 20 世纪经济学对经济增长的研究，提出了六个"典型化事实"，即劳动生产率以稳定的速率不断提高；人均资本以稳定的速率不断增长；实际利率或资本回报率保持稳定；资本产出比保持稳定；资本和劳动在国民收入中的份额保持稳定；在世界上快速发展的各个国家中，增长率存在显著差异，差距达到 2%—5%。

现代经济增长理论普遍强调了知识及其报酬递增的作用。保罗·罗默（1986、1990）[④] 指出知识积累致使技术变革成为经济长期增长的原动力，增强了经济增长的规模递增效应。卢卡斯（1988）[⑤] 认为：人力资本可以形成生产规模的报酬递增效应，是"经济增长的发动机"，拥

① S. S. Kuznets, *La Croissance Économique des Petites Nations*, Presses Universitaires de France, 1959; S. S. Kuznets, *Modern Economic Growth*, Yale University Press, 1966; S. S. Kuznets, Economic Growth of Nations, Total Output and Prodaktions Structure, *Cambridge (Mass)*, 1971.

② H. B. Chenery, "Capital-Labor Substitution in Metalworking Processes", *Memorandum num. C-3, Stanford Project for Quantitative Research in Economic Development*, University of Stanford, 1957.

③ N. Kaldor, *Capital Accumulation and Economic Growth: The Theory of Capital*, Palgrave Macmillan, London, 1961.

④ P. M. Romer, *Increasing Returns, Specialization, and External Economies: Growth as Described by Allyn Young*, Rochester, 1986; P. M. Romer, *Trade, Politics, and Growth in a Small, Less Developed Economy*, Working Paper, University of California, Berkeley, 1990.

⑤ Jr R. E. Lucas, "On the Mechanics of Economic Development", *Journal of Monetary Economics*, Vol. 22, No. 1, 1988.

有大量人力资本的国家会取得持续的较快的经济增长速度。道格拉斯·诺思和罗伯特·托马斯等（1973）[①] 认为，降低交易费用的制度安排及其创新才是经济增长的决定因素，而产权制度的作用最为重要，导致制度变化的诱因和动力是产权的界定与变化，政府通过推行制度上的创新使产权结构更有效率是实现经济增长的有效途径。贝克尔和默菲（1992）[②] 认为，分工主要不是取决于市场，而是取决于将专业化结合起来的协调成本和社会知识水平；分工使经济活动产生规模报酬效应，同时也增加了协调成本；知识积累降低了协调成本，导致分工的不断演进和经济的持续增长；人力资本和技术进步是经济增长的源泉。杨小凯和黄有光（1999）[③] 在斯密的分工、市场和经济增长关系的基础上增加了交易成本的环节，提出了一条清晰的经济增长框架，即分工导致市场交易和熟能生巧，从而导致报酬递增的经济增长。但是协调分工又需要成本，分工的深化取决于交易费用与分工收益的相对比较，但是交易费用又决定于制度，所以制度是经济发展中非常关键的一个因素。这些因素相互决定使经济发展呈现一个自发演进的过程。分工体现创新、规模经济、比较优势、交易费用，创新体现分工，但是分工与创新不完全重合，创新中不只分工，分工是将工序分解，创新是创造新的产品及新的工序，分工也没有体现匹配、共享和多样化的规模经济。林毅夫（2012）[④] 认为，如果一个经济体按照比较优势来发展，资本将不断增加，产业将不断升级。在经济发展的每个阶段，除了有效的市场机制，政府应该在结构转型过程中发挥有为的作用。威廉·鲍莫尔（2002）[⑤] 认为增长背后的推动力是以下三个方面的结合，即企业内部系统化的创新活动、一个创新行业中的所有企业在生产新产品和创建新工艺的过程中都争先恐后地竞争、企业之间在创造和运用创新上的协作。查尔斯·

---

①　D. C. North and R. P. Thomas, *The Rise of the Western World: A New Economic History*, Cambridge University Press, 1973.

②　G. S. Becker and K. M. Murphy, "The Division of Labor, Coordination Costs, and Knowledge", *The Quarterly journal of economics*, Vol. 107, No. 4, 1992.

③　杨小凯、黄有光：《专业化与经济组织》，经济科学出版社1999年版。

④　林毅夫：《新结构经济学》，北京大学出版社2012年版。

⑤　W. J. Baumol, "Entrepreneurship, Innovation and Growth: The David-Goliath Symbiosis", *Journal of Entrepreneurial Finance*, JEF, Vol. 7, No. 1, 2002.

琼斯与保罗·罗默（2010）[①] 提出了六个新卡尔多的典型化事实并试图提出新的分析框架：市场范围的扩大，经济加速增长，现代增长速度的差异，较大的收入和全要素生产率（TFP）差异，工人人均人力资本增加，相对工资的长期稳定；提出必须建立创意、人力资本、人口、制度等相互作用的模型。

统一增长理论尝试从更长时期研究经济增长和转型。卡尔·马克思（1859）[②] 对人类发展做出了统一的理论解释。马克思用生产力和生产关系的互动来解释历史，认为生产力决定生产关系，生产关系的总和构成社会的经济结构即经济基础，经济基础决定在其上的法律和政治等上层建筑以及意识形态，意识形态上层建筑又反作用于经济基础进而作用于生产力。马克思关于人类社会发展和进步规律的论述，实际上也蕴含了他的长期经济发展的理论。华尔特·惠特曼·罗斯托（1960、1971）[③] 结合历史阶段分析法、部门总量分析法、心理因素分析法和制度分析法，提出经济发展依次是传统社会、准备起飞、起飞、成熟、大众消费和超越大众消费六个阶段，认为经济增长是产业结构不断变化从而使得结构效应不断提高的作用结果。加里·斯坦利·贝克尔（1990）[④] 从人力资本积累着手，假定内生的生育率和人力资本报酬递增，构建了一个多重均衡模型。在马尔萨斯均衡状态下，人口增长快的同时是人力资本积累很少，人均产出没有增长，现代发展均衡是人力资本和人均产出都开始增长。但他将工业革命导致马尔萨斯均衡向现代均衡转型归因于幸运的技术变迁而不是内生转型。

尽管西方经济学自斯密以来经历古典经济学、新古典经济学和新增长理论等，建立了庞大而相对完整的学科大厦，但是深入研究发现，还有许多领域和维度没有被涉及，很多事物的性质还没有搞清楚，并且新

---

① C. I. Jones and P. M. Romer, "The New Kaldor Facts: Ideas, Institutions, Population, and Human Capital", *American Economic Journal: Macroeconomics*, Vol. 2, No. 1, 2010.

② 卡尔·马克思：《政治经济学批判》，柏林敦克尔出版社1859年版。

③ W. W. Rostow, "The Problem of Achieving and Maintaining a High Rate of Economic Growth: A Historian's View", *The American Economic Review*, Vol. 50, No. 2, 1960; W. W. Rostow, "The Stages of Economic Development", *Economic History Review*, 1971.

④ G. S. Becker et al., "Human Capital, Fertility, and Economic Growth", *Journal of Political Economy*, Vol. 98, No. 5, 1990.

的事物不断出现。因此，经济学仍有较大的边际贡献的空间。

二 关于中国经济发展的研究

关于改革开放以来中国经济高增长的奇迹，国内外经济学家从不同角度，提出理论假设或分析模型，做出了不同的解释和论述。

德怀特·帕金斯（2006）[①] 认为，中国自 1978 年以后的高速经济增长和结构变化，是以 1978 年之前一个世纪的努力为基石的。

张五常（2009）[②] 认为中国经济转型和经济发展的秘密是中国开放了"县际竞争"。斯蒂格利茨（1999）[③] 从中国经济的强劲增长以及政府和市场力量的相互参合获得灵感，认为不同的经济可能需要不同的制度，强调政府干预市场的必要性；认为中国的很多问题在于"市场（力量）过多，政府（力量）太少"；指出中国通过巨大的国有部门发挥经济杠杆作用，中国经济通过了金融危机的检验。姚洋（2018）[④] 认为三个因素决定了中国在政治经济学方面的成功，即中性的中央政府、地方分权和选贤任能的官员选拔体制。陶然等（2010）[⑤] 认为中国的央地关系和政企关系变化即是政府放权解释经济高速的增长。兰小欢（2021）[⑥] 认为中国政府通过深度介入工业化和城市化的进程，在发展经济的同时逐步推动了市场机制的建立和完善，以一种有别于所谓发达国家经验的方式实现了经济奇迹。

林毅夫等（1999）[⑦] 以诱发性制度变迁理论为框架分析中国的发展战略、经济体制、经济改革和经济发展的关系，从渐进式改革对中国经济奇迹做出了解释。张维迎（2010）[⑧] 强调市场化改革及中国企业家崛

---

① D. H. Perkins, "China's Recent Economic Performance and Future Prospects", *Asian Economic Policy Review*, Vol. 1, No. 1, 2006.

② 张五常：《中国的经济制度》，中信出版社 2009 年版。

③ 斯蒂格利茨：《中国第二步改革战略》，《太平洋学报》1999 年第 1 期。

④ 姚洋：《中国经济成就的政治经济学原因》，《经济与管理研究》2018 年第 1 期。

⑤ 陶然、苏福兵、陆曦、朱昱铭：《经济增长能够带来晋升吗？——对晋升锦标赛理论的逻辑挑战和省级实证重估》，《管理世界》2010 年第 12 期。

⑥ 兰小欢：《置身事内：中国政府与经济发展》，上海人民出版社 2021 年版。

⑦ 林毅夫、蔡昉、李周：《中国的奇迹：发展战略与经济改革》，格致出版社和上海人民出版社 1999 年版。

⑧ 张维迎：《市场的逻辑》，上海人民出版社 2010 年版。

起对中国经济高速增长作出的巨大贡献。周其仁（2010）[①] 认为中国经济的高速增长主要是由产权制度的变革所带来的，是"大幅度地通过改革开放降低了中国经济的制度的成本"的结果。吴敬琏（2012）[②] 认为"市场制度的建立解放了被制度所束缚压制的生产力"是中国经济高速增长的主要原因。金炳椮等（2014）[③] 认为"私有企业，尤其是新兴私有企业，而不是违反其他国家经济共同规律的'奇迹'，决定了中国经济惊人的总体表现。"蔡昉（2012）[④] 认为改革开放是释放人口红利从而促进中国经济增长的关键因素。科斯和王宁（2013）[⑤] 认为承包制、乡镇企业、个体户和经济特区是中国市场经济转型中四个最重要的"边缘力量"，共同促成了中国的"边缘革命"。

詹姆斯·莫里斯（2006）[⑥] 研究发现：2004 年之前 20 年中国超过 10% 以上的经济增长率除了技术进步、劳动增加和资本存量增加，还有制度和城镇化因素。刘鹤（2008）[⑦] 提出中国经济的六个成功因子，即基于反思形成的发展共识、对外开放并加入全球产业分工和市场体系、坚定不移的市场化改革、制度优势及其政治稳定、国家所具备的诸多比较优势、日益加大的文化底蕴支撑。张军（2013）[⑧] 除了强调投资、投资效率、资本形成、劳动生产率提高对中国经济高速增长的作用，还认为分税制改变了地方政府的约束和激励机制，使地方政府的恶性竞争变成为增长而良性竞争，导致中国工业化和资本积累加速，进而中国经济的高速增长。韦森（2015）[⑨] 认为中国经济长期

---

① 周其仁：《制度变迁驱动经济增长》，《新经济导刊》2010 年第 5 期。

② 吴敬琏：《中国的发展方式转型与改革的顶层设计》，《北京师范大学学报》（社会科学版）2012 年第 5 期。

③ 金炳椮、王瑾、许成钢：《私有企业的发展是改革和发展的关键：来自主要转轨经济的企业层面证据》，《经济学报》2014 年第 3 期。

④ 蔡昉：《推进全面配套改革》，《经济理论与经济管理》2012 年第 10 期。

⑤ ［英］罗纳德·哈里·科斯、王宁著：《变革中国：市场经济的中国之路》，徐尧、李哲民译，中信出版社 2013 年版。

⑥ J. A. Mirrlees, *Welfare, Incentives, and Taxation*, Oxford University Press on Demand, 2006.

⑦ 刘鹤：《没有画上句号的增长奇迹——于改革开放三十周年》，载于《中国经济 50 人看三十年》，中国经济出版社 2008 年版。

⑧ 张军：《分税制是对的》，《商周刊》2013 年第 17 期。

⑨ 韦森：《中国经济增长的原因再反思》，《探索与争鸣》2015 年第 1 期。

高速增长的原因有五点，即中国的市场化改革、中国各级政府最大化推动、中国经济与产业融入世界、改革前的经济发展水平起点低、中国人精明的经商精神。

江小涓（2010）[①] 从总需求的角度分析了中国持续 30 多年的高增长，提出大国双引擎增长模式，从大国优势、开放优势、发展阶段优势和体制优势四个方面，分析这种模式的特点和可持续性。蔡昉（2011）[②] 拓展的新古典增长模型，以此解释人口红利对经济增长的作用，"认为人口红利是抚养率比较低而为经济发展创造了有利的人口条件，它放大了资本对经济增长的贡献，提高了劳动力质量，极大地提高了资源配置效率，加速了科技进步。"李扬（2013）[③] 提出中国奇迹之关键之一是创造了有效的动员和分配储蓄的体制机制，而储蓄率的提高归因于中国金融体系在改革之初的爆炸式扩张和对居民、企业和各级政府的正向激励机制，这是中国式渐进改革智慧的结晶。史正富（2013）[④] 提出并使用"三维市场体制"理论框架，分析了竞争性的地方政府和企业之间良性互动，导致中国企业和地方政府超强的投资驱动力和国际市场的超常购买力，致使中国经济在过去 20 多年持续高速增长，创造了超常增长和超低波动的奇迹。刘守英等（2022）[⑤] 认为政府通过独特土地制度安排主导发展权的"以地谋发展"模式，使土地在结构转变和经济增长不同阶段发挥着不同作用，说明土地在中国经济奇迹中具有重要作用。蔡昉（2013）[⑥] 基于一个贯通的经济增长框架，研究中国经济的长期发展问题，他把经济增长划分为马尔萨斯贫困陷阱、刘易斯二元经济发展、刘易斯转折点和新古典增长等几种类型或阶段。同时，把中国经济发展问题嵌入相应的增长类型和阶段，对每个阶段相

---

① 江小涓：《大国双引擎增长模式——中国经济增长中的内需和外需》，《管理世界》2010 年第 6 期。

② 蔡昉：《中国的人口红利还能持续多久》，《经济学动态》2011 年第 6 期。

③ 李扬：《中国经济发展新阶段的金融改革》，《经济学动态》2013 年第 6 期。

④ 史正富：《超常增长：1979—2049 年的中国经济》，上海人民出版社 2013 年版。

⑤ 刘守英、熊雪锋、章永辉、郭贯成：《土地制度与中国发展模式》，《中国工业经济》2022 年第 1 期。

⑥ 蔡昉：《理解中国经济发展的过去、现在和将来——基于一个贯通的增长理论框架》，《经济研究》2013 年第 11 期。

关的重大中国命题进行实证分析。

这些研究是研究中国城市发展的重要的思想来源，但这些研究主要集中在国家宏观层面，而且多数强调其中一个方面，或者简单罗列几个重要方面，没有进行机制性的构建和逻辑自洽。

三　关于城市发展的研究

关于城市、城市化和城市体系的形成与发展，国内外学者已经有许多深入的分析。在城市形态演化上，许多学者[①]认为：从单中心的城市到多中心的大都市区（都市圈），再到城市群（城市密集区）进而大都市带（都市连绵区），最后到城市网络，是城市发展已经和将要经历的过程。

关于城市的形成，色诺芬从分工的角度来研究人口集中和专业技能以及产品开发之间的关系，探讨城市的形成，柏拉图将城市的起源归因于专业化和劳动分工，亚当·斯密（1789）认为城市是由分工所产生的商品交换的市场。马歇尔（1890）[②] 的产业区理论认为，外部规模经济对空间集聚和城市产生起关键作用，指出共享中间产品、劳动力市场和知识外溢的地方化经济，导致企业聚集和人口集聚，进而可能会产生城市。简·雅各布斯（1961）[③] 认为，任何一个人类聚居地，如果善于进行进口替代，就可以发展成为一座城市；任何一座城市如果年复一年地继续进口替代，这个爆炸性的阶段过程会使它保持经济上的领先地位，并不断创造出新的产业。杨小凯（1994）[④] 运用超边际分析方法，使用专业分工、交易成本、市场规模的逻辑，来解释城市的产生和发展，认为城市产生的关键不是非农而是分工交易，减少交易成本使得人们生产与生活集聚进而形成城市。

[①] L. Mumford, *The City in History: Its Origins, its Transformations, and its Prospects*, Houghton Mifflin Harcourt, 1961；方创琳、宋吉涛、张蔷、李铭：《中国城市群结构体系的组成与空间分异格局》，《地理学报》2005 年第 5 期。

[②] A. Marshall, "Some aspects of competition", *Journal of the Royal Statistical Society*, Vol. 53, No. 4, 1890.

[③] J. Jacobs, *The Death and Life of Great American Cities*, Random House, New York, 1961.

[④] 杨小凯：《分工和经济组织：一个新兴古典微观经济学分析框架》，北荷兰出版公司 1994 年版。

关于城市的发展，由 Alonso（1964）[①]、Muth（1971）[②]、Mills
（1967）[③] 创立，经 Wheaton（1974）[④]、Fujita（1989）[⑤] 等发展单中心
城市增长理论，奠定了城市经济学的基础理论，解释了城市空间结构和
空间形态的变化规律。Palivos 和 Wang（1996）[⑥] 建立城市内生最优增
长模型，推导出人口规模不变的经济平行增长路径，同时指出分散决策
经济状态下均衡的人口规模低于最优的人口规模。Fujita 和 Ogawa
（1982）[⑦] 建立一个封闭的多中心模型，刻画了交通成本的变化决定模
型从单一均衡向多重均衡跃迁即单中心向多中心演化，次中心的数量随
着中心人口及内部通勤成本的增加而增加。Louf 和 Barthelemy（2013）[⑧]
提出了一个随机的、非均衡的城市模型，从一般理论和美国实证证明：
交通拥堵引发了单中心系统的不稳定性，城市规模内的次中心数量和总
通勤距离与其人口呈亚线性关系。

关于城市体系形成和发展。杜能（1826）[⑨] 的农业区位论、韦伯（1909）[⑩]
的工业区位论、克里斯培勒（1933）[⑪] 的中心地论、廖什（1940）[⑫] 的市

[①]　W. Alonso, "The Historic and the Structural Theories of Urban Form: Their Implications for Urban Renewal", *Land Economics*, Vol. 40, No. 2, 1964.

[②]　R. F. Muth, "The Derived Demand for Urban Residential Land", *Urban studies*, Vol. 8, No. 3, 1971.

[③]　E. S. Mills, "An Aggregative Model of Resource Allocation in a Metropolitan Area", *The American Economic Review*, Vol. 57, No. 2, 1967.

[④]　W. C. Wheaton, "A Comparative Static Analysis of Urban Spatial Structure", *Journal of Economic Theory*, Vol. 9, No. 2, 1974.

[⑤]　M. Fujita, "Urban Economic Theory", *Cambridge Books*, 1989.

[⑥]　T. Palivos and P. Wang, "Spatial Agglomeration and Endogenous Growth", *Regional Science and Urban Economics*, Vol. 26, No. 6, 1996.

[⑦]　M. Fujita and H. Ogawa, "Multiple Equilibria and Structural Transition of Non-Monocentric Urban Configurations", *Regional Science and Urban Economics*, Vol. 12, No. 2, 1982.

[⑧]　R. Louf and M. Barthelemy, "Modeling the Polycentric Transition of Cities", *Physical review letters*, Vol. 111, No. 19, 2013.

[⑨]　J H. Thünen, "Der Isolierte Staat", *Beziehung auf Landwirtschaft und Nationalökonomie*, 1826.

[⑩]　A. Weber, *The Theory of The Location of Industries*, The University of Chicago Press, Chicago & London, 1909.

[⑪]　W. Christaller, "Die Zentralen Orte in Süddeutschland", *Fischer, Jena*, 1933.

[⑫]　P K. Losch, *Staining of the Dental Structure in Jaundice of the New Born*, J Dent Res, 1940.

场区位论等分别从不同角度分析了城市的空间体系及其变迁。Auerbach（1913）提出[①]、Zipf（1949）[②] 证实城市之间的人口规模存在位序规模帕累托指数为 1 的齐普夫法则，Gabaix（1999）[③]、Benguigui 和 Blumenfeld – Lieberthal（2007）[④] 等从理论上证明齐普夫法则的存在。Henderson（1974）[⑤]、Yang 和 Hogbin（1990）[⑥]、Ioannides（1994）[⑦]、Fujitaa 等（1999）[⑧]、Ramos 等（2015）[⑨]、Behrens 等（2014）[⑩] 将中心地理论思想引入经济一般均衡的框架，论证均衡唯一的城市的等级关系和最优规模体系。

　　关于城市化与城乡关系，基于就业与生活同时转移的假设，刘易斯（1956）[⑪] 等的农村剩余劳动转移模型也即是城市化模型，提出在农村剩余劳动力无限供给的情况下，城市化将经历一个先慢后快再慢的过程；在城市化前期城城乡二元特征越来越明显，而在城市化后期二元经济逐步转化为一元经济。乔根森等（1967）[⑫] 的二元经济理论认为农村剩余劳动力转移的前提条件是农业剩余，而农业总产出决定

① F. Auerbach, "Das gesetz der bevölkerungskonzentration", *Petermanns Geographische Mitteilungen*, Vol. 59, 1913.

② G. K. Zipf, *Human Behavior and the Principle of Least Effort*, Addison-Wesley Press, 1949.

③ X. Gabaix, "Zipf's Law for Cities: an Explanation", *The Quarterly Journal of Economics*, Vol. 114, No. 3, 1999.

④ L. Benguigui and E. Blumenfeld-Lieberthal, "A Dynamic Model for City Size Distribution beyond Zipf's law", *Physica A: Statistical Mechanics and its Applications*, Vol. 384, No. 2, 2007.

⑤ J. V. Henderson, "The Sizes and Types of Cities", *The American Economic Review*, Vol. 64, No. 4, 1974.

⑥ X. Yang and G. Hogbin, "The Optimum Hierarchy", *China Economic Review*, Vol. 1, No. 2, 1990.

⑦ Y. M. Ioannides, "Product Differentiation and Economic Growth in a System of Cities", *Regional Science and Urban Economics*, Vol. 24, No. 4, 1994.

⑧ M. Fujita et al., "Krugman P., Mori T., On the Evolution of Hierarchical Urban Systems", *European Economic Review*, Vol. 43, No. 2, 1999.

⑨ Val R. González et al., "Size Distributions for all Cities: Which One is Best?", *Papers in Regional Science*, Vol. 94, No. 1, 2015.

⑩ K. Behrens et al., "Productive Cities: Sorting, Selection, and Agglomeration", *Journal of Political Economy*, Vol. 122, No. 3, 2014.

⑪ C. I. Lewis, *Mind and the World-Order: Outline of a Theory of Knowledge*, Courier Corporation, 1956.

⑫ D. W. Jorgenson and Z. Griliches, "The Explanation of Productivity Change", *The Review of Economic Studies*, Vol. 34, No. 3, 1967.

总人口增长。因此，农业剩余的规模决定工业部门的发展和农村剩余劳动力转移的规模，从而决定城市化的规模和比例。托达罗（1969）[1] 创立预期收入差异理论，认为城乡收入差异、城市就业机会和城市失业率等是农村人口和劳动力向城市转移的关键。诺克斯（1994）[2] 的城市化过程理论认为，城市化由一系列相互作用的社会、经济、人口、政治、文化、生产技术和环境变化过程所推动。倪鹏飞等（2014）[3] 构建开放条件下的农村剩余劳动力转移模型，认为在开放体系下存在大量农村剩余劳动力的国家，其城市化一定时期内的滞后，源自本国农村转移劳动力工资水平的上涨极为缓慢，不能满足他们在城市定居的基本生活需求。但随着"刘易斯第一拐点"的到来，工资增加使得越来越多的农村剩余劳动力在城市生活成为可能，城市化与工业化的差距将逐步缩小。

无论是从增长还是从结构上，有关现代城市发展的研究，在新古典经济学及新增长理论框架视野下都有很大的进展。但是到目前为止，还没有一个纵贯古今的城市经济发展分析框架。

四　关于中国城市发展的研究

有关中国城市经济的快速增长，张五常（2009）[4] 用"承包合约扩张"的概念来解释县际竞争，认为各自负有承包责任的地区成为相互竞争的主体，而激烈的竞争使土地等生产要素得到合理配置，从而促进地方乃至国家经济的高速增长。张维迎和栗树和（1998）[5] 认为 20 世纪 80 年代初的地方分权政策导致了地区间竞争，地区间竞争引发国有和集体所有企业的民营化，也促进了民营经济发展。周黎安（2017）[6] 认

---

① M. P. Todaro, "A Model of Labor Migration and Urban Unemployment in Less Developed Countries", *The American Economic Review*, Vol. 59, No. 1, 1969.

② R. A. Knox, *Enthusiasm*: *A Chapter in the History of Religion*", University of Notre Dame Press, 1994.

③ 倪鹏飞、颜银根、张安全：《城市化滞后之谜：基于国际贸易的解释》，《中国社会科学》2014 年第 7 期。

④ 张五常：《中国的经济制度》，中信出版社 2009 年版。

⑤ 张维迎、栗树和：《地区间竞争与中国国有企业的民营化》，《经济研究》1998 年第 12 期。

⑥ 周黎安：《转型中的中国政府：官员激励与治理》，格致出版社 2017 年版。

为地方政府间的竞争关系可能带来正负多重后果。赵燕菁（2014）[1] 认为：城市土地国有化和农村土地集体化，为政府垄断土地一级市场创造条件，而利用市场机制，通过出让城市土地使用权，为基础设施建设融资，使得成百上千的城市快速崛起。梁琦（2009）[2] 将分工、聚集和经济增长联系起来，解释了空间集聚对经济增长的影响。倪鹏飞（2019）[3] 认为制度改革、非农聚集、全球分工和地方竞争推动了中国城市高增长。改革开放使经济主体拥有独立利益，使市场配置资源范围扩展全球，从而激发了家庭农村剩余劳动力的非农聚集、跨国企业的全球分工、地方政府空间竞争，并促进了三者相互吸引和迅速结合，从而导致中国城市在取得超速增长、跨越发展和长期繁荣的同时，也导致了过度的分化、严重的失衡和危险的泡沫。

对于中国特色城市化道路，陈波翀等（2004）[4] 建立不确定条件下农村剩余劳动力的城市化决策模型，认为城市化快速发展是政府和市场共同作用的结果，继续推进市场化改革和扩大对外开放，将有助于中国城市化的快速发展。辜胜阻（2013）[5] 认为由于城镇化、工业化、信息化、农业现代化发展不同步，城市公共服务资源不均等、农民工权益不完全、户籍制度限制等，大量农村流动人口仍然处于"半市民化"的状态，"半城镇化"特征明显，形成了城乡二元结构与城镇内部二元结构共存的双重二元结构。倪鹏飞等（2014）[6] 构建开放条件下的农村剩余劳动力转移模型，解释了中国前期半城市化而后赶超工业化即完全城镇化的特殊城市化道路。李爱民（2013）[7] 发现，1981—2011 年全国城市用地规模弹性指数高达 2.16，接近世界公认的阈值上限合理值（1.12）的两倍。李若愚（2013）[8] 认为城镇化的区域间发展不平衡，

① 赵燕菁：《土地财政：历史、逻辑与抉择》，《城市发展研究》2014 年第 1 期。
② 梁琦：《分工、集聚与增长》，商务印书馆出版 2009 年版。
③ 倪鹏飞：《中国城市崛起的经验提炼与理论启示》，《天津社会科学》2019 年第 4 期。
④ 陈波翀、郝寿义、杨兴宪：《中国城市化快速发展的动力机制》，《地理学报》2004 年第 6 期。
⑤ 辜胜阻：《中国城镇化机遇、问题与路径》，《中国市场》2013 年第 3 期。
⑥ 倪鹏飞、颜银根、张安全：《城市化滞后之谜：基于国际贸易的解释》，《中国社会科学》2014 年第 7 期。
⑦ 李爱民：《中国半城镇化研究》，《人口研究》2013 年第 4 期。
⑧ 李若愚：《新型城镇化路在何方？》，《财经界》2013 年第 4 期。

东部是城市分布最密集、城镇化水平最高的地区，而西部则是城市分布最稀疏、城镇化水平最低的地区。

有关中国城市体系的发展，王鹤等（2013）[1] 发现人口过度集中于特大城市。胡杰等（2014）[2] 认为，由于多数小城市和中心镇缺乏一定规模的产业支撑，公共服务水平低，缺乏吸引力。魏守华等（2020）[3] 认为，中国城市规模分布趋向偏离齐普夫法则而越来越不合理，高行政等级的大城市和县级小城市人口都快速增长，中等城市（地级城市）增长相对缓慢。但是，陆铭等（2011）[4]、梁琦等（2013）[5] 认为中国城市体系集中度较低。周晓波和倪鹏飞（2018）[6] 对中国城市群内规模分布和城市群规模分布分析发现其正在向齐普夫分布收敛。倪鹏飞（2019）[7] 认为，多形态嵌套的城市体系才是中国未来城市化道路的方向，即当一种形态的城市超过一定规模将会演化成新形态的城市，从而形成多形态嵌套的体系，同时各种形态的城市都有合理的规模区间，各种形态的城市体系都将遵循位序规模法则。

改革开放以来，中国城市、城市体系及城市化实现了日新月异的发展，有关中国城市独特崛起的理论及实证研究比较充分，但这些研究还没有形成完整的理论框架，对中国城市发展的独特路径进行系统化的解释。

---

[1]　王鹤、尹来盛、冯邦彦：《从传统城市化到新型城市化——我国城市化道路的未来选择》，《经济体制改革》2013 年第 1 期。

[2]　胡杰、李庆云、韦颜秋：《我国新型城镇化存在的问题与演进动力研究综述》，《城市发展研究》2014 年第 1 期。

[3]　魏守华、杨阳、陈珑隆：《城市等级、人口增长差异与城镇体系演变》，《中国工业经济》2020 年第 7 期。

[4]　陆铭、向宽虎、陈钊：《中国的城市化和城市体系调整：基于文献的评论》，《世界经济》2011 年第 6 期。

[5]　梁琦、陈强远、王如玉：《户籍改革、劳动力流动与城市层级体系优化》，《中国社会科学》2013 年第 12 期。

[6]　周晓波、倪鹏飞：《城市群体系的规模分布结构及其经济增长效应》，《社会科学研究》2018 年第 2 期。

[7]　倪鹏飞：《中国城市竞争力报告 No. 17——住房，关系国与家》，中国社会科学出版社 2019 年版。

第三节　统一发展经济学：一般框架[*]

人类经济发展的本质是知识的发展。根据知识不守恒定律，知识产品可以从无到有、从少到多。根据物质的质能守恒定律，物质产品的形成是物质要素结构的转换，而物质没有增加，只是参与经济行为活动的物质增加了。根据物质的质能守恒定律，物质消费与劳务输出进一步转化为物质，人口、劳务的投入与产出也是等价转化。因此，绝对的经济发展主要不是物质产品数量的增长和结构转型，真实的经济增长是知识增长即人力资本积累与技术进步。

经济发展与经济增长本来是统一的，增长可以统一为发展，发展也可以统一为增长。统一发展经济学希望使用经济动力的分析工具，使用最一般的构成要件和相互作用机制，用三种力量统一解释人类经济发展，将增长与发展、长期与短期，不同时空、不同制度的经济发展统一起来。

统一发展经济学不是完全否定新古典经济学和新增长理论的合理内容，包括一些重要的研究假设，而是从不同角度，使用不同的方法，聚焦不同的重点，构建与之"同中有异"的经济发展或者经济增长理论。

一　前提假设：经济法则来自自然与社会法则

（一）前提假设

经济学是研究人类经济行为的科学，经济是自然和社会的一部分，人类行为必然遵循一定基本自然法则，同时也有人类特殊的社会法则，经济活动的法则是自然和社会法则在经济领域的具体体现。因此，为了保持经济学研究的科学性，设定研究假设，可以追溯自然和社会法则，并考虑其在经济学领域的具体体现。主要相关法则包括：

本能法则：人类天生具有三种本能即需求本能、智慧本能和意识本能。人作为高级动物，不仅拥有一般动物所具有的为了生存和繁衍而自

＊ 作者：倪鹏飞，中国社会科学院财经战略研究院，研究员。

利需求的本能，而且拥有边际递增的自利需求。人类作为高级动物不仅拥有一般动物禀赋，而且拥有特殊的智慧。人类作为高级动物不仅拥有一般动物的行为，而且拥有一般动物所不完全具有的意识行为。人类智慧和人类意识也决定人类拥有创造的动能。

协同法则：自然界里广泛存在一种协同效应的物理化学现象，即两种或两种以上的组分相加或调配在一起，所产生的作用大于各种组分孤立作用的总和。这在经济领域体现为经济交互的规模效用或者报酬递增效应。

吸引法则：自然界事物之间的相互作用存在随距离增加而衰减。人类经济活动表现为空间交互存在距离成本。这在经济学也体现为交互的空间规模成本边际递增。

守恒法则：物质的质量和能量都是守恒的且质能守恒等价。经济学上，物质生产只是改变物质的构成并没有增加物质的数量，同时，物质投入与劳动能量可以通过等价和转化实现统一量纲。知识的质能是不守恒且质能不等价，知识不仅可以无中生有，而且可以无限复制。

均衡法则：动态均衡是整个世界及其各构成部分存在的基本形式。与自然界的力量均衡相一致，也与人类社会的均衡相一致，与经济体系的均衡相一致。经济学的动态一般均衡相一致。

（二）三大规律

需求边际递增，即当前的需求得到满足后，会自动地、内生地产生或更大或更多或更高的新的需求。人类理性追求效用和利益的最大化以及需求内生增长导致资源相对稀缺。

交互规模经济，即基于协同法则，两个及以上的个体或组织之间的交互行为可能产生比孤立行为更多的收益和更大的作用。交互的总报酬随着交互规模增加而增加得更多。

知识报酬递增，即由于知识的不守恒，一方面，知识产出是边际递增的，知识的创造可以由无到有和由少到多，知识产品一旦被人们所认知和信仰，不仅可以改变物质结构，而且还可能导致更多的知识。另一方面，知识的使用成本是边际递减的，一旦产生不会自动消失，随着知识的反复使用，使用知识的平均成本不断下降。

二　分析工具：利益与力量的统一

（一）交互经济利益分析

规模经济在经济发展中具有十分重要的地位。但是有关规模经济的使用及其类型目前还存在着交叉或混乱，有必要进行简单梳理，我们认为有关规模经济主要包括三类即交互规模经济、比较规模经济和内生规模经济。每一类又包括几个方面，这三类之间也有个别的交叉。

交互规模经济是指两个以上不同物品的组合能够获得更大的产出或效用。交互规模经济是交互产生的根本原因。交互规模经济可以从不同的角度进行细分。从类型与来源上可分为公用共享、匹配分享、分工互享和多样多享。从产品看，有物质产品和知识产品的共享、分享、互享和多享。从具体行为看，生产交换、消费、服务及其综合都有四个规模经济。从抽象行为看，创新、学习和重复都有四个规模经济。从主体内外看，外部和内部都有四个规模经济。从空间维度看，集聚和网络（分散）都有四个规模经济，只是集聚减少了距离成本。从渠道维度看，外部性和非外部性都可以分为四个规模经济。这个整合非常重要，所谓外部性就是通过非市场的途径享受规模经济（不支付费用），所谓非外部性或市场性是通过支付成本享受规模经济。从性质维度看，有正的和负的规模经济，正如正外部性和负外部性一样。

比较规模经济是指一个生产者以低于另一个生产者的机会成本生产一种物品的行为，这里的生产是指广义的生产（包括交换、服务等各种经济行为）。从行为替代弹性维度，比较利益可分为不同弹性行为的抽象比较利益，同一弹性不同行为的具体比较利益，同一弹性、同质行为的绝对比较优势。不同弹性行为的抽象比较优势即选择创新、模仿或重复的利益，就是在创新上、学习上或者重复上有比较优势。在不同优势的主体之间上，不仅存在比较利益，还存在绝对利益，即先发优势或先发劣势利益，后发优势或后发劣势利益。同一弹性不同行为的具体比较利益，是同在创新或模仿或重复的行为下，不同的具体行为所获得的比较利益。主体比较利益落实在具体空间上，也是空间比较利益。

比较规模经济与交互规模经济存在部分重叠，比较规模经济包含了交互规模经济中的互享，但是比较规模经济不止互享规模经济。

交互不仅获得规模经济，而且会发生交互成本。交互成本包括交易成本和空间成本，交易成本包括内部协调成本和外部交换成本，空间成本包括空间占用成本和空间运输成本。空间占用成本通常是指租金成本。空间运输成本还可以分为内部通勤成本和外部运输成本。所有交互选择取决于收益与成本的权衡。经济主体的均衡选择取决于自身边际成本与边际收益的相等，或者相互间的边际成本的相等。

交互规模经济是重要的分析工具，很多经济选择都与规模经济有关。与交易成本相比，交互规模经济包含更广的内容：不仅包括市场交换，还包括非市场分配。具有外部性的物品在个体及组织之间是通过非市场的渠道自动实现交互的。知识产品在主体之间的传递，很多并不是交换的。

不仅交互产生规模经济，孤立的重复交互也可能产生报酬递增的内部规模经济。例如，孤立的个体反复使用同一个固定要素，随着产量的提升，可以降低产品的单位平均成本。孤立的个体反复从事相同的工作，可以实现内生的知识增长即熟能生巧。但是人们的意识形成之后，人的意识行为可以实现无中生有，或者以小的或者少的知识经过人的思维加工和生产，形成更多的知识，真正以更少的投入创造更多的知识产出。熟能生巧，就是反复重复的思维行为不断增加人力资本的技能。通过内生规模收益与成本权衡，可以决定重复行为选择。

以上规模经济还反映出分工的重要性，分工首先可以交互规模经济中的互享，其次可以分享比较规模经济，最后可以分享主体内部规模经济。

除了规模经济影响主体的选择外，孤立的行为还存在不同行为或不同要素的选择。通过实际收益与机会成本的权衡，经济主体可以做出选择，也使有限的资源得到最佳配置。机会成本是指经济主体为从事某项行为而放弃另一项行为的机会，或利用一定资源获得某种收入时所放弃的另一种收入。

收益成本分析在解释经济发展上是存在局限性的。它无法对经济行为做出量化，不能准确反映经济主体行为的积极程度，也不能很好地解释制度及其变革对经济行为和经济发展的影响，更不能很好反映经济主体之间的博弈。

（二）交互经济力量分析

人类社会经济发展的推动力量是客观存在的，也是人们能够观察和体会到的。人们的体力劳动可以改变物质的结构，同样人们的脑力劳动可以产生知识。像自然力推动宇宙发展一样，社会力推动社会发展，经济力推动经济发展。人类最初发展阶段主要使用的是人的体力，体力是推动经济发展的主要力量，随着人类的发展，脑力的使用越来越多，脑力越来越成为推动经济发展的主要力量。

力量分析具有重要价值。力可刻画经济行为，可以恰当反映经济主体的积极程度，可以更好地反映经济主体之间的博弈以及行为与主体、制度文化之间的相互作用。借鉴物理学的力的概念及其逻辑架构等，建立并使用经济学的力量分析工具，可以更好地解释经济体系的均衡与发展演变。

经济力与自然力特征一致，具有四个特性。一是相互性，力是任何两个物品之间的相互作用，施力物同时是受力物。二是矢量性，力既有大小又有方向，大小和方向共同决定力。三是同时性，力同时产生并同时消失。四是独立性，一个力的作用并不影响另一个力的作用。

经济力由三要素构成。经济力就是经济利益的大小与需求欲望（偏好）强度的乘积。如果利益很大，但个体对此利益的偏好不大，将很难产生很强的行为力；利益不大，但偏好很大，却可能产生很大的动力。个体的行为动力大小是指行为积极性高低程度，或者潜能大小的发挥程度。预期收益小，即便需求偏好大，主体也不会太投入，所以产生的力量有限。同样，预期收益大，但需求意愿偏好低，对收益不以为然，也不能产生和投入多大的力。

经济力有方向。力是个矢量，不仅有大小，还有方向。不仅有空间上的方向，而且有性质上的方向，比如集聚或扩散，吸引或排斥；性质上的方向是由于目标的性质，比如收益或者损失，偏好上的方向，比如喜爱或者厌恶。积极性和消极性可以表现为动力和阻力。趋利产生动力，避害产生阻力。

经济力有作用点。影响动力的因素即动力的作用点。动力的影响因素分为直接和间接因素：原动力直接影响因素是天生的需求偏好强度和预期收益大小本身。间接作用点可以理解为动能。制度文化与其他要素对力的影响不同。制度文化通过改变预期收益和需求偏好改变原动力。制度文化是原动力的动机。制度通过规定目标利益，文化通过塑造主体欲望需求偏好，激励和约束人的内在需求动力，诱导或强制主体释放自己的潜能。制度之外各种经济要素是原动力的作用点，动力与能力结合（作用点）形成能动力。但是，其他要素也会影响需求偏好和预期收益。不同作用点即不同的要素如人口资本、人力资本、科学技术和物质资本等，放大的动力不同，预期的利益也不同。要素及其组合的多种多样决定动能类型也是多种多样的，要素及组合的正负向影响和作用，决定力的方向也是正负向的。

经济力是复杂多样的，可以从多个角度对经济力进行分类。从力量发出的具体主体可分为体力和脑力。体力是身体作用物品使得物品发生移动或变化的力，脑力是大脑作用知识或者物质使知识产生或者通过体力使物质变化的力量。脑力与体力是相互联系、相互作用甚至相互转化的。从生成顺序可分为原动力和生动力。原动力即个体由需求偏好与预期收益形成的动力，生动力即主体由需求偏好与预期收益形成的动力。从来源主体内外可分为行为主体内部动力和外部压力。从方向可分为驱动力和阻业力。驱动力是根据追求预期收益而投入对应的驱动力量。阻止力是根据预期损失而投入的反对目标的阻碍力量。从作用方式看，有吸引力和排斥力，有分散力和集聚力。从方向上可分为拉动力与驱动力。从运动的角度，有运动力与摩擦力。从组织的角度，有向心力和离心力。从作用的角度，有吸引力与排斥力。

现实行为力是潜在行为力的一部分。潜在行为力是欲望作用物品的最大释放产生的力量。现实行为力是欲望作用物品基于预期收益所产生的力量。同个体的本源欲望不同，作用点也不同，对外部目标利益也不同（单个和总目标），所以潜在行为力和现实行为力不同。

如自然力统一来自宇宙大爆炸一样，经济力源泉统一来自个体内生欲望（物）对外部利益（物）的追求和响应。所有行为力都是这一原动力的衍生。内在内生的欲望即人的需求是动力的发动机，预期收益是动力拉动机，意识活动是动力的推动机。经济发展即知识产品和物质产品增长最初的源泉是个体原动力，在此基础上衍生出源动脑力和源动体力，以及各种不同的力量。

虽然经济学上对力的使用和表述很多，甚至在表述上有点混乱。但是借鉴物理学关于力的思想概念，经济学指的各种类型的力可以统一行为力量，并且解释经济发展。可以将这些力量统一到需求偏好与预期成本收益相互作用的动力上。所有力量归纳为三种：原动力、生动力和能动力。原动力是个体内心欲望（物）对外部利益（物）的追求、响应而产生的行为力量，是个体行动的积极性程度；生动力是指主体需求偏好与预期收益相互作用的行动力量，是主体行动积极性程度。原动力是原生的动力，是生动力的源泉。生动力是再生的动力，是原生动力的派生。动能是推动和阻碍经济发展的各种要素，给主体和个体带来预期收益。动能可以比喻为动力的作用点，个体或者主体的动能是其拥有控制和协调的各种推动或者阻碍经济发展的资源要素。能动力是动力和动能相结合或者两者的乘积。动能多种多样决定其与动力结合所形成的能动力也是多种多样的，动力和动能的方向决定了能动力也有多种方向。动能不仅可以与动力结合形成能动力，而且可以通过影响个体或主体的需求偏好和预期收益改变主体的动力。例如，如果一个人拥有了大学文凭，他不仅动能增大，而且他的收入预期也发生变化，因而他的动力大小和类型就可能开始改变。

经济学的动力是经济主体为了追逐利益而产生的，是推动经济主体思维行为和身体行动进而导致物质的变化，是改变物质结构和运动状态以及创造知识，最终促进经济增长和结构改变的力量。尽管推动经济具体发展和变化的力量很多，但统一起来是原动力、生动力、脑动力、体动力、能动力五种力量作用的结果。不同尺度和层次的经济发展快慢取决于能动力的大小、方向和作用点。经济均衡决定主体力量的相互作用的达到均衡，也是边际收益和边际成本相等。

（三）利益与力量的关系

动力与收益存在相关性。利益产生力量，力量带来利益。动力是根据追求预期收益而投入对应的驱动力量。集聚力是为了获得集聚规模经济而行动的力量。分散力是为了降低集聚成本而行动的力量。吸引力是市场主体与更大范围的市场主体交互的力量。摩擦力是经济行为主体及其要素运动损失的力量。竞争力是市场主体获得更多市场份额的力量。

现实利益与预期利益相关但不一致。现实收益是最终获得的真实收益。预期利益是根据过去的现实收益做出的经验预判收益。现实收益与预期收益不完全相等，人们根据前期现实收益确定和调整下期预期收益。现实收益越大导致预期收益越大，预期利益越大现实行为力越大，现实行为力越大，现实收益越大。相反，现实收益越小导致预期收益越小，预期利益越小现实行为力越小，现实行为力越小，现实收益越小。

现实动力与预期利益是完全正相关的。人们根据预期收益实现概率来确定和调整现实行为力。其他条件不变，预期收益越大，现实行为力越大。

现实动力与现实收益不完全正相关。一般情况下，现实行为力与现实收益正相关，但有力不一定得到相应的现实收益。有人终其一生没有创造出意想的物质或知识产品。特殊情况下，现实行为力与现实收益负相关。长期内，通过预期收益调整，现实行为力与现实收益正相关。

总之，利益分析工具和力量分析工具都有需要，且相互补充，也是可以统一的。力量分析工具加上利益分析工具，可以更清楚地解释经济发展的原因、方向和路径。

三　构成要件：三主体、三交互与五要素

（一）交互经济决定主体交互行为选择，交互行为具有多重性

人类本能三要素决定经济行为，见图 1-1。人口的需求牵引、身心禀赋的条件、意识的主动行为，动力和能力从而使得具有能动力，采取身体和意识行为，决定人循环往复的发展。人的循环往复的行为将重塑物质的同时也在创造经验和技能，从而使得财富不断增加。因此，人类本能三要素是人类经济发展的最原始来源。

人类决定个体行为，而协同法则决定交互的规模报酬递增，决定人类必然的交互。交互行为具有多重性，主要体现在三个方面。

第一是改变具体物品和能量的具体行为，包括物品的生产、消费、交互（交换或者分配）与服务，以及人口的消费、人口的生产、人口的服务，两者之间也存在交叉（见图 1-2）。

第二是包括改变物品的抽象行为，包括创新、学习和重复行为。从

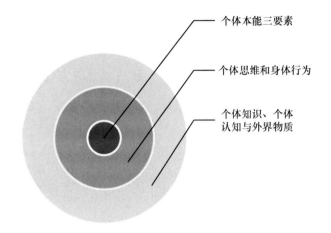

图 1 - 1　个体经济活动的机制

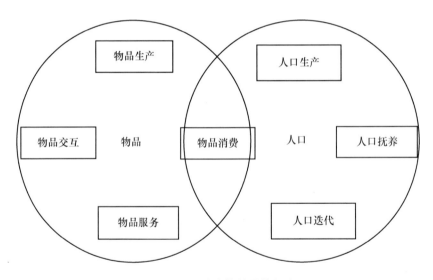

图 1 - 2　经济主体的具体行为

主体角度看，家庭在物质消费和人口生产上存在创新、学习和重复。企业在物质生产、交换和服务以及分配上存在创新、学习和重复。政府在产品生产、交换、分配上存在创新、学习和重复行为。

　　第三是主体之间相互作用的关系行为，即竞争与合作。主要有如下两类六种：企业之间、家庭之间、政府之间的平行竞争与合作，政府与企业、政府与家庭、家庭与企业的交换竞争与合作。

当然，所有这些行为都是在一定的时空下同时发生的，之前的经济学分析是将三者割裂的。这里最重要的处理是将具体行为、抽象行为和关系行为统一起来。

（二）交互形成了交互组织，政府是经济活动的重要主体

人类为了获得规模经济需要交互，为此首先要建立组织以便减少交互成本。从力的角度解释组织，组织取决于内部动力和外部压力，组织的最优规模决定各种力量的均衡，包括组织协同力和组织摩擦力的均衡。在人类远古的经济体系中，人类也许只有一个组织部落，统一负责产品的生产、消费和服务。随着知识增长，到了传统社会开始出现国家和家庭，构成公共部门和私人部门，进而发展到现代经济体系中的三个部门，即家庭组织、企业组织和政府组织。

家庭组织主要是产品消费和人口及人力资本生产单位。家庭拥有一定的人口、人力资本、物质资产，也可能存在负债。家庭负责组织消费及投资和人口生产与抚养及人力资本投资等。典型家庭的理性目标是当前和未来综合效用最大化。一些家庭兼有企业的功能和属性。

企业组织主要是从事生产、交换或服务的独立核算经济单位。企业负责产品生产和服务的提供，拥有资产和负债。典型企业的理性目标是追求当前和未来总和的利益最大化。企业本质上是一种资源配置的机制。

政府组织主要是国家权力机关的执行机关，拥有辖区行政管理权，负债辖区的公共产品供给，同时向辖区的个体及组织征税等。政府也拥有资产与负债。同时，一些政府也具有企业的功能和属性。与企业和家庭不同，政府是个空间组织，拥有空间的管控权而不一定是全部的产权。政府的目标是确保政府可持续生存。当然，负责公共产品供给的还有非政府组织甚至私营企业，这里不再单独成为一类，它们可以分别归并到政府或者企业中进行分析。

从古典到新古典的主流经济学，尽管有的强调不干预，有的强调积极干预，但都没有将政府作为经济体系的主体。笔者认为：整个经济体系存在多个拥有不同空间的政府组织，空间发展确实存在差异，空间差异由制度差异引起，制度主要是政府提供或影响的。由于提供程度不同

的制度等公共产品，政府确实参与并影响经济运行。政府存在质量的差别，而且也存在相互之间的竞争。政府推动导致向政府有优势的行业发展。将政府作为一个重要变量并不意味着主张政府过度干预市场，将政府作为经济体系的一个重要主体更有利于经济机制的分析。与新古典假设收益最大化不同，笔者认为：理性经济主体是根据需求偏好和预期收益决定付出最小的成本，而不是一般意义上的追求效用最大化。

（三）组织建立制度进而控制要素，知识的质能是不守恒的

对经济发展的影响而言，关键在于五要素：人口资本、人力资本、物质资本、科学技术和制度文化，这些要素需要通过相互耦合共同发挥引擎作用，但由于它们的性质不同，在不同时期，其作用和地位也不相同。

人口资本是一个经济体所拥有的人口总量，包括劳动力资源和人才资源。人口资本是人口与生俱来的生理心理禀赋，即体力和智力。人口拥有巨大的能量，可以从事体力和脑力行为活动。

人力资本是通过人力投资而形成的凝结在人口身上的知识和技能的总量，主要包括知识与技能等，它与人身自由联系在一起，不随产品的出卖而转移。人力资本是人口通过行为获得的品格、知识与技能。人力资本被智力与环境交互所创造但又扩大物质资本创造，投入知识产品的创造。人力资本和科学技术作为知识产品具有报酬递增效应。

物质资本包括人工创造物质产品和天然的资源。物质资本主要创造物质产品，辅助知识产品创造。从排他性可分为私人物质资本和公共物质资本，具有非排他性和非竞争性的公共物质资本一般由公共部门提供。

科学技术是人类在与自然和人的交互中，通过"干中创""学中创"或"创中创"形成关于自然和改造自然的知识，外化到一定介质之上。科学技术投入知识产品创造，扩大物质产品的创造，制度文化影响物质和知识产品创造的动力和效率。科学技术作为知识产品具有报酬递增效应。科学技术具有准公共产品的性质。

制度文化：包括正式的制度规范和非正式的道德规范，属于知识产品。制度文化作为知识产品具有正的和负的报酬递增效应。制度文化不仅有强大的质量，而且还有强大的能量，思想观念一旦被人们所接受，

会在经济行为中产生强大的动力。

这些要素性质是不同，因此在经济发展中的作用方式和重要程度是不同的，相对而言，知识产品的人力资本、制度文化和科学技术更为重要。

（四）要素需要三重耦合，聚落演化显示部门及时空的统一

时间是物质的永恒运动、变化的持续性、顺序性的表现，也是空间的延续，空间是运动的物质的广延性。时间、空间和物质三者耦合统一决定。

要基于利益和力量的权衡，主体、交互和要素的耦合将选择在一定的时间、空间和部门耦合。事实上，任何交互都是在一定时空和部门下的交互，也都是不同具体行为的交互。

基于利益与力量的权衡，经济主体、要素和行为将在一定部门或产业耦合，经济部门是可以无限扩展的，经济部门的多样化和高级化也是经济发展的重要表现。

基于收益和力量的权衡，主体、要素和行为的耦合也要在一定的区位。空间是一种特殊物品，是没有能量的客观存在，是交互物体存在的形式和交互行为的载体。

时间是空间的延续，主体、行为及要素的耦合也存在于时间之中，也就是说在部门和空间的耦合，都是随着时间变化而变化的。

（五）耦合创造产品产出，知识产品具有质能不守恒性

从产出的角度看，物品分为先天的物品和后天生产的物品。后天的产出包括物质产品和知识产品，知识产品又包括内化的人力资本和心理认知与外化的科学技术和制度文化。表现经济发展的产出和决定经济发展的要素是具有循环因果的内生性的。

四　作用机制：主体、行为、要素、耦合的作用机制

（一）主体、行为、要素、耦合的作用机制

在经济基本构成要件形成后，基于制度文化，利用人口资本、物质资本、人力资本和科学技术，基于综合比较利益和空间成本节约的利益最大化权衡和力量权衡，理性的家庭、政府和企业，选择在具体的产业部门、空间区位和时间节点，进行生产与消费、创新与模仿、竞争与合

作、交互行为，并趋向在所有空间、时间和部门，主体利益的均衡、行为力量的均衡和要素与产品的市场出清，即每个经济主体的选择既没有能力也没有动力改变的一般均衡。同时由于人类的内生需求边际递增，又在不断打破均衡，趋向新的均衡。经济主体、行为、要素、耦合的作用分析框架如图1-3所示。

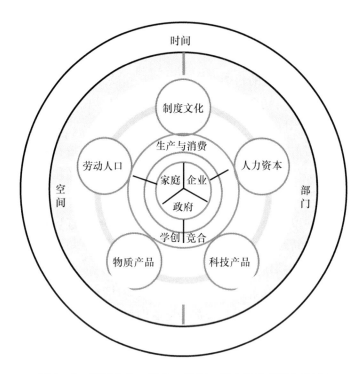

图1-3　经济主体、行为、要素、耦合的作用机制框架

这一分析框架，不同性质的主要因素都能够兼容和内生，它们通过影响主体需求偏好和预期收益与资产状况，影响行为的能动力，从而影响自己和相互影响。

在此过程中，每个主体、要素、行为和耦合都会对经济发展及其每个构成要件发生直接或者间接的影响，同时也受到来自其他构成要件的影响。以制度为例，首先追求交互规模导致交互，交互产生主体，主体之间的制度行为博弈建立制度文化，制度文化决定和改变主体需求偏好和预期收益（动力）与要素禀赋（动能），主体能动力决定经济行为，经济行为决定，产品产出及其形成要素收益的作为动能，既影响主体制度变革的需求偏好和预期收益（动力），也影响主体经济变革的需求偏好和预期收益（动力），从此开启下一轮的制度与经济循环（如图 1 - 4 所示）。

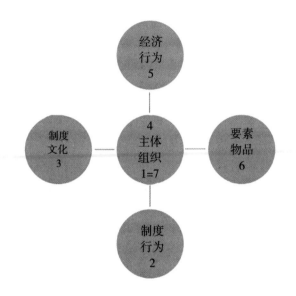

图 1 - 4　制度的内生性及对经济发展其他要素的影响

其他要素也是通过这个机制影响自己和相互作用。只是制度与其他要素不同，其他要素对主体的收益都是正向，因而其他经济行为，各类经济主体都是积极追求的，但是制度变革不是对所有主体收益正向的，制度变革要决定行为主体及其个体的能动力和阻动力的博弈，如果改革的能动力大于改革的阻动力，就会制度变革，否则将不会有制度变革。如果制度不能变革，经济行为不能改变，经济产出不能增加，历史将周而复始地停滞循环；如果制度正向变革，经济产出不断扩展，经济将外展式发展；如果制度反向变革，经济产出不断萎缩，经济将内卷式发展。

（二）短期均衡与长期均衡的决定

从主体收益角度看，主体的边际收益等于边际成本均衡。不仅总量上，所有经济主体综合的经济边际收益等于边际成本，而且不同主体在不同部门的选择的边际收益相等，同一产品的边际收益等于边际成本。不同空间的选择的边际收益相等，同一空间的边际收益等于边际成本。

从行为角度看，当所有主体没有动力和能力改变现状时，均衡便产生了。不仅经济体系的总体上边际能动力等于边际阻动力，而且每一部门的边际聚集力与边际分散力相等，各部门的边际集聚力相等。同时每一空间的边际聚集力与边际分散力相等，各空间的边际集聚力相等。

从物品方面看，当物品供给与需求相等时，均衡产生了。每一产品的区位、每个产业的要素和产品的物品市场、货币市场、货币与物品市场、人力资本市场、科技资本市场、物质资本市场、人口资本市场、制度资本市场、公共产品市场的供给等于需求。

从耦合方面看，在整个经济体系中，一个产业部门可能分布在很多空间区位，一个区位也可能聚集很多产业，不同空间的不同产业在不同时间有不同的表现。而主体、行为和要素、产品的耦合表现为经济部门和空间的聚散结构及其演化。每个部门、每个空间和每个时间的利益取向均衡和打破均衡，力量趋向均衡和被打破，以及市场趋向出清或被改变。

（三）经济构成要素的形成、发展与作用

图 1 - 3 显示，经济体系的主体、要素、行为、耦合、产出的要件都对经济发展产生直接和间接的影响，同时又受到每个构成要件的影响，从而使得包括物质要素在内所有要件都是内生的，即所有要素都是通过两种途径产生影响，一种途径是要素的直接影响，另一种途径是通过改变经济主体的需求偏好和预期收益来间接影响，尤其是制度（S）。由于制度只会通过改变经济主体动力进而造成影响，从而制度函数就可以写为原有制度基础（s）、人口资本（L）、人力资本（H）、物质资本（K）、科学技术（T）的经济主体行为动力（X）隐函数，即 $S = F(X(s, T, L, K, H))$。从而，表现经济发展的四个产品的生产函数可以简单表述：

物质资本（K）增长不是世界上物质的绝对增加，而是存量的物质被加工和改造，是结构的重构。物质资本的增长不仅会受到物质资本存量（k），人口资本（L）、人力资本（H）、技术资本存量（T）的直接影响，而且还会受到经济主体行为动力（X）的影响。具体函数可以表达为：

$K = F\ (X\ (S,\ H,\ T,\ L,\ k),\ H,\ T,\ L,\ k)$

人口资本（L）是物质产品的一部分，劳动人口的进一步增长不仅会受到人口存量（l）、物质资本（K）、人力资本（H）、科学技术（T）的直接影响，还会受到经济主体行为动力（X）的影响。具体函数可以表达为：

$L = F\ (X\ (S,\ H,\ T,\ l,\ K),\ H,\ T,\ K,\ l)$

人力资本（H）是增量知识的最重要的表现，人力资本的增长不仅受到人力资本存量（h）、物质资本（K）、人口资本（L）和科学技术（T）的直接影响，而且还会受到经济主体行为动力（X）的影响。具体函数可以表达为：

$H = F\ (X\ (S,\ T,\ L,\ K,\ h),\ T,\ L,\ K,\ h)$

科学技术（T）虽然是增量或者存量人力资本的外化形式，但是与人力资本具有不同性质，这里也作为独立要素列出。科学技术（T）同样不仅会受到科学技术存量（t）、物质资本（K）、人口资本（L）、人力资本（H）的直接影响，而且还会受到经济主体行为动力（X）的间接影响。具体函数可以表达为：

$T = F\ (X\ (S,\ H,\ t,\ L,\ K),\ H,\ L,\ K,\ t)$

上述方程采用复合函数的隐函数形式，一方面，方程意味着制度对经济发展各个要素表现的影响比较特殊，它与其他要素相比有着前提条件的关系。另一方面，方程意味着这些要素由于性质不同，作用主体行为动力和动能的效应不同，反映每个要素具体作用的显性函数表达式需要深入研究。

（四）人类经济发展的长期过程

在上述作用机制下，在初始经济体系下，为了求得更多的需求和获得生存，人们必将选择一定时空进行交互，形成一类或两类组织及制度文化，利用外部物质和人的劳务，在生产获得物质时获得知识副产品，开始物质产品主导增长，知识副产品的增长极其缓慢。但知识的缓慢增长将影响主体的需求偏好和预期收益，从而影响行为的动力和动能，带来外化的科学技术缓慢增长和进一步的物质产品增长，并进一步影响主体的需求偏好和预期收益，从而影响行为的动力和动能，进而导致人口

增长，人口的增长导致物质产品和知识产品的增长。如此循环往复导致
各种要素数量变化和地位作用的变化。新的增长需要新的行为，新的行
为需要新的制度，新制度规则下主体收益就会有新的变化，不同主体获
得不同的预期收益和需求偏好，将导致不同主体方向和大小不同的力。
如果经济主体博弈的阻力一直大于动力，经济制度无法变革，经济发展
的新行为不发生，经济可能停滞甚至内卷；如果动力大于阻力，制度持
续变革，经济发展的新行为不断发生，经济可能不断外展。现代经济体
系下，企业从家庭中分离出来成为主要的经济主体，三主体利用五要
素、进行三重耦合，不断形成知识产品的增长和物质产品的重构，如图
1-5 所示。随着知识产品增加，知识对产出（物质和知识）的作用逐
步增加，人口对产出（物质和知识）的作用越来越小。在人力资本对
物质和知识的作用提升到一定程度时，经济主体开始逐步减缓人口生
产。经济产出不仅表现为人口的转型，还表现在人力资本和科学技术显
著的边际递增，物质产品和要素被利用的规模也将边际递增。

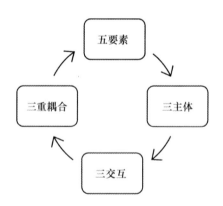

图 1-5　经济主体、行为、要素、耦合的循环演化机制框架

第四节　巨型国家的伟大转型：中国特征[*]

上述经济发展一般意义上的三主体、五要素、三交互和三重耦合，

* 作者：刘彦平，中国社会科学院财经战略研究院，研究员；唐晶，国家图书馆。

在不同时空下具有不同的表现，进而也有不同的经济发展。具体到改革开放以来的中国经济增长和结构转型及其所表现的中国城市发展，首先应该受到更大空间尺度即国家的决定，改革开放以来的国情及其变化具有如下特征。

一　中国是个人口多、空间大、差异大的巨型国家

中国人口规模巨大，1980年为9.81亿人，2020年增长到14.12亿人。中国地域辽阔，陆地面积960平方千米。先天因素包括气候、水文、地貌、生态等自然条件差异多样，后天社会因素包括人口密度、收入水平、人力资本、制度文化差异巨大。这些特征在很大程度上影响三主体、五要素、三交互和三重耦合。进而决定中国城市化和城市发展的多样性和差异性。国家规模巨大为城市增长与转型的先聚集后扩散创造了条件，决定了中国城市的人口大规模和空间大规模，人口和经济的密度较高。地区差异大决定了各城市经济发展水平和结构存在差异，也决定了城市之间不一样的竞争和合作，以及城市经济之间梯度差异和分工互补的关系。

二　中国处在由计划经济体制向市场经济体制转型的过程中

中国经济制度的初始条件是计划经济，生产资料配置甚至商品和服务由中央计划配置，实行统购统销；产权实行公有制，包括国家所有制和集体所有制两种。1978年，中国开启市场化取向的改革，改革的最终目标是建立社会主义市场经济，主要包括：以公有制为主体的多种所有制并存，市场在资源配置中起决定性作用，政府在资源配置中发挥更好的作用，实行以按劳分配为主体的多种分配方式并存。核心是从计划经济向市场经济转型，包括商品市场的市场化和要素市场化。具体在涉及城镇化的土地方面，农村集体耕地制度从承包制到三权分置，城市国有土地从有偿出让到招拍挂；在涉及城镇化的人口方面，人口制度、人口权益分割。20世纪80年代"允许农民自带干粮进城"但不予落户，到20世纪90年代到21世纪通过购房办理落户。建设中国特色社会主义市场经济，表明中国经济制度在一定时期的特殊性、过渡性和不完善性。这些制度要素及其特征，将在很大程度上影响三主体、五要素、三

交互和三重耦合，进而影响中国城市、城市体系、城乡体系等发展。

三　中国是在新一轮全球化背景下从封闭走向开放

从一般框架就可以知道，经济体系是一个包含多空间区位和多产业部门的动态系统，各部门和各区域之间是相互联系的。一个开放的经济体系是三主体、五要素、三交互实际是多个空间区位的三主体、五要素、三交互。一个空间区位与其他空间区位三主体、五要素、三交互是相互联系的。利用外部要素和服务外部市场的程度影响城市发展。20世纪80年代，一方面，世界开启新一轮全球化，产业链从一国内部分工到全球各国分工，再到全球城市分工，这意味着全球生产服务活动的空间布局不断调整。一些资源丰富、商务成本低、区位便利的国家区域将成为低端产业活动承接地。另一方面，中国从封闭经济向开放经济转变。随着对外开放步伐的不断加快，实现了"两头在外，大进大出"。中国融入新一轮全球化极大地影响和改变了中国城市的三主体、五要素、三交互和三重耦合，进而影响中国城市、城市体系、城乡体系等发展。

四　中国与发达国家相比是一个后发的巨型国家

改革开放之初中国经济发展水平极低，1978年中国人均国民总收入仅190美元，处在世界银行划定的最低收入国家之列，物质极度短缺，人民生活极度贫困。在农业方面，作为典型的农业大国，中国农业资源丰富，农业劳动力资源丰富，但农业生产技术相对落后，劳动生产率极低。在工业方面，工业技术水平低，依靠"剪刀差"的方式的资本积累缓慢，虽然初步实现工业化，建立了相对完备的工业体系，但是工业水平比较低。在城市方面，改革开放初期，中国城镇化率仅为19.4%，城市仅193个，建制镇2176个。这些是劣势也是机遇，也在很大程度上影响三主体、五要素、三交互和三重耦合，进而影响中国城市、城市体系、城乡体系等发展。

五　世界正在发生第四次技术革命

技术革命对于城市经济增长与转型具有重要作用，第一次技术革命中机器的运用促使英国传统商业城市转型为轻纺工业城市，第二次技术革命中冶铁技术和电力的应用推动了欧美重化工业城市的发展，第三次技术革命中原子能、电子计算机、空间技术和生物工程等技术的发明和应用，使美国城市经济转向知识经济。不同于先发国家城市从传统向现代的转型和实现方式，中国城市经济现代化处于第四次技术革命之际，城市经济兼容了工业经济、服务经济、数字经济、知识经济等形态，城市经济结构无论是要素结构、产业结构还是需求结构都变化很快。不仅如此，技术革命还影响城市体系和城乡体系及其变化。

在中国开启改革开放、中国城市快速发展的进程中，世界也在发生巨大的变化，除了经济全球化，最重要的是第四次技术革命。中国城市发展，一方面，受到四次技术革命的影响，利用后发优势，可以低成本地学习国外的先进技术和经验，从而实现技术的跨越式追赶。另一方面，中国与发达国家在同一起跑线上迎接第四次技术革命，由于没有历史包袱，可以更好、更新、更快地实现信息化、数字化和智能化。技术学习和技术创新将在很大程度上影响三主体、五要素（除科学技术以外）、三交互和三重耦合，进而影响中国城市、城市体系、城乡体系等的发展。

第五节　中国城市发展的理论提炼：中国框架[*]

改革开放之后，中国城市发展过程正是中国从传统社会向现代社会转型的过程，所以，无论是从传统发展经济学内涵来说，还是从解释人类经济发展与增长意义上的新发展经济学角度来说，解释中国城市过去40多年发展的理论都是名副其实的中国城市发展经济学。因为这一解释框架，尝试将统一发展经济学与中国城市发展实践的结合，笔者称之为中国城市统一发展经济学框架。

一般框架与中国的五个基本特征相结合的中国城市统一发展经济学框架，在构成要件与作用机制方面都具自己的特点。

　＊　作者：倪鹏飞，中国社会科学院财经战略研究院，研究员。

一　构成要件

在构成要件上，中国城市增长与转型最为关键的四个方面是：制度创新、政府竞争、全球分工和非农集聚。

（一）经济主体

城市政府是城市空间的主要代理人。政府部门向居民家庭和私人生产部门提供公共产品，雇佣居民家庭劳动力，汲取家庭和私人部门的税收。城市政府也是相对独立的利益主体，会将城市空间作为一个"企业"进行经营，利用一切手段、尽一切可能促进城市更快地发展，但是其经营的内容和方式可能是不同的。

居民家庭消费公共产品和私人产品，同时向私人部门或者公共部门提供劳动力或者资本或者土地。由于劳动效率高和农地有限，部分乡村家庭劳动力富裕转向非农。家庭劳动力离开了农业，通过市场交换，转移经营权；又通过进城获得创业就业权和居留权。在开放体系下，家庭部门分为国外家庭部门和国内家庭部门。一方面国外家庭部门向城市企业或政府部门提供资本、技术、人力资本，另一方面向城市企业需求产品和服务。

企业部门包括新出现的乡镇企业、民营企业及外资企业和转型的国有企业，向居民和公共部门提供最终消费，向家庭部门（或公共部门）购买劳动力、资本和土地。除此之外，中国拥有相当数量家庭消费和生产一体的个体户，但并不是自给自足，而是向外提供一些产品或服务，同时向市场购买家庭生活消费品。

（二）交互行为

在具象行为方面，中国城市经历了从初级加工、轻工制造到重化制造、服务，再到知识服务主导的转变过程。

在抽象行为方面，中国城市主体主要表现为学习和模仿，尤其在前期和中期都是学习主导，随着经济发展模仿创新和自主创新逐步增加。

在竞争与合作行为方面，中国城市变化为：初期以国内城市之间竞争、国际城市之间合作为主，后是国内城市合作增强、国际城市竞争加剧。

（三）要素与产品

在人口资本方面，改革开放初期中国不仅拥有无限供给的农村剩余劳动力，而且人口抚养比较低，所以拥有巨大的人口红利。但这一红利随着城市经济发展逐步减弱。非农聚集是中国城市崛起的内在力量。

在人力资本方面，中国农民工拥有难得的质量比较优势，即吃苦耐劳、心灵手巧。重视教育的传统和义务教育政策的成功，使得劳动人口受教育水平优势相对明显。贫穷激发了农民工改变命运的动力，塑造了农民工干事创业的本领。另外，通过学校教育的"学中学"，通过经济活动的"干中学"，短短40多年，中国城市的人力资本迅速积累，人力资源主体正从拥有初中文化水平的农民工转向拥有大中专文化的新市民，实现从人口红利到人才红利的转变。

在物质资本方面，私人资本通过改革前的工农业剪刀差获取资本积累，通过收入增长的居民储蓄和招商引资获得资金用于产业建设，通过资本激励即劳动者的储蓄转化为投资，企业家的利润转化为投资。公共资本通过土地收益分享规模经济利益，通过土地抵押收益获得基础设施建设资金。以往城市公共产品来自税收投资和税收或基础设施收益的债券融资。而中国城市建设用地使用权事实上属于城市政府，不仅土地收益可以成为城市政府的财政收入，土地使用权及收益也成为城市建设融资的重要工具。

在科学技术方面，主要通过物质资本的外国引入带来科学技术，同时通过引进消化吸收到集成创新再到原始创新。"干中创"和"创中创"实现科技成果的积累。

在制度文化方面，从计划经济转向社会主义市场经济，具有规则的过渡性、体系的不完善性和目标的特定性。市场化制度改革主要包括三个方面，一是产权制度，从公有制向以公有制为主体的多种所有制并存。二是资源配置制度，从政府行政计划配置为主转向市场在资源配中起决定性作用，政府发挥更好的作用。三是分配制度，从按劳分配转向按劳分配为主体的多种分配方式并存。具体包括要素和产品市场的多个领域，但变革是从一些领域和一些地区渐进式展开的。

在公共资源方面，城市政府通过征用，将部分农村集体土地转换城市国有建设用地，除了国有土地，政府还拥有不可移动的资源环境和基础设施（硬件）与政府的管理经济社会环境的效率（软件）。这两种资源对城市发展和竞争至关重要。

这些要素（以下称为"六要素"）很大一部形成对应的产出，所以，关于产出不再赘述。

（四）三大耦合

在产业耦合方面，产出体系是主体，要素和行为等耦合的结果是耦合的表现。受利益所形成的力量驱动，中国的城乡家庭、国内外企业以及各级政府基于掌握的六要素，选择并开启了大规模的非农化的三重行为，通过生产与消费、学习与创新、竞争与合作，发展和参与全球产业链的制造业和服务业。

在空间耦合方面，空间是物质及其运动存在的形式，城市聚落是全球经济活动的基本空间单元，制度和技术决定基本经济空间单元的联系范围和层次。一方面，中国拥有广阔的疆域，各地区包括城市的区位条件、资源禀赋、制度文化存在较大区别。中国城市空间之间的城市竞争与合作不可避免；另一方面，信息化和市场化使中国城市通过开放融入世界、联系全球各地。中国与全球的分工与合作必然发生。跨国企业通过投资将资金、人才、技术和管理向区域聚集。

在时间耦合方面，受巨大利益所形成的强大合力所驱动，以及三主体、六要素、三交互及其产出的循环，不仅在部门上是不断变化的，而且在空间上也是不断变化的。中国的家庭、企业和政府及其所积累和获得的要素快速增长与扩展，决定其三重行为在产业部门和空间区位的选择不断变化和扩展，进而在产业体系不断高级化和多样化，而在空间上城市内部、城市体系和城乡体系部门的产出都在迅速地变化和增长。

总之，中国城市发展的构成要件的突出特征表现为：勤劳而精明的家庭，不断成长的企业，强势的政府主体，开放带来的外部资本和技术流入，近乎无限供给的人口红利，改革带来的制度红利，学习和竞争的交互行为，迅速膨胀的时空即空间对外空间联系快、发展速度快，以及物质产品重构和知识产品复制。

二　作用机制

（一）主体、要素、行为与耦合的作用机制

中国的三主体、三交互、六要素、三重耦合等构成要件的特殊性，决定中国城市发展的作用机制具有中国特征。

中央政府主动及其默许地方政府和民间开展向着社会主义市场经济制度目标的改革和开放的探索，使得农村家庭或个体、各类企业及其地方政府成为拥有相对独立的责权利分散的决策主体。使资源配置完全由计划决定转向主要由市场决定，政府从完全直接行政手段干预转向主要间接的经济手段干预，使经济主体获得与投入相对称的收益回报。不仅使得中国城市经济增长和转型的生产要素（无限供给的农村剩余劳动力、不断积累的物质资本和人力资本、巨量的境外资金和技术）大量涌现，极大增长了三主体追求经济发展的动能，而且大大增强了三主体追求经济利益的动力，从而形成三主体巨大的经济发展能动力。

相对独立利益的三主体，基于收益与成本的权衡和三主体所形成的能动力，做出独特的生产与消费、创新与学习和竞争与合作行为选择。具有更强的发展能动力的中国城市政府积极致力于辖区制度创新、公共产品供给，经营土地与城市并获得收入和融资，与相关城市展开劳动力和人才、资金和企业的竞争与合作。家庭劳动力向心仪的城市（与政府竞争与合作）非农集聚，向企业提供劳动力和人力资本，同时购买企业的私人产品。改制的国企和新出现的民企、个体以及境外企业，在平行竞争中，一方面选择与城市政府竞争与合作即选择合适空间区位，另一方面与国内外家庭竞争与合作，购买劳动力同时销售产品。

三主体的三交互，不仅快速创造了大量的物质产品，而且学习和创造了大量的知识产品即科学技术及人力资本，同时也使得人口发展快速转型即人口大量增长和寿命延长。这些发展总体表现为中国城市、城市体系和城市化迅速"S"形增长，以及城乡快速转型。当然这些快速发展也带来了经济、社会与环境，经济内部各产业之间、社会各阶层之间在增长与转型上的失衡。

（二）主体、要素、行为、耦合的决定与作用

对于家庭部门，家庭联产承包责任制的实施使农业产量提升，出现

劳动力剩余甚至无限供给，劳动力管理制度变革使得劳动力向城市转移，农村家庭基于最大化预期收益目标决定劳动力向非农集聚。家庭通过不断扩张和升级的物质和精神需求，驱动物质和知识产品的创造、模仿和复制。家庭通过物质和知识产品的消费，维持、生产和繁衍劳动力并向企业或政府提供，同时扩大人力资本的投资并向企业和政府提供，还通过储蓄和转化投资，生产物质和知识产品。

对于企业部门，农村改革释放的农业剩余劳动力使得乡镇企业崛起，城镇国有集体企业改革成为具有相对独立的市场主体。对外开放后，中国后发的劳动力无限供给带来国际产业转移，导致外资企业被大量引入。市场经济改革和国内市场短缺使得民营企业逐步形成和发展。基于国际比较优势，中国企业生产主要是加工制造、学习和竞争与合作，决定中国城市的发展处在制造、学习和竞争阶段。另外，由于制度改革没有完全到位，存在国有企业甚至政府与私人企业的不公平竞争，从影响物质产品和知识产品的创造、模仿和复制。

对于政府部门，中国的基本经济和政治制度以及经济制度改革尤其是财政制度改革，使地方成为具有相对独立利益的经济主体，从而使地方政府拥有发展经济的动力。与此同时，经济制度也决定地方政府拥有和控制着土地等国有资产。由此，中国城市政府对城市发展具有特殊作用。作为城市空间利益的代理人，中国城市政府进行土地和城市经营，参与全球或者全国的竞争与合作，吸引劳动力、资金、技术和企业。一般地，政府通过向辖区征收税收，提供公共产品，发挥重要作用，直接影响家庭部门和企业部门在经济发展中的角色，城市政府竞争成为日益重要的主体和领域，也影响家庭和企业部门之间的竞争与合作。

对于制度文化，经济制度改革主体是通过政府推动和默许而实现的。虽然改革是技术进步后市场主体的诉求，但是制度改革主要取决于政府的力量和条件。党和政府的宗旨决定了为人民创造更大福利和幸福，必须选择最优的制度，这是政府改革的内在动力。国家尺度的制度竞争与合作决定必需改革。城市政府之间存在着激烈的竞争与合作，迫使城市不断改革完善制度。制度文化尤其是变革对中国城市发展最为关键，决定中国城市发展的人力资本、人口资源、物质资本、科学技术甚至公共基础设施不一样的增长和结合。制度文化是从影响个体和组织行为的角度影响要素结合及其物质和精神产出增长的,例如,计划生育政策限制了家庭人口的增长,而九年制义务教育促进了人力资本的增长。

对于土地等公共要素,由于基本经济制度决定,中国城镇土地属于国有并实际上由地方政府所控制,制度决定的政府需求偏好和预期收益即发展经济的动力,决定城市政府进行土地等公共要素的经营。不同于一般的城市税收和基础设施收益融资,中国的土地财政和土地融资快速地改变了中国基础设施和公共服务的状况,在三主体的竞争与合作中,中国城市政府相互竞争以及同国际城市的竞争,不仅带来了公共产品大规模增长,而且促进了人力资本、科技进步和人口素质提升,快速吸引了大量资金、技术和企业。

对于人口资源,制度改革、文化传承、技术进步等带来的农产品剩余和劳动力剩余。计划生育制度限制人口出生,非农产业扩大逐步吸收剩余劳动力,技术进步倒逼人力资本和寿命增长挤压人口增长。所以,制度政策、技术进步和物质资本(收入)相结合决定人口增长率长期较低且迅速下降,也决定前期劳动抚养比较低而后期劳动抚养比较高。前期无限农业剩余劳动力是吸引外部资金流入城市,从而促进城市物质产品和知识产品快速增长的重要条件。后期劳动力相对短缺导致经济增长放缓,同时倒逼经济转向高质量、知识型的发展。

对于人力资本,技术引进、资本引进倒逼人力资本提升;强势政府公共投入推进的义务教育,大规模公共投资发展的高等教育,无数家庭重视教育而进行巨大的人力资本投入,大规模产业大军的"干中学"技能培养,使中国人力资本得到迅速提升。中国人力资本的快速积累以及传统的勤劳坚韧的劳动态度,促进了物质资本、科学技术和人力资本的增长,但在一定程度上抑制了人口的增长。

对于物质资本,通过对外开放大量境外资金被引入,通过资本积累即家庭储蓄和企业的利润转向投资,中国物质资本快速增长。这是物质产品增长的保障,也是知识产品创新和模仿的重要条件,但物质资本快速增长也带来了环境破坏和生态恶化。

对于科学技术,制度从影响主体行为的角度进行科技创新和学习,中国的农业和工业技术在城市发展初期,主要通过引进外资、直接购买和出国学习等"干中学"和"学中学"途径从外部学习获得,以及在学习的基础上，通过"干中创""学中创"和"创中创"获得。中国城市科学技术发展倒逼人力资本增长，同时人力资本增长和积累为科技进步创造了条件，更为重要的是科技带动物质产品的巨大增长。

对于具象行为，基于要素与市场的国际比较优势，中国的企业主体依次选择初级加工、轻工制造到重化制造到服务再到知识服务的具象生产和服务行为。基于政府的政策制度及其他要素，中国家庭在人口生产上采取了少生优生的行为；在消费和投资上，除了物质和精神消费不断升级，教育、储蓄和住房的组合投资不断变化。中国政府积极从事营商环境的改善、公共产品的供给和土地的经营。

对于抽象行为，基于要素和市场的比较优势，中国城市主体主要表现为学习和模仿，尤其在前期和中期都是学习主导。随着经济发展模仿创新和自主创新逐步增加，大规模学习行为迅速增加了中国物质产品、人力资本、科学技术，也导致人口转型加快，带动了中国经济加速发展。

对于关系行为，基于要素和市场的比较优势，中国城市经济主体在初期选择以国内城市竞争、国际城市合作为主，之后选择以国内城市合作、国际城市竞争为主。这一关系，一方面实现了国际城市的双赢，引进了物质和知识要素，销售了大量产品；另一方面通过国内城市的竞争，激发了政府、企业和家庭发展经济的动力，从而促进了要素的优化配置、充分利用，促进了物质、知识的增长以及人口的转型。

中国的三主体、三交互、六要素的三重耦合，可以从空间的视角，表现为中国特征的现代城市形成和发展、现代城市体系的形成与变化以及城市化和城乡体系的演化。

三　城市发展

改革开放前，稀缺的物质资本、有限的知识资本、严格的计划体制决定了农业集体经营无法调动生产者积极性，导致农产品剩余有限，非农产品有限，城市的人口、空间和经济规模占比极低且增长有限。时代背景和国家特征决定中国现代城市形成和发展的三主体、三交互、六要素及三重耦合的作用机制。

（一）中国城市发展的作用机制

市场化制度改革激发了三主体的动力，也为三个动能释放创造了条件。个人及家庭相对独立、责权利确立，以及竞争性劳动力市场形成，使得农村家庭剩余劳动力从自身利益最大化出发，有动力和有条件离开农村地区和农业部门，必然向收益更高的非农部门和地区聚集。市场化制度改革包括开放也使跨国企业基于利润最大化的考虑，进行全球分工，将一部分产业及其环节向成本更低的城市区域转移。市场化改革使地方政府一方面成为相对独立的责权利主体，另一方面拥有了从市场争取和配置资源的渠道，地方政府有条件和有动力经营自己的城市并通过市场竞争资源、要素和市场。在此基础上，跨国企业的全球分工、农业劳动力的非农聚集和地方政府的城市经营三者相互作用。

农村剩余劳动力与跨国企业和城市政府在城市结合以释放能量。获得动力和条件的农村剩余劳动力，要想获得更多收益就需要走进具体的城市和企业里，与机器资本等生产资料结合创造产品、服务和财富。这从一个侧面显示，农村家庭剩余劳动力选择具体的企业和城市，与企业和城市结合，为企业发展和城市崛起提供了动力和条件。

跨国企业与农村剩余劳动力和城市政府在城市结合以发挥作用。有条件自由选址的企业，要想获得更高的利润，一方面需要落户到具体的城市并与当地政府合作获得价格低廉的土地、基础设施和公共服务；另一方面需要与农村剩余劳动力结合，招募价廉质优的劳动力，并与技术性的机器等资本结合，以更低的成本提供优质的产品和服务。

城市政府与农村剩余劳动力和跨国企业在城市结合以产生影响。有了动力和条件，城市政府要获得更大的利益和更好的发展，一方面需要招商引资即与国内外企业结合，另一方面需要接收农村剩余劳动力即与劳动力相结合，从而为城市创造产品、服务和财富，进而带来更多的税收增长和土地增值。这不仅带来城市产业的增长，也推动了城市的建设，加快了城市的发展和崛起，为此需要提供包括制度在内的公共产品。由于产权制度及其相关制度的决定，中国城市建设用地使用权事实上属于城市政府，土地收益不仅可以成为城市政府的财政收入，而且土地使用权及其收益也可以成为财政收入的重要来源和城市建设融资的重要工具。这不同于土地私有的许多市场经济国家，以往城市公共产品来自税收投资和税收或基础设施收益的债券融资。这促进了中国城市的崛起，也带来了城市发展的问题。

总之，市场化的改革导致政府、企业与家庭互相需要和相互耦合，使得全球的资金、技术和市场，无限供给的农村剩余劳动力和土地及营商环境，相互吸引和结合，进而推动中国城市快速发展。

（二）城市的发展的动力演化

三主体、三交互和六要素的动态结合，导致投入与产出，特别是知识投入与产出的不断增长，并且影响规模经济和比较经济的变化，决定城市集聚的规模增长和结构变化。对国家整体城市或者一个抽象的城市而言，不同时期主导城市发展的引擎是不同的，或者说其主导作用在不同时期是轮动的。

第一阶段是由农业人口主导。在经济转型发展的初期和相对封闭的经济中，在工业化和城市化的初期，由于农业发展所产生的农村剩余劳动力（无限供给）是经济发展的主要资源，通过发展劳动密集型产业既可以启动增长也可以带动转型。农村土地和人口制度的改革，虽然分散了经营但调动了农民积极性，真正产生了农产品剩余和农业劳动力剩余，不仅扩大了对非农产品的交换需求，也为非农产品提供了劳动力，从而导致乡镇企业崛起和各地小城镇的兴起。也即是地方政府的改革和小城镇建设为乡镇企业生产经营创造了条件，农村剩余劳动力基于利益比较决定转移到当地乡镇企业，乡镇企业基于政府支持和剩余劳动力以及初步的资金积累，在当地小城镇建立企业。从而实现了三主体和六要素、三交互的初步或者第一阶段的结合。

第二阶段是由外资企业主导。在经历一定时期的资本积累，同时在开放经济体系下，在工业化和城市化的新阶段，尽管劳动力依然具有一定优势，经济体系有条件也需要过渡到资本密集阶段，资本成为经济增长和结构调整的主要引擎。

第三阶段是由政府、土地主导。在经过第二阶段的工业化和城市化之后，一方面，在积累资本的同时，也积累了一定规模的技术和人力资本。另一方面，刘易斯第一拐点出现，劳动力开始短缺带动成本上升，导致资本和低端产业转移。按照一般规律，经济应该进入知识密集型的低增长阶段。但是，中国进入了与众不同的持续高增长阶段。一方面，由于前述原因，前一阶段中国城市化滞后于工业化，为这一时期人口城市化发展创造了条件；另一方面，中国城市政府是一个实质性拥有土地的相对独立的利益主体。在企业转型升级相对困难，城市化面临重大发展机会，地方政府需要保持快速增长和追求更大利益的背景下，企业、城市政府和家庭，均趋向土地经营、城市建设和房地产发展。

第四阶段是由高端人才主导。尽管由于前提条件的变化，中国没有遵循一般规律，而将土地资本与产业资本分开，从而增加了土地主导阶段，进而延迟进入知识主导的发展阶段，但最终仍然进入这一阶段。

（三）中国城市发展的主要表现

城市人口规模与结构决定及其演变。人口规模变化取决于人口规模边际增长的收益与边际增长的成本。城市人口的集聚力等于人口的扩散力。由家庭最大效用决策决定的人口数量从小城镇到小中城市，再到大城市，最后到特大和超大城市。城乡政府基于决策使得人力资本投资不断增加，在此基础上，家庭基于最大化效用的决策权衡也将不断增加。同时由于不同家庭收入及偏好不同，不同家庭人力资本投资是不同的，从而决定集聚人口的人力资本及其结构的整体提升也在不断地变化。在此基础上，从低端人口集聚到高端人口集聚也在增加。正是由于存在不同的城市以及人口的流动性，使得人力资本投资即教育存在一定的问题，如留守儿童和随迁子女的教育问题。

城市空间规模与结构决定及其演变。城市边际地租与边际成本相等决定城市的边界，而竞价地租决定城市内部的空间结构。由于三主体、三交互和六要素结合导致物质，尤其知识产品的增长或引入不断改变土地边际收益与边际成本，也在不断改变竞价地租结构。所以，均衡的空间规模和结构不断演变。由政府最大效用决策决定城市空间面积，城市面积从小到大，城市面积增长从慢到快再到慢。城市空间结构从单中心小城镇到单中心的中小城市，再到多中心的大城市和都市区，从简单的结构功能到复杂的结构功能。

城市产业规模与结构决定及其演变。城市经济的均衡规模像企业的规模一样，取决于边际收益等于边际成本。但是由于城市的规模收益和比较收益受到三主体、六要素的影响，而六要素尤其是知识产品的要素是内生变化的，从而决定边际收益和边际成本的平衡增长路径，城市经济的规模由小到大。同样城市经济结构也是企业主体基于利益最大化，在政府和企业交互作用下，使得新产品的品种、知识产品的品种不断增加。城市经济的结构从简单轻工制造主导，到重化制造主导，再到物质服务，最后到知识服务；从乡镇企业到外资企业到民营企业。

四 城市体系

由于三主体和六要素的特殊性，中国现代城市体系的形成和发展在遵循城市体系形成和发展一般规律的基础上，也存在自己的特色。

（一）中国城市体系形成的作用机制

假定在一个均质的球体陆地上，在前期村庄基础上分别发展了毗邻和一定距离间隔的城镇，初始条件下分别服务自己腹地内的农村，毗邻城镇之间并没有任何的联系。随着三主体、三交互和六要素结合以及知识的内生增长，导致城市现有产品的剩余或运输成本下降，生产者将扩大销售范围。如果生产的是相同产品，城镇之间就存在着市场攻守的竞争；如果生产的是不同产品，城镇之间通过贸易可以获得更多福利，不管是竞争还是贸易合作，城镇之间从互不联系到相互联系，因而形成了城镇体系，并在各城市边际收益相等的情况下达到均衡。

（二）中国城市体系发展的动力演化

随着三主体、三交互和六要素的结合以及知识的内生增长，随着单个城市动能发生变化，中国城市之间的关系及其关系动能也在不断地升级。

第一阶段是农村劳动力主导城市之间引擎的耦合与竞争。在改革开放初期，开放主要集中在东部沿海很小的区域，这时城市类型主要分为小城镇和大中城市两类。基于当时的资源和要素稀缺，城市引擎竞争不可避免。小城镇的主要引擎是劳动力，辅之以土地和资本，生产的农副产品及轻工业产品向大城市销售。大中城市的主要引擎是原始积累的资本，辅之以劳动力和土地，向小城镇和农村销售相对高端的产品和服务。城市间商品和服务的交换，使小城镇与大中城市之间劳动力、资本（技术）、土地相互耦合。由于这一阶段引擎耦合以劳动力为主导，以资本和土地为辅，劳动力更多地向当地小城镇聚集，小城镇获得比大中城市更快速的发展。在改革开放和经济转型的初期，各地城镇主要利用劳动力主导引擎，辅之以土地和资本，通过发展乡镇企业和建设小城镇，促进城市发展。城市引擎耦合主要表现为争取和利用更多的知青返城和农村剩余劳动力进城，发展乡镇企业、个体私营企业和小城镇。由于小城镇在吸引和利用劳动力方面具有优势，这一时期小城镇相对于大中城市获得了更快速的发展。

第二阶段是外商外资主导城市之间的耦合与竞争。在之前的劳动力竞争基础上，随着国内市场饱和，依靠劳动力竞争驱动乡镇经济发展的优势下降，资金成为经济发展的主要引擎。竞争推动引擎从劳动力向外资轮动。从最初的土地、税收等政策优惠，到改善硬件环境，再到改善软件环境，逐步改善外来农民工公共福利，城市之间围绕招商引资展开的竞争，改善了城市的环境，总体上提升了城市的竞争力，但也导致城市的分化。对外开放使东部沿海城市在获取外商外资时拥有显著的区位优势。东部城市竞争力持续提升，中西部尤其东北城市竞争力逐步下降。随着改革开放的推进，外商外资成为重要的增长引擎，在全国城市外商外资竞争中，东部沿海城市拥有区位等诸多优势，因而外商外资率先成为东部发展的引擎，辅之以劳动力和土地。由于在外商外资竞争中缺乏优势，内地小城镇继续以劳动力为主要引擎，辅之以资本和土地。一方面，内地的劳动力和土地指标向东部转移，支持东部沿海城市外资引擎；另一方面，劳动力工资和财政转移支付向内地转移支撑了内地大中城市政府的土地经营和内地小城镇的劳动密集经济，从而使内地小城镇增长引擎与东部沿海城市外商外资主导引擎形成互补的耦合。同样，由于在外商外资竞争中缺乏优势，内地一些大中城市首先发现并逐渐将土地经营作为主导引擎，辅之以资本与劳动力。一方面，内地大中城市的人才和土地指标向东部沿海城市转移，配合支持东部沿海城市的外资引擎；另一方面，沿海农民工工资和人才工资向内地大中城市回流和东部沿海城市税收部分向内地转移支付。内地大中城市增长引擎与东部沿海城市外商外资引擎形成相互依存的耦合。这一阶段城市之间的引擎耦合以外商外资为主导，以劳动力和土地为辅，因此，东部沿海城市获得快速发展。

第三阶段是政府、土地主导城市之间的耦合与竞争。在外商外资动力减弱后，引擎和动力要么升级、要么转变，但由于向上转移困难，水平引擎上确实存在空间。这时竞争的结果导致主导引擎转向土地。首先，东部沿海城市形成了外资和土地的双引擎，辅之以高端人才；其次，内地大中城市土地主导引擎更加凸显，辅之以外资与劳动力；内地小城镇劳动力继续作为主导引擎，辅之以土地与外资。一方面，内地的劳动力和土地指标向东部转移，继续支持东部沿海城市外资引擎；另一方面，劳动力工资和财政转移支付向内地转移，继续支撑了内地大中城市政府土地经营和内地小城镇的劳动密集型经济。三者在竞争中形成新的耦合与联动。这一阶段城市之间的引擎耦合以政府、土地为主导，以劳动力和土地为辅，因此，内地大中城市获得快速发展。一方面全方位开放；另一方面外需不足，中国经济发展的引擎转向土地。为了促进增长，各地在进行外商外资、劳动力争夺的同时，开始进入土地开发的竞争，从土地优惠到土地财政，再到土地融资。土地主导的竞争，辅之以人才、资金和劳动力的竞争，一方面保持了各城市的经济高增长和扩大了城市财政收入，加快了基础设施建设，改变了城市面貌；另一方面，也带来了城市高负债、房价高企和基础设施建设超前等问题。由于大中城市在土地竞争中拥有特别的优势，大中城市获得了较好的发展。但是，高房价和高成本迫使一些城市的引擎转向高端要素即人才。

高端人才主导的城市之间引擎的竞争与耦合。随着劳动力短缺、外商产业离开，土地作为引擎逐渐式微，城市竞争主要表现为高端人才竞争，辅之以外资、土地甚至劳动力竞争。一线、二线城市在竞争高端人才上更有优势，可以率先进入高端人才主导引擎，辅之以外资、土地。大中城市缺乏优势，仍然保持土地主导引擎，但已辅之以高端人才和外资。内地小城镇更是缺乏优势，继续保持以劳动力为主导引擎，辅之以外资和土地。这一时期三类城市通过商品和服务的交换以及私人收入空间流动、空间转移支付等使城市之间的引擎耦合以高端人才为主导，以劳动力和土地为辅助，因此，一线、二线城市获得快速的发展。在21世纪头十年，土地作为引擎逐渐式微，一方面土地透支了未来的增长，另一方面高地价高房价抑制其他引擎的作用，以至高端人才成为竞争的主要内容和发展的主要引擎。

（三）中国城市体系发展的主要表现

随着三主体、三交互和六要素的结合以及知识的内生增长，分工的深化、交互内容的升级和运输成本的下降，城市之间相互的边际收益在不断变化，中国城市体系在不断调整和升级。

区域城市体系由多个重要的方面所构成，可以从多个方面进行分类，一般可细分为城市人口规模体系、城市空间形态体系、城市产业体系。

中国城市人口体系不断变化，城市人口规模体系是区域城市在人口规模上存在的结构性关系。城市人口规模体系均衡决定在一定的三主体和六要素作用下，每个城市人口增长的边际收益相等。同样因果循环内生决定各城市人口增长的边际收益在不断变化，从而使得均衡的城市人口规模体系不断调整。但是中国的许多经验研究证实，城市人口规模体系服从"齐普夫法则"，即一个国家或区域中，城市规模与位序存在负相关。如，一个地区排序第 2，第 3，…，第 N，直至最后一位的城市的人口数量，应大致分别是第 1 大城市人口数量的 1/2，1/3，…，1/N。

中国城市空间体系不断变化，城市空间形态体系则是城市主导形态的结构关系。城市空间形态体系是区域城市在土地规模上存在的结构性关系。城市空间形态体系均衡决定在一定的三主体和六要素作用下，每个城市土地增长的边际收益相等。从单中心小城镇形态主导的体系，到单中心大城市形态主导的体系，再到多中心都市区主导的城市体系，当区域出现较多都市圈和城市群的时候，城市空间形态体系发展到都市圈甚至城市群主导的体系，形成以城市群为主导的多形态嵌套的体系。

中国城市产业体系不断变化，城市产业体系是城市在产业和要素上存在的结构性关系。城市产业体系的经济均衡决定在一定的三主体和六要素作用下，每个城市经济增长的边际收益相等，表现为从劳动力要素主导—资本要素主导—土地要素主导—人才要素主导；城市产业结构的主导形态从轻工业主导—重化工业主导—物质服务主导—知识服务业主导，城市之间产业关系从最初的同质恶性竞争到产业错位和合作发展。

中国城市体系性质不断变化，在分工有限和运输成本较高的情况下，小城镇因为只有较小的规模经济，只能生产少量种类的产品和服务，服务于本城镇及腹地的农村，同时作为更大城市与农村联系的中转平台，所以主要与中心城市及周边的城镇和农村发生联系。城市之间尤其存在明显的等级关系。而在分工充分和运输成本较低的情况下，一方面，任何城市都可以以很低的运输成本实现要素或产品的联系；另一方面，每个城市可以因为专注某一或某些领域而做到成本相对最低并服务于所有的区域内城市。因此，城市之间形成广泛联系、相对平等的网络关系。中国城市体系从等级城市体系向网络城市体系发展，当然网络城市体系也是存在一定差异性和等级性的，只是其性质和程度与传统意义上的等级城市体系明显不同。

五 城乡体系

从乡村社会向城市社会转变的城市化即是城乡体系的演化，由巨型国家、制度特征、后发国家、对外开放和科技时代五项背景和特征决定了中国城乡关系演化的中国特色，包括快速转化、阶段性过度分化、阶段性严重失衡以及阶段性不同步。

（一）中国城乡经济空间转型的作用机制

改革开放前，中国稀缺的物质资本、有限的知识资本、严格的计划体制决定了农业集体经营反而无法调动生产者积极性，导致农产品剩余有限，非农产品有限，城市的人口、空间和经济规模占比极低且增长有限。

制度改革带来了相对充裕的农产品剩余，也使得农村家庭释放无限供给的劳动力，对外开放（也是改革）带来了国际家庭的大量非农消费市场和国际企业的资本（物质）和技术（知识）。制度改革激发地方政府推动辖区发展的积极性，经营城市土地和城市环境，引进外企包括资金和技术，发展乡镇企业和民营企业以及改革国有企业。全球分工所带来的外部资金与当地无限供给的农村剩余劳动力结合，以及相应全球市场带来远高于封闭经济下的工业化和城市化速度。与此同时，先期无限供给的剩余劳动力导致的工资低下在形成成本优势时带动非农化发展速度远高于城市化速度，导致非农化与城市化的不同步，也导致乡村阶段性萎缩和转型缓慢，城乡分割更严重。由于市场化制度改革的滞后，劳动力和土地要素既没有实现市场配置，也没有做出非市场的配置安排，土地和劳动没有完全市场化决定了乡村人地没有分离，城市人地没有结合。总之，中国的五项背景和特征，决定了中国城乡转型尤其城市

化的速度加快,但也导致了相关关系的阶段性失衡,即城市化率达到
50%之前,产业非农化快于人口城市化,空间城市化快于人口城市化。
但是当城市化率达到50%之后,剩余劳动力供给相对短缺所带来的工
资增长,导致城市化水平逐步赶上非农化水平,乡村加快转型,城乡加
快融合。

与此同时,中国人口众多、疆域辽阔、区际差异大,聚散规律在广
阔的区域、跨越山河阻隔时发挥决定作用,从而导致资源要素在集聚
上,先从全国农村向当地城镇集聚,再向全国少数城市流动和聚集,加
剧全国城乡转型的不同步以及阶段性分化。

(二)中国城乡经济结构变化的具体特点

非农产业比例快速扩大。对外开放和新一轮全球化,使得国际资本
和技术与国内劳动力主要在沿海城市进行三主体交互下的结合。一方面
在城市基础上面向国际市场,另一方面城市基础产业成为国际产业链的
一环,两头在外,大进大出,并在此基础上重新塑造了中国非农产业体
系,也使得中国非农产业快速发展,从而使得城乡经济结构迅速改变,
即在快速工业化的基础上快速服务化。

乡村产业缓慢转型。高素质劳动力向非农产业转移,乡村的家庭经
营,城市非农产业链与国际对接,甚至城市消费需求也不依靠农村市场
而依靠国际市场(甚至农产品),使得乡村农业与非农产业阶段性脱节
和割裂,乡村产业出现阶段性的相对萎缩和转型滞后。但是在经历一段
时间发展后,农业也逐步加入全球产业链,技术向农业扩散和企业规模
经营扩大,农业比较利益逐步提升,农业市场结构由完全竞争转向如非
农产业一样的不完全竞争,农业与非农产业从全球到当地逐步实现与非
农产业的融合。

城乡产业的关系由排斥到融合。开放的经济体系使得城乡转型初期
城市非农产业与当地农业关系变弱,乡村产业发展滞后与非农产业发
展。但在城市化率达到50%之后,劳动力变得稀缺,非农产业成本上
升,工业化与城市化逐步同步,农业与非农产业互动联系逐步增加,非
农产业开始反哺农业,农业也逐渐工业化和服务化。

(三)中国城乡人口结构变化的具体特点

两种城市人口的比例差距先扩大再缩小。在城市化初期,开放的环

境与人口流动政策使得农村家庭向城市无限供给剩余劳动力，企业雇佣劳动力但支付较低的工资，城市政府没有条件和动力提供相应的公共服务，导致城市常住人口高速增长，但城市户籍人口增长相对较慢。在城市化下半程，一方面，劳动力短缺劳动力工资上升使得非户籍人口有条件居住在城市里；另一方面，城市政府有条件和有动力（为吸引人口和人才）提供公共服务，所以城市户籍人口增长不断加快，常住但非户籍人口比例将不断下降。

乡村人口素质先下降后提升。由于非农产业要求更高的人力资本，城市化初期城市化的持续是相对高端人口优先转型，而大规模城市化使得农村剩余劳动力素质显著下降。与此同时，由于农村产出增长有限，基层政府的公共收入和支出有限，教育等人力资本投资也十有限，导致乡村人口素质和人力资本增长有限，人口素质转型较慢。在城市化后期，乡村人口素质将较快提升。

城乡家庭人口先分离后合聚。三主体和六要素结合导致城市化初期在城乡政府以及企业决策基础上，家庭决策是家庭的城乡分离，进入城市的是家庭的青壮劳动力，留在乡村的是老人、儿童和妇女赡养和抚养人口。在城市化率达到50%之后，随着劳动力工资的上升，完全城市化逐步实现，家庭城乡分离逐步实现。在城市化率达到50%之前，城乡人口是从乡到城的单向流动。在城市化率达到50%之后，城乡人口开始双向流动。在城市化达到50%之前，一方面，乡村产业发展缓慢，自身公共积累有限；另一方面，城市面临大规模人口流入公共服务支出的压力较大，乡村人口和乡村进城的非户籍人口公共服务尤其教育支出不断增加。因此，乡村的人口素质将加快提升，并不断缩小与城镇的差距。

（四）中国城乡空间结构变化的具体特点

城市空间规模不断扩大。城市化率达到50%之前，非农产业加速扩展，家庭人口向非农部门转移，城市政府为吸引劳动力并促进企业发展，加快建设新城新区和开发企业产业园，城市面积迅速扩大，但同时也带来了城乡生态环境的破坏。城市化率达到50%之后，随着非农产业的减速和服务化、城市土地成本的上升以及国家保护耕地和限制城市规模扩张的政策，城市土地开发逐步下降。

乡村空间性质逐步转型。城市化率达到50%之前,一方面,乡村产业衰落,乡村基层政府公共产品支出下降;另一方面,城镇自身公共支出有限,行政配置资源重城市、轻乡村,向乡村的转移支付有限,乡村空间变化不大。城市化率达到50%之后,城乡产业融合,一方面,乡村自身的公共产品供给能力增加;另一方面,城市公共支出有条件也有动力向乡村反哺。乡村的公共产品包括基础设施和公共服务不断改善并且与城市均等化。

城乡空间的关系从对立走向统一。城市化率达到50%之前,城乡之间是持续分化和对立的。城市空间扩大,乡村空间减少;城市公共产品增加,乡村空间公共产品减少。城乡空间关系是分割的,城乡基础设施缺乏联系和网络化,城乡公共服务差异化。城市化率达到50%之后,一方面乡村的优势在提升;一方面城市要素开始向乡村扩散,改善了乡村公共产品供给,促进城乡基础设施一体化。城乡之间关系同城市内部空间关系一样,是等值而分工的关系。

从全国意义上看,在城市化率达到50%之前,主要是乡村要素向城市的集聚,从以乡村为本底的一元一体走向城乡二元分割。在城市化率达到50%之后,城乡要素开始双向流动,从城乡二元分割逐步走向以城市为本底的城乡一体。

六　中国城市

货币计价与效用价值可以将不同产业、不同区位、不同时间的物质与知识统一起来,形成价值总量。中国城市广义的经济总量及其物质、知识与人口等价值总量,也像前述一般经济体系的总量决定一样,也是趋向均衡并在不断打破均衡中发展的,均衡决定机制就不再赘述。

(一)中国城市广义的经济总量增长

广义的经济总量增长可以包括物质、人口、知识的增长。由于制度变革,知识要素发挥了规模报酬递增的作用,从而使得过去40多年,中国城市经历了历史上最重大的从传统向现代的一个转折,中国城市经济增加值总量经历了一个"S"形扩大,总量增长速度呈现倒"U"形,即初始条件下增长速度较慢,进入加速期,然后逐步减速。但是从过去到未来更长时期看,中国城市增长经历将会经历从"M"形到"S"

形，再到"J"形的增长。

（二）中国城市的知识增长和物质重塑

真实的经济增长可以用全要素生产率衡量。前已述及，真实的经济增长是知识的增长。知识包括人力资本、科学技术乃至制度文化。全要素生产率的含义比较接近真实的知识增长，全要素生产率是总产出剔除消耗的物质以及付出体力劳动能量所消耗的物质产品的市场价值之后的剩余增加值。与此同时，全要素生产率一般分解为技术进步、技术进步率、规模经济和配置效率。技术进步实际上是知识增量，而其他几项多是制度文化所带来的。不过真实的知识增长准确测度还可以继续深入研究。

过去 40 多年及未来，由于制度的创新与巨大规模的资金技术引进，以及劳动力资源从无效率向高效率部门的转移，中国城市全要素生产率总量在不断增加，并呈现阶段性变化的特征，未来还将会逐步加快增长，知识产品总量即全要素生产率将呈"J"形增长。

过去 40 多年及未来，由于制度的创新与技术的引进，以及农村剩余劳动力向非农部门转移，中国城市参与经济活动的物质资源和要素快速增加，从而使得中国城市物质产品增加值的总量快速增长，但是物质投入的边际递减特性决定，中国城市物质产品增加值呈"S"形增长。

过去 40 多年及未来，由于制度的变化与技术的引进，以及大规模资源要素参与经济活动，使得中国大规模的农村剩余劳动力转移到城市参与非农经济活动，进而使得城市劳动人口和城市人口快速增加，但是随着农村剩余劳动力转移逐步减少，也随着知识在经济发展中的作用和地位增长导致家庭出生人口下降，中国城市人口总量增长速度呈倒"U"形变化。

第二章　中国城市人口的转型[*]

第一节　中国城镇家庭人口转型[**]

早在 1798 年，马尔萨斯便在其代表作《人口学原理》中开创性地提出，"人口是经济发展的函数"。莫迪利安尼生命周期消费理论亦指出，全社会不同年龄段的人口结构比例会影响经济体的总消费率与总储蓄率，进而会对整个宏观经济周期产生深远影响。无论是从要素供给层面还是消费需求层面，人口结构均应视为城市发展转型的核心变量。[①]中国作为当今世界上最大的发展中国家，人口结构因素一直是"中国奇迹"和经济社会转型的内在动因。在全面建成小康社会、扎实迈向共同富裕的关键时期，从人口学和城市发展理论的视角重新审视中国城镇家庭人口转型机制，对于把握城市内在运行规律、引导未来经济社会高质量发展尤显必要。

---

[*] 本章的标题为中国城市人口转型，包含城镇家庭人口转型、城镇教育发展和城市住房发展。在分析家庭人口和教育特征事实时，为了与农村区别，以城镇数据为基础进行观点分析，仅为了证明城市发展的一般特征。

[**] 作者：李超，中国社会科学院财经战略研究院，副研究员；冯嘉良，中国社会科学院大学应用经济学院，硕士研究生。

[①] I. E. Nikulina and I. V. Khomenko, "Interdependence of Demographic and Economic Development of Regions", *Procedia-Social and Behavioral Sciences*, 166, 2015, pp. 142 – 146; Wei and Hao, "Demographic Structure and Economic Growth: Evidence from China", *Journal of Comparative Economics*, Vol. 38, 2010, pp. 472 – 491.

一　中国城镇家庭发展与人口转型的特征事实

改革开放以来，中国城镇家庭人口转型步伐加快，并表现出了自身的独特性。一是中国城镇居民家庭人均可支配收入增长迅速，收入结构逐渐多元化，无论是收入增长趋势还是基尼系数都呈现倒"U"形变化特征。二是中国城镇居民家庭人均消费支出不断增长，消费结构呈现优化升级的发展趋势。三是中国城镇居民家庭投资总资产逐年增加，前期以储蓄为主，后期住房资产迅速增加，投资结构日益丰富多元，金融资产占比稳步上升；但与此同时，居民部门负债率上升，金融配置风险因素凸显。四是中国城镇家庭向小规模方向发展，生育率持续降低，人口老龄化速度加快，人口平均受教育年限显著增加，从人口红利向人才红利转变。具体来看，改革开放以来中国城镇家庭人口转型主要有以下四大特征。

（一）家庭收入增长和基尼系数呈现倒"U"形变化特征

改革开放以来，随着中国经济的高速发展，中国城镇居民家庭人均可支配收入总体上处于高速增长期。1979—2021 年，中国城镇居民家庭人均可支配收入年均增长率为 7.13%，整体呈现倒"U"形的变化趋势。1979—2007 年，中国城镇居民家庭人均可支配收入增速主要呈现波动上升。在改革开放初期新旧体制交替的过渡阶段，中国城镇居民家庭人均可支配收入增速波动十分剧烈，其中尤以 1988 年中国推进所有商品计划价格和市场价格并轨的价格"闯关"改革时期，中国城镇居民家庭人均可支配收入下降最为明显。2007—2021 年，中国社会主义市场经济体系初步成型，中国城镇居民家庭人均可支配收入增速有所减缓，增长率也不再如前期般剧烈波动，如图 2.1 所示。

此外，中国城镇居民家庭的收入结构日益多元，工资性收入占比下降，其他来源收入占比上升。如图 2.2 所示，工薪收入占比最高，但一直呈现下降趋势，由 2000 年的 71.17% 逐步下降到 2021 年的 60.07%。财产性收入占比逐渐上升，由 2000 年的 1%—2% 上升到 2021 年的 9%—10%。经营净收入占比在 2000—2014 年呈现一直上升的趋势，由不到 4% 的占比上升到 11% 左右，并在随后 7 年内保持在 11% 左右。转移性收入占比在 2000—2012 年为 22%—24%，而在 2012—2021 年有所

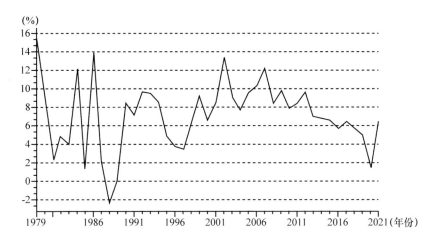

图 2.1　1979—2021 年中国城镇居民家庭人均可支配收入同比变化趋势

下降，为16%—18%。由此可见，中国城镇居民家庭收入结构拥有了更强的风险抵抗能力，同时也从侧面揭示出中国市场经济的不断发展和金融市场的日臻完善。

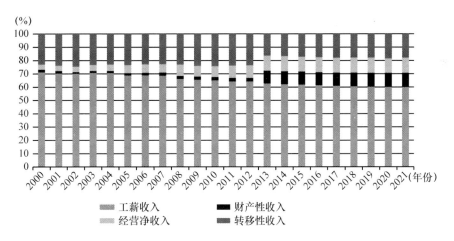

图 2.2　2000—2021 年中国城镇居民家庭收入结构变化

在收入分配方面，中国城镇居民历经了从收入差距扩大向日益公平的阶段变化，基尼系数呈现倒"U"形变动趋势。如图 2.3 所示，2000—2008 年，中国城镇居民收入基尼系数总体在不断增大，这反映出社会贫富差距在不断扩大。随后，中国城镇居民收入基尼系数开始缩小并趋于平稳，表明中国收入分配得到了进一步优化，社会贫富差距进一步缩小。2013 年后，中国城镇居民收入基尼系数出现小幅回升态势，但总体上仍保持在 0.3 左右。从各省份来看，北京、山西等地的城镇居民收入基尼系数相对较高。根据胡润研究院报告显示，2020 年北京、上海、深圳、广州的千万元以上高净值家庭分别达到 29.4 万户、25.5 万户、7.57 万户和 6.89 万户，远高于国内其他城市。

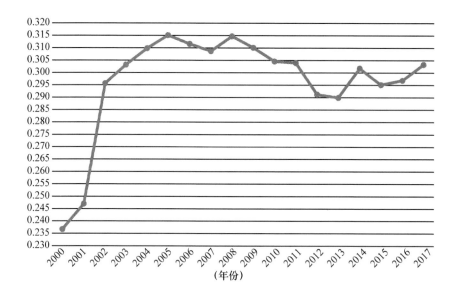

图 2.3 2000—2021 年中国城镇居民收入基尼系数变化趋势①

（二）城镇居民消费结构呈现优化升级的发展趋势

随着收入增长，中国城镇居民家庭人均年消费支出也呈现不断增长的趋势，在 2008 年突破万元消费大关（如图 2.4 所示）。随着人口转型，中国城镇居民家庭消费结构也呈现颇为明显的升级化态势，最为明显的是食品支出、衣着支出占比不断下降（如图 2.5 所示）。食品支出

---

① 数据转引自：闫华飞、蒋鸽：《城镇居民家庭收入差异对基尼系数的影响》，《统计与决策》2020 年第 20 期。由于该文受数据所限采取基尼系数的一般算法，利用各收入组每年户均可支配收入作为标准来计算基尼系数，从而模糊了各收入组的组内差异，与国家统计局的计算方法相比可能存在一定低估。

占比由 1993 年的 50% 下降到 2015 年的 30% 以下，并最终稳定在 29% 左右。衣着支出占比则从 1993 年的 14% 下降至近年来的 6%。中国城镇居民关注点逐渐从物质消费转移到精神消费，人们将更多的收入投入医疗保健、交通通信、教育文化娱乐服务支出上。中国城镇居民家庭发展享受型消费占比从改革开放以来一路上涨，由 1993 年的 29% 上升到 2021 年的 40.85%。

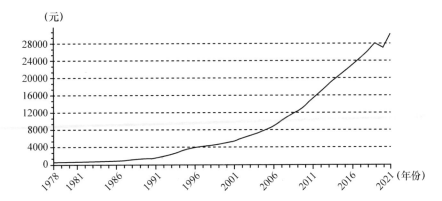

图 2.4　1978—2021 年中国城镇居民家庭人均消费性支出变化趋势

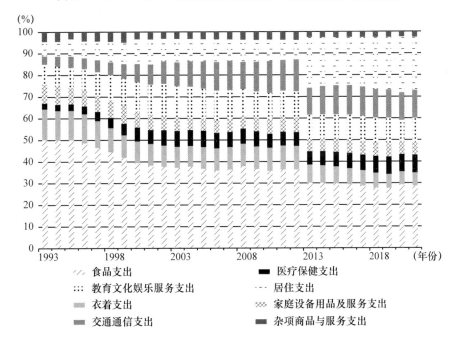

图 2.5　1993—2001 年中国城镇居民家庭消费结构变化趋势

　　此外，中国城镇居民家庭恩格尔系数一路走低，也进一步显示出家庭消费结构的升级。如图2.6所示，改革开放初期中国城镇居民家庭恩格尔系数高达57.5%，随着改革开发的纵深推进以及人口素质的不断提升，到2021年已经下降至28.6%，中国城镇居民消费进一步提质升级。在与其他国家对比上，美国农业部经济研究局公布的2018年数据显示，中国城镇居民恩格尔系数为24.1%，高于同期美国的8.1%和日本的18.2%，但低于同期印度的32.1%，说明中国城镇居民的消费结构相比美国和日本还存在进一步的升级空间。

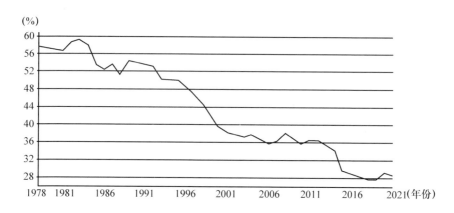

图2.6　1978—2021年中国城镇居民家庭恩格尔系数变化趋势

　　（三）家庭投资前期以储蓄为主，后期住房投资迅速增加

　　21世纪以来，中国城镇家庭居民总投资资产逐年增加，前期以非金融资产为主，后期金融资产占比稳步上升（如图2.7所示）。《中国国家资产负债表2020》显示，2000年居民非金融资产投资额为182148亿元，高于同期金融资产投资额137820亿元。其中，非金融资产投资又以住房投资为主，资产额为167232亿元，占比高达91.81%。此后，金融资产投资与非金融资产投资的差距逐步缩小，2008年中国居民金融资产投资额首次超过非金融资产投资额，2010—2019年金融资产投资额增速显著高于非金融资产投资增速，反映出在中国金融市场不断完善的背景下，中国城镇居民家庭更加倾向于投资金融资产。

　　中国城镇居民家庭的投资结构日益优化。在金融资产投资结构方

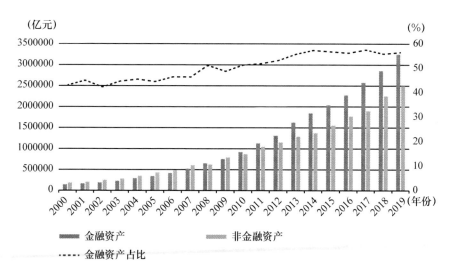

图 2.7　2000—2009 年中国城镇家庭居民金融资产和非金融资产结构变化趋势

面，2006 年前后存在显著变化。2006 年前主要金融资产投资是存款，早期存款占比最高达 94.49%，单一的存款储蓄是中国城镇居民家庭的主要选择。到 2006 年，中国城镇居民家庭的金融资产中股票及股权占比首次超过存款占比，随后继续维持在 50% 左右，而存款占比则下降至 35%。在非金融资产投资结构方面，住房资产占比保持长期稳定，几十年来一直维持在 92% 左右。

在负债方面，居民借贷水平不断上升，风险因素日益凸显。国际货币基金组织数据显示，中国家庭债务中贷款和债券占 GDP 的比重由 2006 年的 10.81% 快速增长到 2020 年的 61.59%。在居民投资大幅增长的同时，债务水平也快速飙升，居民部门消费潜力和抗风险能力受到一定程度影响。

（四）中国的人口红利转向人才红利

中国人口数量增速进一步放缓，人口出生率持续下降，家庭规模向小型化发展，人口老龄化不断加剧，推动中国经济增长的人口红利正在逐渐消失。根据第七次全国人口普查结果显示，中国平均初婚年龄升至 28.67 岁，平均每个家庭户的人口规模降至 2.62 人。2021 年，中国婚姻登记人数仅有 764.3 万对，为近 40 年来最低值；中国人口出生率降

至 7.52‰，为新中国成立以来的最低值，全国人口自然增长率也仅为
0.34‰。此外，中国老龄化速度明显快于其他国家，适龄劳动人口规模
逐渐减少。2001 年，中国以 65 岁以上人口比例衡量的人口老龄化率为
7.1%，超过国际公认的 7% 的标准，这标志着中国进入老龄化社会。
截至 2021 年，中国 65 岁以上人口比例超过 14%，标志着中国正式步入
深度老龄化社会。从步入老龄化社会到步入深度老龄化社会，中国仅用
了 21 年，明显短于法国的 126 年、英国的 46 年和德国的 40 年。

　　但是，目前中国部分城市仍存在较高人口红利，劳动抚养比较低。
东部沿海大中型城市和中西部核心城市快速扩张和城镇化加速推进，集
聚效应对人口的吸引力仍然强劲。小城市特别是乡村为大中型城市提供
了大量劳动力，仍形成了大规模低成本的劳动供给，减缓了大中型城市
人口红利的消失。其中，农民工在这一进程中扮演着重要角色。20 世
纪 80 年代，民工潮为城市带来大量劳动年龄人口，显著降低了流入地
的劳动抚养比，但也形成了农民工与子女异地分离的家庭格局。自
2008 年以来，农民工人数增长率逐步下降至 1%—2% 的低点，农民工
总人数开始趋于稳定。在流动模式上，更多农民工选择举家外出，随迁
子女入学日益得到保障，在流入地的社会融合和家庭归属感日益增强。

　　与此同时，中国人口总体素质不断提升，人力资源质量不断提高，
人才红利优势正在逐渐形成。以人均受教育年限为例，1978 年劳动年
龄人口平均受教育年限不足 4 年，2020 年劳动年龄人口平均受教育年
限达 10.8 年，人均受教育年限大幅提高。此外，接受高等教育的人数
也在不断增长。2008—2021 年，中国普通高校毕业生人数的平均增长
率为 4.52%，研究生毕业生人数的平均增长率更高，达 6.77%。2021
年普通高校毕业生人数为 826.5 万人，研究生毕业人数则达到了 77.3
万人。综合来看，中国正处于从人口红利到人才红利的转型时期。

二　中国城镇家庭发展和人口转型的总体机制

　　在社会学中，家庭的一般概念是一种以婚姻、血缘、收养、同居等
关系为基础而形成的共同生活单位。而在经济学中，早在亚当·斯密的
《国富论》便提到了家庭的重要性。随后，马尔萨斯的人口增长理论模
型、马克思的《资本论》和恩格斯的《家庭、私有制和国家的起源》

等理论、著作进一步展现了社会以家庭为单位，对社会经济、人口结构的影响。在西方经济学中，家庭是组织人口和人力资本消费和生产，以及生产要素出售决策的组织。与经典理论相比，中国家庭在经济学中的性质也别无二致。

（一）一般机制

家庭发展和人口转型的一般框架离不开政府、家庭、企业三主体的具象行为、竞争与合作行为、学创行为的三交互对六要素产生具体影响，系统内变化的六要素再次相互作用、循环结合，最终确立经济体的人力资本与人力资源。确立后的人口资本和人力资本又会反作用于三主体和其他的五要素，如图2.8所示。

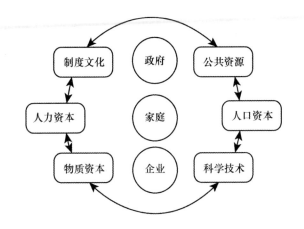

图2.8　家庭发展和人口转型的一般研究框架

1789 年，马尔萨斯的《人口论》一书，阐述了物质资本、公共资源和人口间相互影响的关系。他强调资源的有限性，认为如果人口不断增长，自然环境必将不堪重负，阐释了人口与资源的必然联系。从以家庭为主体的交互角度出发，经济学家们利用人口数据和宏观经济数据，提出了人口发展与经济增长的"数量—质量权衡"理论。Aaronson 等（2014）[1] 将"数量—质量权衡"理论运用于生育决策研

① D. Aaronson et al. , "Fertility Transitions Along the Extensive and Intensive Margins", American Economic Review, Vol. 104, No. 104, 2014.

究，发现在高等教育易得的情况下，母亲会倾向于至少生育一个子女，但同时会倾向于更小的家庭规模，接受过高等教育的女性倾向于减少或推迟生育行为。Baudin 等（2015）[1] 则通过研究 1990 年美国人口普查数据，发现女性不生育的现象与受教育程度之间存在"U"形关系。

总体而言，三主体的三交互行为带来物质资本增加的同时也带来内化的人力资本的增加。随后，人力资本的增长又反哺、促进外化的科技进步和物质资本增加。物质资本的增加会带来人口柔性增加，而科技知识的增加则会倒逼人力资本的刚性增加，从而在增加人口的同时，刚性增加人力资本。随着人力资本刚性增加，人们生育意愿的下降和其他因素会导致人口增幅的减缓。科学技术的创新进步除了通过增加物质资本影响人口和人力资本，同时也会深刻地改变主体交互行为。因此，人口数量的变化是由缓慢增长到快速增长，再到减速增长，最后到零增长。与此同时，教育投入和人力资本将呈现不断增长，人口呈现的是 logistic 曲线变化，人力资本则呈现不断增长的变化。因此，人口数量的变化是由缓慢增长到快速增长，再到减速增长，最后到零增长，总体呈现出 logistic 曲线变化趋势，而教育投入和人力资本则呈现出不断增长的变化态势。

人口转型即人口增幅放缓和人力资本提升又对家庭、企业和政府的三交互行为有重要影响，进而对物质资本、科学技术、制度文化和地理空间产生重要影响。大量的理论研究表明人力资本的外部性是助推经济发展的主要动力。Marshall（1890）[2] 发现企业和劳动力密集地区会产生经济外部性，工人间的交流互动会显著提高生产效率。Moritte（2004）[3] 揭示了人力资本的外部效应对物质资本（生产率溢出）、地理空间（城市犯罪）以及制度文化（政治选举）的影响。蔡昉（2011）[4] 认为，人力资本具有高收益率，能够缓解劳动力短缺或劳动力不足，即

---

① T. Baudin, et al., "Fertility and Childlessness in the United States", *American Economic Review*, Vol. 105, No. 6, 2015.

② A. Marshall, *Some Aspects of Competition*, London：Macmillan, 1890.

③ E. Moretti, "Estimating the Social Return to Higher Education：Evidence from Longitudinal and Repeated Cross - sectional Data", *Journal of Econometrics*, Vol. 121, No. 1, 2004.

④ 蔡昉：《中国的人口红利还能持续多久》，《经济学动态》2011 年第 6 期。

要素短缺问题。

（二）中国特征

第一，制度特色因素。计划生育政策的存在，使得中国的人口转变并非纯粹自然的社会经济发展变化的结果。独特的人口政策使得中国的人口转变过程不同于其他国家。20世纪70年代末开始严格执行的计划生育政策使得中国人口出生率大大降低，从而极大地加速了人口的转型。低出生率造成了中国发展前期较低的劳动抚养比，使得劳动力供给充足，储蓄和投资增长加快，加速了前期城市发展和城市化，带来了人口红利。然而计划生育政策也为经济后期的发展带来负面问题，最为明显的便是现今的人口老龄化和劳动力的相对高龄化。此外，中国于1986年正式颁布《义务教育法》，2020年中国教育经费总投入为53033.87亿元，占中国GDP的比重为4.22%。政府长期以来对教育的投入，也是中国人才快速增长、人力资本转型的重要推力。

第二，后发因素。中国处于发展中国家阶段，相对于率先迈入发达行列的国家有着后发优势。中国人力资源的后发优势主要体现在两个层次：第一层次是在经济发展前期，用"市场换经济"时期有着大量成本低廉、仅需适当培训就能投入生产的一般性劳动力优势。第二层次则是由于相对落后，具有更容易获取和学习他国知识技术、管理经验，在较短时间内迅速提升劳动力质量、效率的人口资源质量的后发优势。

第三，巨型国家因素。中国作为世界仅有的6个巨型国家之一，除了疆域辽阔的优势，还拥有14亿人口。这使得中国在城市人口增长前期存在无限供给，后期中国城市人口规模也出现了两极分化，"过大化"与"过小化"共存。中国"金字塔"形的城市规模结构中，"塔腰"部分即20万—400万人口规模的城市数量在减少，而20万以下及200万人口规模的城市数量在逐渐增加。

第四，技术革命因素。随着大数据、云计算、人工技能等技术的发展，数字技术正成为引领全球经济的核心助力。现今正处于第四次科技革命的导入期阶段，各项科技都还未发展成熟，进入壁垒低，未来发展应用空间巨大，若中国能抓住此次科技革命的机会窗口期，率先发展科学技术的新范式，将实现跨越式的发展，这会极大地缩短中国迈入发达国家所需的时间，并使中国从技术落后的地位跃升至技术领先国的主导者地位，实现技术赶超，并在此基础上确立全球经济中的领先地位。

（三）中国框架

在家庭部门与政府、企业的三交互以及六要素的互相作用下，中国的城镇家庭与人口不断发展转型。政府实施义务教育制度后，显著提升了家庭部门中的人力资本和人口素质，又间接为企业生产提供更高效率的劳动力；政府出台计划生育制度，降低家庭部门的劳动抚养比，在外生力量影响下减少子女抚养数量，适度降低储蓄以刺激家庭部门消费；巨型国家的背景可以形成劳动力无限供给，为企业提高产出水平提供充足劳动力和投入资金，家庭部门收入水平也随之提升。此外，在以按劳分配为主的收入分配制度改革背景下，家庭部门收入分配日益优化，最后在家庭主体根据多期效用最大的目标影响下，决定消费、投资以及人口数量、质量的转型。

与此同时，中国城镇家庭与人口发展转型对与其他两个部门的三交互以及六要素的作用产生重要影响。人均收入增长以及收入分配优化进一步带动消费增长以及消费结构升级，从需求端刺激供给优化，带动企业生产，助推产业结构转型升级。此外，人力资本提升和人口素质提高将进一步带动公民的政治社会事务参与度，提升参与能力，并间接提升公务员队伍的整体素质和能力，促进政府部门与家庭部门和企业部门形成更加积极有效的交互。同时，中国人口积极转型发展对促进科技创新、推动收入分配结构优化以及影响区域经济发展等方面也将产生重要影响。

三　中国城市家庭发展与人口转型的影响机制

中国城市家庭人口转型是在三主体的多重交互和六要素的循环结合下，家庭主体基于效用，使得当前和未来总效用最大化的权衡选择的结果。

（一）家庭人口规模的广义消费模型构建

将家庭人口规模选择视为消费行为，进而构建家庭人口规模的广义消费模型。决定家庭消费选择行为的两大关键是家庭的消费者偏好以及家庭收入水平的预算约束。家庭收入预算受到经济总产出水平的影响，而家庭的消费者偏好是相对稳定的，由风俗习惯、文化传统等共同决定的。尤其是中国自古以来具有勤俭持家的文化传统，家庭对储蓄具有比西方部分国家更强的行为意愿，从而间接影响了中国家庭的消费意愿。若将子女视为一种消费品，给家庭带来的效用可划分为直接经济效用、间接经济效用和非经济效用三大方面。直接经济效用主要指未成年子女为家庭带来的劳动收入，在收入非常低的家庭中，该项占比可能较大，一旦家庭总收入超过温饱线，该项占比将会快速下降，直至为零。间接经济效用则是指子女在成年后，为整个家庭带来的经济收益。相对而言，收入越高的家庭，间接经济效用越低；高收入家庭子女的间接经济效用价值不是决定生育的重点考虑因素。非经济效用则是子女给整个家庭带来的情感效用，即中文描述的天伦之乐。子女消费品的价格由家庭养育人口的直接费用支出、父母时间机会成本等组成，包括食物、服饰、教育、住所、照顾孩子所付出的时间成本等，该价格在一定程度上衡量了人力资本水平。基于上述逻辑，我们可以进一步使用简要的方程进行表达。

（1）需求函数

将现实经济抽象归纳为家庭部门共消费子女产品和其他消费品两种产品，子女产品的消费量 n 即是影响家庭人口数量规模的重要因素，其需求量主要受价格向量 p 和家庭用于消费的收入 y 的共同影响，其中价格向量包括衡量人力资本投资的、子女数量的价格 p_1 和其他消费品的价格 p_2。其他消费品 x 既包括物质消费品，也包括精神消费品，其需求量同样受到价格向量 p 和家庭用于消费的收入 y 的共同影响。

$$n = n(p,y), \ x = x(p,y)$$

（2）效用函数

$$v(p,y) = \max u(n,x)$$

其中，v，代表效用，n 为家庭的子女数量，x 为家庭消费其他产品的数量，p 则为所有消费品的价格向量，包含子女数量和人力资本投资价格 p_1 以及其他消费品的对应价格水平 p_2，y 为家庭的经济总收入。

（3）预算约束

家庭总收入按照用途可以基本分解为：

$$Y = C + I$$

其中，Y 为家庭收入，C 为家庭总消费，I 为家庭总投资。

为了简化模型，我们将家庭总消费 = 子女产品消费① + 所有其他产品消费，家庭总投资 = 金融资产投资 + 非金融资产投资。家庭中用于消费的收入部分 $y = Y - I$，即扣除投资后的家庭总经济收入。

为使上述家庭消费的效用函数取得效用最大化需要满足如下条件：

$$s.t. : p_1 \times n + p_2 \times x \leq y$$

即子女产品的消费总额与所有其他消费品的消费总额之和应小于等于家庭用于消费的收入总和。

（二）三主体多重交互作用下经济总产出增加影响中国城市家庭收入变化

首先，由家庭、企业和政府三主体和人口、人力资本、物质资本、科学技术、制度、公共资源六要素组成的大框架决定整个经济体的产出水平，包括物质产品和知识成果。在家庭与企业的关系中，企业通过劳动力、资本和生产技术生产物质和知识产品并向来自家庭的劳动者支付劳动报酬，劳动者获取劳动力商品的价格即收入。在家庭与政府的关系中，政府向家庭成员提供制度保障和公共服务资源并向家庭成员收取费用即税金。与此同时，企业或政府为进一步提高劳动者的劳动能力，各自运用自身可以调用的资源和手段对家庭成员进行培训或教育，逐渐进行人力资本积累。在家庭部门内部，通过作为预算约束的家庭收入以及家庭偏好关系的耦合作用，共同决定家庭的物质和知识消费、投资（储蓄）以及人口生产及抚养。

在中国特定的经济发展背景下，经济体的整体产出快速增加，成为影响家庭人口转型中收入预算的基本面。计划生育政策的实行以及巨型国家的背景因素，使得中国劳动抚养比在初期较低，存在对城镇企业生产的劳动力无限供给，劳动力密集型产业成为推动城镇发展的重要推手；与此同时，中国相比其他国家存在后发优势，在第四次科技革命蓬

---

① 本部分所构建模型中的消费是包含人力资本投资含义的广义消费。

勃发展的背景下，更加容易充分吸收国外先进生产技术、管理经验以及大量外资，极大促进企业全面提高生产效率和全要素生产率，从而全面提高经济体整体产出水平，提高了家庭部门整体的收入水平，使中国家庭预算线进一步外展。

其次，由于不同家庭拥有的人口数量、人力资本和物资资本等不同，家庭收入也相应不同，其中制度因素显著影响收入分配，进而决定不同家庭收入的差距。中国自实行家庭联产承包责任制以来，不再是中央调度的按需分配，而实行按劳分配为主体、多种分配方式并存。由于尚处发展阶段，社会保障、再分配制度还不完善，中国难免存在分配不公的状况。而随着经济的快速增长，中国也在不断地完善相应的社会分配制度，由对应数据可看出中国已经处于库兹涅茨倒"U"形曲线的下降时期。

（三）收入增加提高人才培养成本预期，推动中国城镇家庭人口数量与质量转型

随着中国家庭收入的增长，一方面出于自古以来望子成龙对后代教育的高重视程度，另一方面在实行义务教育制度后整体人口受教育年限提高，出于差异化竞争的需要，家庭对子女教育培养的横向竞争更加激烈。教育培养成本进一步提升，家庭对子女会抱有更大的期望，想要更高质量的子女培养，即包含 y 的增大在内的诸多因素会直接影响 p_1 的增大。因此体现在以子女数量为横轴和以所有其他消费品数量为纵轴的坐标系中，预算约束线在家庭总收入增长时并非是平行外扩的，而是家庭总收入越高，家庭的预算约束线斜率[①]绝对值越大，变得更为陡峭（如图 2.9 所示）。因此，广义消费模型可以在一定程度上解释的现实情况是，在中国经济发展水平整体提升的背景下，即使家庭总收入增加，其他消费品数量增加，家庭的生育意愿也没有同比例上升，较低生育意愿导致人口增长乏力，人口红利弱化；并间接反映出对子女高质量培养的期待，形成对人才红利优势的积极预期。

---

① 预算约束线斜率 slope = p_1/p_2。

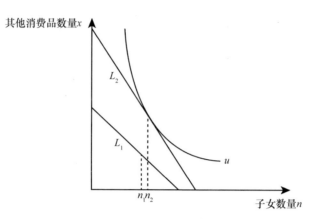

图2.9   家庭人口增长与消费的决策机制

四   中国城镇家庭发展与人口转型的作用机制

（一）人口数量和质量转型进一步推动消费升级

城镇居民的食品、衣着和生活用品及服务支出的比重在不断下降，发展性、享受型的精神产品消费在不断增加。居民消费需求从对"量"的需求转向对"质"的需求，这点也可从中国主要矛盾论述的变化中看出。

党的十一届六中全会提出中国社会主要矛盾是人民日益增长的物质文化需要同落后的社会生产之间的矛盾。党的十九大报告提出，中国社会主要矛盾已经转化为人民日益增长的美好生活需要和不平衡不充分的发展之间的矛盾。随着改革开放后经济的蓬勃发展，生产力和物质生产都有着巨大提升，中国已经从经济发展早期的物质短缺时代发展至如今的结构性过剩和结构性不足并存的时代。在迈向发达经济体的过程中，投资和出口对经济增长的作用会逐渐减弱，消费将成为经济高质量增长的重要推动力。消费结构升级是高质量经济可持续增长的重要动力，消费结构升级有助于中国潜在消费的释放。在不考虑价格因素的情况下粗略测算，2013—2021年，中国物质型消费支出总额年均增长率和服务型消费支出总额年均增长率分别为8.3%和9.7%，后者年均增长率比前者高了1.4个百分点。另外，消费对应需求，需求则对应供给。消费需求结构的变化也是助推中国产业结构升级的主引擎。这亦体现了家庭主体在自身变化后，通过三交互后，实现了对企业主体的影响。中国服务业占比从 2001 年的 41.2% 上升到 2021 年的 53.35%，文化、精神产品的消费与人力资本培育是相辅相成的，当一个社会的文化产业兴盛，高端人才的培育也会具备优势。

（二）人力资本供给增加提升公民政治参与度

一方面，受教育程度越高的政治参与者更倾向于在选举活动中全面收集并详细阅读相关候选人资料，做出更加理智的评判，有利于选出更优秀的候选人。另一方面，一个地区的总体人力资源水平越高，该地区居民的政治参与性也就越强。有关研究指出更高的政治参与度往往能产生更好的选举结果。随着中国高校毕业生人数的不断攀升，其一大流向便是参加国家公务员考试，使得本科学历已经成为中国地方公务员的主体学历，"考公"的学历门槛也有着向本科及以上学历偏移提高的趋势，这也将进一步显著提升中国政府从业人员的整体能力和素质。

（三）人力资本积累促进科技创新蓬勃发展

人是科学技术创新的主体，创新的萌芽和发展离不开人力资本的投入。自舒尔茨创立人力资本理论以来，一大批经济学家都证明了人力资本对创新的推动作用。单纯的物质资本投入在缺少与高素质人力资本结合的情况下很难对当前的科学技术有所创新，人力资本才是科学技术创新的不竭动力。自步入人口转型期以来，人力资本的提升在不断提高中国国家创新指数的排名。在中国科学技术发展战略研究院发布的《国家创新指数报告 2020》中，中国国家创新综合指数排名世界第 14 位，是唯一进入排名前 15 位的发展中国家，而在 2000 年中国创新综合指数仅排名第 38 位。

（四）人力资本集聚影响区域间发展差异

由于人力资本的集聚性，中国人口转型的影响在时空分布上有着较为显著的差异。根据《中国人口统计年鉴》《中国人口和就业统计年鉴》的相关数据，从各大地区的人力资本空间分布上来看，不同地域的人力资本水平的差异是非常明显的。东部沿海、北部沿海以及东北地区的人力资本水平相对较高，南部沿海、黄河长江中游地区的人力资本水平次之，而西南与大西北地区的人力资本水平则相对落后。以劳动力平均受教育年限为指标，北京、上海、天津始终遥遥领先，与发达国家相差不大。而西部西藏、青海等少数民族地区的人力资本水平则一直处于尾部位置。东部经济发达地区和西部经济欠发达地区的人力资本水平差距仍然呈现持续扩大的趋势。人力资本、创新、经济发展相互作用，相辅相成，三者具有高度的正相关性。人力资本的空间分布差异是东西部、沿海内陆城市的经济发展水平、创新能力产生差距的直接且最为根本的原因之一。人力资本集聚，一方面是因为人与人的交往和互动最终实现人力资本外部性，另一方面是因为越成熟的市场机制越有助于减少相应人力资本与物质资本匹配的成本，天然的逐利性会导致高水平人力资本流向市场机制更加成熟的地区。这在一定程度上解释了为何大城市往往拥有更高的人力资本水平。

（五）人口转型促进收入分配进一步优化

人口转型除了对创新、经济发展有直接影响外，也对收入分配有着正向影响。该正向影响的机制主要由人力资本结构优化使得一国中中等收入家庭群体规模扩大，以更接近收入分配理论中理想型的"橄榄状"社会结构所实现。实证研究表明基础教育、高等教育等人力资本投资的普及是使得国家中大多数群体迈入中等收入阶层的有效手段。刘志国、刘慧哲（2021）①在运用中国家庭追踪调查（CFPS）微观数据进行低收入家庭向上流动的影响因素分析中，发现教育因素对低收入家庭向上流动至关重要。家庭成员平均受教育年限每增加一年，落入低收入陷阱的机会将减少2%，向上流动到中等收入阶层的概率会增加1.9%。因此，以人力资本提升为突出表征之一的人口转型，是扩大中等收入群体进而优化收入分配的重要影响因素。

（六）人口转型影响居民部门资产负债表

中国居民部门资产负债表的演变也与中国人口转型、经济发展、制度优化密切相关。由于中国居民刚性的购房需求，以及2012年前后中国大中城市房价屡创新高，房地产市场"投机"气息浓厚，导致居民借助"杠杆"贷款负债买房，一方面，享受房价快速上涨的红利，资产端借助房价上涨迅速扩张；另一方面，负债端中长期贷款规模也迅速

---

① 刘志国、刘慧哲：《收入流动与扩大中等收入群体的路径：基于CFPS数据的分析》，《经济学家》2021年第11期。

上涨。这也迅速拉大无房家庭和有房家庭的财富差距。在负债端，可分为短期负债以及中长期负债。短期负债如信用卡借贷，相当于创造了当期的资金净流入，有利于家庭的流动性，对消费产生一定的短期"刺激"作用。而中长期信贷如房贷、车贷，则会明显改变家庭资产负债表的结构。随着资产价格的变动，"财富效应"的影响便会主导家庭的消费决策。由此可见，中国城镇家庭人口转型在多重网络中影响中国当下及未来的经济发展。

典型城市

宁波：人才引领的跨越式发展①

自《2002—2005 年全国人才队伍建设规划纲要》首次提出实施人才强国战略以来，中国人才无论是从数量还是对经济增长的贡献上，均有了大幅提升。中国人才资源总量从 2008 年的 1.1 亿人增长到 2022 年的 2.2 亿人，人才对经济增长的贡献率从 2008 年的 18.9% 提高到 2021 年的 34.5%。人才对经济社会发展的重要性日益凸显，在发挥人才作用方面，宁波在全国城市中具有示范性。

宁波在人才引领战略下，经济社会发展持续跃升。2021 年人均 GDP 突破 2 万美元，一般公共预算收入跃居国内城市第 10 位，宁波舟山港连续 13 年位列全球港口货物吞吐量第一位，显示了宁波经济社会的强大活力。

宁波经济社会的跨越式发展，是成功"育才""引才""留才"和"用才"的结果。人才引领是宁波模式的突出特征，通过在教育、人才引进、人才服务等方面的持续的制度创新，宁波在驱动自身人才培养、全方位多形式引进人才和为人才发挥才干创造好条件方面，形成了合力，构筑了人才竞争优势。具体做法和经验如下：

第一，实践创新育才，厚植成才沃土。尊文重教，坚持教育优先。宁波把教育作为吸引人才、实现跨越式发展、提升城市品质的最积极因

---

① 作者：杨杰，北京银行金融研究所，研究员。

素，提出经济社会发展规划优先安排教育发展，公共资源优先满足教育需求，财政资金优先保障教育投入，在基础教育、职业教育和社会培训等方面，均处于全国领先水平。

资源倾斜，改革创新发展基础教育。宁波有"院士之乡"之称，截至2021年共有120位宁波籍院士，数量居全国城市首位，同年33位宁波籍商人入选胡润全球富豪榜，宁波在"学"和"商"两大领域人才辈出，与之历来对基础教育的高度重视是分不开的。宁波在全国率先实现了从高标准普及九年义务教育到普及高中阶段教育的跨越，为不断加强教师队伍建设，编制资源持续向基础教育倾斜，在通过学校联盟集团化办学、实现教育资源共建共享、加快现代学校制度建设等方面，均居于全国前列。

产教融合，紧贴产业优势办职业教育。宁波充分认识到职业教育与产业发展的共生关系，注重促进职业教育与产业发展的有机结合，除立法保障职业教育发展外，还持续加强对职业教育发展的政策支持和规划引导，率先在国内实施中职免学费教育政策，创新出台民办职业教育支持政策等，将职业教育纳入区域和产业发展规划中，实现了职业教育专业设置与产业发展结构的较好匹配。

注重实训，多方搭建社会培训平台。宁波积极支持企业搭建技能培训平台，已建成市级以上技能大师工作室115家，包括6家国家级、52家省级技能大师工作室。同时，还充分发挥职业技术学校的作用，推动与企业合作，开展技能人才培养。成立技能人才公共实训中心，并在全市推广，实现了公共实训基地全覆盖。

第二，全面灵活引才，打造聚才洼地。宁波全方位、多形式引进国内外各类人才。构建了覆盖各层次和各方面的人才引进政策体系，涵盖高端人才与基础人才、创业人才与创新人才、技术人才与技能人才、海外人才与国内人才以及青年人才等，全面集聚人才。特别是针对高端人才，立足宁波实际，创新实施"柔性引才"。

全面加强与上海等人才优势地区合作。通过设立人才联络办公室、针对高端人才开展政策宣讲、强化人才服务行业交流等，加强与优势地区的多元渠道对接；通过引进高端资源，打造人才合作和培养平台，紧密与优势地区的平台合作；通过选派干部挂职，学习优势地区的先进经验等。

海外引才力度不断加大。设立专门的机构，引进和服务海外人才，在欧美等发达国家设立了19家海外合作中心，成立了宁波市海外人才服务中心等，持续加大政策支持力度，制定实施了"海外人才引进服务23条"，开辟了"一带一路"引才新通道等。打造特色聚才品牌。

设立"谷雨"人才日，推出"与宁波·共成长"人才工作品牌，通过一年一度的人才日宣传活动，传播宁波的人才政策，树立宁波爱才的城市品牌形象。

立足实际刚柔并济"引才""引智"。宁波立足自身高端人才吸纳在长三角城市中不占优势这一实际，除通过招聘等刚性"引才"外，对于高端人才采取了柔性引进的策略，按照"不求所有、但求所用"的理念，紧密结合产业需求，大力引进一线城市的院士等专家，开展"宁波行""企业行"、行业咨询会、学术报告会等活动，以顾问或兼职形式聘请、技术项目合作、建立院士或博士后工作站和建立产学研联盟等形式，集聚高端人才的智慧。

第三，全力"留才""用才"，筑起人才生态。宁波从工作和生活两个方面，持续构建良好的人才环境。围绕让人才在工作和生活两个方面都能够有更大的获得感，出台了一系列政策措施，创造了优良的人才集聚生态。

不断拓宽人才成长空间。宁波将资源要素优先向人才所在的各类平台配置，使得各类平台成为集聚人才的高地，如高校平台、产学研协同的科技创新平台、创新创业平台等，通过推动平台的发展，打开人才成长的空间。同时，在科研人才经费管理、专技人才职称改革、技能人才自主评价、本土人才成长奖励、紧缺人才特设岗位等方面，不断破除束缚人才成长的各种障碍。

持续优化人才服务。深化人才领域"最多跑一次"改革，整合升级人才服务联盟，提供政策咨询、融资、落户、子女入学、证件办理等全过程、一站式优质服务，出台疫情防控期间"关心关爱人才服务人才企业十二条"，结合疫情形势，灵活调整人才发展相关服务措施，切实让人才体会到宁波服务人才的诚意和努力。

人才汇聚助推经济跃升。宁波人才资源总量从2008年的60.5万人

增至 2020 年的 228 万人。截至 2019 年，宁波累计建立院士工作站 147
家，柔性引进海内外院士 141 位，柔性引进院士创新团队 175 个。人才
的汇聚推动宁波地区生产总值排名 2021 年跃升至全国城市第 12 位，工
业增加值居全国城市第 7 位，国家级制造业单项冠军、专精特新"小巨
人"企业分别居全国城市第 1 位和第 3 位。人才已成为宁波突出的竞争
优势。

第二节　中国城镇教育发展[*]

　　教育作为家庭最重要的一项投资，既是关系家庭利益的私人消费，
也是关系经济社会发展的公共产品，具有很强的正外部性。本节重点分
析中国城市教育的发展机理，为城市教育发展中政府、企业和家庭三主
体的交互影响提供一个解释。

一　中国教育发展特征事实

　　新中国成立 70 多年来，教育事业取得了举世瞩目的巨大成就。小
学阶段净入学率从 1949 年的 20% 提高到 2021 年的 99.9% 以上，初中
阶段毛入学率从 1949 年的 3.1% 提高到 2021 年的 100% 以上，高中阶
段毛入学率从 1949 年的 1.1% 提高到 2021 年的 91.4%，高等教育毛入
学率从 1949 年的 0.26% 提高到 2021 年的 57.8%，各级教育普及程度
达到或超过中高收入国家平均水平，其中义务教育普及程度达到世界高
收入国家平均水平，高等教育实现了从大众化到普及化的历史性跨越。
新中国成立初期人均受教育年限仅为 1.6 年，2021 年全国劳动年龄人
口平均受教育年限已经达到 10.9 年，文盲率从 1953 年第一次人口普查
时的 80% 下降到 2020 年第七次人口普查时的 2.67%，基本实现了从人
口大国到人力资源大国的历史性转变。特别是改革开放以来，中国教育
事业获得了前所未有的快速发展。

---

　　* 作者：张安全，西南财经大学中国西部经济研究院，副教授。

（一）各级教育规模快速扩大，普及水平稳步提升

首先，中小学教育开启普及教育的进程。2001 年中国实现基本普及九年义务教育和基本扫除青壮年文盲的战略目标。尤其是党的十八大以来，义务教育发展成效显著。2012—2021 年，全国小学学龄儿童净入学率保持在 99.85% 以上，初中阶段毛入学率始终保持在 100% 以上，九年义务教育巩固率从 91.8% 提高至 95.4%，义务教育专任教师总数由 909 万人增至 1057 万人，增加了 148 万人，本科以上学历教师的占比由 47.6% 提高至 77.7%。高中阶段毛入学率从 2003 年的 43.8% 提高到了 2010 年的 82.5%，年均增长 5.5 个百分点。到 2021 年，高中阶段毛入学率已经达到 91.4%，比 2010 年又提高 8.9 个百分点。其次，高等教育规模快速扩张。高等教育毛入学率从 1998 年的 9.8% 提高到 2002 年的 15%，高等教育开始进入"大众化"阶段。2019 年高等教育毛入学率达到 51.6%，高等教育开始进入"普及化"阶段。研究生教育也取得巨大进步，招生人数从 1978 年的 1 万余人增加到 2020 年的 117 万余人，增长了 100 余倍，成为研究生教育大国。但从横向比较看，2021 年，中国普通高校毕业生 909 万人，其中硕士生 77.3 万人、博士生 7.2 万人，占比分别为 8.5% 和 0.8%，而美国同期高等教育中研究生占比大约为 33%，其中博士生占比约为 6%。最后，现代职业教育体系建设加快。1980 年，高等职业教育出现。到 2013 年，高等职业院校在校生数量约占全国高等院校在校生的一半。2019—2021 年高职扩招 413.3 万人，2021 年高职（专科）招生人数达到 552.6 万人，是十年前的 1.8 倍。在职业技能教育培训方面，职业培训从无到有，从小到大，不断发展壮大，根据《2000 年度劳动和社会保障事业发展统计公报》和《2021 年度人力资源和社会保障事业发展统计公报》，全国技工学校在校学生总数从 2000 年的 140 万人增加到 2021 年的 426.7 万人，增长了 205%；2000 年全国共有就业训练中心 3751 所、社会培训机构 15000 所，共培训 896 万人次，2021 年全国共有就业训练中心 940 所、民办培训机构 29832 所，共组织补贴性职业技能培训 3218.4 万人次和以工代训 1501.8 万人。

（二）个性化、多元化教育需求增加，家庭教育支出持续上升

家庭对教育的需求日益增长，对子女的教育投资不断增加。根据中

国教育财政家庭调查，2017 年城镇家庭生均教育支出占家庭总消费支出的比例达到 15.7%。另外，根据梁建章等（2022）的估算[①]，城镇一孩 0—17 岁养育成本为 63.1 万元，城镇二孩家庭平均每个孩子 0—17 岁的养育成本为 49.7 万元，城镇三孩家庭平均每个孩子 0—17 岁的养育成本为 37.7 万元，其中教育成本是最主要的构成部分。随着家庭教育投资支出的增加，家庭的教育投资结构也在发生变化，越来越重视个性化和多元化的教育投资，校外教育参与率不断提升，校外教育支出持续增长。根据中国教育财政家庭调查，中小学阶段学生的校外教育总体参与率为 47.2%，义务教育阶段家庭在校外的教育支出占家庭教育支出的比例达到 1/3。其中，小学阶段、初中阶段和高中阶段学科类和兴趣类校外教育占家庭校外支出的比例分别为 86.9%、81.3% 和 87.3%。

（三）教育领域主要矛盾从"普惠均衡"转变为"优质均衡"

义务教育在实现全面普及的基础上，对教育资源进行区域统筹和动态管理，进一步加大对困难地区、薄弱环节和弱势群体的支持力度，持续缩小义务教育差距，基本实现了县域均衡发展。但是，优质教育资源和高等教育资源呈现多中心、非均衡分布的发展态势。首先，各级教育专任教师学历结构的省际差异较大（如图 2.10 所示）。2020 年，北京、上海、江苏、天津、浙江和陕西六个省份小学和初中教育专任教师拥有本科及以上学历的比例，以及高中教育专任教师拥有硕士研究生及以上学历的比例和高等教育专任教师拥有博士研究生及以上学历的比例均位居全国前八位，而江西、河南、云南、广西、贵州、新疆和西藏等中西部省份则与之存在较大差距。其次，高等教育资源主要集聚在直辖市和省会等大中型城市和中心城市。从 2020 年高等教育普通本科招生数来看（如图 2.11 所示），依次是广东、河南、江苏、山东、四川、湖北、河北、湖南和陕西的招生人数最多，均占全国招生总数的 4% 以上。从 2020 年高等教育普通本科院校数量来看，依次是江苏、山东、湖北、广东、北京、辽宁、河北、浙江、陕西、河南、四川和湖南的院校数量最多，均占全国院校总数的 4% 以上。

---

① 梁建章、任泽平、黄文政、何亚福：《中国生育成本报告 2022》，https://baijiahao. baidu. com/s? id = 1728798009413007521&wfr = spider&for = pc。

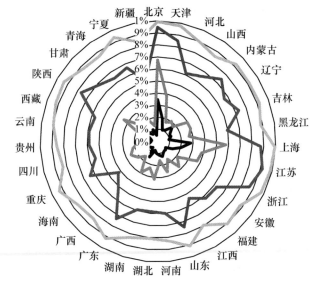

图 2.10　2020 年各省份专任教师学历构成情况

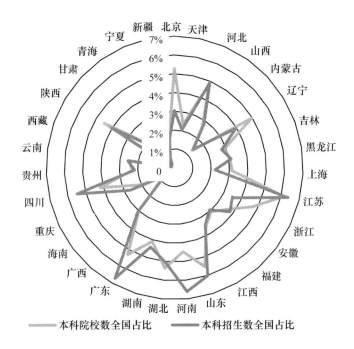

图 2.11　2020 年各省份本科院校数量和招生人数占全国总量的比重

　　总体来看，目前中国已经建成了世界上最大规模的教育体系，教育发展水平进入世界中上行列。在改革开放初期，教育发展主要是规模扩张，更多的是突出保障受教育的机会，符合当时整体受教育水平低的现实。但是，随着各级教育普及化程度的提升，提高质量逐渐成为教育改革发展的核心任务。今后教育发展目标将从"有学上"向"上好学"转变，以提高质量和效益为中心，继续深化教育改革，切实推进"教育机会公平"向"教育质量公平"的根本转变，加快实现教育现代化。到2035年，各级教育发展将会更加均衡，教育治理体系和治理能力将更加现代化，中国将迈入世界教育强国行列，助推中国建成世界人力资源强国、人才强国，为第二个百年奋斗目标奠定坚实基础。

二　中国城市教育发展的总体机制

（一）一般机制

　　政府、企业和家庭是教育投资的三主体。其中，家庭的教育投资需求是一种引致需求，家庭是希望从教育投资中获得经济的和非经济的收益，企业则是希望通过教育培训能够获得更好的满足岗位技能需求的劳动力投入，劳动力市场上的供需结构变化引领着家庭、企业的教育投资决策和整个社会的教育发展。教育可以提升受教育者的人力资本、引发创新和推动科学技术进步，但也会增加家庭的教育支出，从而对社会生产力、制度文化和人口资源等方面产生影响。反过来，教育发展又要以生产力发展水平和要求为依据，并受到制度文化和人口资源等因素的影响。其中，生产力发展水平既决定了教育发展的物质基础，也对教育发展提出了要求，从而制约着人才培养的类型和质量规格、教育发展的结构与变化、实施教学的手段与方法等。因此，教育作为人力资本形成的重要途径，既会作用于社会生产力，也会受到生产力的制约。教育发展只有与社会生产力相适应，满足生产力发展的要求时，才能够成为经济社会发展的"推动剂"。与此同时，生产力发展水平又总是处于动态变化中的，因此教育发展水平也需要随之变化。一般来讲，随着生产力的发展，教育投资和人力资本提升在经济发展中的重要性和边际贡献会越来越大，从而使得教育投资成为一种刚性需求。在上述因素的交互作用下，教育发展与社会生产力发展会形成一种持续向上的良性循环，最终整个社会的物质产品和精神产品得到极大丰富（如图 2.12 所示）。但是，由于教育投资具有显著的正外部性，家庭和企业部门的教育投资水平往往低于社会最优规模，以及教育发展可能滞后于经济社会变化和存在不公平等问题，教育发展也离不开政府的介入和推动。

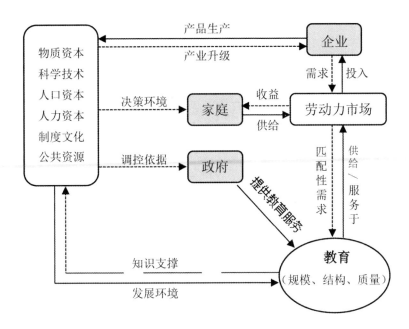

图 2.12　中国城市教育发展的一般机制

（二）中国特征

家庭和政府都高度重视教育问题。中国家庭自古就有重视教育的文化传统，在现代社会对高层次人才需求增加的情况下，家庭部门更是表现出较高的教育投资热情。同时，政府部门也非常重视教育事业，始终把教育事业放在各项事业发展的优先位置。为了加强国民教育，提高人民的文化水平和认知能力，确立了九年义务教育制度。同时，在教育经费支出方面，财政性教育经费支出逐年增长。党的十八大以来，每年国家财政性教育经费支出占 GDP 的比重均保持在 4% 以上，十年间累计支出 33.5 万亿元，年均增长 9.4%，高于同期 GDP 年均名义增幅和一般公共预算收入年均增幅，成为财政一般公共预算第一大支出。家庭和政府对教育事业的重视，对于教育事业发展具有十分重要的推动作用。

巨型国家地区间教育发展条件有差异。国土辽阔、区域差异大是中国的一个基本国情，这对教育发展也会产生一定的影响。一是地区间的经济发展不平衡，从而会导致各个地区对教育发展所提供的基础性条件和提出的人才培养需求存在较大差异。二是地区间地形地貌等自然条件各不相同，偏远地区和山区往往因为对外交通和交流不便而使得教育资源集聚和教育发展受限。三是地区间人口数量和人口密度具有很大差异，在人口数量较少和人口密度较小的地区，教育发展通常会面临学校数量少、办学规模小和教育生产效率低的问题，而人口数量过多和人口密度过大又会引发上学难和教育资源供给紧张等问题。四是各个地区都有独特的地域文化，这既会影响教育内容的生成，也会影响人们的教育价值取向和教育观念。综上，地区差异可能会导致地区间教育发展不均衡问题，在人口集聚的政治、经济和文化中心城市，教育事业可能会相对繁荣，而其他地区的教育发展则会相对滞后。

教育发展的开放和后发优势。改革开放以来，中国教育事业在对外开放的道路上不断探索，以顶层设计为先导，不断完善教育对外开放政策。通过出国留学教育、中外合作办学、国外专家与外籍教师引进等举措，不断提升人才培养、学科建设的质量和水平，为提升中国教育实力发挥了重要作用。同时，作为后发外生型国家，通过对标欧美发达国家，积极学习和借鉴国外经验，充分利用国外教育资源，然后形成符合国情、独具中国特色的教育体系。这是中国在教育领域取得快速发展的一条捷径。

信息技术对教育发展具有革命性影响。现代信息技术的发展对社会各个领域的发展都产生了深刻影响，教育领域亦是如此。信息技术的广泛应用，促成了一个网络化、数字化和智能化的教育环境。在这个教育环境中，教育信息的表现方式更加多样化、传递途径更加立体化，教学过程突破时空限制，资源实现真正共享。尤其是在线教育快速推进，云端教育火热开展，教育行业信息化进入一个"跨越式"发展的阶段，这为破解长期以来制约中国教育优质均衡发展的瓶颈问题提供了新的契机和可能。

（三）中国框架

改革开放以来，中国经济社会快速发展是城市教育发展的根本动力。首先，城镇家庭收入水平和消费能力提升，有能力将对教育投资的内在偏好转化为现实需求。其次，政府资产规模壮大和财力增强，有能力积极和广泛地参与教育这一公共品的提供。再次，城市经济形态和生产体系变迁；社会生产从劳动密集型到资本密集型，再到知识密集型的转变；劳动力市场需求的变化与劳动力市场供给的相互作用使得家庭对教育投资的收益预期和教育投资的需求动力不断增强。最后，科技进步既丰富了现代教育的实施手段和方式，也提供了丰富多彩、灵活多样的教育选择，为城市教育事业发展创造了良好的外部环境。随着经济社会的发展，中国城市教育实现了从精英化到大众化，再到普及化，并向着现代化的方向发展。

从教育发展的经济社会影响来看，一方面，教育发展直接提升了人力资本存量，并且为城市科学技术从学习引进和模仿创新向自主创新迈进培养了大量的专门人才，推动了科学技术进步和生产力水平提升，促进了城市经济社会发展。但是，由于城市间产业结构、家庭收入、政府财力和科技资本等因素都存在一定的差异，影响着优质教育均衡发展，从而也会使科技要素向中心城市集聚。另一方面，教育发展推动产业转型升级，不仅使家庭刚性教育投资需求增加，也使家庭生育决策发生变化，引起城市人口转型。

三　中国城市教育发展的影响机制

（一）传统文化和社会互动影响家庭教育投资偏好

家庭的教育投资偏好是影响教育发展的重要因素。在中国情景下，家庭普遍具有较强的教育投资偏好。首先，受传统文化的影响，中国家庭一直以来都比较重视教育投资，认为教育可以改变一个人的命运，而且被认为是改变命运最重要的途径，这种观念已根深蒂固。因此，中国家庭普遍表现出强烈的教育投资偏好和欲望，甚至会表现出一种非理性的行为。其次，恢复高考制度以来，许多人通过教育改变了自己的命运，他们在经济状况和社会地位等方面都优于其他群体，这对家庭的教育投资起了一种潜在的"示范"作用。毫无疑问，这对于教育发展是具有非常积极的意义的，它会促使家庭更加重视教育，增强教育投资的意识。最后，由于教育能够给家庭带来各种经济收益和提升社会地位，于是教育投资很容易成为家庭之间相互竞争和攀比炫耀的对象，家庭教育投资行为与其他家庭教育投资行为之间就会存在相互的影响。在社会乘数效应的作用下，家庭间的这种竞争性社会互动就会使得整个家庭部门的教育投资需求呈现较大幅度的增长①。

（二）经济发展方式转变增强家庭教育投资动力

教育投资的目的是更好地满足劳动力市场需求，劳动力市场对人才的需求决定了教育的发展方向，因此城市教育的发展在很大程度上是与城市经济发展相联系的。当经济社会发展水平较低的时候，经济发展主要依赖于物质资本和低端劳动力的投入。这种背景下，就业市场对高素质劳动力的需求并不旺盛，因此投资教育的边际收益相对较低。如果教育收益率远远低于人们的期望值，无法与个人在费用和时间等方面的投入呈正比，那么教育投资需求就会不足，整个社会的教育发展也就相对缓慢，人力资本投资对经济发展的作用可能会落入低水平陷阱。例如，在改革开放初期，社会生产技术水平较为落后，社会生产主要是劳动密集型，劳动力市场对就业者的专业技能要求并不高，劳动者不需要接受太多教育也能就业。因此，在 20 世纪 90 年代以前学生辍学的情况相对较为严重，家庭教育投资需求不旺。但是，随着经济社会的发展，产业结构不断优化升级，逐渐从劳动密集型向资本密集型、技术密集型和知识密集型转变，劳动力市场的需求也会发生变化。一是科学技术投入与高水平的人力资本投入存在互补关系，高技能偏向性技术进步必然会扩大对高技能人才的需求；二是科学技术投入与低水平的人力资本投入存在替代关系，技术进步会通过就业替代效应降低对低技能人才的需求；三是随着科学技术进步和产业结构升级，工作任务将从简单的重复劳动变成复杂的创新劳动，从而需要高知识、高技能劳动力的大量投入。因此，随着技术进步和产业结构升级，劳动力市场对人力资本结构高级化的需求就会更大，从而使得教育投资逐渐成为一种刚性需求。此时，制约教育发展的主要矛盾就是教育供给不足或结构失衡，需要政府为教育发展提供更多的公共资源。

---

① 方航、程竹、陈前恒：《农村教育投资存在同群效应吗？——基于中国家庭追踪调查（CFPS）的实证研究》，《教育与经济》2021 年第 3 期。

（三）家庭收入增长提升家庭教育投资能力

教育投资作为私人消费，与其他任何消费支出一样，都会受到预算约束的影响。因此，教育发展水平与家庭部门的经济状况是紧密联系的。但是，家庭的教育投资和收入水平之间又不是一种严格的线性关系。根据马斯洛的需求层次理论，人们通常会将有限的资源依次优先用于满足生理需求、安全需求、社交需求、尊重需求和自我实现需求。当家庭收入水平较低时，在满足了衣、食、住、行等基本需要后，家庭能够用于投资教育的资金是非常有限的，教育投资会受到比较紧的约束，教育投资水平就会较低。只有当收入足够高时，家庭教育投资才会大幅增长。根据国家统计局的数据，城镇居民人均可支配收入和城镇居民人均教育文化娱乐支出之间的相关系数高达 0.98。1978—2021 年，中国居民人均可支配收入从 171 元增长到 35128 元，增长了 205 倍，家庭教育投资受到的预算约束逐渐放松，这是中国教育事业蓬勃发展在经济层面最重要的驱动因素。

（四）政府规制减少教育产业市场失灵

教育产业的特殊性决定了市场失灵对其影响非常深远。从理论上讲，教育市场失灵主要表现在以下几个方面：一是教育不仅会给受教育者本人带来经济的和非经济的收益，也会给受教育者以外的个人、组织和社会带来各种收益，存在较强的正外部性，私人教育投资需求往往低于社会最优规模。二是教育具有准公共品属性，尤其是义务教育具有很强的纯公共物品属性，完全由市场提供教育产品，可能会存在供给不足的问题。三是无论是教育的消费者还是供给者，关于劳动力市场人才供求的信息通常是不完全的，而且市场反馈的信息往往是滞后的，在这种信息不完全的情况下，社会教育投资在结构上会偏离最优。四是市场机制无法解决公平性问题，甚至还存在无序竞争的问题。因此，要实现教育事业的健康发展，需要政府在激励教育消费、增加教育供给、编制培养计划、促进有序竞争和实现教育公平等方面发挥政府"看得见的手"的功能，纠正教育市场失灵。改革开放 40 多年来，政府高度重视教育事业，不断谋划改革、部署改革、推动变革。在中小学教育方面，1982年颁布的《中华人民共和国宪法》提出"普及初等义务教育"，1985 年颁布的《中共中央关于教育体制改革的决定》提出"有步骤地实行九年制义务教育"，1986 年颁布的《中华人民共和国义务教育法》规定实行九年制义务教育。在职业教育方面，1996 年颁布的《中华人民共和国职业教育法》，确立了职业教育在教育领域的法律地位。在高等教育方面，1977 年恢复高考拉开了中国高等教育改革的序幕，1999 年高等教育开始扩招并不断扩大招生人数。从政府财政投入来看，财政性教育经费逐年不断增加，教育已成为中国财政支出的第一大项。因此，中国城市教育的发展，在很大程度上是因为政府具有较强的提供教育这一公共产品的动力和能力。

（五）现代信息技术助力教育均衡优质发展

首先，随着现代信息技术的发展，在教育发展过程中利用信息技术搭建教育发展系统，越来越多的优质教育资源实现了联通共享，极大地扩展了教育传播的范围，这在一定程度上实现了教育资源在时间和空间上的重新分配，使人人享有平等获得优质教育服务的机会，开辟了一条利用信息资源促进教育资源均衡配置的有效途径。其次，随着互联网、云计算等现代信息技术的发展，实现了人机之间、人人之间的双向沟通和远距离交互学习，促进了教学中师生之间、学生之间的多向交流，可以根据不同学生的学习特点，提供更有针对性的个性化教学支撑，真正地实现因材施教，不断优化上课体验，极大地提升教学效果。最后，数字化时代会有越来越多的线上教育机构不断竞争，线上优质教育资源将会出现爆炸式增长，人们可以在任意时间、任意地点，以任意方式来进行学习，获取自己所需要的知识，为终身学习提供了便利。

四　中国城市教育作用的作用机制

（一）教育发展实现了人口红利向人才红利转变

决定经济社会发展的关键因素是人，包括人口数量和人力资本两个方面。当一个社会劳动年龄人口占总人口的比重较大，且产业技术水平较低时，单纯依靠丰富的劳动力资源和成本优势就能驱动经济快速增长。但是，劳动年龄人口数量多也只是出现在人口出生率上升而死亡率下降所引起的人口结构调整过程中的某一个阶段，随着时间的推移必然会出现老年抚养比上升而年轻劳动力占比下降的结果，劳动力数量优势和劳动力成本优势会消失。例如，改革开放后很长一段时期内，劳动年龄人口占总人口的比重较大，抚养率较低，为中国经济发展创造了有利的人口条件，而在 2010 年之后劳动年龄人口数量和比重开始下降，人口红利逐渐消失。更为关键的是，产业技术水平并非保持不变，随着经济社会的发展，产业技术水平也会迭代更新和不断提升，势必出现新的岗位需求和技能需求，当劳动力结构与产业结构不能有效匹配时，单纯依靠人口数量来驱动的人口红利也是会逐渐消失的。因此，人力资本提升对于经济社会的持续发展才是最重要的。

教育是提升人力资本最重要的途径，因为教育通过传播已有的思维成果和生产经验等知识信息，以及提出问题和解决问题的思维过程，可以直接提升受教育者的科学文化知识、科学素养、创造力和劳动技能。而且，不同类型的教育可以培养出不同层次的人才，义务教育和高中教育可以为经济增长和产业发展提供比较廉价且受教育水平较高的劳动力，高等教育则可以培养满足经济发展方式转变和产业结构升级需求的中高层次人才和拔尖创新人才，职业教育与培训可以面向产业实际需求，根据生产劳动或职业发展所需要的职业知识和职业技能为产业发展培养大量的应用型高技能人才。因此，在人口红利期，教育通过提升人力资本与人口红利共同驱动经济增长。随着人口红利的衰退和消失，以及经济结构优化升级和经济发展模式转变，各类教育通过不断培养大量的、各种层次的、有技能的人才，可以实现人才资源和产业结构之间的动态平衡，从而将人口红利转化为人才红利，并成为推动中国经济高质量发展和社会进步的重要基础①。根据第七次人口普查数据，15 岁及以上人口的平均受教育年限为 9.91 年，比 2010 年提高 0.83 年。其中，16—59 岁劳动年龄人口平均受教育年限达 10.75 年，比 2010 年提高了 1.08 年。16—59 岁人口中拥有大专及以上受教育程度的人口达 2.06 亿，占比达 23.54%。表明中国人口受教育水平明显提高，人才红利逐步显现。

（二）教育发展促进了科学技术进步和产业结构升级

产业结构的优化升级，从根源上讲，都是科技进步的结果。要实现科技进步，一种途径是直接从国外引进先进的科学技术，另一种途径是

---

① 周健：《第二次人口红利视域下的我国教育红利——基于日本的比较研究》，《理论与改革》2021 年第 6 期。

进行自主研发和创新。当国内科技水平较低时，通过直接引进科学技术就可以实现技术进步和带动相关产业的发展。但是，随着国内外科技水平差距的缩小，引进技术的空间越来越小，而且容易受到国外的技术封锁和打压，产业结构升级就得不到更先进的技术支撑。因此，要想实现持续的科学技术水平提升和产业结构升级，就必须依靠国内自主研发与创新。在这一过程中，教育发挥着非常重要的作用。首先，教育可以使已有的科学知识和生产技术世代传承，并为进一步的科学技术创新做好必要的知识储备。其次，现代教育在传授知识的同时，也会不断开展科学研究，再生产新的科学技术，以及创造和开拓新的科学技术领域，现代教育本身也具有科学技术再生产的功能，而且高等教育和科研机构是再生产科学技术的重要阵地。最后，教育可以培养一大批掌握科学技术的技术人员和熟练劳动者，通过他们使科学转化为技术，技术转化为生产力。因此，教育发展，尤其是高等教育的发展可以极大地推动科学技术的进步和产业结构的升级，从而提升整个社会的生产力，扩大总产出。[①] 改革开放 40 多年来，中国科学技术发展日新月异，从 40 多年前的粗放生产、设备落后、缺技术、缺人才，到今天的天宫、蛟龙、天眼、悟空、墨子、大飞机等重大科技成果相继问世，各个领域的科学技术水平日益接近或领先世界水平，产业基础更加高级化、产业链更加现代化。从高技术产品的进出口情况来看（如图 2.13 所示），中国高技术产品的出口额逐年增长，从 1995 年的 101 亿美元增长到 2020 年的 7763 亿美元，年出口额大约增长了 76 倍，高技术产品的净出口额从 2004 年开始也由负转正并逐年增长，从一个高技术产品净进口国转变成一个高技术产品净出口国。

（三）教育发展助推了家庭人口转型

教育发展在促进产业结构向知识密集型转变的同时，也使得经济社会的发展越来越依赖于教育的发展。随着教育之于经济社会重要性的提升，家庭对子女的教育投资需求必然会增加。对子女进行教育投资可以提升子女的人力资本，从而使得子女能够为父母带来更多的效用，但同

[①] 张艳、李子联、金炜皓：《高等教育质量影响产业结构升级的机理与证据》，《高等教育研究》2021 年第 2 期。

（亿美元）

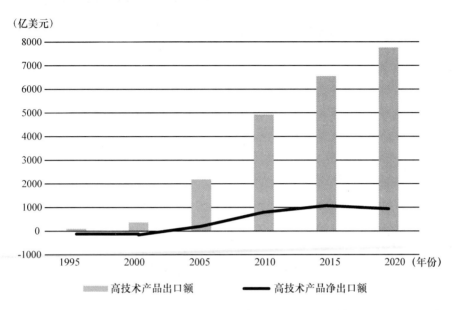

图 2.13　1995—2020 年中国高技术产品进出口情况

时也会增加家庭的子女养育成本，因为教育成本是养育成本的最主要构成部分。根据成本—效用理论和孩子需求理论，生育收益和养育成本是影响家庭人口生育决策的重要因素。[①] 具体来讲，一方面，父母可以通过教育投资从子女那里获得更多的收益，愿意提高子女受教育程度而减少子女生育数量；另一方面，家庭需要为子女教育付出更多的费用、时间和精力，家庭也可能会减少子女生育数量。因此，随着教育的发展，家庭会越来越重视教育投资，人力资本的提升将从"数量"转向"质量"。

（四）*教育发展空间格局或影响空间经济结构*

区域经济发展与区域内人力资本状况是密切相关的，人力资本的存量越大、质量越高，就越能推动该地区的科技进步和产业升级。对一个地区而言，教育发展对其人力资本的提升作用表现在两个维度。第一，

---

① 吕红平：《论子女成本—效用理论在中国的应用》，《人口与经济》1998 年第 2 期；段继红、苏华山、张成：《生育成本对二孩生育意愿的影响》，《当代财经》2020 年第 1 期；罗志华、吴瑞君、贾志科：《家庭养育成本对已育一孩夫妇生育意愿的影响——基于 2019 年西安市五城区调查数据的分析》，《人口与经济》2022 年第 3 期。

一个地区的教育越发展，则能够向区域内培养和输送越多的各行各业的人才；第二，一个地区的教育发展情况也是影响该地区吸引人才集聚的重要因素，教育发展越好的地区往往集聚优秀人才的能力就越强。因此，地区之间的教育资源分配与教育发展，对于一个地区经济社会的发展越来越重要，教育发展正在成为区域和地方经济发展的新动能，地区间的教育发展差异可能会引起空间经济结构的变迁。近年来，科技要素资源进一步从非中心城市向中心城市聚集，在一定程度上与经济发达的地区和中心城市优质教育资源集聚程度较高是有关系的。

典型城市

武汉：优质教育驱动精尖科研，精尖科研驱动科技产业①

武汉经济发展实现新突破，城市更具有吸引力。40 多年来，武汉的经济、政治、文化、社会、生态文明全面飞速发展。武汉加快建设国家中心城市，综合实力迈上新台阶，经济总量稳居全国城市前十位、中部城市第一位。武汉生产总值由 1978 年的 39.91 亿元跃升至 2021 年的 1.77 万亿元，提高了 442 倍，人均 GDP 从 735 元提升至 13.53 万元，提高了 183 倍。2021 年市场主体总量超过 170 万户，309 家世界 500 强企业到武汉投资，城镇居民人均可支配收入为 55297 元，常住人口为 1364.89 万人。

"优质教育驱动精尖科研，精尖科研驱动科技产业"，武汉以教育资源优势为依托，强化人才培养和引进，依靠人才优势，深化产学研合作，依靠人才和科技优势发展产业，进而创造和强化教育资源优势，从而实现人才、科技、经济的良性循环和共赢，强化了武汉国家中心城市的地位，提升了武汉城市竞争力和吸引力。具体做法和经验如下：

第一，依托优势条件，培育和储备人才。在基础教育方面，构建科学合理充满活力的教育体制机制。先后出台《武汉市人民政府关于进一步加强住宅区配套幼儿园建设和管理的意见》《武汉市中小学校安全条

---

① 作者：姜雪梅，中国社会科学院财经战略研究院，助理研究员。

例》《武汉市学前教育管理办法》《武汉市民办培训机构管理办法》《武汉市中小学教师职业道德考核办法（试行）》《武汉市义务教育学校管理规程（试行）》《武汉市校园安全视频系统建设使用管理办法（试行）》《武汉市教育系统法律顾问团工作规则》等规范性文件，为依法治教提供了制度保障和法律服务。此外，基础教育实行"地方政府负责、分级管理、以区为主"的管理体制，落实主体责任。在职业教育方面，深化中高职衔接"3＋2"和五年一贯制人才培养模式改革，不断强化校企合作的订单培养，提升技能和就业率。制定实施《武汉市现代职业教育体系建设规划》，组建7个行业类职教集团，创建国家级改革发展示范校10所，建设了一批重点实训基地、品牌专业和特色专业。在高等教育方面，保持规模优势，形成持续发展新格局。

第二，建立教育资助体系，确保有学可上，加大人才储备队伍。武汉建立从学前教育到高等教育全覆盖的教育资助体系，率先实现中等职业教育免除学费，义务教育实现"零收费"，确保家庭经济困难学生不因贫困而失学。武汉对精准扶贫户大学生每人每年资助1万元，并已实现全覆盖。此外，务工人员随迁子女在武汉就学享受同城待遇，在公办学校就读的比例达到97.86%，居全国同类城市首位。

第三，优化政策环境，争抢和引进人才。在自身拥有强大人才基础上，武汉率先制定优惠政策，争抢优秀人才。2017年起，东湖高新区成立招才局，每年设立100亿专项基金用于招商引资和招才引智。武汉为留住人才先后出台《关于加强大学毕业生安居保障的实施意见》《关于进一步放宽留汉大学毕业生落户试行政策》和《武汉市大学毕业生在汉工作指导性最低年薪标准》，为留汉大学生送出"落户、住房、收入"三个"大礼包"。

第四，建立产学研平台，扩展科技创新人才的舞台。2018年国家知识产权运营公共服务平台高校运营（武汉）试点平台获批，这是全国首个高校知识产权运营平台。通过平台的运营，提高高校知识产权的转化率，进一步激发科技创新动力。2020年首家国际化知识产权运营服务机构紫藤知识产权管理（武汉）有限公司落户光谷未来科技城，一年后国内外的417家知识产权服务机构落户光谷，形成知识性服务产业集聚，其规模效益辐射全国乃至海外。

第五，建立知识产权保护制度，为科技创新保驾护航，进一步激发科技创新人才的创新动力。武汉云集知识产权理论研究大家为知识产权国家治理贡献智慧，持续提升知识产权保护的法治化水平，为科技创新提供有力的法律保障与制度支持。武汉获批国家专利审查辅助任务试点和国家知识产权侵权纠纷检验鉴定技术支撑体系建设试点。

在上述一系列措施下，武汉实现了：第一，实现人力资本积累，成功加入联合国教科文组织全球学习型网络城市，学习型城市建设走上国际舞台。第二，借用优秀人才，发展基础科学技术，重点打造"两个中心"，一是综合性国家科学中心，二是国家先进存储产业创新中心。第三，利用人才及其科技优势，推进产学研融合发展。第四，聚集一大批知识产权优势企业和示范企业。2018年武汉入选国家知识产权运营服务体系建设重点城市，2022年入选国家知识产权强市建设示范城市。第五，利用人力资本和科技优势，发展现代产业体系。2021年光电子信息产业规模超5000亿元，存储芯片、光通信芯片、红外传感芯片研发制造能力全国领先；汽车及零部件产业产值3345亿元，集聚零部件企业约1000家；国家生物产业基地"光谷生物城"综合竞争力全国排名第5位。

基于此，可以得到如下启示：人才是经济增长和结构升级的核心因素，也是城市领先发展的最重要因素，通过培育人才、吸引人才、使用人才、创造知识和财富，不仅回报社会，也可以回报要素的所有者及人才本身，所以可以形成积极的正反馈，使得家庭、企业和政府都积极致力于人才培养。人才具有公共性和外部性，政府在人才问题上不仅义不容辞，而且需要科学作为。

第三节　中国城市住房发展[*]

资本存在于各个社会组织中，家庭是构成社会的最小单位，将资本

---

* 作者：任建宇，浙江工商大学经济学院数字经济系，讲师；毛丰付，浙江工商大学经济学院，教授。

体现到家庭中，即构成家庭资本，其主要内容为家庭经济资本、家庭文化资本与家庭社会资本等。在城市化进程中，家庭资本作为重要的生产要素，对住房市场的繁荣与发展具有重要意义。作为城市住房市场的主力军，家庭的资本积累为人口资源、人力资本、物质生活、科学技术、制度文化以及公共资源等其他基本要素的合理配置提供动力和保障；同时，家庭资本累积过程中产生的住房供给与需求也会影响家庭的资产配置、企业的投资行为与政府的住房政策，从而引起城市住房市场的系统性变化。本节在总结中国城市住房发展特征事实的基础上，梳理城市住房发展的一般框架与中国特征，在三主体、三交互和六要素的研究框架下，分析家庭资本与城市住房发展的相关关系，探讨中国城市住房发展的影响机制与作用机制。

一 中国城市住房发展的典型事实

改革开放以来，中国城镇居民居住条件明显改善，住房事业取得巨大进步。根据"七普"统计数据，2020 年全国家庭居住住房总面积为517.2 亿平方米，较"六普"增长 34.3%。其中，城镇家庭住房面积由 179 亿平方米增长至 295 亿平方米，增量达到 116 亿平方米，贡献了十年间全国增量的 87.5%。同时，城镇人均居住面积也有了较快的增长，从 1978 年的 6.7 平米增长到 2020 年的 38.6 平方米。但是，在城镇化快速发展背景下，受到居民收入与家庭人口结构等因素的影响，家庭住房存在较大的结构性差异，部分居民的住房条件有较大的改善需求和提升空间，且仍有大量家庭存在着较为迫切的置业需求。

（一）中国城市家庭住房呈现跨越式发展

新中国成立以来住房制度几经变迁，实现从公有化到商品化的转变，中国的房地产市场也经历了从无到有，从萌芽到粗放发展再到规范发展的过程。[①] 首先是单一的福利分房制度阶段（1949—1977 年）。新中国成立之初城镇实行公有住房实物分配制度，1950 年全国城市住房存量总面积只有 4 亿平方米，人均住房面积 5.50 平方米，住房供给主要来源于已有住房的公有化和市、生产单位等组织新建设的市有住房和

---

① 高波：《完善保障性住房的分配与退出机制》，《现代城市研究》2012 年第 5 期。

生产单位所有制住房。① 其次是福利分房向商品化住房的过渡阶段（1978—1997 年）。单一的公有住房供给制度并没有带来住房上的民生改善，住房制度急需改革。改革开放以来，政府出台一系列住房改革政策。再次是住房实现商业化阶段（1998—2012 年）。自 1998 年以来，占 GDP 的比重较大、产业关联度高的房地产业为拉动经济增长提供了新的动力，逐渐成为国民经济的支柱产业。随后，住房保障体系也逐步形成，保障范围进一步扩大，保障方式进一步创新，住房保障工作取得了一定的成效。② 最后是房地产市场规范发展阶段（2012 年以来）。党的十九大报告提出，加快建立多主体供给、多渠道保障、租房并举的住房制度，让全体人民住有所居。根据《中国人口普查年鉴 2020》，中国城市家庭人均居住面积已由最初的 5.50 平方米增长到 36.52 平方米。

（二）住房保障体系不断完善，从"住有所居"迈向"住有宜居"

中国住房保障体系不断完善，保障性住房建设稳步推进，棚户区改造大力实施，住房公积金惠及群体逐步扩大，住房保障能力持续增强。近十年来，累计完成投资 14.8 万亿元，建设各类保障性住房和棚户区改造安置住房 5900 多万套，低保、低收入住房困难家庭基本实现应保尽保，1.4 亿多群众实现安居。然而，随着社会经济的不断发展，居民对高层次物质性、舒适性和精神性需求不断增长，尤其是在住房方面，从追求"住有所居"向"住有宜居"转变，更渴望安全、稳定、和谐、生态的居住环境，品质住宅以及相匹配的高品质服务成为家庭的新需求。近十年来，中国持续开展城市生态修复和功能修补，全面实施城镇老旧小区改造，深入推进生活垃圾分类、城市园林绿化，累计开工改造城市老旧小区 16.3 万个，惠及居民超过 2800 万户，297 个地级以上城市实行垃圾分类，覆盖 1.5 亿户居民。2021 年，中国常住人口城镇化率达到 64.72%，建成区面积 6.2 万平方千米，城市燃气普及率 98.0%，供水普及率 99.4%，城市建成区绿地率 38.7%，人均公园绿地面积 14.87 平方米，城市人居环境大幅改善。随着城市住房保障工作

---

① 陈杰：《新中国 70 年城镇住房制度的变迁与展望》，《国家治理》2019 年第 14 期。
② 钟荣桂、吕萍：《我国住房保障制度的变迁、政策范式与展望》，《现代经济探讨》2017 年第 4 期。

的推进、居住环境的改善和生活品质的提升，城市居民真切地感受到住房品质提升带来的安全感、获得感和幸福感。

（三）居民收入与房价存在张力，住房在家庭资产中占比较高

房价收入比是指家庭住房总价与居民家庭可支配收入的比值，被视为衡量房价合理度、居民收入是否能承担房价的指标之一。根据易居研究院发布的报告显示，中国的房价收入比不断增长，从1998年的6.9增加到2021年的9.1，但是相比2020年的9.2有小幅回落（如图2.14所示）。2021年全国楼市降温，房价涨幅进一步收窄，商品住宅成交均价为10396元/平方米，同比增长4.2%。同时在国内经济持续稳定恢复下，2021年中国城镇居民人均可支配收入为47412元，同比增长8.2%。虽然全国房价收入比出现了近8年来的首次下跌，但是中国的房价收入比仍然处于偏高区间。根据《全球一线城市房价比较报告》，中国一线城市的绝对房价和相对房价都位居全球前列。从房价收入比看，北京、上海、广州和深圳市中心房价收入比分别是41、32、28和32，远高于纽约（房价收入比为7）、伦敦（房价收入比为10）以及东京（房价收入比为10）。另外根据央行调查统计司课题组的调查数据，2019年中国城镇居民家庭户均总资产为317.9万元，其中居民住房资产占家庭总资产的比重为59.1%，住房已成为家庭资产的重要组成部分。

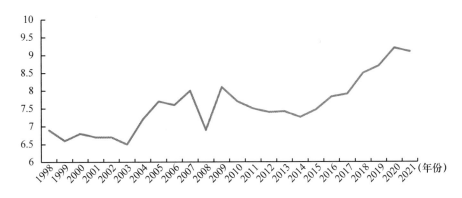

图2.14　1998—2021年中国房价收入比变化

（四）城市内与城市间住房存在差异，市场空间分化特征明显

改革开放以来，中国人均住房面积有了大幅提升，但是各城市之间存在较大的结构性差异。当前，一线、二线、三四线城市人均住房建筑面积分别为 26.4 平方米、34.6 平方米、37.0 平方米（如图 2.15 所示），套户比分别为 0.97、1.08、1.12（如图 2.16 所示），区域供求差异极大。随着人口在都市圈、城市群的流入，这些地区未来仍面临住房短缺问题，但东北、西北以及非都市圈、城市群的低能级城市，由于人口外迁严重，不仅已经出现供给过剩，而且未来过剩程度还将加深。一方面，在各地政府主导的城市化过程中，迅速扩张的城市空间并未给农村转移人口、新就业大学生等新市民提供足够的生活用地，致使不断攀升的房价成为他们在城市买房的障碍。另一方面，随着城市化水平的提高，扩张和增长已不再是城市唯一的演进路径，部分城市出现收缩现象。这些城市因人口持续迁出而面临住房空置率上升和配套基础设施荒废等问题。

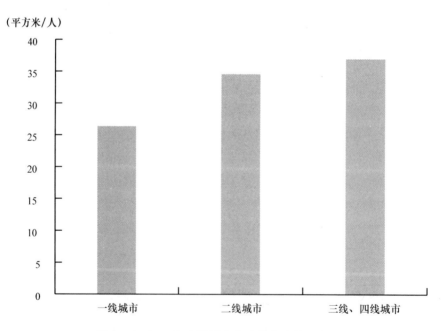

图2.15 2020 年中国城市人均住房建筑面积

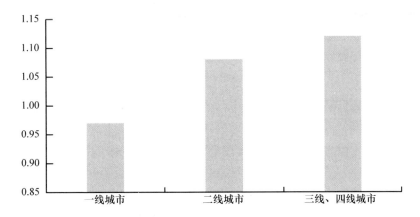

图 2.16 中国城市 2020 年套户比

当前，经济发展阶段的调整、人口结构和人口流向的变化以及住房相关政策的实施等因素对中国住房供需结构产生了重大影响，并对中国房地产市场发展提出了新的要求。党的二十大提出"团结带领全国各族人民全面建成社会主义现代化强国"，并结合"房住不炒"定位，明确了未来住房制度改革和住房市场发展的方向。随着住房短缺问题的逐步缓解，住房质量越来越受到重视，需要加强低质量住房的改造和高质量住房的建设，实现从住有所居、住有宜居到强调舒适居住条件的转变。

二 中国城市住房发展的总体机制

（一）一般机制

基于中国特殊的制度文化背景，家庭、政府和企业三方主体形成了家庭资产配置、企业投资行为与政府住房政策的三交互行为，利用人口资源、人力资本、物质资本、科学技术和公共资源等要素深刻影响着城市住房市场的发展。与此同时，城市住房市场的发展又会直接和间接地引起三主体、三交互及相关要素的发展和变化，图 2.17 绘制了城市住房市场发展的一般框架。

住房是城市发展中的重要组成部分，兼有消费和投资两重属性，不仅是家庭的重要财富、企业的重要物质资本、政府公共品供给的重要关注对象和制度干预的主要抓手，更重要的是住房是家庭人口数量和人力资本投资的前提条件，是城市人口得以生存和经济活动得以开展的先决

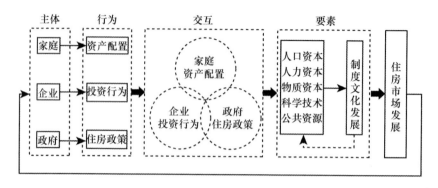

图2.17　城市住房市场发展的一般框架

条件。作为城市崛起的主要引擎和住房发展的推动力，人口资源与人力资本、物质资本与科学技术、制度文化与公共资源这六要素在不同的阶段各自起着不同的作用。无论是政府主体对于住房市场发展的独特力量，以及市场化制度改革对于城市住房发展所具有的决定性影响；还是城市企业主体不断通过科技创新和制度变革，扩大市场和提升经济效率作用于城市住房持续发展；亦或是家庭主体提供的人力和物质资本对于住房市场发展所起到内在推动力量。政府、企业和家庭等各方利益主体，基于各种制度安排，对住房消费和投资产生影响，配置和结合六要素，深刻影响着住房市场的现状与发展。

在整个经济过程中，三主体的三交互行为带来物质产品增加导致家庭收入增加，家庭在企业和政府的竞争与合作条件下，基于当前和未来家庭效用总和最大化做出住房投资和消费决策，包括在物质消费、住房消费、住房投资、人力资本投资以及其他理财投资等整体的家庭效用决定框架体系中。一方面，这些住房投资和消费决策直接形成，包括城市高房价的利益驱动、人力和物质资本的流入等城市住房市场发展的现象，进而影响城市经济空间结构的变化。另一方面，住房市场的发展也间接影响涵盖资源要素流动、政策制度导向等城市三主体间交互行为，进而间接推动城市六要素的发展。因此，随着城市住房的发展，这些家庭的住房投资和消费决策影响了未来的人力资本、物资资本、住房投资资本，进而形成总产出（包括物质产出、知识产出和住房产出），影响家庭增长、产业结构（包括住房）和经济空间结构（包括住房）变化。

（二）中国特征

第一，住房制度的改革和创新在城市住房发展的过程中占据重要作用，制度特征是影响中国城市住房发展的重要因素。一方面，住房需求和供给等直接相关的住房基础性制度随着居民住房理念的演变和住房政策的变革而发生结构性变化。改革开放以来，中国城市住房制度改革在实践中不断变化和完善，从单位住房福利制度到住房商品化萌芽，再到全面商品化以及后来的保障性住房制度，经历了"福利化—商品化—资产化—金融化"的历程。随着全体人民对于住房需求的新发展和新变化，中国住房基础性制度改革呈现渐进式变迁特征。另一方面，土地、财政、金融、税收等住房配套制度导致前期各方主体都存在炒房的冲动。具体而言，土地制度具有明显的城乡分立特征，城市化土地制度、集体土地制度和国有土地制度导致土地市场不能形成统一大市场，土地要素不能通过市场实现充分流转，核心城市核心区内房价猛涨，却无法向郊区大量转移。户籍制度导致权利分割，新市民的城市融入受到限制，城市住房市场的进一步发展亦受到影响。此外，地方政府竞争卖地容易造成土地价格扭曲，导致一二手房倒挂现象、商住用房价格偏高，加之财产税"重交易、轻流转"的税收模式，激发城市居民投机炒房的热情。与此同时，金融市场投资缺乏，资本市场收益低和企业投资性涉房政策的漏洞，让城市另一主体企业脱实向虚，亦热衷于炒房。城市住房发展离不开制度的支持，尽管中国住房制度还存在诸多不足、住房需要也不断变化，但这正体现出中国住房发展的制度特殊性特征。

第二，中国各地在区位条件、资源禀赋、制度文化以及经济社会发展等诸多方面存在较大不同。因此，中国城市住房发展呈现明显的区域差异性特征。从住房供需角度来看，随着人口往都市圈城市群等一线、二线城市的持续流入，发展潜力大、吸引力强、收入持续增长的城市面临着住房供给相对短缺现象，但东北、西北以及非都市圈城市群等三线、四线及以下城市，由于人口外迁严重、收入增长放缓，住房供给相对过剩的情况也许将进一步呈现。从开发程度来说，当地的经济发展与产业水平在住房市场发展过程中扮演着重要角色。沿海经济发达地区，由于市场化程度高、住房市场供需旺盛，导致住房产业较为发达、规模较大；相较而言，内陆地区住房产业化发展则较为薄弱、规模较小。就住房市场价格而言，据《中国住房发展报告（2020—2021）》的研究发现，中国城市房价水平"南高北低"分化格局依然突出，这与中国城市经济竞争力"南强北弱"、经济南北差距扩大有着密切的关系。各城市发展程度的阶段性、资源禀赋的异质性，导致了住房发展空间分化，呈现鲜明的区域特征。

第三，中国的住房发展同样具有开放后发特征，即针对中国在城市住房发展过程中涌现的新需求、发现的新问题，通过学习借鉴世界各地住房发展的成功经验，推动住房市场的持续健康发展。无论是土地批租制、房地产预售制、廉租房制度等借鉴香港住房发展的成功经验和成果；还是在借鉴新加坡中央公积金制度基础上，所产生的自主原发住房金融制度创新，即住房公积金制度；亦或是遵照"房住不炒"要求，总结借鉴国外住房发展先进经验，尝试推动住房产权多样化复杂化的改革发展。回顾中国城市住房发展的历史，在实践中不断学习和借鉴世界各地住房发展的经验和成果，摸索和探寻符合国情、适应市场发展规律的中国方案。城市住房发展的开放后发优势对于满足中国城市居民住房发展需求乃至中国住房保障事业都有很大贡献。

第四，在充分利用好开放后发优势的同时，中国城市住房发展不断构建和完善开放的住房市场体系和多元化的住房保障体系，以满足人们对于住房的新需求和高追求。随着投融资体制的改革，住房市场中资本的来源逐渐增多，房地产业逐步建立了以银行信贷为中心的多样化融资渠道，资本金、预租售收及借贷资金等运作方式让住房市场体系更加多样化、开放化。与此同时，为了解决各类人群的住房需求，国家明确了住房保障体系的顶层设计，提出加快建立多主体供给、多渠道保障、租购并举的住房制度。开放的住房市场体系和健全的住房保障体系相互补充、平衡发展，在呈现对于各类人群的包容性和发展开放性的同时，让住房的发展更加成熟，更加完善，更加适合人民的生活需要。

第五，IT技术、互联网、人工智能等数字技术的迅猛发展在推动社会结构和价值观念变化的同时，中国城市住房发展特征受到科技革命的较大影响，城市住房需求和供给要求产生了新的变化。科技革命对于城市住房需求而言，日新月异的信息与通信技术让城市办公地自由化、分散化、小型化；智能化科技化的建筑风格让城市居民可以追求具有自己生活风格的居住环境。科技革命让人们对住房需求的基本观念发生了积极的变革，职住一体化住房需求正在增加，更大的书房、更智能化的风格、更舒适便捷的环境等住房发展理念逐步建立起来。科技革命让中国住房发展特征呈现"用户第一"的发展趋势。科技革命使城市住房供给更加满足住房消费者的个性化需求，科技赋能住房行业绿色低碳化的发展成效亦较为显著。无论是在售卖阶段通过虚拟现实和增强现实来理解房产；还是在建筑中以绿色科技赋能人居，打造舒适节能健康的生活环境；亦或是在生活阶段，以物联网和智能化的场景设置打造 AI 生活社区。这些都是科技革命对于中国城市住房供给发展过程中展现的重要特征。

（三）中国框架

城市三主体、三交互和六要素的发展变化影响城市住房发展的全过程，这种影响是复杂且动态的。在中国城市住房发展的过程中，不仅可以看到，老龄化和人口生育政策调整带来的人口资源变化给城市住房供需带来的调整、机遇和挑战，城市"抢人大战"背后对于人力资本追求所催生的住房发展品质需求的提升，还可以发现，科学技术进步所引发的城市间的要素配置和住房市场分化以及住房市场供需的新发展、新变化，以及后发优势的运用对于住房市场开放体系的完善。此外，物质生活改善和住房制度调整导致了城市各方主体所存在炒房的行为；城市公共资源、经济发展水平、社会基础等资源禀赋差异导致住房市场发展的不平衡与住房发展区域差异大的特征。与此同时，中国城市家庭、政府和企业三主体的三重互行为和六要素并不是孤立地发挥着各自的作用，对于城市住房发展的影响是交互、复杂且联动的，无论是时间、空间还是产业，三主体的三重行为与六要素三结合都深刻影响着中国城市住房市场的发展。

住房作为家庭的基本生活消费资料、政府调控和企业投资的关键手段之一，是城市发展中的重要组成部分，具有消费和投资的两重属性。随着中国城市住房的发展，不仅改变了城市三主体的三交互行为，对于城市六要素的发展亦有较大影响。一方面，住房领域的发展改变了家庭的资产结构，住房制度的变迁深深影响着城市居民家庭的住房投资、消费以及其他投资理财的决策，进而影响家庭整体的效用。与此同时，政府对于住房领域发展的宏观调控、房地产业及关联产业的发展更是推动了城镇化的建设和区域经济的增长。另一方面，不容忽视的是，中国城市住房发展呈现的各方主体所存在的炒房行为以及住房发展的区域差异，容易出现金融市场风险增加、其他行业成长受阻等等问题。中国城市住房领域的发展对于城市三主体、三交互和六要素的作用机制是复杂且变化的，需要基于城市住房发展的时空特征，结合三主体、三交互行为的动态变化，从而形成整体且系统的认识。

三　中国城市住房发展的影响机制

改革开放 40 多年以来，中国城市经济已取得高速发展，城市人口大幅提升，2020 年年末全国城镇人口数达到 90220 万人，城市化率达到 63.89%。人才强国建设成效显著，各地区纷纷加入"抢人大战"，城市经济发展正在经历从人口红利驱动转变为人才红利驱动。随着城市经济的快速发展，中国居民人均可支配收入不断提高，物质生活不断改善。另外，为了促进城市经济可持续增加，经济主体正在大力推动科学技术进步。在数字经济时代，数字技术已渗透各个领域，新产业、新业态、新模式正在不断涌现。然而，由于中国城市间显著的行政级别导致大城市和中小城市的公共资源仍存在较大差距。对此，本部分将在城市三主体、三交互和六要素的框架下，结合这些要素的发展变化深入剖析城市住房发展的特征，进而厘清中国城市住房发展变化的影响机制。

（一）人口资源变化给房地产市场带来机遇和挑战

一方面，老年人口数量持续增长，老年人口比重逐渐上升，人口老龄化程度不断加深。人口老龄化不仅体现为老年人口总量上的增加，更体现为人口年龄结构的显著变化，属于人口结构性的改变。"七普"查数据显示，中国 65 岁及以上人口为 19064 万人，老年人口占比为 13.5%，老年抚养比为 19.7%，人口老龄化趋势更加明显。基于生命周期理论，随着老龄人口可支配收入水平的降低以及相对较低的住房消费倾向，老龄人口总量的不断扩大将直接给房地产市场带来挑战。[1] 但同时，老龄人口在居住环境和居住空间上拥有不同于年轻人的需求，其对住房需求的偏好和特征给房地产市场带来前所未有的机遇。另一方面，生育政策调整的影响有限，人口少子化使得全国家庭户平均规模逐渐缩小。家庭结构开始简化，"七普"家庭户的平均人口为 2.62 人。短期内，家庭规模的缩小使得家庭总量增加，会带来住房需求的增加，但家庭的简单化会降低对住房面积的需求，深刻影响房地产市场的供求关系。与此同时，现代婚姻、家庭观念催生了多样化的家庭类型，单人家庭、离婚家庭、空巢家庭等家庭形态不断出现。家庭住房消费多元化、品质化的新需求及以消费者为中心的理念逐渐涌现，消费者对于消费服务的需求也变得更加强烈。此外，随着城镇化进程的推进，大量农村人口进入城市中，增加了城市住房保障工作的压力。因此，扩大保障性租赁住房供给、着力解决符合条件的新市民、青年人等群体住房困难，以及逐步使租购住房在享受公共服务上具有同等权利成为当前住房市场的重要任务。

（二）人力资本提升催生住房市场的品质需求

自"抢人大战"以来，各城市分别出台人才政策吸引人才，[2] 各地的安居政策以及较高的收入水平使得人才对于家庭住房品质的需求增加。一方面，受教育程度越高、收入越高，追求消费需求的层级也越高，住房消费需求也从生存型向享受型发展；另一方面，接受教育也令人们思想观念发生转变，特别是令年轻人更向往大城市的生活与发展机遇，促使人口进一步向经济发达地区和大都市圈城市群集聚流动，激发大城市、都市圈、新市民的租赁和购房需求潜力。与此同时，租赁住房也越来越被年轻人所接受，为住房租赁市场的发展带来新的机遇。在城市中，住房消费已不再是单一的、同质的、居住型的需求，而是衍生出更加多元化、个性化、品质化的新需求。随着城市人力资本的提升、集聚，城市居民住房消费需求从生存性"刚需"向

---

① 郭克莎：《中国房地产市场的需求和调控机制——一个处理政府与市场关系的分析框架》，《管理世界》2017 年第 2 期。

② 毛丰付、郑芳：《人才引进政策如何影响了劳动力市场？》，《商业经济与管理》2021 年第 11 期。

"改善"发展，对"好房子""好服务"的需求越来越大。现阶段，随着房地产市场要解决的问题逐渐从"有房住"向"住好房"过渡，顺应居民高品质住房需求，更好解决居民住房问题成为房地产行业的重要目标。

（三）物质生活改善激发住房市场的投资需求

金融知识对资产配置具有重要影响，[①] 在金融市场不发达、家庭收入增长和物价不断上涨的背景下，家庭住房投资需求激增。在经济发展早期，城市居民可支配收入较少，住房消费需求占主导地位。但随着城市居民收入水平的不断提高，居民可支配收入增多，且伴随物价不断上涨的经济发展趋势，城市居民的住房投资需求愈发强烈。城市居民倾向于住房投资，原因在于，尽管城市居民家庭资产配置有多种方式，例如金融资产（主要包含储蓄、保险、债券、股票等）和非金融资产（主要包含住房、耐用消费品、经营性资产），但从纯粹资产配置收益的角度来看，中国资本市场尚不发达，普通居民缺乏良好的投资渠道。相比于股票市场，投资商品房的收益稳定性更高，是稳定上升的投资策略。[②] 在金融市场不发达的情况下，住房投资自然成为家庭投资的首选工具。根据西南财经大学中国家庭金融调查数据，2015 年中产阶层的财富在房产上的配置比例高达 79.5%，而金融资产仅有 10.8%，[③] 住房投资在家庭资产配置中占据主导地位。

（四）科学技术进步引发城市间的要素配置和住房市场分化

在经济主体大力推进科学技术进步的背景下，中国科学技术已取得空前发展。根据世界知识产权组织发布的 2022 年全球创新指数显示，2022 年中国创新能力综合排名全球第 11 位，较上年提升 1 位，较 2012 年跃升 23 位。尤其是在数字经济时代下，IT 技术、互联网、人工智能等数字技术的迅猛发展不仅融入了人们的日常生活，更是驱

---

① 毛丰付、诸梦思、徐畅：《金融知识与创业房产租购决策：买房干还是租房干》，《贵州财经大学学报》2022 年第 5 期。

② 张传勇、张永岳、武霁：《房价波动存在收入分配效应吗——一个家庭资产结构的视角》，《金融研究》2014 年第 12 期。

③ 杨小科、王晶：《城市公共资源配置与家庭住房投资——基于 CSS（2006—2015）五轮调查数据的研究》，《公共行政评论》2018 年第 11 期。

动了新一轮科学技术进步和变革，新产业、新业态、新模式等不断涌现。① 以移动互联网为代表的新一代数字技术，能够凭借跨时空信息传播、数据共享、信息获取近乎零成本等先天优势和本质特征，打破信息传播时空壁垒，降低信息不对称程度，② 进而有效促进各种生产要素在城市间自由流动。在这样的条件下，与中小城市相比，资金、劳动力等各种生产要素会更加青睐于人口密度大、经济活动密集、生产效率高的大城市。基于此，城市间要素配置偏向大城市的特征就会被进一步放大，从而加剧城市间住房市场分化现象。城市间的住房市场分化现象明显，大城市解决住房难度大与中小城市住房闲置资源浪费并存、大城市因大量资金投资或投机住房而导致信用违约风险快速集聚、中小城市因大量过剩闲置而导致开发企业资金链断裂风险增加等。③ 因此，需要密切关注住房市场的供求平衡，协调优化住房供给，从而实现中国城市经济发展的全面协调发展。未来，房地产与互联网技术、大数据技术、人工智能技术、生物识别技术、新材料清洁能源等的结合，可以为居住生活、商业办公、零售消费、亲子活动、社交娱乐创造更多更舒适的空间。

（五）公共资源不平等导致住房市场失衡

长期以来，由于行政等级、地理优势、生产效率等差异，中国城市间公共资源分配并不平等。④ 具体而言，直辖市、省会城市和副省级城市等大城市往往拥有独特的行政资源、优质的教育资源、先进的医疗资源、宜人的城市景观等，因此，大城市对外来流动人口的吸引要比中小城市更具优势。近年来，大城市和中小城市对外来流动人口的差异化吸引能力已经造成了城市间人口规模的"两极化"。一方面，大城市的人口规模迅速壮大。根据"七普"数据，迁移人口持续向大城市的集聚

① 黄群慧、余泳泽、张松林：《互联网发展与制造业生产率提升：内在机制与中国经验》，《中国工业经济》2019 年第 8 期。

② 毛丰付、郑好青、王海：《数字基础设施与企业技术创新——来自地方政府政策文本的新证据》，《浙江学刊》2022 年第 6 期。

③ 倪鹏飞：《货币政策宽松、供需空间错配与房价持续分化》，《经济研究》2019 年第 8 期。

④ 林崇建、毛丰付：《财政投入与城市治理绩效分析——以江浙城市群比较为例》，《财贸经济》2012 年第 12 期。

趋势并未发生改变。[1] 但另一方面，许多中小城市的人口增长相对缓慢，甚至出现了收缩的格局。《2019 年新型城镇化建设重点任务》《2020 年新型城镇化建设和城乡融合发展重点任务》等政策先后强调了中国收缩型中小城市的存在。实际上，魏后凯（2014）[2]、魏守华等（2020）[3] 的研究都指出了大城市人口规模急剧膨胀、中小城市人口规模相对萎缩的特征。随着大城市与中小城市间人口规模"两极化"的出现，城市间住房的不平衡问题也逐渐激发人们的广泛关注。从总量上来说，住房供需已经基本平衡，很多中小城市已经出现住房过剩，家庭拥有多套住房的比例上升。一些大城市住房仍然存在短缺问题，但中小城市的住房却存在过剩的现象；居民之间住房不平等现象严重，少数家庭拥有多套房，但也存在部分家庭仍然面临着严重的住房困难。从住房价格来看，2001—2013 年一线、二线城市的住房价格要远远高于三线、四线城市，并且城市间住房价格差距仍在进一步扩大。[4]

四 中国城市住房发展的作用机制

改革开放以来，中国房地产行业的高速发展为经济增长做出了巨大的贡献。在 1998 年住房制度改革之后，中国商品房市场应运而生，逐渐成为满足城市居民日益增长的住房需求的主要渠道，并迅速发展成为中国经济的支柱产业之一。2021 年，全国房地产开发投资147602 亿元，比上年增长 4.4%，其中，住宅投资 111173 亿元，比上年增长 6.4%。商品房销售面积 179433 万平方米，比上年增长1.9%，其中，住宅销售面积 156532 万平方米，比上年增长 1.1%。房地产发展带动了相关产业的快速发展，促进城市就业，加快了城镇

① 宫攀、张槊：《标度律视角下城市体检评估与地区差异研究》，《城市问题》2022 年第 8 期。

② 魏后凯：《中国城镇化进程中两极化倾向与规模格局重构》，《中国工业经济》2014 年第 3 期。

③ 魏守华、杨阳、陈珑隆：《城市等级、人口增长差异与城镇体系演变》，《中国工业经济》2020 年第 7 期。

④ 倪鹏飞：《货币政策宽松、供需空间错配与房价持续分化》，《经济研究》2019 年第 8 期。

化进程，影响居民生活和资产结构等。随着中国经济从高速发展向高质量发展转变，房地产对经济的带动作用逐渐减弱，住房在满足人民对美好生活需要的同时，也存在增加居民金融风险、抑制其他企业的生产发展等问题。为此，本部分将在城市三主体、三交互和六要素的框架下，结合城市住房发展的特征事实，深入分析中国城市住房对家庭、企业和政府三主体的影响效应，进一步明晰中国城市住房发展变化的作用机制。

（一）中国城市住房发展影响居民家庭生活

住房作为家庭资产的重要组成部分，其价格对于家庭的消费、教育、婚姻、生育等方面都具有重要的影响。随着收入增长，城镇居民的消费支出也呈现不断增长的趋势，在 2008 年突破万元消费大关。随着人口转型的发生，中国居民的消费结构也呈现颇为明显的升级化态势。目前房价对于家庭消费的具体影响机制主要有财富效应和信贷约束效应：根据财富效应机制，房价上涨，房产财富增加，家庭倾向于增加更多的消费。而信贷约束效应的逻辑是房价上涨，住房价值增加，增强了有信贷约束家庭获取抵押贷款的能力，放松了流动性约束，从而促进家庭消费。而房价对于婚姻的影响，房价上升的同时国民初婚年龄不断推迟，具体表现为房价每上升 1%，个体初婚年龄平均增加 1.108 岁。[1]在家庭教育选择方面，房价的影响机制主要有两种：一种是财富效应机制，具体来说住房价格上涨会显著增加家庭教育开支；另一种影响机制是就业冲击效应，房价上涨会影响当地就业并影响个体教育的选择。[2]而房价对生育也要较大影响，已有研究表明，房价上涨改变了家庭预算约束，房价上升 1%，家庭初次生育时间约推迟 1.05 年。[3]

（二）中国城市住房发展改变居民家庭资产结构

住房是现代居民家庭的重要资产之一。从理论上来看，家庭偏好持

---

① 刘金山、杜林：《房价上涨是否推迟了初婚？——基于 CGSS 数据的实证分析》，《北京航空航天大学学报》（社会科学版）2022 年第 6 期。

② 陈永伟、顾佳峰、史宇鹏：《住房财富、信贷约束与城镇家庭教育开支——来自 CF-PS2010 数据的证据》，《经济研究》2014 年第 1 期。

③ 胡佩、王洪卫：《住房价格与生育推迟——来自 CGSS 微观数据的证据》，《财经研究》2020 年第 4 期。

有住房的原因在于，住房具有投资和消费的双重属性，作为耐用品，家庭可以获取持久效用；而作为投资品，住房又是家庭财富的重要组成部分。[①] 因此，城市特殊的住房制度在动态发展变化的过程中通过影响住房投资和消费而深刻改变了居民家庭资产结构。一方面，自 20 世纪 90 年代住房制度改革之后，中国城市经济活力得以释放，第二、第三产业的蓬勃发展，吸纳了大量农村剩余劳动力。城镇化水平快速提升和住房市场的货币化改革促使城镇住房需求得到集中性释放。随着城镇化的推进，居民收入水平的提升和财富管理意识的增强，以及实施城镇住房改革后，国内房地产价格在较长一段时间内呈现持续性上涨现象，居民对房地产有了投资性需求，使得住房投资逐渐成为家庭投资的首选资产。另一方面，土地、财政、金融、税收等住房配套制度导致前期各方主体都存在炒房的冲动，使得房价居高不下。住房价格波动引起的房产价值变动，直接影响家庭持有的资产总量。大量的研究结果表明，在房价上涨时，对已经拥有完全房屋产权的人群和拥有多套房屋产权的人群来说，他们可以选择将满足自住需求以外的房产出租并获取租金收入，也可以出售套现，还可以通过抵押信贷渠道获取额外的资金来购买更多的房产以求获利，这部分人群可以凭借房价上涨带来的额外收益改变其家庭的财产分配状况；但对于没有房屋产权的人群和因为购买房产需要偿还贷款的人群来说，房价上涨会增加他们未来在房产上的投入和利息支出。[②]

（三）中国城市住房发展推动城镇化进程

改革开放以后，中国经历了人类历史上最大规模的城镇化进程，城镇化率从 1978 年的 17.92% 提高到 2018 年的 59.58%，每年提高 1 个百分点以上。其中，1998 年住房制度改革是推动中国城镇化的重要动

①　J. V. Henderson and Y. M. Ioannides, "A Model of Housing Tenure Choice", *The American Economic Review*, Vol. 73, No. 1, 1983; D. Pelletier and C. Tunc, "Endogenous Life-Cycle Housing Investment and Portfolio Allocation", *Money, Credit and Banking*, Vol. 51, No. 4, 2019.

②　M. Fratantoni, "Homeownership, Committed Expenditure Risk, and the Stockholding Puzzle", *Oxford Economic Papers*, Vol. 53, No. 1, 2001; R. Chetty and A. Szeidl, "Consumption Commitments and Risk Preferences", *The Quarterly Journal of Economics*, Vol. 122, No. 2, 2007; 张传勇、张永岳、武霁：《房价波动存在收入分配效应吗———一个家庭资产结构的视角》，《金融研究》2014 年第 12 期。

力，政府通过土地经营和房地产发展为人们在现代经济生活中的各种活动提供物质上和空间上的条件，解决居民住房问题，解决了城市公共产品供给的资金来源，极大地改善了城市基础设施和公共服务，促进了城镇化的就业和生活。一方面，在土地垄断、财政分权、为增长而竞争背景下，以地方政府为主导、以土地运作为实现手段成为近二十年中国城镇化的典型特征。这一模式对城镇化起到了一系列积极推动作用，包括城镇设施的快速更新完善，降低产业发展的地租成本等。另一方面，房地产业为居民提供生存和发展的必须条件——房和地，解决了居民住房问题。还逐步形成了一套以土地资产价值实现为核心的制度设计，"以地生财""以地融资"成为推动城市建设、完善基础设施、提供公共服务的重要资金渠道，支撑了城市快速扩张所需要的开发建设资金，有力地促进了城镇化发展。同时，房地产业的发展提升了土地价值，使土地的非农业用途更有吸引力，加快了市郊区域的城镇化进程。然而，大城市中高企的房价也提高了对农村人口进入城市的能力要求，对城镇化进程存在不利影响。

（四）中国城市住房发展导致金融风险增加

城市住房发展在推动城市建设和经济增长的同时，也面临着由于资产负债结构失衡所导致的金融风险增加问题。首先，住房的价值取决于其居住属性，但是住房的投资属性会使其价格水平在投资需求和投机需求下不断被推高，持续走高的住房价格水平使房地产开发商获取巨大收益并持续建造和开发住房增加住房供给，这会使得一些炒房客人为地囤积居奇，利用银行贷款在多处购置房产，从而导致家庭面临财富损失的风险增加，也会造成房地产泡沫，最终可能将风险转移给银行。此外，限购政策在一定程度上助推了这样的趋势，造成"越限越涨"的现象。住房投机性需求过大无疑是助推地产泡沫集聚、造成局部市场虚假繁荣的主要原因之一，同时增加了房地产市场局部风险引发系统性金融风险的可能性。其次，由于住房是屈指可数的可以通过贷款获得的资产，因此大多数家庭会选择通过按揭贷款的方式购置住房。在家庭购买住房之前，住房价格水平的上涨会导致按揭贷款的成本增加，在家庭购买住房之后，家庭需要为还贷而储蓄，同时住房贷款使家庭面临的高杠杆水平也会使家庭所面临的风险提升。① 最后，购买房地产是居民杠杆资金的重要流向，银行业的很大一部分资产都集中在房地产行业，存在潜在的金融风险。这是由于房地产开发商对贷款的偿还依赖于未来的预期收入，大多数购房者的首付额只占房价总额的 30% 左右，剩下的 70% 都来源于银行贷款，如果购房者出现无力偿还的情况，将危害金融体系的稳定性。

（五）中国城市住房发展促进经济增长

自住房制度改革以来，中国房地产市场实施的一系列市场化制度安排，如土地招拍挂制度、商品房预售制度、住房信贷制度、公积金制度等，使房地产市场实现了前所未有的繁荣与发展。房地产行业具有较长的产业链，关联行业众多，涵盖拿地、施工、销售、竣工、交房、装修和配套服务 7 个主要环节，涉及 144 个上、下游行业，涉及生产、消费、投资三大领域，房地产业的繁荣拉动实体经济持续发展。一方面，持续的房地产市场化改革有利于壮大房地产市场规模、整合行业资源，并有效带动上、下游实体产业联动发展。另一方面，房地产市场化改革极大地优化了土地、资本、劳动力等要素资源配置，降低了实体企业的生产和经营成本，特别是制造业企业得以将更多的优质资源投入研发创新领域。与此同时，房地产本身也是一种生产要素，与制造业新技术、新材料、新设备相融合，大大提高了生产效率；与公共服务领域的新基建、新动能相融合，增强了城市服务实体经济的综合能力；与产业链供应链中的新业态、新场景相融合，激发了实体企业开发新产品提供新服务的内生动力。此外，信贷制度、土地出让制度以及商品房预售制度等建立并趋于完善，助推房地产开发经营与城市开发建设日渐融为一体，有助于获取充足的财政资金以实现地方经济"促增长""保增长""稳增长"的目标。② 因此，中国住房市场发展与经济增长有着密切关系，是推动经济增长的重要渠道。

---

① 蒋瑛、李翀：《住房价格水平变化对中国家庭金融资产配置影响研究》，《四川大学学报》（哲学社会科学版）2019 年第 2 期。

② 樊光义、张协奎：《房地产市场化改革与实体经济发展——兼论金融的调节作用》，《南方经济》2022 年第 1 期。

（六）中国城市住房发展对其他企业产生影响

近十年来，房价普遍上涨 5—10 倍，而其间中国企业平均投资回报率却仅为 5.59%。[①] 其中，房价攀升对企业的消极作用主要有增加企业成本、影响企业科技投入等。房价对于企业成本的影响主要体现在增加劳动力成本以及债务融资成本等方面。已有研究认为房价上涨通过减少劳动力供给的方式来影响工资水平，而且房价上涨还会增加居民生活成本，最终导致企业劳动力成本的上升。在信贷市场中，房价上涨会引起企业生产成本上升，企业需要投入更多资金维持或扩大生产规模，对信贷需求增加，进而引起融资成本的变动。在科技投入方面，房价上涨对不同行业造成的影响存在较大差异。对于非房地产企业、如工业企业和制造业来说，高房价通过产业结构效应、投资挤出效应、创新与创业抑制效应、要素价格扭曲效应等冲击制造业发展。进一步的讨论认为房价增长是通过吸引企业将更多资源投入房地产行业而挤出了企业研发投入。对于高新企业，一些学者认为房价持续上涨可能会扭曲企业家行为，使企业的研发投入减少；另一些学者则认为房价上涨对高新企业的研发投入存在倒逼机制，即住房价格会促进公司研发投入。

典型城市

长沙：坚持房住不炒定位，促进家城平衡发展[②]

自从党的十九大报告提出"坚持房子是用来住的、不是用来炒的定位，加快建立多主体供给、多渠道保障、租购并举的住房制度，让全体人民住有所居"，中国房地产行业加快转型调整，先后出台"三条红线""房地产贷款集中度管理"等调控政策，一定程度上抑制了部分房企"高杠杆、高周转、高负债"的无序发展乱象。

坚持"房住不炒"定位，促进家城平衡发展。近 20 年，长沙一直坚持和完善"房住不炒"的定位，一方面让利于民，拒绝炒卖土地，

---

① 许瑞恒、刘洋、刘曙光：《房价对企业技术创新产出的成本效应与投资效应研究——基于 A 股上市公司数据的实证分析》，《重庆大学学报》（社会科学版）2020 年第 3 期。

② 作者：邹琳华，中国社会科学院财经战略研究院，副研究员。

加大住房覆盖面。另一方面，完善长效机制，加强市场监管。从而使房价、地价保持在合理水平，不仅微观上促进了家庭合理支出，宏观上也确保了住房与产业（制造业服务业）及民生的良性互动，促进了家庭和城市均衡和可持续发展。具体做法和经验如下：

第一，坚决摆脱对土地财政的依赖，走出一条实体经济高质量发展的道路。虽然卖地"来钱快"，但不可持续。与之相比，制造业发展慢，但可持续，是立市之本、强市之基。相比于当前利益，长沙更注重长远利益，坚决选择了抑制房价"虚火"、发展实体经济、做强制造业的发展路径，苦练内功，为城市经济发展注入可持续的动力。

第二，坚定不移推动落实好房地产长效机制。近年来，长沙始终坚持贯彻"房住不炒"的定位，不将房地产作为短期刺激经济的手段。实践中，始终不渝地保持房地产调控的战略定力，落实房地产调控城市主体责任，坚持房地产调控目标不动摇、力度不放松。按照"因城施策"要求，严格落实各项调控政策，始终保持房地产调控政策的连续性和稳定性，实现了"稳地价、稳房价、稳预期"阶段性调控目标。为了配合建立房地产长效机制，长沙近年来土地供应较为宽松，且区域分布相对衡。据统计，2021年长沙六区一县总计供应了219宗地块，总供应面积为1221.3万平方米，有效地限制了房价的过快增长。

第三，采取有力措施加强房地产市场监管。近年来，长沙通过开展"反炒房、反暴利、反捂盘"等集中行动，加码楼市限购、限售、限价等调控政策，特别是限购政策较为严格。通过打出调控"组合拳"，有力地制约了因房价"洼地效应"吸引外地炒房者来此炒房。2016年11月，为保证其房地产市场平稳健康发展，市政府出台了房地产市场调控的七条措施。2018年6月，长沙从项目监管、土地出让、购房资格、户籍管理、打击炒房等方面对楼市全面调控。2022年8月，长沙市印发了《关于进一步加强商品房预售资金监管的通知》，对商品房预售资金监管进一步明确，推进"保交楼"，防烂尾。

第四，出台支持住房租赁发展的创新政策。为有效支持群众改善性购房的合理需求，保障长沙市房地产市场健康发展，2022年5月，长沙市出台了《关于推进长沙市租赁住房多主体供给多渠道保障存量房的试点实施方案》，明确支持试点企业盘活社会存量房作为长租房，通过盘活存量方式增加长租房供给，解决好新市民、青年人住房问题。长沙住房租赁发展成果显著，2022 年，长沙计划建设公租房 9600 套，计划到 2023 年筹集租赁住房 7.75 万套。

长沙的成果：首先，为经济发展创造了良好的环境，制造业发展势头迅猛。适宜的房价带来相对较低的土地、人才等生产成本，企业有较为充足的资金增加创新投入，人才流入为长沙发展制造业发展和产业转型升级提供了有力支撑。据统计，长沙财政对土地的依赖不到 40%，有效避免了经济社会发展被高房价绑架，同时也倒逼政府加快发展实体经济。其次，促进城市消费增长，文创产业表现突出。中国十大夜间经济影响力城市中，长沙居第三位。长沙依托丰厚的历史底蕴以及湖南广电在文化传播上的影响力，加快了文创产业布局，形成多个文创产业聚集区。再次，激励家庭房住不炒，确保家庭支出结构合理。据统计，长沙近年来房价收入比基本维持在 6—8，在 70 个大中城市中处于相对较低水平。长沙城镇家庭不仅住房支出负担合理，而且支持家庭增加了人力资本投资、物资文化消费和人力资本的投资。。最后，实现城市发展动能的可持续，提升人民幸福感。截至 2022 年，长沙连续 13 年被评为"中国最具幸福感城市"。

理论启示：在城市发展中，房价与城市经济增长、产业升级之间存在倒"U"形关系，房价过高会使产业升级和科技创新失去动力与丧失条件。因此，应该让房价处在一个合理的水平上，使房价成为家庭发展的外在压力和内在动力，进而促进家庭的发展和城市的可持续转型。长沙的实践说明，政府完全有能力，也有担当来解决房价问题，使房价保持在合理的水平。随着城镇化的推进，一些大城市尤其是特大城市和超大城市的高房价对城市经济发展和民生保障带来了一定影响。相比之下，长沙稳房价、促发展的做法具有借鉴意义。此外，长沙通过大力发展住房租赁调控房价的做法，符合经济学供求关系的基本原理。长沙"以租换购"，盘活存量房供作租赁住房的做法，2022 年以来已经在成都、西安、天津等城市大力推广，通过扩大住房供给，稳房价的同时去库存、稳楼市、惠民生，一举多得。

第三章 中国城市空间的发展

第一节 中国城市政府[*]

一 中国城市政府的特征事实

（一）中国地方政府从"一穷二白"到拥有规模庞大的净资产

新中国成立初期，中国政府面对的是一个千疮百孔的"烂摊子"，工业几乎为零，农业萧条、恶性通胀横行、生产设施严重损毁。1952年，全国 GDP 也仅有 679 亿元，地方政府的资产可以用"一穷二白"来形容。而经过几十年的发展，2010—2017 年，地方政府总资产的规模占当年 GDP 的比例基本维持在 120% 以上，2017 年甚至达 126 万亿元，约为当年 GDP 的 1.5 倍。

从结构看，地方政府总资产可以分为服务性资产和财力性资产。服务性资产主要包括地方金融资产、固定资产、存货及相关资产以及无形资产。以 2017 年为例，从总量上看，地方政府的服务性资产总额达到 33.67 万亿元。从结构上看，地方金融资产占比最大，达 57%；固定资产其次，达 40%，二者合计占服务性资产的比重为 97%（见图 3.1）。从变化看，2010—2017 年，地方政府的服务性资产规模增长较快，但相对规模较小，约占总资产的 26%。

财力性资产主要是包括国有经济（含企业的地方国有净资产和金融

---

* 作者：郭靖，深圳大学政府管理学院，助理教授；倪鹏飞，中国社会科学院财经战略研究院，研究员。

本节的标题为中国城市政府，在分析城市政府资产及行为时，以中国地方政府的总体数据为基础进行观点分析，仅仅为了证明城市政府发展的一般特征。

机构的地方国有净资产）和地方收益资源性资产（含土地、矿产、森林和水资产）。以 2017 年为例，从总量上看（见图 3.2），地方政府的财力性资产总额达 92.52 万亿元，是同期服务性资产的 2.75 倍。从结构上看，地方收益资源性资产占 66%，且以土地资产为主。从变化看，地方政府国有经济从 2010 年的 8.90 万亿元增加到 2017 年的 31.79 万

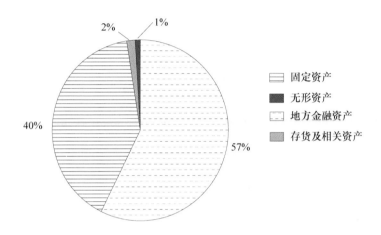

图 3.1　2017 年地方政府服务性资产构成

资料来源：杨志勇、张斌、汤林闽：《中国政府资产负债表》，社会科学文献出版社 2019 年版。

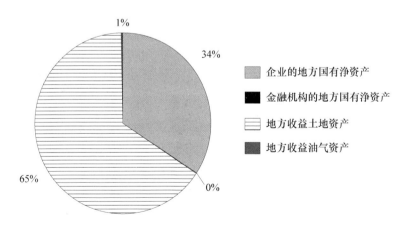

图 3.2　2017 年地方政府财力性资产构成

资料来源：杨志勇、张斌、汤林闽：《中国政府资产负债表》，社会科学文献出版社 2019 年版。

亿元，增长了 2.6 倍；占比从 12% 增加到 34%，提高了 22 个百分点。地方收益资源性资产则经历了较为剧烈的波动过程，从近 65 万亿元大幅降至约 40 万亿元，后回升至约 61 万亿元；占比从 88% 下降至不到 63%，后略回升至 66%。总的来说，2010—2017 年，地方政府财力性资产总额的变化较为剧烈，平均占比约 73%。

与此同时，地方政府负债的总规模十分庞大。在不考虑和考虑社保基金缺口的情况下（负债总额 I 和负债总额 II），截至 2017 年年末，地方政府负债总额分别为 25.07 万亿元和 35.07 万亿元。从 2010—2017 年的发展趋势看，地方政府负债总额增长较快。如不计社保基金缺口，则规模增加了一倍以上，占 GDP 的比例从 25.83% 增加到 30.55%。如计入社保基金缺口，则增长超过 60%；占 GDP 的比例则从 50.04% 变化至 42.73%（见表 3.1、表 3.2、表 3.3）。

将资产负债情况进行联合分析可以发现（见图 3.3），2010—2017 年，当不计社保基金缺口时，地方政府的资产负债率呈逐步增加的态势，最低时仅 12.19%，最高时为 31.5%，均值为 21.63%。故而地方政府的资产负债率一直处于较低的水平，总资产完全可以覆盖其总负

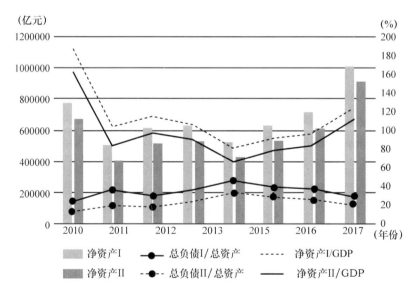

图 3.3   2010—2017 年地方政府净资产及负债率情况

资料来源：杨志勇、张斌、汤林闽：《中国政府资产负债表》，社会科学文献出版社 2019 年版。

表 3.1 　2010—2017 年地方政府负债总额及相对规模

年　份	2010	2011	2012	2013	2014	2015	2016	2017
负债总额 I（亿元）	106696.98	115139.16	1219674 6	178908.66	240000.00	233568.37	239164.01	250706.59
GDP（亿元）	413030.30	489300.60	540.367.40	595244.40	643974.00	689052.10	740060.80	820754.30
负债总额 I/ GDP（%）	25.83	23.53	22.57	30.06	37.27	33.90	32.32	30.55
负债总额 II（亿元）	206696.98	215139.16	221967.46	278908.66	340000.00	333568.37	339164.01	350706.59
负债总额 II/GDP（%）	50.04	43.97	41.08	46.86	52.80	48.41	45.83	42.73

资料来源：杨志勇、张斌、汤林闽：《中国政府资产负债表》，社会科学文献出版社 2019 年版。

表 3.2 　2010—2017 年地方政府资产负债结构（不计社保基金缺口）

年　份	2010	2011	2012	2013	2014	2015	2016	2017
总资产（亿元）	875318.13	619322.22	734550.74	808091.23	761818.56	863528.00	952817.93	1261947.09
总负债 I（亿元）	106696.98	115139.16	121967.46	178908.66	240000.00	233568.37	239164.01	250706.59
净资产（亿元）	768021.15	504183.06	612583.28	629182.57	521818.56	629959.63	713653.92	1011240.50
总负债 I/总资产（%）	12.19	18.59	16.60	22.14	31.50	27.05	25.10	19.87
GDP（亿元）	413030.30	489300.60	540367.40	595244.40	643974.00	689052.10	740060.80	820554.30
净资产/GDP（%）	186.09	103.04	113.36	105.70	81.03	91.42	96.43	123.21

资料来源：杨志勇、张斌、汤林闽：《中国政府资产负债表》，社会科学文献出版社 2019 年版。

表 3.3　2010—2017 年地方政府资产负债结构（计入社保基金缺口）

	2010	2011	2012	2013	2014	2015	2016	2017
总资产（亿元）	87531843	619322.22	73455074	808091.23	761818.56	863528.00	952817.93	1261947.09
总负债 II（亿元）	206696.98	215139.16	221967.46	278908.66	340000.00	333568.37	339164.01	350706.59
净资产（亿元）	668621.15	404183.06	512583.28	529182.57	421818.56	529959.63	613053.92	911240.50
总负债 II/总资产（%）	23.61	34.74	30.22	34.51	44.63	38.63	35.60	27.79
GDP（亿元）	413030.30	489300.60	540367.40	595244.40	643974.00	689052.10	740060.80	820754.30
净资产/GDP（%）	161.88	82.60	94.86	88.90	65.50	76.91	82.92	111.02

资料来源：杨志勇、张斌、汤林闽：《中国政府资产负债表》，社会科学文献出版社 2019 年版。

债，并且还有很大空间。与此相应的是，地方政府净资产虽然也有波动，但是一直保持较大规模的正值，净资产与 GDP 的比值的均值为112.54%。当计入社保基金缺口时，地方政府的资产负债率有所提高，平均为33.72%，地方政府总资产依然可以覆盖其总负债，并且还有较大空间。此时地方政府净资产的绝对规模略有缩小，与当年 GDP 的相对比例均值为95.57%。

从总量角度考虑，无论是否计入社保基金缺口，在扣除负债之外，地方政府还掌握着与当年 GDP 规模体量相当的资源可供利用。而从国际上看，根据 IMF 经济学家（2006）的研究①，2000 年 OECD 国家政府的净资产占 GDP 的平均比例是51.4%，大部分国家处于30%—50%的区间。虽然没有单独测算的地方政府资产情况，但可以推测，国外城市政府的资产状况并不如中国地方政府这样雄厚。

（二）中国城市政府的需求偏好和预期收益从建立和巩固社会主义基本制度转向以经济建设为中心，从中央政府的代理机构变成具有独立经济人属性的利益主体

文化决定需求偏好。文化影响和塑造人们对事物的理解、偏好和行为，不同的文化下会形成不同的需求偏好方向和特征。例如，东方文化追求共性、重视集体的文化特征与西方文化追求个性、崇尚冒险的文化差异塑造了不同的价值追求和发展路径。从文化传统来说，始于战国、成于秦汉、延续到清的中央集权制度是中国的一个显著特点，其基本特征是把一切政治权力集中到皇帝及其统率的政府手中。这种文化是在特定地理环境下经由实践检验，并长期迭代生成的体系，在千年的延续和演化过程中塑造中国国民和政府的认知与心理，因而，中国国民对执政者的角色功能期望也与西方社会有所不同，西方崇尚"小政府"，视其为"必要的恶"，故而严格限制其活动的范围。在经典理论中，国家的主要责任限于国防和执法。而中国的文化语境下，集权政府服务的范围和被寄予的期望则明显更多。人民希望政府更多"负责"，地方政府也在互动中回应人民的需求，造就了地方政府对自身"有为"的偏好

---

① Christophe Kamps, *New Estimates of Government Net Capital Stocks for 22 OECD Countries*, 1960 – 2001, IMF Staff Papers, Palgrave Macmillan, Vol. 53, No. 1, 2006.

特征。

然而，在不同历史阶段的"有为"存在差别。新中国成立初期，维护国家安全、稳定社会秩序、迅速恢复生产是"有为"的重点。因此，当时的主要目标在于建立和巩固社会主义基本制度，尽快建立起独立的比较完整的工业生产体系和国民经济体系，初步恢复人民的生产生活条件。在社会主义制度确立后，中国经济社会发展取得了不俗成就，但总体而言，之后很长一段时期内，中国的基本国情仍然是生产力落后、商品经济不发达、人民生活水平低，社会主要矛盾集中体现为人民日益增长的物质文化生活需要同落后的社会生产之间的矛盾。这一基本国情和主要矛盾，决定了中国必须要实事求是，转向以经济建设为中心，大力发展社会生产力。

制度决定预期收益。制度确定了规则，明确了不同主体在生产、交换、消费、服务、创新、学习方面的运行法则。从体制来说，首先，中国实行公有制为主体、多种所有制共同发展的基本经济制度。公有制为主体决定了在经济中，公共所有的生产资料及基于公有生产资料的交互活动占据主导地位。而各级政府作为人民的代理人，需要行使代为管理公有生产资料的责任和义务。其次，分权制使得地方政府拥有谋求地方利益的权力和动力。改革开放以来的行政分权使得地方政府拥有谋求地方利益的权力，而以分税制为核心的经济分权则使地方政府拥有谋求地方利益的动力，在行政分权与经济分权的双重作用下，地方政府从中央政府的代理机构变成具有独立经济人属性的利益主体，进而产生谋求地方利益最大化的治理动机。此外，在中央对地方官员的考核中，经济增长、税收、基建等指标占了相当大的权重，这种激励机制为中国的迅猛发展提供了动力。

总的来说，地方政府从"一穷二白"到掌握规模庞大的资产，这决定了其具有相当的"能力"。在经济分权和政绩考核的制度设计下，地方政府希望有所作为，这决定了其具有相当的"动力"。"能力"和"动力"的结合，使得中国地方政府较强的"能动力"成为区别于国外地方政府的一个鲜明特征，也成为中国过去40多年发展成就的重要解释因素。然而，在如今复杂的外部形势与多变的压力下，发展遇到的困难与挑战不断升级。新阶段发展任务的变化，需要地方政府适时地调整偏好预期，许多过去的习以为常需要在新需求和新条件下进行重塑，未来的地方政府或将出现新的特征。

二　中国城市政府的总体机制

（一）一般机制

首先，企业和家庭寻求最大预期收益的原动力，驱使它们寻找最优效用实现的交互环境，从而在城市间流动迁徙。而城市政府为了吸引和留住企业和家庭，需要提供具有竞争力和差异化的环境，从而使得政府有动力改善区域环境，尽可能地符合家庭和企业的偏好需求，提高其预期收益，进而吸引家庭和企业迁移落户。同时，随着迁入的企业和家庭的增加，政府在其辖区内可以掌握的税收等公共资源也随之提高，从而为政府能力的提升打下重要的基础。从交互行为看，由于企业、家庭、政府间的交互行为既包括具体的生产、交换行为，也有抽象的学习、创新行为和竞争、合作等关系行为，故而政府既需要优化物质性的"硬环境"，如公共设施、自然环境等；也需要优化制度性的"软环境"，如社会包容、营商环境等。此外，要素对于环境的偏好存在差异。例如，人力资本要素可能更看重良好的医疗、教育，舒适的自然环境和友善的税收政策；而物质资本要素可能重视便捷的交通、低价的土地、宽松的监管等。要素的环境偏好差异造就了不同区域和不同发展阶段城市的相对优势、发展模式的差异，也为城市间的竞争、合作留下了空间。

制度不是天然存在的，而是在人类社会交往活动中逐步演化和确立的。地方政府往往是地方制度的供给者，通过立法、行政和司法行为，影响居民和企业的预期收益，从而影响其行为的选择和范式。同时，地方政府也是公共资源的管理者，公共资源会通过对企业生产函数和家庭效用函数的影响，改变企业和家庭的效益和福利。因此，渴望有所作为的政府，在制度供给和公共资源方面会更有动力进行优化提升，从而反馈到企业和家庭的效用表现和预期收益中。然而，在"渴望有为"之外还需要"能够有为"，这就对政府能力提出了现实要求，而政府能力是在与企业和家庭的共生与博弈中获得的，既是原有制度文化的产物，也会借由政府的动力和能力进入下一阶段的制度塑造。政府的行为偏重和能动力差异会影响区域吸引力，从而造成要素聚集种类和程度的差异以及交互的绩效表现。

（二）中国特征

第一，中国是个人口、空间大国且空间差异明显。这决定了中国各地的政府面临的禀赋状态差异较大，进而决定了中国制度供给的多样性和差异性。同时，也给城市间的竞争与合作留下了巨大的空间。

第二，中国处在由计划经济体制向市场经济体制转型的动态过程。这种转型阶段加上大国国情导致了两个特征。首先，向市场经济体制的转型，决定了各地政府的目标重点和工作重心都是经济建设，因而在学习和竞争中通过制度供给和公共资源提供来促进经济发展。其次，由于计划经济时代遗留的制度框架，中国整体依然处于强政府之下，各地政府都拥有对经济社会较强的掌握能力。

第三，中国处在后发地位。新中国的发展起点较低，20世纪改革开放后，中国依靠后发优势快速地提高了技术能力和管理经验，并参考其他国家的制度演变过程和制度探索结果，大幅缩短了制度演化的时间和摸索过程。在制度学习过程中，中国政府扮演了核心角色。然而，中国也面临着需要摆脱单纯学习技术而忽视自主创新能力培育、刻板"移植"制度而欠缺对自身发展阶段和现实情况的适应化改造的后发劣势。

第四，中国在新一轮全球化中从封闭走向开放。外部联系是一个重要变量，利用外部要素和服务外部市场的程度影响城市发展。改革开放后，海外的资本和技术弥补了中国的要素缺陷，与中国大量的廉价劳动力结合实现了人类历史上从未有过的快速工业化和城市化。当前全球化出现曲折，未来中国的对外开放及国际环境的深刻变化将影响产业链的布局和调整，中国也将面临在全球产业链、价值链中的攀升问题。

第五，世界正在发生第四次新技术革命。第四次技术革命给人类的交往方式带来新的变化，从而可能影响要素聚散的范围、空间的使用形式以及生产生活的交互特征，从而形成新的制度文化、新的公共资源需求。有些因素可能会进一步聚集，而有的因素可能会在更加分散，从而引起城市功能的演化和城市竞争格局的改变。

（三）中国框架

城市家庭人口的集聚，收入、消费的增长和企业资本的积累为政府能力的提升提供了条件。40多年来，中国进行了轰轰烈烈的城市化。

常住人口城市化率由 1978 年的 18% 上升为 2020 年的 65%；就业从 1949 年的 1.8 亿人增加到 2018 年的 7.8 亿人；人均可支配收入从 1949 的 49.7 元增长到 2018 年的 28228 元；城乡居民储蓄存款余额从 1952 年的 8.6 亿元增长到 2018 年的 68.18 万亿元。在此过程中，企业也获得了物质资本和技术资本的快速累积，1978—2019 年中国物质资本存量增长了约 46 倍。科技创新成果持续增加，自主创新能力不断提升。城市家庭和企业的集聚与增长从供给侧和需求侧方面轮动支撑中国经济的快速发展，也为地方政府财政能力和资源能力的提升提供了条件。

企业和家庭寻求最大预期收益的原动力和流动属性使得城市政府为了吸引和留住企业和家庭，有动力按照家庭和企业的偏好需求发生行为，提高其预期收益。"七普"数据显示，截至 2020 年，中国人户分离人口达到 4.9 亿人，占全国人口的 34.9%，其中，流动人口达到 3.8 亿人，占全国人口的 26.6%。与 2010 年相比，全国人户分离人口增加 2.3 亿人，增长了 88.5%；流动人口增加了 1.5 亿人，增长了 69.7%。这说明中国已经从依靠安土重迁的定居型社会转变为自由流动的迁居型社会，从依靠血缘、地缘的熟人社会转变为业缘化的生人社会，从低流动、被动流动的"乡土中国"转变为高流动、全方位、多元化、主动流动的"迁徙中国"。常态化的迁移流动不仅改变了人们的空间位置，更深刻影响了人们的交互方式、文化思想乃至制度设计，也要求地方政府对此进行响应，按照家庭和企业的偏好需求发生行为，提高其预期收益。

大国特征使得中国城市可以构建差异化的空间优势。中国是巨型国家，各地差异化的禀赋状态和发展差异使得中国的地方制度供给呈现多样性和差异性。这些差异化的禀赋使得中国城市具备构建相对空间优势的条件。此外，由于中国实行非均衡的发展策略，不同省份和区域的发展存在差异，在统一时期，不同区域也存在鲜明的市场主体差异、要素成本差役和交互环境差异，从而使得产业的分工和转移过程可以持续进行，各地的竞争与合作可以持续发展。

经济分权和政绩考核，提升了地方政府发展经济的自主性和积极性，使得中国的基础设施建设取得巨大进展，促进了企业效率提升和家庭幸福感获得。经济分权提供了空间，政绩考核提供了激励，地方政府在发展地方经济方面拥有了充分的自主性和积极性，为提高区域竞争力，争取资本、人才和技术的聚集，纷纷着力基础设施和公共服务的建设。1990年中国基础设施存量排在世界第15位，2010年便跃升为第3位。在短短的30多年时间里，中国基础设施建设取得的巨大成就在世界历史上实属罕见。而基础设施建设的提升也显著提高了中国企业的效率。工业方面，1978—2000年工业劳动生产率的平均增速在10%左右，而2001—2017年在8%左右。服务业方面，2018年服务业全员劳动生产率较新中国成立初期（1952年）和改革开放初期（1978年）分别提高了10.7倍和7.1倍。此外，公共服务的提升也极大地提高了居民的幸福感。截至2018年年底，全国共有公共图书馆3176个，为1949年的57.7倍；文化馆站44464个，为1949年的49.6倍；博物馆4918个，为1949年的234.2倍。截至2018年年底，全国共有各类艺术表演团体17123个，为1949年的17.1倍；艺术表演场馆1236个，为1949年的1.4倍。

公有产权和国有经济使得地方政府在经济发展中享受了巨大红利，积累了强大能动力。改革开放后，中国逐步融入全球市场，从提供劳动力开始，逐步嵌入全球产业链、供应链。国际企业的入驻，带来了国际资本和技术，提供了工作机会，引致人口的流入和家庭的迁徙。而企业和家庭的聚集，提供了税收来源和本地消费市场，使得地方政府所掌握的资源更加充沛，又可以展开新一轮的制度建设、基础设施投入和公共服务。于是，中国在此过程中通过"后发优势"，实现技术的快速学习和资本的加速累积，逐步由劳动力供给切换到技术和资金供给的角色，慢慢发展成为全球产业链、供应链的重要组成部分。三主体、六要素的交互耦合，成为全球经济增长的澎湃动力，也为中国地方政府带来了丰厚回报。地方政府通过经营国有经济和国有资产，享受了发展带来的巨大红利，地方政府的总资产从改革开放早期的"一清二白"增长到2017年的91.12万亿元。如今，地方政府已经掌握与当年GDP体量相当的净资产，具备了强大的能动力。

三　中国城市政府的影响机制

（一）分税制和政绩考核激发了地方政府的动力和引发了一些问题

中国官员的晋升需要参考政绩考核的成果。这种制度设计，一定意义上将官员个人的发展前景与地方经济社会治理，特别是短期的治理成效进行关联。分税制改革后，中央、地方的分成比例基本固定，地方财政收入很大程度上取决于当地经济规模。总量经济增加意味着税基的扩大和地方财政收入的提高。所以，这种政绩考核下层级政治激励的模型，为中国的迅猛发展提供了动力。

不过，"为增长而竞争"的行为容易造成地方政府"重短期，轻长期；重投资、轻服务；重生产，轻消费；重经济，轻社会"的偏好。因为绝大多数税收征收自企业，且多在生产环节征收，所以部分地方政府重视企业而相对轻视家庭，重视生产而相对轻视消费。时间短、见效快、规模大的项目受到部分地方政府追捧，甚至引发恶性竞争，挤占了大量宝贵的公共资源，扰乱了市场秩序和竞争规则。地区投资的差距加剧了分化，同时依靠投资拉动经济致使中国经济结构失衡。扩大税基的动力刺激了部分地方政府选择性地降低对一些高污染企业的环境规制强度，以牺牲环境换取经济增长和财政增长的行为时有发生。

（二）家庭和企业的自利原动力引致地方政府基础设施建设和公共服务改善的偏好

家庭和企业寻求最大预期收益的原动力，驱使他们寻找最优实现效用的环境，从而在城市间迁徙。同时，城市政府由于竞争和晋升激励的存在，在以经济建设为中心的目标下，需要想方设法吸引和留住主体和要素。要留住主体和要素就需要着眼于满足其偏好和需求。于是各地纷纷通过改善基础设施，改善公共服务，优化营商、居住环境的方式改变企业和家庭的预期收益，增强吸引经济主体、集聚经济要素的行为动力。有的地方也会抬高主体和要素流出的行为阻力，从而表现为市场的分割。这导致了中国城市政府在实践中体现出特别重视城市基础设施建设和市民公共服务建设的特征。

根据金戈（2012）[①] 以不变价进行的估算，1990—2008 年中国基础设施资本存量从 11903 亿元增长到 192378 亿元，增长了 15.2 倍，年均增长 16.72%。改革开放初期，中国已建公路全长仅 89 万千米，截至 2017 年年底，总长已达 477.35 万千米。路网密度也由 20 世纪 80 年代

---

① 金戈：《中国基础设施资本存量估算》，《经济研究》2012 年第 4 期。

的 9.27 千米/100 平方千米增至 49.72 千米/100 平方千米，增长了 4.4
倍。全国医院数量从 1991 年的 1.46 万家上升到 2020 年的 3.5 万家。
地方财政的卫生健康支出从 1999 年的 438.49 亿元上升到 2021 年的
18919.17 亿元，增长了 42.15 倍；教育支出从 1999 年的 1395.45 亿元
上升到 2021 年的 35778.5 亿元，增长了 24.6 倍。改革开放以来，中国
基础设施和公共服务建设成就无论在数量上还是质量上，都取得了举世
瞩目的成就。在取得这些成就的背后，可以看到地方政府发挥的巨大作
用。基于 2020 年的数据，大约 85% 的一般预算支出是由地方政府支出
的，而公务员群体（不含事业单位）中 94% 是地方政府的办事人员。
从"钱"和"人"两方面看，地方政府是履行政府基础设施建设和公
共服务基本职能的主体。

（三）对外开放和信息技术革命带来中国城市人口和收入的增长以
及企业产出的扩大，使得政府能力获得翻天覆地的变化

20 世纪 80 年代以来，信息技术革命带来了通信成本和交易成本的
持续下降。中国的劳动力优势和市场潜力吸引了跨国公司，将产业价值
链中可分解的劳动密集型部门转移到中国，促进了国际分工从最早的产
业间分工、产业内分工演进到同一产品零部件和不同工序之间的分工和
贸易。不同国家可以充分利用自身的比较优势，从全球价值链的某一环
节直接参与国际分工，进而产生了"序贯生产"这一不同于传统国际
分工的新形式。全球价值链的出现推动了国际分工的深化，也为发达国
家和发展中国家共同提供了发展的机会。在此过程中，大量的中国家庭
由农村进入城市，由农业部门进入非农部门，带来了收入、消费、投资
的结构性增长。

随着城市化的推进，城市人口从 1978 年的 1.7 亿人增长到 2021 年
的 9.1 亿人；城镇居民家庭人均可支配收入由 343 元提升到 47412 元。
40 多年间，中国城镇经济年均增速超过了 10%，城镇 GDP 占比从 1988
年的 50% 左右增长到 2016 年的超过 80%。基于增长核算法的测算，
2002—2019 年中国城市经济总产出由 12 万亿元上升至 61 万亿元，年均
增长率达 10.21%；基于财富增量法的测算，2002—2019 年中国城市财
富增量从 15 万亿元增长到 35.7 万亿元。随着城市人口、产出和财富的
增加，政府的资产规模明显扩大，财政能力显著增强。从地方政府的资

产变化看，新中国成立初期，政府面对的是一个一穷二白、千疮百孔的烂摊子，工业几乎为零，1952 年全国的 GDP 仅有 679 亿元。而到 2017 年，地方政府总资产的规模已达 126 万亿元，其中土地等资源性资产达 61.06 万亿元，地方国有经济达 31.79 万亿元，地方金融资产达 19.19 万亿元。从地方政府的财政收入和支出看，地方本级财政收入从 1953 年的 3622 亿元，增长到 2021 年的 1110 万亿元，增长了 3064 倍，年均增速为 13.79%。地方财政支出从 1953 年的 5716 亿元增长到 2021 年的 2106 万亿元，增长了 3683 倍，年均增速为 12.64%。城市政府的能力发生了翻天覆地的变化。

（四）区域禀赋和发展阶段的不同使得中国城市可以构建差异化的空间优势

中国是巨型国家，各地的差异化禀赋状态和发展阶段差异使得中国的地方制度供给呈现多样性和差异性。例如，中国存在直辖市、计划单列市、副省级城市、经济特区、地级市、县级市等不同政治规格和政治级别的城市；此外，还有各种级别的开发区、经开区、合作区等被授权可以采取特殊政策的区域。这些差异化的禀赋使得中国城市具备创造"制度差异"，构建空间优势的条件。例如，改革开放初期，深圳、珠海、厦门、汕头等经济特区，实施特殊的企业减税和银行减税政策。制度差异使得经济特区迅速形成了对资本和技术、人口和人才的吸引力，造就了经济特区的飞速发展。此外，由于中国实行非均衡的发展策略，东部地区率先发展，带动中西部地区共同发展。因此，东部地区率先形成了以出口导向的劳动密集型产业为主的产业体系。然而随着东部地区劳动力成本的升高，劳动密集型产业逐步向其他区域转移。2008 年，东部地区的私营单位就业人员平均工资是 18980 元，而同期中部地区和西部地区仅为 13845 元和 14751 元。故而劳动力密集型产业逐步从东部地区转出，东部地区劳动密集型产品出口比重从 2003 年的 92.62% 下降到 2014 年的 83.47%；中部地区劳动密集型产品出口比重从 2003 年的 4.06% 增加到 2015 年的 6.41%；西部地区劳动密集型产品出口比重从 2003 年的不到 3.32% 增加到 2014 年的 9.42%。不同省份和区域的劳动力成本存在差异，使得产业分工和转移的过程会持续进行，也为城市间的竞争和合作提供了条件。

四　中国城市政府的作用机制

（一）有动力的城市政府通过制度执行和制度创新促进企业的设立、发展和家庭在城市的聚留

一方面，地方政府作为中央政府的代理人，贯彻执行党和国家推动经济发展的大政方针，持续激发了各类市场主体的发展活力。坚持改革开放，坚持"两个毫不动摇"，坚持推进中国特色社会主义市场经济体系的完善，不断优化营商环境，为企业和家庭的发展创造了良好的政策环境、法治环境和市场环境。另一方面，政绩考核激发了地方政府在经济利益与政治利益上的激烈竞争。作为独立利益主体的城市政府，在考核激励下，展开制度建设的竞争，从而涌现了一批又一批的创新。从早期的家庭联产承包责任制、"周末厂长"到后来的民主恳谈会、PPP，再到现在的"互联网＋政务"、智慧政府等创新成果，在竞争中不断涌现，并形成"试点创新—经验总结—全国推广"的制度创新生产和推广链条，不断为国家发展提供制度改革红利。

在城市政府制度执行和制度创新的滋养下，40 多年来，中国市场主体数量从改革开放初期的 49 万户增长到 2021 年 7 月的 1.46 亿户；城市人口从 1978 年的 1.7 亿人增长到 2021 年的 9.1 亿人；常住人口城市化率由 1978 年的 18% 上升为 2020 年的 65%。全国 1 亿多各类市场主体吸纳承载了近 3 亿农民工群体就业；9800 多万个体工商户群体直接带动近 3 亿城乡人员就业。庞大市场主体带动数以亿计的人员扩大就业、勤奋创业，成为国家富强、人民幸福的一大支撑。

（二）有能力的城市政府通过基础设施的改善与公共服务的提升，为主体的聚留和要素的交互提供了环境

资金、人才、技术等发展所需要素的稀缺性和流动性是城市政府间竞争产生的基础。这些要素以企业、家庭等市场主体为载体，通过"用脚投票"的方式来评估地方政府所营造的发展环境，督促地方政府竞相高效率地提供优质的公共服务和政策，不断加强生产性基础设施的建设。通常，城市政府间的竞争包括"硬环境"竞争和"软环境"竞争两类。"硬环境"竞争主要是指通过基础设施和公共服务来引聚资源。而"软环境"竞争主要涉及制度供给，其突出的表现为地方政府通过

税收优惠、制度创新和规则优化打造差异化优势。

集权体制伴生能动政府，城市政府由于掌握了巨大的公共资源，有能力在竞争中为主体的聚留和要素的交互提供环境。城市政府提供的基础设施建设和公共服务，成为地区生产要素的重要组成部分及吸引企业合作和家庭就业的重要来源。基于 284 个地级以上城市的数据，中国城市的道路面积从 2001 年的 1819.71 百万平方米提升到 2020 年的 7694.59 百万平方米，提高了 3.23 倍。公共服务方面，1978—2017 年，全国医疗卫生机构总数从 169732 个增加到 986649 个，增长了 4.81 倍；床位总数从 204.2 万张增长到 794 万张，增长了 2.89 倍。教育方面，小学阶段净入学率从 1949 年的 20% 提高到 2021 年的 99.9% 以上，初中阶段毛入学率从 1949 年的 3.1% 提高到 2021 年的 100% 以上。基础设施的改善与公共服务的提供，为主体在城市聚留和要素在城市的交互提供了优良的环境。

（三）有能动力的城市政府通过改变主体预期收益以及直接提供物质资本参与交互

首先，有能动力的城市政府通过产业政策、专利保护、反垄断等方式改变企业预期收益，间接介入交互行为。以产业政策对企业的影响为例，城市政府会根据对地区产业发展现状的考察和产业结构变动趋势的预测，对产业发展做出研判，并通过产业政策向企业和市场输出信息和指令，作为市场信号的补充，调整资源的配置。此外，政府也会通过专利保护等方式保障创新的收益，从而鼓励创新行为，或通过反垄断等方式维护市场的竞争秩序。无论采取哪一种方式，政府都可以通过改变企业的预期而实现对其行为的影响。例如，政府部门通过科学基础设施建设、重大创新攻关计划、财政补贴和信贷扶持等方式，能够影响企业在技术研发和应用等过程中的风险回报关系，从而推动产业技术创新，带动企业研发投入，促进地区产业结构升级。

其次，公有产权制度下，作为公有生产资源的代理人，城市政府获得了巨大的能动力，使得其可以通过提供物质资本直接参与交互活动。实践中，城市政府直接参与交互的常见的方式包括组建地方政府引导基金或产业投资基金，以财政划拨或国有资产划转方式注入资金或资产，直接投资甚至收购目标企业；也包括各种类型的国企和混合所有制企业。这种情景下政府扮演的角色与企业的差异主要体现为预期和融资方式。从预期看，企业的预期是利润最大化。而地方政府由于其目标的多元化，其预期也具有多元特征，包括但不限于就业预期、财政预期、产业预期、经济发展预期、政治预期等。由于预期存在差异，政府在进行产业投资时的关注角度和企业存在不同，不只是看项目的财务回报，还关注其对当地经济、社会、环境的综合效益。

从融资方式来说，政府投资的资金来源主要是税收与债务，融资方式的不同会使得政府产业投递对企业和家庭的影响产生差异。基于政府税收的投资对经济的影响主要取决于其对家庭消费挤出作用的强弱，因为理性预期的家庭将减少当前消费以应对未来税收的增加。而政府债务对经济的影响则主要在于扭曲家庭的消费与储蓄决策（这时债务融资方式下政府投资对经济影响的作用机制与税收融资类似），如果加入金融部门的现实考虑，金融摩擦的存在会使政府债务通过紧缩商业银行信贷头寸挤出企业投资，从而影响企业的行为。

（四）城市政府可能"越位"过多干扰经济秩序，并在过程中积累金融风险

中国作为一个大国，需要通过有调节的市场机制配置资源。市场的分散化决策机制决定了市场的建立和调节需要通过向地方政府分权，赋予地方政府行政管理权限、调动地方政府的积极性才能完成。而地方政府积极性的调动又有可能引发地方政府间的过度竞争，对市场的资源配置作用产生干扰。"分灶吃饭"的财税体制改革，赋予了地方政府经济决策权和可支配的资源，使得地方政府成为推动地区经济增长的重要力量，也在一定程度上激发了地方保护主义，形成"蜂窝状"的、区域之间相对隔阂和独立的市场结构。此外，部分政府所有或主导的企业因其政府背景或国家所有的性质，获得相较于私企或外企在竞争上的净优势，容易导致偏离"竞争中性原则"，形成对其他企业的"挤出效应"。

此外，政府参与经济活动的过程也可能积累金融风险。居民和企业有市场化力量约束，然而地方政府控制的城投公司和下属国有企业作为"准财政"部门，存在预算软约束的问题。在地方竞争中，经济增长以及与之相伴的融资需求持续高涨，带来了内生性的杠杆扩张，而地方城投平台主要投资于交通运输、市政工程、土地收储，这些投资往往周期

偏长、回报率偏低，资产负债率普遍偏高，融资成本居高不下，新增和滚动融资需求很旺盛。于是，部分治理结构不健全、监管约束不严、风险偏好较高的金融机构，会出现大量出于"绕开监管"的"伪创新"，造成金融风险累积、资源匹配低效等系列问题。

（五）自利的城市政府对待人口资源的"歧视"导致"半城市化"问题

城市公共服务与户籍制度紧密相连，教育、医疗、就业、住房、社会保障等公共服务的享有前提是户籍身份，只有本地户口的城市居民才能够享有，这就造成了土地城市化领先人口城市化的"半城市化"问题。大量进城务工却没有取得工作地户口的劳动人口，无法同等地享有公共服务。"半城市化"问题源于城市政府对不同要素的差异化偏好。中国在改革开放初期是一个典型的农业大国，人口众多但素质相对较低。在工业化早期阶段，能带来税收的企业是政府较为重视的，而提供普通劳动力要素的家庭在利益分配中处于弱势地位，这种弱势地位一方面体现为普通劳动力工资长时间处于较低水平，另一方面体现为在城市中没有享受同等的公共服务。而城市政府也由于短期内无法为快速工业化带来的大量且不稳定的人口提供同等质量的公共服务，于是产生了依靠户籍制度对不同人口采取差异化的对待方式，导致了突出的"半城市化"问题。

典型城市

合肥：时时处处找准政府位置，从始至终坚守科创经济①

经过40多年的改革开放探索，"更好地发挥政府作用、推动有效市场和有为政府结合"已经成为中国城市的发展共识。在诸多城市中，合肥以股份制的形式优化政府和市场的关系，释放最大化的市场和政府合力，促进产业投融资，实现城市的跨越式发展。

新中国成立前合肥是一个一线的小县城，与同期的芜湖、安庆、蚌

---

① 作者：陈博宇，中国社会科学院大学，博士研究生。

埠相比，合肥在人口数量、产业发展水平、交通便捷程度等方面均处于落后位置。尽管在1952年后合肥作为省会城市，综合发展水平得到了改观，但是由于底子薄、基础差，仍在省会城市中处于落后地位。2000年，合肥GDP仅为325亿元，位列全国第82位。而在21年后，合肥GDP达到1.14万亿元，位列全国第19位，将若干省会城市、副省级城市甩在身后。

2005年，合肥提出"工业立市"的重大战略决策，始终将发展实体经济放在经济发展的第一位。在实体经济的发展过程中，根据产业发展情况，以股份制的形式精准定位政府与市场的关系，发挥政府引导作用，实现产业的高速健康发展。同时，合肥始终坚守科创经济，坚持走创新型发展道路，实体经济类型由轻工制造、重化制造逐渐过渡到智能制造，形成"芯屏汽合，集终生智"的产业发展模式。

合肥在发展过程中，从始至终坚守科创经济，扶持科创产业发展。早在20世纪80年代，合肥市政府便开始酝酿合肥科技工业园（首批国家级高新技术产业开发区）和经济技术开发区的建设工作，以更大发挥其科技优势、整合科技研发资源，促进科技成果转化。发展思路方面，合肥采用内应外联的发展模式。外来技术引进方面，合肥积极引进国内外先进技术，带动本地产业水平提升。早在20世纪80年代，合肥便开始尝试引进国际先进技术企业，并提出了"大面积、小规模""小规模与中规模相结合""少而精"的技术引进策略，80%的大企业实现了不同程度的技术改造，造就美菱、荣事达、芳草等一批国内国际知名品牌，为合肥成为全国家电工业基地奠定了基础。1992年，合肥被确立为对外开放城市，享受利用外资的优惠政策，技术引进进入了快速发展阶段。在技术上处于国际领先地位的大公司、大集团纷纷入驻合肥，如瑞士ABB，日本日立建机和三洋电机，英国联合利华，美国美泰克、可口可乐等。2005年前后，合肥通过"大招商"的产业引进方式，聚焦家用电器行业，先后引进了美的、格力、海尔、TCL等十余家家电企业，成为全国最大的家电生产基地。立足本地方面，合肥依托本地的高校和科研院所大力扶持本地科创产业发展。合肥是全国重要科教基地之一，以中国科学技术大学为代表的科研院所、高校资源密集，科研优势明显。合肥充分发挥本地的创新资源优势，实现了"无中生有"和

"小题大做"。2001 年，刚刚成立的科大讯飞作为中国科学技术大学的校企入驻合肥高新区。随着以科大讯飞为龙头的人工语音技术的快速发展，合肥高新区形成了人工智能产业集群。2009 年，第一家量子技术公司由中国科学技术大学的教授成立。随着多年的发展，合肥高新区拥有数十家量子技术企业和量子关联企业，形成量子产业"一条街"。2017 年，中科大高新校区正式开工，将呈给中国科学技术大学面积最大的校区，布局与高技术及工程学科密切相关的信息、计算机、工程等 5 个学院及重点科研机构、6 个国家级科研平台、30 余个院省部级科研平台。

在不同产业发展的不同阶段，合肥以股份制关系的形式，根据产业的不同发展阶段，合理定位政府与市场的关系。当产业完成需要政府资金支持的"从无到有"的发展阶段后，增加市场化的股权，股权结构中引入相应的社会资本和金融性资本为产业发展的新阶段提供相应的资金支持，形成了"项目引进—国资引导—项目落地—国资退出、社会资本接入—国资支持新项目"的投资闭环。同时，即使在市场股权比例高的产业发展阶段，政府仍保有一定的股权，起到相应的监管和引导作用。对此，合肥打造了总规模超过 600 亿的"国有基金丛林"，覆盖企业和产业的全生命周期，有效地满足了企业在不同时期所面临的不同资金需求，提高了资金使用效率。现已跻身国内新能源汽车第一梯队的蔚来汽车，在因现金流短缺陷入生死存亡之际，得到了来自合肥国有资金的注入，重塑市场预期，从而焕发新机。如今，蔚来汽车已扎根合肥，一个具备完整产业链的世界级新能源汽车产业集群也崭露头角。力晶科技受到经济大环境影响，科研投入资金放缓，生产线几近停滞。合肥国资旗下的芯屏产业投资基金的领投，帮助力晶科技顺利度过"达尔文死海"，快速稳定发展基本盘，帮助产业和企业度过发展困难期。

在合肥市产业发展的过程中，我们可以看出，随着产业的发展，政府和市场的关系逐渐由产业初期的政府主导产业，过渡到产业发展期的互利共生，最后到产业发展中后期的反哺城市。其成功之处，就在于政府清醒地认识到了不同阶段市场经济主体和政府之间的合作联系，采取了积极的措施以引导良性有序的市场化运作。

第二节　中国城市土地资源*

一　中国城市土地资源的特征事实

（一）地方政府经历了"税收财政—土地财政—土地融资"的变化

1978年，为激发各方面的改革积极性，国家在分配领域开始"放权让利"。在国家与企业的关系上，实行"减税让利"；在中央与地方的关系上，实行"分灶吃饭"。"放权让利"有利于调动社会各界的积极性，但也造成了全国财政预算总收入占GDP的比重，以及中央财政预算收入占全国财政预算总收入的比重越来越低（见表3.4）。上述两个比重的下降严重削弱了中央政府的财政能力，然而同期地方政府的财政能力则较为稳健。1978—1993年，地方财政支出占地方财政本级收入的比重平均为87.15%，地方财政在"吃饱"外尚有结余。从结构来说，税收是财政收入的主要来源，其占比从1978年的45.9%提升到1993年的97.8%，是名副其实的"税收财政"。

表3.4　　　　　财政"分灶吃饭"后两个比重的下降　　　　单位：%

年份	财政收入/GDP	中央财政收入/全国财政收入	税收收入/财政收入
1978	30.8	15.5	45.9
1980	25.5	24.5	—
1985	22.2	38.4	—
1990	15.7	33.8	—
1993	12.2	22.0	97.8

资料来源：根据中国经济数据库及公开资料整理。

---

* 作者：郭靖，深圳大学政府管理学院，助理教授；倪鹏飞，中国社会科学院财经战略研究院，研究员。

本节的研究内容为中国城市土地资源，在分析城市行为时，部分数据以中国地方政府的土地资源为基础进行观点分析，仅为了证明城市土地资源的变化特征。

"放权让利"使得两个比重迅速下滑的同时财政支出并未随之下降，反而急剧增加，导致中央财政赤字逐年加大。于是，1994 年分税制改革把消费税的全部、增值税的 75% 归为中央财政收入；2002 年以来又把所得税改为中央地方共享。如此一来，地方财政收入占全国财政总收入的比重由 1993 年的 68.52% 迅速下降到 1994 年的 39.94%，而与此同时地方财政支出比重一直维持在 70% 左右，形成了地方财政巨大的收支缺口（见图 3.4）。而新税制在集中收入的同时却没有调整支出责任的划分，地方政府不仅需要承担建设性支出以及重大工程配套资金、非公益性事业单位的各种非公益性支出、行政性支出，而且要承担由于国有企业乃至一般公共部门改革所带来的各种社会保障支出，以及各种企业亏损补贴和价格补贴等，地方政府依靠自有财政收入越发难以满足本级财政支出。

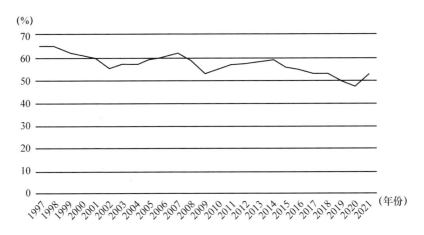

图 3.4　1997—2021 地方财政收入占财政支出的比重

注：地方财政收入占比为除港澳台外的 31 个省级行政单元地方财政收入占财政支出的比重。

资料来源：中国经济数据库。

地方财政收入占比一路走低，从 1997 年的 64.96% 下降到 2020 年的 47.55%，地方财政收支缺口呈现持续扩大的趋势。对于预算内的缺口，中央转移支付和税收返还可以进行一些补偿，但发展经济需要的额外支出需要另筹资金。在种种融资方案都行不通的情况下，为了支持地方的发展建设，中央允许地方政府通过转让国有土地使用权来弥补其资金缺口，自此，土地财政便走上了历史舞台。

依据《中华人民共和国土地管理法》的规定，城市市区的土地属于国有。改革开放后，城镇住房制度经历了多轮改革探索，但在整体上还是保持了 20 世纪 50 年代逐步建立起来的具有典型计划经济特征的城镇住房供应体系。在这一时期，住房是城镇职工的一项福利，但普遍处于较低水平。亚洲金融危机爆发后，面临经济压力的中国于 1998 年全面实施了城镇住房制度改革，取消了传统的福利分房制度，把包括住房在内的房地产开发、建设、经营、服务纳入社会主义市场经济的循环体系，实现住房的商品化和社会化。自 2002 年土地招拍挂制度确立起，土地出让收入飞速增长，并成为地方财政收入的最主要来源（见图 3.5）。土地出让收入占地方财政收入的比重一直居高不下，特别是国际金融危机后，该比重一度升至 66.98%。2003—2017 年，土地出让收入对地方政府财政支出的贡献平均达 28.49%，在 2011 年甚至达到 37.11%。

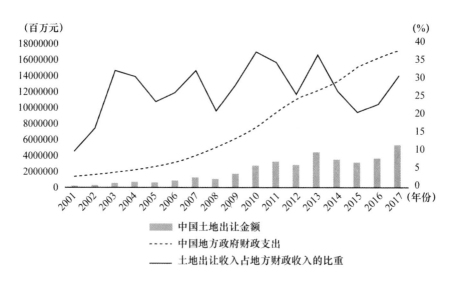

图 3.5　2001—2017 年中国土地出让收入及其占比

资料来源：中国经济数据库，中国国土资源统计年鉴。

地方政府虽然垄断了城市土地的供给，但土地资源总归是有限的。

在连续多年大量的出让后，许多地区土地资源愈发紧张；征地补偿标准的提升，也使得土地出让的成本一路走高。根据陈金至和宋鹭（2021）[①] 的研究估算，2003—2010 年，土地出让后约有四成的资金可作为净收入供地方政府支配；然而2011—2018 年，传统的收地后出让的方式能留下的毛收益不足一成，利用土地财政创收的空间被极大压缩。于是，地方政府调整了对土地要素的使用方式，以土地为抵押通过金融系统撬动信用的"土地融资"逐步取代通过土地出让获得资金的"土地财政"成为地方政府使用土地的主要形式。

根据2011 年和2013 年国家审计署的债务审计报告显示，截至2010年年底，地方政府承诺以土地出让收入作为偿债来源的地方债务余额占其负有偿还责任债务余额的比重高达38%，总量为 2.547 万亿元。而据中债资信统计，2013—2014 年地方融资平台发行的配有增信措施的城投债中，超过40%都采用土地抵押担保。从全国层面而言，城投债累计发行额自2008 年起开始迅速上升，2012 年城投债的累计发行额（约 1.76 万亿元）就已经超过了土地出让净收入的规模（约 0.94 万亿元），2014 年新增城投债更是达到了 1.5 万亿元。这些数据表明，地方政府逐步从"土地财政"向"土地金融"调整。其中，以北京、上海为代表的土地指标较为紧缺的城市，土地抵押更是远远超过土地出让，成为土地利用的主导方式（见表3.5）。

表3.5　　　　2014 年部分地区土地出让收入与土地抵押贷款对比

	土地出让收入（亿元）	土地抵押贷款（亿元）	土地抵押与出让的比值
北京	764	24215	31.70
上海	396	7550	19.07
东部地区	19216	63293	3.29
中西部地区	13186	28042	2.13
东北地区	1975	3785	1.92

资料来源：笔者根据相关资料整理。

---

① 陈金至、宋鹭：《从土地财政到土地金融——论以地融资模式的转变》，《财政研究》2021 年第 1 期。

（二）城市土地经历了"资源—资产—资本"的转变

"资源"在辞海中被解释为"资财的来源，一般指天然的财源"。联合国环境规划署将资源定义为"一定时间、地点、条件下能够产生经济价值的，以提高人类当前和将来福利的自然环境和条件"。据此看来，土地是一种资源，是一种具有使用价值的自然性的存在，是人类生产、生活的物质和空间基础。"资产"根据定义，是"企业拥有或控制的能以货币计量的经济资源，包括各种财产、债权和其他权利"。从其中可以看出，资产的要义在于具有明确的权属关系及能够带来未来的经济利益。从这个角度理解，土地的资产属性体现于土地的权属特征，强调土地作为权利主体的财产具有可交易性。"资本"的原意是可以赢利、生息的钱财。资本是资产的价值形态，是资产投入市场，参与生产与流通，获取经济效益的过程在价值范畴的体现，其特点体现于其运动性和增值性。

新中国成立初期的中国是农业国家。土地是一种物质属性相对恒定的自然存在。而土地资源的资产化，就是通过土地确权以明确土地资源支配及价值归属的过程。在社会主义土地公有的制度背景下，土地资源的资产化主要表现为国有土地使用权有偿出让、转让。1987年深圳经济特区土地拍卖的创新，拉开了中国土地使用制度改革的帷幕。1988年《中华人民共和国宪法修正案》明确规定土地的使用权可以依照法律的规定转让，随后，《中华人民共和国土地管理法》也做了相应修改，明确了国有土地的有偿使用制度，规定国有土地和集体所有土地的使用权可以依法转让。随后，1990年《中华人民共和国城镇国有土地使用权出让和转让暂行条例》以行政法规的形式对中国土地资源资产化规则进行了详细规定。2001年《国务院关于加强国有土地资产管理的通知》规定四类经营性用地一律实行土地使用权招标、拍卖和挂牌出让，进一步显化土地资产属性，推进土地资源资产化进程。

伴随经济的高速增长和城市化的快速推进，城市土地供需关系的日益紧张、地价的普遍性上升使得土地成为安全、高收益率的抵押品和投资品。另外，由于地价高涨，城市土地开发成本显著上升。随着金融体系的完善与土地资本市场的建立，土地的资本化使用愈发丰富，表现为土地财产权利的未来收入既可以通过金融工具进行贴现，也可以通过股权转移、证券交易等进行投资或者融资。在这种情况下，土地作为一种价值增值的载体，其使用方式逐步与具体的生产、消费、开发、建设发生分离，土地的流动性和增值性得到增强，愈发体现出从资产向资本转变的特征。

土地从资源到资产，再到资本的变化也带来了土地价格的巨大变化。改革开放前，计划经济体制下的城市土地是无偿无期使用的，土地所有权与使用权不准自由交易。改革开放后，随着国家经济体制的改革转型，土地无偿使用制度已经不能适应土地供需的变化和配置效率改进的要求。1979 年《中外合资经营企业法》规定合营企业需要依据租赁期限和土地区位向中国政府支付一定金额的土地使用费，打破了土地无偿使用制度。1987 年土地所有权和使用权的分离，为土地使用权有偿转让提供了依据。同年，深圳房地产公司以 525 万元获得了罗湖区一块土地的使用权，611 元/平方米的价格成为改革开放后中国城市土地价格的起点。随着城市土地市场逐步成型，土地价格随着工业化和城市化的旺盛需求一路走高。根据国家信息中心的数据，2000 年全国的综合地价仅有 993 元/平米，而 2018 年这一数字已达 4335 元/平米，增长了3.37 倍。其中住宅用地价格增幅最高，从 918 元/平米增长到 7080 元/平米，增长了 6.71 倍；商服用地从 1599 元/平米增长到 7600 元/平米，增长了 3.75 倍；工业用地从 451 元/平米增长到 834 元/平米，增长了0.85 倍。

1998 年"房改"和 2002 年"土改"，构成了土地价格变化的重要节点。将 2001—2002 年各省份年均土地出让面积和金额的均值与2003—2012 年各省份年均土地出让面积和金额的均值做比较，可以发现，2002 年后，年均土地出让面积是之前的 2.23 倍，金额是 8.25 倍，土地出让呈现"量价齐高"的局面。并且各地的情况存在显著差异和分化，基本呈现经济落后地区对于土地出让的依赖性更高，土地出让面积和金额增长更为显著的特征。宁夏、内蒙古、青海、黑龙江、甘肃、辽宁、江西、贵州等地的土地出让面积均有 4 倍以上的增幅；宁夏的土地出让面积甚至达到 7.66 倍，金额更是高达 37.81 倍；而上海、北京等地的土地出让面积相对收紧。上海 2001—2002 年的年均土地出让面积只有 2003—2012 年的 69.24%，北京这一数据是 91.54%。但出让面积的减少并未影响出让金额的暴增，随着全国地价的持续性走高，上海和北京 2003—2012 年的年均土地出让收入分别是 2001—2012 年的 5.59 倍和 5.12 倍。

（三）城市土地供给制度经历了由计划供给到市场化垄断供给的演变

新中国成立后，中国建立起社会主义计划经济体制。在土地制度方面，建立了城市土地国有制度。1950—1953 年的"土地改革"将农民的土地收为国有，建立了农村土地国有制度。当时土地没有集体和国有之分，都是笼统的公有土地。而计划经济体制下的土地供给制度，是由政府无偿、无限期地配置土地资源。在这种体制下，城市土地是完全的国有产权，土地供给由各级政府多头分散管理、按照国民经济计划需要行政划拨，禁止转让。

改革开放后，东部沿海地区陆续出现了一些"三资"企业和私营企业。这些企业使用公有土地的新情况引发了土地使用费的探讨。1980 年，全国城市规划工作会议正式启动了中国城市土地供给制度的改革。1982 年，深圳和一些沿海城市陆续向外商和合资企业征收土地使用费；1984 年，抚顺作为试点向包括国内企业和个人在内的土地使用者全面征收土地使用费；1987 年，国务院批准深圳、上海、广州、厦门、福州等地开展国有土地有偿使用试点。1988 年，宪法修改了土地使用权不能转让的条款；1990 年《中华人民共和国城镇国有土地使用权出让和转让暂行条例》的出台，全面结束了计划经济体制下土地行政划拨，无偿、无限期、无流动的使用制度。至此，公有制前提下，城市土地的有偿使用制度、市场化流转制度和存量土地使用制度逐步建立。

土地使用权的市场化，带来了土地资源到土地资产的转变，于是各种土地使用权主体（包括各级城市政府、事业单位、国有企业、集体组织）纷纷参与土地交易行为，导致了土地市场的混乱。2001 年，国务院发布《关于加强国有土地资产管理的通知》，确立了由各级政府统一收购、储备、整理，然后通过招标、拍卖、挂牌出让的新的土地供应方式，国有土地使用权出让权力向各级政府集中，城市土地供给模式由多元主体供给调整为由地方政府统一收购、统一开发、统一储备、统一出让和统一管理的垄断供给模式。这种政府垄断供给、市场主体竞价得地的制度，极大促进了土地价值的实现，为提升地方政府的能力提供了重要的制度保证。

从国际对比看，虽然大多数国家都宣传以土地私有制为主，但是政府依然通过各种方式控制土地资源，实际上是一种"公私混合"的多种所有制。例如，目前美国国土面积中58%的土地是私人所有，32%的土地是属于美国联邦政府的，10%的土地属于州及地方政府所有，并且私人土地的持有需纳税，这种税收一定意义上类似于长期的土地租金。英国虽然也是土地私有制国家，绝大部分土地为私人或法人所有。但是因公共利益需要（如基础设施建设），可通过行使强制购买权来征用土地。1947年英国《城乡规划法》规定一切土地的发展权，即变更土地用途的权利归国家所有，这项法律实质上规定了"土地发展权"的国有化。而新加坡在独立前，国有土地的数量约占国土总面积的60%；独立后，通过强行征用进一步使国有土地占比超过90%。以色列的土地国有率更是高达93%。

《中华人民共和国宪法》规定土地属于国家所有，使得中国城镇化的具有天然的成本优势。土地权属的单一，使得中国的城市化进程造就了人类历史上的奇迹。也由于地方政府代为管理这些国有土地，使得政府在经济发展中的作用尤为突出。然而，这种土地制度实质上形成了包括中央政府、地方各级政府、集体组织的多元产权主体格局。中央政府的意图与地方政府的行为之间存在冲突和背离，以及国有、集体土地产权双轨制，造成了国有土地利用效率和土地升值收益分配的问题。未来的土地政策需要积极回应新时代现代化建设提出的新命题，在土地产权结构、城乡土地关系、空间治理体系和统筹发展与安全等方面做出积极探索和有效变革。

二　中国城市土地资源的总体机制

（一）一般机制

土地的本质是一种物质资本。无论公有土地，还是私有土地，作为物质资本的土地都可以直接投入生产活动。土地的耕种，使之成为农业产出的组成；土地转化为工厂和写字楼，使之成为工业和服务业的生产空间；土地建成房屋和公寓，使之成为家庭居住的场所；土地变为公路、桥梁、绿地、学校和医院，为人们提高公共服务和公共产品。土地具有一般物质资本的各种属性，可分配、可交换，并且可以借助市场转化为其他种类的物质资本。

此外，土地是一种不可或缺的物质资本。因为土地提供的是空间，空间对于任何生产、生活活动都是必要的，因此，土地影响所有的经济活动参与主体和交互活动。故而，城市化的过程中，土地是一种对于家庭、企业和政府而言都非常必要的物质资本。作为一种不可或缺的物质资本，基于价值规律和市场机制，掌握土地的市场主体就拥有较大的市场能力，能够极大地影响其他市场主体的预期收益和行为。充沛的土地供给，可以降低企业和家庭的生产和生活成本，进而直接影响人口资源、人力资本、其他物质资本的价格构成，并引起科学技术和公共资源的差异。

进一步地，城市土地是一种特殊的物质资本。土地的特殊性首先表现为不可移动性。与资本和技术不同，土地是不可移动的，这导致一个地方的土地资源数量是有限的，且一般难以扩充。这种不可移动性导致企业、家庭和政府对特定区域土地的竞争程度存在差异。有些地区的土地供大于求，有些地区的土地供不应求。这种供需矛盾无法通过跨时空调配解决，只能通过竞争、通过其他要素数量的调整与之匹配。此外，土地的特殊性还表现其价值来源的外源性。与用于农业生产的土地不同，用于工业、服务业和生活的城市土地除去其本身的空间价值外，其价值构成的主要来源是聚集产生的价值外溢。价值外溢的来源，分别来自企业聚集带来的生产效率提升和技术资本溢出、家庭聚集带来的生活便利提升，以及政府提供的公共产品和公共服务。因此，在现实中，政府、家庭和企业对于土地的价值均存在影响通道。围绕土地的所有权，三主体间存在着多种的制度博弈，形成了以企业和家庭拥有为主体的私有产权制度，和以政府拥有为主体的公有产权制度。不同产权制度，形成了不同的"权、责、利"关系，决定了城市化的主导动力存在差异。有围绕农业和家庭形成的城市，有围绕工业和企业形成的城市，还有政府主导建设的城市。

（二）中国特征

城市土地的公有制使得拥有垄断土地供应权的地方政府可以深度影响企业和家庭的期望。中国实行城市土地归国家所有的土地公有产权制度。虽然在城市化过程中，一部分农村集体土地被划入城市管理范围，但是没有改变城市政府对城市土地要素垄断供给的主体地位。这使得政府可以通过土地，深度影响企业和家庭的期望和行为。

改革开放后经济制度的变化和发展路径选择，使得土地"三资"的变迁成为回应经济建设需求、保证地方政府能力的制度条件。改革开放后，中国从计划经济下的公有制经济逐步转变为以公有制为主体、多种所有制经济共同发展，这就带来了非公有制经济在使用公有土地时的支付问题，从而推动了公有土地使用权有偿出让的制度变革。此外，后发国家的情况和追赶式发展的路径选择决定了中国需要强有力的主体最大可能地组织和动员资源，才能充分发挥后发优势。而地方政府作为地方公共资产和资源的代理人，成为重要的发展推动主体。故而将地方政府掌握的资源变成为权益清晰的资产，再演化为流动灵活的资本，是增强政府能力、实现追赶式发展的制度要求。

财政压力和地方竞争，造就了地方政府从税收财政到土地财政，再到土地融资的演变。1993—1994 年的财税改革导致地方政府事权和财权不匹配，进而改变了地方政府的财政压力。地方竞争机制，又使得各地迫切有进行工业化和城镇化建设的动力。财政和竞争的压力，加上中国土地制度的特殊性，使得土地成为城市政府手中最重要的砝码。"以地生财"至少一度成为地方政府推动城市发展的手段，并在实践中逐步形成了"税收财政—土地财政—土地融资"的演变。

地区差异引发了中国国内经济地理空间的不断重塑变化。中国是巨型国家。由于各地发展阶段、人口以及禀赋的不同，其地方财政对土地资源的依赖性也不同。一般来说，发达地区由于产业发展较为领先、公共服务品质较高、土地的价值较高，较早地遭遇到土地成本过高的问题。高成本土地会不断挤出竞争力不足的产业和家庭，造成家庭和企业在城市间的流动，从而引发经济地理的不断重塑变化。

（三）中国机制

改革开放使得中国逐步融入世界市场，"三资"企业和民营企业的蓬勃发展，改变了计划经济体制下完全公有制经济的面貌。市场主体的多元化，为公有土地的有偿使用提出了现实需求。随着国有土地有偿使用制度的建立，土地从天然资源转变为具有明确权属关系且能够带来未

来经济利益的资产。与此同时，随着工业化和全球化进程的推进，过去
40 多年，中国经历了人类历史上最大规模的城镇化过程，城市人口从
1978 年的 1.7 亿人增长到 2021 年的 9.1 亿人；常住人口城市化率从
1978 年的 17.90% 增长到 2021 年的 64.72%。企业数量从 1979 年的不
足 20 万家增长到 2018 年的超过 1.8 亿家。快速且大规模的城市化，造
就了家庭和企业持续且强劲的土地需求，结合土地市场的改革，造成了
城市土地价格的起飞。2000—2018 年，中国的综合地价从 993 元/平方
米一路增长为 4335 元/平方米，增长了 3.37 倍。

　　然而，由于地方政府财政最大化的自利驱动和垄断土地供给的市场
地位，在区域竞争中通过低价供给工业用地争夺企业资源，通过高价、
限制性出让商、住用地排斥普通劳动人口。政府凭借行政力量差别化使
用土地资源，一方面造成土地城市化领先于人口城市化的现象，另一方
面也造成土地价格的结构性差异。

　　1993—1994 年的分税制改革，使得地方财政收入锐减，而财政支
出责任却没有相应调整，地方财政面临巨大的收支压力。国有土地使用
权有偿转让的制度突破造就了地方财政从"税收财政"向"土地财政"
的转变。在政绩考核下，地方政府建设经济的强烈需求使得土地出让收
入飞速增加，并成为地方财政收入的重要支撑。2003—2017 年，土地
出让收入对地方政府财政支出的贡献平均达到 28.49%，在 2011 年甚
至达到 37.11%。由于城市土地的扩充往往来自农村土地的划转，随着
许多地区土地资源告罄，有地家庭的谈判能力越来越强，征地补偿标准
逐步提升，土地出让的成本一路走高。传统土地财政创收的空间被极大
压缩，于是以土地为抵押通过金融系统撬动信用的"土地融资"逐步
取代通过土地出让获得资金的"土地财政"成为地方政府使用土地的
主要形式。2015 年，土地抵押贷款的金额已达土地出让金额的
3.63 倍。

　　"资源—资产—资本"的土地形态变换，支撑了中国家庭财富的快
速增加和企业投融资活动的迅猛增长。改革开放初期，中国家庭的财富
储备处于较低水平，1979 年，全国人均收入仅 668 元，"万元户"是极
为罕见的富有代表。而 2021 年，中国家庭户均财产规模达 134.4 万元，
其中房产财富为 83.46 万元，土地成为支撑中国家庭财富快速积累的重

要来源。除此之外，土地也成为社会融资的重要支撑。由于预期稳定、价值较高，土地成为中国金融系统最重视的资产之一。全社会的土地抵押贷款规模从 2008 年的 1.82 万亿元飙升至 2015 年的 11.33 万亿元。土地从资产到资本的转化使得社会获得了巨量信用释放。

伴随土地"三资"的变化，地方政府也实现了从"税收财政"向"土地财政"的转变。土地价值的释放，为增强地方政府能力提供了强力支持，推动了中国基础设施和公共资源建设的飞速发展，为企业生产效率的提高和家庭生活幸福感的获得做出了巨大贡献。而随着"土地财政"向"土地融资"的变化，地方政府积累了高额的债务。据中债资信统计，2013—2014 年地方融资平台发行的配有增信措施的城投债中，超过 40% 都采用了以土地使用权为抵（质）押担保的形式。最新的数据显示，截至 2021 年年初，全国地方政府债务余额约为 25.5 万亿元。同时，根据财预〔2012〕46 号文和财综〔2021〕19 号文，"土地融资"和"土地财政"的空间被大幅压缩，未来城市政府或将面临新的财政和融资挑战。

此外，在土地"三资"转换的过程中，也造成了区域差距的扩大和社会的分化。首先，在实践中，由于农民在土地城市化的过程中处于收益分配的弱势地位，扩大了中国城乡收入差距，城乡收入比 2009 年最高达 3.33。近年来随着征地补偿标准的提高和分配监管的加强，城乡收入差距有所收敛，但依然存在明显差距。此外，由于家庭和企业流动的非均质，人口流入较多的城市和地区，人地矛盾尖锐，地价上涨较快；而人口流出地有效需求不足，地价面临支撑压力。同时，土地指标的空间、结构和层级错配进一步激化了上述矛盾。未来随着家庭和企业的转移，土地空置问题和土地紧缺问题将更加尖锐。

三 中国城市土地资源的影响机制

（一）来自家庭和企业的持续且强劲的土地需求，是地方政府由"税收财政"向"土地财政"和"土地金融"转型的重要支撑力

随着城市化的推进，城市人口从 1978 年的 1.7 亿人增长到 2021 年的 9.1 亿人；城镇居民家庭人均可支配收入从 343 元提升到 47412 元。40 多年间，中国城镇经济年均增速超过了 10%。随着城市家庭人口的

增加和收入的增长，对于土地需求的数量和质量也随之提高。2020年，城镇居民人均住房建筑面积达38.6平方米，比1956年增长了5.8倍。家庭投资对于住房的偏好，更是推高了城市土地的需求。相较于新中国成立早期的深度贫困和改革开放初期的"一穷二白"，2021年中国家庭户均财产规模达134.4万元，其中房产构成占比为62%。同时，根据商务部联合天眼查发布的数据看，近年来，中国新增注册市场主体数量一直保持高速增长，年均新增市场主体总量超过千万家。从注册资本看，1979年，中国新增企业的注册资金规模普遍较小，注册资本在1000万元以上的企业仅有552家，而到了2019年，新增企业注册资本在1000万元以上的企业超过了74万家。企业数量和规模的快速增长也推动了城市生产用地的需求持续上升。企业和家庭的持续且强劲的需求，为中国土地市场的繁荣提供了支撑，也促成了地方政府从"税务财政"向"土地财政"和"土地融资"的转型。

（二）市场经济、改革开放带来了土地从计划供给向市场化供给的调整，推动了土地由资源向资产的转变

在计划经济体制下，公有的城市土地供给由各级政府多头分散管理，按照计划需要进行行政划拨。然而随着改革开放的深入和社会主义市场经济体制的逐步建立，外资进入中国，民营经济蓬勃发展。"三资"企业、私营企业和个体工商企业在使用公有土地时，应该合理地收取一定的土地使用费。由此推动了土地从计划供给向市场化供给的转变。而土地使用权的市场化出让和转让，显化了土地的资产属性，推进了土地资源的资产化进程。

（三）竞争压力下主动政府的能力补充需求导致土地的垄断供给

政绩考核为地方政府带来了竞争压力。而分税制改革后，地方财政的缺口使得地方政府的能动力受到极大影响。地方政府迫切需要新增收入来源补充能动力。在土地使用权有偿转让的制度突破之后，土地完成了从资源到资产的转变。各种土地使用权主体纷纷参与土地交易行为，导致土地市场混乱，也导致可供给的城市土地越来越少，开发成本越来越高。2001年国务院《关于加强国有土地资产管理的通知》建立了城市土地储备制度，城市土地供给由多元主体供给向地方政府垄断供给转变，配合以"招拍挂"为主导的出让方式，地方政府的市场化垄断供

给制度就此形成。

（四）企业和家庭的区域非均衡增长引发土地价格的区域差异

企业的集聚具有鲜明的地区特征，整体上看，东部沿海区域，一线、二线城市是企业的主要流向地。《中国市场主体发展活力研究报告》显示，超三成新增市场主体集中于五大城市群。人口流动方面也存在显著的空间特征，主要体现为向发达地区流动（见表 3.6）。从城市来看，2010—2020 年一线城市共新增人口 1725 万人，30 个二线城市共新增人口 5294 万人。一线、二线城市 2020 年共承载 3.9 万亿人，人口占比从 2010 年的 23.93% 上升到 2020 年的 27.68%。同时，14 个代表性城市群人口增长了 7170 万人，29 个代表性都市圈人口增长了 7225 万人，分别占同期全国人口增量的 99.50% 和 100.26%。

表 3.6   2020—2010 分区域人口变化

区域	2020 年人口全国占比（%）	2010 年人口全国占比（%）	比重变化（百分点）
东北	6.99	8.18	−1.19
东南	24.20	22.19	2.01
环渤海湾	15.00	14.94	0.06
西北	9.03	9.06	−0.03
西南	18.53	18.26	0.27
中部	25.83	26.63	−0.80

资料来源：根据"六普""七普"数据整理。

在人口向东部地区、大城市群和都市圈集中的同时，土地资源却向中西部地区、建制镇集中，用途结构持续向商服、工矿仓储用地倾斜。根据中国土地勘测规划院的数据，2009—2016 年，中部地区、西部地区城镇土地增幅分别达到 40.6% 和 41.9%，明显高于东部地区 19.4% 的增幅。层级上，建制镇的土地增幅领先全国平均水平 13.6 个百分点，而大城市则落后于全国平均水平。结构上，商服用地和工矿仓储用地增幅最大，分别增长了 51.7% 和 46.3%，大大超过住宅用地 31.6% 的累积增幅。土地供需方位、层级和结构的矛盾，造成了中国土地价格的巨大差异。一方面是大城市土地价格特别是住宅价格过高，深圳一平米房价与个人年可支配收入的比值从 2000 年的 0.25 上升到 2020 年的 1.17；另一方面是中小城市土地浪费严重，尤其表现为大量工业用地的低效利用。

四　中国城市土地资源的作用机制

（一）"土地财政"增强了地方政府能力，带动了投资、消费和出口，促进了企业、家庭效率和效用的提升

改革开放后中国处于投资驱动型的增长阶段。虽然中国幅员辽阔，但是在改革开放初期，资本不足是制约经济建设的主要问题之一。土地国有垄断制度因房产的商品化和社会化而出现了相应的质变，从而使地方政府掌握的土地资源转变为土地资产，地方政府的能力由此大大加强。自 2002 年土地招拍挂制度确立起，土地出让收入飞速增加，并成为地方财政收入的最主要贡献因素。土地财政作为土地资源配置市场化的重要体现，对城市化资本的原始积累起到重要作用。土地资源到土地资产的转变为土地财政提供了条件，增强了地方政府的能力。土地转变为公共支出，直接带动了投资，并间接促进了消费（家庭）和出口（企业）。以公路、桥梁、网络等为代表的生产性公共支出以生产外部性的形式进入企业的生产函数，而消费性公共支出（如公园）以消费外部性的形式进入家庭的效用函数，分别促进了企业的生产率和家庭的效用，促进了经济增长和长期社会福利。

（二）土地的垄断供给导致政府可以通过土地资源进行宏观调控

由于土地是一种不可或缺的物质资本，故而垄断城市土地供给的政府就拥有了巨大的市场权力，可以通过土地资源进行宏观调控。土地利用规划和土地供应政策，在宏观调控中发挥了重要作用，对不符合国家产业政策的建设项目，可以从用地方面加以限制。有关部门先后出台了一系列土地调控政策，从用地指标、土地用途、供地流程等方面实行建设用地指标控制和用地审批制度，使得土地调控成为除财政政策和货币政策外的另一重要宏观调控工具。

（三）"土地财政"也引致了土地城市化领先于人口城市化的现象

从城市化的本质来说，城市化应该包含人口城市化、土地城市化和

经济城市化三个方面。人口城市化是指非城市人口变为城市人口；土地城市化是指土地从农业用途变为非农业用途，由农村用地转为城市用地；经济城市化是指经济结构中第二、第三产业的比重逐渐上升，而第一产业占比逐步降低并与第二、第三产业逐渐融合的过程。城市化的三个方面是相辅相成并相互促进的，土地城市化提供活动空间，经济城市化提供发展动力，人口城市化是发展的目的。到 1998—2021 年，建成区面积从 21379.6 增长到 62420.53 平方千米，增长了 1.92 倍；而同期的城镇人口从 4.16 亿人增长到 9.14 亿人，增长了 1.20 倍，存在建成区面积增速领先于城镇人口增速的现象。而土地财政是上述现象的重要解释因素之一。"以地谋发展"的模式引致了城市政府对土地城市化的强烈偏好。由于在现有的税收格局中，人口流入直接带来的税收增长不多，故而地方政府对吸引居民落户的兴趣不高，仅倾向于选择性地为有较高知识、技能的人（人力资本）提供户口，而不愿意向知识技能相对较低的人口敞开大门。考虑到城市化需求的主体人群是普通劳动力，故而地方政府形成了一种总体上排斥人口城市化的行为偏好。

（四）土地从资产到资本的转变带来了地方政府融资方式的变化和债务的累积

在城镇化上半程中，土地财政为城市公共产品的供给做出了巨大贡献，但随着土地出让成本的上升城市土地资源的收紧，城市政府利用土地的方式逐渐从以获取土地出让收入的"土地财政"为主转向以土地为抵押获取信用的"土地融资"为主。

从图 3.6 可以看到，中国 84 个重点城市政府储备用地的土地抵押贷款金额自 2007 年后飞速增长，与土地出让收入的比值也不断升高。除了抵押贷款外，土地还可以为城投债进行担保和增信。据中债资信统计，2013—2014 年地方融资平台发行的配有增信措施的城投债中，超过 40% 都采用了以土地为担保的形式，而 2014 年新增城投债已经达到了 1.5 万亿元。截至 2021 年年初，全国地方政府债务余额约为 25.5 万亿元。地方政府积累了大量债务，而土地在其中扮演重要中介的角色。同时，根据财预〔2012〕46 号文，融资平台公司不再具备土地储备的职能，土地资产支持融资平台公司举债的作用在此后大幅削弱。而根据财综〔2021〕19 号文，2021 年 7 月起，部分试点区域将国有土地使用权出让收入划转给税务部门负责征收。这两项政策，极大限制了地方政府"土地融资"和"土地财政"的空间，未来地方政府或将面临新的财政和融资挑战。

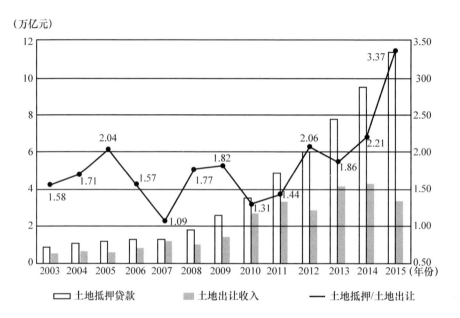

图 3.6　2003—2015 年中国 84 个重点城市政府储备用地的土地抵押贷款与土地出让收入

资料来源：转引自刘元春、陈金至：《土地制度、融资模式与中国特色工业化》，《中国工业经济》2020 年第 3 期。

（五）土地从资产到资本的变化及价格的提高带来了企业和家庭财富与融资规模的增长

不仅是政府，事实上整个社会都在积极地利用土地进行融资。对于政府而言，其可用于抵押的土地是储备土地，这部分土地属于增量土地。而家庭和企业可以利用住宅用地、商服用地和工业用地这些存量土地来进行抵押融资。由于存量土地的规模远大于增量土地，导致了全社会对土地杠杆更大规模的利用。全社会的土地抵押贷款规模从 2008 年的 1.82 万亿元飙升到 2015 年的 11.33 万亿元，是同年土地出让收入规模的 3.4 倍。土地融资使全社会获得了巨量信用释放，支撑了家庭和企业的投融资活动。对于家庭来说，一方面，可以通过申请获得住房抵押贷款成为长期债务人；另一方面，可以通过金融系统将资金重新投入房地产领域成为债权人。对于房地产企业来说，除了通过银行系统获得开发贷款，也可以通过非银行金融机构获得流动性资金支持，进而撬动更大规模的开发环节。需求和供给端共同发力，社会融资规模借助土地和房地产市场反复扩大，不断推高了土地和房产价格，也造就了中国城镇家庭财富的迅猛增加。中国人民银行的数据显示，2019 年中国城镇家庭的住房拥有率为 96%。而 2021 年中国家庭户均财产规模为 134.4 万元，其中实物资产占比为 69%，而实物资产中，90% 以上为房产。

（六）政府"对土地财政"和"土地融资"的依赖，使得房地产和金融过度发展，影响了生产效率

首先，"土地财政"与地方经济发展的双重逻辑导致大量稀缺的工业用地资源被低效利用，产生了严重的生产效率损失；同时，地方政府往往以抬高居住和商服用地价格的方式对居民消费进行"挤出"，进一步加剧了整体效率损失。其次，土地财政导向下的发展模式扭曲了实体经济，房地产业和金融业的过度繁荣吸引了大量原本应当投入实体经济的资源要素。2006 年全国房地产贷款余额为 36818.8 亿元，占全部贷款余额的比重为 15.4%，2011 年便升至 19.0% 的高位。如果加上间接用房地产作抵押的个体工商户贷款及其他企业资金贷款，与房地产有关的贷款余额占到全国银行业贷款余额的 30% 以上。

（七）土地的"三资"转化和价格变化的过程加剧了城乡和区域分化

首先，城乡分化加剧。20 世纪 80 年代中期以来，中国城乡收入差距逐步扩大，城乡收入比 2009 年达到最高值 3.33，之后虽有所回落但仍处于高位（2017 年为 2.71）。其中一个重要原因是农民在土地资产化的过程中处于收益分配的弱势地位。然而，土地是农民掌握的最主要资产，农地划转构成中农民参与权与执行权的缺失，导致农民很大程度上被排除在城市化、工业化土地的升值收益分配之外。

其次，区域差距拉大。由于人口和企业集聚的非均质特征，人口和企业流入地的土地需求旺盛，土地供给相对不足；而人口流出地的土地供给相对过剩，由此造成了区域间的分化。2021 年，深圳和广州的平

均地价分别为 31758 元/平方米、30197 元/平方米，而同省的揭阳仅有 1905 元/平方米，相差 14 倍以上。2001—2013 年，江西平均地价增长了 2 倍，而上海平均地价则增长了 50 倍。"土地财政"带来的房价繁荣，在"土地财政"和房价上涨的互动作用下形成并强化了区域之间的经济梯度差异。

第三节　中国城市生态环境[*]

城市生态环境是城市发展的第一自然要素，是城市物质要素中基本的硬件要素。城市生态环境质量影响城市人口资源和人力资本的集聚与发展，近而间接影响城市制度文化和知识的积累与传承。此外，生态环境也是城市空间塑造的基础。人类发展的历史是改造自然生态的历史，自然生态也反哺和影响人类对世界的认知。

一　中国城市环境发展变化的特征事实

回溯各发达国家的发展历程，绝大多数国家经历了"环境恶化—加强治理—逐渐转好"的历程。从 20 世纪 50 年代开始，英国、美国等西方国家环境污染相继达到顶峰，随后各国通过产业转移和环境管制对空气污染进行治理，各国环境状况经过 40 年的治理才得以改善质的飞跃。中国大规模的工业化和城市化始于 20 世纪 80 年代，从可观测数据看，中国城市碳排放呈现逐年上升态势。2013 年前后是城市空气和水污染最为严重的时期。然而，2012 年以来中国政府在环境治理方面表现出非凡的效率，城市环境污染得到有效遏制，自然生态环境改善明显。尽管中国与西方国家存在相同的环境污染轨迹，但是中国污染和治理的时间区间比西方国家的要短。

（一）环境消耗呈现从缓慢上升到快速上升的趋势

40 多年来，中国作为世界人口第一大国，正经历快速的城市化和

---

* 作者：杨晓兰，中央财经大学经济学院，副教授。
本节在分析中国城市生态环境时，鉴于部分城市生态环境数据的可得性，所以在部分数据使用时，用中国总体的生态环境数据来证明本节观点。

工业化发展进程。在这一过程中，中国能源消耗量和温室气体排放量持续上升。根据世界银行统计数据，1990—2019 年，中国二氧化碳排放量总量增长 4.90 倍（世界平均增长 1.66 倍），2005 年中国超过美国，成为二氧化碳排放总量第一的国家，2013 年中国二氧化碳排放量占世界的 30%，此后一直在 30% 左右徘徊。2004 年前，中国人均二氧化碳排放量一直低于世界平均水平，呈现缓慢增长趋势；2004 年后呈现快速增长趋势，远远超过世界平均水平，甚至超过所处的中高收入国家组。这意味着，在中国较大的人口基数基础上，人均二氧化碳消耗量的增长将加快总量的进一步上涨。

（二）环境污染空间不均衡且集中度呈现先下降后上升的趋势

第一，环境污染呈现空间不均衡，具有较强的空间集中特征。以大气污染为例，空气污染总体呈现"东部高于西部，北部高于南部"的趋势。2015 年以前空气污染较最为严重的地区为京津冀地区，如 2014 年河北空气污染最高，其 PM2.5 浓度达到 91.83，其污染物浓度是最低区域的 5 倍。20 世纪初，北京的空气质量也饱受诟病。根据中国城市空气质量检测报告，2020 年全国平均空气污染天数约占全年的 15%，而京津冀地区占比达 20%—50%。京津冀地区较为严重的污染受到自然、人口规模等因素的影响，更重要的是高度依赖煤炭的能源结构和高污染高耗能的重化工业产业结构。2012 年以来，随着政府对空气质量的综合治理，空气质量显著提升，空气污染从全局性问题转变为局部性问题，空气质量较差区域主要集中在河南、河北和山东等华北平原地区。这些地区人口稠密，重工业较为集中。

第二，环境污染的空间集中度呈现先下降后上升趋势。分别按照地理距离和经济距离作为空间权重矩阵的度量，计算城市工业二氧化硫和 PM2.5 均值的全局 Moran's I 指数，发现地理距离作为空间权重指标的空气污染指数呈现较强的空间集聚特征，并且集聚程度以 2014 年前后为拐点先下降后缓慢上升（见图 3.7）。这也进一步表明空气污染从空间扩散到空间集中的趋势。

污染较为集中的地区有两个，一是以京津冀为核心包括山西、山东和河南等地区的地级市，二是以江浙沪为核心连带湖北和安徽的部分地级市。环境污染与地区产业结构和经济结构有较强的相关性。一个较为

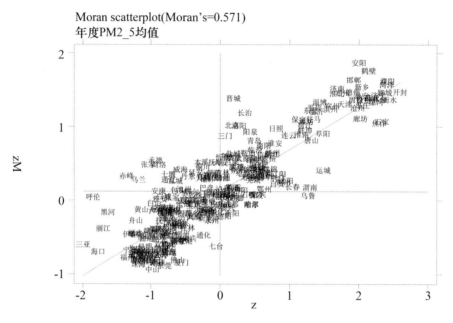

图 3.7　PM2.5 均值的全部 Moran'I 散点图

显著的例子是，从 2008 年开始，北京加大环境整治力度，对制造业进行升级和腾退，因此北京的环境质量获得极大的提升，然而如果河北的产业结构不变，其空气污染严重必然影响北京的环境治理。

（三）环境恶化随经济增长先上升后下降

改革开放以来，中国环境污染程度呈现先上升后下降的趋势。2013 年达到空间污染的峰值，暴发了全国范围内 50 年来最广泛的雾霾污染。根据 2013 年上半年环保部对中国 74 个主要城市的空气质量监测显示，其中 70 个城市 PM2.5 浓度未达标。从 2014 年开始，全国 PM2.5 浓度逐年下降。根据国家气象检测数据显示，2013—2020 年中国城市平均PM2.5 浓度下降了 36.5%，全国空气质量的改善有目共睹。此外，中国普遍存在的水污染和土壤污染也逐渐得到改善。2004 年全国水质优良率为 59.4%，至 2021 年提升到 84.9%。

改革开放以来中国城市环境污染与人均收入呈现倒"U"形曲线关系。通过前期利用城市二氧化硫气体排放总量作为环境污染指标的代理变量，笔者研究发现，环境库兹涅茨曲线在人均 GDP 为 1.5 万—1.6 万元时达到二氧化硫排放总量的拐点。[①] 笔者又采用多项式回归方法拟合环境污染密度（以每平方千米二氧化硫排放量作为代表性变量）与人均 GDP 水平的关系，也获得倒 "U" 形曲线，利用城市数据测算得到环境污染密度的拐点出现在人均 GDP 约为 1.6 万元时。按照当前环境库兹涅茨曲线拐点测算，1994 年只有不到 13% 的城市处于或跨越拐点，2005 年 29% 的城市跨越拐点，2017 年 40% 以上的城市跨越拐点。如果以二氧化硫气体作为工业污染的物的代表性指标，上述结果表明，随着国民经济的发展，越来越多的城市通过产业转移和升级等方式，具备了从环境恶化转向环境改善的条件。

　　然而，最近 20 年随着城市产业转型升级以及城市化建设的发展，城市环境污染物呈现多样化趋势。笔者采用城市居民最为关注的 PM2.5 作为城市环境质量的代表性指标，测算其与人均 GDP 水平拟合的关系，估算结果显示在人均 GDP 约 2.44 万元时达到城市空气污染排放顶点。按照这一结果，2017 年约 33% 的城市位于或跨跃环境库兹涅茨曲线的拐点。这一事实也表明，随着消费模式转换，政府和公众保护环境意识增强，环境治理水平提高，越来越多的城市将跨跃库兹涅茨曲线拐点，实现经济发展与环境良性互动的局面；城市环境与经济发展的关系呈现动态变化趋势，居住模式、生产模式转变可能导致污染源发生变化，使得城市出现一系列新的环境污染问题。

　　（四）环境污染从单一污染向多源头转变

　　伴随城市人口集聚度上升以及工业化步入中后期阶段，工业污染源不仅仅局限在大气、水体和土壤等常规污染物，还出现危害环境和人类健康的新型更为复杂的污染物。与此同时，随着城市人口集聚，城市固体废物污染治理成为工作重点。

　　首先，城市固体废物污染急剧上升。根据中国大中城市固体废物排放量监测数据，2013—2020 年，大中城市的一般固体废物排放量从 23.8 亿吨减少到 13.8 亿吨，减少了 42%。然而工业危险废物排放量却从

---

　　① 杨晓兰、张安全：《经济增长与环境恶化——基于地级城市的经验分析》，《财贸经济》2014 年第 1 期。

2390 万吨上升到 4499 万吨，增长 52%。并且医疗废物排放量和城市生活垃圾排放量也分别上升 54% 和 46%[1]。此外，随着生产活动和居民活动的集聚，城市居民与污染的接触风险日益增加。例如，城市机动车辆污染物排放成为城市大气污染的重要源头；城市噪声污染、电离和电磁辐射等对人体的危害并不亚于其他污染。

其次，以有毒有害化学品使用和生产为代表的新污染物治理在最近五年提上日程。2018 年 5 月，习近平总书记在全国生态环境保护大会上指出，要对新污染物治理开展专项研究和前瞻研究。新污染物治理目标也被明确写入《中华人民共和国国民经济和社会发展第十四个五年规划和 2035 年远景目标纲要》中。2022 年 5 月 4 日，国务院办公厅印发《新污染物治理行动方案》，此方案为新污染物治理提出具体行动规划。相对于二氧化硫、二氧化氮、PM2.5 等常规污染而言，新污染物危害性大、风险隐蔽性、环境持久性、来源广泛性、治理复杂性等多个问题困扰着新污染物治理。新污染如果处理不当，毒性更大，对居民的危害更强。

二　中国城市环境发展变化的总体机制

（一）一般机制

从消费和需求角度看，在经济发展的初级阶段，自然环境不属于稀缺的公共物品，人们不需要为环境付费，而是将注意力放在对工业品和商品的追逐上。然而，随着经济的发展和物质产品的极大丰富，个人的物质和精神需求较为容易得到满足。与此同时，随着人口的集聚、工业污染和环境恶化，良好的自然环境成为稀缺物品，受到广大家庭消费者的追捧并愿意为之付费。

从生产的角度看，一方面，产业随着经济发展水平的提升而转型升级，其一，制造业比重下降和服务业比重上升，相对而言制造业比服务队对环境造成更多的污染；其二，工业企业内部的转型和升级，从以初级加工和重化工业为主转向以高端制造、精细制造和智能制造为主，而

---

[1]　中华人民共和国生态环境部：《2020 年全国大、中城市固体废物污染环境防治年报》，https：//www.mee.gov.cn/hjzl/。

前者的污染密程度高于后者。另一方面，企业的生产组织方式也在发生变化，环保管制使得环境成本内生化以及居民对商品绿色属性的需求提升，倒逼企业通过技术升级和改造等方式控制污染水平。

从制度约束层面看，自然环境作为非稀缺的公共物品存在监管难度。特别是在中国经济发展初期，为了获得经济上的快速发展和积累，家庭在权衡近期收入和远期环境利益后选择容忍污染；企业在追逐利润中选择逃避环境保护责任。其次，地方政府在经济导向的考核机制下，迫于地方竞争和个人政绩提升的压力，与地方企业形成合谋，纵容企业污染，导致污染严重。然而，随着中国环境保护法律法规以及制度的健全，以及绿色经济增长目标的政策导向影响，环境污染治理水平提升，城市环境终将改善。

（二）中国特征

第一，中国持续的收入和消费增长意味着巨大的物质资本和自然资源消耗，这将给环境治理和保护带来压力。然而，居民素质提升及其对居住、生活品质的追求有利于整体环境保护和提高环境治理效率。

第二，地方政府对城市治理强力参与有利于充分发挥市场和政府的互补作用，提高环境治理效率。一方面，通过价格机制和竞争机制将环境污染治理内生化，激励和引导企业生产方式和居民消费行为转向低碳和环保；另一方面，通过合理的机制和制度设计激励地方政府在环境治理方面的积极性和执行力，弥补市场机制在环境治理方面的不足。

第三，中国企业、居民和城市在学习中模仿和创新的模式有利于吸收和借鉴发达国家在环保技术、环境治理方面的经验，有利于响应和参与国际环境治理下的产业创新和技术革新，有助于中国缩短环境治理路径。

第四，产业体系从国际循环到国内国际双循环的转变，使得中国的产业发展从被迫接受国际污染转移到积极主动调整，实现绿色经济转型和升级，并且为中国在新能源科技和产品领域的发展抢占先机。

（三）中国框架

中国发展初期环境恶化的基本动因是较低生产力水平下的快速工业化和高强度的自然资源开发。市场主体方面企业与消费者出现时空错配，企业更看重国外市场，忽视国内消费者需求。政府注重物质资本投资，注重招商引资，放松对企业环境破坏行为的监管。同时在资源有限的情况下，发展需求高于民生需求，政府间竞争优于合作。此外，发展初期依赖的国外投资和技术水平较为落后，产业发展处于较低水平，环境污染治理经验、人才和技术都较为缺乏。环境恶化对于经济社会发展造成负面影响，如环境恶化降低居民福利水平，影响企业商誉和信用；导致居民出于健康和个人发展对城市"用脚投票"；在规避环境污染成本中也会滋生政商勾结和利益输送等腐败问题，等等。

中国环境恶化趋势减缓的基本动因是生产力的提高使得经济发展和环境保护相协调的目标能够统一。中国经济实现跨越式发展的背后是中国生产力水平的飞跃和经济质量的提升。从居民角度看，城市市民的消费能力和消费质量双提升，市场规模效应显现；从企业和产业角度看，随着产业结构的升级和市场竞争的加剧，高污染、高能耗和低基数企业逐渐退出市场。随着中国企业的技术从依赖学习向自主创新转移，中国的产业发展从依赖能源消耗转向依靠科技和知识创造附加值。随着城市体系发展成熟，城市空间格局更加合理，城市政府间从竞争走向合作，环境治理制度更加完善，环境治理更加高效。

三　中国城市环境发展变化的影响机制

（一）先严重污染的机制

1. 居民收入水平较低，环境消费能力不足

物质经济不发达的阶段，居民更加偏好于努力提高收入水平和获取多样化的物质产品。但是一次次物质消费的拓展与升级、产业分工的细化与跃升，都在拉长人类在地球的碳足迹。与之相对应的是，在经济发展的初始阶段，自然环境良好，居民获得良好环境的机会成本较低甚至不需要付费，绝大部分居民选择无视企业对环境破坏的行为。且在缺乏相关监督机制的条件下，家庭也无力对抗企业的破坏行为。

2. 企业粗放型发展，规避环境成本

在市场经济发展初期，中国产权制度和市场机制不健全，导致企业开发和生产无视环境成本，诸如"掠夺式"的矿石开采与开发，"涸泽而渔"式的捕捞和农业种植方式等现象屡见不鲜。企业在面临激烈的市场竞争的条件下，为了抢占市场先机，会尽可能采用节约生产成本的方

式进行生产，因此引进不合乎环境标准的设备、上马对环境造成破坏的项目等情况比比皆是。在对外贸易中，中国企业在面对激烈的国际市场竞争时，为了提高国际市场占有率，势必要尽可能地压低成本。除了劳动力和土地等投入要素的低廉成本外，相比于国外企业，中国企业一个最重要地成本节约因素是受到环境管制和制裁的成本趋近于零。

3. 政府经济驱动，无力环境监管

改革开放的前20年，国家的主要精力和目标放在经济的增长上。为此各地首先考虑的是加大基础设施投资和大力引进产业项目，短期见效快的工业项目和投资自然排在首位，但这些项目多是高耗能和高污染的项目。其次，地方政府普遍忽视对环境的治理和监管。长期以来经济增长作为地方政府官员的重要考核指标，使得部分地方政府与地方企业结成了利益共同体。最后，政绩考核导致地方政府间的激烈竞争，导致环境污染的边界效应，实证研究表明省域边界地区的空气污染、水污染程度普遍更高。[1]

4. 技术水平和产业发展限制环境保护

科技是一把双刃剑，科技的发展给人类带来丰富的物质产品的同时，也带来更多的环境问题。在缺乏有效的环境监督和管制的情况下，工业品制造和能源消耗造成温室效应、环境恶化、极端天气等问题。中国的环境变化与中国的产业结构和技术水平具有较强相关性。

第一，在工业化发展初期，中国的技术水平落后，研发和创新不足，地区产业发展主要依靠自然资源禀赋，例如山西依赖煤矿，京津冀地区依赖铁矿石的开采和加工等。这些产业普遍是高污染、高耗能、对环境不友好甚至是环境迫害型产业。

第二，作为后发国家，在中国经济发展还较为落后的时期，科学技术的发展主要依靠国外引进。而发达国家为了保持竞争优势，对发展中国家实行技术封锁和保护。因此，中国早期的科学技术发展是落后于发达国家的，生产技术也是国外淘汰的或者较低的版本。落后的技术不可避免地存在各种各样的缺陷，这也造就了粗放型的生产模式。

---

① 胡光旗、踪家峰：《财政压力加剧了边界空气污染吗——基于地级市微观面板数据的经验证据》，《山西财经大学学报》2021年第10期。

第三，许多学者研究发现，20世纪80年和90年代外资引进与环境污染呈正相关。可能的解释是外商直接投资导致地方大规模工业园区的兴建，从而引起地方污染规模的上升。还有学者研究认为存在外商投资的"污染天堂"效应，即早期的外商投资多是本国高污染、高消耗、高排放和即将淘汰的产业，这些产业的技术水平不高。在引入国环境质量要求较低的情况下，国外投资也并不会将最先进的技术转移给引入国，甚至会将国内淘汰的技术转让给引入国。[①]

5. 城市环保制度缺失，环保治理动力缺乏

改革开放初期，环境治理和保护制度不健全，机制不完善。首先，改革开放初期，经济增长是国家发展的重中之重，环境污染问题的暴露存在时间滞后性，因此环境污染治理并未受到各级政府的足够重视，存在环境评价不严格、环境执法不严格等现象。其次，环境污染治理职责不明确，导致环境监管不力。例如，环保部门更多的是事后监督和检测，即使环保部门对企业污染行为做出处罚，但并不能对企业的污染行为给予足够的警示，也不能从源头上阻断企业的污染行为。

（二）后快速治理的机制

1. 伴随收入水平提高，居民绿色消费偏好上升

居民收入水平提高和城镇化发展使得越来越多的人追求高品质的城市生活。同时，被污染的环境使得"优美环境"成为稀缺物品，居民对"优美环境"的需求偏好上升。有研究表明清洁的空气和良好的公园绿地设施能够提高周边房产的溢价。城市居民在空气净化设施、净水器和防雾霾口罩等防护工具上的消费增长也表明其愿意为防治环境污染付费。此外，日益兴起的郊区旅游、旅居和搬迁到环境友好城市的现象也间接地表明了居民对良好居住环境的支付意愿。环境需求也得到了市场回应，绿色地产和旅游地产成为房地产开发的一个方向。政府为了吸引和留住人才，对城市环境进行整治，提升城市形象和宜居水平。

2. 产业结构转型和升级促进环境改善

从宏观领域看，产业结构转型促进能源结构转型。出于环境压力和

---

① S. Zheng et al., "Towards a System of Open Cities in China: Home Prices, FDI Flows and Air Quality in 35 Major Cities", National Bureau of Economic Research, Inc, No. 1, 2009.

能源安全考虑，中国主动进行能源结构调整，逐渐摆脱对煤炭资源作为主要发电方式和工业能源的依赖，转向更加多元的能源供给。通过开采和进口等方式，加大天然气等清洁能源的供应；有序稳健地推进核能建设；因地制宜发展太阳能和风能等可再生能源。国务院印发的《2030年前碳达峰行动方案》提出，"到 2035 年前，产业结构和能源结构调整优化取得明显进展。非化石能源消费比重达到 20% 左右，单位国内生产总值能源消耗比 2020 年下降 13.5%，单位国内生产总值二氧化碳排放比 2020 年下降 18%，为实现碳达峰奠定坚实基础。"

从微观领域看，能源成本上升迫使企业进行转型和升级。第一，企业搬迁。企业搬迁到能源成本更低的地区，城市的产业空间布局随之调整。随着沿海城市和地区核心城市的土地价格和人工成本提高，土地和能源密集型的制造业和高耗能产业从沿海地区转移到相对不发达的中部和西部地区，从城市中心转移到城市周边地区，从省内核心城市搬迁到省内边缘地区。第二，企业的淘汰。伴随能源结构、消费结构和技术水平转换，辅之以政府的环境管制强度增加，一些高耗能、高污染企业或被市场淘汰或被地方主动淘汰。第三，企业的绿色转型和升级。经过40 多年市场经济的洗礼，中国的企业家经历代际转换，企业经营管理更加现代化，中国的人力资本素质极大提升，能源价格和环境成本提升，迫使企业适应新的需求，更加重视能源成本核算和绿色经营。

3. 制度设计实现环境保护与经济发展激励相容

首先，环保责权的明确提高了环保行政效率。2008 年环境保护部成立，2018 年改组为生态环境部，加强了环保监管部门的行政权力。环保监管的权利直接上移，转移到更高层级机关直管，使得环保监督可以有效进行，也有利于纠正地方政府维护地方利益的"逐底竞争"行为。其次，将环保指标和能源消耗指标纳入地方官员政绩考核体系，环保"一票否决制"迫使地方政府在地方财政和环境污染之间进行权衡，激励地方政府关注地区环境治理和保护。最后，通过经济发展激励引导环保产业发展。自 2001 年"十五"规划开始，中国都将提高能源利用效率和降低污染的多项指标列入国民经济和社会发展五年规划。政府在产业布局、能源消费和投资等领域大力发展绿色经济，引导企业投资和居民消费。新能源汽车的兴起就是很好的例证。

此外，绿色金融、环境专业人才培养有助于绿色产业发展、环保产业壮大以及绿色经济全面渗透。地方政府从竞争主导到合作主导，推动了区域环境综合治理和城市人口持续集聚，有利于促进土地等自然资源的有效利用和整体环境的保护。

四　中国城市环境发展变化的作用机制

（一）环境污染的消极影响

1. 环境污染影响居民健康和人力资本积累

多项研究已经表明长期暴露在污染中会对人的身体和心理健康产生消极影响，特别是青少年儿童对环境污染的敏感性更强，因此环境污染不仅关系到当代人的劳动效率和劳动力素质，也关系到未来劳动力的素质和潜能开发。考虑到中国家庭普遍更关注下一代的成长环境，环境污染成为居民居住选择的重要决定因素。

环境污染影响高技能人才的流动。居民富裕程度和受教育程度提高，更加渴望健康的工作和生活环境。拥有优美环境和干净空间的城市在吸引人才和企业方面更具有优势。反之，环境污染提高了人才流失的风险。

此外，对健康环境的渴求导致居民不得不为环境污染而额外付费，这也增加了居民生活成本。城市低收入人群和外来人口对生活成本的提升更加敏感，在进行成本收益权衡后，很有可能逃离现在居住的城市，转移到其他环境成本更低的城市生活。

2. 环境污染有可能导致城市陷入产业低极化泥潭

环境污染的主要元凶是制造企业的生产活动，特别是纺织业、重化工业等。这些也多为劳动密集型和资源密集型产业，所在市场为高度竞争市场，生产技术和产品更新换代快，如果产品和技术不能及时更新，很容易被市场淘汰。产业具有空间集聚性，所在城市由于污染严重，行业萎缩和收入下降，使得人才和技术大量外流，这就更难吸引优质的资本和投资，造成本地陷入"产业单一化和低级化—环境污染—收入下降—人才流失—经济衰退—转型无力"的怪圈。中国的一些老工业基地和资源枯竭型城市正面临这样的困境。

另外，部分不发达地区为了招商引资，不惜降低环保门槛以使高能耗、高污染企业进入，这虽然能够在短期内缓解本地就业和经济增长压力，但是可能对环境造成破坏，且不能提高本地的产业质量。

3. 环境污染影响城市竞争优势的塑造

城市环境是决定城市空间品质的重要因素，环境污染导致居民"用脚投票"，人口流失是城市经济失去活力的决定因素。环境污染和人口流失导致市场萎缩、企业利润下降、降低了企业的竞争力也导致了对优质资本和国外投资的吸引力下降。

另外，良好的城市环境成为城市的竞争力资源。首先，优质的环境可以吸引和留住人才与企业，促进本地产业多样化，提升本地经济活力。其次，干净的水源、良好的空气和怡人的自然风光也提升了城市形象和竞争力，塑造了旅游形象，为城市经济的多样性注入活力。

4. 环境污染下的腐败和政治寻租

在政治问责和信息不透明的情况下，出于地方 GDP 增长和个人政治晋升的考量，部分地方官员与企业之间存在密切接触，污染企业可能通过贿赂等方式寻求地方政府的"庇护"。例如，在面临环境监管时，与地方正度关系密切的企业可能受到更少的处罚或者免受处罚；在项目投资初始阶段，地方政府对企业环评报告"睁一只眼闭一只眼"；为了提高税收，地方政府对企业的污染行为视而不见。

（二）环境污染治理的积极影响

1. 环境污染治理规范企业生产行为，提升企业竞争力

对环境的管控影响企业的发展。随着对污染的管控增强，高污染企业的生产受到严格限制，面临或改造或搬迁的处境，许多城市已经将污染类企业剔出招商引资目录。反之，与新能源相关的产业和企业受到地方政府的普遍欢迎。

随着环保监管的加强，环境污染的社会成本最终内化为企业生产成本，倒逼企业进行生产革新和能源替代。在能源消耗方面，绝大部分企业安装脱硫设备和空气监测装置，或转向清洁能源的使用；高污染企业如化工企业和造纸企业安装污水处理和净化装置。在充分竞争性市场环境中，企业要想维持盈利，必须提高产品差异化水平形成垄断价格以弥补环境改进导致的生产成本上升。一些企业进行更加积极主动的变革，利用居民对绿色产品的追求，通过改进生产工艺和产品原料等方式，为普通产品添加绿色属性，以提升企业形象，提高产品竞争力。

2. 环境保护催生新产品新市场，加速技术创新

根据波特环境假说，环境规制促使企业积极开展生产技术研发和经营改良，以获得先动优势和改良优势，弥补企业环境保护中的成本上升，提升产品质量和盈利能力。目前部分学者采用中国数据进行的实证研究显示，适当的环境规制有利于企业的绿色创新，特别是自愿型企业的绿色创新。

居民环保意识增强催生了产品的升级换代，例如，绿色食品、有机食品等农产品更新，绿色建筑兴起，家居绿色智能化，能源循环利用，新能源汽车保有量逐年提高使得新能源汽车及相关产业蓬勃兴起。

环境保护促进中国技术升级和自主研发的跨越式发展。最近十年中国在新能源、新材料等领域技术突飞猛进，并实现产业应用和科技发展的良性互动。相关产品和企业不仅在国内形成优势，也在国际竞争中占有一席之地。中国在国际绿色能源产品供应链上扮演重要角色。中国太阳能光伏产品主要环节在全球占比超过 2/3，[1] 中国新能原动力电池 2022 年上半年占据了 56% 的全球市场份额，仅宁德时代一家就占 34%。[2] 此外，随着环境保护意识增强，环境监管门槛提高，外商投资通过使用生态友好型产品和生产技术转移等促进国内技术水平升级和先进知识扩散。

3. 环境污染促进政府与区域协同

环境污染的外部性特征使环境保护和治理需要更多企业、家庭和政府的协商与合作。党的十八大以来，以习近平同志为核心的党中央高度重视生态环境保护，建立了高质量的生态环境保护法律制度体系，强化环保执法，明确各级政府责任，明确各级政府责任清单和污染治理考核体系。在监督机制完善、环境保护责权明确的条件下，各级政府以及政府部门的工作模式和治理方式也在发生变化。

首先，在区域环境治理方面加强政府间的合作与联合。京津冀三地生态环境部门联合签署了《"十四五"时期京津冀生态环境联建联防联

---

① 人民日报：《我国光伏产业实现跨越式发展 出口总额再创新高》，http：//china. gansu daily. com. cn/system/2022/09/28/030634844. shtml。

② 古史新谈君：《全球动力电池三分天下，我国占 56% 的市场份额，日韩占 36%》，https：//baijiahao. baidu. com/s？ id =1739198109812733034&wfr = spider&for = pc。

治合作框架协议》。长三角三省一市建立"长三角区域生态环境保护协作小组",推进大气联防联控、流域水污染综合治理、跨界污染应急处置、区域危废环境管理等重点合作。泛珠三角地区开展"绿色珠江"行动,在生态补偿、环境污染联防联控联治、环保产业合作等多领域展开广泛的合作。

其次,政府部门打破条块分割,加强部门间的合作联动。例如,环保部门与工商、电力、水务部门联合建立环境综合治理机制,从源头上遏制环境污染违法行为。环保部门与水利、工业部门建立协调和对话机制,强化产业部门在规范实体经济中的作用。此外,在污染物综合治理上越来越要求部门联动,例如,需要包括工业部门、交通部门和环卫部门等的协调联动,才能有效治理城市大气污染。

4. 环境保护理念有利于空间资源配置,提升城市空间品质

伴随经济的发展和城市化的成熟,城市的功能发生改变,从生产性城市逐渐过渡到消费型城市。居民越来越关注城市的居住品质和生活品质,这将影响城市未来的空间塑造,城市不仅要"宜业",也要"宜居"。近十年来,中国的城市规划引入绿色设计,并积极探索"生态城市"发展模式。引入风电和太阳能等可再生能源,减少城市的碳排放;在城市大力发展轨道交通、共享交通工具、新能源汽车替代燃油车,这些都是兼顾低碳环保与生产生活的重要举措。

在城市群网络方面,环保联合治理间接促进了空间资源的配置。为了兼顾经济增长和环境保护目标,地方政府实行跨城市的产业布局调整和资源整合,例如,将工厂从核心大城市搬迁到外围小城市,减轻了大城市的环境污染。又如,建设高速铁路网,以更加低碳环保的方式促进地区间要素流动,也间接引导产业和要素在城市间的配置。

典型城市

青岛:打破先污染后治理常规,保持生态与发展双赢[①]

青岛是绿色增长、可持续发展的典范城市。40 多年来,青岛经济

———————

① 作者:李光全,青岛市委党校经济学教研部,研究员。

社会环境都一直处于全国领先发展的位置，GDP 和科技创新实力常年位居全国前列，连续 10 年入选"外籍人才眼中最具吸引力的中国城市"十强，城市定位由"东部沿海重要的中心城市"跃升为"沿海重要的中心城市"，城市可持续竞争力在《中国城市竞争力报告》中多年位居前列。

青岛坚持生态与发展双赢，就是始终坚持"既要金山银山阴山，又要绿水青山""绿水青山就是金山银山"，将生态环境的改善放在城市发展的突出位置，高水平同步推进生态环境和城市发展，环境与发展相互促进，走出了生态与发展双赢的好路子。具体做法和经验如下：

第一，以强烈的环境守护意识不断强化城市生态环境的优势和美誉。青岛素以环境优美闻名中外，保护好青岛的红瓦绿树、碧海蓝天，塑造最适宜居住的城市环境，是青岛生态环境保护始忘不渝的奋斗目标。在居民、政府和社会发自内心深处的热爱和努力下，青岛先后获得国家卫生城市、国家森林城市、国家园林城市、国家环境保护模范城市、国家生态文明建设示范区、全国最宜居城市、国家人居环境范例奖等各类生态环境重磅荣誉，成为国际国内旅游的重要目的地、知名的康养城市和全国领先的低碳城市。

第二，以生态环境的优化促进经济的增长和社会的发展。良好的生态环境吸引了海内外人才来青岛创新创业，吸引了大量的优质企业落户青岛，让青岛收获了"金山银山"。山东大学青岛校区、中国石油大学（华东）、中国科学院青岛生物能源所、山东港口集团总部等一大批高校科研机和企业扎堆落户青岛。此外，西海岸新区和胶州市双双入选国家生态文明建设示范区，青岛西海岸新区入选国家气候投融资试点城市，青岛高新区和青岛开发区双双入选国家生态工业示范园区，中德生态园获联合国可持续城市和人居环境奖等。生态环境促进了绿色经济的增长、人才和企业的引进，推动了实体经济的优质发展。

第三，以走在前的担当和勇气推进生态环境领域先行先试。青岛始终以勇于担当和先行先试的姿态不断推进生态环境建设。一是率先出台相关法律法规。先后印发了《青岛市控制温室气体排放工作方案》《青岛市适应气候变化规划》《青岛市应对气候变化"十四五"规划》《青岛市协同推进碳排放达峰与空气质量达标三年行动计划》等系列文件。

二是积极争取国家层面先行先试。围绕低碳绿色发展，青岛积极谋划成为首个国家低碳城市试点和C40城市气候领导联盟成员城市。围绕循环发展，青岛率先入选全国废旧物资循环利用体系建设重点城市名单和"十四五"时期"无废城市"建设名单。力争走在前列的坚定目标、积极作为和先行先试成为青岛始终保持一流生态环境的重要原因。

第四，以锚定目标、持续攻坚、制度先行、智库支撑推动绿色低碳走在前列。坚决扛起生态环境保护大旗，紧紧围绕改善环境质量这一核心任务，坚持方向不变、力度不减、锚定目标、持续攻坚。一是始终坚持减污、降碳、扩容与增长协同，以工业、建筑、交通等重点领域节能减排和能效提升来加快产业结构和能源结构优化调整，率先实现了"三大保卫战"的决定性胜利。二是坚持制度先行、提升制度效能，构建了由地方立法、行政规章、发展规划、标准规范、实施方案、配套性资金和政策支持的较完善的框架体系。三是以智库支撑、国际联动服务绿色低碳领域的科学决策。青岛市生态环境局与中国科学院青岛生物能源所共同推进打造国家"碳达峰碳中和"先锋城市；依托智库机构，与能源基金会、亚洲开发银行和世界资源研究所等开展国际合作研究与实践。

青岛用自身实践充分证明了环境一直好，经济一直强。青岛连续8年作为中国城市代表参加联合国气候变化框架公约缔约方大会，全市国省控地表水考核断面全部达标、集中式饮用水水源地水质达标率稳定保持在100%，污染地块安全利用率达100%，绿色低碳工作跻身全国低碳城市前列，经济指标不断向好，青岛绿色经济指数、可持续竞争力指数、创新指数等都位居全国第一梯队。

青岛生态与发展的双赢带来了许多经验启示：在热爱城市、保护环境以及生态与发展双赢上形成广泛共识、全力推进；政府重视、主动作为，率先出台相关法律法规和全力争取在全国层面的先行先试；工作重点明确，坚持协同推进、持续攻坚和智库支撑，不断提升科学决策能力，向世界讲好中国生态环境的城市故事。

第四节　中国城市基础设施*

城市基础设施一般指的是保障城市运行和发展、可以实现特定功能的工程性基础设施。世界银行将城市基础设施分为经济基础设施和社会基础设施两大类，经济基础设施包括公共设施（自来水、卫生设施、排污、废物收集和回收等）、公共工程（灌溉、电力等），以及交通部门（铁路、城市交通、机场）；社会基础设施包括医疗、文化、交易等方面。本节所讨论的主要是市政公用设施，其作为城市基础设施的重要组成部分，主要包括市内道路交通、供水排水、燃气供热、垃圾处理、园林绿化等方面。城市间交通网络、大型交通枢纽如机场、高铁站以及水利、电力等工程等通常被纳入国家和地区间（或广义的城市）基础设施的范畴，但不算市政公用设施，在本节中也不作为城市基础设施的研究对象。

一　中国城市基础设施发展的特征事实

随着中国改革开放以来的快速城镇化进程，城市基础设施水平也经历了快速、长足的发展。整体来看，中国城市基础设施发展的特征事实主要包括以下三个方面。

（一）城市基础设施发展水平从缓慢提升到快速跃升

改革开放以来，中国城市基础设施投资基本与城市建设进程同步，呈稳步发展的态势。21世纪后，以2004年土地出让制度的招拍挂改革为分界点，中国城市基础设施投资额开始快速提升，城市基础设施建设水平取得长足发展。全国市政公用设施投资规模从2001年的2689亿元增长至2021年的2.74万亿元。从相对规模看，市政公用设施建设投资占固定资产投资的比重较小，约5%。

持续较高的固定资产投资和建设使得中国城市基础设施水平有了全方位的提升，如表3.7所示，在道路交通、供水排水、燃气供热、垃圾

---

* 作者：刘尚超，中国科学院大学经济与管理学院，博士后。

表 3.7　中国城市基础设施建设主要进展

类别	指标名称	2000 年	2005 年	2010 年	2015 年	2020 年	2000—2020 年增长幅度
道路交通	人均城市道路面积（平方米）	6.1	10.9	13.2	15.6	18.0	195.1%
	道路长度（万千米）	16.0	24.7	29.4	36.5	49.3	208.1%
	城市轨道交通建成里程（千米）	117.0	444.0	1429.0	3069.0	7598.0	6394.0%
供水排水	用水普及率（%）	63.9	82.1	96.7	98.1	99.0	35.1 个百分点
	城市污水处理率（%）	34.3	52.0	82.3	91.9	97.5	63.2 个百分点
	污水集中处理能力（亿立方米/日）	0.2	0.6	1.0	1.4	1.9	850.0%
燃气供热	城市燃气普及率（%）	45.4	82.1	92.1	95.3	97.9	42.5 个百分点
	城市集中供热面积（亿平方米）	11.1	25.2	43.6	67.2	98.8	790.1%
垃圾处理	生活垃圾无害化处理率（%）	61.4	51.7	77.9	94.1	99.7	38.3 个百分点
	生活垃圾焚烧处理能力占比（%）				38.0	58.9	*20.9 个百分点
园林绿化	建成区绿地面积（万公顷）				190.8	239.8	*25.7%
	建成区绿地率（%）	23.7	28.5	32.5	36.4	38.2	14.5 个百分点
	人均公园绿地面积（平方米/人）	3.7	7.9	11.2	13.4	15.8	327.0%
信息通信	固定宽带家庭普及率（%）				50.0	91.0	*41 个百分点
	光纤用户占比（%）				34.0	93.0	*59 个百分点
	4G 用户数（亿户）				3.8	12.0	*215.8%

注：带＊的数据由于特定年份数据缺失，指标增长幅度按照最早数据可得年份进行计算。

数据来源：中国城市建设统计年鉴，《"十四五"全国城市基础设施建设规划》。

处理、园林绿化、信息通信方面的指标都有巨大跃升。

中国城市经历了快速发展后成为全球基础设施建设规模最大的市场。与其他国家相比,中国基础设施建设效率高、成本低、质量优,且经过较长时期、大规模的建设,与建筑工程相关的技术不断突破创新,已经形成了成熟的发展模式和丰富的工程经验。

虽然城市基础设施投资额和发展水平都经历了较快的增长,但与城市规模增长和基础设施需求的增长相比,在数量和质量方面仍存在较大的提升空间。根据世界经济论坛发布的《2019 年全球竞争力报告》,中国基础设施排名全球第 36 位,交通设施排名全球第 24 位,电力覆盖人群和质量位居全球前列,但供水设施与供水质量均排在全球 60 位以后。此外,城市道路拥堵、城市内涝、垃圾"围城"等问题仍较为突出,海绵城市、地下综合管廊刚刚起步,人均城市基础设施水平仍需提升。

（二）城市基础设施发展水平相对于城市经济社会发展存在先滞后再超前的过程

城市基础设施发展水平应当与城市的社会经济发展速度、产业和人口的需求相一致或适度超前,如果城市基础设施发展水平滞后,会明显抑制经济社会的发展;如果过度超前,则会造成资源的浪费和效率的损失,同样不利于城市的可持续发展。从中国城市基础设施的发展进程来看,整体存在先滞后再超前(甚至重复建设)的发展轨迹。改革开放初期,现代化的城市建设逐渐拉开序幕,但基础设施投资中第一产业的比重较高,城市基础设施发展较为缓慢。20 世纪 90 年代至 21 世纪初,国债资金对城市基础设施投资拉动作用明显,同时也带动了大量社会资本的进入。

2004 年土地出让制度进行"招拍挂"全面改革后,"土地财政"的机制逐步形成,地方政府对于城市基础设施的投资建设热情空前,中国城市基础设施的投资和发展也经历了高速发展,甚至远超城市经济社会发展所需的水平。在投资规模大、增长拉动效应明显的轨道交通、道路桥梁等类别的项目,出现了过度投资、重复建设的现象。此外,中国城市化率提升的同时也出现了明显的城市蔓延的趋势,不仅不利于土地资源的高效率使用,带来社会、经济、环境的诸多挑战,也造成了城市基础设施过量、公共资源浪费等问题。

城市基础设施建设与城市发展的协调性并不具有全国统一发展的趋势，而是具有明显的区域差距，虽然中西部城市基础设施的绝对水平较为落后，但与其城市发展水平相比已经超前；而东部沿海地区的城市基础设施水平虽然远高于中西部地区，但考虑到其城市发展的速度，仍然有一定的滞后性。

（三）不同层级、不同区域的城市基础设施发展水平差异逐渐扩大

改革开放初期中国城市基础设施水平较低，城市差异也不明显，但随着全国城市基础设施水平普遍快速提升，城市间差异也逐步扩大。城市基础设施发展水平与城市规模，特别是经济体量存在较大关系，中心城市、规模较大城市的基础设施条件优于规模偏小的城市。道路长度与密度、污水处理率、燃气普及率、供水普及率等多项衡量城市基础设施水平的指标基本上都呈现"大型城市—中型城市—小型城市"梯度递减的规律。在部分衡量人均基础设施水平的指标上，如人均道路面积、人均绿地率等，大城市略低于中等城市和小城市，这说明大城市的基础设施提供了较高的承载率和公共服务效率。

从城市基础设施的区域差异看，不同地区之间自然和经济环境存在差异，导致城市基础设施建设实践和发展水平差别明显。东部沿海地区对于城市基础设施投资建设的力度更大，导致其城市基础设施发展水平普遍高于中西部地区；直辖市、副省级城市等层级较高的城市基础设施水平高于低层级的城市。

（四）提质增效与绿色化、智能化是未来的发展趋势

从数量增长转向提质增效和结构均衡并重。2021年中国常住人口城镇化率达到64.72%，城市化水平已经处于较高水平，且经过几十年的快速建设，城市基础设施规模和体系已经初步形成。伴随城市更新行动的开展，城市基础设施也将逐步从以增量建设为主转向存量质量增效与增量结构调整并重。提质增效主要是指提升城市基础设施运行效率、提升安全运行和抵抗风险的能力，同时确保实现其应有的社会效益、经济效益和环境效益。

绿色化与智能化发展。在国家"双碳"目标的要求下，以及数字经济、智慧经济快速发展的趋势下，城市基础设施正在向绿色化和智能化发展的方向迈进。2022年7月住房和城乡建设部联合国家发展改革委

发布实施《"十四五"全国城市基础设施建设规划》，明确提出"完善城市生态基础设施体系，推动城市绿色低碳发展""加快新型城市基础设施建设，推进城市智慧化转型发展"等目标。

二　中国城市基础设施发展的总体机制

（一）一般机制

城市基础设施主要的特性如下：一是以公共物品为主、兼具市场化属性。城市基础设施通常具有较大程度的非竞争性和非排他性，属于城市的公共物品。但多数城市基础设施还可以提供有偿的个人消费的物品和服务，也可以进行商业投资、建设和运营。二是区域性与属地特征。作为区域性公共物品，城市基础设施通常为属地建设和管理。城市基础设施的使用者和受益者通常为当地的企业或居民，其发挥的作用具有区域的局限性，因此无论是在国外城市，还是在国内城市，城市基础设施的投资建设以及管理维护等通常都由地方政府或地方企业和机构承担。三是整体性与协同性。城市基础设施涉及广泛的专业领域，城市基础设施的各个子系统之间存在互补、替代和协同效应，因此需要系统规划、整体统筹城市基础设施的建设、运营和管理。四是网状结构、规模经济效应明显。无论是交通运输、排水、电力和热力供应，还是信息传输的基础设施，都涉及物质和能量在城市空间的传输与交换，因此具有空间分布的网络状管线结构的特性。网状结构初期庞大的投入需求以及相对较小的可变成本，导致城市基础设施具有极强的规模经济效应和自然垄断性。

已有的城市基础设施促进城市发展的机制研究多集中在经济发展的角度。从基础设施影响经济增长的渠道看，一是直接拉动作用，因为投资是总产出的重要组成部分，以及政府投资的乘数放大效应[1]；二是间接的促进经济增长的机制，主要是通过提升生产效率和交易效率、外部溢出效应等渠道[2]。罗莫、卢卡斯以及巴罗的内生增长模型从理论上也

---

[1]　郭广珍、刘瑞国、黄宗晔：《交通基础设施影响消费的经济增长模型》，《经济研究》2019 年第 3 期。

[2]　闫先东、朱迪星：《基础设施投资的经济效率：一个文献综述》，《金融评论》2017 年第 6 期。

支持基础设施对于经济增长的正外部性①。

应用城市统一发展理论的基本研究框架，城市基础设施的发展本质上是政府、企业和家庭三主体相交互，制度文化、地理区位、物质资本、科学技术、人口资源和人力资本相应的六要素作为投入和驱动因素的结果，同时城市基础设施对三主体以及其交互作用形成支撑和促进作用，构成正向增强的循环。城市基础设施发展的一般机制如图 3.8所示。

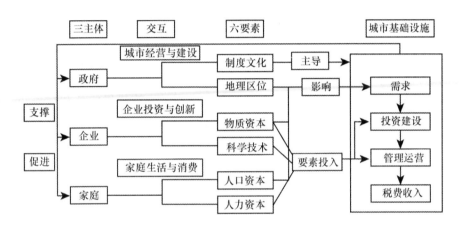

图 3.8　城市基础设施发展的一般机制

从三主体的行为目标看，政府作为城市空间的经营者，目标是城市的长期可持续发展、经济社会的长期繁荣，而城市基础设施是政府提供公共服务的最主要物质载体，也是政府实现社会经济发展目标的重要手段；企业主体以最大化利润为主要目标，城市基础设施是企业投资和参与经营的重要领域；家庭效用函数中公共物品和公共服务是其重要的组成部分，因此城市基础设施也是家庭"用脚投票"选择城市、储蓄与消费决策的重要影响因素。

从三主体与城市基础设施的发展机制与作用渠道看，首先，政府在城市基础设施发展中起主导作用。城市的空间结构、要素分布都影响着

① 刘生龙、胡鞍钢：《基础设施的外部性在中国的检验：1988—2007》，《经济研究》2010 年第 3 期。

基础设施的具体需求，且城市基础设施的公共物品属性、区域与属地特征、规模经济和正外部性等特性决定了政府制度文化主导城市基础设施建设和运营全流程。同时城市基础设施投资建设以及运营在很大程度上受到政府规制的管理，虽然私营部门参与的程度在不同国家和地区有所差别，但无一例外都受到政府的引导和政策规范。其次，企业通过物质资本和科学技术投入具体的城市基础设施建设与运营管理，同时也可以获取物质资本汇报收益与科技水平的提升。由于资本具有天然的牟利性，但基础设施项目往往投资回报期长、风险大、资金规模要求高，因此投融资机制是城市基础设施建设的关键所在。最后，家庭的人口资源是决定城市基础设施需求的根本因素，人力资本是城市基础设施建设与运营管理的最核心要素。人口规模越大、人口分布越集中，对城市基础设施的数量和运行质量的要求就越高，城市基础设施提供的公共服务完备性就越强。人力资本则作为核心要素对城市基础设施的全流程发展产生推动作用。三主体通过交互作用和要素促进城市基础设施发展，本书将其称为能动力循环。

城市基础设施是城市运行的必要支撑保障，同时也可以促进政府、企业、家庭三主体的发展与交互。城市基础设施为居民生活、企业经营乃至政府运转提供基本的公共产品和公共服务。可以说城市基础设施是城市产生人口聚集的物质基础，也是城市继续扩大和发展的动力和保障，又是城市内完成物质与信息流动、废物处置、风险防范的实际载体。因此城市基础设施吸引企业和家庭主体集聚、提升三主体交互活力与效率、拉动新的城市基础设施需求，即称之为原动力循环。

（二）中国特征

在城市基础设施发展的一般框架下，中国城市基础设施的发展机制具有以下的基本特征。

一是经济制度、人口制度、土地以及财税制度的改革赋予了地方政府在城市基础设施建设中的主导地位和原动力。城市基础设施成为地方政府经营城市的重要抓手。中国特有的"土地财政"和"土地融资"模式形成了特殊的"土地出让—城市基础设施建设—土地价格"的基础设施建设模式。研究表明，城市基础设施建设投资可以在短期内资本化到土地价格中，而土地价格的上升可以通过土地出让收入和土地抵押借款两种渠道使地方政府获得更多的资金，进一步投入城市基础设施建设中，构成了自我强化的正反馈过程。①

二是巨大的国家规模和地区差异导致城市基础设施发展水平的差异，但地方政府相同的能动力导致城市基础设施发展也存在同质化。城市基础设施的属地性本质上意味着地方制度文化、地理区位对其发展有决定性影响。中国城市化的多样性和差异性很大程度上也反映在城市基础设施的差异上。同时城市基础设施也存在同质化特征，例如，较发达地区城市基础设施的过度投资和重复建设、回报周期长或公益性强的城市基础设施项目建设普遍不足等。

三是与发达国家相比，中国的后发地位带来了城市基础设施建设的后发优势。多数类别的城市基础设施都面临巨额的前期建设投入，建成后基本以维护和部分更新为主。中国的后发优势体现在一方面目前城市基础设施的建成时间较短，设备老化问题较少；另一方面城市进行大规模基础设施建设时的科学技术水平已相对成熟，建设效率和设备的质量水平更高。

四是第四次工业革命有利于中国发挥电信基础设施的优势，同时也改进了城市基础设施发展中的主体交互方式、提升要素收益。大数据、人工智能、5G网络、工业物联网等先进技术依托于城市电信基础设施的物理网络，中国在该领域具有部分技术的领先、巨大的后发优势和规模效应。科学技术不仅在城市基础设施的建设和运营中提升效率，更加深了政府与企业在城市公共服务的交互（信息的收集、分析与传递），提升要素收益，促使规模报酬递增。

（三）中国框架

第一，政府处于城市基础设施建设的核心环节，是城市基础设施建设的原动力与能动力。首先，城市基础设施是城市可持续发展的先决条件与必然要求，因此地方政府有发展城市基础设施的原动力。改革开放以来，地方政府较高的自主决策权以及地方政府的竞争促使了经济发展机制体制的创新，是中国经济增长奇迹的重要影响因素。地方政府的竞

---

① 郑思齐、孙伟增、吴璟、武赟：《以地生财，以财养地"——中国特色城市建设投融资模式研究》，《经济研究》2014 年第 8 期。

争主要体现在外部投资、人力资本等自由流动的要素吸引方面，而健全高效的城市基础设施是影响要素流入的关键因素。因此地方政府通过打造基础设施硬件"筑巢引凤"，旨在吸引外部要素流入，同时也可以促进本地要素发展。

其次，地方政府通过土地出让、土地抵押贷款等手段获取资金，以城投平台公司以及其他国有企业作为建设主体，具有发展城市基础设施的能动力。基础设施建设的根本约束条件是建设资金，而城市基础设施建设资金绝大部分直接或间接来源于地方政府，按照资金来源主要包括建设企业的银行贷款、城投贷、地方政府专项债、土地出让收入安排的资金等。地方政府有诸多策略筹集基础设施建设的资金，通过控制土地供应数量来提升土地出让价格，进而增加存量土地的贷款额度、工业地产和商业地产相结合（产业园模式）等。①

第二，地理区位、物质资本、科学技术、人口资源和人力资本要素在制度文化要素的组织和影响下影响城市基础设施建设的全流程环节，决定了城市基础设施的发展水平。在政府制度文化的组织下，地理区位和人口资源影响了城市基础设施的需求规模和具体类别，物质资本、科学技术和人力资本是城市基础设施的主要投入要素，这些要素的数量以及组合结构主要由需求和制度文化要素所共同决定。

第三，政府完全主导的模式可能导致资源浪费与效率低下，企业部门特别是私营企业与政府的交互是城市基础设施持续发展、未来高效运营的能动力。政府效用函数是城市长期可持续的发展和公共服务的供给，因此政府完全主导的城市基础设施建设可能仅关注其投资项目可以带来的经济效益与社会效益，难以顾及基础设施项目的全生命周期综合效益评估与资源利用效率。由于逐利的特性，社会资本参与城市基础设施建设和管理经营时，可以通过市场价格机制的作用提升要素的协同效率，进而改善各要素促进城市基础设施发展的能动力。

第四，城市基础设施直接或间接带动主体发展和交互效率，构成正反馈闭环。如前文提到，一方面城市基础设施是固定资产投资，直接拉

① 盛中明、余永定、张明：《如何提高财政政策的有效性？》，财新网2022年11月13日。

动经济增长，另一方面城市基础设施促进各要素的协同效率，带动生产率提升。此外，在地方政府自主权较大、整体经济发展速度较快且要素自由流动的背景下，城市基础设施的"筑巢引凤"、吸引要素流入的效应更加明显。

三　中国城市基础设施建设的影响机制

城市发展主体和城市基础设施因素众多，相关关系错综复杂，借助城市统一发展理论分析框架，将城市基础设施按照使用周期和流程划分，分为需求（包括需求规模与需求品类）、投资与建设（按照资金来源方性质可分为公共投资和私人部门投资）、运营模式、运营效率四个方面。

（一）快速的城市发展进程与地方政府的全流程主导模式导致城市基础设施发展水平快速提升

政府通过城市基础设施进行逆周期调节投资拉动经济增长。从市政公用设施建设投资和房地产开发投资增速与 GDP 增速变化来看（见图 3.9），市政公用设施建设投资的增速和 GDP 的增速背离，对宏观经济起到一定的逆向调节作用。如，2009 年 GDP 增速和房地产开发投资增速见底，而市政公用设施建设投资增速见顶，达到近年来最高水平，为 44.7%；2020 年，受新冠肺炎疫情影响，GDP 增速下跌至 2.2%，市政公用设施建设投资增速达到近年相对较高水平（11.9%）。

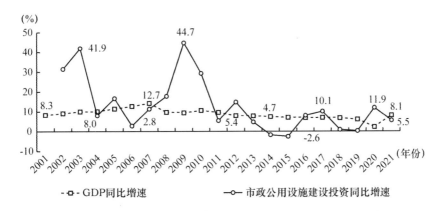

图 3.9　GDP、市政公用设施建设投资和房地产开发投资同比增速

地方政府具有主导城市基础设施建设的原动力与能动力。从基础设施建设需求来看，地方政府结合城市地理区位、人口规模等客观条件以及城市发展目标等主观因素，制定城市基础设施发展的战略目标以及项目计划。在投资、建设与运营环节，地方政府通过城投平台公司、土地出让金安排、专项债等多种方式筹集资金；之后通过选择不同的建设与运营模式来决定私营企业部门参与项目开发以及运营的深度以及参与方式；最后按照归口管理的方式管理相关城市基础设施的行业规范以及收取税费收入等。

政府与企业部门的交互作用形成特殊的"土地出让—城市基础设施建设—土地价格"的投融资模式，增强了原动力与能动力的循环。研究表明，城市基础设施建设投资可以在短期内资本化到土地价格中，而土地价格的上升可以通过土地出让收入和土地抵押借款两种渠道使地方政府获得更多的资金，进一步投入城市基础设施建设中，构成了自我强化的正反馈过程。①

快速的城镇化进程拉动了城市基础设施需求，也带来了更多的人力资本要素投入。城市基础设施服务的主要对象包括政府、企业和家庭三个部门，其服务主体以家庭部门的居民为主。城市人口的增加是城市基础设施需求增长的直接原因。此外，更多的人力资本同样作为投入要素支撑和促进了城市基础设施的建设和发展。特别是大量农村人口流入城市，为城市基础设施的建设和运营提供了充足且成本较低的劳动力。2021 年中国农民工超过 2.9 亿人，其中从事建筑业人数占比 18.3%，从事交通运输与邮政的人数约占 7%。

（二）制度和发展模式的转变与地方政府"经营城市"的策略导致城市基础设施建设先滞后再超前

政府主导体制下，财税制度与地方发展模式的转变以及政府单行为主体决策导致城市基础设施先滞后再超前的趋势。改革开放初期，城市基础设施建设的资金完全来自财政拨款，城市建设资金存在巨大缺口且自主性水平较低，导致城市基础设施水平严重滞后于实际需求。随着经

---

① 郑思齐、孙伟增、吴璟、武赟：《"以地生财，以财养地"——中国特色城市建设投融资模式研究》，《经济研究》2014 年第 8 期。

济和财税制度的改革，地方政府逐步采取了多元化市场化筹措资金的方式缓解了资金压力，地方政府主导的城市基础设施建设通常可以与城市的经济社会发展水平相适应。但在政绩考核的驱动下，地方政府通过"土地出让—城市基础设施建设—土地价格"的模式经营城市，容易过度依赖城市基础设施项目对经济的直接拉动作用，导致部分地区、部分类别的基础设施项目建设过度超前而造成资源浪费。投资额较大、拉动作用明显的道路交通项目以及市内轨道交通项目往往存在此类问题。

条块分割和部门管理的机制造成了城市基础设施建设的系统性和协调性不足，容易导致城市基础设施重复建设。城市基础设施包含多种类别，但其提供的公共服务是作为一个整体发挥作用，如果某一类别设施（如供电、供水或排水）短板明显，那么将很大程度上制约整套城市基础设施体系的功用。中国过去在基础设施管理的制度方面通常简单地以分地区、分部门管理为主，部门间的协调统筹机制较为缺乏，统筹规划、集约建设、有序建设的机制体制仍有不足，区域间的协调统基本缺位，因此容易造成重复建设的问题。

中国城市基础设施项目的建设和运营多为专业性的国有企业，这也固化了政府主导模式的优势和缺陷。城市基础设施具有准公共服务的属性，同时具有政府和企业属性的国有企业承担了城市基础设施的具体建设和经营活动。在政府主导的体制下，国有企业够结合政策制度与市场实际需求，在资金、人力资本等资源约束的条件下，以实现城市基础设施社会效用的最大化为目标。在企业投入的要素中，科学技术推动生产效率的效果持续提升。建设和运营企业利用中国超大规模市场，在"干中学"快速积累经验、改进技术，进一步提升了城市基础设施建设和运营效率。近年来国有企业和科学技术较快的发展速度为城市基础设施建设带来了发展的能动力，但容易造成城市基础设施过度超前发展。

（三）城市综合发展水平差异决定了城市基础设施发展的区域差异，城市基础设施与主体和要素的能动力循环扩大了区域差异

三主体、六要素及其交互作用决定城市综合发展水平，进而造成城市基础设施建设水平的区域差异。首先，不同城市的物质资本、科学技术、人力资本等要素的分布存在空间聚集和区域差异，其交互决定了社会经济发展水平的差异，进一步显著影响城市基础设施投资和建设水

平。制度水平、上期的基础设施建设支出、就业率、财政赤字等指标对本期基础设施投资具有显著正向影响。[①] 政府主要依据城市社会经济发展情况而决定未来短期的基础设施投资额度，此外，人口增长率的变化对基础设施的发展也具有显著影响。[②] 其次，不同地区之间自然和经济环境存在差异，导致城市基础设施建设实践和发展水平差别明显。不同的区域以及自然环境对城市基础设施建设的标准要求不同，例如，全国城市普遍存在的污水管网质量问题，在水系发达的南方主要表现为清水入管的问题，而在北方则主要表现为污水外渗的问题。最后，地方政府的财力对城市基础设施的投资建设起决定性作用，财政状况欠佳、负债水平过高的城市在基础设施投资建设方面面临严重的资金制约。[③]

城市基础设施对三主体的作用机制和能动力循环扩大了中国城市发展水平和基础设施水平的区域差异。首先，城市基础设施建设对城市的发展具有直接带动或间接促进作用，[④] 且中国城市环境基础建设投资与经济增长存在长期均衡关系。[⑤] 实证研究表明，电信基础设施、交通基础设施等对经济的增长都具有显著贡献和空间溢出效应，[⑥] 且城市基础设施（特别是绿色基础设施）还可以通过改善居住环境的渠道对城市的社会经济综合发展起到促进作用。[⑦] 其次，城市基础设施存在明显的就业拉动效应和减贫效应。[⑧] 作为生产性投入要素，基础设施水平的提

[①] 张光南、陈广汉：《基础设施投入的决定因素研究：基于多国面板数据的分析》，《世界经济》2009 年第 3 期。

[②] 陶志梅、杨景方：《城市基础设施系统与城市发展互动关系研究——以北京市为例》，《城市》2022 年第 4 期。

[③] 黄金川、黄武强、张煜：《中国地级以上城市基础设施评价研究》，《经济地理》2011 年第 1 期。

[④] 刘生龙、胡鞍钢：《基础设施的外部性在中国的检验：1988—2007》，《经济研究》2010 年第 3 期。

[⑤] 牛婷、赵守国：《我国城市环境基础设施建设投资与经济增长之间关系的实证研究》，《城市发展研究》2010 年第 6 期。

[⑥] 张学良：《中国交通基础设施促进了区域经济增长吗—兼论交通基础设施的空间溢出效应》，《中国社会科学》2012 年第 3 期；郑世林、周黎安、何维达：《电信基础设施与中国经济增长》，《经济研究》2014 年第 5 期。

[⑦] F. Zhang et al. , "Green Infrastructure for China's New Urbanisation: A Case Study of Greenway Development in Maanshan", *Urban Studies*, Vol. 57, No. 3, 2019.

[⑧] C. Chankang, "Road Development, Economic Growth, and Poverty Reduction in China", *Research Reports*, 2005.

升有利于提升居民的创业热情,[1] 也利于带动企业生产率的提高,进而推动了企业对劳动力的需求。另外城市基础设施在初期的项目投资建设和后期的维护管理环节也会创造一定的就业岗位。可见,城市发展水平与城市基础设施的正向自我强化[2]的原动力与能动力循环导致了强者更强的马太效应,导致城市基础设施的区域差异和城市层级差异扩大。

政府与企业(市场)交互层面,不同城市私营企业部门的参与程度存在差异,进而影响基础设施运营水平和效率。在提升城市基础设施水平和效率方面,管理制度和组织的改革远比单纯增加基础设施投资更加有效。[3] 城市基础设施运营部门享有越高的自主权(规划以及执行层面),其运营效率和服务质量也相对越高。民间资本、产业结构和技术进步对基础设施水平具有显著的正向促进作用,而政府财政支出占比越高则越不利于基础设施水平的提高,原因在于政府支出的增加会产生民间投资的"挤出效应"并导致资源配置的扭曲,阻碍基础设施发展。[4] 中国供水行业的研究也证实了私人资本进入显著提升了供水生产效率和用水普及率,且国外资本效率高于国内私人部门资本。[5] 但从整体看,由于城市基础设施领域政府主导的机制,资本回报率较低,民间资本参与积极性不强,但城市基础设施的市场化和产业化程度仍存在较大的城市间差异,这导致了城市基础设施发展水平的区域差异和城市层级的差异。

四 中国城市基础设施建设的作用机制

在城市统一发展理论的分析框架下,城市基础设施一方面会直接或间接地影响这些要素的规模和空间集聚水平,另一方面也会影响各种要素之间的相互关系,提升要素的配置和协同效率(见图3.10)。

---

① 万海远:《城市社区基础设施投资的创业带动作用》,《经济研究》2021年第9期。

② 陶志梅、杨景方:《城市基础设施系统与城市发展互动关系研究——以北京市为例》,《城市》2022年第4期。

③ H. S. Esfahani and M. T. Ram rez, "Institutions, Infrastructure, and Economic Growth", *Journal of development Economics*, Vol. 70, No. 2, 2003.

④ 陈银娥、孙琼:《中国基础设施发展水平测算及影响因素——基于省级面板数据的实证研究》,《经济地理》2016年第8期。

⑤ 王宏伟、郑世林、吴文庆:《私人部门进入对中国城市供水行业的影响》,《世界经济》2011年第6期。

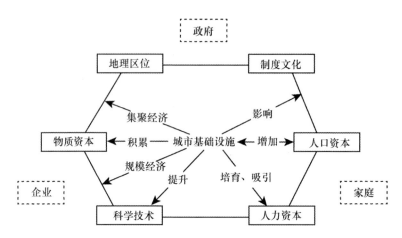

图 3.10　城市发展分析框架下城市基础设施对三主体、
六要素及其交互关系的影响

（一）　中国城市基础设施建设水平快速提升带动三主体发展

基础设施投资与经济增长存在互为因果的关系，基础设施投资可以直接拉动或者间接促进（通过提升生产率）经济增长，同时经济增长也会扩大对基础设施的供给和需求[1]。

城市基础设施发展带动人口增长。首先从家庭主体看，城市基础设施的建设水平有助于促进人口生育和吸引外来人口，因此能够提升人口的自然增长率和机械增长率，前文也提到人口增长会增加对城市基础设施的需求。此外，基础设施完备、水平较高的城市对于人力资本的吸引力更大，也更有助于提升当地的人力资本。研究显示，良好的城市基础设施加强了要素流动的效率，改善了居民主观预期，可以带来更多的创业机会，提升居民创业的积极性和效率。[2]

城市基础设施对于企业主体及相关要素的促进作用广泛且深入。城市基础设施投资和建设具有杠杆效应，直接促进了物质资本的积累，更好地促进了人力资本、科学技术和物质资本等生产要素的协同，因此也在科学

---

[1] H. S. Esfahani and M. T. Ram rez, "Institutions, Infrastructure, and Economic Growth", *Journal of Development Economics*, Vol. 70, No. 2, 2003.

[2] 万海远:《城市社区基础设施投资的创业带动作用》,《经济研究》2021 年第 9 期。

技术的提升（特别是城市基础设施建设工程技术领域）发挥了重要作用。在要素协同方面，城市基础设施具有明显的集聚经济效应和规模经济效应，在降低企业成本、促进创新发展等方面都具有明显的正向影响。

城市基础设施发展水平反作用于政府"运营城市"的决策。从城市基础设施对政府相关要素的影响看，其无法直接影响地理区位，但城市基础设施和公共服务可以潜移默化地影响人口乃至经济和社会的制度文化。例如，部分欠发达地区政府对城市基础设施投资的作用过于高估，容易造成盲目投资建设的问题。

（二）中国城市基础设施建设"先滞后后超前"的发展趋势放大了政府主导模式的优势和风险

城市基础设施适度超前可以促进了生产要素的交互协同效率。改革开放以来城市基础设施的快速发展迅速积累了物质资本，提升了相关领域的科技水平，进而为企业生产和经营带来规模经济和集聚经济收益；城市基础设施对于人口增加、人力资本的培育和流入同样存在显著的积极影响。其根本原因在于城市基础设施支撑了政府的管理行为、企业的生产活动以及家庭的消费活动，提升了要素流动与交互效率，以及其本身创造价值的能力。

城市基础设施发展过度超前有可能抑制市场化水平，造成债务风险恶化等问题。受到财政分权和绩效考核机制影响，市场机制发挥作用不足。基础设施建设涉及地方政府官员的政绩考核，以致部分地方政府官员"唯政绩观"，偏重基础设施的数量而对品质的管控存在欠缺，对地上的基础设施可见部分比较重视但对地下管网重视程度不足。此外，城市基础设施的投融资往往通过政府实际控制的城市建设投资公司，而市政设施的建设和运营管理多为国有企业，而垃圾、污水处理等市场价格又缺乏动态的调整机制，且有待进一步完善和透明。更重要的是，地方经济发展水平，尤其是地方政府的财力对城市基础设施的投资建设起决定性作用，财政状况欠佳、负债水平过高的城市在基础设施投资建设方面面临严重的资金制约和债务违约风险。[①]

---

① 黄金川、黄武强、张煜：《中国地级以上城市基础设施评价研究》，《经济地理》2011年第 4 期。

（三）城市基础设施的城市层级与区域差异为城市间主体和要素的协作与分工提供能动力

城市基础设施的城市层级与区域差异可以形成同层级内或同区域内城市基础设施的比较优势，一方面地方政府可以实现临近区域城市基础设施的共建共享，如跨区域的城市轨道交通、排水处理厂等；另一方面地方政府可以充分发挥其在城市基础设施投资建设领域的主导地位、依据其城市基础设施支撑产业的比较优势，更有针对性地进行城市基础设施的建设。城市基础设施具有整体性和协同性，但某些特定的城市基础设施及其组合也可以促进特定产业的发展。因此在城市基础设施没有明显短板的情况下，城市政府就倾向于着力发展某些类别的城市基础设施（如电信基础设施）以吸引周边要素流入、支撑当地特定优势产业的发展（如信息技术、数据类产业）。从全国发展的视角看，城市的产业分工和要素的集中也有利于三主体和六要素更高效地在空间配置和交互。

典型城市

厦门：高端设施与服务同建，优质生活与工作共赢①

城市基建是国家发展的重要特征。纵观改革开放以来，中国城市公共产品基本实现从短板到全覆盖的飞跃，公共产品市场化与社会化提升，已成功建成世界最长的高速铁路网与公路网，建筑企业数量在世界500强中攀升，并对世界各国提供基建援助，得到广泛认可，被称为"基建狂魔"。

厦门是中国改革开放初期设立的沿海经济特区，其经济在近40年间实现了6.4亿元到6384亿元的近千倍跨越，基建改善成效显著，民生福祉持续提高，城市综合实力大幅提升，成功入选国家营商环境标杆城市行列、中国最具发展前途的城市之一、可持续竞争力全球城市百强。

---

① 作者：李博，天津理工大学，副教授。

基于经济、地理、生态等小而精的海岛优势，厦门致力打造高端的城市基础设施和公共服务，构建了优质的生活和工作（就业及创业）环境，满足了当地的高质量生活和工作需求，吸引了高端企业产业、人才和要素，在创造更多财富的同时对公共产品提出更加挑剔的要求，由此加快了经济社会快速发展的良性循环。厦门着眼社会发展需求，依托综合竞争优势，成为具备高水平公共服务能力的城市，具体经验如下：

第一，以公共产品作为突破，落实以人民为中心的理念。在城市公共产品建设方面，坚持"人民城市人民建，人民城市为人民"的理念，调动人民的力量满足人民的需求。因地制宜推进社区公共服务建设，设立"水电气网"等联办窗口，利用闲置空间打造休闲娱乐、健身学习的场所，提升城市宜居度。

第二，以公共产品作为先行，满足当地居民的高质量生活和工作需求。厦门秉承为民思想，提倡基础先行，聚焦兜底性的民生需求，实施惠民工程，科学布局城市基建，提升全民的参与城市现代化建设意识，专注解决群众最关心、最现实的社会问题。

第三，以公共产品作为磁石，吸引国内外人才要素和企业产业落户。厦门"筑巢引凤"，完善要素保障，以完备的城市基建塑造城市品牌，吸纳国内外龙头企业与高新人才投资兴业，引入法国施耐德等跨国公司增资扩产与金圆统一证券等优质外资项目落地，区域综合竞争实力提升。

第四，以经济增长作为反哺，税收和土地增值支持公共产品快速发展。厦门依托对外开放的市场环境，以财政税费收入、土地批租收益、举债等方式推进城市开发与基建服务。例如，2003 年以 1.1 亿元国债、16.5 亿元融资投入重大基础设施项目，2015 年盘活近 100 亿元财政存量资金，统筹用于惠及民生等领域工程建设。

厦门城市公共产品服务成效显著，对社会发展产生良性影响，具体表现为：

一是扩大城市资源聚集效益。城市基建可在社会经济各层面有效传递人流、物流和信息流，推动区域间各要素快速流动，形成区域资源有机结合的城市聚集效益，增强城市虹吸效应。例如，2020 年厦门已累计引进千万美元以上项目 91 个，全球 500 强企业投资项目 114 个。

二是激发社会投资动力，增强区域产业辐射力。资金支撑是城市基建发展的必要条件，基建发展带动资金需求，促使政府公开向社会集资，盘活社会资本，拉动区域产业发展，提升就业辐射与吸纳能力。厦门以国债等形式募资完善基建，已成功布设约 80 条"丝路海运"航线，港口货邮吞吐量过千万箱，港口就业人员数量增多。

三是提升人民生活幸福感。厦门城市基建坚持以人为本，从社会实用性出发扩大覆盖面，让基建精准有效地满足人民多样化多层次的生活需求。其惠民项目完成率高达九成，惠及超百万人次，人民生活幸福指数提高，并获评"最具幸福感的城市"。

公共产品既是发展的目标，也是发展的要素，适度超前和优质的公共产品，可以促进经济发展的良性循环和竞争制胜。厦门城市公共产品的成功发展离不开坚持服务为民的思想与创新开放的理念，加快推进基建完善，并作用于区域经济的稳步发展，两者相辅相成，为其他城市提供了发展经验。

第五节　中国城市制度文化[*]

制度是人们共同遵守的办事规程、行动准则和博弈规则。[①] 完整的制度体系往往包括正式规则、非正式规则和规则的实施机制三个方面。[②] 制度可以被分为内在制度和外在制度。内在制度包括从人类经验中演化出来的习惯习俗和内化规则，外在制度包括被自上而下地强加和执行的各种法令、法律、规章、政策和标准。[③] 在城市化发展的背景

[*] 作者：赵峥，国务院发展研究中心公共管理与人力资源研究所综合研究室，研究员。

[①] 正式规则主要是指政府按照一定的目的和程序有意识创造的一系列的政治、经济规则及契约等法律法规，以及由这些规则构成的人们行为的激励和约束；非正式规则主要是指人们在长期实践中无意识形成的，具有持久生命力的价值信念、伦理规范、道德观念、风俗习惯及意识形态等。规则的实施机制是为了确保正式规则和非正式规则得以执行的相关制度安排。

[②] ［美］道格拉斯·C. 诺思：《经济史中的结构与变迁》，陈郁、罗华平译，上海人民出版社 1994 年版。

[③] 柯武刚、史漫飞：《制度经济学：社会秩序与公共政策》，商务印书馆 2000 年版。

下，城市制度的形式表现可能不同，但主要是由产权和资源配置制度安排与实现机制构成，其能够通过干预个体或组织的偏好和目标，从而影响家庭和个人、企业、政府等不同经济主体的行为并决定要素结合和产出绩效，对城市经济发展产生显著影响。同样，城市制度也会通过影响不同经济主体的要素回报，形成经济主体之间的制度博弈行为，从而推动制度创新和实现制度变迁。良好的城市制度不仅可以有效地促进城市经济主体自主、自由地寻求自身利益，保障经济主体间平等稳定的交互关系，提升资源要素的配置效率，还可以涵养尊重市场规则、勇于创新创造、开放包容的社会文化，从而形成更高的物质和精神产品产出率，提升发展福祉的共享性和可持续性。随着中国经济体制改革的持续深入和城市化发展步伐的不断加快，中国城市制度的改革与创新进程也在不断推进，有力地支撑和推动了中国城市经济高质量发展。

一　中国城市制度发展的特征事实

中国城市制度的发展总体上同中国市场经济体制改革内涵统一、同频共振、步调一致。从发展的实践看，中国城市制度的改革与创新体现了经济制度的独特性，通过渐进式的方式，将有效市场与有为政府结合起来，并不断推动思想解放，为经济主体激励和要素资源优化配置提供了重要保障，也促使经济主体多重交互和要素循环结合更加高效和系统。

（一）中国城市制度发展体现了经济制度的独特性

历史的叙述必然要反映制度方面的内容。① 从中国城市化发展的历史进程来看，新中国成立特别是改革开放以来，中国城市制度演进与发展过程，始终是国家整体制度变迁的"缩影"，集中展现了中国特色社会主义市场经济制度的独特性。这一独特性使得中国城市制度发展与西方国家有明显的不同。西方国家的经济制度主要强调生产资料私有制和资源市场配置的结合。而中国城市制度的改革和创新发展实践证明，市场经济可以作为一种资源配置方式独立存在，是更抽象和更一般的制

---

① ［美］约瑟夫·熊彼特：《经济分析史》（第一卷），朱泱、李宏译，商务印书馆1996年版。

度。只要各类经济主体具有相对独立的责权利，就有能力和动力进行市场交换，公有制为主体也可以充分发挥市场经济的作用。

从发展实践来看，一方面，各类经济主体的责权利独立就可以发挥市场的资源配置性作用。在公有制主体地位不变的情况下，只要通过制度设计，使各经济主体拥有相对独立的责权利，并有效地维护市场交易秩序和竞争规则，市场交易就能够实现。如在企业改革方面，从国有企业放权让利的承包责任制改革到建立和完善现代产权制度，企业的经济主体地位不断明晰并受到保护，大量经济主体的市场竞争形成了推动城市发展强大而持久的内驱力。另一方面，细分和界定产权可以确保经济主体的责权利独立性。通过创造性分解和有效界定产权，不仅可以使多种所有制并存，而且能够使相关经济主体的责权利得到明晰和保护，从而实现对相关利益主体的激励和约束相容。以土地制度为例，中国城市土地和农村土地分别实行国家和集体所有。新中国成立以后，逐步消灭了土地私有制，建立起土地公有制。1982 年《宪法》第十条首次明确了城市土地属国家所有，农村土地属集体所有，并赋予了国家出于公共利益考虑时，可依法征用土地的权利。1988 年《宪法》修正案删除了不得转让土地的规定，《土地管理法》作了相应修改，从法律上确定了土地使用权与土地所有权可以分离，确定了城镇国有土地有偿使用制度。而回顾土地制度改革的历程，无论是从所有权和经营权"两权分离"，还是所有权、承包权和经营权"三权分置"，都是在土地公有制前提下的市场化举措。城市土地国有所有权和农村土地集体所有权没有变化，只是对部分权属进行了细分和规范，就对城乡土地有序流转、要素平等交换、市场价值实现发挥了巨大作用，极大地调动了经济主体的积极性与能动性。

（二）中国城市制度发展是渐进式的制度变革

制度变迁依据强烈程度则可以分为激进式和渐进式两种方式。与东欧国家和苏联采用的"休克疗法"不同，中国城市制度发展不是激进式的制度变革，始终是逐步推动、渐进发展的。具体来看，改革开放之前，中国效仿苏联和东欧国家发展模式，实施了优先发展重工业、迅速推进工业化的"赶超战略"。囿于资源禀赋的限制，与重工业优先发展战略和高度集中的计划经济体制相适应，中国形成了一系列影响城市化

进程的具体制度，如集体所有和集体经营的土地制度、城乡分割严控
人口流动的户籍制度、城乡分离和城乡不平等的劳动就业和社会保障
制度等。面对复杂的国内外形势，中国并没有大幅度实施全面的改
革，而是从通过自下而上的"边缘革命"，鼓励民间自发制度创新，
加以探索试验后逐步推广，在保持稳定的基础上推动渐进式的制度变
革。在之后的发展过程中，也体现了渐进式改革的特征。即使是自上
而下的"政府推动"改革，也更加强调改革的时序和节奏的稳健性。

　　以农村改革为例，1978 年，在政府从默许、肯定、支持到推广下，
农民自发探索的家庭联产承包责任制到 1983 年才开始全面推行，使得
全国 98% 左右的农户实行了包干到户，家庭承包经营的土地面积占耕
地总面积的 97% 左右，实现了土地所有权与使用权的分离。1994 年，
全国大部分地区开始第二轮土地承包，1998 年修正的《土地管理法》
规定土地承包经营权的期限延长至三十年。2003 年，国家以法律的形
式规定了土地可以进行多种方式的流转。2011 年开展农村土地集体所
有权、农户承包经营权的确权登记颁证，向农民"确实权、颁铁证"。
2016 年，《关于完善农村土地所有权承包权经营权分置办法的意见》确
保农村土地"三权分置"有序实施，明确第二轮土地承包到期后再延
长三十年，统筹推进农村土地征收。2019 年《土地管理法》重新修订，
限制政府滥用征地权的同时，也提高了征收补偿标准，此外还允许集体
经营性建设用地入市，打破了地方政府在土地一级市场上的垄断权。户
籍制度改革同样具有鲜明的"渐进性"特征。如 1992 年国家实行蓝印
户口政策，1993 年国家鼓励和引导流动人口跨省流动，1995 年实行统
一的流动人口就业证和暂住证制度，1997 年规定在小城镇办理常住户
口享有当地居民同等的权利，2008 年《中共中央关于推进农村改革发
展若干重大问题的决定》提出推进户籍制度改革，放宽中小城市落户条
件，使在城镇稳定就业和居住的农民有序转变为城镇居民。2014 年
《关于进一步推进户籍制度改革的意见》大幅降低了城市落户门槛，城
区常住人口 300 万以下城市基本取消落户限制。2015 年《居住证暂行
条例》颁布，加强居住证和户籍衔接。2019 年，《关于建立健全城乡融
合发展体制机制和政策体系的意见》提出基本打通城乡要素自由流动制
度性通道，逐步消除城市落户限制。2020 年，《2020 年新型城镇化建设

和城乡融合发展重点任务》提出，放开除市辖区 300 万人口以上城市外所有城市落户限制。

总的来看，渐进式的制度演进往往从边际创新开始，强调"摸着石头过河"，经过"由点及面"不断的尝试和积累，持续增强制度的系统性和完整性，充分考虑了中国人口和地域巨大的国情，保持了经济体制转轨的稳定性，也符合整体的利益导向和社会的偏好结构。[①] 但同时也应看到，城市制度改革是一项系统复杂的工程，进入改革的"深水区"，很多问题更加突显艰巨性、复杂性和长期性，渐进式制度创新形式还有许多需要完善的地方。

（三）中国城市制度发展依靠有效市场和有为政府共同作用

制度变迁从形式上可以分为诱致性和强制性两类，前者是由一个人或一群人在响应获利机会时自发倡导、组织和实行的变迁。后者是由政府命令和法律引入实行的变迁。[②] 从国内外城镇化发展历程来看，完善的市场机制与政府治理，是城镇化健康发展的基本保障与动力源泉，市场配置资源在广泛的领域比政府具有提高效率的优越性，存在自发趋向市场均衡的优点。但是市场在一些领域也存在失灵，其决策具有间接、缓慢的弱点。政府配置资源在一些领域拥有优势，具备决策效率高、速度快等优点，但可能存在政府失灵、导致市场失衡和扭曲的风险。不同的市场与政府关系决定了不同的城市发展模式。中国城市制度的发展与中国市场化改革密不可分，市场机制的引入、培育和逐步完善也是城市制度改革的实践过程。从开始的自下而上的"边缘革命"到自上而下的"政府推动"，再到全面深化改革，有效市场在资源配置中的作用日益提升，市场机制的激励效应以及保护各类主体合法权益的制度安排，为各类市场主体发挥主动性与创造性提供了强大的动力保障。

相对其他西方国家，中国的政治制度决定了党和政府更有动力、更有能力采取各种主动而积极的行动，促进国家发展和参与全球竞争；也决定了地方政府对辖区发展承担较大责任和治理能力。由于制度安排的

---

① 樊纲：《两种改革成本与两种改革方式》，《经济研究》1993 年第 1 期。

② ［美］RH 科斯、A. 阿尔钦、D. 诺斯等：《财产权力与制度变迁——产权学派与新制度学派文集》，刘守英等译，上海人民出版社 2004 年版。

特殊性，中国城市制度发展过程中的"强政府"特征更为明显，具有鲜明的政府主导性。一方面，从市场化改革的推动进程看，政府在凝聚改革思想、形成改革思路、形成改革方案等方面都扮演着关键角色。如2013年中央城镇化工作会议就强调，推进城镇化，既要坚持使市场在资源配置中起决定性作用，又要更好发挥政府在创造制度环境、编制发展规划、提供公共服务、加强社会管理等方面的职能。同时，改革开放以后的一系列所有制改革、要素配置与流动的重大政策出台，都是政府根据内外部环境变化和经济社会发展阶段转型所作出的主动式制度创新和探索，相关重要的制度创新都离不开政府的规划、组织与实施。如1980年在深圳、珠海、汕头、厦门设置经济特区，就极大地推动了沿海地区城市外向型经济发展，使深圳等地由小渔村发展为国际化大都市和体制机制改革的试验田。另一方面，从1980年开启"一灶吃饭"到"分灶吃饭"的分权改革，特别是1994年的"分税制"改革，更加快了政府从"行政分权"向"经济分权"的转变。城市政府既是独立的利益主体，又是制度供给的主体。城市政府往往会基于不断扩大城市规模、加强基础设施建设、吸引人口和集聚税源的考量，创新城市规划、行政管辖、土地管理等制度，有力地支撑了中国城市经济增长的奇迹。更多城市间"有为"的制度竞争或学习模仿，也使得中国城市更加容易分享城市制度创新的"红利"和外溢效应，推动了城市整体发展。

（四）中国城市制度发展是思想解放和重商观念逐步强化的过程

中国城市制度改革是从思想解放开始的，也依赖思想解放而推动。追溯历史，中国经济曾濒临崩溃、人民温饱成问题、国家建设百业待兴，不仅需要具体政策的调整，更需要思想的解放和指引。1978年5月，《理论动态》发表了名为"实践是检验真理的唯一标准"的文章，开启了真理标准大讨论，拉开了思想解放的序幕。随后，党的十一届三中全会重新确立了实事求是的思想路线，将工作重心转移到社会主义经济建设上来，要求"改变一切不适应的管理方式、活动方式和思想方式"以适应生产力的发展，将改革引入了市场化的轨道，各类经济主体的活力得以初步释放。之后，从1981年国家提出"计划经济为主，市场调节为辅"到1984年提出"有计划的商品经济"和1987年的"计划与市场相结合的社会主义商品经济"，不断深化了对社会主义初级阶段的认识，彻底打破了计划经济与商品经济对立的传统观念，并支持在公有制为主体的前提下发展多种经济成分，在以按劳分配为主体多种分配方式并存的前提下，鼓励一部分人通过诚实劳动和合法经营先富起来，个体户出现，企业家兴起，激发全社会所有主体追求自身利益的热情，使市场观念深入国民经济各个领域，全社会的重商观念逐渐浓厚。

1992 年，思想解放又迎来一次高潮。计划经济不等于社会主义，资本主义也有计划，市场经济不等于资本主义，社会主义也有市场，计划与市场都是经济手段的思想得以确立。党的十四大明确了建立社会主义市场经济体制的目标。2011 年社会主义市场经济体制基本框架逐步完善。2012 年开始进入全面深化改革的新阶段。特别是党的十八届三中全会，进一步指出公有制经济和非公有制经济都是社会主义市场经济的重要组成部分，都是中国经济社会发展的重要基础，将坚持"两个毫不动摇"作为重要发展理念，坚定了公有制经济、非公有制经济发展壮大的信心和决心，为"企业家精神"打造了开阔的生长平台，也更加弘扬了重商亲商的社会文化。

回顾历史，中国通过不断推动思想解放，完善社会主义市场经济体制，让经济主体的活力充分迸发，全社会对市场机制的认识更加充分和深刻，为城市的发展提供了持续不断的精神力量和文化支撑。可以说，解放思想与改革开放相互激荡，观念创新和实践探索相互促进，改革开放的过程就是思想解放的过程，也是人的精神世界被唤醒被激活的过程。没有思想解放，就没有改革开放，更没有中国城市化发展的成就。

典型城市

澳门：用足一国与两制优势，促进一国与两制双赢①

"一国两制"伟大构想是改革开放初期基于国家完全统一而创造性地提出的一项重要制度，并首先成功地运用于解决历史遗留的香港和澳门问题。港澳回归以来的实践证明，"一国两制"是保持港澳长期繁荣

---

① 作者：刘成昆，澳门科技大学商学院，副教授。

稳定的好制度。澳门回归之后，重新纳入国家治理体系，融入国家发展大局，不断提升城市竞争力，走上与内地优势互补、共同发展的宽广道路。澳门的成功实践彰显了"一国两制"的生命力和优越性。

澳门自 1999 年回归祖国以来，在综合旅游休闲产业的带动下，至2019 年，经济整体上保持了长期的高成长（除 2014—2016 年一度出现波动），经济实现了跨越式发展，人均本地生产总值名列世界前茅；社会民生取得巨大成就，居民的获得感、幸福感和安全感不断增强。近三年来，面对持续反复的新冠肺炎疫情的严重冲击，澳门特区政府在中央大力支持下多措并举促进经济复苏，与社会各界齐心协力克难前行、稳中求进。

"一国"原则愈坚固，"两制"优势愈彰显。澳门自回归以来，始终坚持并充分利用"一国"与"两制"的双重优势，积极融入珠三角、融入内地的发展，扩展了澳门的外部市场和要素资源；积极完备法制，形成了以宪法和澳门基本法为核心、具有自身特色的法律体系；澳门成熟市场的力量与中央大力支持及内地地方合作的政府力量形成合力，从而使得"一国"与"两制"相互支撑共赢，确保澳门的持续繁荣。

坚持和利用"一国"优势。坚守"一国"之本，就能获取源源不断的前行动力。澳门的自身空间有限，33 平方千米的土地已经创造了最大的城市综合效率竞争力，要素禀赋结构到了亟需改变的拐点，需要对外拓展进一步的发展空间。澳门背靠内地而积极融入粤港澳大湾区发展，并与内地多个省市持续深化合作，面向世界而汇成国内和国际双循环的区位优势，一方面在本域继续保持和提升综合旅游休闲产业的竞争优势，另一方面在毗邻的横琴粤澳深度合作区建设中围绕产业发展、民生融合和规则衔接等重点扎实推进，发挥同城化效应，构建区域产业体系，恢复经济韧性，巩固和提高可持续城市竞争力。

坚持和利用"两制"优势。善用"两制"之利，就可迸发绵绵不绝的发展活力。澳门依照基本法实行高度自治，享有行政管理权、立法权、独立的司法权和终审权，澳门坚决维护中央全面管治权，正确行使高度自治权，牢固确立以宪法和澳门基本法为基础的宪制秩序，不断完善基本法的配套立法和规定，顺利完成基本法第 23 条和国歌法等本地立法。澳门充分发挥基本法赋予的制度优势，治理体系日益完善，确保经济持续增长、社会稳定和谐，文化教育、医疗卫生和社会保障等各项事业都取得长足发展。

促进"一国两制"共赢。充分发挥"一国两制"的双重优势，才能保持澳门长期繁荣稳定。澳门回归以来，正是在宪法和基本法的保障下，坚持"一国"原则和尊重"两制"差异，将维护中央权力与保障特别行政区的高度自治权以及充分发挥祖国内地的坚强后盾作用与提升澳门自身竞争力有机结合起来，澳门才获得巨大成就。澳门回归后20余年的发展，充分证明了"一国两制"的制度是可行的、共赢的。

澳门回归20余年的生动实践显示，作为一项重大制度创新，"一国两制"从科学构想到制度成型，再到实践推进和完善，是澳门回归后保持长期繁荣稳定的最佳制度安排。"一国两制"既符合澳门经济社会发展的实际，也顺应了大国多样化经济发展的规律，不仅对澳门，还对中国和世界都具有重要的实践意义和理论价值。

二　中国城市制度发展的总体机制

(一)　制度发展的一般机制

城市的发展取决于三主体、六要素，两种产品（物质与精神）、两大市场（内部与外部）的竞争与合作与轮动。其中，制度文化不仅是重要的发展要素，其受三主体、其他五要素以及物质和精神产品、内外部市场的影响，也影响着三主体、其他五要素以及物质和精神产品、内外部市场的发展。特别是在三主体多重交互和六要素循环结合过程中，其他要素并不直接作用于制度，其对制度的影响是通过影响三主体的要素回报来实现，进而决定制度变迁和创新的广度和深度。制度也并不直接作用于其他要素，而是通过影响三主体的偏好和目标从而影响其行为，进而决定要素的结合程度和产出的总体绩效。

(二)　中国的五个特征对制度发展的可能影响

第一，大国形态决定空间制度发展差异。中国是一个人口众多、地域广阔且空间差异较大的国家。在大国形态下，有序促进制度变迁，推动城市制度创新，就需在统一的制度安排下，尊重和顺应不同地区的资源禀赋、发展多样性和差异性，而不是简单化地同步或"一刀切"地推动改革，要分阶段、分步骤、循序渐进地推动与落实。同时，在推动制度创新实践方面，也需要考虑不同地区主体特别是地方政府的作用，鼓励和支持地方政府因地制宜开展制度"微观实验"，认可城市政府间为发展而进行的制度创新的局部试验和探索。

第二，基本经济制度决定城市制度发展的方向。公有制为主体、多种所有制经济共同发展，按劳分配为主体、多种分配方式并存，社会主义市场经济体制是中国现阶段的基本经济制度。这一基本经济制度符合中国社会主义本质和初级阶段的基本国情，蕴含了以人民为中心的价值导向和市场化改革方向，但又不是简单地复制西方标准化的市场经济模式，明确了中国城市制度创新的性质，决定了中国城市制度创新的方向。

第三，后发地位倒逼城市制度发展。与发达国家相比，中国在城市化、工业化、市场化等方面均处在后发地位。这一地位使得中国城市制度创新，既有后发优势，也存在后发劣势。后发优势在于有助于开展制度的学习和借鉴，避免"重走老路"和"少走弯路"。后发劣势往往体现在中国城市制度改革更倾向于采用"先易后难"方式，随着经济社会的发展，各领域深层次改革的推动阻力会越来越大。

第四，对外开放为城市制度发展提供了有力支撑。中国的城市制度创新是伴随对外开放而来的。在从封闭走向开放的过程中，中国城市融入了全球化并加强了要素和市场的对外联系，这为中国城市制度创新提供了更为广泛而多元的"窗口"和"渠道"。同时，对外开放步伐的加快，势必要求城市在人口、资本、技术、交易规则、营商环境等制度安排方面与国际"接轨"和"并轨"，这也对中国城市制度创新提出了新的挑战和要求。

第五，新技术革命为城市制度发展带来了更多机会。与前三次技术革命相比，此次新技术革命影响更为广泛，且中国在技术研发、应用等方面的发展并不显著落后于发达国家，甚至在互联网、信息技术等领域处于领先地位。新技术将会有力地提升各主体特别是政府部门在改进公共服务、加强城市治理等方面推动制度创新的能力，为推动中国城市制度创新提供了更多机会。同时新技术的发展也会带来新的竞争规则、发展动力、发展方式不确定性变化，也客观上要增强制度的适配性，增加了制度创新的需求。

三　中国城市制度发展的影响机制

城市制度的发展与变迁是系统的、动态的。制度的稳态往往是各主体利益短期均衡的结果，而由于主体交互或主体地位的转变，利益格局也会随之变化，制度变革的力量博弈会形成新的制度需求，要求制度供给相匹配，当有意愿、有能力变革的力量大于不愿变革的力量时，制度的改革与创新就可能被推进。从中国城市制度发展的实践看，中国城市制度能够取得如此良好的发展成效，很大程度上是由于中国的城市制度使市场经济的一般规律与中国的基本经济制度和具体实际相契合，发挥和整合了关键动力因素的优势和潜力，促进了城市经济发展主体多重交互和要素循环结合。具体来看，主体行为博弈决定制度的变迁与创新。城市家庭、企业和政府作为利益主体，其理性目标均是追求当前和未来总和的效用和利益最大化，其受制度约束并存在为提升自身利益而推动制度创新的内在驱动力和能力。

（一）家庭和个人的动力和能力影响城市制度发展

家庭是产品消费和人口及人力资本生产单位，通过不断扩张和升级的物质和精神需求，驱动着物质和精神产品的创造、模仿和复制。同时家庭需要消费物质和精神产品，维持生产和繁衍需求并扩大人力资本的投资。中国家庭对城市制度创新的驱动作用在于谋求自身更好的发展，获得更好的要素回报，实现人力资源和人力资本的效益最大化。经济学经典理论认为，人口在比较经济利益的驱动下向较高收入的地区流动是理性经济行为。[1] 改革的实践证明了大量农村劳动力向城市转移，是其对迁移收益和成本的计算与预期的结果。农村转移劳动力通过对劳动力和人力资源的要素回报的比较和权衡，来到城市获取就业机会并提高收入，是人力资源价值实现的过程，也驱动城市制度不断改革创新，以适应"新市民"发展需要。中国的家庭和个人从乡村到城市，从小城镇到大中城市的迁移过程，也符合"蒂伯特假说"，他们"以脚投票"来选择能提供和他们的偏好相匹配的地方公共品的社区，加剧了地方政府

---

[1] M. Todaro, "A Model of Labor Migration and Urban Unemployment in Less Developing Countries", *American Economic Review*, Vol. 59, No. 1, 1969.

间竞争。① 中国家庭对教育、健康等人力资本投入的重视和追求，也促使幼有所育、学有所教、劳有所得、病有所医、老有所养、住有所居、弱有所扶各项制度改革，以更好满足地家庭和个人的发展需求。而如"人户分离""人地分离"等则人为地割裂要素的结合，降低了要素回报率，极大地影响了家庭和个人的切身利益，也形成了进一步推动农产土地制度、户籍管理制度等制度创新的意愿和动力。同时，城市本身表明了人口、生产工具、资本、享乐和需求的集中；而在乡村里所看到的却是完全相反的情况：孤立和分散。② 城市作为一种有机体不仅是物理空间，同时也是一种更深层次的"心理物理过程"。③ 与城市相比，村落的生产方式是分散且自给自足的，社会形态也以基于血缘和亲缘关系自然形成的"熟人社会"为主。而人的内在物质和精神文化需求是多样的，且会随着基本需求的满足和社会交往范围的扩大而产生新的更高层次的需求。在生产力进步和城市化进程中，传统、封闭、单一的自然村落转向现代、开放、多元、流动的城市社区。过去的农业文化、历史文化和当地文化逐渐被城市文化、现代文化、外来文化所融合和替代。乡村家庭和个人自身发展、社会交往的内在需求不断释放和升级，城市家庭和个人也会更多地考量和研判城市集聚中产生的不平等、阶层断裂和风险叠加等冲突，这些都将推动更加适应"人的美好需要"的城市制度和文化发展。

（二）企业的动力和能力影响城市制度发展

企业是从事生产、交换或服务的独立核算经济单位。城市则是分工不断扩大和向特定空间聚集的产物，本质上是"空间的生产"。基于利润最大化追求，企业会在城市购买生产要素，创新、模仿或者重复地进行物质或精神产品的生产、销售、分配和服务，并与家庭进行交换竞争与合作，购买要素支付报酬，出售产品获得收入，与政府进行交换竞争，分享公共产品同时缴纳税收，这些都要求良好要素供需体系和价格

---

① M. Charles M，"Tiebout. A Pure Theory of Local Expenditures"，*Journal of Political Economy*，Vol. 64，No. 5，1956.

② 《马克思恩格斯全集第 3 卷》，人民出版社 1960 年版，第 56—57 页。

③ ［美］帕克等：《城市社会学——芝加哥学派城市研究文集》，宋俊岭、吴建化、王登斌译，华夏出版社 1987 年版，第 2 页。

形成机制支撑，将影响相应的制度的变迁和创新。中国企业对城市制度创新具有强大的驱动力。从改革的实践看，乡镇企业的发展冲击和改变中国经济二元结构和社会二元结构，形成了"离土不离乡、进厂不进城"的中国农村工业化模式，密切了城乡经济联系，推动了城市劳动就业、社会福利保障等制度改革。随后由于不同所有制企业的人力资本、物质资本、科学技术等要素回报率不尽相同，民营经济、外资经济等多种所有制经济企业得以从无到有、从小到大发展，形成了公有制经济与非公有制经济"你中有我、我中有你"错位融合、优势互补的发展格局。而随着企业规模和实力的发展壮大，对各类资源要素获取、流动和利用的制度要求也更加规范和科学，对市场规则公平开放透明的需求更加明确。特别是民营企业全国范围内统一市场准入规则，在政府资金安排、土地供应、税费减免、资质许可、标准制定、人力资源政策等方面获得平等制度待遇的诉求更加强烈，也加快了保障经济主体平等参与、平等发展权力的制度创新步伐。

（三）政府的动力和能力影响城市制度发展

政府主要是国家权力机关的执行机关，拥有辖区行政管理权、负债辖区的公共产品供给、同时向辖区的个体及组织征税等，从而影响企业和家庭行为选择，具有自己的利益取向和目标函数。中国城市政府推动制度创新的驱动力主要表现在两个方面，一是提供符合城市发展需要的公共产品和服务，二是增加地方税收等收益。这两个方面与制度创新高度相关，政府高质量的公共产品和服务供给能够有效促进各类要素的集聚，是城市对家庭和企业吸引力的重要组成部分，而家庭和企业的聚集与发展则是地方税收等收益的主要来源，两者都存在推动制度创新的内在动力。在改革实践中，地方政府为了可以获得和吸引更多有限的资源从而推动经济发展和提供公共服务，开展了不同形式的政策创新和竞争。[1] 如 2008 年发布的《中共中央关于推进农村改革发展若干重大问题的决定》提出要形成城乡经济社会发展一体化新格局，使在城镇稳定就业和居住的农民有序转变为城镇居民。重庆等城市就通过"土地换户

---

[1] 周业安、冯兴元、赵坚毅：《地方政府竞争与市场秩序的重构》，《中国社会科学》2004 年第 1 期。

口"等政策探索农民工落户城镇的具体办法。2010 年以来，许多城市政府开展"抢人大战"，打造人才友好型城市，增强人才吸引力，主动推动法治化、市场化和多元化的人才引进、选培、流动、评价和分配激励机制改革；还有诸如深化"放管服"改革，转变政府职能，提升政府服务意识和能力，完善涉企政策制定、调整和执行机制，构建政府与企业良性互动的政企协商机制，均展现了城市政府驱动制度创新的意愿和行动。

（四）主体之间的竞争与合作关系影响城市制度发展

主体之间的竞争与合作关系主要包括两个方面。一是政府与非政府部门（家庭和企业）的竞争与合作关系，属于"交换竞争与合作"。政府是城市制度的供给方，家庭和企业等非政府部门为制度需求方。二是政府与政府之间的竞争与合作关系，属于"平行竞争与合作"。既存在相互竞争，也会模仿和学习。经济主体之间的竞争与合作关系决定各主体相互力量的对比和外在压力的大小，是影响制度改革动力的重要因素。从政府与非政府部门的"交换竞争与合作"的角度看，制度供需双方的力量和作用变化直接影响城市制度的发展。如改革开放之前，在政府主导的高度统一的计划经济体制下，行政力量完全配置资源，取消了市场和竞争机制，管制城乡要素资源的流动，形成了城乡分割的财政、户籍、住房、粮食供给、社会保障等制度，如在 1958 年颁布了《中华人民共和国户口登记条例》，正式确定户口制度，严格限制农村人口向城市迁移，小城市居民迁移大城市，除升学、入伍等事务外，城乡人口流动几乎停止。同时还严格控制城市的规模，产生了一批制约城市发展的具体政策。如 1955 年，国务院发布《关于设置市、镇建制的决定》，要求居住人口 2000 人以上的才可以设镇，就为以后的城市化特别是小城镇的发展设置了障碍。改革开放后，大量农民"离土不离乡"，进入乡镇企业就业，形成了庞大的农民工就业群体，也对城市制度形成了新的要求。在这种形势下，1984 年《关于农民进入集镇落户问题的通知》，允许农民在不改变户籍身份、不改变城市供给制度的前提下，自带口粮进城务工就业，在一定程度上促进了城乡人员流动制度的突破与创新。从政府与政府之间的"平行竞争与合作"的角度看，城市政府为了自身资源集聚和税收增长需要展开激烈竞争。如在土地政策方面，2008 年之前很多城市政府注重"以地引资"，利用零工业地价或低的工业地价来吸引企业，带动城市发展。2008 年之后，城市政府更多借助各种城市融资平台，发行地方债，利用资本杠杆形成竞争优势。这些竞争极大地增强了城市集聚和配置资源的能力，也不断催生新的政策产生。同时，由于不同规模、行政层级、发展阶段的城市在推动制度创新方面具有较大的差异性，激烈的城市竞争也迫使城市相互学习、取长补短，一些城市发展的经验和做法也会被学习和借鉴，进而实现分工合作，促进制度的示范和推广，并形成跨区域协同制度创新。

四 中国城市制度改革的作用机制

从理论上看，制度影响城市产出是一个传导过程。制度不直接作用于某个具体要素，而是通过影响个体或组织的偏好和目标从而影响其行为，进而决定要素结合和产出绩效。就中国而言，制度同样决定主体需求偏好和预期收益。在封建制度下，重农抑商的国策严重影响了个体的创新意愿和行为，从而抑制了技术的进步和城市的发展；而改革开放前的计划经济体制则制约了人的流动意愿和能力，使得各类要素的潜力难以发挥，也使得城市经济发展逡巡不前。而从中国改革开放以来的城市制度创新实践来看，制度创新不仅激励和约束各经济主体自身的行为，也为各主体之间的交互提供了规范，从而影响主体的选择决策，使其最大化的利用人口资源、人力资本、物质资本和科学技术等要素，提升了城市要素产出的效率和质量，推动物质与精神产品生产，实现城市整体效用和福利的改善。

（一）城市制度改革增强家庭和个人的能力

制度是"控制、解放和扩展个人行动的集体行动"。[1] 在改革实践中，中国主要通过"增加收益"和"降低成本"进行制度创新，一方面增加要素回报，不断提升家庭和个人的收入水平；另一方面，减少要素损耗，持续降低家庭和个人的发展成本，极大地增强了家庭和个人的发展能力。在增加收益方面，改革开放前，国家通过计划体制和城乡分割，对城市和市民实行"统包"，对农村和农民则实行"统制"，构成

---

① ［美］约翰·R. 康芒斯：《制度经济学》，商务印书馆 1997 年版。

了城乡之间的壁垒，阻止了农村人口向城市的自由流动。到1978年，中国的城市化率仅为17.92%，发展进程发展十分缓慢。同时国民经济大起大落波动，人民群众生活水平改善比较缓慢，1952—1978年人均收入年均增长2.3%，低于世界平均2.6%的水平。[①] 改革开放以后，城乡二元制度的松绑是促进家庭和个人发展的直接动力。如农村土地制度改革逐步深化，推动了农村土地的承包权、经营权和所有权的三权分置，使得农民一些不完整的土地产权转化成可流转的财产，增加农民集体和个人分享的增值收益、股权收益、资产收益。通过实行"农转非"政策、实行居民身份证制度、改革和完善暂住人口登记管理制度、推进小城镇户籍管理制度改革、调整城市户口迁移政策等推动渐进式的户籍制度改革，逐步剔除粘附在户籍关系上的种种制度差别。同时，中国不断深化劳动力市场改革，先后出台实施了《中华人民共和国劳动法》《最低工资规定》《就业促进法》《关于构建和谐劳动关系的意见》《保障农民工工资支付条例》等法律法规，保障劳动者权益，并通过构建统一开放、竞争有序的人力资源市场体系，打破城乡、地区、行业分割和身份、性别歧视，清晰化劳动者和用人单位市场主体地位，促进人力资源流动和配置，显著提升了劳动力就业能力。这些制度创新使得农村家庭剩余劳动力的劳动投入具有更高的回报率，从而从自身最大化利益出发，有动力和条件离开农村地区和农业部门，向收益更高的非农部门和城市聚集。数据显示，全国农村居民人均可支配收入，从1978年的133.6元提高到2020年的17131.5元，年均增长7.6%。[②] 同时，大量农村富余劳动力向第二、第三产业转移基业，促进了农民收入结构明显改善，工资性收入和经营性收入逐步成为农村居民收入增长的重要来源。[③]

在降低成本方面，社会保障制度改革不断深化，基本养老保险、基本医疗保险、工伤保险、失业保险、生育保险、社会救助、住房保障在

---

① ［英］安格斯·麦迪森：《中国经济的长期表现：公元960—2030年》，任晓鹰、马德斌译，上海人民出版社2019年版。

② 国务院新闻办公室：《中国的全面小康白皮书》，http://www.gov.cn/zhengce/2021 – 09/28/content_5639778.htm。

③ 国家统计局：《人民生活实现历史性跨越阔步迈向全面小康——新中国成立70周年经济社会发展成就系列报告之十四》，http://www.gov.cn/xinwen/2019 – 08/09/content_5420006.html。

内各项制度日益健全。同时通过推动"新农保"和"城居保"合并、机关事业单位工作人员和企业职工基本养老保险制度接轨等改革，促进社会保障制度整合。截至 2020 年年末，全国参加基本养老保险的人数达到 9.99 亿人，参加基本医疗保险的人数达到 13.61 亿人，基本养老保险和基本医疗保险的参保率持续多年分别稳定在 90% 和 95% 以上，实现了应保尽保。与此同时，失业保险、工伤保险、生育保险的参保人数也分别增加至 2.2 亿人、2.7 亿人和 2.4 亿人，保持了持续增长势头。[1] 通过改进教育制度、降低人力资本投资成本也是提升家庭和个人动力和能力的重要领域。教育投资是人力资本投资的重要内容，人力资本积累的过程就是劳动力受教育的过程，在其他因素不变的情况下，受教育的时间越长、层次越高，人力资本的存量也就越大。[2] 改革开放以后，基本普及九年义务教育、基本扫除青壮年文盲的"两基"发展目标得以确立。在 2000 年总体实现"两基"目标之后，继续实施西部地区"两基"攻坚计划以及一系列教育专项工程，加快普及义务教育进程。从 2005 年开始，国家还进行了农村义务教育经费保障改革，建立了中央和地方分项目、按比例分担的经费保障机制，首次将农村义务教育全面纳入公共财政保障范围，实行"两免一补"（免除学杂费、对贫困家庭学生免费提供教科书并补助寄宿生生活费），2008 年这一政策扩展到城市，从而在制度上实现了义务教育免费。截至 2020 年，全国 15 岁及以上人口平均受教育年限达到 9.9 年，比 1982 年提高 4.6 年。[3] 这些降低成本的制度创新，极大地降低了家庭和个人的生产、生活成本，增强了人力资本的回报率，也有力地提升了家庭和个人的发展能力。

（二）城市制度改革增强各类企业的能力

企业是市场的主体。改革开放以来，中国通过企业制度创新，逐步实现了不同所有制企业的权利平等、机会平等、规则平等。具体来看，

① 中华人民共和国国务院新闻办公室：《中国的全面小康白皮书》，人民出版社 2021 年版。

② ［美］加里·贝克尔：《人力资本：特别是关于教育的理论与经验分析》，北京大学出版社 1987 年版。

③ 《2020 年全国教育事业发展统计公报》，http://www.moe.gov.cn/jyb_sjzl/sjzl_fztjgb/202108/t20210827_555004.html。

20 世纪 80 年代初，在改革开放政策的推动下，在社队企业的基础上，亿万农民冲破了计划经济体制的束缚，掀起乡办、村办、联户办、户办乡镇企业热潮，通过承包等责任制形成"独立核算、自负盈亏""多劳多得""能上能下"的经济单位。与此同时，借鉴农村改革的成功经验，乡镇企业、城市国有和集体企业积极探索承包制等放权让利的改革，国有经济占国民经济比重有所下降。从 20 世纪 90 年代中期起，通过乡镇企业改制和鼓励民营企业发展，形成拥有独立责权利的产权清晰的民营和股份制的企业等市场主体。1993—2002 年的股份制改造和现代企业制度建立，城市国有和集体企业成为责权利对称的股份企业，拥有经营自主权。2003 年后，公有制为主体、多种所有制经济共同发展的基本经济制度已经确立。2003 年国资委正式成立，提出"归属清晰、权责明确、保护严格、流转顺畅"现代产权核心内容，国有产权转让逐步规范、分级监管制度逐步形成。2005 年制定的"老 36 条"，允许非公有资本进入法律法规未禁入的行业和领域。2010 年出台"新 36 条"，进一步放开了民间资本进入国民经济各个领域的方式。

通过系列的制度设计和安排，保证各种所有制企业依法平等使用各类生产要素、公开公平公正参与市场竞争、同等受到法律保护，使各类要素充分流动，价值通过市场机制得以实现，更好地促进生产和创新，也为家庭和个人提供了更多、更丰富的产品，提升了城市就业吸纳和税收贡献能力。从公有制企业发展看，通过国有企业改革，尽管改革开放以来其在国民经济中的占比的总体趋势是下降的，但其主体地位没有发生变化且"家底"更为雄厚，在关系国家安全、国民经济命脉的重要行业和关键领域占据主导地位。国务院关于 2020 年度国有资产管理情况的综合报告显示，截至 2020 年年底，全国国有企业资产总额 268.5 万亿元，国有资本权益 76 万亿元。从非公有制企业发展来看，在鼓励和支持发展的制度环境下，私营企业、股份合作企业、港澳台商投资企业、外商投资企业等目前已经创造了全国近 2/3 的 GDP，承载了超过 80% 的城镇就业，贡献了超过五成的税收，成为做大财富"蛋糕"、增加人民收入的主力军和税收的重要来源。从营商环境制度改革角度看，国家以建立市场化国际化法治化营商环境为抓手，实施市场准入负面清单制度，不断放宽市场准入，持续消除各种显性和隐性壁垒，推动"法无禁止即可为"普遍落实，保障各种所有制经济和企业公平竞争。通过制度创新释放企业活力，不仅有力地提升了企业自身的竞争力，改善了市场竞争环境，同时也为国家整体实力跃升和企业参与国际市场竞争提供了基础。中国已建立包含 41 个工业大类、207 个工业中类、666 个工业小类的工业体系，是全球唯一拥有联合国产业分类当中全部工业门类的国家。在世界 500 多种主要工业产品当中，有 200 多种产量位居全球第一，产业链和供应链体系的完整性和韧性不断提升，全球生产、消费和资源配置的影响力显著提升。

（三）城市制度改革增强政府的能力

财税和土地制度是影响政府行为的重要制度。其通过强制性的制度设计和安排，能够直接形成公共资源要素的配置权属结构，进而影响政府的利益目标和行动。从中国发展实践看，在传统的计划经济体制下，中央政府是资源配置的主体，绝大多数资源都是由中央政府直接配置的，其主要手段是自上而下地下达指令性计划指标，地方政府在城市发展中的自主权和能动性并不充分。改革开放后中国财政体制逐渐向经济分权型制度变迁，形成了中国特有的财政分权与政治集权的"中国式分权"体制。[①] 1980 年，全国开启"一灶吃饭"到"分灶吃饭"的分权改革；1988 年，实行多种形式的财政包干，使城市政府也成为拥有责权利的相对独立利益主体；1994 年，"分税制"改革进一步明晰了中央与地方的经济责权利。一系列改革措施将改革开放前的地方财政包干制度改为合理划分中央与地方事权基础上的分税制度，增强了中央政府对宏观经济的调控力度，同时通过划分中央与地方的职责与事权来划分财政收入，减少了中央政府对地方区域性经济管理的控制和约束，扩大了地方政府对自有财力的支配权限及对地方经济事务的管理权限。同时，新兴发展中国家之所以从农业社会转向工业与城市社会，很大程度上取决于土地资源的配置效应和相关制度安排的作用。[②] 中国土地制度也经历了由无偿、无期限、无流动使

①　傅勇、张晏：《中国式分权与财政支出结构偏向：为增长而竞争的代价》，《管理世界》2007 年第 3 期。

②　刘守英：《土地制度变革与经济结构转型——对中国 40 年发展经验的一个经济解释》，《中国土地科学》2018 年第 1 期。

用向有偿、有期限、有流动使用转变的过程，经过 1982 年明确城镇土地国有和农村土地集体所有，1986 年明确对农村集体土地政府依法征用，1988 年城镇国有土地有偿使用，1992 年确定土地出让金收益的 95% 由地方支配，1998 年《土地管理法》正式赋予地方政府对土地使用转让的审批权，2004 年城镇国有土地拍卖制度建立，2008 年允许地方政府利用储备土地、平台公司、土地抵押进行以地融资，极大地增强了地方政府配置土地资源的能力。这些制度改革使城市政府成为相对独立的空间利益主体和相对独立的竞争主体，为了实现要素的更高回报从而实现自身利益最大化。一方面，城市政府积极致力于辖区制度创新、公共甚至私人产品的供给，从最初的加工贸易到招商引资，再到招才引智，从最初的政策优惠到改善硬件环境，再到改善软件环境，以吸引家庭和企业进入，这也致使城市政府之间存在激烈的竞争，迫使各城市不断通过创新、学习和模仿改革完善制度体系，推动政策创新和试验。[①] 另一方面，城市土地开发的竞争也日趋激烈，在二元土地制度下，非农经济活动所需的建设用地由政府供给，从事非农建设只能使用国有土地。城市政府拥有强制性低价征收权和土地一级市场垄断权，决定了建设用地的出让方式和用途。这就可以利用土地招拍挂出让和土地抵押融资，为城市建设提供主要资金来源，增强了城市发展的动力和能力。但"土地财政"现象的普遍存在，也带来了一些城市"要地不要人"、房价高企等不容忽视的问题。地方政府的债务风险和潜在金融风险值得关注。[②]

　　总的来看，中国城市制度的改革与创新对主体交互和要素的循环结合产生了巨大的影响，不仅为各主体自身利益的实现提供了保障，也带来了城市整体福利水平的提升。同时，尽管中国城市制度改革已经取得了积极而广泛的成效，但一些体制机制藩篱仍然存在。如在经济主体方面，近年来城乡居民人均可支配收入比虽有所下降，但 2019 年仍高达

---

　　①　W E. Oates ，"An Essay on Fiscal Federalism"，*Journal of Economic Literature*，1999，37：pp. 1120 – 1149.

　　②　国务院发展研究中心市场经济研究所课题组：《新一轮技术革命与中国城市化 2020—2050——影响、前景与战略》，《管理世界》2022 年第 11 期。

2.55，显著高于世界主要经济体。[①] 农村居民社会保障水平显著低于城镇。以 2019 年为例，全国城乡居民医保住院费用实际报销比例为 59.7%，比城镇职工医保低 15.9 个百分点；[②] 城乡统一的建设用地市场仍未完全建立，保障农村土地财产性收入的制度还有待完善；更好发挥国有经济主导作用，减少垄断和不正当竞争，壮大非公企业能力的制度也需要加强；地方的特殊经济利益所形成区域性经济封锁和割据问题仍然存在；基于行政区划的地方管理模式难以满足日益增长的城市发展需要；城市政府"以地谋发展"的模式仍然存在。在要素资源配置方面，市场在决定要素价格、资源性产品与服务价格方面仍存在一定程度的价格扭曲；劳动力市场分割和就业歧视的问题仍然较为普遍；劳动力就业质量不高的问题仍然较为突出，流动人口、灵活就业人员等劳动者权益仍然得不到充分保障；技术、知识等要素参与收益分配的改革相对滞后。中国城市制度的改革与创新永远在路上，长远来看，我们仍需紧密结合中国式现代化发展的特征和目标，在持续的改革与开放进程中将制度优势转化为治理效能，更好地释放各经济主体活力，促进要素优化配置和良性循环，推动城市经济高质量发展。

典型城市

成都：弘扬传统商业精神，激发主体内生动力[③]

城市文化通过塑造经济主体的意愿偏好影响城市经济发展的内在动力。中国传统商业文化中的许多精华与现代商业文化十分契合，而成都不仅在传统商业文化中较全面地具有现代文化的气质，而且较好地将传统商业文化转型为现代的商业和创新文化。成都传承了从古至今的消费与生产平衡的文化，嫁接古代工作与休闲文化为现代的创新文化，发展

---

① 德国主要城市地区（城乡中间地区）与农村地区居民人均可支配收入比为 1.04（1.02），日本主要城市地区（城乡中间地区）与农村地区居民人均可支配收入比为 1.13（1.02），美国主要城市地区（城乡中间地区）与农村地区居民人均 GDP 之比为 1.26（1.34）。资料来源为 OECD, Stat, Economic Indicators By Rural/Urban Typology, Country Level。
② 张来明、李建伟：《推动共同富裕的内涵、战略目标与政策措施》，《改革》2021 年第 9 期。
③ 作者：魏劭琨，中国城市和小城镇改革发展中心城市金融和文化体育部，副研究员。

古代盆地外向文化为现代的国际化文化，弘扬古代重文为现代商业化文化，不仅激发了市场主体促进城市经济发展的内生动力，而且较好地满足了人民对美好生活的期待。

改革开放 40 多年来，成都市逐步完成了从自给自足的"天府之国"到西南地区的区域中心城市，再到联通国际的国家中心城市的跨越式发展。"七普"数据显示，2020 年成都市全域常住人口为 2093.78 万人，位居全国城市第四，比 2000 年增长了 88.5%。2021 年，成都市地区生产总值为 11.99 万亿元，为 2000 年的 16 倍；人均地区生产总值为 9.46 万元，为 2000 年的 9.15 倍；一般公共预算收入为 1697.9 亿元，为 2000 年的 3.1 倍。

成都市之所以能够在相对封闭的地理环境中取得如此显著成成就，其独特的文化特质中蕴含的开放、包容、休闲、创新的精神，引导成都市加强了与外界互联互通，找准了创新产业定位，形成了特色发展优势。

第一，弘扬消费文化。平衡发展是经济发展目标也是发展的手段。消费与生产平衡，即供给与需求平衡且让消费引领，经济才能不断发展和升级。工作与生活平衡，不仅可以实现美好生活的目标，而且可以培育有力的工作和劳动供给。李白曾道"九天开出一成都，万户千门入画图"，成都平原自古气候宜人，物产丰富被誉为"天府之国"，历史上丰衣足食的经济使得成都形成了良好的生产与生活平衡的文化传统，有工作有休闲，能生产能消费。今天，"雪山下的公园城市""烟火里的幸福成都"成为国人皆知的成都名片。2022 年上半年，成都市实现地区生产总值 9965.55 亿元，同比增长 3.0%，其中，消费对成都经济增长的平均贡献率已达 33%，对成都市经济增长起到了至关重要的作用。同期，成都市社会消费品零售总额达 4560.5 亿元，6 月增速较 5 月回升了 5.9 个百分点，1—6 月，限额以上单位消费品零售额增长 1.9%，整体消费市场呈好转之势。在疫情影响下，成都市相比于绝大多数城市，消费对经济的拉动力依旧强劲。最主要原因，还在于成都人骨子里的消费情结。

第二，嫁接创新文化。生活与生产之间平衡的休闲文化，还与创新联在一起，因为只有在精神放松和行动从容的环境下，真正的创新才能实现。历史上，成都虽然具有休闲的元素，但是由于创新任务不明确，因而很少真正形成创新氛围和创新的文化。而在创新迫切的现代社会，休闲文化的基础上则可以加速培育和形成创新文化。成都正是满足了上述两个要素，在休闲文化基础上，培育形成了包容多元、无拘无束、平等交互等创新文化。西汉时期的司马相如认为，巴蜀人民具有"非常之人做非常之事成非常之功"的精神。到今天，成都人正在以新时代的创新精神奋力创造成都市的崭新发展空间。2015 年以来，"双创"大潮下成都成千上百的各类创业孵化器落地开花，数不胜数的资本对接会、社群活动在创业咖啡里上演。2020 年，成都提出"高品质科创空间"打造。截至 2022 年 1 月底，成都本地的科技"双创"载体达 268 家，国家级载体 74 家，省级载体 92 家，其中包括盈创星空金融科技科创空间、NEXT 创业空间、侠客岛联合办公室、优贝空间、WORK＋联合办公孵化空间、成都洪泰智造工场等。随着创新创业的不断发展，成都的科技创新产业快速增长，新型业态加快发展。以文化创意产业为例，2021 年，成都文创产业增加值实现 2073.84 亿元，同比增长 14.83%，占地区生产总值的 10.4%。

第三，提升开放文化。身处盆地、心向远方的开放文化，自古以来是成都文化最重要的特质，也是成都千年文明生生不息和城市持续发展的核心原因。改革开放后的成都继续提升了这一文化。不仅心向外部，而且作为内陆城市，孜孜以求地走向世界，参与全球化。一是加快建设国际门户枢纽城市，截至 2022 年，成都在市级层面共与 58 个国家的 105 个国外城市缔结为友好城市或友好合作关系城市，涵盖了五大洲。二是着力增强外事资源运筹集聚，成都先后加入 15 个国际组织，在世界智慧可持续城市组织担任副主席城市，在世界城市和地方政府联合组织、世界大都市协会决策管理机构任职，"成都声音"在国际舞台上不断传播。三是深化国际交往空间，第八次中日韩领导人会议、中国国际友好城市大会、第三次 G20 财长和央行行长会、2022 年第 56 届国际乒联世界乒乓球团体锦标赛（决赛）等相继在成都举办。成都聚焦了众多世界目光，成都正从不同领域加快融入全球化进程。随着各种国际交往活动的增多，成都的世界影响力也在不断提升。GaWC 数据显示，2020 年，成都的世界城市排名位居全球第 59 名，而 2010 年，成都的世界城市排名仅第 251 名。

第四，重视文化发展。历史上，成都特别重视知识、教育和历史文化，也涌现出无数文人，创造出无数脍炙人口的名篇名作，也有无数传承至今的灿烂文化。历史上，有人称赞"二十四城芙蓉花，锦官自昔称繁华"，也有古籍提出成都人"好文雅""以文辞显于世""文章冠天下"，司马相如、扬雄、欧阳炯、黄筌、范镇、杨慎等文化名人辈出。时移世易、沧海桑田，对文化发展的追求从不曾远离成都人的生活。到了新时代，多元开放、休闲包容的文化创新氛围则成为成都城市发展的重要竞争力。成都近年来强化了城市软实力的宣传，利用文化、环境、政策，吸引人才，通过软硬实力相互促进，增强城市吸引力和竞争力。比如，在人才方面，成都市不断优化积分落户结构，大大降低了积分的门槛，让外地人在成都就业很容易就能落户。2017 年 7 月—2018 年 3 月，仅仅 9 个月，成都市新落户本科及以上学历青年人才超过 15.5 万人。在文化设施方面，2021 年，成都打造基层综合性文化服务中心示范点 46 个、"城市阅读美空间" 24 家，全市 22 个文化馆、22 个公共图书馆全部达到一级馆标准。

开放、包容、休闲、创新的文化氛围是成都的文化气质的外在表达，是成都精气神本质释放、演绎和溢出效应的呈现，是成都百姓文化需求的最直观感觉、体验与享受，也是新时代成都持久、稳定发展的源泉。正是有着消费、创新、开放的文化，成都才能在经济发展、居民生活富裕的同时，带动文化产业的发展、消费的提升、创新的激发，从而形成生产与消费、工作与生活的平衡，形成了可持续的发展模式。这也是经济发展的规律。历史上，由于物质贫乏，我们提倡勤劳节俭；但是，在物质产品日益丰富的今天，促进经济发展和升级，不仅需要平衡也需要需求的牵引。千年锦官城，繁华不落尽、韶华不逝去。成都开放与创新的文化经验，不仅非常独特，而且符合发展规律，非常值得总结和借鉴。

第四章 中国城市资本的发展

第一节 中国城市物质资本[*]

发展中国家的城市在发展初期阶段普遍面临着资本稀缺的问题，如何实现资本的快速积累是一个重要的理论与现实问题。在城市统一发展理论看来，物质资本作为重要的生产要素，在城市长期发展中具有基础性作用。作为驱动长期经济增长的基本动力，物质资本的积累会扩大生产能力并通过规模经济提高经济效率，为人口资源、人力资本、科学技术、制度文化以及公共资源等其他基本要素的数量以及结构优化经济结构提供物质基础；同时，物质资本积累过程中资本边际报酬的变化也会影响家庭储蓄、企业投资和政府城市经营行为的预期收益，从而引起资本发展原动力的变化。本节在梳理中国城市物质资本发展特征事实的基础上，总结物质资本发展的一般机制，提炼中国物质资本发展的基本特征与中国框架，并在城市统一发展理论的基本框架下，探讨中国城市物质资本发展的影响机制与作用机制。

一 中国城市物质资本发展的特征事实

改革开放以来，中国城市物质资本有了迅速发展，并表现出了自身的独特性，主要体现在以下四个方面：一是城市物质资本存量由长期高增长到增速逐渐放缓，在短短几十年内经历了由资本稀缺向资本丰裕的

---

* 作者：曹清峰，天津财经大学现代经济管理研究院，副教授。

转变，从而推动了中国实现了快速的工业化与城市化进程，并使得投资成为驱动经济增长的主要动力。二是城市物质资本收益率呈现由长期较高到波动中下降的总体趋势。改革开放初期资本的相对稀缺使中国的物质资本在长期内保持了相对较高的收益率[①]，这是促进资本累积的重要动力；但这一趋势在 2008 年之后出现转折，资本收益率呈下降趋势。三是城市物质资本发展的来源由单一向多样化转变。改革开放初期，外资对城市物质资本发展提供了关键的初始供给；在此基础上，制度创新以及非农集聚使民营经济迅速崛起并成为推动城市物质资本发展的新来源；此外，城市政府在城市经营过程中通过改善城市营商环境、投资公共基础设施等，在物质资本发展中也发挥了关键作用。四是城市物质资本发展的区域分化从扩大到缩小。中国城市物质资本的发展经历了区域分化由扩大到缩小的总体演变趋势，且随着城市化进入中后期，出现了以城市群为依托的区域分化新趋势。具体来看，中国城市物质资本发展主要有以下四大特征。

（一）快速城市化过程中物质资本由长期高速增长到增速逐渐趋缓

改革开放以来，中国名义 GDP 由 1978 年的 0.37 万亿元上升到 2021 年的 114.37 万亿元，GDP 总量增长了两百多倍。资本作为一种重要的生产要素，是推动中国经济迅速增长的重要源泉。根据佩恩世界表的测算，1978—2019 年中国物质资本存量增长了约 46 倍。因此，物质资本存量的迅速提高促进了中国经济的迅速增长。作为一个转型经济体，一个不可忽视的事实是，改革开放以来中国物质资本存量的增长主要集中在城市。中国常住人口城市化率由 1978 年的 18% 上升为 2020 年的 65%，城市物质资本存量的迅速增长与城市化进程密切相关。从增长速度来看，中国城市物质资本存量主要经历了三个阶段。第一个阶段是 1978—1992 年，该阶段属于城市化初期阶段，城市物质资本存量增速呈现不断提升、波动较大的特征；特别是 1985 年之后，由于处于经济转型期的探索阶段，中国城市物质资本存量增速出现了剧烈波动。第二阶段是 1993—2013 年，该阶段属于城市化加速阶段，房地产投资与

---

① C. Bai et al.，"The Return to Capital in China"，*Brookings Papers On Economic Activity*，Vol. 37，2006.

城市基础设施建设投资等大量资本的涌入，在中国特色社会主义市场经济体制不断完善以及加入世界贸易组织带来的开放红利的背景下，使城市物质资本存量增长维持在中高速水平。第三阶段是 2014 年至今，中国城市化进入中期阶段，城市化速度开始放缓，经济进入"新常态"，处于经济增长动能转换期，固定资产投资相对上一阶段的高速增长开始下降，这也使得城市物质资本存量增速减缓。

（二）二元经济转型过程中物质资本回报率从长期较高到波动中下降

改革开放以来中国物质资本回报率经历了由较高逐渐降低的过程，[①]这一过程与中国城乡二元经济的转型过程密切相关，具体可以分为两个阶段：第一个阶段是 1978—2008 年，这一阶段中国资本回报率总体处于较高的水平[②]。导致这一阶段较高资本回报率的重要原因是该阶段中国城市资本始终处于相对稀缺的状态，从而减缓了资本边际报酬递减对资本回报率的负面影响。而城市资本相对稀缺的重要原因在于城乡二元经济转型过程中，由农村转移到城市的大量劳动力，使得城市劳动力供给长期处于富有弹性的状态，从而保持了较高的资本回报率。第二阶段是 2008 年至今，该阶段中国资本回报率呈现明显的下降趋势。其直接原因除 2008 年国际金融危机后政府通过大规模投资刺激经济增长导致的投资过剩外，深层次原因在于该阶段中国已经越过"刘易斯拐点"，劳动力供给不再过剩，人口红利逐渐消失。此外，这一阶段城市资本已变得相对丰裕，其回报率也会相应降低。

（三）市场化制度变革过程中城市物质资本的来源由单一向多样化转变

在市场化制度变革过程中，中国城市物质资本发展的来源由政府与国有企业相对单一来源转变为外资、民营企业、国有企业与政府多样化的来源。改革开放以来，随着市场化改革的深入，中国城市物质资本在不同阶段不断涌现出新的来源，总体上呈现多样化的特征。一是外资的

---

① 刘仁和、陈英楠、吉晓萌、苏雪锦：《中国的资本回报率：基于 q 理论的估算》，《经济研究》2018 年第 6 期。

② C. Bai et al., "The Return to Capital in China", *Brookings Papers On Economic Activity*, Vol. 37, 2006.

流入。针对改革开放初期物质资本存量较低的现状，为了在短期内积累经济增长所需的资本，首先从东部沿海地区实施了大力引进外资的发展战略，并逐步扩展到全国范围。外资的流入通过产业链的带动效应也进一步拉大了更大的国内投资，从而使得国内资本积累速度加快。二是国内资本积累。从经济结构来看，改革开放初期中国通过工农业产品价格剪刀差为城市物质资本的快速累积提供了优越的条件，而中国私人部门长期以来的高储蓄率也是城市物质资本累积的重要源泉。中国经济体制改革过程中也释放了更多经济主体的投资意愿，除了国有企业在做大做强以外，民营经济在城市物质资本积累中也发挥了重要作用。2012年以来，民间投资占全国固定资产投资的比重连续5年超过60%，最高时达65.4%，特别是在制造业领域，民间投资的比重超过八成，已经成为投资的主力军。三是政府主导的城市经营。在城市化进程中，中央与地方政府围绕着城市交通、邮电、供水供电、园林绿化、环境保护、文化教育、卫生事业等市政公用工程设施和公共生活服务设施等进行了大量投资，形成了巨额的城市物质资本存量。得益于城市化进程中土地价格的快速上涨，土地出让金长期以来一直是地方政府预算外财政收入的重要来源。"土地财政"与"土地融资"带来的资本提高了城市政府经营城市的能力，使地方政府能投入更多资源来改善城市软环境与硬环境，从而为城市物质资本发展提供了更有利的外部环境。

（四）区域发展战略转换过程中城市物质发展的区域差异从扩大到逐渐缩小

改革开放以来，中国区域发展战略由沿海地区率先发展的非均衡发展策略逐渐向区域协调发展的均衡发展策略转型，在这个过程中，中国城市物质资本发展的区域分化特征也在不断变化。改革开放初期，中国实施了东部沿海地区率先发展的非均衡发展策略，这也塑造了改革开放以后中国经济地理的基本格局。在这个过程中，东部沿海地区一些城市率先崛起，呈现以东部地区为核心、中西部地区为外围的发展格局。针对区域经济发展差距扩大的问题，从20世纪90年代开始，中国开始实施区域协调发展战略，相继实施了西部大开发、中部崛起以及振兴东北老工业基地等旨在缩小区域发展差距的政策。这也导致进入21世纪以来，中国城市物质资本空间格局的演变出现了以下新特征：

一是东部、中部、西部三大区域间的差异变小。图4.1显示了2003—2020年中国城市物质资本存量的泰尔指数变化。具体来看，中国城市物质资本存量泰尔指数由2003年的0.74下降到2020年的0.36，呈现明显的下降趋势，这表明总体上中国城市间物质资本存量的差距在缩小。其中，衡量区域内差异的泰尔指数由2003年的0.54下降到2020年的0.32，而衡量区域间差异的泰尔指数由2003年的0.20下降到2020年的0.04。因此，区域间差距的下降速度要明显快于区域内。

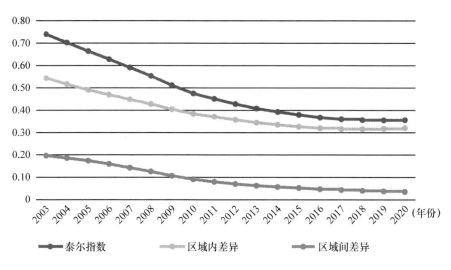

图4.1　2003—2020年中国城市物质资本存量泰尔指数及其分解

二是资本正由中心城市向非中心城市、城市群向城市群之外的城市逐渐扩散。图4.2显示了2003—2020年城市群①与中心城市的物质资本存量占比变化。具体来看，14个城市群城市物质资本存在占比呈现缓慢下降的趋势，由2003年的87%下降到2020年的83%，这表明物质资本由城市群城市向非城市群城市缓慢扩散。将35个省会与计划单列市作为中心城市，可以发现，中心城市物质资本存量占比在2003—2020年呈明显的下降趋势，由2003年的0.43%下降到2020年的

① 指长三角城市群、粤港澳大湾区、京津冀城市群、辽中南城市群、山东半岛城市群、长江中游城市群、中原城市群、北部湾城市群、成渝城市群、关中平原城市群、哈长城市群、海峡西岸城市群、呼包鄂榆城市群与兰西城市群。

0.33%。中国物质资本的空间分布呈现向非中心城市加速扩散以及城市群向非城市群逐渐扩散的格局。中国城市物质资本空间分布的这一特征与中国城市化的发展阶段是一致的，随着城市化进入中后期阶段，中心城市对非中心城市的溢出效应逐渐增强；同时，城市群逐渐发展成熟，成为城市化的主要形态，其对要素流动的扩散效应也逐渐增强。

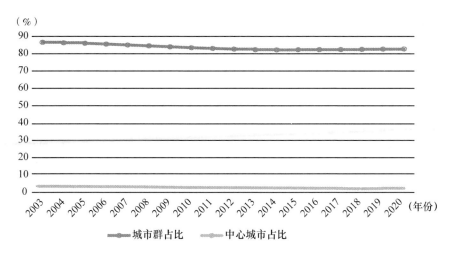

图4.2　2003—2020年城市群与中心城市物质资本存量占比变化

随着中国城市化进入新的阶段，中国城市发展的约束条件也发生了巨大变化，未来中国城市物质资本发展将呈现以下新特征。一是物质资本积累的速度将放缓，城市间将进入物质资本的存量博弈阶段。随着中国城市物质资本进入丰裕阶段，资本边际收益降低，不同主体进行物质资本投资的意愿下降；同时，随着中国未来老龄化程度的加剧，居民储蓄率将会降低。上述变化一方面会导致物质资本存量的增速将放缓，另一方面会加剧城市间对存量资本的竞争，资本在城市间的再配置将成为影响城市物质发展的重要因素。二是物质资本发展的驱动力将发生新变化。在未来数字技术革命的大背景下，数字技术、高质量的人力资本等新型要素将成为驱动物质资本发展的最重要因素，同时，物质资本对城市发展的作用将更深刻地与其他因素结合在一起，特别是与虚拟经济深度融合，成为新的增长动力。三是物质资本发展的区域格局将发生深刻变化。进入城市化中后期阶段，除了原有的东中西部区域间的差距外，城市群城市与非城市群城市、城市群内中心城市与外围城市间资本发展上的差距将更加显著。

二　中国城市物质资本发展的总体机制

（一）一般机制

物质资本积累的研究在经济学中有悠久的历史。古典政治经济学中亚当·斯密认为物质资本积累来源于勤俭与节约。马克思的剩余价值理论认为物质资本积累是把剩余价值当作资本使用。新马克思主义空间理论的代表人物大卫·哈维则从空间维度剖析了资本主义资本积累的新特征，即资本借助自身流动性，频繁利用时空修复策略在全球范围内布局，通过其优势地位剥夺全球财富，最终得以转嫁资本主义危机。在新古典增长理论中，物质资本积累过程是由投资、资本折旧、人口增长率以及技术进步的速度决定的；其中，投资是由储蓄决定的。本书认为城市物质资本发展过程本质上是由家庭、企业和政府三主体间的交互引起的人口资源、人力资本、科学技术、制度文化与公共资源等六要素的循环过程来实现内生增长的，图4.3展示了城市物质资本发展的一般机制。

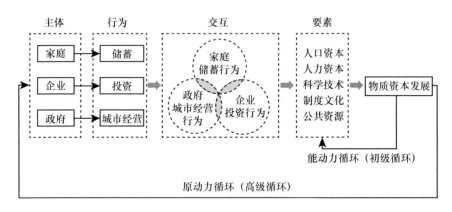

图4.3　城市物质资本发展的一般机制

家庭、企业与政府及其相应的储蓄行为、投资行为与城市经营行为是物质资本发展的原动力。具体来看，家庭基于当前与跨期效用最大化的原则，在既定收入约束下，考虑政府税收、转移支付等政策影响，决定自身最优的消费与储蓄水平。在借贷资金市场上，企业则根据居民部门对最终产品的需求、政府税收等宏观调控政策，在利润最大化目标约束下确定自身均衡的投资水平。同时，城市政府也在居民福利或自身收益最大化的目标约束下，确定最优的财政支出水平，并根据当地居民与企业的状况确定自身最优的税收水平，并确定最优的公共品供给数量，这一过程实际上是城市经营行为。

家庭、企业与政府行为之间的交互影响通过作用于人口资源、人力资本、制度文化、科学技术以及公共资源等要素来影响城市物质资本发展。一是家庭与企业的交互主要通过人口资源、人力资本与科学技术起作用。这是因为家庭作为人口资源与人力资本的供给方以及产品市场的需求方，在要素市场上会通过劳动力成本影响企业生产成本以及通过人力资本累积影响企业技术进步，在产品市场上通过市场需求影响企业投资收益率，导致企业投资行为的变化。二是政府与企业的交互主要通过制度文化与科学技术要素起作用。地方政府在招商引资上的竞争会引起城市间制度文化方面的变革，从而影响企业投资的交易成本；同时，地方政府在产业发展竞争中对创新的支持政策也会引起城市科学技术要素的变化，进而通过影响企业生产率来影响企业的投资行为。三是政府与家庭的交互主要体现在公共资源的配置上。在发展过程中，地方政府可以通过税收、转移支付等方式影响居民储蓄行为，并通过公共投资的方式影响城市物质资本的发展。

在此基础上，城市物质资本发展可以分为能动力循环和原动力循环。一方面，从能动力循环来看。城市物质资本的发展会进一步引起人口资源、人力资本、制度文化、科学技术以及公共资源等要素的变化。城市物质资本的发展会导致城市人口资源与人力资本空间的增速、结构以及空间分布发生变化，倒逼制度文化的改变，并为科学技术的变革提供物质保障及影响政府公共资源的数量、质量与分配，最终引起自身的变化，从而完成一次循环。本书将城市物质资本增长的这一循环称为能动力循环，是因为该循环会改变城市物质资本发展驱动力力的方向与作用点。另一方面，从原动力循环来看。城市物质资本的发展也可能引起家庭、企业与政府行为的变化。城市物质资本发展过程中资本回报率的变化，会改变家庭的储蓄偏好、企业的投资倾向以及政府城市经营的偏向性，从源头上引发新一轮的资本发展。本书将这一循环过程称为城市物质资本发展的原动力循环。

（二）中国特征

从物质资本发展一般机制的基础上来看，中国城市物质资本发展的机制具有以下基本特征：一是制度文化上的转型为资本发展提供了原动力。改革开放以来中国在制度上的最大转型是由计划经济向市场经济的转型，在这个过程中商品市场与要素市场的市场化进程极大释放了家庭、企业与政府进行物质资本累积的原动力。二是空间非均质巨型国家的特征为中国城市物质资本发展提高了多样化的能动力。空间非均质有利于国内不同区域形成不同层级的比较优势，通过资本的跨区域转移为不同类型资本发展提供条件；而巨型国家的优势在于可以形成更大规模的中心城市、城市群等集聚经济体，从而产生更大范围的扩散与溢出效应，为资本发展提供更充足的动力。三是后发展地位影响了资本积累速度。后发展地位一方面使得中国可以通过承接发达经济体的产业转移来快速弥补发展初期资本匮乏的短板，为资本积累提供初始动力；另一方面可以使得中国通过制定更加明确的追赶目标，从而对资本积累速度产生影响。四是全球化为资本发展提供了外部来源。从改革开放初期承接国外产业转移，到加入世界贸易组织后深度参与跨国公司主导的全球价值链分工，参与全球化进程为中国城市物质资本发展提供了外部来源。五是新一轮信息技术革命是影响中国城市物质资本发展的新因素。新一轮信息技术革命正在重塑中国城市的空间格局与产业结构，使资本发展出现更多的新模式、新业态与新动力。

（三）中国框架

家庭的储蓄行为是城市物质资本发展过程中资本的重要供给方。改革开放以来，中国长期保持了较高的居民储蓄率，这是中国发展过程中维持较高投资率的重要动力。企业的投资行为是物质资本增长的最重要来源，在改革开放过程中，外资企业、民营企业与国有企业对投资都发挥了重要作用。政府对城市资本发展的影响主要是通过城市经营行为来实现的，具体包括对于城市基础设施等硬环境以及营商环境等软环境的经营。

改革开放以来，人口资源、人力资本、科学技术、制度文化与公共资源等要素的变化对中国城市物质资本发展产生了显著影响。中国人口资源变化过程中劳动力由过剩向稀缺的转变改变了资本的回报率，影响了城市物质资本的积累速度；人力资本存量与质量的增加以及科学技术投入、产出与质量的不断提升，引起了企业的技术水平与生产率变化，从而影响企业投资的回报率；市场化制度的建立与完善以及崇尚节俭的文化特征，会影响家庭的储蓄意愿以及企业的投资意愿；政府在公共资源的配置过程中，通过税收、"土地财政"等改变城市的软环境与硬环境，此类城市经营行为影响了家庭与企业的储蓄与投资行为。上述过程最终导致城市物质资本发展水平的变化。

其次，城市物质资本的发展也会引起新一轮家庭、企业与政府行为的交互变化，进而引起人口资源、人力资本、科学技术、制度文化与公共资源等要素的变化。一是城市物质资本发展导致的城市经济增长与居民收入水平的提高，会改变家庭的劳动力供给决策，从而对人口资源要素产生影响。二是产业资本以及教育、交通、医疗等公共基础设施方面的城市物质资本发展分别通过生产过程中"干中学"、技能培训以及提升居民受教育年限影响了人力资本要素的积累。三是中国城市物质资本的发展客观上为知识生产部门的生产与扩大以及科技成果的转化提供了条件，从而引起科技技术要素的变化。四是城市物质资本的发展推动中国建立并完善了开放、法治化、国际化的市场化制度，激发了创新、创业的社会文化，引起制度文化要素的变化。五是城市物质资本的发展提高了城市政府公共产品供给的数量与质量，并对生态环境等产生了多重影响，从而引起公共资源要素的变化。

三 中国城市物质资本发展的影响机制

（一）崇尚节俭的文化导致的高储蓄率是推动城市物质资本迅速增长的重要原动力

改革开放之后中国的储蓄率经历了大幅度的上升，至 2008 年达到峰值（52.2%）；2008 年后中国储蓄率转向下行，到 2019 年下降至 44.6%，但在全球范围内仍然较高。高储蓄率保证了较高的投资率，这是中国城市物质资本发展的重要原动力之一。中国家庭较高储蓄率的制度文化根源是儒家崇尚节俭的文化传统。文化因素导致的高储蓄偏向在中国转型过程中被进一步放大：一是社会保障体系的有待完善强化了家庭的预防性储蓄动机。中国城市化过程的一个显著特点是人口城市化长期滞后于土地城市化，特别是农村转移到城市的流动人口，对自身未来养老、医疗以及子女教育的预期支出会上升，因此会基于预防性动机进行储蓄，[①] 从而拉高了家庭的储蓄率。二是人口老龄化趋势的影响。中国老年人（65 岁及以上）占总人口的比重由 1978 年的 4.4% 上升到 2020 年的 12.0%，人均预期寿命由 1978 年的 66 岁上升到 2020 年的 78 岁。人口老龄化程度的加剧与预期寿命的提高会使得居民进行更多预防性储蓄来应对退休后更长时间内的收入下降[②]。三是快速城市化进程中房价的快速上涨也强化了居民的储蓄意愿。20 世纪 90 年代中国实施了城市住房商品化改革，在快速城市化的推动下，中国城市住房价格快速上涨，房价收入比持续攀升。房价的持续上涨使得人们为购房而储蓄，为偿还住房借贷而储蓄，从而推高了储蓄率[③]。

（二）劳动力与技术比较优势的变化是引起资本回报率波动的重要能动力

长期以来，中国采取的基于劳动力比较优势分工的发展策略以及二元经济转型过程中农村剩余劳动力无限供给形成的人口红利，是中国资本回报率长期维持在较高水平的重要能动力。改革开放以来中国经济快速增长的重要原因之一在于遵循了要素禀赋的比较优势，即首先发展了劳动密集型产业，在此基础上不断升级，逐渐发展资本与技术密集型产业。如果一个经济体的结构变迁遵循由其禀赋结构所决定的比较优势，那么其可供储蓄和投资的经济剩余将倾向最大。储蓄倾向和投资倾向最大，储蓄与投资的边际回报率亦倾向最大，总的储蓄率也就越高。[④] 随

---

① L. Kuijs，*Investment and Saving in China*，World Bank Policy Research Working Paper，No. 3633，2005.

② 章元、王驹飞：《预期寿命延长与中国城镇居民的高储蓄率——来自地级市城镇家庭的证据》，《中国人口科学》2019 年第 2 期。

③ 李雪松、黄彦彦：《房价上涨、多套房决策与中国城镇居民储蓄率》，《经济研究》2015 年第 9 期。

④ 付才辉、郑洁、林毅夫：《发展战略与高储蓄率之谜——一个新结构储蓄理论假说与经验分析》，《经济评论》2021 年第 1 期。

着中国劳动力比较优势的下降，资本相对于劳动力不再稀缺，其边际报酬降低，这也是导致 2008 年后中国物质资本回报率出现下降的重要结构性原因之一。

中国还充分利用后发优势以及新一轮科技革命机遇，在赶超过程中通过技术进步影响了物质资本回报率的变化。从理论上看，当落后国家与发达国家存在技术差距时，落后国家通过从发达国家引进技术可以获得比发达国家更快的经济增长，并使得落后经济最终收敛到发达经济，因此落后国家具备后发优势。[①] 改革开放初期，针对与发达国家存在的明显技术差距，中国通过模仿、学习以及"干中学"逐渐提升自身技术水平，提高了资本回报率。在此基础上，2000 年以后，中国又抓住了以网络化、数字化和智能化为核心的新一轮科技革命机遇，在新兴产业领域内实现"换道超车"，提高了新兴产业的物质资本回报率。

（三）渐进式的制度改革进程为中国城市资本发展提供了多样化的来源

渐进式改革进程释放了国内不同类型主体的投资需求。改革开放以来全国范围内的市场化改革创造了更多的投资主体，特别是城市民营经济的发展壮大成为促进城市物质资本积累的重要新生力量；同时，国有企业改革后仍然在重大领域的投资中发挥了重要作用。从改革方式看，中国采取的是渐进的改革方式，在空间上充分发挥了巨型国家的优势，采取了在不同地区先试点、后推广的方式，并建立了大量的开发区、高新区、海关特殊监管区等特殊经济区来进行改革试点。这种市场化改革模式的优势在于能够考虑不同主体的差异，避免"一刀切"的激进式改革，从而激发了国内不同区域投资主体的积极性，促进了物质资本的积累。

开放过程中中国抓住了新一轮国际产业转移的历史机遇，吸引了大量外资流入，加速了国内的物质资本积累。改革开放初期，中国利用劳动力成本优势，承接了日本以及亚洲"四小龙"等新兴经济体的产业

---

① 林毅夫、张鹏飞：《后发优势、技术引进和落后国家的经济增长》，《经济学》（季刊）2005 年第 4 期。

转移，着重发展了劳动密集型产业以及技术密集型产业；同时，外资流入的产业链带动效应也加速了本土企业的初始资本积累。加入世界贸易组织后，中国利用要素成本优势全面参与全球价值链分工，极大地促进城市物质资本积累。因此，国际资本的流入是促进中国城市物质资本积累的重要外部因素。

（四）地方政府城市经营能力是影响城市物质资本发展区域分化的重要能动力

城市间招商引资竞争、基础设施投资以及基于土地投融资等地方政府城市经营能力对城市物质资本的区域分化产生了重要影响。第一，地方政府往往在招商引资中存在激烈竞争，并通过税收、土地、信贷等优惠政策来吸引企业进入，从而使得资本向政策优惠力度大与营商环境好的城市集聚。第二，分税制改革后地方政府具有很强的基础设施投资偏好，从吸引资本向基础设施配套好的城市集聚。1994年分税制改革后地方政府为了追求财政收入最大化，偏好于投资能带来大量财政收入的部门（如投资基础设施建设）以利于招商引资[1]。第三，政府的产业政策干预对企业向特定区域集聚起到了重要的导向作用。中国城市政府往往大量采用产业政策来扶持或者促进特定产业的发展，以引导更多企业投资进入新兴产业领域，促进特定产业的发展壮大，从而促进城市物质资本积累。第四，在现行土地制度下，中国城市政府拥有包括城市土地在内的大量资产，并可以此为担保进行债务融资，城市间基于土地的投融资能力也影响了物质资本的区域分布。地方政府的财政收入除了税收这一重要来源外，土地出让收入也是城市政府的财政收入。除此之外，土地使用权及收益也可以成为城市建设融资的重要工具。特别是在快速城市化进程中，城市土地大幅升值，土地出让收入成为地方政府预算外收入的重要来源，并使地方政府获得了更多的债务融资以及能够调动的资金大幅提高。地方政府往往利用"土地财政"与土地融资获得的资金开展大规模基础设施建

---

① 陶然、陆曦、苏福兵、汪晖：《地区竞争格局演变下的中国转轨：财政激励和发展模式反思》，《经济研究》2009年第7期；杨天宇、荣雨菲：《分税制改革与中国地方政府的基础设施投资偏好——基于财政激励假说的实证分析》，《经济理论与经济管理》2016年第2期。

设、改善营商环境、制定税收等优惠政策，通过招商引资、鼓励创业等方式来促进自身物质资本积累。

四 中国城市物质资本发展的作用机制

（一）城市物质资本的迅速增长推动了城市人口增长以及人口资源逐渐进入低增长与老龄化阶段

中国城市物质资本迅速增长的过程深刻反映了中国二元经济结构转型的过程，这也引发了中国人口资源的巨大变化。一是城市物质资本迅速增长加速了城市化进程，同时消化了大量的农村剩余劳动力。中国常住人口城市化率由 1978 年的 18% 上升为 2020 年的 65%，城市化已经进入中后期阶段。目前中国大部分人口已经居住在城市，由此导致的农村剩余劳动力减少也使得当前中国劳动力供给进入由过剩向短期的转折点，即刘易斯拐点。[1] 王庆芳和郭金兴[2]的测算发现，2018 年中国绝对剩余劳动力数量为 3692 万，比 2010 年下降 72.3%；绝对剩余劳动力占比从 2010 年的 44.1% 下降到 2018 年的 20.9%，目前中国农村的绝对剩余劳动力已经相当有限。二是城市物质资本增长引起的经济增长与居民收入水平的提高，正在逐步改变家庭的婚姻与生育观念，中国人口资源正在逐渐进入低增长与老龄化阶段。首先，中国结婚率近年来呈不断下降趋势，从 2013 年的 9.9‰ 下降到 2020 年的 5.8‰。其次，生育率也持续走低，2020 年中国总和生育率是 1.3，低于国际社会通常划定的 1.5 的警戒线。最后，人口增长率持续降低。2020 年中国的新生儿出生率第一次跌破 10‰，降至 8.52‰，这是自 1978 年以来的最低水平；人口自然增长率由 1978 年的 12‰ 下降到 2021 年的 0.34‰，按照这个趋势，中国人口资源将很快进入负增长阶段。目前，随着人均预期寿命的延长与青年人口萎缩，2020 年 65 岁及以上老年人口占比已达 12.0%，中国已经进入老龄化社会。

---

① 蔡昉：《破解农村剩余劳动力之谜》，《中国人口科学》2007 年第 2 期。
② 王庆芳、郭金兴：《中国农村剩余劳动力估计：2010—2018 年》，《经济理论与经济管理》2021 年第 12 期。

（二）城市物质资本回报率的变化促进了人力资本的积累与科技创新能力的提高

在经典的 Arrow[①] 的"干中学"模型中，知识被作为物质资本存量的函数。随着物质资本存量的增加，"干中学"会导致劳动力技能水平的提高，从而促进人力资本的积累。长期以来中国城市物质资本较高的回报率客观上为知识生产部门的生产与扩大提供了有力支撑。1978—2008 年，中国城市物质资本长期较高的回报率为企业模仿、学习国外先进技术提供了物质保障，支撑了政府与企业对自身研发部门投入的快速增长。中国研发经费投入由 1987 年的 74 亿元增长至 2021 年的 2.8 万亿元，增长非常迅速。2021 年中国的研发经费投入占 GDP 的比重为 2.44%，已经达到同期 OCED 发达国家的水平。从研发投资主体的结构来看，企业研究投资的占比逐渐提高，已成为研发投资的主体。研发投入的提高也增强了中国的创新能力，促进了科学技术水平的提高。根据世界知识产权组织发布的《2022 年全球创新指数报告》，2022 年中国的创新指数排名第 11 位，连续 10 年稳步提升，位居 36 个中高收入经济体之首。同时，较高的物质资本回报率能够以较低的成本实现科研成果的产业化与市场化应用，从而降低创新风险，有利于尽快收回研发成本，刺激更多新技术的产生与进步。

（三）城市物质资本发展过程中多元市场主体的成长推动了市场化制度的完善

中国城市物质资本发展过程中外资企业、民营经济等新的市场主体逐渐发展壮大，多元市场主体的成长推动了渐进式改革中市场制度的完善。一是推动中国建立并完善了开放、法治化、国际化的市场化制度。城市物质资本发展过程中对外贸易与投资的发展使得中国与全球更加紧密地联系在一起。为了在激烈的国际竞争力占据优势，中国政府着力于建设国际一流的法治环境，增强行政执法的社会透明度和公信度，修订完善法治政府建设指标体系，强化法治政府的社会监督配套体系，建立同国际投资和贸易通行规则相衔接的商事制度，打造与全球接轨、高效

---

① K J. Arrow, *The Economic Implications of Learning by Doing*, *Readings in the Theory of Growth*, Palgrave Macmillan, London, 1971.

便捷的治化化营商环境等。二是激发了创新、创业的市场化文化。改革开放以来，在物质资本发展的不同阶段，中国出现了多次民营经济创新创业的大潮：在 20 世纪 80 年代，城市物质资本存量尚处于原始积累阶段，出现了大量了个体户这一创业形式；1992 年新一轮的"下海潮"，开启了中国物质资本存量积累的加速阶段；1998 年之后，依托上一阶段的物质资本积累，互联网革命引发了新一轮的创新创业热潮；而近年来的创新创业热潮在中国城市物质资本积累到一定程度后，通过促进创新引发了新业态、新商业模式的创新创业。

（四）城市物质资本发展的区域差异为地方政府间的竞争与合作提供了能动力

作为一个非均质大国，中国区域间的物质资本存量存在差异，因此不同区域资本的边际报酬存在差异，形成了国内区域间产业发展梯度。这会导致产业在国内区域间的转移，产业在空间上的扩散效应为地方政府的招商引资竞争提供了能动力。同时，物质资本发展差异形成的区域间比较优势也为区域间合作提供了基础。但是，城市物质资本发展区域差异引起的地方政府间的竞争与合作对公共资源的影响是多方面的。一方面，其积极影响体现在城市公共产品的数量与质量在短期内获得了迅速的改善。改革开放以来，中国城市公共交通、绿化、污水处理、供水供气等设施条件得到明显改善。例如，2020 年全国城市市政公用设施建设固定资产投资 22283.9 亿元，而 1978 年仅有 12 亿元；城市道路长度 49.3 万千米，而 1978 年只有 2.7 万千米；城市道路面积 97 亿平方米，而 1978 末仅有 2.3 亿平方米。同时，中国的轨道交通建设有了突飞猛进的发展。1978 年，中国仅北京有轨道交通，线路总长度 23.6 千米。到 2020 年年末，中国共有 45 个城市建成投运城轨线路 7978.2 千米。此外，中国还建成了全球最大的高铁与高速公路网络。另一方面，其消极影响体现在可能会导致生态破坏、环境污染与资源浪费等问题。城市间在招商引资方面的竞争往往以放松环境规制为代价，由此形成的"污染避难所效应"引起了重污染产业向中国转移，造成了对资源环境的较大破坏。同时，中国在发展初期片面注重物质资本积累，过于追求经济增长速度的粗放式发展模式对经济社会的可持续发展产生了负面影响。

第二节　中国城市科技资本[*]

科技资本，属于投入产出的五要素之一，主要通过从国外引入物质资本从而带来科学技术，从引进—消化吸收—集成创新—原始创新，在"干中创"和"创中创"中实现科技资本的积累。科技创新是城市发展的恒久动力，对经济发展具有决定作用，对产业转型具有推动作用，对产业集聚具有引导作用，是一个城市的生产能力和综合实力的重要支撑。在未来的城市发展过程中，科技创新对城市发展的影响程度将越来越深、作用将越来越大、范围将越来越广。科技创新综合能力和水平的提升，能够为提高城市整体发展质量、促进城市化水平、推动地区协同发展贡献力量。

一　中国城市科技创新发展的特征事实

（一）中国城市科技发展成效：创新能力不断提升，科技实力显著增强

改革开放以来，中国城市科技发展日新月异，科技实力伴随经济发展同步壮大，为中国综合国力的提升提供了重要支撑。据世界知识产权组织发布的《2022 年全球创新指数报告》，中国的创新指数排名第 11位，连续 10 年稳步提升，位居 36 个中高收入经济体之首。

第一，科技投入持续增加，科研条件显著改善。科教兴国、人才强国战略的大力实施使科技创新队伍不断壮大，2021 年，全国研发人员总量为 562 万人，是 2001 年的 5.9 倍，自 2013 年超过美国以来，已连续 9 年稳居世界第一。R&D 经费投入达到 27956 亿元，稳居世界第二位，投入强度自 2002 年首次突破 GDP 的 1%，2014 年迈上 2% 新台阶后，2021 年提升至 2.44%，已接近 OECD 国家平均值，达到中等发达

* 作者：郑琼洁，南京市社会科学院经济发展研究所，副研究员。
本节在分析中国城市科技发展时，考虑科技创新一般是发源于城市，科技创新成果大部分均在城市产出，所以在部分数据使用时，用中国总体的科技发展数据来证明本节观点。

国家水平（见图 4.4）。国家财政资金对科技支持力度也不断加大，2019 年国家财政科技支出首次突破 1 万亿元，2021 年达到 10767 亿元，比 2012 年增长 92.2%，大大改善了科研基础条件，形成了包括大科学装置和仪器、国家重点实验室、科学数据库文献库、行业技术平台、企业技术中心等较完备的科研设施。

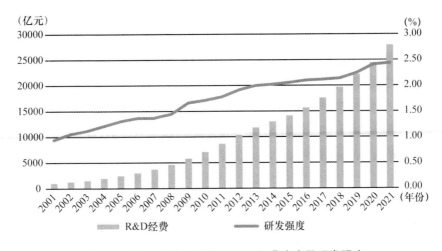

图 4.4　2001—2021 年中国 R&D 经费支出及研发强度

第二，科技产出量质齐升，科创成果不断涌现。2020 年国外三大主要检索工具（SCI、EI 和 CPCI-S）共收录中国科技论文 97 万篇，是 2012 年的 2.5 倍；2011—2021 年，中国各学科被引国际论文数达 4.29 万篇，占世界份额的 24.8%，仅次于美国（占 44.5%），位列世界第二位，成为全球知识创新的重要贡献者。2021 年中国发明专利申请数为 158.6 万项，是 2001 年的 25 倍，年均增长 17.5%；发明专利授权数为 69.6 万项，是 2001 年的 43 倍，年均增长 20.6%（见图 4.5）。中国高技术领域成果竞相涌现，多个重点领域核心技术、关键共性技术实现突破，三代核电、5G 产业化、新能源汽车、超级计算、高速铁路、大飞机等诸多领域成果丰硕，集成电路、关键元器件和基础软件研发取得积极进展。

第三，科创成效日益凸显，经济增长动力强劲。国家统计局报告显示，中国科技进步贡献率已由 2001 年的 39% 提高至 2021 年的 60% 以上，反映了科技在推动中国经济发展方式转变、经济结构优化与动能转

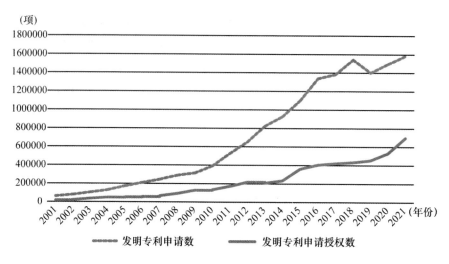

图 4.5　2001—2021 年中国发明专利申请量与授权量

资料来源：国家统计局，https：//data. stats. gov. cn/easyquery. htm? cn = C01。

化过程中扮演了越来越重要的角色。党的十八大以来，中国创建"揭榜挂帅""赛马制"等新组织管理模式，建设开放联动的技术要素市场和科技中介体系，促进科技创新资源合理利用和成果转移转化，技术市场成交额由 2001 年的 782.8 亿元增加至 2021 年的 37294.3 亿元（见图 4.6）。

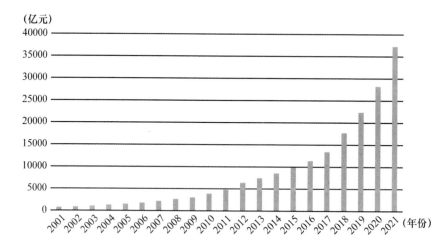

图 4.6　2001—2021 年中国技术市场成交额

资料来源：国家统计局，https：//data. stats. gov. cn/easyquery. htm? cn = C01。

科技进步推动产业结构持续优化，高技术制造业逐渐发展壮大，2021 年规模以上高技术制造业和装备制造业 R&D 经费分别为 5684.6 亿元和10581.6 亿元，分别是 2012 年的 3.3 倍和 2.7 倍，高新技术产品出口总额从 2001 年的 464.5 亿美元增加到 2021 年的 9795.8 亿美元（见图 4.7）。

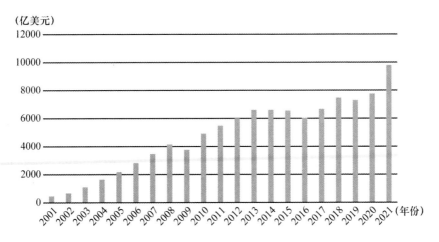

图 4.7　2001—2021 年中国高新技术产品出口额

资料来源：国家统计局，https：//data. stats. gov. cn/easyquery. htm？cn = C01。

（二）中国城市科技发展路径：从学习引进到模仿创新再到自主创新

第一阶段（1949—1991 年），为"学习引进期"。新中国成立初期，中国开始学习和引进苏联技术，"一五"时期开展的 156 个重大项目均获得苏联专家指导和技术援助，这是中国第一次大规模的技术引进。在此期间，中国在科技领域与世界先进国家的科技水平差距不断缩小，为中国的工业和科技现代化奠定了坚实的基础。20 世纪七八十年代，中国独立完整的工业体系和国民经济体系基本建成，并初步建立了一系列科学技术部门，形成了门类相对齐全的科技队伍。随后邓小平提出改革开放，明确指出要学习世界上最先进的成果，积极引进国外先进技术。在此期间，中国充分利用后发优势，直接购买和引进发达国家成套技术设备，改进形成适宜性技术。这是中国第二次大规模的技术引进，借助这些技术设备填补技术空白，中国与世界先进技术水平的差距大幅缩小，为中国加速科技现代化奠定了基础。

第二阶段（1992—2005 年），为"模仿创新期"。这一阶段，中国城市科技发展着重对引进技术进行消化吸收、模仿创新。1992 年，政府开始实施"以市场换技术"策略，通过开放国内市场，利用劳动力成本低廉、政策优惠、市场规模庞大等优势，吸引外商直接投资，引导外企进行技术转移，通过"干中学"消化吸收和模仿国外先进技术，进行国产化改造并创办企业。在"以市场换技术"政策的刺激下，外商直接投资开始大幅增加，从 1990 年的 34.9 亿美元突增到 1992 年的 110.1 亿美元，增长了 2。… 2 倍（见图 4.8）。这段时期，中国虽然获得了一些技术资源，但是形成了对欧美发达国家的技术依赖。特别是在加入 WTO 后，国内企业不得不直接与发达国家企业直接展开竞争，进一步突显了创新的重要性，于是中国开始整合内外技术资源，进行集成创新，中国的高铁、汽车、手机等都是集成创新的典型成果。这一阶段中国实现了从学习引进到消化吸收，再到模仿创新的转变，大大提高了中国整体的技术水平与创新能力，创造了制造业发展的奇迹。

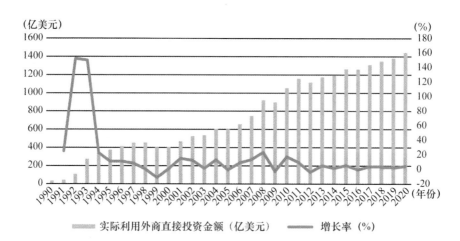

图 4.8　1990—2020 年中国实际利用外商直接投资额（亿美元）
资料来源：国家统计局，https：//data. stats. gov. cn/easyquery. htm？cn = C01。

第三阶段（2006 年至今），为"自主创新期"。2006 年，国务院发布了《国家中长期科学和技术发展规划纲要（2006—2020 年）》，提出了建设创新型国家的战略目标，首次提出了创建创新型国家的总体目标，标志着中国正式跨入"自主创新"阶段。尤其是 2012 年党的十八大以来，中国大力实施创新驱动发展战略，把科技创新摆在国家发展全局的核心位置，中国科技创新整体能力和水平开始发生质的变化。这段时期，中国高度重视基础研究，以国家战略性需求为导向，组建国家实验室，推进建设国家科学中心，围绕量子科学、空间科学、铁基超导、干细胞、合成生物学等基础领域集中突破，取得了一批标志性、引领性的重大原创成果，中国科技实力取得了跨越式发展，与创新相关的多个指标在全世界名列前茅。

（三）中国城市科技发展格局：东南区域形成引领，中心城市占据主导

从空间分布来看，南北、东西区域分化明显，形成梯度分布格局。中国城市科技创新活动的空间分布印证了国际地理学界著名的"胡焕庸线"，其创新发展水平在"胡焕庸线"的两侧存在非常不平衡的特征。且南部城市科技创新发展指数高于北部城市，东部城市科技创新发展水平整体优于西部、东北部和中部地区城市，沿海省份城市科技创新发展水平整体优于内陆省份城市。据《中国城市科技创新发展报告（2021）》，城市科技创新发展指数前 10 名中[1]，南部城市占 8 席，南北差距显著；东部地区城市科技创新发展指数领跑全国，特别是长三角和珠三角地区集聚效应明显，发展动力强劲。2021 年科技创新指数得分排名前 100 强的城市中，三分之一分布在江苏（12 个）、广东（11个）、浙江（11 个），而一些中西部省份，如甘肃、贵州、宁夏、山西、陕西、西藏、新疆、云南等，均仅有一个城市上榜。

从城市层级来看，中心城市主导创新格局，引领区域创新发展。据《中国城市科技创新发展报告（2021）》，2021 年 9 个国家中心城市[2]继续处于领跑阵营，其中，北京、上海、广州、武汉进入全国城市科技创新发展指数榜单前十强。9 大国家中心城市的指数均值为 0.6449，而全

---

[1]　2021 年科技创新指数得分前 10 名城市依次是：北京、深圳、上海、南京、广州、杭州、武汉、西安、成都、合肥。
[2]　国家中心城市：北京、天津、上海、广州、重庆、成都、武汉、郑州、西安。

国城市科技创新指数均值为 0.3196，国家中心城市科技创新指数得分远高于全国城市平均水平。且省会城市、副省级以上城市等区域中心城市科技创新发展水平也大大高于其他地级城市，36 个副省级及以上城市中，有 8 个城市占据全国前 10 位，有 31 个城市进入全国前 50 名。副省级及以上城市在国家政策的扶持下开启自主创新、先行先试，凝聚全省政策、资源的倾斜支持，在其对应的省域内积聚创新资源、优化创新环境，起到了很强的引领带动作用。

展望未来，数字科技将是引领未来的新动能，对生产力和生产关系进行重构、重塑和再造，线下的现实社会和线上的网络社会将会高度地交织在一起，推动智慧城市建设和数字经济发展。目前中国已成为第二大数字经济大国，要成为真正科技强国，必须坚持科技是第一生产力、人才是第一资源、创新是第一动力，深入实施科教兴国战略、人才强国战略、创新驱动发展战略，开辟发展新领域新赛道，不断塑造发展新动能新优势。到 2035 年，中国科技发展将迈上新的台阶，进一步改变未来世界科技发展版图，成为世界三大科技中心之一，为世界科技进步贡献中国力量。

二　中国城市科技创新发展的总体机制

（一）一般机制

家庭、企业、政府三主体的三交互行为在带来体制机制改革的同时也带来了内化的人力资本的增长，体制机制的改革和人力资本的增长促进外化的科技进步。而科技知识的增加倒逼人力资本刚性增加的同时，又要求规范行为的制度变革，从而带来更多的人力资本和技术进步。科技增长导致政府、企业和家庭比较优势发生变化，拓展了三主体利益最大化边界，致使就业部门和产业部门选择发生变化，从而导致就业结构和产业结构发生演化升级，也导致物质资本和人力资本进而总产出的增长，为中国城市发展注入了不竭动力。

（二）中国特征

作为人口、空间大国，中国拥有巨型国家庞大的科技人才和科技消费市场，同时科技发展水平的空间差异较大，南北、东西区域分化明显。在由计划经济体制向市场经济体制转变的过程中，中国形成了集中力量办大事的科技创新体系。作为后发经济体，中国与发达国家存在技术差距，具有技术后发优势和后发劣势。在新一轮全球化过程中，中国主要通过隐藏在跨国企业投资中的技术，从复制、模仿学习到自主创新，以较低成本获得了发达国家的先进技术。在第四次新技术革命中，中国从世界科技的跟随者到并行者和领跑者，走出一条典型的发展中大国科技创新道路。

（三）中国框架

受传统计划经济体制的影响，长期以来，中国技术创新的主体是政府，随着社会主义市场经济的推进，企业才慢慢成为中国技术创新的主体，市场经济体制改革打破了人才流动壁垒，提高了中国家庭部门的人力资本水平，营造了良好的营商环境，增强了企业部门的创新能力，降低了中国政府部门的行政干预程度，从而推动了科技进步。中国不仅拥有规模宏大、持续扩大的科技人才资源，而且拥有 14 亿人口、5 亿家庭的消费市场。通过巨型国家的规模经济，可以极大地降低城市科技创新的经济成本、降低技术创新扩散和应用的交易成本，减少技术创新的风险，实现科技创新跨越。[①] 中国作为后发经济体，相比发达国家具有技术后发优势，通过"干中学"、直接购买等方式，以较低成本获得发达国家的技术、设备和投资，从而受益于技术外溢效应。

科技增长，使中国家庭部门消费内容逐渐增加、消费选择日益丰富，企业部门创造新的生产函数或新的产品，提高中国政府治理水平，拓展了三主体利益最大化边界。但由于后发劣势的存在，中国在追赶发达国家先进技术，逐渐从跟随者成为并行者的时候，需要适时地实现技术转型，通过集成创新和自主创新，迅速走到国际先进技术的前沿。正如习近平总书记所说，我们在国际上腰杆能不能更硬起来，能不能跨越"中等收入陷阱"，很大程度上取决于科技创新能力的提升[②]。因此，中国应以迎头赶上和奋起直追的赶考精神，直接参与最新技术革命的创新，赋能中国城市可持续发展。

---

① 胡鞍钢：《中国式科技现代化：从落伍国到科技强国》，《北京工业大学学报》（社会科学版）2022 年第 10 期。

② 中共中央文献研究室：《习近平关于科技创新论述摘编》，中共中央文献出版社 2016 年版，第 26 页。

三　中国城市科技发展机制的影响机制

中国经历了 40 多年的改革开放，经济市场化程度和对外开放水平有了较大提升。市场经济体制通过影响家庭、企业、政府三主体的行为，增强了人口规模、人力资本等要素的作用，对中国城市科技资本的形成产生强大的驱动力。中国的农业和工业技术在城市发展初期主要通过引进外资、直接购买等途径从外部获得，并进行学习模仿、消化吸收再创新实现技术进步。所以，前期中国城市科技发展主要得益于对外开放及技术后发地位产生的拉动力。目前，中国因产业规模优势已经成为名副其实的"世界工厂"，大量企业积极参与全球价值链中，行业的产业链条不断完善，形成产业集群，进而增强各类科创资源的集聚力，进一步推动了中国城市科技发展。

（一）第一机制：市场经济体制激发主体活力驱动科技发展

中国从计划经济体制向市场经济体制转轨的改革已经进行了 40 多年，其间实现了经济高速增长，说明以市场化为取向的改革能有效激发创新主体活力，作用于科学技术上形成驱动力，促进中国城市科技发展。这些驱动力主要体现在以下三个方面。

第一，市场化改革提高家庭部门的人力资本水平驱动科技发展。在计划经济体制下，当时的户籍制度使城乡间及城市间劳动力难以大规模自由流动，而户籍制度的改革使得大规模的劳动力流动成为可能。而社会保障体制的建立，进一步降低了劳动力流动的潜在成本，降低了行业内人才自由流动的壁垒，有利于高知识水平劳动者跨企业和跨地区流动。高知识水平劳动者是先进技术扩散或溢出的主要载体，其在行业内企业间流动，促进了先进技术的扩散和溢出。[1] 较低的人才流动壁垒还能够激励劳动者通过学习和培训来提高知识水平以获得更高的劳动报酬，有助于行业内人力资本水平的提高。同时，高知识水平可降低劳动者学习和掌握先进技术时间，加快先进技术的掌握速度。另外，市场经济体制下企业采用的奖金制度、绩效工资制度等市场机制，打破了计划

---

[1] 毛其淋、许家云：《市场化转型、就业动态与中国地区生产率增长》，《管理世界》2015 年第 10 期。

经济下的分配原则，给劳动者提供了稳定的激励机制，同时促进了劳动者之间的竞争，形成内在驱动力，进一步提高了人力资本的水平，增强其创新能力，促进了科技成果的出现。

第二，市场化改革增强企业部门的研发投入驱动科技发展。首先，市场化改革使得非国有经济得到了较好的发展，行业中的企业数量不断增加，产品市场的垄断水平逐渐下降，市场竞争程度进一步提高。以致具有优势地位的国有企业面对非国有企业的竞争，不得不通过引入新技术或创新技术来保持领先地位，同时非国有企业也必须不断学习模仿、吸收消化先进技术，提高技术水平，才能在与国有企业的市场竞争中生存。这种良性的竞争为科技发展注入了动力。其次，市场化改革提高了要素市场和产品市场的市场化水平，使得价格信号和市场信息能够更准确地传递给企业，引导企业对创新资源进行更有效的配置，这有利于创新效率的提高，促进技术进步。① 最后，市场化改革为企业提供了稳定的融资环境，使企业拥有了在市场上获取资本要素的手段和途径，拓展了企业研发资金的来源渠道，降低了企业融资成本。企业主体在内部的驱动动力和外部的竞争压力共同作用下，将加强技术研发投入，从而促进科技成果产出。

三是市场化改革降低政府部门的行政干预程度驱动科技发展。市场化改革旨在避免政府过度干预经济，充分发挥市场在资源配置中的决定性作用。市场化程度越高，政府通过产业政策和稀缺资源控制等方式对行业发展的阻力越小，政府干预的减少会大大降低行政性垄断对资本错配的风险，从而更好地发挥市场对各类所有制资本的优化配置作用，将资本更好地配置到行业生产活动和研发活动中，提高行业的资本配置效率和研发效率。另外，市场化改革有助于改善政府与市场的关系，减少政府政和市场在经济活动中产生的摩擦力，从而减少寻租行为，进一步优化社会研发投资的资源配置，提高创新的效率，推动科技发展。

---

① 周兴、张鹏：《市场化进程对技术进步与创新的影响——基于中国省级面板数据的实证分析》，《上海经济研究》2014 年第 2 期。

（二）第二机制：技术后发地位形成比较优势拉动科技发展

由于中国处在后发区域，在空间上存在比较优势，导致国际家庭和企业的物质资本（机器设备等）向中国流入，资本流入的同时也带来了先进的技术，并与劳动力等要素结合进一步增强了科技资本。中国城市在过去40多年中技术进步迅速，主要得益于后发优势对科学技术产生的拉动力，并借此实现了从学习引进到模仿创新，再到自主创新的路径转变。

先进科技主要是由发达国家发明创造的，作为后进国家无须投入过多的资源和时间在研发上，而只需要把发达国家现存的先进技术引进过来加以消化改进就可以加速本国的技术进步。由于吸收、消化和模仿比发明创新花费的成本和时间要少得多，因此，发展中国家能够节约大量的资源和时间，而且能够比发达国家以更快的速率促进技术进步，从而缩小与发达国家在科技方面的差距。除了技术模仿之外，后发国家还可以实现技术跨越式发展。一项技术的发展是由低级阶段向高级阶段逐步进行的，比如电子技术从最初的半导体到晶体管，再到集成电路，经过了好几个发展阶段。后发国家在发展过程中引进国外技术时，就可以跳过一些中间阶段，直接引进国外最先进的技术，而无须从初级技术开始，这就为后发国家缩短与发达国家的先进技术水平差距提供了快捷方式。① 另外，后发优势是发展中国家相对发达国家而言的技术落差，随着经济发展阶段发生变化。在经济发展水平与发达国家存在较大差距时，后发国家可以通过技术引进的方式快速实现技术进步；接着，在对引进的技术进行消化、吸收后，加以模仿创新，逐渐缩小与发达国家技术差距；当后发国家的技术发展水平接近世界前沿时，为了获取更高的收益，后发国家会选择进行自主创新，突破核心关键技术实现垄断收益。

中国改革开放以来，发挥自身后发优势，大规模引进发达国家的先进技术，利用发达国家的技术扩散效应实现了技术追赶。改革开放前期重在技术引进，直接购买和引进发达国家先进技术和设备，通过改进形

---

① 刘培林、刘孟德：《发展的机制：以比较优势战略释放后发优势——与樊纲教授商榷》，《管理世界》2020年第5期。

成适宜性技术。20世纪七八十年代，中国从美国、荷兰进口成套的化纤和化肥、技术设备，从德国、日本引进电力工业设备，形成技术引进和设备进口高潮，借助这些技术设备填补技术空白，中国与世界先进技术水平的差距极大地缩小了。中期重在模仿创新，实行"以市场换技术"的战略，通过引进外商直接投资学习模仿先进技术。20世纪90年代开始，中国利用市场规模庞大、劳动力成本低廉以及政策优惠条件，吸引发达国家和地区的制造企业在中国设立基地，通过"干中学"方式学习和模仿先进技术。依靠技术学习和模仿的后发优势，中国在电子、通信、家电、日化、轻纺等行业创造了制造业发展的奇迹。后期重在自主创新，引进、消化、吸收先进技术和集成创新，形成技术竞争优势。进入21世纪以后，中国按照"引进先进技术、联合设计、打造中国品牌"的发展思路，通过从日本、德国、法国等发达国家引进先进高铁技术，并尽快消化、吸收和国产化，成功地掌握了高速动车组总成、车体、牵引、网络和制动等多项关键技术及配套技术，制造出具有自主知识产权的动车组产品系列。

（三）第三机制：大国规模优势吸引要素集聚助推科技发展

科技创新具有规模经济的特征，大经济体通常具有技术创新的比较优势，对资源要素产生更强的集聚力，更易实现技术进步。中国规模影响技术进步主要通过两条路径：一是人口众多导致技术人才多，技术人才向大城市集聚推动城市科技创新；二是市场规模大引致技术需求旺盛，企业创新欲望迫切，形成产业集群产生知识外溢，推动行业技术变革。

中国的人口众多，相应的技术人才多，即拥有较高的人力资本，中心城市对人才的吸引力进一步形成聚集经济，助推中国城市科技发展。在17、18世纪以前，中国的技术水平居于世界领先地位，中国的四大发明对世界文明的进步产生了巨大的推动作用。这主要得益于古代社会进步主要依赖于农夫、工匠们的实践经验和对自然的探索观察，中国因人口众多而拥有更多的耕织能手和能工巧匠，在人口规模、人力资本方面具有比较优势，进而在科学发现、技术创新、生产率提高、工业化程度和财富创造等方面占据领先地位，成为世界上最强盛的经济体。在现代城市发展中，人口红利依然不可小觑。一方面，城市人口规模产生的聚集经济效应能够显著地提升城市的科技创新能力。例如，在大城市更容易购买到专业的器械设备，更容易找到不同专长的人员共同合作，更容易获得专利申请过程中的法律和咨询服务等，这一切都对科技创新起到重要的促进作用。城市，特别是大城市之所以能够成为创新的中心，不仅是因为人口规模大，更重要的原因是人均创新产出多、创新能力强，所以创新成果集中在大中城市中。① 另一方面，城市人口规模产生的聚集经济效应与城市人力资本之间具有互相促进的关系。聚集经济能够增强知识溢出，促进人力资本增加，从而提升人均创新产出，同时人力资本提高也可以放大聚集经济的效应，进一步加强中心城市的科技创新能力，这也是中国东部地区人口密集、发达程度较高的原因所在。

中国市场规模巨大，具有较大的市场需求，进而造成技术市场需求大。根据内生技术变迁理论，新技术主要是在市场利益的驱动下产生的，其生产量是由新技术的市场需求所决定的，市场需求规模制约着技术创新的发生，这是需求引致技术创新的普遍机制。② 首先，中国是超大规模国家，拥有数量众多和规模庞大的企业，可以形成巨大的技术市场和技术需求，成为推动科技创新的基础。其次，中国拥有庞大的国内市场，有利于在创新过程中摊薄产品研发的单位成本，减少技术创新风险。最后，中国的工业门类齐全，拥有独立完备的产业体系，产业链结构完整、链条长，促使产业链上中下游企业集聚，进一步形成产业集群，推动企业之间相互交流合作，在特定的技术领域共享成果，产生知识和技术的外溢，有助于企业更好地吸收和消化外部机构溢出的技术知识，改进原有生产工艺，突破新兴技术，从而实现产业结构升级并推动整个行业的技术发展。

四　中国城市科技创新发展的作用机制

事实上，城市产生源自于技术的进步，城市的发展根源于技术发展的正向驱动力。但在后发国家包括中国，在从农业社会向城市社会转型

---

① 高翔：《城市规模、人力资本与中国城市创新能力》，《社会科学》2015 年第 3 期。
② 欧阳峣、汤凌霄：《大国创新道路的经济学解析》，《经济研究》2017 年第 9 期。

的过渡时期，主要是通过引进吸收隐藏在跨国企业投资里的技术而促进科技进步的。科技进步提高三主体预期收益程度，促进家庭消费升级，创造新的生产函数和产品，提高政府治理水平，不断拓展三主体利益最大化边界。科技进步带动城镇人口就业，倒逼人力资本刚性增加与制度文化改革，加速资本积累，创造新的城市空间，与其他六要素不断耦合，为中国城市发展注入不竭的动力。

（一）科技创新拓宽三主体利益最大化边界

随着收入的增长，城镇居民人均年消费支出也呈现不断增长的趋势。科技进步使人类消费内容逐渐增加、消费选择日益丰富，将居民消费需求由马斯洛需求理论中的生存需求层面解放出来，并向发展需求和享受需求层面迈进，这一点可从从历次技术革命对人类消费结构的冲击中得到证明。

科技进步创造新的生产函数或新的产品。新的生产函数一旦形成新的产业，就会吸引各类生产要素向该产业流动，形成新的产出、新的产业，带来产业结构合理化。通过市场竞争的方式，使市场份额从创新较少的企业向创新较多的企业转移，高技术企业因此可获得更多利润。

技术进步通过提高政府治理水平，作用于城市利益最大化。科技创新以新一代信息技术为支撑，将大数据、云平台、人工智能、区块链等运用到政务开展的具体过程中，促进政府部门数字化建设，对政府内部组织架构和运作程序进行优化，全面提升政府在各领域的履职能力，促进公共服务高效化、智能化、精细化。例如，中小微企业在与政府政策对接的过程中经常出现信息摩擦，这使得部分企业难以从中受惠，政府数字化建设可以加速政务数据信息开放，精准定位"救与扶"企业对象，盘活中小微企业，释放经济活力。

（二）科技创新与其他六要素耦合推动中国城市发展

第一，科技创新通过对劳动就业的影响促进农村人口向城市流动。熊彼特认为，技术进步对就业的影响可归纳为"创造性"破坏，即新技术的出现破坏了旧有工作，但也创造了新工作。[①] 例如，随着个人计

---

① J. A. Schumpeter., *The Theory of Economic Development：An Inquiry Into Profits，Capital，Credit，Interest，and the Business Cycle*. Amercia：Transaction Publishers, 1934.

算机的问世和普及，导致打字员、秘书等就业岗位减少，但同时也创造了新的就业岗位，如 IT 系统管理员、客户服务专员、行政助理、计算机研发专家等。技术进步深刻改变了就业结构，减少了对第一产业劳动力需求，增加了对第二、三产业劳动力需求；减少了对蓝领工人的需求，增加了对白领工人的需求。技术进步对就业的影响存在双重效应。一方面，替代效应减少了就业量。替代效应是指技术进步通过提高劳动生产率、缩短工作岗位生命周期等方式，造成周期性或技术性失业，从而减少了就业总量。① 另一方面，补偿效应增加了就业量。补偿效应在技术进步替代就业的同时，也创造了新的岗位：一是随着人工智能、大数据技术、工业机器人等新技术发展，促进产业升级优化，尽管部分传统行业被淘汰，减少了部分就业岗位，但也孵化出新的岗位、新的职业，如催生了网约车司机、外卖小哥、代驾员等新生就业群体；二是随着技术进步，劳动生产率提高，企业生产成本下降，促使企业扩大生产规模，增加了劳动力需求；三是随着经济发展，居民收入和储蓄增加，扩大了社会投资，增加了社会消费，产品供给需求大幅度增加，进而扩大了劳动力需求。最后，技术进步对就业的影响净效应取决于两种效应的强度差。正如马克思所言，工人是不断被排斥又被吸引。长期来看，补偿效应大于替代效应，就业量增加；短期则相反，补偿效应小于替代效应，就业量减少。

第二，科技知识增加倒逼人力资本刚性增加。技术进步通过要素替代弹性带来劳动力和资本的有效匹配。当资本与劳动存在互补性时，资本深化使得资本偏向性技术进步，使能够与之匹配的劳动需求增加，并通过生产中对劳动力的技能培训和倒逼机制带来劳动力素质的提高。当资本与劳动存在替代性时，劳动投入减少，只有与资本偏向性技术进步相匹配的劳动才能适应生产要求，从而改善就业结构。具体表现为：技术进步增加了对受过教育的、所从事非常规抽象任务的劳动力需求，减少了通常由中等技能劳动力执行的常规任务的相对需求。各级教育规模

---

① Daron Acemoglu and Pascual Restrepo, "The Race between Man and Machine: Implications of Technology for Growth, Factor Shares, and Employment", *American Economic Review*, Vol. 108, No. 6, 2018.

快速扩大，家庭教育支出持续上升，提高了低学历、低技能劳动力的人力资本存量，使其积极进入劳动力市场；同时巩固了高学历、高技能劳动力的人力资本存量，使其保持在劳动力市场的地位，家庭人力资本存量不断提升。如 20 世纪 70 年代以后，发达国家信息技术的大规模应用提高了对高技能劳动的相对需求，进而提高了高技能劳动的相对工资，进而影响劳动者人力资本投资决策，最终引起家庭人力资本水平的提升。[1] 若上述机制实现，技术进步将提升人力资本水平，人力资本积累带来的知识共享效应、技术溢出效应，又将强化偏向技术进步的要素再配置作用，提高资源整体使用效率，使得就业结构和产业结构共同变化。

第三，随着科技的进步，物质资本迅速增长，资本积累不再是简单的资本规模的扩大再生产，更多追求的是品质和效率的扩大再生产。[2] 一方面，在资本积累过程中，为了购买更多的生产效率高、科技水平高的机器以获取更大的利润，资本家更加不断积累不变资本；另一方面，随着社会化大生产，科技进步促进资本的加速积累，资本积累与科技进步息息相关，科技的飞速发展会促进劳动生产率的快速提高，劳动生产率的提高则会进一步导致资本积累水平与资本积累速度的提高。

第四，科技创新对制度文化改革提出要求。就像前文提到的制度创新是一个动态的历史过程，其动力来自人们对现有制度约束的不满和对新制度的追求。今天的技术更迭速度之快是前所未有的，新科技的产生与应用往往意味着上一代科技及其应用产品将退出市场，传统意义上的"后发优势"将不复存在、甚至会转化并锁定为"后发劣势"。[3] 这也是包括中美在内的世界各国加紧布局科技创新与科技竞争政策的重要原因。发达国家在数字科技及规则制高点的抢占中处于更有利地位，以中国为代表的新兴经济体则亟待实现科技自立自强以提升科技竞争能力。

---

① 欧阳秋珍、陈昭、周迪：《技术进步对人力资本水平的空间效应分析》，《统计与决策》2022 年第 14 期。

② 杨庆：《浅析科技进步对资本有机构成的新变化——基于马克思科技批判思想》，《法制与社会》2019 年第 27 期。

③ 孙志燕、郑江淮：《积极应对全球价值链数字化转型的挑战》，《经济日报》2021 年 1 月 8 日。

科技进步总是产生于社会发展的最前沿，很多科技成果在社会中的普及都经过了一段较长的时间。例如手机和电脑，从最初的军事用途到社会公众的普遍使用历经了半个多世纪。与快速更迭的科技相比，制度本身带有一定的保守性，在时间上总是以现有的社会情势和观念作为基本的立场。因此，科技进步与制度更新之间在时间上的错位要求制度进行渐进式变革。

第五，科技进步创造新的城市空间，对城市生活品质提升具有正向驱动力。从18世纪开始的工业文明不仅使得人类享受到了工业文明的成果，也对城市的空间布局产生了很大的影响。大工业化的生产方式，促进了人口集中。城市规模的迅速扩大，引起了城市功能结构的变化和城市空间上分区的扩大，城市中出现了前所未有的大片工业区、交通运输区、仓库码头区、工人居住区等。城市生活的空间随之扩展，打乱了原来城市封闭的布局，这种空间结构与布局反映了当时的社会经济发展的现状，随之而来的布局混乱、交通阻塞、建筑密度高、环境条件差等问题又迫使人们研究新的技术来解决，城市空间的发展研究也因此得以快速发展。

（三）科技创新推动中国城市产业结构升级

技术进步通过国际贸易和产业转移在不同发展水平的国家间传递，改变了发达国家和发展中国家的产业结构。发达国家对发展中国家进行产业梯度转移的同时，也伴随技术转移和资本转移。因此，在发达国家出现的偏向性技术进步不可避免地通过贸易和对外直接投资转移到发展中国家。按照赤松要的雁行形态理论，东道国产业结构可以在两个阶段发生"质变"。第一阶段，东道国通过直接购买、引进具有偏向技术进步的装备或中间投入品进行生产，建立完整的产业结构；第二阶段，在使用承载偏向技术进步的机器设备过程中，对偏向性技术进行消化、吸收、模仿、再研发，以便更好地和投入要素结合，通过技术与资本、劳动结合产生的溢出效应、共享效应，提高要素生产率，提升劳动者技能水平。它们均可以促进产业升级，加快产业结构高度化。技术进步催生新兴产业，改变国际竞争格局，促进加深产业分工和产业结构不断向高级化发展，从而加速产业结构的变化。实证表明，科技进步与产业结构存在较为显著的正相关关系，科技进步水平的提高有利于产业结构优化升级。①

（四）科技创新缩小中国城市间时空距离

科技进步促使城市之间的联系突破区域的行政界限。网络缩小了城市与区域、城市与城市之间的时空距离，企业分布可以分散化、小型化，从而使城市发展分散化、中小型化，城市可以远程联系的方式来组织社会生产和生活。城市各种功能的分布可以不受地域空间的限制，以区位条件为主导的城市功能布局原则在信息网络时代不再重要。城市的一般功能区（如居住、工业等）呈分散趋势，形成开放式、网络型和多中心的城市体系。这种开放结构促进了城市之间横向经济联系和城乡经济的共同增长，城乡界限逐渐消失，城市之间的竞争、互补、协同关系将代替传统的等级关系。如在科技进步背景下，南京都市发展区将形成"以长江为主轴，以主城为核心，结构多元，间隔分布，多中心开敞式的空间格局"，并凭借优越的区域基础设施条件向东扩展，和上海、苏州、无锡、常州等苏南地区在经济和信息上形成一体化发展。

典型城市

北京：培育科创高精尖，融合科创产学研②

经过多年的发展，中国的制造业已经形成诸多优势。随着经济与社会的发展、国际局势不稳定性的加剧，中国加快了向高端制造业的转型。城市是科技创新要素的聚集地，在过去20年间，中国城市在科技创新的维度总体上呈现稳步上升的态势。2001年，中国全社会科学研究与试验发展（R&D）经费总支出首次破千亿关口，达到1043亿元。在国家政策促进下，随着各城市逐渐加大在科研方面的投入，中国在研发经费方面的投资快速增加，2009年超过5000亿元，2012年破万亿元。截至2021年，（R&D）经费达到2.79万亿元，较2001年增加了26倍，居世界第2位。研发强度提升2.3倍，达到2.44%，接近经合

① 芦艳荣、周绍森、李斌等：《科技进步对经济发展贡献的研究与建议》，《宏观经济管理》2010年第11期。

② 作者：陈博宇，中国社会科学院大学，博士研究生；赵无忌，北京大学附属中学。

组织（OECD）国家的平均水平。

40年间，北京经济总量持续迈上新台阶，地区生产总值从百亿元提高到千亿元用了16年，从千亿元到万亿元只用了13年，此后用6年超过了2万亿元，用5年超过了3万亿元。过去20年间，北京市地区生产总值由3861.5亿元提升至3.6万亿元，增长了8.3倍。截至2021年，国家高新技术企业达到2.9万家，独角兽企业93家，数量居世界首位；高技术产业和战略新兴产业增加值分别累计增长56.9%和58.5%。

20多年来尤其近10年来，北京基于其功能定位和优势资源，打造一流宜居环境，吸引全球顶尖资源，以市场化机制和政府型平台，融合科创大中小企业和产学研环节，发展高精尖科创经济，建设国际科技中心。随着北京的首都功能显著增强，发展模式也由聚集资源型增长逐渐转向疏解非首都功能谋发展。在"瘦身健体""提质升级"的减量发展要求下，北京专注于高质量增量提高，以国际科技创新中心为目标，以科技、人才、创新驱动为抓手，实现在减量中高质量发展。

第一，打造一流的人居环境，提高城市现代化治理水平。在"建设国际一流的和谐宜居城市"的宏伟目标下，北京通过统筹整体规划与系列行动，实现城市人居环境的品质的全面提升；通过简政放权与基层治理能力建设并行的路径，实现宏观管控和精细化治理的有效联动，实现首都城市现代化治理水平的提升；通过建立规划师与居民的沟通渠道，使得宏观目标与居民的实际诉求可以有效结合，实现"共建共治共享"的城市发展目标；通过推动"政府统筹、市场运作、多元参与"的体制机制的创新，充分发挥政府的主导效应和市场主体在资本投入、实施运作和运营维护方面的优势，实现社会资本支持和谐宜居城市建设。

第二，利用首都综合优势，打造高端要素聚集地。利用包括政治、科技、教育、文化、金融、国际交往等综合优势，结合"京科九条""京校十条""外籍人才出入境二十条""商事制度改革十条"等微观层面的政策，充分发挥了高水平人才和资源密集的优势，打造首都人才"高地"，打造了一批高水平人才集聚的平台。同时，吸引科创资源和科创企业，充分利用企业的聚集效应，通过推动高新技术企业和创业团队的资源整合发展，实现企业自发性的组织模式创新和商业模式创新，北京逐渐由"全国科技创新中心"向"国际科技创新中心"的发展战略转型。此外，产业定位高精尖，将北京的职能由原来的重工业城市转换为服务业城市，产业内部结构向"高精尖"发展。

第三，孵化科技园区，建设国际科技创新中心。京内层面，"三城一区"，（中关村）一区多园作为科技创新中心的主平台，充分发挥要素聚集优势，聚焦中关村科学城，集聚全球高端创新要素，形成具有国际影响力的创新性领军企业、技术创新中心、原创成果和国际标准；突破怀柔科学城，聚集大批科学装置，建设国家重大科技基础设施和前沿科技交叉研究平台，吸引聚集全球高端科学技术；搞活未来科学城，集聚一批高水平企业研发中心，研发创新平台，打造全球领先的技术创新高地；提升北京经济技术开发区，承接三大科学城的科技成果转化，打造优势科技创新策源地。京外层面，在北京疏解非首都功能，京津冀协同发展的大背景下，北京始终发挥"一核"的辐射带头作用，有序推进雄安新区的"三校一院"交钥匙项目建设、推动出台雄安新区中关村科技园发展规划、完善天津滨海中关村科技园建设等工作，全力打造区域高质量发展新引擎，持续助力京津冀协同发展。

第四，打造以大带中小的创新联合体，实现大中小科创企业融合发展。以"三城一区"为主平台，以中关村国家自主创新示范区为主阵地，通过整合大型企业的产业优势资源及资本优势，对接高校、科研院所和中小型企业的创新资源，构建高效强大的研发供给体系，保证科研研发供给与产业技术需求的有效对接。通过向高校、科研院所及中小企业提供商业规划、市场渠道、客户资源、专业人才、资本和资金的支持，帮助中小企业实现前沿科研成果的产业化，从而摆脱"科研项目来自政府部门，企业对技术的需求来自市场"的二律背反困境。

在过去20年间，北京的研发经费迅速增长，由2001年的171.2亿元增长至2021年的2629.3亿元，增长了14.4倍，是全国唯一研发经费超过2000亿元的城市；区域生产总值占比由4.6%上升至6.53%；每万人高价值发明专利拥有量94.2件，是全国平均水平的12.6倍，在《自然》杂志发布的全球科研成绩榜单中，北京名列全球第一。截至2022年，北京拥有54家世界500强企业，连续10年位居全球城市榜首，与世界其他城市相比具有显著集聚优势。

随着多年的发展，北京充分利用其政治中心、国际交往等先天的要素禀赋，通过吸引国际高端要素形成高附加值的比较优势，并且把比较优势转为竞争优势和合作优势。随着高端要素的入驻，产业和经济活动在空间上逐渐产生聚集效应，形成自发性的知识创新、理论创新、方法创新，实现内生增长，推动城市在减量中高质量发展。在有序疏解北京非首都功能的同时，打造区域发展新高地，构建现代化首都都市圈，带动周边地区一体化高质量发展。

第五章　中国城市交互的演进

第一节　中国城市生产与制造[*]

城市产业体系是指在生产交互领域，政府、家庭、企业三主体，最有效利用劳动力、人力资本、物质资本、技术、制度、土地等要素生产物质和精神产品而形成的一个体系。本章根据中国城市从古代阶段到现代阶段的产业发展历程，阐释了城市产业发展的一般规律与中国特色，发现制度变革、劳动力优化配置、资本积累、土地资本化、技术进步、对外开放等因素是中国城市产业发展的主要推力，而城市产业链发展又反过来从微观、中观、宏观上对城市发展和经济增长产生作用。

一　中国城市生产与制造的特征事实

（一）改革开放前中国城市产业发展特征

在农耕文明时代，中国城市产业长期以手工业和商业为主，并且处于逐步发展态势。战国时期，封建城市逐步兴起，商业开始兴盛并呈现集中化趋势，私人工商业者明显增加，城市逐步成为工商业中心，但城市经济功能主要依附于政治中心，工商业活动也主要服务于官僚地主阶层和大商人阶层。汉唐时期，城市工商业进一步发展，官府对城市工商业活动的管理也更加精细化，长安、洛阳、扬州等城市成为著名的商贸中心。特别是丝绸之路和大运河的开辟，推动了贸易的繁荣、大批沿线

---

* 作者：倪鹏飞，中国社会科学院财经战略研究院，研究员。

城镇的崛起以及经济中心的南移。宋元时期，中国城市发展进入黄金期，城市功能开始逐步转变，其经济职能不断增强，官府对商业活动的管控开始弱化，市镇形式的工商业城市开始兴起，特别是海上"陶瓷之路"推动了海外贸易发展，致使泉州、明州、杭州等一大批沿海城市快速崛起。明清时期，城市商品经济更加活跃，城市工商业发展对政治中心的依赖度进一步减弱，一批以经济职能为主的中小市镇兴起，苏州等一些江南城市开始出现资本主义生产关系的萌芽。

自鸦片战争以来，在西方资本主义的影响下，中国城市产业发展"被动"走上了工业化道路，以简单工商业为主的城市经济基础逐步瓦解。在这一过程中，主要呈现如下典型特征事实。一是商业化先于工业化。中国近代城市发展与开埠通商紧密相连，因此，产业发展主要从对外商贸开始，商业资本明显强于工业资本，1894 年，商业资本与工业资本的比例为 9.7 : 1，到 1920 年才降至 3 : 1。[①] 二是近代工业主要集中于口岸城市和交通中心城市。随着近代交通方式的引入和对外贸易的发展，沿海口岸城市成为中国联系世界的主要通道，近代工业日益集聚在沿海口岸城市以及交通枢纽城市。1933 年，在民族工业最发达的 12 个城市中，上海、天津、青岛、广州、福州、汕头等 6 个沿海城市占据工厂总数的 67%、工人总数的 72%、资本总额的 86% 以及生产净值的 85%。[②] 三是外国资本、官僚资本、民族资本是中国近代产业发展的主要动力。鸦片战争以后，为掠夺中国的原料和劳动力，外国资本开始加大对华资本输出，在华创办各种工商业企业。外国资本主义入侵客观上为中国资本主义工业发展提供了条件和可能，一些官僚、地主、商人开始投资兴办近代企业，清政府为解决财政危机，放宽了对民间设厂的限制，官僚资本和民族资本迎来快速发展期。四是城市产业体系由以城市等级为主向经济能级为主转变。随着沿海口岸城市和内陆交通中心城市的崛起，城市产业体系发生了显著改变。在新的体系中，上海、香港作为全国性港口城市，位居最高层级；广州、厦门、宁波、汉口、重庆、青岛、天津、大连等区域性中心城市位居第二层级；其余内陆城市位居第三层级。

---

① 许涤新、吴承明：《中国资本主义发展史》第 2 卷，人民出版社 1990 年版。
② 吴松弟等：《中国近代经济地理》，华东师范大学出版社出版 2015 年版。

新中国成立初期，国家逐步将官僚资本转化为社会主义国营企业，实施资本主义工商业和手工业的社会主义改造，为社会主义工业化建设奠定了基础。在这一时期，城市产业发展主要呈现如下特征事实。一是集中力量在重点城市发展工业。"一五"期间，中国开展了以苏联援助的156项工程为中心的工业化建设，相继建成飞机、汽车、重型机器、精密仪器等一批重点项目；鞍山钢铁、长春一汽、沈阳机床等重点企业建成投产。哈尔滨、长春、沈阳、西安、太原、包头、兰州、成都、洛阳、武汉、大同等一批重点城市成为新兴工业城市，为社会主义工业化奠定了牢固基础。二是实行工业化优先的二元发展道路。受特定历史与现实条件的限制，中国为尽快实现工业化，实行了一条工业优先、城乡二元分割的城市产业发展道路。据统计，1952—1978年，中国非农产业增加值比重由49.5%上升到71.9%，年均增长0.86个百分点，相继建成武汉、包头两大钢铁基地，大庆油田、胜利油田、大港油田，南京长江大桥、成昆铁路、湘黔铁路、兰新铁路、包兰铁路等一批标志性项目，但造成了工农业比例失调、工业内部比例失调等一系列问题。[①] 三是工业区布局重点向中西部城市倾斜。从1952年开始，中西部城市迎来了一轮工业发展高潮。"一五"期间，在150个实际施工的重点项目中，有118个项目布局在内陆地区，占全部项目的78.7%。截至1978年，西部和中部的工业总产值占全国的比重分别为16.87%、17.74%，分别较1952年上升5.09和4.33个百分点。[②]

（二）改革开放至今中国城市产业发展特征

改革开放以后，中国开始由计划经济向社会主义市场经济转型，19世纪80年代相继实施农村改革和城市经济体制改革，20世纪90年代开始全面构建社会主义市场经济体制，中国城市进入新的发展时期。在这一时期，中国城市产业发展主要呈现如下特征事实。

一是产业体系从国内循环到国际循环，再到国内国际双循环。改革开放之初，中国产业体系主要以国内循环为主，对外投资贸易相对较

---

① 黎仕明：《试论近代以来中国城市化与工业化之关系》，《乐山师范学院学报》2003年第2期。

② 沈立、倪鹏飞：《中国工业发展空间格局演变：历史、现状及趋势》，《河北经贸大学学报》2022年第2期。

少。1978 年，中国对外贸易依赖度（进出口总额占 GDP 的比重）不到 10%。进入 19 世纪 80 年代，通过设立经济特区、开放沿海港口城市，快速实现了沿海城市的率先开放，中国对外贸易依赖度也开始明显上升，由 1980 年的 13.67% 快速上升至 1990 年的 49.87%。20 世纪 90 年代，通过建立浦东新区，实施沿边、沿江、沿路及内陆开放战略，实现了全国城市的全面开放，到 2000 年，中国对外贸易依赖度已经上升至 77.18%（见图 5.1）。21 世纪初，通过加入世界贸易组织，中国全面融入世界，产业深度融入国际分工体系，在众多工业制成品领域成为全球供应链不可或缺的重要环节。外资成为中国产业发展的主要推动力量，纺织、服装、玩具、电子信息产品等具有劳动密集比较优势的出口导向型行业获得快速增长，中国对外贸易依赖度持续维持高位，基本上都在 60% 以上。进入 21 世纪头十年，中国经济进入新常态，开启全方位双向开放，国内需求对经济的贡献度明显上升，国际国内双循环态势逐步成型，中国对外贸易依赖度开始逐步下降，由 2010 年的 63.0% 逐步下降到 2020 年的 35.4%。

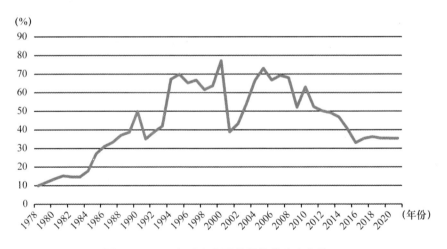

图 5.1　1978 年以来中国外贸依赖度变化情况

资料来源：Wind 数据库。

二是产业规模体量高速发展。改革开放以来，中国一、二、三产业规模持续扩张，增速极快，见图 5，2。首先，第一产业呈现快速发展

趋势。1978—2020 年，中国第一产业增加值由 927.78 亿元增长至
68143.66 亿元，增长 72 倍，增速远高于美国、日本、德国等主要国
家。该时期中国农业综合生产能力大幅提高，粮食产量持续保持高位，
肉蛋菜果水产等主要菜篮子产品产量也稳居世界第一位。其次，第二产
业发展惊人，现代工业体系基本建立。改革开放以来，中国工业化进程
明显提速，技术竞争力不断增强，工业体系持续完善，钢铁、汽车、手
机等 220 多种工业品的产量居世界第一。截至 2020 年，中国第二产业
增加值高达 359441.76 亿元，较 1978 年增长 201 倍，特别是工业增加
值增速远高于美国、德国、日本等主要国家。最后，服务业快速增长。
改革开放以来，生活性服务业和生产性服务业都呈现快速增长趋势，特
别是金融服务业和知识型服务业发展更快。2020 年，中国第三产业增
加值达到 483619.83 亿元，较 1978 年增长 543 倍；第三产业增加值占
GDP 的比重为 54.526%，较 1978 年增加近 30 个百分点。

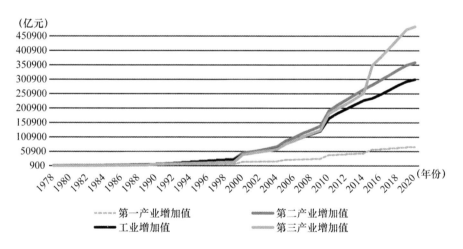

图 5.2　1978 年以来中国三次产业增加值变化趋势

资料来源：Wind 数据库。

　　三是制造业在经历高速增长后出现增速过快过早下滑的现象。[①]
1990 年以后，中国工业发展进入快车道。1990 年，中国工业增加值占

---

　　① 由于制造业主要布局在城市地区，因此，可以用全国制造业数据近似于城市制造业
数据。

GDP 的比重为 41%，而到 2006 年，工业增加值占 GDP 的比重已经上升至 47.6%。之后，中国工业增加值占比呈下降态势，特别是制造业比重出现过快下降的特征。2020 年，中国制造业比重为 26.29%，较 2006 年下降 6.17 个百分点，年均下降 0.44 个百分点。相较来说，美国制造业比重从 1953 年的最高点 27.6% 下降至 1980 年完成工业化时的 19.5%，年均下降 0.30 个百分点。韩国制造业比重从 2010 年的高峰 28.5% 降至 2016 年的 26.8%，年均下降 0.28 个百分点。日本从 1994 年的 22.9% 下降至到 2002 年的 20.9%，年均下降 0.28 个百分点。加以对比，中国制造业比重存在过快下降的特征。另外，中国制造业比重还存在过早下降的特征。美国制造业比重在人均 GDP 达到 1.7 万美元时开始出现整体下降态势，日本、德国制造业比重是在人均 GDP 分别达到 1.7 万、2.0 万美元开始转入下降通道。韩国则是在人均 GDP 达到 2.3 万美元时制造业比重开始呈下降态势。而中国在 2006 年人均 GDP 仅为 3069 美元时制造业比重就已开始下降。

（三）未来中国产业发展特征

未来，中国产业发展将呈现如下特点。一是大国博弈白热化加剧产业竞争。目前，中国正经历百年未有之大变局，大国之间产业博弈日趋激烈，特别是对科技、人才、金融等要素的争夺日趋白热化，统筹安全和发展成为中国未来产业发展的一个重要原则。二是产业发展趋向智能化、绿色化。从全球产业发展趋势来看，包括中国在内大部分国家都在积极推动产业发展向智能、低碳、健康三个方向转型。三是先进制造业成为中国产业发展的基石。先进制造业是推动产业高质量发展的重要推力，也是确保国家经济安全的重要支柱。四是中小企业成为未来中国产业发展的生力军。以"专精特新"为代表的中小企业在产业高质量发展中将扮演越来越重要的角色。五是数据要素成为未来产业发展的重要动力。未来，以数据要素为核心的数字经济将渗透经济社会的方方面面，有力提升要素配置效率，成为提升未来产业发展的重要推力。六是产业融合将推动新业态新模式不断涌现。制造业和服务业的融合、应用场景之间的融合，将加速科技成果转化，带动产业发展。

二　中国城市生产与制造的总体机制

(一) 一般机制

一般而言，城市产业体系发展是基于六要素、三主体、三交互下循环耦合的结果。一方面，三主体在需求偏好与预期收益相互作用而决定的经济动力的影响下选择特定区位和产业部门开展生产环节的交互，从而积累形成城市产业体系。不同主体不同要素之间循环往复的交互行为在空间上的扩散推动产业链从区域性、国家性走向国际性。另一方面，城市产业体系反作用于不同主体之间的交互行为和不同要素之间的结合状况。比如，城市产业发展通过影响生产要素的集聚与流通来强化技术发展动力，同时带动快速城镇化为技术应用创造新的需求。城市产业发展能够激发对人力资本的需求、产生人力资本需求效应，同时刺激扩大人力资本投资规模，引发人力资本供给效应。城市产业发展通过生产方式进步等常规性积累手段来影响城市物资资本存量，同时还会通过推动城市化来影响物质资本积累。

(二) 中国特色

理解中国城市产业链的发展，不仅要基于城市产业发展的一般规律，更要考虑到中国的基本国情，具体包括如下几点。第一，制度文化。中国与西方制度文化存在显著差异，政府在经济中的角色比较突出，有为政府和有效市场是推动城市产业发展的两大动力。有为政府通过不断调整制度、参与市场来影响中国城市产业发展。其中，制造业比重过快过早下滑在一定程度上也是一段时期内陆方政府过度推动服务业化的结果。第二，后发地位。中国城市产业发展具有一定的后发优势和成本优势，政府和企业通过学习消化国外的先进技术、管理经验从而获得推动产业发展的巨大动力，这一后发优势对于中国城市产业的加速崛起十分重要。第三，全球一体。全球一体化为中国城市产业发展带来巨大的市场资源、技术资源、原料资源，有利于中国产业走出去，开展产业链全球布局，这也是改革开放以来中国对外贸易快速发展的重要推力。第四，巨型国家。中国是一个拥有 14 亿人口、960 万平方千米土地的巨型国家，这就决定了中国具有超大规模市场优势，也就为国际国内双循环奠定了基础。第五，技术革命。中国城市产业发展正处于全球技术革命和产业变革的快速发展期，交通技术、信息技术等新技术的快速迭代给中国城市产业技术进步特别是数字经济的发展带来巨大的动力。

（三）中国框架

改革开放以来，中国城市产业体系经历了从国内循环到国际循环，再到双循环的过程。在前期，城市产业规模高速增长、资源要素配置效率不断优化，但在后期也出现了制造业比重出现过快过早下滑的现象。总的看，中国产业高速发展是政府、企业、家庭合力共进的结果（见图5.2）。地方政府通过不断改革制度以适应市场经济要求以集聚国际国内各类要素，同时通过压低工业用地价格来促进产业的集聚发展。外资企业拥有丰富的资本和先进的技术，通过与国内廉价土地和劳动力资源相结合来获得强大的出口竞争优势，从而实现出口部门的持续壮大，推动国内循环向国际循环转变。家庭部门则拥有劳动力要素和人力资本，农村人口通过进入城市工业部门能够获得远高于农业部门的收益，人口快速城市化为产业发展带来源源不断的劳动力和人力资本，这也是要素资源优化配置的结果。制造业比重过快过早下滑是国际循环向国际国内双循环转换的结果，同时也是一段时期

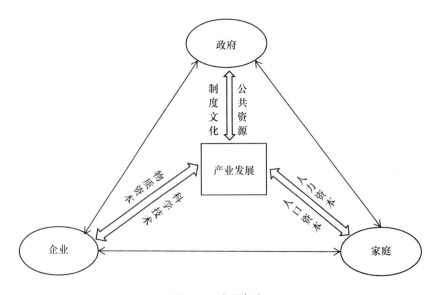

图5.3　中国框架

内陆方政府过度推动服务业化的结果。

三　中国城市生产与制造的影响机制

改革开放以来，在制度变革、劳动力优化配置、资本积累、土地资本化、技术进步、对外开放等因素的推动下，中国城市产业迎来了快速发展期。城市产业链由区域性、国家性转向国际性；由以国内循环为主转向全球大循环；由简单低级的产业体系转向复杂高级的产业链体系。

（一）"政府推动"与"边缘革命"叠加汇集多方合力，推动中国城市产业高速发展

改革开放以来，中国持续优化的体制机制为城市产业发展提供了良好的环境和条件。一是稳定的政治框架和注重长期目标的中性政府为地方政府持续实施长远发展目标提供了政治保障。中国政治制度的优势在于可以制定长远的发展规划，保持政策的稳定性，并且在中国政治体制下形成的国家发展战略目标都是从人民的根本和长远利益出发的。一个具有很强自主性、更关注整体和长期利益的中性政府是各级政府能够采取正确经济政策推动城市产业发展的关键因素。二是地方分权和城市竞争制度激发地方政府发展动能。改革开放以来，中国事实上实行经济分权和政治集权的制度，经济分权特别是财政分权给地方政府提供了有效的激励前提，在地方政府官员拥有中够行政权力的情形下，以经济增长为基础的政绩考核制度促进了地方政府之间的竞争和整体市场化进程，为推动地方产业发展提供了一种具有中国特色的、能够高效激励地方官员的治理模式，为中国城市经济发展提供了强大的制度支持。三是激励相容机制实现了个人、家庭、企业和政府的合力。回顾改革开放以来的实践，市场化是城市产业发展取得巨大成就的重要因素之一。放权让利式的微观经营机制改革和资源配置制度改革，基本消除了抑制企业和个人生产积极性的体制机制障碍，为个体经济、私营经济、集体经济的发展创造了良好的条件，特别是户籍制度改革使大量农民在比较利益的诱导下大量进入城市非农产业，使得城市产业发展迎来爆发式增长。

（二）城镇化高速增长、地区之间的劳动力优化配置有力推动中国城市产业高速发展

改革开放以来，人口红利叠加高速城镇化工业化有力推动了城市产业的崛起。一方面，农村人口大量涌入城市为城市产业发展提供了大量劳动力。改革开放之初，中国农村占据了70%的劳动力，农业部门存在劳动力过剩的问题。根据刘易斯的二元经济增长理论，农村剩余劳动力由农业部门向工业部门、由农村地区向城市地区大规模持续转移，有力推动了城市经济发展。另一方面，人口向东部沿海地区转移也在很大程度上促进了沿海城市产业的发展。劳动力资源在地区之间的重新配置对东部城市产业发展至关重要。改革开放以后，中国经济增长模式逐步转向出口导向型，经济结构也由轻工业向重工业、由劳动密集型制造业向资本和技术密集型制造业转型。伴随经济结构升级和产业空间布局调整，劳动力资源也加速向沿海地区、出口部门、高附加值部门转移，这就在很大程度上促进了沿海城市的跨越式发展。

（三）家庭部门的高储蓄和政府、企业部门的高投资叠加影响推动中国城市产业高速发展

根据新古典经济增长理论，生产性资源的持续积累是推动一个地区经济持续增长的重要动力来源。改革开放以来，在资本的持续积累和高强度的投资下，中国城市产业发展得以高速增长。一方面，较高的居民储蓄率为中国城市基础设施和产业发展提供了必要条件。一般而言，居民储蓄可以通过资本形成效应和储蓄—消费转换效应对一个地区经济稳定增长发挥至关重要的作用。改革开放初期，中国面临资本相对匮乏、人均资本存量较低、金融体系不够发达等困境，通过提高储蓄率，既有利于加快资本的快速积累，也有利于转化为住房、教育、耐用消费品等大额消费，进而推动城市产业发展。总的看，正是由于较高的居民储蓄率，改革开放以后的中国城市经济才能可能在不过度依赖外资的情形下驶入快车道。另一方面，高储蓄率下的高强度投资实现了城市经济高速发展的闭环。中国经济增长主要来自于投资推动，而投资来源于较高的国民储蓄，通过抑制国民储蓄将高储蓄转化为强投资，加速资本形成，进而拉动城市经济的高速增长。总之，

物资资本的迅速积累是改革开放以来中国经济高速增长的主要原因之一，并且其作用大于劳动力、技术进步的作用。

（四）土地资本化是中国城市制造业快涨快落的重要原因

土地资源是城市产业发展的基本条件和载体，土地市场制度对城市产业发展具有至关重要的作用。中国城市土地市场是典型的二元体制。《中华人民共和国宪法》规定，中国实行城市土地的国家所有制和农村土地的集体所有制。就城市土地而言，国家依法实行国有土地有偿使用制度。国有土地有偿使用方式一般分为三种：国有土地使用权出让、国有土地租赁、国有土地使用权作价出资或入股。目前，中国城市住房用地主要通过国有土地使用权出让方式取得，具体出让方式又以招标、拍卖、挂牌出让方式为主。与此同时，集体土地转让用于建设必须由政府征为国有。1994年分税制改革以后，地方政府的财税收入分成比例降低，不足以满足其承担事权所需的开支，为此，中央政府允许其拥有全部土地出让金。一方面，地方政府彻底垄断城市土地供应市场，并通过"借鸡生蛋模式"推动城市产业发展。在目前土地制度框架下，地方政府作为城市建设用地的唯一合法批发商，在指标配额约束下决定土地供给的数量、结构、进度、区位、容积率以及供给价格。地方政府通过扩张工业用地规模，压低工业用地价格，甚至不惜以零地价的方式出让土地，从而吸引企业入驻，促进GDP和就业增长。另一方面，随着"土地财政"的深化，对制造业的挤出效应也越来越明显。地方政府运用招拍挂方式通过限量供应住宅用地来获得高额土地出让金，将垄断收益最大化，这为"土地财政"创造了条件。随着地方政府对"土地财政"的依赖日益深化，房地产泡沫对城市制造业的挤出效应日益凸显，并且远远超出了对制造业的劳动效应，从而在一定程度上导致制造业的衰落，体现为城市制造业比重的快速下滑。

（五）国际大循环背景下的出口拉动是推动中国城市产业走向国际循环的重要动力

改革开放以来，对外开放融入全球产业链分工体系为中国城市产业发展提供了巨大的空间。一方面，国际需求是决定中国城市产业高速增长的关键因素。在长期经济增长模型中，市场需求往往被排除在考虑范围之外，但在实际经济发展过程中，市场需求通常是发展中国家实现经济起飞的关键因素。如果市场需求不能与产出能力的增长相适应，则必将带来不利的冲击，最终影响长期供给潜力的实现。因此，在考察中国城市产业发展过程时，必须充分考虑市场需求的重要所用。另外，由于发展中国家在起步期的市场需求比较狭小，难以激发巨大的发展潜力，因此，更好利用庞大的国际市场就成为实现中国城市产业快速发展的关键力量。另一方面，随着中国融入全球化的程度不断加深，外需对中国城市产业发展的拉动作用越来越大。19 世纪 80 年代以后，世界范围内掀起了新一轮经济全球化高潮，推动全球产业间分工向全球产业内分工升级，跨国公司基于利润最大化考虑，在全球范围内重新布局产业链，将附加值较低的加工和生产环节转移至低成本的国家或地区。正是在这一大背景下，中国加快融入世界经济政治体系，贸易依存度持续提高，"引进来"和"走出去"的战略得到有效落实，基本形成双向开放的新局，整体经济迎来高速发展期面。其中，中国城市尤其是沿海城市牢牢抓住这一嵌入全球产业链的机遇，实现了城市产业的快速发展。

典型城市

义乌：降低聚散交易费用，成就世界商品中心①

随着 20 世纪 80 年代初市场经济的推行，贸易中心和批发市场迅速发展，以义乌小商品市场、汉正街小商品市场为首的批发市场相继建成。2001 年，中国正式加入世界贸易组织，商品、资金、人员跨国流动壁垒降低。随着中国被纳入了国际分工体系，小商品批发市场也得到了与国际市场接轨与融合的机会。中国诸多城市在政府职能中增加了发展出口导向，致力于将本地制造推向国际市场。加入世界贸易组织后，中国经济体量大幅增长，质量显著提升。中国经济总量从世界第 6 位上升到第 2 位，GDP 全球占比从 2001 年的 4% 提高到 2022

---

① 作者：陈博宇，中国社会科学院大学，博士研究生。

年的 18%；货物贸易额从世界第 6 位上升到第 1 位。

　　义乌位于浙江省中部，自古以来就有"七山二水一分田"的说法，地方资源匮乏，先天的交通区位优势较差。2001 年中国加入 WTO 时，义乌 GDP 为 149.5 亿元。经过 20 余年的发展，义乌逐渐成为中国最富裕的地区之一。在 2022 年的全国百强县榜单中，义乌 1730.16 万亿元 GDP 位列全国第九，人均收入 7.74 万元，在全国县级市中排名第一。义乌成功的要素可总结如下。

　　第一，弘扬历史传承技艺和文化传承，降低信用和学习成本。早在清乾隆年间，义乌农民就开始了"鸡毛换糖"的经商活动，其最初目的只是为了维持小农经济的基本循环，然而这种交换孕育出了更加广阔的商机，成为专门的商业活动。在此历史商业文化背景下，义乌商人有着肯动脑、肯吃苦的韧性，聚焦于小商品交易，信奉薄利多销的商业模式，在小商品供应链内找到了自身的一席之地。同时，受到江浙地区自古以来的商贾浓郁历史文化影响，义乌商人深知诚信、公平、服务、互利等最基本的行商原则，辅以多年来对于商业逻辑的认知，将学习成本和信用成本降至最低。使得义乌商业在改革开放后，可以迅速融入市场。

　　第二，依托产业集群，降低生产与交易的空间运输成本，增强市场竞争力，市场规模经济的报酬进一步递增。义乌市域内建成工业园区超过 80 平方千米，涵盖日用品、服装、电子远期、印刷、小商品制造、物流等板块，其中相当部分产业集群的规模量级和能级居于全国全球前列，形成规模效应，产业集群通过集群内共享和协同机制，解决了单个企业规模和竞争力偏弱的难题，强化了义乌小商品的竞争优势。独一无二的分销渠道和产业集群优势使得义乌成为世界贸易的最前沿位置，可以敏锐地感知国内外市场需求的变化，并对生产计划作出相应调整，形成正向循环。

　　第三，政府充当守夜人，降低市场交易及与政府打交道的成本。首先是对利益主体的保护。1982 年，义乌政府顺应改革开放大潮，首先提出历史上著名的"四个允许"，开启了义乌人商海弄潮的征程。在中国加入 WTO 后，义乌的中国制造小商品走向了世界。然而与全球其他经济体贸易摩擦也逐渐产生，以倾销为代表的被诉案件数量迅速增加。在政府的帮助下，义乌商人学会了运用国际专利和国际质量认证来保护自身利益，并利用不断的技术创新打破技术壁垒，推动了自主创新，提高了产品竞争力。其次是义乌政府始终抓住市场和物流两大资源的调控权。市场资源方面，小商品交易实行"划行归市"，使得同一或相似类别的商品价格更加公开，增强了市场制度发现真实价格的功能。物流资源方面，政府通过"一线一点"的经营模式，消除了恶性竞争使得托运线路所有权无法得到有效保障从而导致运输效率低下的情况，稳定了物流经营者的预期，提升运输专业化效率，有效地保持了低成本的竞争优势。

经过5代11次扩建，仅有几百个露天摊位的义乌小商品市场，发展成了被联合国、世界银行、摩根士丹利等权威机构所认可的全球最大的日用商品批发市场。根据义乌市政府公布的数据显示，2021年义乌在册经济主体总数为79.04万户，义乌中国小商品城成交额1866.8亿元，超过210万种商品被发往全球230多个国家和地区，年出口总额超3600亿元。

改革开放以来，全国范围内的市场化运作层出不穷，20世纪80年代，规模大于义乌的纯中介性商品市场比比皆是，如武汉的汉正街市场等。然而随着时间的推移，纯中介性市场由于没有本地制造业做依托，未能形成商业资本向工业资本的转换和扩张，区域经济的发展经过一段时间后逐渐遇到瓶颈期，并最终逐渐走向衰落。相比之下，义乌的发展模式则有所不同。在其纯中介性商品市场发展过程中，义乌始终在稳步推进中介性市场向产业依托型市场的转换工作，围绕其小商品交易市场平台，积极发展本地小商品制造业。最终实现降低生产成本，以商促工、贸工互动的发展目标。

作为自然地理和先天交通资源条件较差的地区，义乌的崛起刷新了人们对于交易中心区位的一般认知。改革开放以来，义乌弘扬历史传统，在坚守和扩展小商品市场方面，紧紧围绕着不断解决决定市场交易的关键因素，通过降低学习成本、降低信用成本、降低空间成本、降低协调成本，在不断获得报酬递增长的规模经济后，使得小商品的市场规模不断扩大，市场从地方走向全国，再走向世界，将一个穷乡僻壤的义乌，发展成了世界商品交易中心。

（六）收入提升和基建提速推动内需爆发是产业大循环进入国际国内双循环的重要原因

一方面，收入提升激发中国超大规模市场潜力，加大内需对城市产业发展的拉动力。改革开放以来，随着中国经济的高速发展，城镇居民家庭人均可支配收入总体上处于高速增长期，收入结构日益多元，工资性收入占比下降，财产性收入占比不断上升，再加上社会保障体系日益完善，城镇居民家庭收入结构更具风险抵抗能力。因此，城镇居民人均年消费支出呈现不断增长的趋势，并于 2008 年突破万元大关，同时，城镇居民消费结构也呈现明显的升级化态势。国内消费规模的扩大叠加消费升级推动了国内城市产业大循环由主要依靠国际循环向国际国内双循环的转变。另一方面，基础设施发展带来的国内大市场也在很大程度上推动了国内城市产业循环转向国际国内双循环。进入 21 世纪，以高速铁路、高速公路、电子商务等为代表的基础设施高速发展，有力促进了国内统一的超大规模市场的形成，进而有力拉动城市产业发展。其影响路径主要有两条：一是技术替代与空间压缩效应，互联网技术、交通基础设施等通过替代劳动力、降低经济活动对地理空间的要求，进一步扩大了经济活动的空间集聚效应；二是空间重塑效应，互联网技术、交通基础设施等有助于不同城市之间建立新的空间联系路径，使得生产、交易、管理、控制等不同环节在不同空间实时便捷连接，从根本上改变了要素流动与空间配置的方式，建立起了一种基于全供应链的新型分工模式。上述效应也有力促进了国际国内双循环的形成。

四　中国城市生产与制造的作用机制

（一）城市产业高速发展推动中国城市科技创新水平持续提升

一方面，中国城市产业发展带动的快速城镇化为科技创新创造了巨大需求。随着中国城市产业的发展和人力资本、物质资本的不断积累，城市居民收入水平不断攀升，居民对生活质量的要求也"水涨船高"，新的需求不断产生，从而极大激发了新产品、新技术的研发与生产应用活动。同时，城市集聚效应使得人才、资金的聚集优势得以充分发挥，进一步促进了市场需求效应，进而加大了城市的创新需求规模，最终推动中国城市创新能力的提升。另一方面，中国城市产业发展借助生产要素的集聚与流通强化了技术进步原动力。交流便捷、技术知识易获取、技术创新成果聚集等成为创新活动向城市集聚的主要原因。随着中国城市产业的快速发展，中心城市充分发挥集聚效应，不断积聚大量劳动力、科技人才和丰厚资本，为新知识、新技术的生成与传播提供了十分便利的条件。同时，随着产业分工的日益细化，不同产业不同领域的交流与融合不断产生新的且更具生产力的知识和技术，进一步促进了科技创新。

（二）城市产业高速发展大大加速了中国城市人力资本的积累

改革开放以来，中国城市产业高速发展带动了生产方式的转变，大大增加人力资本需求，提升了人力资本价值，刺激了人力资本投资扩大供给。一方面，中国城市产业快速发展大大激发了对城市人力资本的需求。随着城市产业的迅速发展，地域空间组织形态发生明显变化，城市化不断推进，生产活动不断向城市集聚，市场规模持续扩大，人们对各种物质产品和精神产品的需求更加多样化，简单劳动产出的产品和服务已不能满足人们多样化的需求。与此同时，人们所需要的产品更多依赖于机器、技术、人才等现代生产要素的参与，特别是人力资本要素能够提供一般要素不能提供的产品和服务。因此，随着各类产业不断完善，专业化分工更加细致，对具有一定素质和能力的劳动者的需求不断增加。另一方面，中国城市产业快速发展刺激扩大了人力资本投资规模。城市产业发展带动的高速城市化大大提高了人力资本的价值，使得蕴含复杂劳动的人力资本的边际回报要远高于简单劳动，具有一定教育水平、掌握一定技能的人更有可能获得更高收入，加大人力资本投资就成为个人及家庭投资决策的主要方向。因此，在高回报的刺激下，中国家庭教育投资大幅增加，从而导致城市人力资本的供给水平持续提升。

（三）城市产业高速发展导致中国城市物质资本的快速增长

改革开放以来，中国物质资本存量大幅增加。根据佩恩世界表的测算，1978—2019 年中国物质资本存量增长了约 46 倍。而物质资本快速积累的背后，是中国产业高速发展的现实。一方面，中国城市产业发展通过生产方式进步等手段促进了城市物资资本的快速积累。改革开放以来，中国产业高速发展，由此带动劳动力数量和素质的快速提升、机器设备规模和效能的不断增强、要素生产效率的显著提升、要素资源的合理配置、产业结构的不断优化，这在很大程度上促进了物质资本的稳定积累。特别是进入数字经济时代后，数据要素重构生产方式，极大提升了生产效率，加速了资本积累速度。另一方面，中国产业高速发展通过推动城市化促进了物质资本积累。城市化是吸收资本剩余和剩余劳动力的前沿阵地，资本积累与城市化进程紧密相连，城市化能够通过对空间场所的变更和使用来推动资本积累。改革开放以来，中国产业高速发展促进了城市化进程，常住人口城镇化率快速提升，土地城镇化由稳步增长阶段进入快速推进阶段。城市化运动大大拓展了城市空间，不仅凭借商品在空间上的流动来推动资本积累，而且不断创造和生产出空间场所来推动资本积累。

（四）融入国际产业大循环对中国经济空间布局演变产生了重要影响

19 世纪 80 年代，在科技革命的推动下，美国、日本等发达国家将部分资本密集型和技术密集型制造业转移到"亚洲四小龙"（韩国、新加坡、中国香港和中国台湾），而"亚洲四小龙"则将纺织产业等劳动密集型制造业转移至中国大陆等，珠三角地区凭借地理优势发展出口加工业，迎来第一波发展浪潮。19 世纪 90 年代，美国、日本、欧盟等发达国家进一步将劳动密集型制造业直接转移至劳动力成本更低的中国等发展中国家，中国沿海地区成为承接产业转移的主阵地，东部地区快速崛起。21 世纪初期，发达国家和地区又将电子信息产业等高科技产业的制造环节向中国大量转移，中国沿海地区特别是长三角、珠三角、环渤海地区成为新一轮产业转移的主要承接地，奠定了其"世界工厂"地位。经过持续高速发展，中国沿海地区的资本逐渐达到饱和状态，土地、劳动力等生产要素出现供给紧缺，沿海地区逐渐失去了劳动密集型制造业的投资吸引力，与此同时，广大中西部地区由于完善的基础设施、优惠政策以及土地、劳动力等要素成本优势，对投资的吸引力相对较强。由此，东部沿海地区将产品附加值较低、土地利用水平不高的产业转移至中西部地区，以便"腾笼换鸟"

吸引和承接附加值更高的产业。中西部地区则因承接东部沿海地区投资和国外直接投资而实现进一步工业化，获得比东部地区更快的增长速度。

（五）中国产业体系走向双循环推动中国经济空间布局发生新的变化

从区域视角来看，未来产业链变革将对不同地区带来异质性影响。中西部地区在稳固产业链完整性方面的地位凸显，通过利用中西部地区的广阔发展空间和比较优势来稳固现有的完整的产业链条。东部地区集聚高端产业发挥产业链补短板作用，通过利用东部城市在基础创新、应用创新、商业创新、金融创新方面的比较优势来实现关键产业链的本土化，壮大产业链循环体系。从城市群视角来看，产业链集群化推动产业链向城市群和都市圈集聚。城市群和都市圈往往拥有巨大的消费市场，有助于吸引产业链集群的集聚，同时将产业链集群布局在靠近中心城市的城市群内部，有利于降低物流成本等交易成本。另外，产业链集群高度依赖区域的产业基础，城市群和都市圈通常拥有雄厚产业基础，有助于吸引产业链集群集聚。从城市视角来看，未来产业链变革会深刻影响不同层级城市的发展。国家中心城市进一步发挥科技创新中心和金融服务中心的功能，成为国内产业链体系的头部城市；区域中心城市发展高端制造业和生产性服务业，构筑国内产业链体系的颈部城市；城市群内中小城市发展区域主导产业链的中低端环节，构建国内产业链体系的腰部城市；非城市群内的中小城市可能会变成消费型城市，产业功能相对薄弱，成为国内产业链体系的腿部城市。

（六）制造业发展演进过程与中国生态环境质量变化存在很大的相关性

改革开放以后，中国经济特别是制造业发展取得了巨大成就，但粗放型发展模式也造成了生态环境的恶化。1978年至21世纪初，中国经济加速发展，迎来了高速增长期，特别是工业化进程不断加快，制造业占比保持高位。与此同时，环境保护服从服务于经济发展的理念盛行，一些地方和部门重经济发展、轻环境保护，抓经济手硬、抓环保手软，甚至以牺牲环境为代价去换取一时一地的经济发展，导致环境污染、生态破坏等问题逐步加剧，污染物排放居高不下，环境污染和生态破坏事件高发多发。进入 21 世纪第二个十年，中国经济结构不断优化，制造业比重逐步下降，服务业比重明显上升，生态环境质量也出现显著改善。随着生态环境保护在经济社会发展中的关注度日益上升，环境保护的话语权逐步增加，"绿水青山就是金山银山"的理念日益深入人心，培育发展新动能、改造提升传统动能、淘汰落后产能等供给侧结构性改革措施相继实施，污染重能耗高的落后产能逐步退出，制造业比重相对回落，城市生态环境质量因此得到了明显改善。

典型城市

广州：顺应城市发展规律，优化现代产业体系①

20 年来，中国城市经济发展取得了举世瞩目的成就，产业规模持续扩大、结构质量持续优化。2021 年，中国地级以上城市 GDP 超过60 万亿元，万亿 GDP 城市达 24 个，地级以上城市第三产业增加值所占比重超过 60%。作为中国经济最发达、市场体系最完善、对外开放程度最高的城市之一，广州始终聚焦发展实体经济，推动产业体系建设走在全国前列，GDP 总量从 2000 年的 2383.07 亿元增加到 2021 年的 28231.97 亿元，第三产业增加值所占比重从 52.35% 上升至71.56%，城市综合竞争力不断增强，成功跻身世界一线城市之列。

20 年来，广州始终顺应城市与产业发展规律，立足城市历史文化底蕴和阶段演进特征，适应国内外新形势新要求，着眼于理顺产业与经济社会关系、产业内不同产业关系、产业与空间关系、政府与市场关系，不断调整优化现代产业体系发展思路目标，推动经济动能转换和高质量发展。具体而言，广州优化现代产业体系的主要经验有以下几个方面。

第一，政府与市场合力促进产业升级。建城 2200 多年以来，广

---

① 作者：覃剑，广州市社会科学院区域发展研究所所长，研究员。

州产业发展先后经历了商贸流通业、轻型工业、重型工业和服务经济分别占主导地位的时期，与城市发展一般规律基本一致。在这一进程中，市场主体大胆探索创新推动经济活力释放，政府适时从城市战略高度制定策略有序引导支持经济发展，"两只手"成为广州产业发展动能转换接续、保持持久发展活力的关键动力源。

第二，实施现代服务业、先进制造业和战略性新兴产业"三轮"驱动。进入新发展阶段，为推动服务型产业体系向创新型产业体系演进，广州明确提出打造先进制造业强市和现代服务业强市，把制造业作为立市之基，对先进制造业和战略性新兴产业发展的重视程度达到了新高度。这也意味着广州正式把现代服务业、先进制造业和战略性新兴产业作为"三轮"驱动构建动能更强、韧性更高的现代产业体系。为此，广州还专门围绕上述领域选取 21 条重点产业链，制定"链长制"，建立"链长＋链主"的工作推进体系。

第三，促进数字经济与实体经济深度融合发展。进入 21 世纪以来，以大数据、人工智能、物联网、云计算等为代表的数字经济极速发展，数据成为驱动经济发展战略要素资源。在此背景下，广州明确提出推动城市全面数字化转型，打造数字经济引领型城市、数产融合的全球标杆城市，围绕推进数字经济发展进行了一系列战略顶层设计和政策体系配套，制定出台首部数字经济地方法规。通过系统谋划、强力推动，广州数字经济引擎功能全面凸显，为现代产业体系建设注入了新动力。

第四，强化都市圈产业链合作共建与协同布局。随着全球化、区域化和信息化加速推进，城市的发展跨越了自身界限形成了城市区域，并由此促进产业链跨城布局与分工协作。顺应这一趋势，广州围绕增强粤港澳大湾区核心引擎功能的战略目标，加快建设广州都市圈，积极推进广佛同城化、广清一体化、广深双城联动，积极促进区域产业链合作共建与协同布局，进一步提升了现代产业体系的空间承载力和辐射影响力。

通过对构建现代产业体系路径的不懈探索，广州经济综合实力不断增强，战略性新兴产业引擎效应凸显，数字经济发展水平稳居国内一线城市方阵，创新能力位居国家创新型城市前列，始终保持全国经济发展最具活力的地区之一。2021 年，广州现代服务业占第三产业增加值的比重达到 67.5%，八大战略性新兴产业增加值占 GDP 的比重达到 30.5%，先进制造业增加值占规模以上工业增加值的比重达到 59.3%，民营经济增加值超过万亿元。

总之，广州的经验表明，一个城市要在前进道路中持续推动产业更替升级和发展动能转换，实现城市发展能级提升和活力焕发，就必须始终遵循城市与产业发展规律，结合城市所处的历史方位构建、评价和丰富现代产业体系，审时度势不断优化城市产业发展与空间布局政策。

第二节　中国城市金融与服务[*]

金融是经济运行的血脉、资源配置的媒介，金融功能有效发挥能够提高资源配置的效率。市场经济条件下"物跟钱走"，资源配置体现为货币资金的分配，是通过货币流通和金融交易完成的[②]。金融本质上作为一种交易活动，能够充分畅通经济主体交互和各类经济要素的循环结合，推动资源跨主体、跨时空配置，特别是金融资源在城市集聚能够为城市发展注入活力，进而提升城市发展的效率和竞争力。

一　中国城市金融发展的特征事实

改革开放以来，中国金融业持续发展壮大，2021 年金融业增加值达到 9.12 万亿元，占 GDP 的比重为 8%，较 1978 年提升 5.9 个百分点。城市金融快速发展，上海等中心城市金融集聚特征明显，已经成为具有重要影响力的国际金融中心。与此同时，金融资源的区域分布存在差异，东部地区具有明显优势，中西部等内陆地区仍有较大发展空间。

＊ 作者：李冕，中国人民银行西安分行。
② 李扬：《努力建设"现代金融"体系》，《经济研究》2017 年第 12 期。

（一）金融深化趋势明显

伴随国民经济的快速增长，金融业规模持续扩大，主要金融指标与 GDP 的比值总体上呈现持续上升态势，金融深化趋势明显。

从存贷款来看，金融机构资金实力显著增强。1978 年年末，中国金融机构各项存款余额 1155 亿元，与 GDP 的比值为 32%；贷款余额 1890.4 亿元，与 GDP 的比值为 52.4%。随着存贷款规模不断扩大，存贷款余额与 GDP 的比值不断上升。1997 年，各项存款与 GDP 的比值超过 100%，达到 103.8%；1998 年，各项贷款与 GDP 的比值超过 100%，达到 102%。2021 年年末，金融机构各项存款余额达到 232.25 万亿元，与 GDP 的比值达到 203.7%；各项贷款余额达到 192.69 万亿元，与 GDP 的比值达到 169%。

从社会融资规模来看，金融体系融资总量持续扩大。社会融资规模反映了一定时期内实体经济从金融体系获得的资金总额，除了表内信贷外，还包括直接融资、表外融资等其他融资渠道，能够更加综合地反映融资总量。2002 年年末，中国社会融资规模存量 14.85 万亿元，与 GDP 的比值为 122.4%；2021 年年末，社会融资规模存量 314.13 万亿元，与 GDP 的比值达到 275.5%，金融体系对实体经济的资金支持总体上较为充裕。

（二）间接融资占据主导地位

长期以来，中国融资结构以间接融资为主，银行信贷占主导地位。从社会融资规模增量的结构看，2021 年中国新增本外币贷款 20.11 万亿元，占比为 64.2%。以间接融资为主的融资结构有利于充分动员储蓄资源，为推动城市经济发展提供了充足的资本供给，但随着城市发展动力向创新驱动转换，间接融资体系的不适应性逐渐显现。近年来，伴随资本市场改革不断深化，直接融资规模逐渐扩大、比重有所提升。2021 年中国直接融资增加 4.52 万亿元，直接融资与间接融资比例为 22.5%，较 2002 年提升了 17.3 个百分点①。但客观来看，中国直接融资比重特别是股权融资比重与发达国家相比仍然偏低，仍然具有较大的

---

① 本节分析中，直接融资包括社会融资规模统计中的企业债券融资和非金融企业境内股票融资，间接融资包括人民币贷款和外币贷款。

发展空间，这在一定程度上对城市经济转型与创新能力的提升形成了制约。

（三）区域分布存在差异

金融资源具有较强的空间集聚特征，核心区域与中心城市金融集聚效应显著。长三角地区是中国经济重要的增长极，经济金融发展高度活跃。2021年，长三角地区集中了全国24.2%的GDP、25.5%的存款余额、25.2%的贷款余额和28.8%的社会融资规模增量。而作为中心城市的上海金融集聚效应显著，2021年年末，上海持牌金融机构总数超过1700家，金融从业人员达到50万人。与此同时，上海还汇聚了全国性的股票、债券、票据、外汇、黄金、期货等金融市场，以及金融产品登记、托管、清算等金融基础设施，金融市场体系和功能不断健全。2021年，上海金融业增加值达到7973亿元，占其GDP的比重为18.5%，与纽约接近。上海已经成为重要的国际金融中心。

中国金融资源的区域分布存在差异，东部地区①金融集聚能力更强。在中国区域经济格局中，东部地区经济金融发展水平最高。2021年，东部地区集中了全国51.9%的GDP、57.2%的存款余额、53%的贷款余额和56.7%的社会融资规模增量。从金融深化进程看，2003—2021年，东部地区各项存款余额与GDP的比值从170.3%上升至230.4%，各项贷款余额与GDP的比值从124.6%上升至177.7%；而其他地区（包括中西部和东北地区）各项存款余额与GDP的比值从131.6%上升至167.7%，各项贷款余额与GDP的比值从108.3%上升至149.7%。虽然各地区都呈现金融深化发展态势，但东部地区金融深化的水平和速度明显高于其他地区。从融资结构变化看，2013—2021年，东部地区社会融资规模增量在全国的占比从48.9%上升至56.7%，表明在金融资源市场化配置的背景下，资金更倾向于流向经济动能强劲的东部地区。分结构看，2013—2021年，东部地区间接融资增量在全国的占比从46.9%上升至59.1%，直接融资增量在全国的占比从56.9%上升至75.9%，虽然东部地区在间接融资和直接融资上均有优势，但相对而言，直接融资的优势更加明显。由于中国资本市场及相关基础设施主要

---

① 东部地区包括北京、天津、河北、上海、江苏、浙江、福建、山东、广东和海南。

分布在东部地区，使其能够充分依托资本市场发展直接融资。2021 年，东部地区直接融资增量与间接融资增量比例为 28.8%，高于其他地区 15.5 个百分点。

（四）金融开放仍有较大空间

作为开放型经济体，外部资金、技术等要素是推动中国城市发展的重要动力。随着金融双向开放稳妥推进，中国金融业的国际竞争力和影响力显著提升。在深度融入全球金融体系的进程中，上海等金融中心城市在全球的地位和能级显著提升。目前，在上海持牌金融机构中，外资机构占到 30% 左右，沪港通、沪伦通、债券通等互联互通机制有效激发金融市场活力。2021 年年末，上海证券交易所的上市公司总市值达到 52 万亿元，总市值和筹资额分别位列全球第三和第二。随着人民币国际地位的大幅提升，上海也成为了全球人民币资产配置、定价和风险管理中心。但也需要看到，作为幅员辽阔的巨型国家，中国金融开放的深度和广度仍有较大扩展空间，特别是中西部内陆地区，金融开放进展相对较慢、深度相对不足仍是制约其发展的突出短板。深入推进与"一带一路"国家和地区的对接，稳妥有序扩大金融开放，是内陆地区推动外向型经济高质量发展的重要发力点。

展望未来，随着金融供给侧结构性改革深入推进，中国金融业在保持规模稳定增长的同时将更加注重结构优化。一方面，多层次资本市场的发展有望推动直接融资比重进一步提升，融资结构将在原有基础上发生积极变化，更好地匹配城市在新发展阶段的融资需求。另一方面，普惠金融、绿色金融和数字金融等将成为金融发展的重要方向，为推动城市创新发展和绿色转型提供支撑。

二 中国城市金融发展的总体机制

（一）一般机制

金融和实体经济互为支撑，经济是肌体，金融是血脉，两者彼此影响、相互作用。一方面，经济主体的三交互和经济要素的循环结合产生了对金融媒介的内在需求。经济主体为追求规模经济，充分发挥自身比较优势，彼此之间产生交互，市场机制得以发挥作用，进而实现资源优化配置，这又具体体现为稀缺资源在不同主体之间的交换，货币金融作为交换的媒介变应运而生。随着经济活动的规模不断扩大，其结构更趋多元、关联更加复杂，作为交易媒介的金融工具也会相应地在资金规模、市场结构、定价方式等方面发生变化，以更好适应和服务经济活动发展。另一方面，金融发展能够有效优化资源配置，进而畅通并推动经济主体交互和经济要素循环。金融工具的广泛运用有效提高了经济运行的效率，金融深化加快了物质和人力资本的积累，为不确定的创新活动匹配风险资金，对经济总量增长和结构变迁产生深刻影响。

（二）中国特征

第一，制度特征。金融制度是经济社会发展中重要的基础性制度，改革开放以来，中国在深化金融市场化改革的同时始终坚持党对金融工作的集中统一领导，不断完善包括开发性、政策性、商业性金融在内的中国特色社会主义金融体系。间接融资（银行信贷）在融资结构中占主导地位，国有大型银行作为银行体系的支柱和压舱石，充分调动储蓄资源，加强对国民经济重点领域和薄弱环节的支持力度，有力推动城市资本形成与经济发展。

第二，后发地位。改革开放后，中国充分利用"后发优势"工业化、城镇化加快发展，创造了举世瞩目的经济增长奇迹。作为开放型经济体，外部资金、技术持续流入，成为支撑经济发展的重要力量，也推动了城市金融加速发展。

第三，巨型国家。中国国土广袤、人口众多，区域之间、城乡之间、不同层级城市之间经济基础和发展环境差异较大，加之金融资源在空间上具有集聚特征，并通过正向反馈不断强化，城市金融体系也呈现差异性和层级性，金融资源主要向城市集聚，城市金融资源趋于向金融中心城市流动。

第四，技术革命。一方面，金融与科技深度融合，推动金融机构转型发展，金融业态、金融业务模式发生深刻改变；另一方面，金融体系必须适应创新驱动发展需要，积极发展资本市场，提升科技创新金融的服务效率和适配性。

（三）中国框架

在经济主体交互和要素结合的联合影响下，规模经济效应被充分激发，有力推动城市金融发展。家庭储蓄供给和政府政策供给的共同作用，形成了以间接融资为主导的金融供给，并与企业金融需求有效结合、充分互动，促进金融深化程度显著提升。同时，金融深化有效匹配快速城市化进程中城市物质资本积累的资金需求，特别是促进了城市基础设施发展水平跃升，进而促进了城市体系互联互通及城市群和都市圈的发展。

进入新发展阶段，中国城市的发展动力从主要依靠要素投入转向主要依靠创新驱动。城市科技创新成果持续增加，科技与金融深度融合，相互影响作用为发展注入强劲动力。随着中国城市科技创新模式从学习引进到模仿创新，再向自主创新迈进，其对金融体系的适配性也提出了新的要求，提高直接融资比重将成为必然的发展趋势。资本市场的发展壮大以及数字金融、普惠金融的进一步发展将成为增强城市自主创新能力的重要助推器，为经济高质量发展提供有力支撑。

三　中国城市金融发展的影响机制

市场化进程中各类经济要素的循环结合产生了巨大的规模效应，推动了中国经济快速增长，金融体系与之相适应，呈现规模大、增长快的特点，加之城市政府调动资源的能力强，城市规模经济效应和金融集聚效应形成正向反馈，推动金融实现跨越式发展。改革开放40多年，金融业迎来大发展和大繁荣，2021年年末，中国金融业总资产381.95万亿元，其中银行业总资产344.76万亿元，规模居全球第一位；债券、股票、保险市场居全球第二位；外汇储备余额3.25万亿美元，多年来居全球第一位。根据英国Z/Yen集团与中国（深圳）综合开发研究院联合发布的第32期《全球金融中心指数》（GFCI32），中国内陆已有12个城市进入榜单，其中上海、北京和深圳已跻身全球前十大金融中心行列，中国城市金融能级显著提升。

（一）从城市金融发展的历史特征看，三主体交互有效调动储蓄资源是重要发展动力

改革开放以来，中国长期处于城镇化和工业化快速发展阶段，三主体交互有效调动和运用储蓄资源，为金融业快速发展提供了条件。具体来看，家庭部门充分提供储蓄资源，政府部门有力调动储蓄资源，企业部门高效运用储蓄资源，促进了经济金融循环。

第一，家庭决定人口资源禀赋，进而影响储蓄率和金融发展。剩余劳动力持续转移（由农业向工业、由农村向城市等）是中国经济高速增长的关键，而高储蓄率和高投资率是这种增长模式的必然结果。[①] 人口结构是决定劳动力转移和储蓄率的基础，是推动经济金融发展的关键变量。从人口资源的年龄结构来看，适龄劳动人口和净储蓄人口占比较高的人口红利充分发挥，随着家庭收入增长，中国家庭部门储蓄率长期保持较高水平，并通过储蓄投资转化机制，有效支撑银行信贷和全社会投资持续较快增长，这也是支撑以间接融资为主的金融体系充分扩张的重要基石。从人口资源来看，前期充沛的农业剩余劳动力向城市转移，造就了中国制造的成本优势，作为开放型经济体，较低的劳动力成本吸引全球资本向中国转移，中国经济的后发优势得以发挥。2021 年，中国实际使用外资规模首次突破一万亿元，达到 1.15 万亿元。有效利用外资促进中国城市深度融入全球产业链，成为推动城市发展的重要动力，中国一些城市已经成为全球城市网络的重要节点甚至区域中心。

第二，政府通过相应的政策供给，与市场共同发挥作用，有效调动储蓄资源。中国融资结构以间接融资（银行信贷）为主，其中国有大型银行发挥压舱石作用。改革开放以来，中国不断深化金融体制改革，1984 年中国人民银行开始专门行使中央银行职能，中国工商银行等专业银行从原先"大一统"的银行体制中分立，专门针对相关领域开展银行业务，并逐渐转型为国有商业银行，成为银行体系的支柱。2021 年年末，6 家大型商业银行总资产达到 138.4 万亿元，占全部银行业金融机构的 40.1%。此外，3 家政策性开发性银行围绕基础设施、基础产业、支柱产业提供长期资金支持，为国家战略实施发挥重要金融支撑作用。此外，即使是股份制银行、城市商业银行和农村商业银行等中小银行，本质上也是隶属于不同层级政府的。[②] 这使得不同层级的城市政府有条件充分调动银行储蓄和信贷资源服务于城市发展战略，为城镇化、工业化发展配套资金，推动城市经济繁荣。

---

① 李扬、殷剑峰：《中国的利率体系：现状及其改革》，《中国金融》2005 年第 6 期。

② 张成思、刘贯春：《人力资本配置结构与金融部门扩张》，《经济学动态》2022 年第 5 期。

第三，企业作为经济活动的主体，形成了巨大的金融需求，推动城市金融持续发展。从中国工业化发展进程看，改革开放后，满足日用品消费需求的轻工业首先快速发展。随着居民消费重点转向耐用消费品，工业结构逐渐趋向重化工主导，企业投资需求旺盛、规模巨大，推动了银行信贷和金融资产规模快速扩张。此外，作为开放型经济体，外资企业在中国城市落地投资带来了外部资金和技术，也在很大程度上促进了金融资源在中国城市的集聚。

（二）从城市金融发展的内在规律看，科技创新和人力资本具有天然影响

金融作为高附加值的信息服务业，具有知识密集型和人才密集型特征，科技要素和人力资本对城市金融发展具有天然影响。

第一，科技创新的影响。从发展环境看，当前中国正处于数字化转型的爆发式增长阶段。2021 年，中国数字经济增加值规模达到 45.5 万亿元，占 GDP 的比重达到 39.8%，相关基础设施和应用场景在全球处于领先水平，为金融科技创新发展创造了良好技术基础，推动了金融科技快速发展。从内在动力看，金融市场竞争效应和优胜劣汰机制充分激发了市场创新潜力。金融机构努力推动数字化转型，提升金融服务水平，打造新的竞争优势。大数据、人工智能等科技手段的广泛应用重塑了银行数据治理及底层基础设施，正深刻改变着银行获客方式、风控模型等核心经营变量，并催生出新的金融业态。金融科技发展还深刻影响了区域金融生态，特别是提升了金融服务的普惠性，通过精准画像克服信息不对称，将金融服务延伸至传统业态难以满足和无法触及的客户群体。在此背景下，城市金融竞争力已不再简单体现为资金集聚等规模指标，金融科技能力已成为推动城市金融发展的核心变量之一。一些金融中心城市抢抓机遇，将金融科技发展作为提升金融能级的重要抓手。在 GFCI 32 期中，上海、北京、深圳的金融科技排名均跻身全球前十位，成都、天津、大连、南京、杭州和武汉的金融科技排名提升均超过十位，有力巩固和提升了中国金融竞争力的整体水平。

第二，人力资本的影响。高素质专业人才是金融创新发展的源泉，金融业高质量发展离不开具备良好专业素养、具备宏微观经济和金融市场分析研判能力、掌握先进技术手段和管理经验的高素质人才。金融集

聚也体现为金融人才的集聚,集聚相当规模的金融人才、形成金融人才高地是提升城市金融能级的重要前提条件。特别是对于金融中心城市,人力资本存量和质量是决定其综合竞争力的重要影响因素,上海、北京和深圳作为全国性的金融中心城市,拥有全国乃至全球顶尖的金融人才。

此外,其他要素也对城市金融发展产生不同程度的影响,主要体现为:中国家庭崇尚储蓄的文化观念有助于提高储蓄率,增强城市金融供给能力;城市物质资本快速积累催生巨大融资需求,成为促进金融体系发展壮大的重要外部驱动力。

四 中国城市金融发展的作用机制

城市金融发展推动金融资源集聚,可以形成规模经济效应,显著降低交易成本和信息成本,形成良好的投融资环境,促进经济主体交互和经济要素结合,激发城市经济发展活力。一般来说,金融体系能够通过资本积累和技术创新两个渠道来推动经济发展,(Levine,1997)两个渠道的推动作用在城市经济的不同发展阶段存在差异。资本积累渠道在要素驱动阶段发挥主要作用,技术创新渠道则在城市经济向创新驱动转型时显现出更加积极的作用。

(一)在要素驱动发展阶段,金融总量扩张促进城市物质资本快速积累

持续的高储蓄率和高投资率是中国转轨经济独特增长模式的典型特征,而以间接融资为主的融资结构具有对庞大储蓄资源动员能力强的优势。高储蓄率正是通过银行体系转化为高投资率,从而促进物质资本快速积累,推动城市经济实现跨越式发展。改革开放以来,投资始终是推动中国经济高速增长的关键动力之一,特别是进入新世纪以来,出现了持续十余年的投资快速增长期,2011年中国资本形成率达到48%,是改革开放以来的峰值。

从投资结构看,金融投资主要集中在工业投资、基建投资和房地产投资三大领域,尤其是在基建方面,有力推动了城市基础设施发展水平快速跃升。1997—2017年中国交通运输业累计完成投资近40万亿元,年均增长18.4%,而金融资产,特别是银行信贷的快速扩张有效匹配了

基建领域巨大的投融资需求。2021 年，中国综合交通网络总里程突破了 600 万千米，高速铁路对百万人口以上城市的覆盖率超过了 95%，高速公路对 20 万以上人口城市的覆盖率超过了 98%，民用运输机场覆盖了 92% 左右的地级市，有力推动了城市体系互联互通及城市群和都市圈的发展。

（二）在向创新驱动转型发展阶段，金融结构优化推动城市创新水平和人力资本提升

第一，推动增强城市创新能力。熊彼特的技术创新理论认为，创新的实质是生产要素的重新组合。资金投入对于研发和创新具有决定性作用，由于创新活动具有高风险和不确定性，帮助高风险、高科技含量的创新项目解决资金短缺是激励科技创新主体提高研发密度的关键。金融正是在不确定的环境中对资源进行跨时空配置，为重组要素的创新活动提供资金与有效避险方式。资本市场发展能够通过合适的金融工具设计汇聚分散资金，形成社会化风险分担机制，降低单一投资者的风险，帮助投资者在获取合理收益的同时减轻风险，从而保障创新项目获得充足的资金支持。

金融发展对城市创新能力的促进主要体现在以下三个方面。

第一，资本市场发展与直接融资比重提升成为城市创新的助推器。从金融要素与科技要素结合的逻辑来看，传统银行信贷等间接融资方式与创新活动并不完全适配。科创企业具有轻资产、增信手段有限等经营特点，特别是初创期企业研发资金需求较大，但风险抵御能力弱、发展前景高度不确定。银行介入后，一方面承担了高风险，另一方面只能锁定固定收益，风险收益结构并不匹配。相对而言，资本市场在支持科技创新上具有明显优势，投资者在承担高风险的同时能够分享企业的成长红利与超额收益。近年来，中国资本市场改革提速，股票、债券等直接融资比重有所提升，天使投资、创业投资（VC）、私募股权（PE）等新的金融业态加快发展，有利于针对种子期、初创期、成长期和扩张期的不同特点为科创企业全生命周期提供合适的融资，促进资金流和技术流良性互动，推动城市创新能力提升。从城市发展来看，创新能力与资本市场发展水平具有正相关。根据科技部科技信息研究所发布的《国家创新型城市创新能力评价报告 2021》，深圳创新能力蝉联榜首。深圳同时也是金融改革开放的标杆城市，金融服务特别是资本市场发展对于城

市创新能力提升的作用是不可忽视的。1980—2021 年，深圳金融业增加值增长约 2 万倍，2021 年达到 4738.81 亿元，占 GDP 的比重达 15.4%。作为中国资本市场的重要发源地，深圳资金集聚效应明显，截至 2021 年年末，共有证券公司 22 家、基金公司 32 家，均居全国第二位；共有境内上市公司 372 家，上市公司总市值达 9.16 万亿元，居全国第二位；资产管理总规模达 16.77 万亿元。

第二，金融科技和数字金融发展对于促进城市创新具有普惠作用。金融科技提升了金融服务的普惠性，将传统金融未能覆盖的长尾客户群体纳入金融服务中。受创新活动不确定性、资金流反馈链较长等因素影响，创新主体与外部金融市场之间容易形成信息不对称的鸿沟，金融科技增强了信息识别的穿透性，有助于充分满足各类创新主体的资金需求，推动城市创新发展。此外，中国区域发展相对不平衡，大城市集聚效应更强，对中小城市具有一定的虹吸效应，而大城市所拥有的金融资源优势是造成城市创新虹吸效应的重要原因。有研究表明，数字金融发展有助于中小城市克服金融资源禀赋限制以及机构、网点等物理要素缺失，帮助中小城市创新发展，能够平滑城市间的创新差距，在城市创新方面发挥了普惠作用。①

第三，促进人口红利向人才红利转变。首先，城市金融发展能够促进人力资本投资，主要体现在三个方面。一是向人力资本生产活动（即教育）提供资金，增加教育投入；二是向接受教育者提供金融服务，促进教育和劳动的分工，提高教育的效率；三是降低人力资本投资风险，鼓励教育投资。② 从微观主体跨期决策的角度来看，消费信贷等金融服务有助于促进教育和劳动的专业化分工：经济主体在年轻时接受教育，提升人力资本水平，以增加未来的有效劳动和收入水平，但其接受教育的机会成本是放弃当期劳动收入，因此需要通过合理的消费信贷平滑其消费流和收入流。考虑到经济主体受教育能力的差异，教育和劳动的合理分工大幅提高了教育提升人力资本的效率：受教育能力较强者通过合

①　潘爽、叶德珠、叶显：《数字金融普惠了吗——来自城市创新的经验证据》，《经济学家》2021 年第 3 期。
②　王永中、高凌云：《金融发展与内生经济增长理论评述：人力资本积累视角》，《首都经济贸易大学学报》2007 年第 3 期。

理的消费信贷将更多时间投资于教育，提升未来收入；受教育能力较弱者则将更多时间用于劳动，为未来消费储蓄。因此，城市为教育提供金融服务的水平越高，通过教育提升人力资本的能力也越强。其次，城市金融发展能够提升对高层次人才的吸引力。由于金融要素在空间上的高流动性，金融集聚程度较高的城市通常拥有良好的营商环境，加之较高的收入水平，对于高层次人才具有更强的吸引力。根据 2021 年金融科技 50 人论坛发布的《我国主要城市金融科技人才发展"HOPE"指数》，北京、深圳、上海、杭州、广州作为重要的全国性或区域性金融中心，金融科技人才实力位于第一梯队。从整体看，经济金融发达的长三角地区金融科技人才集聚效应明显；而成渝地区双城经济圈作为西部金融中心，带动了西部金融科技人才集聚。对于这些金融中心城市，高水平人才集聚形成正向反馈，进一步促进了城市人力资本积累。

此外，城市金融发展也会对其他主体和要素产生不同程度的作用，主要体现为：数字金融发展能够促进家庭财富积累，有利于实现共同富裕[1]；普惠金融发展推动金融机构逐渐打破重视抵押担保、青睐大企业大项目的传统路径依赖，更加注重民营企业和中小微企业金融服务，有利于增强城市经济活力；城市金融发展对其营商环境、开放水平、创新精神等软环境提出了更高要求，有利于塑造开放包容的城市文化。

典型城市

香港：汇聚跨国企业，服务国家战略[2]

"汇聚跨国企业，服务国家战略"是指香港充分发挥"一国两制"独特的制度优势和地处亚太地理中心的区位优势，找准"国家所需、香港所长"的结合点，服务国家战略需要，打造自由开放透明的营商环境，吸引全球高端企业与人才，汇聚跨国企业，既促进了内陆经济发展，又巩固提升了香港国际金融中心与世界城市的地位。

---

[1] 强国令、商城：《数字金融、家庭财富与共同富裕》，《南方经济》2022 年第 8 期。
[2] 作者：王子忠，前海建设投资集团有限公司、前海金融控股有限公司、前海服务集团有限公司专职外部董事。

香港回归以来，经济蓬勃发展，国际金融、航运、贸易中心地位得到了稳固和提升，创新科技产业迅速兴起，营商环境世界一流，包括普通法在内的法律制度得到保持和发展。在祖国坚强后盾支持下，香港经受住了亚洲金融危机、国际金融危机等一系列冲击和影响。在2022年国际管理发展学院《2022年世界竞争力年报》中，香港的全球竞争力排名第五。

第一，利用境外内优势，建设全球金融中心。"一国两制"是香港回归后最根本的制度优势，也是香港国际金融中心建设最重要的制度保障。一方面，"一国两制"保障了香港继续实行原有制度，沿用与国际社会高度接轨的自由市场经济规则和普通法，保持香港作为国际金融、商业中心的良好营商环境，吸引来自世界各地的投资者；另一方面，在"一国两制"下，香港也是国家建设事业和发展大局的有机组成部分，在国家发展战略中拥有独特地位。这两种独特优势的融合，让香港成为无可替代的联系平台。同时，香港具有全球区位优势，是世界金融网络中的一个重要交汇点，与伦敦、纽约三分全球，在时区上相互衔接，有利于打造国际金融市场24小时全时段交易。香港也具有亚洲区位优势，位于东亚中心，从香港到东亚大多数城市的飞行时间不超过4小时。香港连续28年蝉联全球最自由经济体殊荣。

第二，发挥香港国际金融中心地位，服务国家战略。背靠祖国、联通世界是香港得天独厚的显著优势。香港充分利用其国际金融中心地位，服务国家战略需要和内陆融资需要。香港成为内陆企业最大海外融资地，截至2022年6月30日，香港上市公司数量已升至2565家，其中内陆企业在港上市达1370家，占港交所上市企业总数的53.3%，市值占港股总市值的77.7%。2018年港交所推出上市制度改革，首次允许未有营收的生物科技公司及采用不同投票权架构的新经济和科技公司上市，使香港成为全球第二大生物科技集资中心。同时，香港积极服务于国家"引进来"和"走出去"战略。长期以来，香港是内陆最大的外来直接投资来源地和内陆对外直接投资的首要地。截至2020年，来自香港的实际使用金额累计达13013亿美元，占全国的56%。内陆在港直接投资累计达14385亿美元，占对外直接投资总额的55.7%。此外，香港还积极服务于人民币国际化战略。香港离岸人民币业务蓬勃发展，已成为香港国际金融中心建设新增长点。截至 2022 年 1 月，香港持有的人民币客户存款及存款证余额为 11135 亿元，占全球离岸人民币存款的 60%。离岸人民币结算占全球人民币支付交易的 75%。离岸人民币债券市场占全球的 80%。

第三，巩固香港国际竞争优势，提升香港国际金融中心地位。香港把握科创金融、绿色金融发展的新机遇，支持实体经济的产业发展与多元化。香港拥有多所亚洲顶级的研究型大学，具备依托内陆市场吸引全球优秀科技人才的基础和实力。香港进一步结合大湾区优势加速打造国际化、全周期、广覆盖的产业科技创新投融资体系，培育充满活力的风险投资生态系统。2022 年 3 月的"全球金融中心指数"显示，香港排名第三，仅次于纽约和伦敦。香港成为全球最大的离岸人民币市场、第五大股票市场和外汇交易中心、亚洲第三大债券市场以及亚洲最大的基金管理和私人财富管理中心。

香港吸引汇聚跨国企业给全国其他城市带来诸多启示。首先，应充分发挥自身独特优势。城市发展不能简单模仿重复，千篇一律，一哄而上，必须结合自身资源禀赋，找准发展定位，发展特色产业，才能扮演不可替代的角色。其次，要服务国家战略需要。城市发展必须顺应大势，服务国家战略，只有这样市场空间才广阔，政策环境才宽松，才能在服务国家发展的同时完成自身发展。最后，要营造稳定、透明、可预期的营商环境。稳定的预期才能带来信心的增强，企业才可能积极主动面对不确定性，大胆尝试与创新，企业才敢干、敢闯、敢投。

第三节　中国城市学习与创新[*]

城市学习与创新是城市交互的具体抽象。城市在学习与创新的抽象行为过程中会出现交互主体互动、交互要素的使用以及交互产品的生产。本节分析中国城市学习与创新的机理，为中国城市交互中的抽象行为提供自洽的解释。

---

* 作者：魏婕，西北大学经济管理学院，副教授。

一　中国城市学习与创新的特征事实

中国是世界文明的重要发源地之一，也是"城市"的重要起源之一。在农业社会主导下的古代社会，中国城市长时间在创新和发展中处于世界领先地位。由于历史原因，近代中国城市创新和发展出现停滞。改革开放后，中国城市随着经济的高速发展进入快速发展时期。在建设现代城市方面，中国走的是一条持续学习和创新之路。

从国家发展的一般历程来说，欠发达国家或是技术后发国存在后发优势，可以利用发达国家业已建立起来的知识、技术、管理和市场经验，减少"试错"成本，实现迅速的技术赶超。[①] 在改革开放后，中国城市走过了乡镇企业主导的轻工制造阶段、外向型经济主导的加工制造阶段、城市化主导的重工业化阶段、人才科技主导的服务业发展阶段。中国城市在融入全球产业链价值链的过程中，不仅在城市治理、城市规划、城区建设等方面，而且更重要的是在提升科研创新力方面积极学习了欧美发达国家以及亚洲特色城市的经验。

中国城市整体上从初始阶段对欧美发达国家城市的简单重复模仿，到和发达国家开展贸易及合作、进行"干中学"，在此过程中"硬"到"软"的特征，即先在生产、分配、交换和消费等层面学习欧美国家城市组织生产以及城市间形成互动联系的综合发展的"硬特征"，进而在技术和制度的"软层面"实现了追赶乃至超越。在这个过程中，中国城市学习和创新呈现以下三点典型事实。

第一，中国城市学习和创新经历了从单一重复模仿到渐次的学习和创新体系形成的过程。西方发达国家现代城市建设起步较早，经验成果也比较丰富。在改革开放之初，中国对外开放呈现全方位、深层次推进的格局，为城市发展注入了活力。与此同时，中国在城市规划、建设和发展上学习了西方当代城市规划、建设和发展的许多理论、方法和实践，但单一重复模仿的"拿来主义"色彩明显。随着中国经济不断融

---

① A. Gerschenkron , *Economic Backwardness in Historical Perspective*，Belknap Press of Harvard University Press，1962；林毅夫、张鹏飞：《后发优势、技术引进和落后国家的经济增长》，《经济学》（季刊）2005 年第 4 期。

入全球价值链的大潮，中国城市学习和创新日益从重复模仿走向渐次的学习和创新。

东部沿海城市凭借区位优势迅速成为全球分工体系中的一环。在融入全球分工体系的过程中，通过与国外城市开展的各层级交流合作过程中形成显著的"学习效应"。随着中国东部沿海地区在学习中成长，中国城市"学习效应"呈现从沿海到内陆的渐次推进的特征。中国各个地区发展阶段、创新要素的分布与创新能力相差较大，不同区域技术进步的阶段呈现不同特征，形成了一个渐次衔接的技术进步的格局。在此过程中持续存在着技术后进地区向技术先进地区的技术引进、消化、吸收和模仿，在学习过程中知识会出现跨区域流动和无处不在的、不易察觉的溢出。曾有研究指出，中国城市之间的相互学习越来越明显，交流成为一种常态。[1] 其中，珠三角和长三角的发达城市是被广泛学习的对象。

第二，中国城市学习和创新经历了从零碎片面学习到多层次学习和创新主体协同系统的演化。具体表现为三大行为主体的多层次学习和创新。城市是典型的知识交换、创造力产生以及知识产生和溢出的主要区域[2]。但显性和隐性知识流动需要微观载体，而作为微观载体的企业在欠发达城市向发达城市学习的过程中不断成长。一方面，企业技术能力在追赶学习中不断促进自身技术水平提高，这种逐步积累的技术能力会促使企业技术能力发生跃迁；另一方面，企业的组织模式和制度文化会在学习中不断革新和演变，最终演化成企业整体创新优势。除此之外，城市政府在学习和创新中起到了不可替代的作用，其扶持和引导以及有序的规划和策略是城市其他主体在学习中受益的重要保障。中国城市政府在促进城市学习和创新过程中始终扮演着关键角色，持续在公共服务的需求识别能力、公共服务供给能力、政府学习成长能力方面不断提升，助力城市各层次各主体的学习和创新。另外，城市学习和创新需要全社会家庭形成崇尚创新、知识共享的文化环境。中国城市的学习和创新深植于中国家庭的勤劳朴实、重视教育和持续学习的社会文化传统中。

---

[1] 参见中国人民大学国发院 2019 年发布的《中国城市之间的政策学习：网络、结构与特征》报告。

[2] M P. Feldman and D B. Audretsch, "Innovation in Cities: Science-based Diversity, Specialization and Localized Competition", *European Economic Review*, Vol. 43, No. 2, 1999.

第三，中国城市学习和创新经历了从引进模仿到追求"技术自立"的自主创新的转变。回顾中国城市过去 40 多年的发展历程，其核心是引进、学习、模仿，重点是在引进国外技术的基础上，通过学习这些技术，进行模仿基础上的再创新。一般来说，模仿创新是产业转型升级的捷径。模仿创新在技术方面的优势，主要体现在技术开发方面的低投入、低风险和高效率。中国城市作为一个优秀的学习和模仿创新者，根据自身需求以及比较优势的特点，有针对性地引进、学习和模仿相关技术，同时基于市场前景进行本地化的改造和再创新，形成了独特的学习模仿创新模式。

20 世纪 90 年代中国实施了"以市场换技术"的策略。"以市场换技术"指是通过开放国内市场，引进外商直接投资，其目的是引导外资企业进行技术转移，通过消化吸收这些先进技术，最终形成中国独立自主的研发能力，提高整体技术创新水平。[1] 2006 年党中央、国务院做出了关于"建设创新型国家"的重大决策。2008 年国家发改委正式启动了"深圳市创建国家创新型城市试点"的具体工作。2010 年《关于推进国家创新型城市试点工作的通知》的颁布，再次扩大了试点的范围并推进一批城市开展创建国家创新型城市试点工作。

一方面在时间的纵向维度上，中国城市创新指数[2]年均均值呈现逐年上升的态势（见图 5.4）。同时，采用反映城市生产复杂产品技术水平高低的出口产品技术复杂度[3]年均值近年也呈现明显上升态势，说明中国城市通过学习机制实现了创新能力的较大提升。

另一方面，在横向的国际对比维度，通过比较 2016—2020 年全球 20 个城市发现[4]（见图 5.5），北京、上海的科研人员数量和科研产出最

①　程磊：《新中国 70 年科技创新发展：从技术模仿到自主创新》，《宏观质量研究》2019年第 3 期。

②　寇宗来、刘学悦：《中国城市和产业创新力报告 2017》，复旦大学产业发展研究中心，2017 年。

③　本章利用了 2007—2017 年中国海关进出口统计数据库、CNDRS 中国研究数据服务平台、联合国商品贸易统计数据库（UN Comtrade 数据库）的相关数据，运用 Hausman et al.(2007) 提出的迭代映射法测算 281 个城市的出口产品技术复杂度。

④　参见上海市研发公共服务平台管理中心及爱思唯尔 2022 年联合发布《国际科学、技术和创新的数据和见解——全球 20 个城市的比较研究报告》。

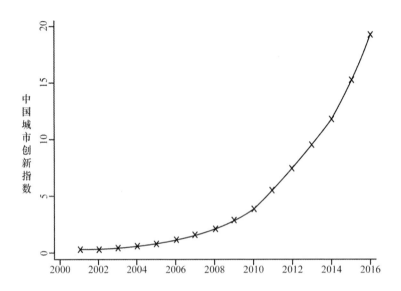

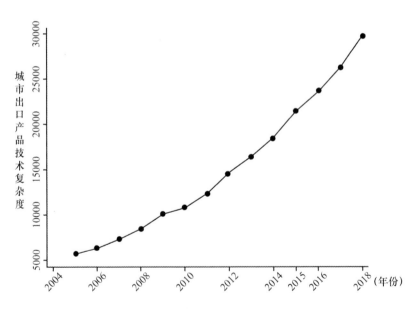

图 5.4　中国城市创新指数和城市出口产品技术复杂度的变化趋势

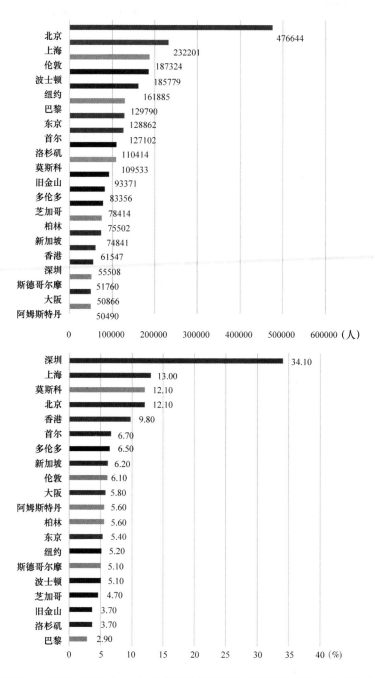

图 5.5　2016—2020 年全球 20 个城市的科研人员数量与科研产出增长率

多，深圳的科研人员数量和科研产出增长速度均处于领先地位，而香港的科研影响力处于全球第一梯队。由此可见，在城市科研影响力上，尽管欧洲和北美的城市仍然处于领先地位，但亚洲城市，尤其是中国城市正在迎头赶上，成为其强有力的竞争者。另外，WIPO 发布的《全球创新指数 2022》报告显示，在"全球百大科技集群排名"中，中国科技集群在全球排名中提升最快，在前 100 个科技集群中占据 21 席，与美国并列世界第一。东京—横滨成为表现最好的城市群，紧接着是深圳—香港—广州城市群和北京城市群（见表 5.1）。排名前 20 的科技集群还有上海—苏州（第 6 名）、南京（第 13 名）、杭州（第 14 名）、武汉（第 16 名）。科技集群排名上升幅度最大的是中国的 3 个集群——郑州（上升 15 个名次）、青岛（上升 12 个名次）和厦门（上升12 个名次）。可以说中国城市正在形成众多地方性创新集群，支撑了国家创新生态系统所构建的新格局。

表 5.1　　　　　　　　　各经济体的顶级科技集群

排名	科技集群	经济体
1	东京—横滨	日本
2	深圳—香港—广州	中国
3	北京	中国
4	首尔	韩国
5	圣何塞—旧金山，加利福尼亚	美国
10	巴黎	法国
19	伦敦	英国
23	科隆	德国
25	阿姆斯特丹—鹿特丹	荷兰

资料来源：世界知识产权组织（WIPO）：《全球创新指数 2022》，https://www.wipo.int/export/sites/www/pressroom/en/documents/2022gii_clusters_chapter.pdf。

　　传统中国城市进行学习并开展的模仿性创新取得了显著的成绩，但其边际效应已在递减。近年来随着中国企业和国家技术能力的提升，中国正在从以模仿为主的阶段慢慢向追求"技术自立"的自主创新转变。

二 中国城市学习与创新的总体机制

（一）一般机制

城市学习进而创新的总体机制在三主体进行多重交互以及和六要素结合形成良性循环。

具体来讲，作为微观核心主体的企业立足于自身比较优势，通过对特定区位和产业的选择进行模仿、学习和创新，进而形成以专业化为核心的马歇尔式规模经济效应以及产生空间集聚效应。[①] 企业地理空间的集聚以及同群效应会使得交互成本降低，区域现有人力资源的激活、物质资本的使用效率提升以及人力资本集聚，进而引致广泛的知识流动和溢出，从而依托流动的知识形成独具特色、自发演进的城市学习和创新机制。政府作为有为补充的主体，一方面通过基础设施等"硬条件"建设助力区域间知识交换的速度和时机；[②] 另一方面通过公共政策制定，特别在环境的设定、调查、协调、弥补缺口等方面来助力城市学习和创新系统演化。作为要素供给者和产品服务需求者的家庭是三主体之间交互不可或缺的一环，其提供的劳动力资源以及更高层次的人力资本是城市学习创新、知识跨区域流动、融合创造新知识的重要因素。同时，家庭对高质量产品、高品质生活的要求是城市学习和创新的动力之源。由此可见，三主体之间有效交互，六要素在交互中流动和演化，形成了城市学习和创新的良性循环机制。同时这一机制循环往复的变动以及适时的调整和适应，决定城市的学习链、创新链从区域性、国家性到国际性的逐次递进，从城市建设、城市治理到城市可持续发展的逐级提升，进而成为一国经济发展和结构演化的重要支撑。

（二）中国背景和特征

中国城市发展深植于中国整体经济大局中，中国学习和创新同样具有典型的中国背景和特征。

第一，后发国家的特点决定了中国既有学习创新成本低的优势，又

[①] A. Marshall, *The Principles of Economics*, Macmillan, 1920.

[②] O. Parent and S. Riou , "Bayesian analysis of knowledge spillovers in European regions", *Journal of Regional Science*, Vol. 45 , No. 4 , 2005.

有容易陷入动态跟随的劣势。中国作为一个典型的技术后发国，改革开放以来走出了一条特色后发国家的技术赶超之路。[1] 可以说中国技术已完成了"跟跑""并跑"阶段，传统模仿产生的"学习效应"在边际递减，另外技术差距缩小导致的技术合作与经济发展遏制的加剧，都对当下中国技术实现"领跑"，即真正实现"中国创造"有着重要影响。因为技术后发国在进行技术赶超中技术选择时会遵循自己的比较优势，即要素禀赋结构决定了技术能力。中国在技术追赶层面遵循"拿来主义"，时至今日，在某种程度上依然存在"引进—落后—再引进"的恶性循环。长期的追赶造成中国在技术创新层面存在诸多问题，非常容易沿着领先者的原路走，"技术轨道"一成不变，从而陷入动态跟随的"技术追赶陷阱"。一方面，在全球一体化程度日益加深的今天，各国都在全球价值链上共生共荣。在全球深度融合的态势下，中国城市依然有着诸多学习和创新的机会，抓住新技术革命的机遇，实现弯道超车仍有无限可能。另一方面，中国在技术标准、基础软件、核心零部件和复杂生产装备等方面受制于人的问题仍十分突出，中国城市学习和创新之路依然任重道远。

第二，作为巨型国家的中国为渐次学习创新格局提供了可能。中国作为一个巨型国家，有疆域广大，区域禀赋资源、文化传承和社会治理之间差异较大的特点。另外，中国城市由于所在区域对外开放和融入全球经济的程度不一致，其在学习和创新方面的"软实力"差距也比较明显。中国各个地区发展阶段、创新要素的分布与创新能力相差较大，不同区域技术进步的阶段呈现不同特征。这是中国改革开放以来城市学习和创新形成的绩效"分岔"，但同时也是面向未来，中国经济整体潜力开发和动力寻找的着力点。面向未来依靠城市学习和创新激发新增长潜力，强调打造区域创新发展高地和促进区域创新协调发展，会形成一个渐次衔接的技术进步新格局。

第三，相比有为政府在城市学习创新中的巨大作用，学习创新主体企业自生能力仍有短板。中国独特的城市学习和创新模式，主要是在中

---

[1] 魏婕、安同良：《面向高质量发展的中国创新驱动》，《中国科技论坛》2020 年第 1 期。

国有为政府引领下成功的技术追赶与超越。由此可见，改革开放以来中国的学习和创新机制主要由有抱负、善谋划、能协调的政府主导，结合市场激励机制，面向明确的市场需求，构建产学研结合的创新平台，快速完成"模仿—创新—重大原始创新"的三级跳，实现技术赶超。相比中国有为政府在学习和创新方面强有力的作用，在作为学习创新主体的中国企业中，仍有部分企业创新目标模糊、技术远景想象不足。由于中国市场环境的快速变化，中国企业的创新环境也在不断地变化，这大大增加了企业树立清晰的创新目标的难度和成本，因此企业创新目标普遍相对模糊。部分中国企业创新定位短视，长远规划普遍缺失，对传统企业发展方式依赖度很高，对于通过新理念、新技术和重新组合资源实现"破坏性创新"的欲望淡漠。可见，虽然经过多年发展，但依靠多维立体的创新型企业体系、依托企业技术能力跃迁的中国城市学习和创新机制仍有一定不足。

第四，更宽领域、更深层次的对外开放是中国城市未来学习和创新的基本路径。新一轮技术革命引发的产业革命，对全球分工和国际经济格局带来全面且深入的影响。借鉴以往技术革命和产业革命时期后发国家追赶与跳跃发展的启示，新一轮技术革命正在为后发国家打开技术窗口，以中国为代表的传统技术后发的新型市场国家正在这百年未有的大变局中面临机遇和挑战。所以站在"两个一百年"奋斗目标历史交汇点上的中国，既需要以推动高质量发展为主题，又需要以构建发展新格局为战略，这为中国城市在新时代更新学习方式、谋求创新新模式以及实现弯道超车带来了难得机遇。在此过程中坚定不移推进高水平对外开放，形成更大范围、更宽领域、更深层次对外开放格局，促进更紧密的国际合作以及实现互利共赢，仍是未来中国城市在开放合作以及彼此竞争过程中，进一步学习和创新的重要途径和基本路径。

（三）中国的框架

中国城市学习和创新框架，根植于中国大国特征、后发特征、转型特征的微观主体的企业、有为的政府和供需者家庭的三主体在交互中形成中国城市学习和创新的体系。中国城市学习和创新三主体无论从制度环境还是文化传承均有别于西方发达国家，既有转轨后发国家的不断寻求自身能力成长和突破的诉求，也有后发大国自生能力有缺陷、体制机制不足等特征。

首先，改革开放以来六要素具有典型的中国特征，深刻影响着中国城市独特的学习和创新行为。长期处于不断变化和转型的中国，人口资源、物质资本和人力资本这些传统要素资本，其特征随着中国经济的发展和壮大不断地变化。大国要素资源丰富，但转轨性质决定资源配置方式存在缺陷、要素使用效率不高的事实都直接或间接影响着中国城市学习和创新的战略选择和路径规划。

其次，中国城市学习和创新会引起企业、政府、家庭三主体行为的交互变化，并伴随六要素的流动和演化。中国作为技术后发国家，自身在学习创新中不断促进技术升级以及引致的制度环境变化和地理空间的重塑，在此过程中企业自身技术能力和政府创新治理能力呈现协同演化的特征，从而不仅使中国科学技术水平有了大幅度的提升，而且倒逼人力资本的加速积累和有利于学习创新的制度环境的构建和完善。即城市学习和创新中三主体的交互行为，衍生出六要素中的关键因素的生长和变革。

据此，我们需要分析具有中国情景的城市学习和创新良性循环机制，即考虑中国大国、开放、转型、追赶等特征，构建三主体之间有效交互，促进六要素在交互中流动和演化，解释城市学习和创新逻辑框架。

三　中国城市学习和创新的影响机制

对于中国城市学习和创新发展机制，其基本逻辑也在于企业、政府、家庭三主体多重交互以及和六要素结合形成的良性循环。但具体来讲，中国转型特征、大国特征以及后发特征，也使其创新和学习机制具有自己独特的特征。

（一）中国城市企业作为学习主体的演化：以技术能力提升筑牢城市创新的基石

中国城市企业作为发展中国家的技术后进企业，在改革开放之初、中国经济才起步的状况下，与主流的技术和研发资源脱节，远离世界的科学和创新中心，同时中国工业和技术的基础设施并不完善，大学和其他教育机构、技术机构技术能力较弱，配置较差①，因此对当时多数中国企业来讲，在国际国内的市场竞争中需要依赖从其他国家和其他企业获取的技术。所以中国企业立足于自身劳动力资源、物质资本和人力资本等的比较优势，需要从外部获取知识并逐渐积累，以建立自己的技术能力，这就需要一个学习的过程②。中国企业技术学习被认为是一个"企业创造、改进、提升以资源为基础的显性与隐性的技术能力的过程"。中国企业在技术学习伊始会做出技术选择，即技术学习战略的确立与执行。在中国发展阶段之初，出于对技术学习成本与收益的衡量，作为有限理性的中国企业均以短期利润最大化为目标，普遍选择"拿来主义"的技术学习战略，因其技术发展成功率最高且成本最小。

党的十一届三中全会提出，在自力更生的基础上，努力采用世界先进技术和先进设备"。于是中国企业在 20 世纪 80 年代立足于劳动力充足这一比较优势，通过来料加工、合资经营、设备租赁等形式进行技术引进，改善自身的学习和技术能力。这一阶段中国企业扭转了 20 世纪 50 年代以投资品为主导的产业选择偏差，重点技术引进和消化吸收行业转变为以家用电器为主的耐用消费品。20 世纪 90 年代，在以"市场换技术"引进策略指导下，中国企业通过向外国产品出让国内市场份额来获得国外先进技术，从而提高国内技术水平。进入 21 世纪，随着钢铁、交通、通信、能源等基础设施产业设备大部分国产化，与硬件相结合的技术软件成为这一阶段企业技术学习和引进核心内容。同时在这一阶段，企业在学习基础上进行改造和再创新成为很多企业技术自立、技术赶超的基本方式。可以说中国城市企业作为学习的主体，通过自身不断的学习和动态适应，实现了技术能力的显著提升，为城市创新筑牢了微观基础。

此外，中国企业在地理上靠近，技术和人才相似的群体在城市的集聚，形成了在特定地理空间上的共享、匹配和学习三大效应，这些均有

---

① M. Hobday, "Innovation in East Asia: Diversity and Development", *Technovation*, Vol. 15, No. 2, 1995.

② P. N. Figueiredo, "Learning processes features and technological capability-accumulation: explaining inter-firm differences", *Technovation*, Vol. 22, No. 11, 2002.

利于提高当地的创新产出。[1] 中国一批有竞争力的先进制造业集群，通过专业化分工，降低了创新成本，缩短了创新周期。同时产业集群在城市集聚有利于人力、资本等生产要素更高效的匹配以及集聚。此外，企业之间更为频密的学习活动促进了各类知识的传播、扩散、吸收和再创新。中国企业聚集在城市形成特色的产业集群，以共享、匹配和学习三大效应为依托，产业集群内部企业之间可以形成更为紧密的经济社会联系，有利于企业之间共担创新风险、分摊创新成本、共享创新收益，减少创新过程的不确定性。

（二）中国城市政府作为学习助力的特征：以有为之手放飞城市创新的翅膀

中国由于市场体系起步较晚，仍处于不够完善的阶段，"强政府"在城市发展和创新中作用比较突出。在工业化和城市化推进过程中，特别是在经济增长考核和地方财政分权的背景下，城市地方政府既有动力又有资源采取措施吸引企业入驻当地发展。城市地方政府主要通过招商引资和设立园区两类政策来促进企业集聚：一方面，在招商引资过程中，地方政府通过税收、补贴、土地、金融等方面的优惠政策吸引企业入驻，特别是吸引企业进入所在城市的高新区、开发区等产业园区集聚发展[2]；另一方面，产业园区通常会制定主导产业选择标准，这有利于增强入驻企业的产业关联程度，特别是当地政府围绕产业园区加强市政交通、教育医疗、住房保障等公共服务配套建设，这些高品质的公共服务设施为吸引高端创新人才创造了关键条件。由此可见，中国城市地方政府持续将自身定位为发展型政府角色，通过制定公共政策和发展战略等有为之手为企业在集聚、产业集群在城市诞生提供更好的助力，进而推动城市整体层面创新能力的提升。

同时，长期以来中央与地方各级政府都十分重视对企业创新行为的鼓励和引导，尤其是近些年提高自主创新能力、建设创新型国家、实施创新驱动发展战略等一系列战略的实施，使政府对企业创新的激励与补

[1] D. Puga, "The Magnitude and Causes of Agglomeration Economies", *Journal of Regional Science*, Vol. 50, No. 1, 2010.

[2] 胡晨光、程惠芳、俞斌：《"有为政府"与集聚经济圈的演进——一个基于长三角集聚经济圈的分析框架》，《管理世界》2011 年第 2 期。

贴措施逐步系统化与制度化。同时在政府引导下，大学与企业协同研发，以培育具有自主知识产权的新技术为重点，以产业创新为落脚点的产学研创新模式不断涌现。大批产学研创新平台汇聚生产和知识，完成知识创造与知识转移，孵化高新技术和技术创新，提高企业技术能力以及自主创新能力，为技术赶超提供机会窗口。在创新补贴和促进产学研协同政策方面，各地政府之间也存在政策学习的非对称性或非均衡性。城市政府之间并非相互学习，而更多呈现为单极化和单方向的政策学习，即一些创新政策实施效果好的、产学研协同促进优秀的城市主要以创新驱动知识出口为主，而另一些城市则是以吸收知识为主。通过这样的方式，城市之间能够实现知识转移和政策协同，城市的先进经验得到了快速转移和复制，有利于城市创新产出的提升。

（三）中国城市家庭作为学习支撑的角色：以有效市场牵引城市创新的繁荣

就中国取得的巨大经济发展成就来说，基本共识在于中国发挥了资源禀赋的比较优势和后发优势，大力发展了劳动密集型产业和出口加工贸易。而这背后是中国劳动力充足且成本较低，依靠人口红利形成的劳动力低成本优势为发展提供了极为有利的条件。同时中国人勤劳能吃苦肯学习的品质、"望子成龙"重视教育的文化传承也有效地推动了中国经济发展。从中国发展逻辑可以明晰，中国城市家庭作为城市学习的支撑角色，最突出地贡献在于是各类要素的提供者。更重要的是中国城市家庭构成的大国市场，是城市学习以及创新最主要的牵引者。大国市场规模巨大、需求多元，为创新提供牵引力。超大规模的市场需求激活创新的规模经济效应，对企业技术进步产生强大拉力。[1] 另外，中国不同城市之间客观存在的居民收入差距内生为多层次需求结构，市场规模叠加多层次需求结构，显著促进了产品质量改进[2]以及新创产品生成[3]。

---

①　范红忠：《有效需求规模假说、研发投入与国家自主创新能力》，《经济研究》2007年第3期。

②　钱学锋、刘钊、陈清目：《多层次市场需求对制造业企业创新的影响研究》，《经济学动态》2021年第5期。

③　安同良、千慧雄：《中国居民收入差距变化对企业产品创新的影响机制研究》，《经济研究》2014年第9期。

同时，大国市场需求的多样性为后发企业技术战略多元化选择提供支撑，部分企业选择"需求错位"战略实现赶超。[1] 此外，大国市场也为后发企业的颠覆性技术提供利基市场，加速技术迭代，对行业主导企业进行颠覆，形成颠覆性创新。

总体来说，无数城市家庭组成的大国市场不仅在需求侧发力，也为创新提供了大规模的科技人才和创新资源，促进分工及专业化，从供给侧助推技术进步。[2] 所以，城市学习和创新机制中，城市家庭作为有效的供给者和有力的需求者，成为支撑城市学习以及创新繁荣不可缺失的重要一环。

（四）中国城市学习和创新机制："三位一体"的主体之间学习创新行为交互演化

综上，三主体多重交互，随着六要素结合以及循环往复的变动，决定了城市学习创新的方向与速度，进而促进了城市经济的演化（见图5.6）。

随着城市持续的发展和演化，我们不应只将城市看做"孤岛"来进行研究。一方面，由于城市之间的差异性，促成了城市之间的学习行为，而城市不能作为独立的个体单独进行这种循环；另一方面，区域内生产网络无法独立于外部生产网络而单独存在，本地市场也无法满足本地生产网络进一步扩大生产规模和利润规模的需求，使得区域内企业与区域外企业发生紧密联系，组成了全国（全球）生产网络和全国（全球）价值链分工体系。城市的创新动力还可以来源于更大的生产网络中不同产业集群之间，以及不同城市之间的协作，这些都是集聚外部性与网络外部性共同发挥作用的典型。随着经济的不断进步，三主体已经不再满足区域性的学习创新，而是更大范围的国家性，甚至是国际性的学习与创新。企业之间的学习创新行为也从集聚外部性逐步转向网络外部性。同时，三主体由初始阶段的单纯的模仿学习转向与自身情况相结合的创新，进而使城市由学习网络逐步转向创新网络。

---

① 吴晓波、付亚男、吴东等：《后发企业如何从追赶到超越？——基于机会窗口视角的双案例纵向对比分析》，《管理世界》2019年第2期。

② 欧阳峣、汤凌霄：《大国创新道路的经济学解析》，《经济研究》2017年第9期。

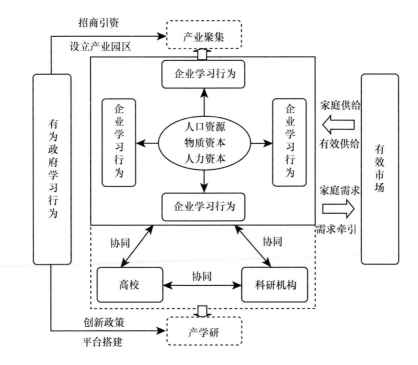

图5.6 中国城市学习和创新的影响机制

典型城市

天津：全球学习兼顾全国学习，政府学习带动社会学习[①]

21世纪，人类已进入学习型社会，学习成为国家和城市快速崛起的重要秘笈，中国作为后发国家拥有追赶学习的诸多优势。改革开放以来，中国快速着眼现实需求，引进国外学习型概念，倡导建设学习型城市。党的二十大提出"推进教育数字化，建设全民终身学习的学习型社会、学习型大国"，为社会发展指明了方向。

天津顺应社会变革趋势，实现了经济社会的跨越式发展，从中国最早一批开放的经济特区发展为北方第一个自由贸易试验区，整体经济提速推进，社会效益成果显著，人民生活质量持续改善，城市发展蒸蒸

---

① 作者：李博，天津理工大学，副教授。

日上。

天津通过"引进来"和"走出去"、"学中学"和"干中学"、"合作中学"与"竞争中学"、对标对表和博采众长、政府示范和制度激励等学习途径和方法，不仅建成全国领先的学习型城市，而且通过学习迅速获得了科技、制度文化、管理经验，促进了天津的快速发展与转型。具体做法如下：

第一，在"引进来"和"走出去"中学习。通过招商引资、引企、引技术和管理以及出国深造和考察调研等方式，学习国内外的科学技术、制度观念与管理经验。一是天津依托保税区与滨海新区优势，引进北京近千个投资项目，吸引一汽丰田等跨国巨头增资投产，增强区域经济辐射。二是与"一带一路"沿线国家合办中埃经贸合作区等项目，以出国深造形式学习当地的科技、管理经验。三是考察调研北京、上海等地，学习多融合、全开放的制度管理理念，城市综合实力提升。

第二，在"学中学"与"干中学"。一是"学中学"。天津完善学前教育、基础教育、职业教育和高等教育等教育体系，让受教育的阳光普惠市民。二是"干中学"。即完善岗位训练和师徒等教育制度和服务体系，出台企业新型学徒制实施办法，培养企业后备技能人才，提升社会教育服务质量。三是终身学习。加强构建终身教育体系，建设学习型社会。完善市民共享的社会学习"基建"，传播终身学习文化理念，拓展职业教育、社区教育与老年教育工作，推动社会教育多样化发展。

第三，在合作与竞争中学习。发挥政府、企业、家庭与国内外经济主体等多方力量，天津积极参与经济社会的合作和竞争，学习国内外城市在科学技术、制度观念与管理等方面的经验。天津着眼区域协同一体化需求，构建国家级开发区与产业园区，吸引世界500强企业项目落户，推动与美国、塔吉克斯坦等国家的经贸投资合作，谋求集群发展利益最大化，带动本地企业、家庭参与社会生产制造。

第四，对标对表与博采众长的学习。天津对标对表，确定学习对象和学习目标，并博采众长，择优学习，在学习中超越。天津积极学习北京先进的科技发展与人才培养模式、上海完备的基建服务体系、杭州开放包容的文化环境等方面，以实现高水准的城市可持续发展目标。

第五，政府示范和制度激励的学习。一是政府向国内外政府学习以及政府公务员学习做示范。例如，构建各级政府的中心组学习制度并长期坚持；学习借鉴浙江践行"两山"理念、发展数字经济等经验做法，促进城市长效发展。二是政府设计制度激励家庭和企业学习。天津出台相关学习激励政策，开设"职业教育活动周"和"全民终身学习活动周"，激发全市家庭和企业的学习动力。

天津学习型城市发展成就显著，在科学技术、思想观念、制度文化、管理经验等方面获得较大的发展。天津科技型企业人才倍增，在"学中学""干中学"方面成果丰硕；政府倡导并激励终身学习，全民学习氛围浓厚，热情高涨；社会制度保障不断完善，城市文化开放包容；汲取先进城市发展理念，城市建设成绩斐然。

根据经济学相关理论来看，低成本、高收益、高成效的学习特征是天津追赶和超越其他城市的重要法宝。天津坚持"走出去"和"引进来"，学习实践同步，以借鉴国内外城市先进发展理念充实发展思路，在合作与竞争中学习，实现城市发展的全面开花，为其他城市的发展提供了参考范例。

四　中国城市学习与创新的作用机制

改革开放之后，中国城市学习和创新的抽象行为产生诸多经济效应，对城市技术能力、结构转型以及经济增长产生了各种深远影响。

（一）中国城市学习和创新通过学习创新要素聚集提升自身技术能力

改革开放40多年以来，中国城市三主体抽象交互的学习和创新，促进了产业的发展。产业发展本质上就是对生产要素的重新配置，所以区域间产业发展使得六要素中的人口资源、物质资本、人力资本和科技技术在空间自由流动条件下发生变迁。人口在区域间自由流动时发生了两种循环累积因果效应：一是需求关联层面，人口转移导致消费转移，而消费迁移引致生产活动转移，进一步的生产活动转移又会再一次刺激人口转移；二是成本关联层面，人口转移导致生产活动转移，而生产活动转移降低了消费产品的价格，价格降低又进一步刺激了人口转移。

　　在这两种循环累积因果效应下，一些优质要素主动向大城市集聚，而普通要素则被动选择向小城市集中，提高了大城市要素积聚的外部经济性。城市三主体抽象交互的学习和创新，更为重要的是会形成理解并融合各类知识的人力资本跨区域流动。城市加快人力资本积累、知识外溢及更频繁的相互交往。[①] 可以说城市产业集聚引起创新要素的集聚效应，一方面会形成专业化优势，加速知识与技术的生成，进一步产生专业化集聚的知识溢出效应，形成马歇尔—阿罗—罗默外部性；另一方面，要素聚集的多样化会形成知识之间的交叉和协同，从而衍生新技术、新产品，进而产生多样化聚集的雅克布外部性。由此可知，在微观层面，三主体抽象交互的学习和创新，形成了学习和创新要素聚集效应，伴随要素流动形成的"公共知识池"产生更多创新机会，[②] 提升产业整体技术水平。

　　（二）中国城市学习和创新会产生"结构效应"并倒逼形成"制度完善效应"

　　随着学习创新要素聚集效应形成带来的城市整体技术水平的提升，双重的产业结构升级效应将会形成。一是大量研发活动建立在知识形成的新技术和高积累的人力资本上，促进基于各类新知识的创新活动的开展和创新要素的集聚。创新活动在城市的频繁开展，有利于改造传统产业的生产方式，培育壮大以科学技术为核心竞争力的新兴产业，促进城市产业结构优化升级。主要表现为淘汰落后生产工艺和生产设备，增加产品高科技含量，提高产品性能；改变传统产业组织管理形式，提高员工中高素质人才占比；有利于发展以 5G 基站、工业互联网、人工智能、大数据等为核心的新基建产业，为抢占新科技革命的高地奠定基础。二是学习创新要素集聚产生的知识溢出与交易成本的减少吸引知识密集型企业的入驻，同时由于集聚带来知识传播成本的降低，更易形成基于知识创造的跨组织大规模协作，拓展价值链上的分工协作和知识分享以及创造，从而催生蕴含诸多新知识的高技术产业，进一步催生更多的产品

---

　　① E L. Glaeser, "Learning in Cities", *Journal of Urban Economics*, Vol. 46, No. 2, 1999.

　　② R. Baptista and P. Swann, "Do Firms in Clusters Innovate More?", *Research Policy*, Vol. 27, No. 5, 1998.

创新、工艺创新等创新活动并形成多元主体协同的创新体系，形成更大规模的创新发展生力军。

与此同时，城市学习和创新自发机制的建立以及创新要素的集聚会倒逼城市地方政府提升创新治理水平。一方面，倒逼城市形成更好的"硬条件"的支撑，即提供更多的相关公共服务和制度供给，通过政府"有形之手"的扶持和鼓励以及平台搭建等使城市创新能力进一步提升。另一方面，倒逼城市形成更好的"软条件"的支撑，即更新治理模式和思路，充分利用现代信息技术手段，以数据驱动治理模式创新，形成机会共享的新型城市、创新环境等新治理思维，全面提升城市创新治理能力和治理现代化水平。总之，城市创新能力的提升引致创新"软""硬"环境的发展，提升当地拥有创新特质的物质资本、人力资本、公共产品供给能力以及制度环境建设能力，从而形成良性循环，进一步促进城市学习和创新能力上台阶。

（三）中国城市学习和创新通过结构优化和治理改善产生增长红利

创新要素聚集形成的产业结构升级，会带来结构的高级化效应。产业结构高级化既能给地方经济社会蓬勃发展提供"结构增长红利"，[1]又能通过进一步优化资源配置、更替主导产业和提升科技水平等方式提振地方经济成长。[2]这种地方增长红利的形成，表现为以物质资本和人力资本为核心的增长以及知识资本存量的不断积累。

一般来讲，创新活动突出的特征是时间长、风险大、不确定性强和失败率高，所以需要有大量的资金支持。中国城市在学习和创新过程中，必然伴随物质资本的同步增长。另外，中国城市学习和创新作为一项以智力要素为核心的活动，需要匹配大量在知识储备、思维方式和学习能力方面具有绝对优势的高素质人力资本对现有技术进行应用和改进。所以除了物质资本的持续增长外，人力资本也会在城市向知识技术密集型转型过程中协同增长。此外，城市学习和创新更为重要的是会形

---

[1]　M. Peneder, "Industrial Structure and Aggregate Growth", *Structural Change and Economic Dynamics*, Vol. 14, No. 4, 2003.

[2]　廖红伟、杨良平：《"一带一路"沿线国家 OFDI、产业结构升级与经济增长：互动机理与中国表现》，《社会科学研究》2018 年第 5 期。

成知识资本的快速积累。Glaeser（1992）[1] 强调，知识穿越廊道及街道比穿越国家及海洋更容易。中国区域间存在一个希冀从创新竞争中胜出的"竞相向上"的机制，通过区域间互动学习机制，城市知识资本会显著增加。这种要素的增长红利，通过城市与外部的联系对城市物理空间形成一种新的界定。

据此，笔者总结出中国城市学习与创新的作用机制（见图5.7）。中国城市学习和创新机制中三主体的抽象交互，会形成六要素的集聚和演化。这种聚集和演化会带来城市技术水平的显著提高，从而产生双重效应。一是创新要素聚集带来的产业结构升级效应；二是创新要素聚集倒逼的城市治理提升效应。这种"结构效应"和"制度完善"自然会在空间层面形成城市的"经济增长红利"。城市的增长红利表现为物资资本、人力资本、知识要素的增长、集聚和改善，进而重新界定城市物理新空间。

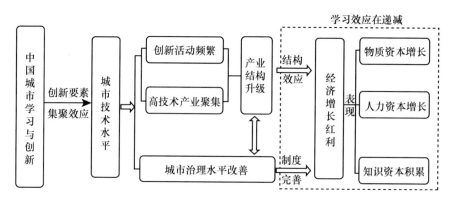

图5.7　中国城市学习与创新的作用机制

（四）中国城市学习的边际效应在递减，从学习模仿到自立自强的转变是未来城市发展方向

回顾中国城市的学习创新之路，学习模仿是提升自身技术能力的基本手段，根本原因在于这种技术赶超方式在技术差距较大的初期具有规

① E L. Glaeser et al., "Growth in cities", *Journal of Political Economy*, Vol. 100, No. 6, 1992.

模报酬递增的特征。随着中国城市与技术先进城市差距的缩小，因模仿而产生的学习效应是边际递减的，因为不同技术路径存在阶段性。[1] 如果欠发达国家只关注模仿前沿技术，模仿成本随着技术差距缩小呈现递增的态势，就落入所谓的"模仿陷阱"。[2] 随着中国城市发展进入新阶段，之前技术赶超形成的学习效应在日趋衰减，同时，西方发达国家在关键核心技术出让时存在"教会徒弟、饿死师傅"的心理，所以中国技术赶超的方式面临路径转换的问题。

　　未来中国城市发展路径关键在于从传统学习模仿向技术自立、科技立强的转变，这也是城市保持长久竞争力和活力的根本所在。首先，城市作为国家创新体系的重要空间支撑，要强化战略科技力量，加强对原创性、关键技术的攻坚，破解"卡脖子"技术封锁。其次，城市要构筑符合自身禀赋特征的开放创新生态，探索自身独特的科技治理方式和手段，为自主创新和科技自立自强营造良好的城市氛围。最后，城市要全方位地发展，打造宜居宜业的环境来聚集各类人才，激发各类人才创新活力，为城市自主学习、创新和科技自立提供必要的人才保障。

典型城市

深圳：保持领先倒逼持续创新，制度创新驱动产业创新[3]

　　在创新战略的驱动下，深圳极大地压缩了城市生长转型的时间，引领改革开放风气之先，率先推动制度创新，完成了从单项改革到综合配套改革、从经济领域改革到其他领域改革、从模仿到创新、从数量型增长向质量型增长、从要素驱动向创新驱动的多重转变，经过多次转型衰退构成的由低向高的快速升级，走向了世界创新城市的前沿。深圳地区生产总值从 1980 年的 2.7 亿元增长至 2021 年的 3.07 万亿元，增长超

---

①　傅晓霞、吴利学：《技术差距、创新环境与企业自主研发强度》，《世界经济》2012 年第 7 期。

②　易先忠：《技术差距双面效应与主导技术进步模式转换》，《财经研究》2010 年第 7 期。

③　作者：李杰，深圳市社会科学院经济研究所，副研究员。

过 1.14 万倍，用仅占全国 0.02% 的土地面积，创造了全国 2.6% 的 GDP。40 多年来深圳创造的奇迹充分展示了其实施创新驱动发展战略的丰硕成果。

作为改革开放排头兵的深圳，中央要求并支持发展领先和先行先试，深圳内生意愿持续领先倒逼持续创新，以制度创新驱动产业创新和科技创新，以开放学习推动制度创新和产业创新，推动综合创新，实现由"跟跑"向"并跑""领跑"的转变。具体经验如下：

第一，中央定位深圳为经济特区，多次要求和支持深圳先行先试。各类创新取得的成功离不开市场化机制。市场化机制为各类创新主体提供了发挥的环境，推动科技创新与制度创新、管理创新、商业模式创新、业态创新和文化创新相结合，为各类商事主体自由发展、开放合作创造了良好的营商环境。深圳创新主要体现在"四个 90%"：90% 以上的研发人员集中在企业、90% 以上的研发资金来源于企业、90% 以上的研发机构设立在企业、90% 以上的职务发明专利来自企业，充分反映了企业在自主创新中的主体地位。

第二，深圳多次以制度创新破解发展中的难题，为全国改革发展探索道路。深圳率先推进市场导向的经济体制改革，敲响了土地拍卖"第一槌"、发行新中国第一张股票、建立第一个出口工业区，等等，先后对外汇管理制度、国有企业经营制度、城镇土地使用制度、住房制度等进行率先探索，为创新提供了源源不竭的动力。

第三，深圳以制度创新为支撑，持续推进科技创新和产业升级。深圳率先提出并建立"基础研究＋技术攻关＋成果产业化＋科技金融＋人才支撑"全过程创新生态链，以立法形式确立不低于 30% 的市级科技研发资金投向基础研究和应用基础研究，形成基础研究长期持续稳定投入机制，建立健全关键核心技术攻关新机制、科技成果"沿途下蛋"高效转化机制、重构市场导向的人才分类评价激励体系等，助推深圳加快建设具有全球影响力的科技和产业创新高地。

第四，通过开放广泛学习和引进促进制度创新和科技创新。深圳牢牢抓住区位优势，对接香港，服务内陆，在粤港澳大湾区建设、深化前海改革开放、共建河套深港科技创新合作区过程中，适应港澳科研习惯，在经费使用、项目验收等方面加强与港澳规则衔接，实现优势互补、共赢发展。通过利港惠港"万千百十"工程①，推动基础设施互联互通，切实维护港澳长期繁荣稳定、更好融入国家发展大局。

从改革开放初期的小渔村到如今的亚洲第四大城市，在科创的带动下，深圳 R&D 突破 5%，战略性新兴产业增加值占 GDP 的 40%。在开放创新发展下，深圳累计实际利用外资超过 1200 亿美元，吸引近 300 家世界 500 强企业，在全国大中城市中排名第一，出口总额实现全国城市"二十九连冠"，率先建成更高水平开放型经济新体制。

创新是城市发展之魂。改革开放 40 多年来，深圳从过去的经济特区到如今的先行示范区，不仅在创新驱动发展上先行先试，而且发挥引领示范作用，成为具有全球影响力的现代化国际化创新型城市。一是以科技创新为支撑引领产业高质量发展，推动科技与产业双向深度融合；二是以市场创新为保障营造最优营商环境，以华为、腾讯、比亚迪、大疆等为代表的大批量世界级民企在深圳群体性崛起；三是以制度创新为核心筑牢人才发展根基，引进一大批顶尖科学家；四是以开放创新为依托加强大湾区区域合作，深化与港澳规则衔接机制对接，共同构建开放型经济新体制。

第四节　中国城市竞争与合作[*]

竞争与合作属于交互行为中的"关系行为"，城市竞争与合作是理解城市经济发展的重要视角，经济主体之间的关系不仅是单纯的竞争关系，也不仅是单纯的合作关系，而是竞争与合作并存的复杂关系。由于中国城市政府是参与城市竞争与合作的，所以中国城市竞争与合作的关系包含三个平行竞争与合作和三个交互竞争与合作。即政府与政府之

---

① "万千百十"工程为加强深港合作在前海推出的系列惠港政策。"万"指"3 个万"：到 2020 年，前海由港资开发的建筑面积超过 900 万平方米，在前海开展商务活动和就业的香港永久性居民超过 10 万人，吸引 1 万家香港企业落户；"千"指在前海形成的港资服务业规模超过一千亿元；"百"指争取 2020 年在前海孵化成型的港资创新型企业超过一百家。"十"指建成香港十大服务业聚集基地。

[*] 作者：徐海东，中国社会科学院财经战略研究院，助理研究员；倪鹏飞，中国社会科学院财经战略研究院，研究员。

间、企业与企业之间、家庭与家庭之间的平行竞争与合作行为，政府与
企业之间、政府与家庭之间、企业与家庭之间的交互竞争与合作行为。
城市的三重竞争与合作促进其经济增长。此外，中国城市竞争与合作的
关系并非一成不变的，而是一个动态变化的过程，不同的发展需要不同
的城市竞争与合作关系。

一　中国城市竞争与合作的特征事实

40 多年，行为主体责权利的确认和激励，使得中国城市中政府、
企业、家庭等各类行为主体都参与城市竞争与合作。一方面，在资源配
置由政府向市场逐步让渡的市场取向改革过程中，各类主体同时面临着
其他家庭、企业和政府等主体的竞争与合作；另一方面，中国逐步对外
开放和融入世界的过程，使得家庭、企业和政府都面临与全球城市的竞
争与合作。这导致了中国和全球的资源要素大规模、快速地向中国非农
产业聚集和结合，在创造了中国城市崛起奇迹的同时，也带来了城市
"成长的烦恼"。具体而言，中国城市竞争与合作具有如下显著特征。

（一）中国城市竞争与合作经历了由竞争主导到合作主导的演变

改革开放之初，在全球城市竞争中，因为中国城市资源要素与国际
城市之间存在差距，各城市的比较优势均为廉价且巨量的劳动力资源，
所以各城市均围绕廉价劳动力进行竞争。中国城市之间无论是传统联邦
主义、市场保护型联邦主义，抑或是为增长而竞争、为晋升而竞争、为
和谐而竞争，核心都在于城市有动力去维持自身的利益最大化。因而各
个城市会在产业发展、财政转移支付、税收分成等问题上产生分歧或矛
盾，并在这些方面展开竞争。政策执行竞争最直接的表现就是"讨价还
价"，在执行过程中以选择性执行、替换性执行、敷衍性执行等方式进
行"变通"，打政策的"擦边球"，或者试图"打政策折扣"，推卸公共
产品供给的义务和责任，过度考虑短期经济利益而忽略长期总体的福利
最大化。从总体来看，这一段时间中国城市竞争与合作表现为由竞争主
导的竞争与合作框架。如在土地竞争方面，土地对于制造业企业来说是
很重要的生产要素，地方政府为了吸引国内外企业入驻，获得经济增长
的基本动力，竞相降低工业土地出让价格等；又如受上级考核和经济利
益驱动，地方政府间的激烈经济竞争，甚至是过度或无序的竞争会产生

地方政府隐性债务、割裂市场、地方保护主义、重复建设、浪费资源和环境恶化等问题。

但是经过原始资本积累以后，各城市会根据自身的发展情况形成差异化的发展格局，呈现合作主导的竞争与合作。通过竞争，城市将逐渐发现和不断强化自身的一些优势，规避其一些不足，进而分工合作错位发展，不仅能够实现城市之间的引擎耦合，而且因为分工提高了整体效率。如东部沿海城镇由于拥有对外开放的区位优势，经济包袱轻，改革阻力小，市场制度建立快，逐步形成了科技创新主导的发展模式。内陆大中城市由于缺乏沿海的对外开放的区位优势，经济包袱重，改革阻力大，市场化制度建立慢；但拥有基础设施和公共服务良好的优势，逐步形成了城镇化先行带动工业化的发展模式。内陆小城镇一方面由于缺乏沿海对外开放的区位优势，另一方面也缺乏必要的资金和技术；但拥有劳动力和土地等自然资源优势，从而逐渐形成靠劳动力和资源带动发展的模式。最终，中国城市间的竞争与合作逐步从恶性竞争较变为良性竞争，从过度竞争转变为适度竞争，从重复竞争转变为差异化竞争。

（二）中国城市在全球城市竞争与合作中集体快速崛起和飞速发展

改革开放以来，中国的城市发展不仅要与国内城市进行竞争与合作，而且要参与全球城市体系，与全球各个城市进行竞争与合作以吸引各种资源要素。在这一背景下，中国城市集体快速成长和发展。1998—2019 年，中国所有城市市辖区 GDP 从 35792 亿元增长到 588608 亿元，增长了 15.4 倍，相应的城市市辖区经济占比也从 42.00% 增长到 59.67%。特别是 1978—2021 年，中国城镇居民人均可支配收入从 343 元增长到 47412 元，增长了 137.2 倍；中国城镇人口总量从 17245 万人增长到 91425 万人，增长了 4.3 倍；城镇就业人数从 9514 万人增长到 46773 万人，增长了 3.9 倍，城镇就业人口占比也从 23.70% 增长到 62.65%。城市市辖区总人口 400 万人以上的地级市从 2000 年的 8 个增长到 2020 年 22 个，总人口 200 万—400 万人的地级市从 2000 年的 12 个增长到 2020 年的 46 个。此外，2004—2020 年，中国城市建成区面积从 30406 平方千米增长到 60721.32 平方千米；城市道路面积从 352954 万平方米增长到 969802.5 万平方米；人均城市道路面积从 10.34 平方米增长到 18.04 平方米。中国城市的经济、人口、空间在全球城市竞争与合作中集体快速崛起和飞速发展。

（三）中国城市竞争与合作经历了劳动力主导—外资主导—土地主导—人才主导的过程

改革开放以来，中国的城市竞争与合作总体经历了四大阶段，分别为以农村劳动力主要动力的第一阶段、以外商外资为主要动力的第二阶段、以政府土地为主要动力的第三阶段和高端人才为主要动力的第四阶段。相较而言，中国城市竞争与合作的关键在于政府土地的作用，由于政府对土地的垄断，且土地又是生产活动必不可少的直接生产要素，从而中国城市在政府土地主导阶段得以飞速发展，但是也导致了一些问题。

第一，以农村劳动力为主要动力的第一阶段。在改革开放初期，开放主要集中在东部沿海很小的区域，城市类型主要分为小城镇和大中城市两类。基于当时的资源和要素稀缺，城市竞争不可避免。小城镇的主要动力是劳动力，辅之以土地和资本，将生产的农副产品及轻工业产品向大城市销售。大中城市的主要动力是原始积累而来的资本，辅之以劳动力和土地，向小城镇和农村销售相对高端的产品和服务。城市间的商品和服务的交换，小城镇与大中城市之间劳动力、资本（技术）、土地形成相互耦合。由于这一阶段城市竞争与合作以劳动力为主导、资本和土地为辅助，大多的劳动力更多地向当地小城镇聚集，因此，小城镇获得了比大中城市更快速发展的机会。

第二，以外商外资为主要动力的第二阶段。经过一段时间城市之间以劳动力主要内容的城市竞争之后，国内市场商品极度短缺的状况得到缓解，以劳动力为动力的轻工制造开始遇到天花板。而随着改革开放的推进，外商外资成为重要的增长动力。在全国城市外商外资竞争中，东部沿海城市拥有区位诸多优势，因而外商外资率先成为东部城市增长的动力，辅之以劳动力和土地。内陆小城镇在对外商外资的竞争中缺乏优势，只能继续以劳动力为主要动力，辅之以资本和土地。一方面，内陆的劳动力和土地指标向东部转移，支持了东部沿海城市外资动力；另一方面，劳动力工资和财政支付向内陆转移支撑了内陆大中城市政府土地经营和内陆小城镇的劳动密集型经济，从而使内陆小城镇增长动力与东部沿海城市外商外资主导动力形成互补的耦合。此外，内陆一些大中城市首先发现并将土地经营逐渐作为主要动力，辅之以资本与劳动力。这一阶段城市竞争与合作以外商外资为主导，劳动力和土地为辅助，因此，东部沿海城市获得了快速发展的契机。

第三，以政府土地为主要动力的第三阶段。在外商外资动力减弱后，城市竞争的结果导致其主导动力转向土地。这也是中国有别于国际城市竞争与合作的关键之处。东部沿海城市形成了外资和土地的双动力，辅之以高端人才；内陆大中城市土地主导动力更加凸显，辅之以外资与劳动力；内陆小城镇继续以劳动力为主要动力，辅之以土地与外资。这一阶段城市竞争与合作以政府土地为主导、劳动力和土地为辅助。因此，内陆大中城市获得了快速的发展。

第四，以高端人才为主要动力的第四阶段。在 2010 年后，土地作为城市增长的动力开始逐渐减弱，一方面，土地透支了未来的增长；另一方面，高地价、高房价抑制了其他动力发挥作用，以至高端人才成为竞争的主要内容和发展主要动力。一线、二线城市在竞争高端人才时更有优势，可以率先进入高端人才主导发展，辅之以外资、土地。大中城市缺乏优势，虽然保持土地主导发展，但是已经辅之以高端人才和外资。内陆小城镇更是缺乏优势，继续保持劳动力主导发展，辅之以外资和土地。这一阶段三类城市通过商品和服务的交换以及私人收入空间流动、空房转移支付等，使城市竞争与合作以高端人才为主要动力，以劳动力和土地为辅助。

二 中国城市竞争与合作的总体机制

（一）一般机制

在土地空间资源稀缺性和空间的非均质性条件下，家庭提供人口和人力资本，企业提供物质资本和科学技术，政府提供公共服务和空间环境。三主体基于比较优势和利益需求，导致家庭与家庭之间、企业与企业之间、政府与政府之间、政府与企业之间、政府与家庭之间、企业与家庭之间对不同要素和交互活动的竞争与合作行为。其中，家庭创新、模仿或者重复地进行物质产品和精神产品消费以及人口资本、人力资本的生产，与企业进行竞争合作，出售要素获得报酬，购买产品支付价格；与政府进行竞争合作，分享公共产品同时缴税；同时家庭之间在出售要素和购买商品上竞争合作。企业基于利润最大化追求，与家庭竞争合作，购买要素支付报酬，出售产品获得收入；与政府竞争合作，分享公共产品同时缴税。政府之间通过不同辖区政府间的公共产品的竞争影响企业和家庭的移动；政府与企业、家庭竞争影响家庭和企业发展。另外，城市间的平行竞争与合作和交互竞争与合作又会引起城市三主体、三交互及六要素的发展变化。主体间的竞争与合作会导致家庭和企业的流动，导致人口资源和人力资本的形成，导致规范个体及组织行为的制度形成，特别是相对强势的主体在竞争与合作中处在主导地位，制定的规范行为使得强势主体依次获得更多的利益。

（二）中国特征

第一，中国政府的作用决定其始终参与城市竞争与合作。中国城市发展处于向市场经济转型的过程中，政府始终在城市竞争中起到无可替代的作用，甚至在中国城市发展的很长一段时间，推动城市经济发展的主要力量都是政府，由政府主导参与竞争吸引企业和家庭。这也导致了中国的城市竞争与合作三个平行竞争与合作和三个交互竞争与合作。

第二，后发地位决定中国城市在全球城市竞争与合作中的地位。中国城市在发展初期城市化水平低、工业化水平低，仅依靠巨大的劳动力优势从事劳动密集型产业与全球市场主体进行合作。但是由于中国城市发展相对国外较晚，使得中国城市在参与全球城市竞争中存在一定的后发劣势，始终处于弱势地位。中国城市开始参与国际竞争时从事低端的加工制造行业，然后到重化工业，到现在才是科技服务，追平国际先进水平。随着与全球合作的不断加深，中国不断学习国际先进技术并完成资本积累，后进一步参与国际竞争，吸引国际要素、资本和技术。

第三，全球一体和巨型禀赋为中国城市在全球竞争与合作中集体发展提供机会。中国城市竞争与合作处在改革开放不断深化的过程中，中国巨大的资源禀赋和市场吸引了国际主体的不断进入，促使中国城市进一步参与到全球的竞争合作中，中国城市竞争与合作不仅是内部的相互竞争与合作，而且是参与全球的竞争与合作。由于中国是个人口、空间大国，拥有巨量的资源禀赋和市场需求，这决定了中国在参与国际竞争中既有供给又有需求，在国际竞争中可以发挥集中优势，集中力量搞创新，促进中国主体的改进，使中国城市在全球城市竞争与合作中拥有集体发展的机会。

第四，新技术革命决定中国城市竞争与合作更加广泛、深入和激烈。中国的城市发展处在第四次新技术革命发生的过程中，相对以往而言，在信息化、智能化、全球化条件下，中国城市竞争与合作不仅使国内城市争夺人口、人才、资源、金融、科技等要素变得更加方便、容易和激烈，而且与全球城市争夺各类要素也变得更加方便、容易和激烈，导致中国城市参与的竞争与合作相对更加广泛、更加多样、更加深入和更加激烈。

（三）中国框架

在制度开放条件下，中国城市政府的需求偏好和预期收益决定其将深度参与城市发展，在此条件下，政府、企业和家庭为了更好的经济利益必然会吸引资源、制度、要素、资本等要素聚集，这决定了城市间必然要进行竞争与合作。但由于在全球一体的背景下中国城市是广泛参与全球城市竞争的，与之相比中国城市的资源要素存在显著的同质性，加上中国城市土地制度由计划供给转向垄断供给，导致中国城市竞争与合作经历了劳动力主导、外资主导、土地主导和人才主导的轮动过程，更是决定了中国城市必须进行竞争与合作，也决定了中国城市竞争从恶性竞争转向良性竞争、从重复竞争转向错位竞争、从负和博弈，到零和博弈再到正和博弈的过程。

中国城市的竞争与合作行为又进一步导致要素、产业和产品在城市间基于主体收益与成本的权衡差异化分布和流动，科技要素资源将进一步从非中心城市向中心城市聚集，并造成新的城市间物质资本、金融资本、基础设施等的差异性和比较优势；造成科技创新从学习引进科技要素主导到模仿创新科技要素主导、向自主创新科技要素迈进的过程；造成城市人口规模从小城镇主导到大中城市主导，再到大城市主导格局；造成城市空间形态快速从小城镇转向中小城市，再转向大城市，最后转向都市区；造成城市经济形态快速从轻工制造主导到重化制造主导，再到服务业主导，最后到知识服务主导；并由此形成新的竞争与合作，不断促进城市经济集体发展。

三　中国城市竞争与合作的影响机制

（一）土地空间资源决定了城市必须进行竞争与合作是中国城市竞争与合作最关键的特征

土地空间区位是城市自身无法决定的最重要的不可流动要素，各城市空间区位、土地资源的差异决定了各城市在竞争与合作伊始就存在巨大的、影响城市间竞争能力的差异，相应地直接决定了城市竞争与合作的比较优势与方向。各城市空间区位之间的外生或者内生的物质产品和精神产品的巨大差异，直接影响经济交互的比较优势和比较利益，进而影响家庭、企业的空间选址及流动，也会影响经济主体之间的交互包括在具体经济活动或者学习创新上的竞争与合作、分工与贸易、交流与协作，等等。此外，在城市发展初期，由于一方面土地空间资源作为生产要素直接参与城市生产活动，另一方面空间区位直接决定了城市的相对成本，从而对城市的硬性土地空间资源要求较高，这直接决定了城市发展的上限，也决定了城市竞争与合作只能在同类型的城市之中，而很难出现跨层级竞争。如中国地域空间辽阔，各区位之间由于外生或者内生的物质（自然资源环境、公共基础设施、私人物质资本）和精神产品（人力资本、知识资本和制度文化）决定空间区位优势的差异，即改革开放初期，中国中西部的部分城市很难与东部沿海部分城市进行竞争，处于天然的劣势地位。但是随着城市土地主导的第三阶段竞争与合作的到来，中西部城市逐渐崛起。此外，随着信息科学技术的发展，空间环境已经不仅仅被局限在实体中，虚拟空间的作用开始凸显，城市经济发展虽然仍然以实体空间为基础，但是实体空间的影响已开始减弱。

（二）制度文化决定城市竞争与合作发展方向，导致中国城市竞争与合作逐步由竞争主导转向合作主导

城市开展一切竞争与合作的基础是较为完善的制度，制度在很大程度上决定了城市竞争与合作的成功与否。从制度主体来看，分为政府与市场，政府与市场通过一定的规章制度以吸引要素进入，不同的政府与市场组合直接决定了要素的价值。在存在竞争的情况下，配置资源方式的不同决定行为主体不同的竞争方式。如果资源要素的配置方式是由市场决定的，那么行为主体竞争与合作的最终方式也将由市场决定；如果

资源要素的配置方式是由政府控制和决定，那么行为主体的竞争与合作方式将以政府为主；如果资源要素的配置方式是政府与市场同时混合决定，那么行为主体的竞争与合作方式也将由政府和市场共同决定。对于政府而言，一方面通过实施广泛的产业规制政策、税收优惠政策、土地优惠政策、行政管制行为等各种制度为资本和企业进入城市打通通道，大力吸引各类人才、要素、资本进入；另一方面大力进行基础设施、公共服务建设，改善城市的营商环境、生活环境保障各类资本要素的有效运行。对于市场而言，不同的制度水平意味着不同的自主权，市场决定资源配置的方式意味着市场中的经济主体能够自己决定要素的流动。不同的制度水平会造成不同的盈利可能性，经济主体必然要在各种市场制度间作选择，完全竞争的市场制度必然吸引各类经济主体进入。但是从中国和全球城市经济发展实践角度来看，城市经济发展过程中必然存在政府失灵和市场失灵状态，这需要政府与市场同时在经济中发挥作用。

改革开放以来，中国城市竞争与合作的历程就是制度文化的作用历程，也是导致中国城市竞争与合作逐步由竞争主导转向合作主导的过程。改革开放以来，在渐进式制度变革推动下，一方面中央和地方政府不断放松计划管制，不断出台各种国资国企改革、财税体制改革、土地资源流转改革、商事制度改革、司法体制改革、户籍制度改革、医疗制度改革等重大举措政策，不断维护市场竞争的权利结构和公平的市场秩序；另一方面市场不断完善价格机制、竞争机制、供求机制、激励机制等，使市场在资源配置中起决定性作用。这一过程决定了中国城市竞争与合作由竞争主导的竞争与合作逐步转向由合作主导的竞争与合作。如改革开放以后，中国实行区域非均衡发展战略，从优先发展沿海地区到西部大开发，再到东北振兴、中部崛起、东部率先等统筹区域发展战略。新时代以来，中国实行区域协调发展战略，相继提出了京津冀协同发展、长江经济带发展、粤港澳大湾区建设、长三角一体化发展及黄河流域生态保护和高质量发展等区域重大发展战略，并提出加快城市群建设，加大力度支持革命老区、民族地区、边疆地区、贫困地区加快发展等区域协调政策。这些区域发展政策无一不强化了中国城市间的竞争与合作。

（三）要素、资本是中国城市竞争与合作的关键，是决定中国城市竞争与合作耦合轮动的核心动力

要素、资本包含国际资本、国内资本、人口资源和人力资本等。城市竞争与合作产生的基本因素是资源的稀缺性，如自然资源、社会资源、经济资源、政治资源等，竞争主体通过各种方式和手段实现对有限资源的更多占有或者重新配置。但由于自然资源等是城市的固有属性，无法自由流动，因而城市竞争与合作的核心就在于城市内、城市间的政府、企业、家庭对其他可移动资源要素的争夺上。对要素资源的竞争与合作影响中国城市竞争与合作的演进过程，决定了中国城市竞争与合作从人口到资金，再到土地，最后到人才的演进过程。

首先，对人口资源而言。中国城市发展的原始积累来自农村劳动力的非农聚集。人口众多的特征决定了中国必然存在大量剩余劳动力，而在城市发展初期科学技术落后、基础设施不完善、资本短缺的情况下，农村剩余劳动力成为城市发展的最主要因素。劳动力的多少直接决定了城市竞争的实力，从而决定了城市竞争与合作的初始阶段必然是围绕着廉价劳动力开展竞争，即各城市要想获得初始的资本积累必须依靠巨大的人口资源禀赋，开展劳动力竞争，吸引剩余劳动力进入城市创造价值，并辅之以资本科技要素促进城市经济发展。其次，对金融科技资本而言，随着城市率先发展和资本积累，技术生产率的提升导致城市对劳动力的需求逐渐减少，辅之对科技资本的需求逐渐增加，城市开始对国际国内科技资本展开竞争。各城市通过先进的科技资本迅速实现产业转型升级，提升自身的水平和生产率，从而进一步加强了自身的竞争力水平，使自己有更大的优势参与全球城市竞争与合作。并且金融资本是城市经济发展的润滑剂和加速器，与物质资本相辅相成。这决定了中国城市竞争的第二阶段以外商外资为主。最后，对人力资本而言。人力资本与人口资源不同，其"出于人口资源却胜于人口资源"，人口资源通过学习、受教育等方式可以提升为人力资本。相较于人口劳动力而言，人力资本内含知识、技术、创新等属性，具有较强的创新创造能力且为规模报酬递增，可以创造巨大的价值。城市经济发展初期以人力资源竞争为主，但是普通劳动力规模保持不变的属性决定了城市经济发展的上限，城市要想进一步提升参与区域或国家竞争，必然要提升人口资源的

质量，即竞争人力资本。

（四）三主体及三交互是城市竞争与合作的推动力量

政府、企业、家庭始终是城市竞争的三主体，这三主体轮动影响城市竞争与合作。城市通过提升政府水平、企业效率、家庭质量等方面来提升城市参与竞争与合作的水平。对政府而言，城市政府作为城市的代理主体参与城市竞争与合作十分重要。中国城市政府积极主动参与全球或者全国的竞争，改善城市的营商和人居环境，促进城市发展和多赢。政府本身内含"品牌"特征，如文旅之城、创新之城、创意之城、制造之城、金融中心、科技中心等，这些城市品牌特征代表了政府的形象，直接帮助城市在竞争中形成相应的比较优势。所以，城市政府作为城市空间利益或者城市主体的总代理人，推动和参与全球城市竞争，并把握竞争与合作的平衡是城市发展的重要力量。对企业而言，企业的竞争力水平直接决定了城市的竞争水平，城市的内在主体就是企业。企业不仅可以代表城市的发展方向，更为自身吸引各种高端要素，一个高端的企业及其相应的产业链可带动整个城市实现跨越式发展。对于家庭而言，其包含人口和人力资本，而人口资源和人力资本是城市经济发展最基本的要素。而以上政府、企业和家庭三主体必然要在城市中开展生产、生活和学习等交互活动，不仅促进自身人力资本的提升，还促进企业和城市物质资本的提升，这将进一步加剧城市间的竞争与合作。

典型城市

西安：文旅带动全局发展，多方服务围绕文旅[①]

20年来，中国城市在你追我赶的激烈竞争中，都把发展文旅业作为重要竞争策略，中国文旅产业发展已成为中国城市发展的新引擎、新动力。

改革开放以来，西安城市竞争力快速提升，常住人口超1300万人、城镇化率达79.5%，经济综合实力进入万亿元俱乐部，连续2年荣获

---

① 作者：张跃，全国政协办公厅，副局级干部。

中国营商环境评价标杆城市，入选改革开放40年经济发展最成功40个城市，初步形成"丝路贯通、欧美直达、五洲相连"城市新发展格局，成为国家九大中心城市之一。

改革开放以来，作为千年古城和丝路起点的西安，依托雄厚的文化旅游资源优势，在城市竞争中一度处于劣势的情况下，一方面将文化与旅游作为发展、改革和开放的突破口，通过多方服务围绕文旅，实现文旅重点突破；另一方面通过文旅融合发展倒逼城市建设、改善营商环境，集聚科技金融等高端要素、搭台产业发展，促进改革开放、思想解放和制度创新，逐步集聚和释放厚重潜能，走向发展快车道。具体经验和做法如下：

第一，利用文旅资源优势，始终坚持文旅突破和带动。充分发挥文旅产业的拉动作用和协同效能，始终把建设历史文化特色城市、打造传承中华文化的世界级旅游目的地作为矢志不渝的发展目标，树立了文旅带动全局发展，多方服务围绕文旅发展的策略，制定出台了《西安市旅游发展总体规划（2006—2020）》《西安市"十四五"文化和旅游发展规划》等，确定了政府和市场共同推动，遗产保护、文化复兴、旅游发展相互协调、相互发展的基本思路。

第二，文旅产业与城市建设协同发展。在文旅产业与城市建设之间形成了有序协调、互为促进的发展路径，主要有以下两种模式。一是曲江新区模式，该区从省级旅游区改为曲江新区，以文旅发展为龙头，建成了大唐芙蓉园、大唐不夜城等一批重大文化项目，发展形成了新城区。二是将文旅项目与老城区改造有机结合，建设文明典范之城。以保护历史风貌为主，对老区街道实施"微改造"，打造全国历史文化街区保护新样板。此外，西安将博物馆建设融入城市发展体系，出台了《西安博物馆之城建设总体方案（2019—2021年)》，打造博物馆之城。

第三，文旅产业与要素发展协同。首先，文旅产业与科技协同发展。一是用文旅产业的人气带动科技园区成为旅游热点。西安市文旅产业的蓬勃发展带来巨大的人流，从而将人气引流到科技园区带来无限可能。二是科技赋能文旅新体验，积极运用VR、AR等技术，增加消费者沉浸式体验，建设数字文旅体验区，形成文旅消费新场景。三是科技提升文旅产业管理水平。其次，文旅产业与金融协同发展。一是以文旅带热经济发展后，乘势成立文旅与金融协同发展平台，实现"金融＋产业"双轮驱动。二是推动文旅企业与金融机构建立银企座谈会机制，帮助文旅企业用好用足各类金融工具和金融产品。三是成立西安文化产权交易中心有限公司，加大文旅企业的资本市场建设。四是西安市加强文旅企业纾困金融支持。最后，文旅产业与人才协同。文旅产业增强了人才集聚力，高校云集为文旅产业提供了丰富的人力资本支持。

第四，文旅产业与产业升级协同发展。一是文旅产业与招商引资协同发展，进一步激发西安开放的基因。二是建设"文旅＋影视"发展新模式，打造影视文旅大IP。用深厚文化底蕴赋予影视作品稀缺性和无限的畅想，影视作品的大火，带动了西安文旅产业的兴旺。三是文旅业发展为举办众多体育盛事增强了美誉度，体育大型赛事的举办进一步提升了西安文旅配套设施和国际化水平。

第五，文旅产业与改革、开放、思想解放协同发展。一是文旅产业融合发展对改革、开放、思想解放提出了必然要求，带来了人流充分流动、思想充分碰撞，创新平台机制不断建立，为西安人才集聚、产业升级、城镇化发展提供了有力支撑。二是改革、开放、思想解放为文旅产业发展提供了更广阔的舞台、注入了发展动力，以建设全域旅游经济区为主线，推动文化旅游资源有效衔接、有机整合。

西安的成功经验已形成了"文旅＋""＋文旅"的"西安样板"。2021年，西安在9个国家中心城市中，旅游业收入占GDP的比重排名第一，在最受年轻人向往的宜居城市评选中，排名第三，仅次于成都与重庆；连续举办六届丝绸之路国际博览会，是十四届全运会和残特奥会等体育盛会的举办地，成为世界文化旅游大会永久会址落户地和"东亚文化之都"；曲江新区成为首批两个国家文化产业示范园区之一，"博物馆之城"已成为西安享誉世界的亮丽名片，"数字化助力西安城墙文物保护和文化遗产传承"入选2022年文化和旅游数字化创新实践十佳案例，打造了全球首个以唐朝历史文化为背景的元宇宙项目"大唐开元"；在2020年度中国古都城市国际影响力综合排名中位列第二。

西安为我们提供的基本启示如下：一是文化与旅游不是非同一般的服务业，不仅作为两个服务行业带动直接带动一些产业发展，而且影响城市的软硬环境，决定城市的影响力和竞争力，对经济发展具有深刻意义。二是立足自身比较优势，千方百计形成城市竞争优势。三是坚定发挥政府作用，发挥市场在资源配置中的决定性作用。四是充分融入"一带一路"建设、新时代西部大开发。

四 中国城市竞争与合作的作用机制

（一）中国城市竞争与合作推动了人力资本提升和企业创新及转型

家庭是劳动力市场供给方，企业是劳动力市场的需求方和承载方，由于政府主体是不可移动要素，因而中国城市竞争的关键主体就是家庭和企业，即围绕人才进行竞争、围绕企业进行竞争。改革开放以后，劳动力市场产生、农村改革催生了城市劳动力初步市场化，从而激励农民工奔向城市、奔向工厂、奔向东南；随后在市场经济体制确定以后，劳动市场逐步形成和完善。在经济发展初期，由于市场环境、要素壁垒、基础设施等多方因素限制，导致劳动力市场无法自由流动，大量劳动力只能就地或就近就业，初始的劳动力优势已经可以满足劳动密集型产业的需要；但是随着市场的逐步完善以及企业规模的扩大，家庭需要与全国巨量的劳动力进行竞争，即大量家庭进行平行竞争与合作。在此条件下，一方面普通劳动力的供给也在增加，导致家庭间的平行竞争越来越激烈；另一方面，也是最重要的，大量的企业和政府主体不断竞相提高人才待遇和保障，增强其对不同人才的吸引力，这就进一步倒逼各类人才不得不为仅有的待遇和保障进行竞争，进而不得不提升自身的素质水平，以在全国劳动力竞争中有比较优势，由此形成巨量的人力资本。

另外，中国城市竞争与合作还在于市场主体中无数企业进行平行竞争与合作，促进其自身的创新和转型。在市场经济条件下，企业从各自的利益出发，为取得较好的产销条件、获得更多的市场资源而竞争。通过竞争，企业可以实现优胜劣汰，进而实现生产要素的优化配置。企业为追求更大的经济利益，一方面向拥有与自身产业链相匹配的地区，向市场产业链比较完善的地区集聚；另一方面吸引高端人才，以创造更大的价值。因而，企业的平行竞争，一方面为城市经济发展提供动力，糅合了各种生产要素；另一方面完善了城市产业体系，衍生了相关的产业，为城市进一步高质量发展打下了基础。随着企业聚集规模的扩大，完全竞争条件下企业的边际收益逐渐降低，这就导致企业存在两种选择。一是企业向外转移，即向成本较低的城市转移，从而形成产业转移特性。例如，欧美的产业向亚洲转移，再向中国转移；中国东部产业向中西部和东南亚转移，等。二是企业竞争倒逼企业创新，促进城市产业升级，企业要想在竞争的环境中生产，必须拥有更高的生产率，从而倒逼企业不断开展科技创新，即不断地进行产业转型升级。无论是哪种选择均有利于中国完善产业体系和科技发展。此外，在市场化制度确定的条件下，企业为生产开始转型升级，家庭为了生活得更好开始提升素质，而企业转型升级则需要大量的人力资本，从而对劳动力市场发出高额报酬，这促使家庭不断提升知识素质教育，高端人才又需要更高的工资收益，从而促使企业不断进行产业升级，螺旋共进，促使高端要素形成。

（二）中国城市竞争与合作倒逼制度文化不断突破和完善

无论是政府还是企业、家庭，无论是资源市场配置的领域还是政府配置的领域，中国的制度发展均具有其特殊性。中国的市场经济由计划经济转变而来。一方面，在市场经济缺失和不完善的年代，由中央政府和地方政府一起承担起市场的作用，承担起推动经济增长的责任，以免因市场秩序的缺失造成经济的停滞和倒退；另一方面，市场经济的形成与发展离不开中央政府的规划和指导，市场经济的从无到有都是在政府的推动下完成的，在市场化改革的过程中中央政府和地方政府通过制度安排补偿了改革过程中潜在的利益受损群体。中国城市进行竞争与合作的核心在于不断突破制度边界，不断完善现有制度。例如，户籍制度改革能够创造制度条件让人口流动，使劳动力得到更为充分的利用，提高劳动生产率。在企业的制度创新方面，城市不断通过补贴、降低税收、降低市场准入门槛、改善营商环境和土地性质等方式吸引企业落户本地，通过制度创新给予企业大量的优惠政策，以使得城市在竞争与合作中获得优势。因为一方面大量企业在本地茁壮成长不仅可以提高地方政府的税收收入，而且可以为当地经济增长注入新鲜的血液。另一方面，城市竞争所倒逼的企业制度创新不仅有利于克服市场失灵和政府失灵，而且城市可以利用市场机制学习、试错，得出可以全国推广学习的制度政策。在政府制度创新方面，政府不断简政放权、放管结合、优化服务，不断出台包含各种保障和维护家庭和企业权利的基本公共政策。中国体制的特殊性是中国城市竞争与合作中政府必然包含中央政府与地方政府，中央政府的核心在于全局利益最大化，同时尽可能地保持全国均衡发展，从而通过制定相关偏向性的政策引导资源向个别区域进行倾斜；而地方政府的核心在于保证自身利益最大化，尽可能地吸引外部资源要素流入和防止内部资源要素流出。

（三）中国城市竞争与合作促进物质资本要素不断提升

从人类发展史看，资源配置主要有市场和政府两种方式。市场配置资源在广泛的领域相比政府有着更高效率和更加公平的优越性，但是市场在一些领域存在失灵现象。其决策具有间接、缓慢的弱点，但存在自发趋向市场均衡的优点。政府配置资源在广泛的领域存在政府失灵现象，但在一些领域拥有优势。其决策存在直接、快速高效的优点，但存在导致市场失衡和扭曲的风险。改革开放40多年来，中国逐渐由强政府—弱市场向强政府—强市场转变。导致中国城市竞争与合作必然是强有力的政府、企业和家庭关于对各类资源要素与权力的争夺和合作，通过城市间的竞争与合作最终决定资源要素的供给和流动，更促进了中国城市在竞争与合作中集体飞速发展。

城市间竞争与合作的物质资本范围包括资金、人才、公共品供给、引资、支出和税收等诸多资源要素。无论是经济角度还是从政治角度，城市为了获取竞争优势会通过提供更好的基础设施、更优惠的地方经济政策来竞争性地吸引国际或国内其他地区的资金、技术、人才和信息等要素流入各自辖区。

在中国的政策背景下，地方城市间还会通过竞争来得到中央政府的政策扶持。中央政府的政策扶持对地方城市的发展尤为重要。政府的竞争可以弥补市场竞争的缺陷；市场竞争始终在追求利益最大化，跟随要素禀赋而动；而政府竞争可以以政府强制命令推动市场运行，以此形成具有城市特色的产业，使得政府有参与竞争的实力。如果政府有意识优先推动这些战略产业，就能获得这些产业发展的外部性作用，使经济发展速度超过市场自发的发展速度。政府推动战略产业，必然要扭曲市场价格，使资源加速向战略产业集聚，这有利于战略产业的加速发展。相应的，地方政府内部各辖区间竞争也是如此，但是由于城市内部各辖区的资源要素可以相对自由流动，从而城市内部竞争相对更为激烈。

典型城市

上海：构筑双循环枢纽通道，推进三层次的竞争与合作①

作为中国的经济中心，并逐步成为全球最重要的中心城市之一的上海，自改革开放以来始终致力于平台城市的打造，将自身建设成了长三角、全国乃至全球范围内的重要枢纽和通道。不仅直接参与和引领了长三角、国内乃至国际之间的竞争与合作，而且发挥了内部循环、外部循环和内外双循环的作用，通过"构筑双循环枢纽和通道，推进三层次的竞争与合作"，推动了经济资源流动和要素配置，激发和提升了经济主体的能动力，有力促进了上海、长三角、中国甚至世界城市增长与发展。

作为改革开放的排头兵和先行者，上海开创了各项事业的新局面。根据 GaWC 的最新数据，2020 上海在世界城市排行榜中位居"α +"级，从 2012 年的第六位上升到 2020 年的第五位。2021 年上海 GDP 达 4.32 万亿元，经济总量在全球城市中位居第四。人均 GDP 达 2.69 万美元，达到上中等发达国家水平。城市能级和核心竞争力稳步上升，基本建成"四个中心"，口岸货物贸易总额保持全球首位，上海港集装箱吞吐量连续 12 年位居世界第一。上海的现代产业体系基本形成，第三产业比重超过 73%。R&D 经费占 GDP 的比重超过 4.1%，全球科创中心框架基本形成。跨国公司地区总部达 857 家，外资研发中心达 516 家，累计实际使用外资超 3000 亿美元。

第一，打造平台实验城市，建设国内国际通道。上海背靠长三角经济腹地，地理上连江接海，具有先天的区位优势。依托浦东社会主义现代化建设引领区、长三角生态绿色一体化发展示范区、虹桥商务区、上海自贸试验区、中国国际进口博览会等重大创新实验平台，上海充分发挥"四个中心"的功能，利用现代化市场体系和长三角城市群网络体系，在核心要素配置和战略通道中占据关键环节，在供需对接中锻造关

---

① 作者：张可，华东政法大学，"经天学者"特聘教授。

键链条，在内需体系中打造关键支撑，助力国内经济循环更加畅通。为了当好国内国际双循环的战略链接，上海在不断地构建要素链接、产能链接、市场链接、规则链接，形成独具优势的战略通道，助力中国经济全面融入世界经济体系。如 G60 科创走廊将苏浙皖三省与上海连点成线，形成高能战略性通道，在打通国内大循环的基础上，一同面向世界，服务于国际国内双循环，并为上海参与国内和国际竞争与合作提供有利条件。

第二，秉承高水平国际化，代表国家参与全球竞争与合作。作为中国对外开放的高地，上海的发展目标是建设卓越的全球城市，高水平国际化是上海提升城市能级和国际核心竞争力的法宝之一。1990 年，党中央、国务院宣布开发开放浦东，在上海外高桥保税区设立了中国第一个海关特殊监管区域。上海是中国加入 WTO 的重要见证，电子通关、外商投资审批、外贸经营资格审批等一大批改革开放举措都在上海先行先试。2013 年，中国首个自贸区在上海挂牌成立。目前，上海是全国外籍人士居住数量最多的城市，他们来自 200 多个国家和地区；跨国公司地区总部和外资研发中心数量位居中国前列。上海进博会和上海自贸区是打通内外循环的两大通道，也是参与全球竞争的重大平台，形成全球辐射力，让世界各国分享中国的改革红利和发展成果。各类高水平国际化措施高效落地，如"离岸贸易合作伙伴"名单、离岸贸易业务、外汇管理"白名单"制度等。上海进博会整合了"一带一路"沿线国家市场需求和中国国国内需求，将全球商品集中引入国内市场，加强了国际贸易中的互利和信任，彰显了中国开放大市场和推进高水平国际化的决心，同时也体现了中国综合竞争力。

上海拥有中国国际工业博览会、中国（上海）国际技术进出口交易会、中国华东进出口商品交易会、浦江创新论坛、陆家嘴金融论坛、上海国际电影节、上海国际艺术节等国际知名展会和平台。近年来上海还举办了世界顶尖科学家论坛、全球城市论坛等系列活动，落户上海的新开发银行、全球中央对手方协会、亚洲海事技术合作中心等国际组织已发挥国际影响力。为更好地服务国家战略和代表国家参与全球合作与竞争，上海积极参与国际规则制定。上海在增强集聚全球资源要素能力和国家竞争力的同时，不断提升在全球经济治理中的制度性话语权和影响力，上海方案、上海倡议已在全球经济治理中展露头角。上海在不断地提高自身的辐射和带动能力，让国内城市都能够通过上海的国际化平台获得资源，充分激发国内和国际市场中各类经济主体的活力，从而提升中国在国际竞争与合作中的优势。

第三，提升城市功能能级，领跑国内城市群竞争与合作。上海明确了新的市域空间格局优化方向，每一块区域规划都不是"向内"的划块式设计，而是具有"向外"特征的城市空间格局优化设计，目标是依托自身城市功能更新释放出新的经济活力，以城市功能能级的提升来激发各类经济主体的新动力，促进国内经济大循环，提升上海和长三角城市群的竞争力。从浦东新区到虹桥国际商务区和临港新片区，从长三角一体化示范区到"五大新城"和G60科创走廊，国内外总部经济加速集聚于上海，在对内对外开放共同作用下，各类要素资源顺畅流动，新业态层出不穷。这些城市空间和功能更新不仅加速了上海城市功能由生产性不断向服务性功能转变，提高了上海的"四个中心"和科创功能的规模和能级，并进一步强化了上海代表长三角城市群与国内其他城市群之间的竞争与合作优势。

随着中国城市群经济一体化水平的提高，北京、上海、广州、深圳等中心城市的竞争与合作关系一定程度上代表了城市群间的竞争与合作关系。目前中国已经形成各类城市群20余个，近20年来中国城市间的竞争与合作逐步走向城市群间的竞争与合作。"上海兴，则长三角兴"，上海代表长三角城市群与京津冀城市群、珠三角城市群等开展各类要素的竞争与合作。过去中心城市间竞争关系占主导，如竞争外商投资、国家重大建设项目和平台等。近年来上海与北京、广州、深圳等中心城市的合作项目不断增多，如上海在推动长三角地区创新共同体的基础上，与北京开展了众多科技创新合作项目，2019年上海市所获得国家科技进步奖的31个通用项目中，上海和北京合作的项目最多，多达14个。

第四，对接国家发展战略，引领长三角内部竞争与合作。作为长三角地区的龙头城市，上海一直是区域协调发展的践行者，以身先示范的姿态引领长三角地区的高质量发展。早在1982年，上海引领江浙沪等多省份成立"上海经济区"，这是国家战略层面推进长三角一体化的第一次尝试。1997年长江三角洲城市经济协调会成立，该协调会已成功举行 21 次，上海担任常务主席方。2018 年长三角一体化上升为国家战略，随后长三角区域合作办公室和长三角生态绿色一体化发展示范区陆续成立。上海积极依托既有合同通道和"示范区"建设，从改革赋权、财政金融、用地政策、公共服务、人才流动、管理和服务创新等多方面入手，打破行政边界，在长三角一体化中畅通循环，协同共享发展，甚至让利带动其他城市共同发展。在长三角一体化过程中，上海与长三角其他城市的竞争与合作并存。合作与协同体现在不断降低行政壁垒，促进要素跨域流动，提高产业链和创新链的关联度，促进了长三角城市群内部的大循环，提高了长三角城市群的整体竞争力，同时也为要素在长三角城市群内的充分流动提供了基础。作为国内中心市场，上海充分发挥市场的力量，以竞争激发各类市场主体的活力，实现对长三角城市群要素资源的综合配置能力。上海充分发挥中心城市优势，促进长三角城市群的功能分工和产业专业化水平，与其他城市形成良性的竞争与合作互动关系，辐射带动长三角地区高质量发展，以长三角"小循环"带动国内大循环，成为长三角、中国甚至世界城市增长与发展的核心引擎。

上海是中国式现代化的真实写照，其成功带给我们许多启示。一是把握核心战略性资源和通道，引导要素资源集聚，充分发挥超大市场优势和集聚的外部性，为引领国内和国际竞争与合作提供条件。二是主动对接国家战略，带动周边地区协同发展，与周边地区共享发展成果。三是充分利用国际国内两种资源、两个市场，广泛参与国际经济循环，与世界各国共享中国改革开放的成果。四是充分利用城市自身功能和空间更新演化规律来释放新经济动能，提高城市功能的规模和能级，保持充分竞争与合作的能力。

第六章　中国典型城市的发展

第一节　中国典型城市的产生和发展[*]

城市的产生是各类要素与主体空间集聚的结果。改革开放 40 多年来，随着城市化进程，新的小城镇、各种类型的产业园区及新城新区大量涌现。中国新城市是在有为政府的主导下、有效市场的推动下产生的，也是劳动力、资本、土地和人力资本等要素共同作用的结果。本节在对中国城市产生特征事实进行总结的基础上，提炼中国城市产生的一般机制、中国特征与中国框架，并进一步分析中国城市产生的影响与作用机制。

一　中国城市产生的特征事实

改革开放以来，中国城市产生依次经历了小城镇—产业园区—新城新区主导的阶段，其驱动力也由城市化初期城乡二元结构转型主导向城市化中后期的城市群主导转变；同时，政府在中国城市的产生中始终发挥了主导作用，但市场的力量不断变大，特别是地方政府在城市经营中经常利用市场的杠杆作用来促进新城市的建设与发展。

（一）城市的产生依次经历了从小城镇到产业园区，再到新城新区主导的阶段

改革开放 40 多年来，中国新城市的产生主要经历了三个阶段的转

---

　　* 作者：陈飞，首都经济贸易大学城市经济与公共管理学院，讲师；曹清峰，天津财经大学现代经济管理研究院，副教授。

换。一是小城镇快速发展阶段。改革开放初期到 20 世纪 90 年代中期，大量小城镇迅速产生。改革开放后，农村地区率先突破计划经济体制的藩篱，乡村地区的劳动生产率快速提高，在农业大发展的同时，乡镇企业、个体工商业也迅速发展，乡村地区呈现一片欣欣向荣的景象，小城镇迅速崛起并大量涌现。1978 年中国的小城镇仅有 2176 个，到 1993 年发展为 15805 个，增长了 6.3 倍多①（见表 6.1）。20 世纪 80 年代初到 90 年代中期，是中国小城镇数量增长最快的阶段。二是各类产业园区主导阶段。产业园区通过促进工业化进程加速了非农集聚，从而促进了新城市的产生。20 世纪 90 年代中期至 2010 年左右，各类产业园区在中国大陆遍地开花。1984 年 9 月 25 日大连经济技术开发区经国务院批准建立，这是中国第一个国家级经济技术开发区，此后，许多城市纷纷设立了国家或省级经济技术开发。截至 2006 年，经中央政府批准设立的各类开发区有 222 家，经省（自治区、直辖市）人民政府批准设立的开发区有 1346 家。截至 2018 年，经中央政府批准设立的各类开发区有 552 家，经省（自治区、直辖市）人民政府批准设立的开发区有 1991 家。此外，地级市、县等不同层级的地方政府也设立了大量的产业园区。三是新城新区大量涌现阶段。2010 年至今，新城新区在城市规划建设中大量涌现。中国城市政府为了盘活存量资产、拓展城市空间、实现扩容发展，普遍规划建设了大量的新城或城市发展新区，对行政和/或生产服务职能进行空间调整与优化。据不完全统计，截至 2016 年 7 月，中国县及县以上的新城新区数量超过 3500 个。

表 6.1　　　　　　1978—2021 年中国小城镇数量　　　　　单位：个

年份	数量	年份	数量	年份	数量
1978	2176	1995	17532	2009	19322
1979	2361	1996	18171	2010	19410
1981	2678	1997	18925	2011	19683
1983	2968	1998	19216	2012	19881

① 本节数据除单独指出之外，均来源于各个年份的中国统计年鉴。

续表

年份	数量	年份	数量	年份	数量
1984	7186	1999	19756	2013	20117
1985	9140	2000	20312	2014	20401
1986	10718	2001	20374	2015	20515
1987	11103	2002	20601	2016	20883
1988	11481	2003	20226	2017	21116
1989	11873	2004	19883	2018	21297
1990	12084	2005	19522	2019	21013
1991	12455	2006	19369	2020	21157
1992	14539	2007	19249	2021	21322
1993	15805	2008	19234		

资料来源：根据各年份中国统计年鉴整理。

（二）城市产生的驱动力由城乡二元结构向城市群驱动转变

改革开放以来中国城市产生的动力分为两个阶段。一是城市化初期阶段，此阶段以城乡二元结构为核心的主导驱动力。改革开放后，小城镇迅速崛起并大量涌现，这在东部沿海地区表现尤为明显。这一时期，在市场经济体制内生动力的推动下，乡村地区的非农产业和其就业人口开始就地（就近）城镇化。这一时期城镇产生的动力主要来源于城乡二元经济转型过程中由农村向城市的要素流动以及非农集聚的发展。具体包括农产品剩余的大量增加、农村剩余人口的大量出现、乡镇企业的大量涌现。其中，前两个因素是新城镇产生的主要推力，第三个因素即根植于乡村地区的乡镇企业则是新城镇产生的主要拉力。此外，中央关于城市发展和乡村改革的方针政策成为小城镇产生的重要助推力。从图6.1可以看出，改革开放以来，伴随中国小城镇数量增加的是乡的数量锐减。二是城市化中后期，此阶段以城市群主导的驱动力。在这一阶段，新城市的产生主要依赖于城市群中心城市的扩散效应以及城市群的扩散效应。

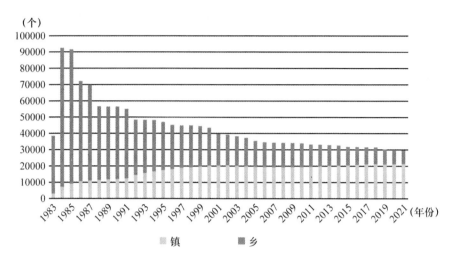

图6.1 1983—2021年中国行政区划中乡和镇的数量

（三）政府在城市产生中发挥主导作用，市场的作用由小变大

计划经济时期中国新城市的规划与设立完全是由政府主导的，改革开放后，政府仍然在新城市的产生中发挥了主导作用，中国的小城镇、各类经济技术开发区和新城新区基本上都是在政府的主导下建设开发的。政府在城市产生过程中的主导作用主要体现在：一是政府提供新城镇、经济技术开发区和新城新区开发建设的制度建构。各级政府为各类经济技术开发区的发展规划制定出台相关的规章制度，规定开发区的职能作用等。同时，小城镇、经济技术开发区和新城新区的新设、规划、开发和建设等均需要省级或中央政府批复同意，由政府新设或派驻相关机构对小城镇、经济技术开发区和新城新区等进行管理。二是城市政府为新城镇、经济技术开发区和新城新区提供基础设施和公共物品。城市政府为小城镇、各类经济技术开发区和新城新区的开发建设提供土地、市政公用设施建设和公共服务供给。从表6.2可以看出，改革开放以来，中国在城市市政公用设施建设方面的投资逐年增加，从1980年的14.4亿元增长到2021年的23371.7亿元，占同期国内生产总值的比重相较1980年的0.31%大幅提升，最高增长到2010年的3.24%。虽然政府的主导地位不容质疑，但随着市场经济体制的不断完善，市场在中

国城市产生过程中的作用也不断加大。市场机制调节劳动力在空间上的布局，引导劳动力从乡村流向新城镇、经济技术开发区和新城新区等。同时，市场机制调节外商直接投资在中国的空间布局，在很大程度上推动经济技术开发区的开发建设。

表 6.2　　　　中国城市市政公用设施建设固定资产投资情况（1980—2021）

年份	投资完成额（亿元）	占同期国内生产总值的比重（%）	年份	投资完成额（亿元）	占同期国内生产总值的比重（%）	年份	投资完成额（亿元）	占同期国内生产总值的比重（%）
1980	14.4	0.31	1994	666.0	1.37	2008	7368.2	2.31
1981	19.5	0.40	1995	807.6	1.32	2009	10641.5	3.05
1982	27.2	0.51	1996	948.6	1.32	2010	13363.9	3.24
1983	28.2	0.47	1997	1142.7	1.43	2011	13934.2	2.85
1984	41.7	0.57	1998	1477.6	1.73	2012	15296.4	2.83
1985	64.0	0.70	1999	1590.8	1.76	2013	16349.8	2.75
1986	80.1	0.77	2000	1890.7	1.89	2014	16245.0	2.52
1987	90.3	0.74	2001	2351.9	2.12	2015	16204.4	2.35
1988	113.2	0.75	2002	3123.2	2.57	2016	17460.0	2.35
1989	107.0	0.62	2003	4462.4	3.25	2017	19327.6	2.34
1990	121.2	0.64	2004	4762.2	2.94	2018	20123.2	2.24
1991	170.9	0.78	2005	5602.2	2.99	2019	20126.3	2.03
1992	283.2	1.04	2006	5765.1	2.63	2020	22283.9	2.19
1993	521.8	1.46	2007	6418.9	2.38	2021	23371.7	2.04

资料来源：根据《2021年城市建设年鉴》整理。

二　中国城市产生的总体机制

城市是如何产生的？这在学界尚没有达成共识。藤田昌久、克鲁格曼和维纳布尔斯（1999）[①] 指出，伴随人口的增加、农业腹地边缘与城

---

① Fujita M., Krugman P. R., Venables A., *The Spatial Economy*: *Cities, Regions, and International Trade*, MIT press, 1999.

市（集聚中心）的距离的增加，一些制造业企业向城市外围转移，导致了新城市的产生。杨小凯和赖斯（1994）[①] 认为，城市的出现是分工和个人专业化演进的结果。这些研究实际上都是把城市的产生与发展看作是非农产业发展推动的，仅仅从生产的空间阐释城市产生与发展的一般机制，忽略了城市作为其他职能空间在自身产生和发展中的作用，比如城市作为生活空间、知识与文化生产空间、国家和社会治理空间等方面的功能与作用。

（一）一般机制

城镇与乡村都是人类开展经济社会活动的空间聚落。人类经济活动不仅仅局限于生产活动，还包含分配、交换与消费，以及为了规范人类经济社会发展秩序的专门的治理活动。作为人类经济社会活动不同的聚落形态，城市与乡村紧密相连、相互影响。城市的产生与发展基本机制可以概括如下：生产率的提高是城市产生与发展的根本原因。首先，劳动生产率的提高推动了农业和农村的发展，表现为农产品剩余增加和农村剩余人口出现，这为新城镇的产生与发展提供了必需的物质基础和人口条件。而劳动生产率的提高离不开知识的创造与积累，知识产品的生产具有显著的空间外部性即溢出效应，与乡村相比，城镇具有明显优势。其次，人类的生存发展不仅需要食品，还需要其他物质产品（主要是工业品），与农产品的生产不同，其他物质产品的生产通常不需要使用大量的土地，受自然条件的制约相对较小，作为集聚经济的孪生体，城镇在这些物质产品和知识产品的生产方面具有天然优势。再次，人类经济社会活动的开展需要有效组织和社会管理，城镇由于交通区位条件的优势，成为经济社会活动的组织和管理中心。最后，城市的产生与发展进而推动了乡村的经济社会发展。这一机制如图 6.2 所示。

（二）中国特征

改革开放以来，中国城市的产生既遵循了城市产生和发展的一般原理，又面临特殊自然地理和经济社会条件，形成了中国独特的特征。一是非均质大国特征影响了城市产生的区域分布。中国是一个人口和空间

---

① Yang X., Rice R., "An Equilibrium Model Endogenizing the Emergence of a Dual Structure between the Urban and Rural Sectors", *Journal of Urban Economics*, Vol. 35, No. 3, 1994.

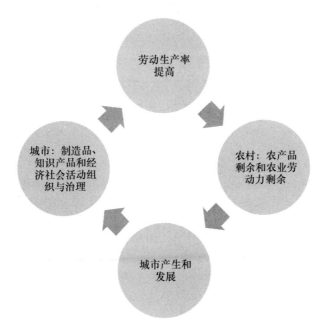

图 6.2　城市和乡村聚落演化的基本机制

大国，并且空间差异大。中国在人口地理方面存在"东南地狭人稠、西北地广人稀"的特征。根据 2020 年第七次全国人口普查数据，"胡焕庸线"东南一列地区土地面积占全国国土面积的 43.8%，却聚集了全国总人口的 94.5%，人口的空间分布极度不均匀。东部地区由于地势平缓、交通区位优势显著，在城市化进程中城市产生和发展更迅速。二是由计划经济体制向市场经济体制的转型影响了城市产生的速度。改革开放以来中国逐步构建起了社会主义市场经济体制，随着经济要素，特别是劳动力流动自由度的扩大，大量的农村剩余劳动力进入城镇，从事非农产业，极大推动了中国的城市化进程。中国的城镇化率从 1982 年的 20.91% 快速增长到 2020 年的 63.89%，平均每年增长 1.13%。三是后发展地位为中国新城市的规划与建设提供了大量经验。改革开放初期中国城镇建设严重落后于发达国家和地区，中国各级政府在城镇建设和推动城市化的过程之中，认真学习发达国家和地区的经验，汲取发达国家城市化进程中的教训，加速城市建设和城市经济发展。四是全球化进程为中国新城市的产生提供了动力。改革开放以来，中国积极吸引欧美日等发达国家跨国产业转移，中国城市紧紧抓住这一机遇，兴办了许多开发区和产业园区，提升了城市的基础设施水平，促进了新城市的产生与发展。五是新一轮科技革命正在重塑城市产生的模式。以计算机、互联网、生命科学、物联网、新能源、新材料、人工智能、智能制造等为代表的新一轮科技革命引发了人类经济社会生活的物理空间、网络空间、生物空间及经济空间的拓展、融合及再造，这会对城市规划、城市治理等产生深刻影响，从而改变城市产生的模式。

（三）中国框架

改革开放以来，中国城市的产生是由政府与市场两方面力量共同驱动的。其中，政府发挥了主导作用，中国城镇的产生基本上是通过政府"有形之手"改变制度框架，各级政府在城市经营过程中积极发挥市场的杠杆作用，从而推动了各类城镇的产生与发展。

一是中央政府作为制度供给主体，引导着改革开放的方向和城市的产生与发展。中国的改革开放是中央政府在增量渐进式改革路径上逐步深化的，这一改革路径的特点是先易后难、先试点再总结推广。无论是城市发展的总方针，还是经济技术开发区的建设、招商引资的基本原则和方针以及城市土地使用制度变革等，都是中央政府在总结试点城市经验的基础上在全国范围内推广并最终制度化的。尽管各地在发展过程中存在一些差异，但是发展方向和基本路径都相同。

二是地方政府作为基础设施及其他公共物品的供给主体，大力推动了城市的产生与发展。一方面，地方政府贯彻执行中央政府出台的各项制度与举措。地方政府根据各自的实际情况，在其管辖范围内组织实施中央政府制定颁布的关于城镇建设、开发区建设以及土地使用等方面的各项制度举措，推动城镇的产生与发展。另一方面，地方政府根据各自的区域和区位状况，规划建设各种类型的产业园区、新城或城市新区。在此过程中，地方政府通过各种金融渠道筹备资金（包括地方财政收入、银行信贷、民间融资、地方债券等），建设并完善基础设施，提供包括教育、医疗等在内的公共服务，推动新城的建设和产生。

三是日益完善的社会主义市场经济体制通过有效引导资源的空间配置，助推了城镇的产生与发展。伴随社会主义市场经济体制的建立和完善，市场在资源配置中的作用日益突显。价格机制和市场机制引导资源，特别是人力资本和土地等决定城市产生和发展的资源和要素的空间配置。资本与人口等在城市间的流动助推了城市的产生和建设。

三　中国城市产生的影响机制

（一）围绕物质资本的城市经营是促进城市产生的重要能动力

改革开放初期，在资金短缺和技术水平相对落后的情况下，招商引资成为地方各级政府发展经济的重要政策工具选项。为了吸引制造业的外商直接投资和外地资本的流入，各个地区在各自的城市边缘区或辖区内交通便利的区位规划修建了级别不一、形式与功能相似的开发区和产业园区。伴随外商企业的入驻，许多城市迅速发展。这一时期，外商资本成为推动城市产生的主要驱动力。分税制改革使得地方政府的财政收入来源减少，为了鼓励城市的建设和发展，中国对城市用地制度进行了改革，土地使用从无偿转为有偿，土地使用权转让收入成为许多城市重要的财政收入来源。为盘活存量资产、拓展城市发展空间，绝大多数的城市都规划建设了大量的新城或城市发展新区，把行政和/或生产服务职能进行空间优化。因此，这一时期城市产生的动力主要是建立在"土地财政"和土地融资基础上的。

（二）人口资源向城市的集聚是城市产生的重要原动力

城乡二元经济转型过程中，人口资源向城市的集聚是城市产生的原动力。随着农村大量剩余人口由农村转移到城市，非农业生产活动空间集聚带来的规模经济效应会促进城市规模的扩大以及新城市的产生。同时，随着收入水平的提高，人口资源向城市的集聚还通过多样化需求促进了新城市的产生。即收入水平的提高会导致居民的消费升级，居民会倾向于消费更多差异化的产品，为了满足多样化的需求和消费，市场规模的扩大会通过本地市场效应促进产业集聚，从而促使新城市的出现。

（三）政府通过制度变革、城市经营促进了城市的产生和发展

首先，政府通过政策引导推动了小城镇的产生与发展。1980年9月，《关于进一步加强和完善农业生产责任制的几个问题》印发，充分肯定并在全国乡村地区推广家庭联产承包责任制。此后，中国政府不断稳固和完善家庭联产承包责任制，鼓励农民发展多种经营。与此同时，

1980 年召开的第一次全国城市规划工作会议明确提出了中国城市发展基本方针为"控制大城市规模，合理发展中等城市，积极发展小城市"。从而推动了小城镇的发展。其次，政府在对外开放过程中通过招商引资，利用市场力量推动了各类产业园区的建设，从而促进了城市的产生。在对外开放过程中，中国各级政府兴建了经济技术开发区、保税区等大量的产业园区，并通过修建基础设施、提供税收优惠、免费转让土地使用权等举措，完善了城市的基础设施和非农产业发展的制度架构，吸引了众多的外商投资企业入驻，推动了城市的产生与发展。最后，城市政府利用城市土地国有这一制度架构，通过基于"土地财政"的投融资机制来进行城市经营，规划建设了众多的新城新区，推动了城市的产生。

四　中国城市产生的作用机制

（一）城市的产生提高了家庭的收入水平

城市的产生提高了家庭的收入水平。从小城镇中以轻工业为主的乡镇企业到各类产业园区中以重化工为主的外商投资企业，再到新城新区中的高新技术产业和服务业，各种类型的城镇的产生提供了大量的工作岗位。相较于农业生产，非农工作岗位通常能够给劳动力带来更高的工资，从而提高了家庭的收入水平。同时，新城市产生过程中土地征收收入为被征收土地的家庭带来较高的财产性收入。此外，城市的产生推动了家庭消费支出的提升和消费结构的转型。随着人口资源由农村转移到城市，其生活方式也逐渐变化。伴随收入水平的增长，家庭的支付能力大幅度提升，食品支出下降，精神文化产品消费上升，这也有利于人力资本的积累。

（二）城市的产生引发了区域经济格局的变化

由于中国的改革开放率先从东部地区实施与展开，东部地区的经济发展特别是非农产业的发展持续走在全国前列，吸引了大量人口，不仅实现了本地区大量农业剩余人口的就地城镇化，而且吸引了许多中西部地区人口的空间转移。中国城镇的产生与发展表现出显著的空间不均衡的特征。东南沿海地区相对较多，西北内陆地区相对较少。各地区国家级开发区的数量从一个侧面反映了这种非均衡的特征。

2018 年，东部 10 个省份共有各类国家级开发区 256 个，而西部 12 个省份仅有 131 个。从空间上看，各地区国家级开发区数量，呈现东部沿海地区—中部地区—西部地区依次递减的特征。从每万平方千米平均拥有的国家级开发区、省级及以上开发区的数量来看，东部地区为 3 家和 11 家，中部地区为 1 家和 6 家，东北地区约为 0.7 家和 3 家，而西部地区仅为 0.2 家和 1 家。随着改革开放的逐渐深入，中西部地区凭借劳动力成本、土地廉价等优势，吸引了东部地区许多制造业企业的转移，进而实现了部分人口的回流以及本地农业剩余人口的就地城镇化，中西部地区的新城镇快速崛起也使改革开放初期中国区域经济发展差距加大的趋势得到一定程度的缓解，促进了区域经济的协调发展。

（三）城市的产生推动了城市体系的转型

改革开放 40 多年来，新城市的不断产生使得中国城市形成了以超大城市为引领、大中城市为主体、小城市和小城镇为基石的"金字塔"结构。根据《中国统计年鉴（2021）》，不含港澳台地区，中国共有 4 个直辖市、15 个副省级城市、293 个普通地级市、394 个县级市，共计 706 个城市，另有 21322 个小城镇。根据 2014 年国务院印发的《关于调整城市规模划分标准的通知》和 2020 年第七次全国人口普查数据，按市区人口计算，2020 年中国共有 7 个超大城市、14 个特大城市、84 个大城市、135 个中等城市、466 个小城市以及 21322 个镇，中国的城镇体系已然形成稳定的"金字塔"结构。同时，新城市的产生也推动城市体系从单中心结构向多中心结构发展。在新城市产生和发展过程中，各种类型的产业园区日益成为城市物质产品生产制造的主要空间载体，成为城市生产功能的中心。原有城市空间功能不清晰、城市中心单一的格局逐渐被空间功能明晰、城市次中心崛起的格局所取代。同时，城市新城或者新区则随着城市经济社会的发展，或崛起为新的城市中心、次中心，或发展成为边缘城市，与原有城市共同发展成为大都市区，单中心的城市空间结构逐渐被多中心的空间结构所取代，这一趋势在超大城市和特大城市中表现尤为明显。

典型城市

<h2 style="text-align:center">郑州：建设现代高端服务新城，提升国家中心城市功能①</h2>

改革开放以来，新城新区作为城镇化、工业化的重要平台，已逐步形成庞大的体系。2021 年，全国共有 19 个国家级新区，部分国家级新区占所在城市 GDP 的 1/4 以上，219 家国家级经开区的地区生产总值、财税收入占全国总量的 10% 左右，169 个国家级高新区的生产总值、税收占全国总量的 10% 以上，新城新区已成为国家整体经济的重要战略支撑和新的增长点。近年来，郑州在郑东新区建设战略契机下，经济持续高速发展，GDP 总量从 2000 年的 732 亿元增加到 2021 年的 12691 亿元，在全国城市 GDP 排名中由 2000 年的第 30 位攀升至 2021 年的第 16 位，城市综合竞争力不断增强，成功跻身国家中心城市。

在城市发展上，改革开放后，中国在依次经历的小城镇、开发区和新城新区建设中收获了许多经验。在新城新区建设方面，作为人口中心城市的郑州顺应城市发展规律，立足所处历史方位，适时推动新城建设和发展，并且通过高起点规划、形象营销和构建现代高端产业体系高标准建设郑东新区，支撑国家中心城市能级提升，带动中原城市群快速发展，打造了以新城建设推动中心城市发展的成功样板。

第一，适应中心城市发展需要，推动新城建设。郑州作为一个高人口的中心城市，需要尽快适应做大人口和产业载体的空间、提高中心城市能级，郑东新区建设正是适应了郑州城市发展的这种需要。20 世纪末，作为近亿人口大省的省会城市，郑州虽然有着良好的区位和枢纽优势，但也存在着首位度低、产业相对薄弱、中心城区偏小等问题，特别是因陇海、京广线路交叉分割，郑州的拓展空间受到制约，与承接产业、人口集聚、支撑服务、辐射带动全省及中西部地区发展，建设成全国区域性中心城市的目标极难适配。2000 年，郑州适时提出以强力开发郑东新区为重点，进一步扩大城市规模，拉大城市框架，培育新的经济增长点的策略。

---

① 作者：谢琳，中国社会科学院大学人口与劳动经济学系，博士研究生。

　　第二，高起点规划，打造宜居宜业城市形象。早在新区规划之初，郑州就以史无前例的国际招标推动郑东新区站在世界制高点上谋划未来，使得郑东新区得以与国际大都市站在同一起跑线上开发建设新城。郑州坚持郑东新区组团开发的理念，开发中央商务区、龙湖区域、白沙园区、综合交通枢纽区、龙子湖高校园区、沿黄河都市观光区六个功能组团，每一个组团功能既相对独立，又通过水系、快速通道和生态廊道等实现高效衔接，构建了完整的城市生态水系。这种组团的发展模式打造了郑东新区宜居宜业的良好城市形象，推动实现产业、城市、人的和谐共生，奠定了郑东新区经济高质量发展的基础。以此高起点规划和形象营销，郑东新区得以实现大规模的土地融资，进而推动高标准新区建设。

　　第三，聚焦高端服务业，推动以产兴城。早在建设初期，郑东新区便定位于中原现代服务业核心集聚区，并着力构建"116"现代服务业体系①。郑东新区按照产业定位加大优质企业引进力度，设立扶持发展专项资金，加大人才引进力度，全方位营造重商、亲商、安商、兴商的良好氛围。在一系列政策激励和优良环境的吸引下，郑东新区金融、总部经济等产业加速成长，推动整体产业结构升级。近年来，郑东新区深入实施"东强"战略，进一步打造"创新人才＋资金资本＋科技产业"的良性互动产业链，推动实现科技与资本要素深度融合，进一步激活郑东新区经济发展的深层次活力，促进城市提质增效。

　　第四，以新城建设为契机，全面提升国家中心城市功能。20年来，郑州通过新城高起点规划和形象营销，推动高端产业发展及大规模人口集聚，实现郑东新区高标准建设，并以此为契机，支撑了国家中心城市功能提升，并由此实现快速发展和良性循环。郑东新区自启动建设以来积极推动建设区域性现代服务业中心，金融、会展、科研、文化、高等教育及体育中心，搭好创新平台，创优科研环境，不断拓宽人才成长空间，筑巢引凤，不仅聚合了大批创新创业资源，也进一步推动郑州产业升级，提升郑州人口集聚能力，实现城市发展能级提升，带动中原城市

---

　　① "116"现代服务业体系是指以金融业为主导产业，以高端商贸业为支柱产业，同时发展总部经济、科技研发、会展旅游、文化传媒、中介服务和电子商务六个配套产业。

群快速发展。

郑州上述举措取得了显著的成就,郑东新区从一片平白到如今繁华似锦,地区生产总值跃居至郑州市第二位,固定资产投资额、一般公共预算收入和税收收入均位居河南省各县(市)区、开发区首位,[①] 成为推动郑州经济社会发展的新增长极。就郑州而言,在 20 年间从一个普通的三线城市一跃成为"新一线",中心城市能级不断增强,成为国家中心城市,人口规模增长近 600 万人,城镇化率提升了近 24%,产业结构持续优化,第三产业增加值占比由 2000 年的 45.1% 跃升至58.9%,第一产业占比由 5.7% 下降至 1.4%,二三产共同拉动区域经济增长的特征更加明显。

郑州的成功经验,对其他中心城市发展具有一定的借鉴意义。中心城市发展要始终遵循城市发展规律,立足城市发展所处的历史方位适时推动新城建设,注重通过高起点规划和形象营销、构建现代高端服务业体系,推动高标准新城建设,以支撑中心城市能级提升,由此实现城市经济社会的快速发展和良性循环。

第二节　中国典型城市人口[*]

城市人口规模作为城市经济发展必不可少的要素,是城市研究中重要的一环。明确中国城市最优人口规模的关键特征、作用机制和影响机制不仅可以为城市创造经济、社会效益,也可以减少城市不可必要的支出,降低城市的负外部性。

一　中国典型城市人口的特征事实

改革开放以来,中国各城市的人口规模不断扩大,总体城市人口规模从 1978 年的 17245 万人增加到 2021 年的 91425 万人,增长了 4.3

[①] 《河南日报》:《郑东新区 2021 年 GDP 达 1270.3 亿元,2022 年预计增长 8%》https://baijiahao.baidu.com/s? id =1725700609855544835&wfr = spider&for = pc。

[*] 作者:徐海东,中国社会科学院财经战略研究院,助理研究员;李博,天津理工大学,副教授;倪鹏飞,中国社会科学院财经战略研究院,研究员。

倍，中国城市的最优规模也在不断变化中。与国外城市相比，中国城市人口规模存在如下显著特征。

（一）中国城市人口规模历经小城镇主导—大中城市主导—大城市主导的格局

改革开放以来，中国各类规模城市数量趋于平稳，目前中小型城市居多、大城市相对较少。随着生产要素区际流动加速，产业对劳动力的吸纳能力增强，小型城市数量急剧下降，中等城市数量迅猛提升，大城市数量呈现增长趋势，特大城市与超大城市稳步增长。中国城市发展先后经历了小城镇主导、大中城市主导、大城市主导三个阶段。具体而言，从非农人口数量角度来看，2000 年非农人口超过 500 万人的有 4 个城市，300 万—500 万人的有 5 个城市，200 万—300 万人的有 15 个城市，100 万—200 万人的有 77 个城市，50 万—100 万人的有 118 个城市，50 万人以下的有 73 个城市。到了 2010 年，非农人口超过 500 万人的有 9 个城市，300 万—500 万人的有 12 个城市，200 万—300 万人的有 18 个城市，100 万—200 万人的有 94 个城市，50 万—100 万人的有 96 个城市，50 万人以下的有 65 个城市。从城市人口角度来看（见图 6.3），2006 年城市人口超过 500 万人的有 7 个城市，300 万—500 万人的有 10 个城市，200 万—300 万人的有 16 个城市，100 万—200 万人的有 35 个城市，50 万—100 万人的有 92 个城市，50 万人以下的有 495 个城市。其中 50 万人以下的城市人口总量为 1073 万人，50 万—100 万人的城市人口总量为 6382 万人，100 万人以上的城市人口总量为 20186 万人，300 万人以上的城市人口总量为 11445 万人，大中城市占据主导地位。2020 年城市人口超过 500 万人的有 21 个城市，300 万—500 万人的有 14 个城市，200 万—300 万人的有 17 个城市，100 万—200 万人的有 50 个城市，50 万—100 万人的有 120 个城市，50 万人以下的有 467 个城市。其中，50 万人以下的城市人口总量为 1105 万人，50 万—100 万人的城市人口总量为 8454 万人，100 万人以上的城市人口总量为 34227 万人，300 万人以上的城市人口总量为 23146 万人，大城市占据主导地位。

（二）中国城市人口规模持续扩张且相对更大

中国城市人口规模持续扩张。以 2020 年城区人口规模为基准划分

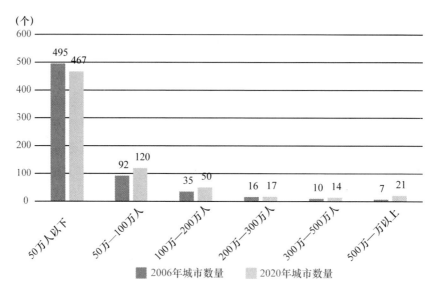

图 6.3　2006—2020 年中国不同结构城市数量

城市层级，统计分析发现（见表 6.3），城区人口在 500 万人以上的超大、特大城市平均城区人口规模从 2006 年的 607 万人增长到 2020 年的 968 万人，城区人口在 300 万—500 万人的 I 型大城市平均城区人口规模从 2006 年的 231 万人增长到 2020 年的 382 万人，城区人口规模在 100 万—300 万人的 II 型大城市平均城区人口规模从 2006 年的 115 万人增长到 2020 年的 165 万人，城区人口规模在 50 万—100 万人的中等城市平均城区人口规模从 2006 年的 52 万人增长到 2020 年的 70 万人，城区人口低于 50 万人的小城市平均城区人口规模从 2006 年的 20 万增长到 2020 年 23 万人。无论是超大、特大城市、I 型大城市、II 型大城市；还是中等城市和小城市，其平均城区人口规模均呈现持续扩张状态，表明中国城市人口规模不断扩大。而与国际主要城市比较来看，中国城市人口规模明显更大。以 2020 年为例（见表 6.4），中国城区人口规模超过 500 万人的城市已经达到了 21 个，上海、北京、深圳、重庆、广州、成都和天津的城区人口已经超过 1000 万人。此外，大部分城市的常住人口规模均在 1000 万人以上，特别是重庆、上海、北京、成都的常住人口规模均在 2000 万人以上，平均为 2393 万人。

表 6.3　　　　　　　　　　　　**历年各层级城市平均人口规模**　　　　　单位：万人

层级	2020 年城区人口平均规模	2015 年城区人口平均规模	2010 年城区人口平均规模	2006 年城区人口平均规模
超大、特大城市	967.95	777.24	661.80	607.01
Ⅰ型大城市	382.40	302.84	243.18	230.52
Ⅱ型大城市	165.38	139.67	115.29	114.85
中等城市	70.46	63.49	54.96	52.44
小城市	23.47	23.05	21.06	19.77

资料来源：中国城市建设统计年鉴。

表 6.4　　　　　　　**2020 年国内外主要城市人口规模及人口密度对比**[①]

	中国主要城市				国外主要城市			
	人口（万人）		人口密度（人/平方千米）			人口（万人）		人口密度（人/平方千米）
	城区	全市	全市			都市区	城区	都市区	城区
上海	1987	2487	3922	多伦多	620	279	1050	4434
北京	1775	2189	1334	巴黎	1302	216	688	20545
深圳	1744	1749	8756	马德里	679	322	846	5334
重庆	1634	3205	389	伦敦	1425	896	1701	5701
广州	1488	1868	2577	亚特兰大	614	50	273	1408
成都	1334	2094	1461	芝加哥	961	274	516	
天津	1093	1387	1159	休斯敦	712	230	273	1325
武汉	995	1245	1453	迈阿密	609	44	383	3045
东莞	956	1047	4256	费城	624	160	524	4339
西安	928	1218	1132	华盛顿特区	638	68	395	3896
杭州	874	1194	709	纽约	2014	880	938	7195
佛山	854	950	2502	洛杉矶	1320	389	1051	3001

①　经济数据根据城市的类型确定，其中美国城市为都市统计区（Metropolitan Statistical Area）统计口径，巴黎、马德里、伦敦为功能统计区（Functional Urban Area）统计口径，多伦多为都市区（Metropolitan area）统计口径。此外，伦敦、马德里人口数据为 2018 年，多伦多人口数据为 2021 年，巴黎都市区人口数据为 2017 年、城市人口数据为 2019 年。

续表

	中国主要城市				国外主要城市			
	人口（万人）		人口密度（人/平方千米）			人口（万人）		人口密度（人/平方千米）
	城区	全市	全市			都市区	城区	都市区	城区
南京	791	931	1413	达拉斯	763	130	340	1305
沈阳	707	907	705					
青岛	601	1007	892					
济南	588	920	898					
长沙	555	1005	851					
哈尔滨	550	1001	189					
郑州	534	1260	1692					
昆明	534	846	403					
大连	521	745	542					

（三）中国城市中心城区快速变成人口高度聚集区

近年来，中国主要城市相继出现了交通拥堵、环境恶化、人口过度聚集等"城市病"，但从全域来看，各城市还没有超过最优规模标准，其核心原因在于中国大部分城市的中心城区高度聚集了人口、优质公共服务和产业。例如，2020年北京中心区有1099万人，重庆中心区有1034万人，成都中心区有762万人，上海中心区有668万人。中国大城市中心区的人口密度普遍较高，人口密度分布在2000—20000人/平方千米。例如，2020年上海、广州的中心区人口密度已经高达23092人/平方千米和22665人/平方千米，而深圳、成都、青岛、大连、天津、南京等城市中心区的人口密度也均超过了10000人/平方千米。此外，城市内部空间人口分布不合理。大部分人口集聚在少数几个核心区内，且大部分核心区的人口密度已经超过了极限值。如天津和平区、上海黄浦区、上海虹口区、广州越秀区的人口密度均在30000人/平方千米以上。

二　中国典型城市人口的总体机制

（一）一般机制

城市人口规模变化受人口规模边际增长收益和边际增长成本的共同影响。家庭、企业、政府的共同作用导致人口向城市迁移：家庭提供人口；企业和政府通过提供城市的制度、物质资本、产业体系和公共资源为人口提供保障。如此，三主体、六要素综合影响导致城市规模不断扩大。但是城市人口规模不断聚集又会带来拥挤效应，随着城市人口规模的不断提升，城市内部会产生环境、交通、生活成本等一系列问题，拥挤效应的存在阻碍人口继续向城市流动，最终达到最优城市规模。城市规模的不断变化又会反过来影响三主体、六要素的多重交互。

（二）中国特征

第一，中国人口基数大导致典型城市规模更大。不同地域之间的社会发展水平与各类资源配置不均衡，造成人口流动的不稳定。城市人口多导致中国城市发展过程中的典型城市形态显著有别于国外城市。

第二，制度逐步转化促使中国城市人口规模的不断变化。改革开放以来，中国的户籍制度、就业制度、土地制度均逐渐从限制到放开，前期外来人口在迁入城市就业、教育方面均会受到户籍制度的影响，户籍制度衍生出一系列二元制度，造成城乡隔离、资源配置差距大的局面。后期逐渐放开的户籍制度促进了人口流动，从而使城市经历小城镇到大中城市，再到大城市的发展历程成为可能。

第三，与发达国家相比，中国处在后发地位。后发地位决定中国的经济发展落后于国际城市，处于产业链的下游，也决定了中国城市经济发展动力由劳动力主导的乡镇企业到外商外资主导的重化工业，再到人力科技主导的服务业的发展路径，进而在一定程度上导了中国城市规模是从小城镇发展到大中城市。

第四，中国在新一轮全球化中从封闭走向开放。1990 年后，全球进入经济全球化进程，发达国家和地区开启新一轮的产业结构调整，中国成为传统制造业的迁入地，吸纳大量的劳动力进入城市工厂工作，推动了中国区域经济的快速发展，促进了城市人口规模的提升。在经济全球化的作用下，资本流动正在快速地将传统、封闭的城市体系转变为愈加开放的城市格局，中国积极顺应发展大势，快速地融入全球化的进程，形成了以珠三角、长三角等为代表的城市群，以及上海、北京、广州等率先进入国际性城市行列的大城市。

第五，中国城市发展正处在第四次新技术革命发生过程中。新的技术革命显著提升了城市空间，提高了城市政府的运行效率，在一定程度上提高了城市人口的利用率，扩大了城市人口规模。中国进一步完善城市的治理体系，包括实现城市基础设施布局的战略性调整，从以往更加关注传统意义上"硬的"基础设施建设转向关注教育、文化等"软的"基础设施建设，为可持续的创新资源培育基础。

（三）中国框架

改革开放以来，家庭和企业为了更好的生产报酬和公共服务不断向城市流动。中国城市政府的需求偏好和预期收益决定其有动力深度参与城市发展，并且中国地方政府拥有规模庞大且以财力性资产为主的净资产，也有能力和意愿参与城市发展，地方政府从而一方面不断提高公共服务水平为人口流入提供保障，另一方面通过渐进式制度改革不断优化调节城市人口规模，从而不断推动中国城市人口规模扩大。但是由于不同层级、不同区域的城市的基础设施、物质资本、金融资本等要素发展水平的巨大差异决定了中国城市呈现大城市、中等城市、小城市并存的发展格局。更为重要的是企业、科技资本、金融资本、公共服务、基础设施等要素不断从非中心城市向中心城市、城市的中心区集聚，造成城市中心区人口过度集聚。

城市人口规模的不断变化又会带来家庭、企业和政府三主体的生产行为、学习行为和竞争行为，在促使中国科技成果持续增加、物质资本迅速增长以及基础设施发展水平快速跃升的同时，又会促使中国的城市经济产业快速从轻工制造主导—重化制造主导—服务业主导—知识服务主导，中国城市空间形态快速从小城镇—中小城市—大城市—都市区转变，中国城市空间结构慢速从单中心向多中心演化。

三　中国典型城市人口的影响机制

（一）中国家庭的迁移导致城市人口规模普遍较大

家庭是人口的供给方，家庭人口规模越大，城市人口规模也将越大。就中国的发展情况而言，家庭迁移是中国城市人口规模变化的主要方式之一。家庭通过将家庭成员转移到外地劳动力市场的方式规避风险，家庭净收益是家庭迁移的动力，家庭迁移是集体决策的结果，导致人口自主迁移的最根本因素是追求经济利益最大化。此外，追求专业适合、工作机会和生活条件也是流动人口向大中城市集聚的主要原因。因此人们在选择迁移时，会相应地考虑迁入地的教育水平、自身的再就业或创业机会，以及区域医疗水准等。中国人口众多的特性决定了典型城市人口规模要比国外的更大。对于企业而言，企业是人口的载体，企业数量越多、企业效率越高，所能承载的人口也就越多，城市的最优规模也将越大。企业会因发展需求选择集聚生产，当城市工业趋于饱和、利润开始下降时，企业会将目光放在周边城市或者成本更低、发展较落后的地区，集聚不会消失，但会经过发展产生新的集中，从而形成更大规模的城市。在城市化早期阶段，城市规模经济的作用条件比较贫乏，规模经济性较低；在城市化中期阶段，城市规模经济的条件得到了迅速发展，规模经济不断增强；而到城市化晚期，城市化发展趋于成熟，规模经济发挥作用的条件逐渐变弱，规模经济表现出的强度也趋于弱化，城市规模扩张的速度也将逐步缓慢。改革开放以后，中国的企业主体呈现指数性增长也为城市人口规模的扩张提供了强有力的支撑。对于政府而言，在政绩考核激励下的地方政府往往会对投资本地的企业提供土地、税收、融资等各种优惠，通过主动诱导促使大量外来企业和人口不断向城市集聚，进而推动城市人口规模的不断扩大。

（二）产业经济的不断演进推动城市人口规模由小城镇主导向大中城市、大城市主导的演变

产业集聚产生正外部效应，通过拉动经济、创造就业机会来带动人口的集聚，城市需要产业的不断发展作为动力推动自身发展。产业发展会带动人口流动，同时也是城市人口实现本地工作的主要承载。产业集聚是城市规模扩大的基础，即当产业化市场程度高、要素自由流动时，优质要素主动选择向大城市集聚，人口和经济集中的外部性促进产业在城市集聚，由此产生规模经济，吸引并带动资本流向生产效率高的领域，促进城市规模不断扩大。产业集聚所带来的规模报酬递增，伴随城市经济活动规模的提升，其生产成本会下降，进而吸引更多的经济活动

和人口涌入城市，带来城市规模的进一步增长。在改革开放初期，城镇化与工业化的指标相差较小，工业化通过转变产业结构，促使农村人口快速向城市聚集，从而带动城镇化发展，形成了小城镇主导的特征。但随着城市居民生活水平的提高，工业化需调整生产供给结构，以满足消费、就业与分配等方面的多样化需求，从而形成重化工业主导，推动大中城市的发展。在产业发展后期，服务业、知识型服务业成为主导，城市空间进一步扩大，城市居民需求进一步扩大，大城市成为主导。随着优势产业不断向城市中心区集聚，带动人口进一步向中心区集聚，导致城市中心区人口和密度快速高度集聚。

（三）制度文化是典型城市人口规模变化演进的根本力量

市场和政府是推进城市人口规模变化的两种主要力量，与欧美等发达国家主要依靠市场经济力量不同，改革开放以来中国城市人口规模变化主要依靠政府和市场两种力量共同作用。并且在中国的制度条件下，政府相对于市场的作用更大，城市的行政层级、行政区划调整和户籍制度等因素均会直接影响城市人口规模。中国城市人口规模演进的历程，在某种程度上正是中国城市人口制度不断演化的结果，中央先是采取控制大城市发展战略，鼓励小城镇发展，随后又开始注重城市群发展，逐步放开大中城市的发展限制。如 1978 年提出控制大城市规模，多搞小城市。1980 年提出控制大城市规模，合理发展中等城市，积极发展小城市。1990 年提出严格控制大城市规模，合理发展中等城市和小城市、小城镇大战略。2000 年提出大中小城市和小城镇协调发展的道路，成为中国现代化进程中的新动力源。2002 年提出坚持大中小城市和小城镇协调发展，走中国特色的城镇化道路。2007 年提出走中国特色城镇化道路，促进大中小城市和小城镇协调发展，以特大城市为依托，形成辐射作用大的城市群，培育新的经济增长极。2012 年提出科学规划城市群规模和布局，增强中小城市和小城镇产业发展、公共服务、吸纳就业、人口集聚功能。2014 年提出以城市群为主体形态，推动大中小城市和小城镇协调发展，优化城镇规模结构，实施差别化落户政策，严格控制城区人口 500 万人以上的特大城市人口规模，加快发展中小城市，有重点地发展小城镇。2017 年提出以城市群为主体构建大中小城市和小城镇协调发展的城镇格局。2021 年提出以城市群、都市圈为依托促进大中小城市和小城镇协调联动、特色化发展，放开放宽除个别超大城市外的落户限制，全面取消城区常住人口 300 万人以下的城市落户限制，全面放宽城区常住人口 300 万—500 万人的 I 型大城市落户条件。此外，近年来，各大城市为了"抢人"和"留人"，纷纷出台各种各样的劳动力政策，如最低工资承诺、租房补助、购房补贴、生活补助等，在鼓励劳动力流入的同时也改变了城市人口规模。这些涉及限制城市人口规模的制度壁垒一步步被打破，直接决定了中国城市人口规模经历了由小城镇主导到大中城市主导，再到大城市主导的演变过程。

（四）城市公共服务的空间差异决定了城市人口规模的差异

城市的公共服务决定了人的生活质量和自身发展。从城市居民效用最大化的角度来看，城市公共服务是决定居民效用的一个关键因素，城市间公共服务的差异决定了中国城市人口规模的差异，决定了大城市、中等城市和小城市的人口规模。就中国的实际情况来看，这种差异包含两部分：一是排他性公共产品，如教育、医疗、社会保障和住房保障等，这些公共品基本上都存在供给上的排他性，如通过户籍来确定居民是否可以享受这些公共产品；二是非排他性公共产品，如城市的基础设施、治安环境、社会秩序、市场信息和文化氛围等，这些公共产品城市内的所有人都可以享用。从中国城市来看，大部分城市的基础设施、治安、社会和文化等非排他性公共产品之间的差异均不太大，核心差异存在于教育、医疗等排他性公共产品上，这些城乡间、城市间公共服务的差异无疑为人口迁移提供了巨大外部动力，激发了人们的迁移动机，导致了中国典型城市人口的不断变化，更决定了大中小城市的规模。中国城市之间的公共服务差异突出表现在大城市与中小城市之间。大城市特别是城市中心区拥有总体水平高、相对丰富的基础教育资源；拥有包括先进的医疗设备、高技能的医务人员和相对健全的医疗保障体系在内的医疗资源；同时，还拥有丰富的公共科技和文化资源、便捷的公共交通和公共安全保障资源。在全国众多的城市中，大城市，尤其是特大城市所拥有的这些丰富而优质的公共服务资源具有相当的稀缺性。为了获得优质的公共服务资源，人们在居住和迁移时常常优先考虑进入高行政等级的大城市，正是这种稀缺性导致了人口持续不断地向大城市集聚。进而导致中国城市出现"特大城市规模迅速膨胀、中小城市和小城镇相对萎缩"的两极化现象。但是城市人口规模的扩大并不是无限制的，在劳动的边际报酬递减条件下，城市人口的边际规模收益随人口规模的增大而减小，城市公共服务使用上的拥挤成本随人口规模的增大而增大，城市的最优规模是由城市扩张所带来的递减的规模经济收益和递增的公共服务拥挤成本的权衡得到的。

四　中国典型城市人口的作用机制

（一）中国典型城市人口规模扩大不断改善政府运营效率

随着城镇化进程的深入推进，城市人口规模不断扩大，促进了人力资本、教育、科技、公共服务等资源要素向城市集中，产生空间聚集效应。各种要素空间聚集产生正的外部性，使更多的农业人口实现市民化，增强政府管理的边际效应，最终达到最优城市人口规模。当城市人口规模超过最优规模或者接近最大适度规模时，要素空间聚集的负外部性效应开始显现，包括土地租金和通勤成本等在内的城市总成本非线性增加，造成交通拥挤、环境污染等，加剧城市负担，导致政府管理的边际效应降低，继而对政府管理效率也产生影响。对家庭和企业而言，最优的城市人口规模能够长期吸引并留住劳动力。典型的城市能够为劳动力提供良好的就业机会、具有完善的社会公共服务体系，有利于劳动力实现自身发展目标。大城市由于规模经济、交易成本节约、知识技术溢出等正向外部经济的存在，可为就业者带来更高收入、更多工作机会、更快的能力成长和更便利的服务设施。与此同时，劳动力大规模迁入城市也是人力资本聚集的过程，为城市的持续发展注入了源源不断的动力，进一步吸引更多的劳动力。城市人口规模及其政策制度可以从多种渠道影响农村劳动力流动并对长期的人才竞争产生深刻的影响。城市人口规模的扩大会吸引更多的企业，进而为劳动力提供了大量的就业岗位，促进劳动力的流入。城市越大，相关联的产业和要素配合越紧密，形成的生产能力和效率就会越高，进而为劳动力带来更高的工资报酬。此外，高知识水平和能力突出的人群流入城市并集聚，也会附加形成更多新的工作机会和岗位，同样有利于普通劳动者就业，形成良性循环促进城市人口规模继续扩大。

（二）中国典型城市人口变化造成物资资本迅速增长

城市人口规模形态与物质资本变化相伴。一方面，人口集聚可促进区域经济快速发展。城市经济的快速发展离不开充足的劳动力支持，当农村劳动力和周边不发达地区的人口大量涌入城市时，人口集聚度提高，生产效能增加，促进区域经济的整体提高，使物资资本迅速增长。另一方面，城市人口饱和，人口的过度集聚会阻碍城市经济的发展。当人口集聚达到一定限额时，物质资本又会从中心城市向非中心城市、从城市群向城市群外城市逐渐扩散。从而导致城市人口规模与物质资本增长率之间先增长后降低的状态。具体而言，在小城镇发展阶段，中国城市物质资本增速不断提升但波动显著；在中等城市主导的发展阶段，中国城市的物质资本存量维持在中高速水平；在大城市主导的发展阶段，城市产业以服务业为主，物质资本开始向外进行扩散，从而导致物质资本存量的增速回落。

（三）中国典型城市人口规模倒逼制度创新和公共服务提升

人口增长是制度变迁和制度创新的主要动力。改革开放以来，城乡户籍制度的松动，使农业劳动人口向非农行业和城镇流动，农民从"离土不离乡"到"离土又离乡"，发展工业、建设城市、服务城市、走向城市。城市规模越来越大，结果是城市的空间越来越大，中心城市和中心区对周边的资源虹吸力度也越来越大，中心城市、中心城区集聚了大量优质的公共服务和人口，辖区外几乎得不到优质公共资源的布点，由此导致"城市病"等问题不断扩大。在此条件下，就倒逼中国不得不实施差异化配置公共资源的行政层级安排，实现均衡、均值的扁平化配置，逐步突破中心城市、中心区的限制。

此外，城市人口规模的持续扩大，一方面直接增加了对城市公共服务、基础设施的需求；另一方面，由于劳动力流动具有选择性，大城市拥有相对较好的公共服务，又会进一步吸引人才流入，进一步加大高质量公共服务的需求。虽然这会提升城市对公共服务的利用效率，但是高质量的公共服务需求会对城市提出巨大的物质资本需求，从而导致城市不得不出台政策抑制城市人口规模的扩大。

（四）中国典型城市人口规模促进产业结构转型升级

城市人口规模的扩大会带来更大的规模经济、更高的劳动生产率、更好的基础设施条件和更完善的生产、信息、技术服务，并带来知识外溢与人力资本外部性，因而会产生显著的经济效益促进城市产业结构的转型升级。这是因为城市集中了大量的人口、制造业、服务业以及各种社会经济资源，城市聚集效应会使城市劳动力成本下降、城市产业规模扩张、城市基础设施共享，城市生产率也会相应地发生巨大变化。一方面，人口集聚使得人口规模持续扩大，知识传播开始在行业间特别是知识密集型行业间出现，人力资本得到积累，并在不断推动消化吸收各类技术与应用过程中引发创新，从而达到继续推动技术创新和推动经济发展的目的。人口集聚过程中知识外溢所形成的高素质人口群体比重的上升，将会影响高附加值商品占总消费品的比重。高素质人口的增加且集聚带来的知识外溢使得城市的其他人口可以通过接受教育培训和学习实践等途径，不断提升自身专业知识技能和综合素质水平，由此实现从下至上的城市人口素质提升，促使城市劳动力及相关生产要素从低端产业部门流向高端产业部门，进而推动城市产业发展和转型升级。同时，经济增长降低了创新成本，进而吸引更多的劳动力集聚，以此形成经济增长的良性循环。另一方面，人口集聚增加了对专业化和多样化产品消费的需求，以此形成的规模经济效应能有效降低市场交易成本和促进市场规模扩张，并在需求侧拉动了生产规模扩大，有效促进产业结构升级。

（五）中国典型城市人口规模推动科技创新

较大的城市或地区人口通常更加密集，具有更强的集聚效应，表现为城市内部具有更高的知识溢出强度和工资水平，这对人才有着更大的吸引力，即人口密度大的城市通常具有更强的人才集聚吸引力，从而更加富有创新精神，生产创新的可能性更大。大城市由于人口聚集较多，一方面，人口、企业之间的竞争促进城市科技创新。城市人口为了获得较高的报酬不得不展开竞争提升自身的水平；企业为了获得较高的利润同样不得不提升自身的创新水平。特别是中国城市人口规模相对于国外城市更大，从而城市内部人口和企业之间的竞争也更激烈，其所带来的创新效应也就更大。另一方面是城市人口和企业的学习效应，城市人口密集提供更多个体间学习机会，提高了个体的学习效率。此外，大城市中企业间业务往来、信息交流等更为便利，通过人际知识交流促进了企业家精神，进一步通过知识外溢和技术外溢促进了企业的创新活动。即中国城市规模越大，其带来的学习效应也更大，所带来的科技创新也就更大。

第三节 中国典型城市空间[*]

城市空间形态是指在城市发展过程中城市空间在自然、技术、经济、政策、历史发展等多方面因素作用下表现出的特征。作为高质量经济发展的重要空间载体，城市空间是城市研究中必不可少的一环。本节在梳理中国典型城市空间特征事实的基础上，总结城市空间形态结构发展的一般机制，提炼中国城市空间发展的基本特征与中国框架，并探讨中国典型城市空间发展的影响机制与作用机制。

一 中国典型城市空间的特征事实

中国城市化的快速发展取得了举世瞩目的成就，截至 2020 年底，中国城市数量已达 687 个，常住人口城镇化率为 63.89%，经历了历史上规模最大、速度最快的城镇化进程，创造了城市发展史上的奇迹。城镇化与工业化的加快使得土地的引致性需求加大，进而导致建设用地规模不断扩张。数据显示[②]，2000 年中国城区人口为 35747 万人，建成区规模达 22439.30 平方千米，截至 2020 年中国城区人口为 44253 万人，而建成区面积却高达 60721.32 平方千米。从历年各城市建成区平均建设用地面积来看（如图 6.4 所示），2000 年中国城市平均建成区建设用地面积仅为 59.29 平方千米，2019 年中国城市平均建设用地面积高达 160.64 平方千米。中国城市平均建设用地规模总体处于快速上涨阶段。

空间规模的快速扩大和升级，已然使得城市空间结构发生了转变。

---

[*] 作者：郭金红，南开大学，博士研究生；倪鹏飞，中国社会科学院财经战略研究院，研究员。

② 资料来源于中国城乡建设数据库。

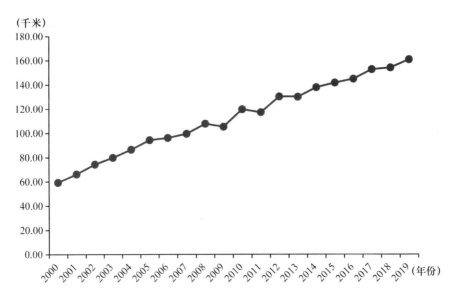

图 6.4　各城市平均建成区建设用地面积

资料来源：国家信息中心宏观经济与房地产数据库。

具体表现如下：

（一）中国城市空间形态快速从小城镇向中小城市、大城市、都市区渐次转变

20 世纪 80 年代到 90 年代初中国工业化经济发展主力军为乡镇企业，典型代表为以苏南、温州和珠江三角洲乡镇企业以及 80 年代后期的山东、河北以及中西部普遍兴起的"后发型乡镇企业"。[①] 1980 年乡镇企业总产值占全国工业总产值的 12.7%，1993 年提升到 60%。各级政府争相"大办企业"和"办大企业"，以乡镇企业带动小城镇发展，以小城镇为主的城镇化成为当时典型的城市空间结构。分税制改革带来的"土地城镇化"主要体现在大中城市日新月异的建设速度上。内陆地区的大中城市则缺少沿海城市的对外开放优势，但随着政府土地经营制度，内陆城市的新城新区建设犹如雨后春笋般涌现。而后一些城市（尤其是大城市）开发区日益从产业区向城市功能区转变，在此过程中

---

① 周飞舟、吴柳财、左雯敏、李松涛：《从工业城镇化、土地城镇化到人口城镇化：中国特色城镇化道路的社会学考察》，《社会发展研究》2018 年第 1 期。

城市版图得到重塑，城市规模进一步扩大。城市资源要素的持续集中会引发市场竞争加剧、生态环境恶化、成本上升等"城市病"问题，当拥挤效应大于集聚效应会使城市中心要素向外围扩散，逐步形成都市区格局。

（二）中国城市空间结构慢速从单中心向多中心演化

全球化经济浪潮加之20世纪80年代的沿海开放战略，"两头在外、大进大出"使得世界劳动力密集型制造业加速向中国尤其是中国沿海地区转移。对外开放初期，为吸引外商投资，中国陆续开展了新区建设，1991年后以开发区带动城市和区域发展的策略为诸多城市竞相采用，许多城市借助优惠政策和灵活的发展条件，建立外向型工业新区，这些新区逐步取代分散的乡镇企业，不仅成为工业化的主要空间载体，也成为大城市空间结构由单中心向多中心转变的起点。新区的建设不仅是大城市人口疏解和功能分工的需要，也是国家希望通过城市结构的调整，在发展经济的同时，为人民提供更好的居住环境。截至2016年5月，全国新城新区超过3500个。1998年以后，由于各地园区数量过度增长，导致土地配置的动态效率不佳。国土资源部2003年调查发现，全国6866个开发区中70%的土地闲置。[①] 新区遍地开花并未使中国城市空间结构快速向多中心演变，相反其暴露的问题愈发明显。一方面，大规模盲目"圈地造城运动"造就了相当数量的有业无城、入住率极低的"鬼城"，有城无业的"睡城"，以及"空城"和"孤城"，以致事实上中国城市都市区大多仍以单中心为主。另外，新城建设通常基础较为薄弱，在相当一段时期内无法与中心城区抗衡，且城市建设中常具有浓厚的行政色彩，不同行政等级的城市在配置资源方面存在显著差异，[②] 大量高品质公共服务配套、行政中心偏向、所辖县域人才、资金和建设用地指标等向中心城区聚集，导致中心城区过度聚集而产生严重的城市病。而综合性服务功能并未向新城倾斜，新城往往承担"居住"

---

① 李力行、黄佩媛、马光荣：《土地资源错配与中国工业企业生产率差异》，《管理世界》2016年第8期。

② 魏后凯：《中国城市行政等级与规模增长》，《城市与环境研究》2014年第1期。

职能，从通勤动态角度来看，中国城市形态仍是以单中心为主导。①

（三）中国城市土地供给结构严重失衡，工业用地出让高于商住用地出让

从结构上看，中国城市工业、住宅及商业用地结构仍存在供需错配。从图6.5可以看出，2003—2017年，中国工矿仓储用地比例明显高于商服用地和住宅用地比例。与发达国家工业用地比例通常不超过10%、居住用地比例普遍大于30%不同，中国城市土地供给结构存在严重错配。2017年中国工矿仓储用地比例为20%，住宅用地比例仅为14%，高量配置的工矿仓储用地在一定发展阶段促进了工业化拉动经济增长的目标，但随着地方政府"双二手"供地策略，工矿仓储用地对推进工业化拉动经济增长的效力日益衰退，加剧了工业体系的低效能和产能过剩。

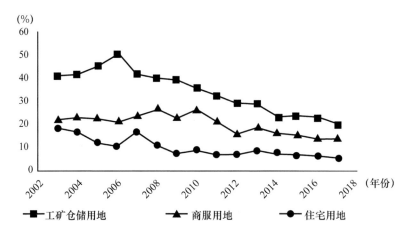

图6.5　2003—2017年全国各类型建设用地供应情况

资料来源：于斌斌、蒋倩倩：《土地供给如何影响产能过剩：机制与检验》，《经济社会体制比较》2022年第5期。

此外，低比例配置的商住用地、住宅用地使得住房市场上房价畸高。从住宅面积方面来看，1990年中国城镇居民人均居住面积为7.1

---

① 孙斌栋、魏旭红：《多中心结构：我国特大城市的未来形态》，《人民论坛·学术前沿》2015年第17期。

平方米，至 2020 年已达到 41.76 平方米，增长了近 5 倍，人均居住面积实现巨大飞跃。具体来看，2020 年中国共有 12 个省份的城市家庭户均居住面积超过了 100 平方米，有 6 个省份的低于 80 平方米，分别是广东、上海、黑龙江、北京、辽宁、吉林。以广东为例，城市家庭户均居住面积不足 30 平方米，主要由于其是全国人口净流入较多的省份，并聚集在城市。这也一定程度显示了城市间住房差异较大，大城市住房紧仄、人房矛盾突出。

（四）中国城市土地供求错配严重，土地供给倾向由人口流入地向人口流出地转移

东部城市建设用地土地边际产出大，人口流入多，但用地指标非常紧张，部分中西部城市人口流出较多，建设用地边际产出低下、用地指标却较为宽松，用地空间配置与需求和生产率脱节。2003 年东部地区国有建设用地供应占全国的 63.88%，远高于中部地区的 19.79% 和西部地区的 16.33%。截至 2015 年中西部地区分别上升至 27.16% 和 39.38%，东部地区则下降至 33.64%。[1] 2003 年后偏向中西部地区的"逆人口集聚"土地指标分配使得东部地区城市形成了强有力的挤压效应，推升了房价。与发达国家相比，中国的工业化道路起步较晚，但仅仅改革开放 40 多年，集四次工业革命为一体的崛起便在中国显现，中国城市面貌日新月异。展望 2050 年，发达的信息技术将对土地、资本、劳动力等生产要素进行更深层次的重组，中国将处于以知识密集型为主导的服务化阶段，城市空间将会进一步智能化、数字化、绿色化，大都市区人口、产业承载力显著提高，城市发展模式将更加合理，更多新的全球性城市将会诞生。

二 中国典型城市空间的总体机制

（一）一般机制

城市空间的发展基于规模经济和知识内生经济追求，空间规模会从小城镇—中小城市—大城市—都市区转变，空间结构从单中心向多

---

① 刘守英、熊雪锋、章永辉：《土地制度与中国发展模式》，《中国工业经济》2022 年第 1 期。

中心演变。在此过程中家庭、企业、政府及其交互行为以及六要素的循环结合不断影响其变化，并且城市空间规模、结构的演变又或直接、或间接地影响家庭、企业、政府及其交互行为以及六要素的循环结合。

首先，家庭的非农劳动力供给、企业发展以及政府的经营不断主导着城市空间形态演化；三主体间的耦合交互框架对城市发展中乡镇企业崛起、土地供给失衡、新区建设、多中心都市区格局的构建作出了详细的解释；六要素对城市空间结构的形态嬗变起着关键作用。其次，城市空间结构的演变通过地租、房价等影响家庭、企业以及政府，通过宽土地供应、园区工业化发展等也改变三者耦合交互行为；城市空间结构的跃迁又对六要素提出了更高的要求。

（二）中国特征

中国城市长期发展的特殊条件包括中国的自然地理环境、中国制度文化的路径依赖以及在此基础上的技术进步、人口增长和人均收入增长，还有中国与周边国家的关系。但是仅就传统向现代社会过渡的城市发展而言，中国具有如下特点。

第一，中国是个人口、空间大国且空间差异比较大。中国人口众多、疆域辽阔，地域空间上的地貌分隔，使得城镇幅员大小和辖区县数量高度异质，也是中国城市空间形态呈现"多中心、组团式"布局的前提。

第二，中国处在由计划经济体制向市场经济体制转型的动态过程中。改革开放后，中国以经济为中心的富民战略为导向，逐步推进计划经济向市场经济体制转变，该动态演进过程深刻影响着中国的城镇化进程。

第三，与发达国家相比较，中国处于后发地位。学习、模仿、引进、吸收、创造等后发优势使得中国在城市发展过程中少走了许多弯路。

第四，中国在新一轮全球化中从封闭走向开放。从经济全球化发展以及中国参与国际分工的实践来看，中国在全球价值链中与其他国家纵向合作，与其他企业横向分工，且全球分工带来的外部资本与国内充沛的农村剩余劳动力相结合，加速了东部沿海城市的快速发展和产业聚集，中国城市的崛起呈现向边缘聚集再向中心扩散的特点。①

第五，世界正在发生第四次新技术革命。中国集四次工业革命为一体的崛起对自身产业结构产生了重大影响。产业是城市空间的重要组成部分，产业结构的转变将影响城市内部结构与空间重组、网络重构、经济转型等，集中体现在空间上更大的聚集和更大的扩散。

（三）中国框架

改革开放40年的高速增长不仅带动了中国经济增长，也重塑了中国城市的版图，其中三主体、三交互和六要素的特征变化发挥决定性作用。首先，家庭人口、收入及消费的日益增长使得住房的需求增加，城市空间得到拓展，人口数量向人才红利驱动的过程愈发重塑经济社会空间格局。从乡镇工业化到沿海工业化以及发展过程中物质资本与科技资本的积累，改变了中国城市的空间结构，城市由单中心向多中心演变；城市政府部门的行政偏好色彩使得中国城市在土地供给、供求方面均呈现严重的错配现象。政府通过"金融—土地—财政"使中国的城市空间建设速度超前加快，新区、新城遍地开花。六要素中制度文化是影响城市空间形态演变的基石。一方面，人民公社发展模式向家庭联产承包责任制的改变彻底解放了农村生产力，开启了"离土不离乡、进城不进厂"的乡镇企业时代。另一方面，经济体制重心向城市转移及东南沿海地区的对外开放战略，使大量工业企业进入政府创办的工业园区，大量集体建设用地进入市场，大量农村剩余劳动力向东部沿海城镇转移，改变了城市空间格局。主体在耦合交互中，由单一重复的零碎学习向深层次学习创新演进，以及城市竞争与合作关系的演变，均对城市空间拓展产生了深远的影响。

城市空间演变的动态过程也同样影响着主体、要素以及之间交互行为的特征变化。对主体而言，在中国城市规模的快速扩张以及房价、地价"螺旋式"上涨的预期下，大量投机资本涌入房地产以及相关行业，进而引致房地产"泡沫化"，增加了家庭负债水平，也严重挤压实体经济发展，造成经济"脱实向虚"。城市园区工业化以及政府土地经营造成中国土地供给、供求呈现严重错配。大量廉价供应工业用地造成土地

① 倪鹏飞：《中国城市崛起的经验提炼与理论启示》，《天津社会科学》2019年第4期。

要素价格扭曲，导致大量低质土地重复建设，阻碍高效率企业进入，强化了低端产业，影响了产业结构升级，也严重威胁了粮食安全。另外，城市扩张过程中也催生资本投机，房地产建设企业从政府手中购买土地后，进行工业园区和商品房建设，园区的规模化建设有利于企业生产效率的提高，进而使得工业成本降低，产品在出售后便可实现资本增值。① 故在土地用途管制以及严格保护耕地政策下，中央政府对地方政府的征地指标、征地规模严格把控，约束地方政府用地。在主体交互行为方面，城市在规模扩张的过程中，不断改变城市学习与创新环境以及城市竞争与合作关系。在六要素方面，在都市区多中心空间格局下以及人才红利驱动下，次中心与核心区域间的联系日益紧密，受通勤、职住分离等因素的影响，新城与母城间的政府将在基础设施、公共服务等方面加强合作。

三 中国典型城市空间形成与演化的影响机制

城市空间结构是一个不断演进的动态过程，且每个阶段都有其各自的特征。在城镇体系尚未确立的阶段，农业人口成为主导。空间形态主要呈流动分散的游落或固定分散的村落。随着时代的变迁，城镇、城市逐渐形成，并在其形态演变的过程中不断影响着三主体、三交互和六要素。

（一）三主体和三交互对城市空间形成与演化的影响机制

家庭非农劳动力的空间聚集是城市空间发展的根基。家庭联产承包责任制彻底解放了农村生产力，激发了农村家庭的经营活力，自下而上地掀起中国农村一次工业化浪潮，市场化制度改革加速。有条件有能力的农村家庭剩余劳动力向劳动生产率高的非农产业和小城镇聚集。企业是城市空间拓展的主要人口载体。首先，乡镇企业催生大批现代特征的小城镇。乡镇企业的发展填补了轻工业以及日用消费品的短缺。乡村工业化带来乡镇企业的崛起和以小城镇为主的城镇化兴起，加速农村人口

---

① 冀福俊、宋立：《资本的空间生产与中国城镇化的内在逻辑——基于新马克思主义空间生产理论的视角》，《上海经济研究》2017 年第 10 期。

向小城镇聚集。1978—1992 年，中国建制镇数量从 2173 增加到 14539 个。[①] 在政府主导的土地经营阶段，工业用地企业也给城市空间发展带来了一定的负效应。工业用地供后管理面临再配置困境。先发企业大量低价占地，即使效率低下也持地待价而沽，导致后发高效企业土地获得的成本不断攀升，用地空间不断紧仄，阻碍土地要素的重新配置和企业的转型升级。[②] 政府主导在城市空间拓展方面起着关键引领作用。政府在完善社会主义市场经济体制的过程中发挥着不可或缺的关键作用。分税制改革后，地方政府获取的税收收入锐减。为寻找新出路，地方政府对大力创办乡镇企业的积极性降低，而对经营城市、土地的兴趣明显增加，兴起了"以地生财、以财养地"的土地经营模式。一方面将工业发展重心从乡镇企业转向开发区，招商引资，低价或零价出让工业用地价格，以此招商引资发展园区经济；另一方面低价征收城郊农村用地，将其规划成商住用地并高价出让，利用土地资本进行有效融资，以及通过银行贷款、城投债等方式进行基础设施投资建设和公共配套服务建设。通过土地、财政、金融"三位一体"的循环经营模式，城市不仅可以吸引大量固定资产投资，有助于各种生产要素集聚，也推动了房地产市场的繁荣。政府主导土地经营在很长的一段时期内成为经济增长的引擎，尤其促进了内陆大中城市的发展与繁荣。具体表现在内陆大中城市基础设施和房地产开发大规模推进，新区、新城、开发区遍地开花，城市规模急速扩张。

交互行为包括经济主体间的平行交互和不同经济主体的耦合交互，两种交互方式均影响着城市空间的形成与演化。具体路径如下：家庭间交互为城市空间发展打造了物质基础。农民间交互形成的"干中学"农业生产不仅创造了农产品，也创造了农业生产技术知识和人力资本，为发展城镇工业提供了物质储备。企业间交互形成的产业空间布局有利于技术升级和知识、技术的创新溢出。

（二）六要素对城市空间形成与演化的影响机制

制度变革是推动城市空间结构跃迁的动力。中国经济超高速增长的

[①] 倪鹏飞：《中国城市崛起的经验提炼与理论启示》，《天津社会科学》2019 年第 4 期。

[②] 李力行、黄佩媛、马光荣：《土地资源错配与中国工业企业生产率差异》，《管理世界》2016 年第 8 期。

核心得益于制度变革，这也无形中影响着城市空间形态。改革开放初期，以农村集体所有制为主的乡镇企业也快速发展起来，国有和集体以外的乡镇企业发展探索取得了重大进展①。1984年民政部放宽了建镇标准和以非公有制为代表的制度变迁也为乡镇企业创造了良好的生产经营条件，在小城镇日趋繁荣的基础上一大批新城市加速诞生。20世纪90年代以来，政府通过创办工业园区等推动了工业化发展；通过土地经营、土地抵押融资推动了城市化。科学技术愈发改变城市城镇形态。电力技术与交通网络技术推动了城市空间的分化与拓展，如多样化的出行与交流方式可以使居民的居住区位选择更加自由化。高铁、互联网技术的叠加应用使中国城市的格局加速转变，大城市周边沿着交通干线形成次中心，多中心结构成为城市空间的新形态。以网络通信技术为城市空间优化提供创新性思路，如部分办公、教学、医疗等城市功能被网络虚拟空间所替代，加速降低了城市经济运行对空间依赖程度。

物质资本积累是土地城镇化进程中的直接动力。资本的全球化空间生产与资本的城市化空间生产相结合，形成更高层次的开放型经济，使中国的土地城镇化加快进入集中扩张期，1993—2003年出现两次开发区热潮，全国大城市数量不断增加，城镇规模进一步扩张。由于工业区、开发区的功能较为单一，这一时期城市内部空间形态主要以集中式、高密度的单中心结构呈现。

人口资源红利是早期沿海地区外向型经济起飞的原始动力。20世纪90年代初新一轮经济全球化浪潮袭来，随着劳动力成本的上升，一些发达经济体将调整产业结构，劳动力密集型产业向劳动力成本较低的地区转移，中国沿海地区具有天然的地理空间优势且劳动力成本低符合产业转移的初始条件，使得世界劳动密集型制造业加速向这些地区转移，东南沿海城市率先崛起，人口、资本等要素重点向沿海地区转移，城市人口密度日益加大，也加快了沿海地区城市化进程。人力资本结构是多中心都市区的新动力。高房价、地价带来的极大生活成本诱导劳动力、企业等要素分散，消费者和企业的效用损失增加，一些福利少、工

① 张平、楠玉：《改革开放40年中国经济增长与结构变革》，《中国经济学人》2018年第1期。

资较低的低端劳动力和中低端企业逐渐向外围区域扩散，城市功能地域持续扩张。高技能劳动力、高科技企业作为城市发展的龙头，其大量聚集会产生集聚外部性，高端劳动力往往具有较高的教育水平和工资溢价、高端产业受土地等成本空间的压力也相对较小，故高技能劳动力、以技术、知识为主的高端产业将逐渐向市中心聚集。通过共享、匹配、学习，企业专业化程度以及劳动生产率日益提高，从而促进产业集群再次扩张，在循环累积因果机制下进一步促进人口的集聚，这又进一步促进城市规模的扩张。另外迁移至外围的企业通过产业、人口等要素的聚集会再次形成新中心，最终城市空间结构呈多中心模式发展。

四　中国典型城市空间形成与演化的作用机制

城市空间的形成与演化不仅受三主体、三交互和六要素的影响，其发展过程中也会反过来影响三主体、三交互和六要素。

（一）城市空间的形成与演化对三主体和三交互的影响机制

城市空间的形成与演化影响着交互行为，包括经济主体间的平行交互和不同经济主体的耦合交互，具体路径如下：城市空间结构的跃迁对家庭交互有利于提升居民生活水平。早期乡镇企业的发展挤压了农业，依靠工农产品剪刀差等政策，抽取农业剩余实现了原始资本积累。后期园区工业化发展促使非农劳动力从低生产率的农业部门向高生产率的工业和服务业部门再配置，显著增加了居民的实际收入，提高了居民的生活水平。城市空间拓展对企业交互的影响有助于资源要素的合理配置。小城镇、工业园区建设推动了工业化、城镇化互动发展，空间规模的经济效应带来企业的不断聚集，城市内相同行业与不同行业间通过"共享""匹配""交融""学习"等机制进行广泛交互。全球分工体系带来的外商投资使中国的加工制造业得到良好的发展，并通过"干中学""干中创"不断学习和模仿国外先进技术、经验、制度、思想等，使知识技术快速积累。外商投资企业也生产了较多高附加值、高技术含量的商品，促进中国产品迭代升级。上述机制的交互融合有利于资源等要素得到有效配置。中国也是世界上制造业体系完整度最高的国家之一。完备的产业体系最终促进城市产业更新迭代、产业结构向高级化推进。

城市空间结构的演变对政府交互的影响主要体现在竞争与合作关系

上。在国际市场上，中国的非农劳动力资源具有比较优势，20 世纪 90 年代末期，地方政府为吸引更多的外资企业，纷纷进行土地的低价供给及各补贴性基础设施建设，在上述背景下大量以逐利为目的的外部资本不断投入中国。跨国企业投资带来的物质资本、知识技术和人力资本也倒逼中国人力资本的提升，主要表现在对教育投入方面。随着国际环境的变化以及新技术产品对全球产业链的复杂要求，中国与其他经济体的关系从竞争转向分工与合作，多国多企业协同合作，共同生产全球最高水平的产品。目前中国已经进入新的发展阶段，大中小城市协调发展需要各级政府从以往竞争分割逐步转向合作共赢，尤其是在交通、能源、环境等方面跨区域合作。此外，在劳动力、资本跨区域流动方面应降低准入门槛，重点提升公共基础设施建设等外部生存条件。

城市空间形成与演化对家庭与企业以及家庭与政府耦合交互的影响。对于家庭与企业交互方面，在城市扩张的过程中，农村家庭对企业的发展作出重大贡献。在新中国成立初期，农民通过低价出售粮食支持工业化发展；在"工业城镇化"时期，大量企业无偿使用农村土地，大大降低了工业化成本。[①] 在家庭与政府交互方面，政府在农地转用和非农建设用地供应方面带来土地转用增值收益，并利用土地级差收益为城市基础设施与公共服务融资。

（二）城市空间形成与演化对六要素的作用机制

城市空间形成与演化倒逼制度文化的创新。大规模人口候鸟式空间迁徙与空间规模日益扩张均影响着渐进式改革和制度创新。在户籍制度上，从放松城乡人口流动限制到加强以及引导农村劳动力跨区域流动，放宽小城镇落户。在土地制度方面，"征地—供地"配给模式一直在进行渐进性改革，并随城市空间扩张逐步深化。在空间格局方面历经控制大城市规模、合理发展中小城市、积极发展小城镇到大中小城市和小城镇协调发展，再到以城市群为主体构建大中小城市和小城镇协调发展三个阶段。基础设施是优化产业空间布局，促进区域间生产要素合理配置及流动的重要举措。市场分工后，高端生产性服务业倾向于中心城区和

---

① 刘守英：《以地谋发展模式的风险与改革》，《国际经济评论》2012 年第 2 期。

核心地段集聚，制造业因需要大面积的厂房及设备，受地租等成本压力逐渐退出核心区域。大规模制造业向外围区域集聚将引致大范围人口和就业的聚集，各种要素的空间聚集将产生知识和技术溢出并通过生产方式、资源配置等提升制造业全要素生产率并逐渐形成人口、就业新中心。大规模就业人口对公共基础设施产生极大的需求。故新中心与母城（中心城区）以及其他功能组团之间的职住分离、通勤联系等要求交通网络体系、公共配套服务等基础设施进行优化和改善。

新城新区的建设成为对外经济联系的重要窗口，加速了物质资本积累和工业体系的繁荣。对外开放初期，吸引外资成为经济发展的重点，为给外商发展创造良好的空间环境，创建新城新区成为这个时期发展的主要动力。以吸引外资创建新城新区为主的城市空间外延不仅给中国工业化发展带来了极大的繁荣，也为高质量的开放型经济体系筑牢基础。

城市空间结构的演变对人口资源产生深远影响。城镇化的蔓延式发展创造了大量就业机会，尤其是乡镇企业给农业劳动者带来了大量岗位，提高了城市生产率；以开发区、新区建设为主的大中城市在吸纳大量非农劳动力就业的同时也提高了就业劳动者的收入。城市空间结构由单中心向多中心转变的过程中对异质性劳动力的分工、收入等均产生了不同程度的影响。多中心空间结构将重塑人力资本主导的经济社会格局。高端劳动力及高技能人口的聚集会产生更高的知识溢出，实现智力密集型产业更深层次的集聚，城镇化带来的智能化将重塑经济社会格局，社会从有形的物质生产转向无形的信息技术生产。城市产业结构将从轻工业主导，再到重化工业主导，最后到物质服务主导再到知识服务主导，其经济行为也将由专业化交互经济向多样化交互经济转变。

第四节　中国典型城市经济[*]

在城市统一发展理论中，城市经济主要包括经济规模、经济形态和

---

　　* 作者：黄徐亮，中国社会科学院大学，博士研究生；倪鹏飞，中国社会科学院财经战略研究院，研究员。

产出结构三个部分。经济规模和经济形态的演化主要反映在生产总值规模和主导产业的变化上；产出结构中知识产出和物质产出的比例关系主要反映在全要素生产率变化中。改革开放以来，中国城市经济经历了经济规模的显著增长、经济形态的快速变迁和产出结构的比例变化。在此过程中，家庭的消费、企业的投资和政府的城市经营行为交互与要素的结合决定了非农集聚和城市经济规模结构变化。同时，经济规模的增长、形态的变迁也促使人口资源、人力资本、物质资本、科学技术、制度文化以及公共资源等基本要素和结构不断优化。本节在梳理中国典型城市经济特征事实的基础上，总结经济发展的一般机制，提炼中国典型城市经济的基本特征与中国框架，并在城市统一发展理论的基本框架下，探讨中国典型城市经济的影响机制和作用机制。

一 中国城市经济规模增长与结构升级的特征事实

改革开放以来，中国城市经济持续快速增长，发展质量不断提高，城市在促进国民经济和社会发展中的作用明显增强，城市经济总量大幅度增加，成为国民经济持续发展的重要力量。产业结构明显优化，服务业发展迅速，成为拉动城市经济增长的主力军。知识产品在产出中的比例波动性增加，逐渐成为城市的主要产品。

（一）城市经济规模持续快速增长

以人均 GDP 的规模变化衡量经济增长的趋势，中国的人均国民生产总值从 1978 年的 384 元上升至 2020 年的 80976 元；中国典型城市的经济也经历了快速增长。在改革开放至今的城市活动中，经济快速增长是其最重要的特征事实之一。从图 6.6 可以看出，典型城市的经济规模增长显著，以深圳为代表的东南沿海城市上涨最快，以郑州为代表的内陆大中城市经济规模增速居中，而以铜川为代表的内陆小城市经济规模增速相对较缓，但仍保持持续增长。

（二）城市经济形态快速从轻工业主导—重化工业主导—服务业主导—知识服务业主导

改革开放以来，中国城市经济形态变化主要分为以下四个阶段。

第一阶段（1978—2000 年），中国经济形态为轻工业主导。针对"以农补工"带来的农业发展滞后问题，中国实行了家庭联产承包责任

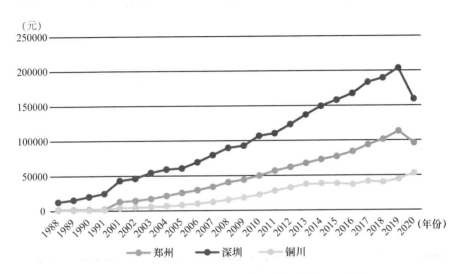

（元）

图 6.6 1988—2020 年中国典型城市人均 GDP 变化

制，提高了农产品收购价格，解放了农业生产力，乡村企业异军突起，农业农村经济快速发展并释放了大量农村剩余劳动力，有力支持了非农产业发展，推动了产业结构优化升级。1978—2000 年，一二三产业占国民经济的比重由 28：48：24 调整到 14.7：45.5：39.8，中国产业结构由"二一三"型变为"二三一"型。针对工业内部结构"偏重"问题，实行了以"五优先"为主要内容的轻工业倾斜发展战略，轻工业增长速度明显加快。1978—2000 年，轻工业产值占全部工业的比重由 42.7% 上升到 50.3%，提高了 7.6 个百分点。这个时期的产业结构呈现明显的优化升级特征，轻重工业结构失衡的状况得到了矫正。

第二阶段（2001—2010 年），中国经济形态为重化工业主导。2001 年加入 WTO 加速了中国经济全球化进程，促使中国产业融入全球供应链，使制约中国产业发展的技术、人才、资金、市场等问题得以部分解决，包括重化工业在内的产业快速发展。该时期中国重工业占工业总产值的比重由 51.3% 提高到 71.4%，提高了 20.11 个百分点。在占比持续提高的同时，重化工业内部结构也得到了优化升级，表现为以原材料工业、电子信息制造业、汽车工业为代表的装备制造业的发展速度明显加快。2003—2009 年，原材料工业产值占工业总产值的比重由 25.2%

提高到 31.2%，机械设备制造业比重由 14.6% 提高到 14.8%。2010
年，中国制造业增加值占比位居世界第一，确立了中国全球第一制造业
大国的地位。

第三阶段（2010—2017 年），中国经济形态为服务业主导。在产业
结构的"软化"过程中，服务业的比重不断上升，成为主导产业，逐
步出现"经济服务化"趋势。2012 年服务业规模超过制造业，成为推
动国民经济发展的主导产业，中国产业结构实现了"二三一"至"三
二一"的历史性转变，一二三产业比例为 9.1：45.4：45.5（见图
6.7）。

第四阶段（2018 年至今），知识服务业迅猛发展，未来可能成为中
国经济形态的主导。中国经济发展同样步入了新阶段，经济结构战略性
调整和转型升级加快推进，服务业层次不断提升，从批发零售、交通运
输等传统服务业为主转变为以生产生活性现代服务业为主。2017—
2021 年规模以上战略性新兴服务业营业收入年均增长 13.7%，明显快
于规模以上传统服务业营业收入，旅游、文化、体育、健康、养老等幸
福产业发展亦势头迅猛。

根据既有研究，以第一产业增加值占 GDP 的比重 ×1 + 第二产业增
加值占 GDP 的比重 ×2 + 第三产业增加值占 GDP 的比重 ＊3 作为产业结
构高级化的特征来看，中国典型城市的产业结构高级化特征显著，经济
形态由工业主导到服务业主导的进程逐渐加快，未来知识性服务业可能
成为典型城市经济形态的主导产业。

（三）城市经济结构占比中知识产品相对于物质产品波动性增加

全要素生产率反映了城市经济的知识产品的"总量增长"状况。本
节选用超效率 SBM 模型的 GML 指数方法对全要素生产率进行测算。以
2000 年不变价格折算的各城市实际国内生产总值作为产出水平的衡量
指标。对于劳动力的测算，以实际就业人数来衡量，采用 9.6% 的折旧
率以永续盘存法按 2000 年不变价格计算物质资本存量。资料来源于国
家统计局、历年城市统计年鉴、CEIC 数据库、中国人力资本与劳动经
济研究中心，部分缺失数据使用线性插值法进行补齐。

从图 6.8 中可以看出，中国典型城市的全要素生产率均保持上升的
趋势，表明知识产出的增长逐步增加，并且在经济产出的比例波动性增

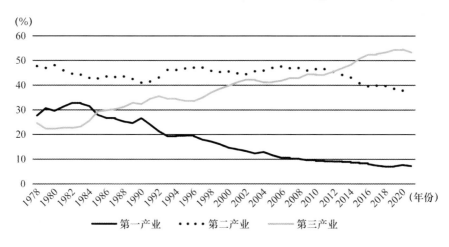

图6.7　1978—2020年中国三大产业的GDP占比变化

加。以深圳为代表的东南沿海城市全要素生产率较高；以郑州为代表的内陆大中城市全要素生产率保持相对稳定，在2013年后呈现明显上涨趋势；以铜川为代表的内陆小城市全要素生产率呈现波动性增加的趋势，增幅相对较小。

2022—2035年，经济全国化的形成和不断深化，将持续释放包括城市经济在内的巨大规模经济红利。在城镇化下半程，大城市化、都市圈化和城市群化将成为城镇化的主体形式，巨大的人口和市场将使城镇化经济中的分工与交换、竞争与合作变得更加专业化和多样化。多样化规模经济将为2022—2035年中国城市经济注入巨大力量。同时，服务及其衍生的新交互活动将成为城镇化经济发展的主要产业动力。随着产业的逐步转型升级，各类服务尤其是知识型服务，将成为中国城市主要的经济形态。

二　中国城市经济规模增长与结构升级总体机制

（一）一般机制

既有研究对于城市经济规模增长、经济形态变迁的研究发端于威廉·配第。他根据当时英国城市发展的情况提出工业往往比农业、商业往往比工业的利润多得多，因此劳动力必然由农业转向工业，再由

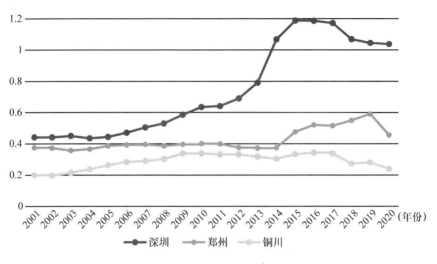

图 6.8　2001—2020 年中国典型城市的全要素生产率

资料来源：宏观经济与房地产数据库，https：//www - crei - cn. vpn. ucass.
edu. cn/。

工业转向商业服务业。基于这一发现，克拉克进一步比较了不同收入
水平下劳动力在三次产业中分布结构的变动趋势，总结指出，随着经
济发展水平和收入水平的提高，劳动力将不断从第一产业向第二、第
三产业流动。克拉克还对产业结构变迁提出两点解释：需求因素和效
率因素。需求因素表示人均收入水平的增加会降低农产品需求、提高
工业品和服务业需求，恩格尔将其总结为产业结构变迁的"恩格尔效
应"；效率因素表示各产业部门之间要素禀赋结构和生产要素的效率
差异，由各部门的资本结构和技术水平差异引起的产业结构变迁被称
为"鲍莫尔效应"。库兹涅茨在克拉克研究基础之上，以各个国家为
分析样本，提出库兹涅茨事实。本书在一般的分析框架，认为城市经
济的发展过程中家庭、企业和政府三主体交互引起的六要素的循环过
程实现规模增长、形态变迁和产出结构变化。图 6.9 展示了城市经济
发展的一般机制。

家庭、企业与政府及其相应的消费行为、投资行为与城市经营行为
是城市经济发展的原动力。具体来看，家庭基于当前与跨期效用最大
化，在既定的收入约束下，考虑政府税收、转移支付等政策影响，决定

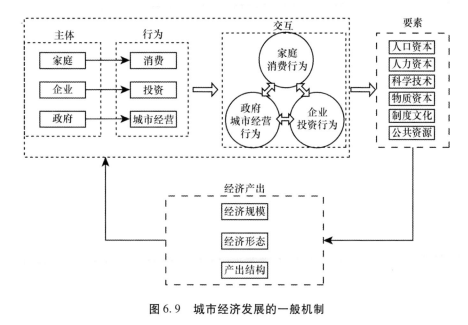

图 6.9　城市经济发展的一般机制

资料来源：宏观经济与房地产数据库，https：//www – crei – cn. vpn. ucass. edu. cn/。

自身的消费水平。企业根据家庭部门对知识产品和物质产品的需求、政府税收等宏观调控政策，在利润最大化目标约束下确定自身的投资水平。同时，城市政府也在居民福利或自身收益最大化的目标约束下，确定最优的财政支出水平，并根据居民和企业的情况确定税收水平和确定最优的公共资源供给数量。在三主体的交互过程中，基于主体当前和未来总收益最大化的需求，要求规模经济，促使空间集聚实现结合，要求降低运输等交互成本，促使形成综合集聚空间。

家庭、企业与政府行为之间的交互影响通过作用于六要素最后影响了典型城市的经济发展。一是家庭与企业的交互主要通过人口资本、人力资本与科学技术起作用。作为人口资本与人力资本的供给方以及产品市场需求方的家庭，随着经济发展和收入水平提高，会增加对工业制品和服务业的需求，降低对农产品的需求，产品市场通过市场需求影响企业投资收益率，企业通过企业投资、技术创新提高生产效率和改善生产技术，进而促进要素资源的跨企业和跨部门流动，影响了经济形态的变迁。二是政府与企业的交互主要通过物质资本、制度文化与科学技术要素起作用。政府为企业、家庭的交互行为提供规范，影响了经济主体的选择。地方政府财政支出和税收减免政策与企业的投资影响了物质基本的积累；地方政府间的竞争会引起城市间制度文化上的变革，从而影响企业投资的交易成本；同时，地方政府在产业发展竞争中对创新的支持政策也会引起城市科学技术要素的变化，进而作用于企业生产率影响经济规模。三是政府与家庭的交互主要体现在公共资源的配置上。政府通过税收减免和转移支付等政策，影响了居民部门的消费行为，通过公共投资的方式影响最终知识产品和物质产品的产出。

在此基础上，城市经济发展存在着能动力、原动力的循环：在能动力循环上，城市经济的发展会进一步引起人口资本、人力资本、制度文化、物质资本、科学技术以及公共资源等要素的变化。城市经济的发展会导致城市人口资本与人力资本空间增速、结构以及空间分布的变化，影响物质资本的积累速度，倒逼制度文化的改变，为科学技术的变革提供物质保障，影响政府公共资源的数量、质量与分配，最终引起自身的变化，从而完成一次循环。在原动力循环上，城市经济的发展也可能会引起家庭、企业与政府及其行为的变化。城市经济发展过程中劳动和资本收益率的变化，会改变家庭的消费偏好、企业的投资倾向以及政府城市经营的偏向性，从源头上引发新一轮的经济发展。

（二）中国特征

在上述城市经济发展的一般机制的基础上，中国城市经济发展的机制具有以下基本特征。第一，制度的变革特征为经济发展提供了原动力。从国家所有制和集体所有制转变为公有制为主体、多种所有制共同发展的基本经济制度，其核心是建立中国特色的社会主义市场经济。农村集体用地的三权分置和城市国有土地的"招拍挂"制度等涉及城镇化的土地政策与通过购房落户、积分落户和人才落户的人口政策，决定着中国典型城市发展的独特性。体制转变影响了三主体，重新"定义"了三交互行为的作用机理。第二，人口和空间的巨量规模特征为中国城市经济发展提供了多样化的能动力。中国拥有14亿的巨量人口规模以及960万平方千米的广阔空间，人口和空间的体量决定了城市经济发展规模蕴含着巨大潜力。第三，后发地位影响了经济形态的变迁速度。相较于西方发达国家，处于后发经济地位的中国企业、家庭和政府通过吸收和借鉴发达国家在轻工业、重工业以及服务业发展上技术治理方面的经验，能够少走弯路，快速实现"跟跑""并跑"。第四，全球化为经济发展的要素积累提供了外部来源。在开放经济体系下，全球分工所带来的外部资金与农村剩余劳动力结合，可以带来远高于封闭经济下的非农经济规模增长。第五，新一轮科技革命是中国经济产出结构变化的新因素。正在发生的第四次工业革命标志着以城市为主创造的知识产品逐步成为经济产出的主要产品。

（三）中国框架

家庭部门消费行为下的人口流动是城市经济发展中的重要因素。改革开放以来，大量的农业人口进入城市，促使非农业就业人口规模的急速扩张，成为经济发展的重要动力。企业的投资行为是经济形态变迁的重要来源，在改革开放过程中，外资企业、民营企业和国有企业的投资都发挥了重要作用。政府对城市经济产出结构的影响主要是通过城市经营行为来实现的，具体包括城市基础设施等"硬环境"以及营商环境等"软环境"的经营。

首先，改革开放以来人口资本、人力资本、物质资本、科学技术、制度文化与公共资源等要素对中国城市经济发展产生了显著影响。中国人口资源从农业人口到非农人口的流动促使经济规模发生变化；人力资本存量与质量的增加以及科学技术投入、产出与质量的不断提升，促使企业技术水平和生产率发生变化；物质资本的迅速积累和市场化制度的完善影响了经济产出规模和结构变迁；政府在公共资源的配置过程中，通过税收、"土地财政"等改变城市的"软环境"与"硬环境"，城市经营影响了家庭和企业的消费、投资行为。上述过程最终都会导致城市经济规模、经济形态和产出结构的变化。

其次，城市经济的发展也会引起新一轮家庭、企业与政府行为及其交互的变化，进而影响人口资本、人力资本、物质资本、科学技术、制度文化与公共资源等要素的变化。经济规模迅速增长将带来人口和产业的集聚效应、推动技术进步、提高全要素生产率以及收入水平，促使人口在空间上聚集即城镇化。典型城市中不同产业的规模经济和交互成本不同，非农业生产部门由于集聚成本远小于收益，所以城市中非农产业的集聚规模显著增加，在经济结构中的比例也显著提高。产业从农业生产转向非农生产，从生存的农业主导到发展的工业主导，再到物质服务业主导，最后到知识服务业主导，促使人力资本和技术科技水平提高。随着知识产品的内生增长，城市间的运输成本下降，规模经济增加，产品种类增加，城市集聚的空间体系范围逐步扩大，内容不断丰富，形成了相互联系的网络和高端聚集、低端扩散的城市体系。

三 中国城市经济规模增长与结构升级的影响机制

（一）市场化制度的改革是推动经济规模迅速增长的重要原动力

中国的市场化改革通过社会主义与市场经济的双向改造与融合，所形成的制度创新和变迁兼具多重属性，相关的城市制度创新也具有与其一致的特征和表现。从改革开放初的自下而上的"边缘革命"到自上而下的"政府推动"，再到全面深化的市场经济改革，对三主体的要素配置以及交互行为产生了深远影响。一方面，市场化改革使地方政府成为相对独立的责权利主体；另一方面，拥有了从市场争取和配置资源的渠道，地方政府有了条件和动力经营自己的城市并通过市场竞争资源、要素和市场。在此基础上，跨国公司的全球分工、农业劳动力的非农聚集和地方政府的城市经营三者相互作用。中国城市主要经历了包括户籍制度上"限制人口流动→放松人口流动管制→推动人口城市化"、土地供给制度上"计划式管理→商品式出让→集约式管理"以及空间格局上"限制城市扩张→调整城市规模→空间大尺度协同"的政策演变。随着经济体制改革的不断推进，生产力与生产关系不匹配、不协调、不适应的部分将会被不断调整，制度红利将进一步释放，为在新发展格局下实现城市高质量发展，再次实现"中国奇迹"提供了重要驱动力。

（二）人口资本和人力资本的比较优势变化是中国城市经济规模增长的基础能量

长期以来，中国二元经济转型过程中的农村剩余劳动力接近于无限限供给形成的人口红利是促进中国城市非农经济集聚和规模增长的重要基础。人口数量和人力资本对于非农产业规模存在着要素功能和效率功能。要素功能是指人口资本和人力资本存量的增加会增加其他生产要素（包括物质资本）的集聚，使人力资本存量较高的部门具有集聚资源的比较优势；同时，非农人力资本存量的提高将提升非农产业的转化速度。效率功能是指人口资本和人力资本通过"干中学"和知识的内生增长效应，促使技术进步和创新。非农人口增加与人力资本质量的提高，促使城市发展技术集约程度较高的非农产业，促进经济集聚和经济规模的增长。

获得动力和条件的农村剩余劳动力，要想获得更多收益就需要走进城市和企业，与机器、资本等生产资料结合创造产品、服务和财富。这从另一个侧面显示，农村家庭剩余劳动力与企业和城市的结合，为企业发展和城市崛起提供了动力和条件。随着人口结构的改变、人口老龄化的不断加剧，推动中国经济增长的人口红利正在逐渐消失。2008 年以来，中国农民工人数增长率逐步下降并保持在 1%—2% 的低点，农民工总人数开始趋于稳定。与此同时，接受高等教育毕业的人数正在不断增长，中国经济增长正从人口红利驱动转变为人才红利驱动。中国城市经济增长亦逐渐由增量转变为提质。

（三）跨国企业带来的物质资本和科学技术是中国城市经济形态快速变迁的重要来源

物质资本是非农产业发展的直接影响因素。新增物质资本推动不同产业以不同的速度发展，从而影响原有产业结构，即物质资本对于产业发展的作用效率不同，同量的物质资本积累在城市的农业和非农产业规模增长中的作用存在差异。技术进步能够推动产业结构优化升级的机理在于其能够造成不同产业生产率的差异，使生产要素从生产率低的行业流向生产率高的行业。技术进步能够引入新的生产函数，提高社会生产率，而社会生产率的提高会促使产业分工的进一步细化，从而影响产业结构的变动，促进产业结构优化升级。

（四）城市政府的经营能力是经济产出结构变化的重要能动力

中国城市政府制定实施科学合理的产业政策和产业发展规划，采取适度的政府干预，引导和扶持产业发展，是现阶段促进中国知识产出增加的独特力量。科学合理的产业政策和适时适度的干预会促进经济产出；反之，产业政策制定、实施不当，则会延缓甚至阻碍经济产出。有了动力和条件的城市政府，要获得更大利益和更好的发展，一方面需要招商引资，即与国内外企业结合；另一方面需要接收农村剩余劳动力，即与劳动力相结合，从而为城市创造产品、服务和财富，进而带来税收增长和土地增值。这不仅带来城市产业的增长，也促进城市建设的增长，加快了城市的发展和崛起。此外，政府对于战略性新兴服务业的重视和支持，将进一步促进中国城市知识产出的增加与全要素生产率的提升。

四　中国城市经济规模增长与结构升级的作用机制

（一）城市经济规模持续快速增长推动了城市人口增长和制度文化的变迁

中国城市经济的规模发展推动农业人口进入城市转变为非农人口。在经济转型发展的初期，即工业化和城市化的初期，城市与农村的收入差异促使大量农村剩余劳动力涌入城市。城市非农产业部门使用现代方法进行生产，具备较高的劳动生产率，因而会保持较高的工资，从而源源不断地吸引靠传统方式进行生产的落后部门（农业部门）劳动力的流入。农业与非农产业的平均劳动生产率差距越大，在经济动机的驱动下，非农产业对农业劳动力的吸引力越强。1978年乡镇企业产值不到农业总产值的1/2，20世纪80年代以来，中国乡镇企业获得迅速发展，1987年乡镇企业产值比重首次超过了农业产值，1992年乡镇企业增加值超过经济总增加值的一半，吸纳1亿人就业。乡镇企业已成为中国农民脱贫致富的重要路径，也是国民经济的一个重要支柱。农民工离土又离乡、进厂又进城的现象大量涌现。

经济增长也为制度的市场化改革带来了契机。改革开放初期，农村率先进行的家庭联产承包责任制改革带来大量的农业剩余，基于主体的利益最大化原则开始向非农转移，从而促进了乡镇企业以及企业所在地小城镇的发展。与此同时，国内消费商品极度短缺，也为乡镇经济发展提供了巨大的市场。在此基础上，城市逐步发展了资本和技术密集型产业，促使城市物质资本的迅速积累。

（二）城市经济形态快速变迁促使物质资本的积累和科学技术的进步

中国城市经济从工业主导到服务业主导，再到知识型服务业的迅速发展，促使物质资本积累和科学技术进步。在经历了一定时期的资本积累后，经济体系有条件也有必要过渡到资本密集阶段，资本成为经济增长和结构调整的主要引擎。一国既定的产业结构所决定的产品结构的物质规定性及提供的国民生产总值，对物质资本也存在着制约。既定产业结构所提供的投资品和消费品的比例以及投资品内部的构成比例等，会对下一期物质资本发生影响，即产业结构对物质资本有反作用。

产业由劳动密集型企业主导到资本密集型主导，再到技术密集型主导的转变促使科学技术快速进步。2000年中国加入WTO后，在巨量的外资带动下，中国逐步成为全球产业链的加工和制造中心，以电子信息为代表的技术密集型产业迅速崛起，中国城市的企业技术快速进步。

（三）城市经济结构占比中知识产品相对于物质产品波动性增加，促使城市公共资源的增加和人力资本的提升

中国城市经济产出结构的变化促使公共资源的增加。一方面，中国城市在积累资本的同时，也积累了一定规模的技术和人力资本；另一方面，刘易斯第一拐点的出现，导致资本和低端产业转移。产业发展使资本、人才等要素不断向城市聚集，进而导致城市人口快速增加，引致对城市政府主导的以土地要素相关建设为代表的需求；土地要素相关成本的降低减小交易成本，扩大交易半径，进而促进了产业发展；地方政府又将通过税收收入等方式获得的产业"发展收益"投入土地要素相关建设。一方面，由于前述原因，前一阶段中国城市化相对滞后于工业化，为这一时期人口城市化发展创造了条件；另一方面，中国城市政府是一个实质性拥有土地的相对独立的利益主体。在企业转型升级相对困难、城市化面临重大发展机会、地方政府需要保持快速增长和追求更大利益的背景下，企业、城市政府和家庭，均趋向土地经营、城市建设和房地产发展。

中国城市全要素生产率的提高以及知识产出的增加要求高端人才聚集，促使人力资本提升。在创新驱动战略的背景下，中国产业结构正在进行深度调整，政府鼓励企业发展高新技术和战略新兴产业。在高新技术产业和战略新兴产业发展模式尚不成熟、市场空间相对较小的背景下，搭建技术创新平台、加大技术创新投入促使这些产业的人力资本迅

速地大幅度提升，引导更多的生产要素资源流入这些产业，促进这些产业迅速发展壮大。并由此带动了与高新产业相关联产业的发展并通过关联产业进一步向外辐射，从而达到推动整体产业结构高度化发展和产业结构升级的目的。

五　中国城市经济规模增长与结构升级的典型模式

虽然中国城市四大引擎的耦合与轮动有其一般运行规律，但是由于初始条件差异较大，在不同类型城市的四个引擎的耦合与轮动有其不同的特点，因而形成不同的经济规模增长与结构升级模式。

（一）东部沿海城镇

东部沿海地区由于拥有对外开放的区位优势，行政力量相对较弱，计划经济包袱轻，改革阻力小，市场制度建立快。在发展初期，东部地区通过承接外资转移，以要素驱动来构建轻工业体系；在 20 世纪 90 年代中后期，把握信息技术革命契机，转移劳动密集型产业，发展资本、技术密集型的高新技术产业，实现产业第一次升级；在 21 世纪初知识经济背景下，坚持高新技术产业和现代服务业并举的发展理念，构建起高端化、现代化产业体系，实现产业第二次迭代升级，迅速向资本密集型的跨国公司引擎轮动，转向外向型经济主导阶段。外向经济不仅是东部沿海城市较长期时期的主导力量，而且由于其规模大速度快，成为中国城市经营第二阶段的主导力量。

东部沿海城镇凭借工业化发展实现对劳动力的集聚，随着两次产业迭代升级，通过增强城市属性实现对人口的虹吸。随后，通过行政体制改革和市场化改革，将原住居民和外来人口统一变为市民。人口的不断涌入形成开放包容的城市文化，使部分东部沿海城镇完成了从农业小镇到现代化国际都市的转变。这一时期东部沿海地区的制造业，尤其是外向型制造业发展迅猛，但是城市基础设施相对滞后。随后东部城镇大部进入土地密集型的城市经营主导的第三阶段，但是东部沿海的一些城市，如深圳已向知识密集型的高端人才主导的阶段轮动。

（二）内陆大中城市

内陆大中城市缺乏沿海对外开放的区位优势，行政力量强，计划经济包袱重，改革阻力大，市场化制度建立慢，但拥有基础设施和公共服务良好的优势。内陆大中城市在第一阶段主导引擎相对模糊，在国内市场饱和前，公有经济在一定程度上可称主导引擎。此后，随着国有企业改革深入，私营个体经济逐步发展，政府的城市经营尤其是土地经营作为引擎，长时期主导了内陆大中城市的发展和繁荣。相应地，内陆大中城市新城新区快速扩张，城市基础设施和房地产开发大规模推进，城市面貌日新月异。

20世纪90年代以来，为适应工业化和城市快速发展的需要，全国各地各层级城市普遍推出各种特殊功能区规划，并加以实施，成为经济社会活动聚集及相应功能区形成和城市发展的主要推手。这些特殊功能区主要分为两类，一类是以发展为指向，如开发区、金融功能区、创新功能区、商务中心区等；另一类是以制度变革为指向，如各种试验示范区。它们共同构成驱动经济社会活动聚集、带动城市规模扩张的强大推动力量。

（三）内陆小城镇

改革开放初期，在缺乏资本积累的情况下，乡镇经济异军突起，小城镇建设率先发展，全国逐步形成"离土不离乡"的农村工业化带动城镇化的发展模式。这一模式在内陆小城镇长期存在。内陆小城镇缺乏沿海对外开放的区位优势，同时也缺乏必要的资金和技术，但拥有劳动力和土地等自然资源优势。除了自然资源特别突出的城镇长期依托这些资源主导城市发展外，绝大多数内陆小城镇，农村家庭剩余劳动力的当地化非农聚集是其发展的长期主导引擎。一方面，当地化的农村劳动力的创业和就业，推动了乡镇企业及其后来的个体和民营企业发展；另一方面，当地化的农村人口向小城镇聚集，主要依靠劳动力和土地自建小城镇，进而推动了小城镇经济发展。这期间虽然存在逐渐提升的外来企业资本驱动和政府城镇经营，但总体上均不占主导或者主体地位。

典型城市

杭州：弘扬民营经济传统，塑造宜居宜商环境①

经过20年的发展，民营经济已从所谓的"草根经济"成长为参天

① 作者：杨杰，北京银行金融研究所研究员。

大树。20年来全国民营企业总数增长了18倍多，从2002年的244万户增至2021年的4457万户。民营企业实力也大幅增强，全国500强企业中，民营企业入围数从2010年的175家增至2021年的249家。民营经济已是城市竞争力的决定性因素，杭州正是通过打造民营经济"金名片"，形成了强大的竞争力。

民营经济带动杭州经济稳步增长。20年来，杭州经济总量增长了10倍，占全国经济的比重从2012年的1.48%上升至2021年的1.58%，居全国城市第8位。

重商传统的弘扬造就了杭州民营经济。重商历史文化传承和对城市人居品质的重视，加上政府引导和服务并重，创造了一流的营商环境，形成了培育和吸引民营经济的良好氛围，一方面稳定市场主体的预期，使其敢于创新创业；另一方面助力市场主体适应市场变化，持续发展。

第一，坚守重商传承，复兴重商文化。杭州形成了人人重商的全社会共识和价值取向。北宋时期，杭州就产生了重商思想、行会制度等，到南宋时杭州已是当时世界上商业最发达的城市之一，形成了独具特色的商人团体和商业文化。改革开放以来，历届市委市政府都将民营经济作为杭州的立市之本、发展之魂，始终把支持民营经济发展放在经济工作首位，以体制机制转变为杭商杭企提供广阔发展空间。

对重商文化的传承和复兴，成为滋养民营经济的沃土。推动杭州民营经济争创一流、争做精品，较早实现了产业的转型升级，早在长三角许多城市仍以纺织服装为主导产业之时，杭州就已成功转向了以电子产业为主导。

第二，建设品质之城，塑造品质人居。以"建设生活品质之城"为目标，杭州塑造了均衡协调的城市发展格局和宜居宜业的人居环境，二者均衡协调。杭州较早形成了一核多星的城市空间结构，从单核心城市迈向了多中心城市，市域内空间发展相对均衡，城乡间早期就形成了功能性分工协作，城市区域以提供服务为主，而乡村区域以生产为主，城乡协调发展的格局。环境宜居宜业。社会环境方面，杭州连续15年蝉联中国最具幸福感城市，被评为全国唯一的"幸福示范标杆城市"。生态环境方面，2016年，杭州在省会城市中率先建成"国家生态市"，2017年成功创建国家生态园林城市，2021年全市森林覆盖率66.9%，位居副省级城市首位。

第三，引导服务并重，创造一流营商环境。20 年来，杭州围绕引导和服务民营经济发展，一以贯之，出台了大量政策。刚进入 21 世纪，杭州就先后实施了两轮个私经济"三年倍增"计划，在支持民营经济"非禁即入""走出去"、发展高科技产业、集约集聚、同城同待遇等方面均领先全国。近年来，杭州仍在持续强化民营经济引导和服务政策。先后实施了两轮打造民营经济强市三年行动计划，每年召开全市民营经济大会，部署民营经济发展工作。2022 年，杭州出台了推进民营经济高质量发展的实施意见，全方位加强对民营经济的引导和服务。良好的营商环境不仅为企业创造安心谋发展的便利条件和市场环境，助力企业破解发展难题；也吸引更多人才汇聚，充分激发了民营企业的创造活力。

民营经济持续全国领跑。杭州已被誉为"民营经济之都"，2021 年杭州民营经济增加值破万亿，"2022 中国民营企业 500 强"上榜企业 41 家，连续 19 年上榜企业数全国城市第一。除总量持续攀升外，结构也不断优化，已由工业为主、工业和服务业双轮驱动逐步向数字经济、文创经济、高新产业等现代产业结构转型。2021 年，杭州数字经济核心产业营收超过 1.6 万亿元，增加值占 GDP 的比重达 27.1%，文化创意产业增加值占比达 14.3%，高新技术产业增加值占规模以上工业增加值的比重达 69.0%。

杭州经验表明，发展民营经济，重视商业要融入灵魂深处和基因里，市场经济的守夜人之责要落实在政府的行动上。政府公共产品供给既是改变公共服务的民生目标，也是经济发展的动力。

第七章 中国城市体系的发展

第一节 中国城市体系[*]

城市体系指是一个国家或地区一系列规模不等、职能各异、相互联系和相互制约的城市空间分布结构的有机整体[②]，是具有一定地域结构的城市网络，一般具有整体性、层次性、重叠性、开放性和动态性特征。在现代社会，城市作为各类行为主体、经济社会文化活动的重要集聚地和发展要素的主要承载空间，处在承上（国家）启下（企业）的关键环节。一定空间范围内由各种不同性质、规模和类型的城市相互联系、相互作用而形成的城市体系，是区域和国家发展的基本骨骼系统和社会经济发展到一定阶段的产物，是整个"城市—区域—国家"系统中的关键链环，是城市带动区域和国家发展的最重要组织形式。中国作为世界上人口规模最大、拥有城市和城镇数量最多的发展中国家，其城市体系的形成、发展与演变对中国的经济社会发展具有十分重要的意义和深远影响。

一 中国城市体系发展的特征事实

中国是一个有着悠久历史的文明古国，拥有数千年的城市发展史。在这一历史长河中，中国城市的规模、分布、职能、功能、结构与体系等随着历代政治经济社会文化的发展和生产力水平的提升而发生着缓慢、深刻的变化。从大约 5000 年前黄河流域中原地区出现规模较大的部落开始，

---

* 作者：丁如曦，西南财经大学中国西部经济研究院，副教授。

② 顾朝林：《中国城镇体系——历史·现状·展望》，商务印书馆 1992 年版。

到夏商两代的早期形成，再历经中国古代、近代、现代前后长达数千年的演进和变化，最初的聚落、村落逐渐孕育演变为城镇，城镇又发展壮大成为城市，并从孤立、分散逐渐走向联系、集聚。新中国成立后特别是改革开放以来，中国的城市化水平不断提升（见图7.1），随着生产力水平的提高和交通技术的革新，人们的生活、企业的生产等活动范围突破地理和行政边界而向外拓展，不同城市之间的相互联系和相互作用不断增强，孕育和形成不同规规模、不同层次的区域城市体系，并通过各种通道和空间流交织联结形成国家城市体系。中国城市体系的规模、范围和密度不断提高，城市体系的多中心化越发明显，城市体系的集群化特征日益突出，城市体系的网络联系持续扩大，城市体系的多层级嵌套日渐明显。

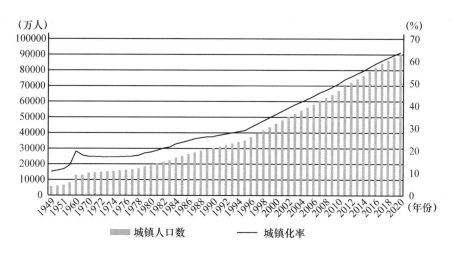

图 7.1　中国的城镇人口和城镇化率变动（1949—2020 年）

资料来源：国家统计局。

（一）城市体系由小规模、小范围向大规模、大范围发展

在中国早期城市发展阶段，特定地理结构和历史传统之下出现了宫室、城池、原始集市等早期城市形态，在夏商两代期间出现了一些城镇和城镇密集区，这一时期总体呈现城市分布范围不广、数量不多、规模较小、职能单一以及城市间联系少的特点。随着人口规模变大和生产力水平提高，在沿江、沿海一些人口密集、商品经济发达的地区，城市发展轴线初见端倪，地区经济中心城市网络开始出现，区域城市体系的规模和范围

不断扩大。新中国成立后特别是改革开放以来，随着人口数量的持续增加、区域互联互通水平的提高和大量人口向城市和城镇转移，新的城市不断形成，越来越多的城市和城镇被纳入区域和全国城市网络，中国城市体系不断向更大规模、更广范围发展。截至 2020 年年底，全国有 293 个地级市，388 个县级市，21157 个镇。中国的城市体系覆盖东中西部、南方与北方、内陆与边疆等不同地区，规模不断扩大，总共容纳了超过 9.14亿的城镇人口（2021 年），是新中国成立时城镇人口的 15.76 倍。[①]

（二）城市组织由孤立松散型逐步向开放联结集群化演变

受生产力水平低下、自然地理因素阻隔和交通互联互通不足的制约，中国早期的城镇和城市零星分布在一些人口比较密集的地区，城镇和城市间的相互联系不足，封闭特征明显。随着水陆交通建设、快速交通和通讯网络的不断发展，区域城市间互联互通范围持续拓展，联系水平不断提升，城市集聚区加快出现。2020 年，中国铁路网密度为 152.4千米/万平方千米，是 1978 年的 2.8 倍。2020 年公路网密度为 5414.7千米/万平方千米，比 1978 年提高了 4.8 倍。[②] 全国交通网络密度的显著增大，人流、物流、资金流、信息流等空间流在城市密集地区内和城市密集地区之间的高频率高强度交互，使得城市间经济社会联系不断深化，封闭、孤立、松散的城市格局彻底被打破，特大城市、中心城市与周边地区城市间开放、联通与集群化发展特征越来越明显，都市圈、城市群等城市组织形态在中国不同地区出现，全国范围已形成长三角、京津冀、珠三角、成渝、长江中游等规模不等、层次不一的 19 个城市群。目前中国城市体系是一个由诸多规模不等的城市群组成的集群化城市组织体系。

（三）城市体系由单层级、单中心向多层级、多中心演变

在城市体系的规模和范围扩大的同时，中国的城市体系经历由单层级、单中心向多层级、多中心演变的特征。从国家尺度上看，中国正在形成以北京、上海、广州等国家中心城市为引领，以京津冀、长三角、珠三角等城市群为支撑的多中心的城市群体系。从城市群尺度上看，长三角、珠三角等特大超大城市群内正在形成多中心、多节点的都市圈体

---

① 资料来源：根据《中国统计年鉴》相关数据计算得到。
② 资料来源：根据《中国统计年鉴》相关数据计算得到。

系。从城市内部看，上海、北京等特大超大城市以及许多大城市的内部都呈现功能和形态多中心结构。不同地区、不同层级的中心城市、都市圈和城市群相互联系，已形成多中心多层级嵌套的城市体系，且具有明显的四级金字塔层级结构①。由斜率相对平缓的规模—位序拟合曲线以及数值小于1的规模—位序幂指数反映出的中国城市体系具有明显的多中心特征（见图7.2）。

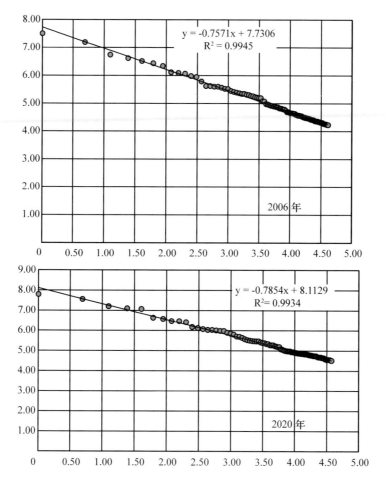

图 7.2 2006 年、2020 年中国城区人口规模前 100 城市的规模—位序拟合图
资料来源：根据《中国城市建设年鉴》相关数据整理绘制。

---

① 曹清峰、倪鹏飞：《中国城市体系的层级结构与城市群发展——基于城市全球竞争力、全球联系度及辐射能力的分析》，《西部论坛》2020 年第 2 期。

（四）城市联系由垂直等级联系逐步向水平网络联系演变

在中国古代城市的发展阶段，城市间以行政权力为主导的垂直联系特征明显。从西周王城居首、诸侯城列二、卿大夫都为第三级的三级城邑网的形成到秦汉时期行政中心城市发展，从五代宋元时期政治经济中心的产生到新中国成立后省会城市的进一步发展，中国形成以"首都—省会—地区中心"等政治中心体系为主导的垂直等级城市体系。随着全球化过程中网络社会的崛起和现代交通通信技术对空间重塑作用的凸显，中国不同城市功能互补的城市联系体系正在加快形成。在城际快速交通通讯网络构建、地区开放发展过程中，中国逐步形成水平的、网络化的城市联系体系①。一是城市功能网络化，不同城市间形成水平分工和功能互补；二是空间联系从点联系发展到线联系，再发展到点线联系相结合的面联系和网联系，呈现点、线、面、网的多元化空间联系形态，且联系内容越来越丰富，涉及人流、物流、资金流、信息流等。现阶段，中国城市体系的多中心、多层级及网络化共存的城市发展格局日趋成熟②。

（五）中国正在形成"一网五带十九群"城市发展新格局

中心城市和城市群作为承载人口和发展要素主要空间形式的作用不断显现，以高速铁路为骨架的快速交通网络建设不断推进，中国正在逐渐形成以十九个城市群和多中心集群网络化城市体系为支撑的"一网五带十九群"巨手形城市发展新格局③。东部地区及其近邻的中部地区构成的区域，北至京呼线、东南临海、西抵东经110度经线附近山区绵延带的网络状城市体系，正在逐渐聚合成"一网"。东北和西部作为成长区域，随着域内中心城市的崛起、成长型城市群和潜在型城市群的不断发展壮大，正在延伸出五大城市发展带。一是东北沿京哈线城市发展带，以京哈线为发展主轴，沈阳、大连、长春、哈尔滨为中心城市，依

① 倪鹏飞：《中国城市竞争力报告 No. 14——新引擎：多中心群网化城市体系》，中国社会科学出版社 2016 年版。
② 张艺帅、赵民、程遥：《面向新时代的城市体系发展研究及其规划启示——基于"网络关联"与"地域邻近"的视角》，《城市规划》2021 年第 5 期。
③ 倪鹏飞：《中国城市竞争力报告 No. 13——巨手：托起城市中国新版图》，社科文献出版社 2015 年版。

托辽中南城市群和哈长城市群；二是西北沿陇海—兰新线城市发展带，以陇海—兰新线为西北地区的发展主轴，联动关中平原城市群、兰西城市群、宁夏沿黄城市群、天山北坡城市群，构筑丝绸之路经济带的核心区；三是西线沿长江上游城市发展带，依托成渝双核横跨四川盆地，向西沿陆桥通道直抵拉萨，形成长江经济带的延长线；四是西南沿沪昆线西段城市发展带，依托湘黔铁路和贵昆铁路由湖南延伸至云贵地区，通过西部陆海新通道、贵广高铁等将云贵地区与北部湾、珠三角连接，联动贵阳、昆明两大区域中心城市，通过东中部发达的城市网络体系辐射带动黔中城市群和滇中城市群；五是南线沿海城市发展带，从海上丝绸之路的东段起点，以海峡西岸城市群、珠三角城市群带动北部湾城市群等。近年来，东中部地区城市群的地区生产总值占全国的比重一直维持在70%左右，其中京津冀、长三角、珠三角三大城市群地区2021年生产总值超过了全国的40%。在中心城市引领城市群带动区域发展并促进区域板块间融合互动过程中，东中部地区网络状、巨手形的区域一体化趋势越来越明显。

总之，中国正在形成多中心、集群化、网络化、多层级、嵌套型城市新体系。展望未来，随着网络化、数字化和智能化等技术发展，中国有可能成为智能城市国家。知识经济、数字经济和未来科技对人类的改变将主要表现为对城市的改变，并推动城市进入智能时代。与此同时，随着城市内要素组织方式的不断革新和城市间联系的持续深化，中国很可能出现全球科技、经济、文化等超级强大的城市、都市圈和城市群，将向全世界提供更多更优质的物质产品和知识产品，也可能出现全球最具有个性或者最具最多样化特征的大都市和小城镇。中国多中心集群网络化城市体系将持续深度演进，并将成为世界城市体系中越来越重要的有机构成部分。

二 中国城市体系形成及其演化总体机制

（一）中国城市体系形成及演化模型与一般机制

从本质上看，城市体系是在一定空间范围内以中心城市为核心，各种不同性质、规模和类型的城市相互联系、相互作用的城市群体组织，城市规模体系、空间结构体系、组织体系和联系体系是城市体系的主体。在全世界不同国家城市发展及城市体系形成演变过程中，个性与共性特征并存，尤其是城市规模体系、结构体系、组织体系和联系体系方面存在的普遍趋势、基本特征与一般机制。在城市规模体系上，随着国家城市化率的不断提升，大城市的人口比例越来越高。城市规模与工业化进程有密切关系并在工业化各阶段表现出不同的特点和规律：在工业化初期阶段，城市规模普遍较小，分布较为分散；在工业化中期阶段，个别城市规模开始急剧增长，形成大城市带领小城市的规模格局；在工业化后期阶段，城市规模均衡发展，形成城市规模偏小且紧凑的格局。在城市结构体系上，随着经济和科技发展，城市呈现大型化趋势，不同国家、区域、城市内部城市结构虽各具特色，但是大多先后从单中心向多中心发展。在城市组织体系上，一般经历由单个城市向大都市区、都市连绵带和城市群的发展演变过程。在城市联系体系上，随着全球化和信息化的深入推进，城市体系正在由等级化逐渐走向网络化，形成分工协作、密切联系的网络体系。

在动力机制上，城市体系形成演变是在特定自然地理条件、经济社会发展环境和制度政策背景下，由家庭、企业和政府部门三主体交互作用以及经济活动集聚与扩散机制复杂博弈的结果，并在城市内部和城市（大都市区）之间呈现多中心城市体系的演变机制与过程。

1. 家庭、企业和政府部门三主体及其多元交互

城市内部的多中心体系是三主体及其在小尺度空间交互的结果。根据城市经济学和新经济地理学相关理论，城市内部由单一中心向多中心的演变是集聚力与扩散力、集聚效益与集聚成本推拉家庭部门（消费者）和企业部门（生产者）并达到空间均衡的复杂博弈结果。消费者、生产者作为重要的市场主体，在消费和生产活动方面的空间决策与相互作用驱动着城市内部结构的发展及演变。与此同时，政府作为城市基础设施、公共产品、制度政策的主要供给者，会通过基础设施投资补贴、公共服务供给等改变特定区位的相对通勤成本或生产成本乃至吸引力，间接影响家庭部门、企业部门的区位决策，进而对城市内部的空间组织结构产生影响。特别是政府部门影响下受到侧重的区位的吸引力如果上升，将吸引家庭和企业入驻，出现规模扩展，催生城市的多中心。因此，城市内部多中心体系的出现是城市人口规模不断增加过程中家庭、

企业和政府部门空间决策和交互行为综合作用的结果。

城市之间的多中心体系是三主体及其在大尺度空间交互的结果。将各种类型、不同规模、空间相互作用关系密切的城市组成的城市体系视为一个整体，在比较优势、规模经济、集聚经济的作用下，消费者和生产者在一个更大的空间尺度上分别进行职住决策、生产活动。在城市吸引力差异、城际人口流动、通勤成本、运输费用等因素的综合作用下，市场决定中心城市人口规模超过合理规模后，中心城市之外的某些优势或潜力地区次级中心城市出现，并逐步壮大，多中心体系自然形成。消费者、生产者及公共产品供给者（政府部门）在一个更大地理尺度上的空间决策与交互，将发挥塑造区域和国家城市体系的作用，而整个国家城市体系的形成演变依赖于人口规模、空间区位、经济发展、基础设施、制度政策等多种因素的影响。同时，由于需求多样性、不同产品运输成本的差异以及城市间竞争的存在，不同城市的生产者将进行专业化生产和水平分工联系，促成城市尤其是不同中心城市间职能分工体系的出现，形成一个规模上大小不一、功能上差异互补的网络化多中心城市体系。

2. 物质资本、科学技术、人口资本、人力资本、制度文化、公共资源六要素的循环结合

市场化条件下城市体系演变是家庭、企业和政府部门三主体交互作用下，物质资本、科学技术、人口资本、人力资本、制度文化、公共资源六要素循环结合的结果，这些要素会影响人口、产业及空间分布，推动孤立城市发展为城市体系，地方城市体系发展为国家城市体系甚至国际城市体系。

第一，物质资本在空间上的积累不断塑造经济密度的走势和城市体系的空间格局。在开放经济条件下，外部资金的流入、自身积累以及土地融资所带动的资本增长是导致私人物质产品、精神产品增长和积累的重要保证。企业的组织形式取决于物质资本和人力资本的合作关系，物质资本的积累进一步吸引企业的入驻，并增加经济产出，吸引人口流入，影响人口的空间分布。第二，科学技术的进步为企业生产方式革新提供保障，改变着城市内各要素的组织方式和城市间的联系方式。尤其是现代交通通信网络形成的互联互通作用使城市之间的相互联系和相互

作用不断深化，不仅革新了城市之间的联系方式，还提高了城市之间的联系频率，以此塑造着城市体系的组织结构、联系结构等。第三，人口资本的数量、增速的快慢以及在空间上的分布状况直接塑造着城市体系的规模结构。在城市化的初期，人口从乡村流出并向城市集聚，为城市的经济社会发展提供了丰富的人力资源，无限农业剩余劳动力是吸引外部资金流入城市从而促进城市物质产品和知识产品快速增加的重要条件。在城市化后期，劳动力的短缺、劳动力成本提升也是导致资本外流、经济增长放缓、物质和知识产出增长放缓和一些城市出现收缩的重要原因。第四，人力资本的空间积聚是现代社会城市体系演变的重要力量。人力资本是通过劳动者的知识技能、文化技术水平与健康状况体现在劳动者身上的资本，比物质、货币等硬资本具有更大的增值空间。特别是在后工业化时期和知识经济时代，人力资本将有着更大的增值潜力。城市层面人力资本的积聚对经济增长与社会发展的贡献远比物质资本、劳动力数量增加重要的多。那些拥有大量高校和科研院所以及吸引许多高素质青壮年劳动力的城市，通常具有更持久的财富创造能力，能够吸引更多的劳动者和企业进入，并在城市体系中拥有更高的层级和能级。第五，制度变迁在时间上的逐步性和空间上的非均衡性深刻影响城市体系的演进。制度文化作为精神文化的产物和物质文化的工具，一方面构成人类行为的习惯和规范，另一方面制约或主导着精神文化与物质文化的变迁。制度文化是从影响个体和组织行为的角度影响要素结合及其物质和精神产出的增长，特定的制度文化以及城镇化战略会直接或间接影响城市体系的发展。第六，公共资源以及各空间区位之间物质和精神产品的巨大差异影响或制约城市内的集聚规模与城市间的联系水平。这种差异直接影响经济交互的比较优势和比较利益，形成的规模优势和集聚经济不仅影响家庭迁居和企业的空间选址，而且影响经济主体之间的交互包括在具体经济活动或者学创上的竞争与合作、分工与贸易、交流与协作。

在城市体系的一般形成机制中，上述六要素并非各自单独发挥作用，而是循环结合促使城市体系时刻都在内部以及与外界进行着物质和能量的交换与交互，始终处于"均衡—非均衡—均衡发展"的演化进程之中。上述多个要素在特定城市的叠加，通过正向的交互作用将会提升城市在网络中相对的层级与地位,影响城市体系内城市间的排列组合。上述某一个要素的变化还很可能通过交互作用和反馈路径形成"牵一发而动全身"的功效,外部环境和内在因素的变化都有可能使城市体系发生形态上、规模上和结构上的改变。

3. 城市体系是经济集聚空间体系和多元交互作用的关系呈现

承载城市集聚空间的经济行为和交互能够带来规模经济(如共享、互享、分享等)和交互发生的空间成本(如协调成本、空间占用成本和空间距离成本),决定城市体系组织形成。在边际收益与边际成本相等的情况下,决定众多的城市相互孤立分散分布在陆域表面。而随着科学技术的进步、人力资本的积累以及物质产品和精神产品的增长,异质性城市临近的集聚空间将出现远距离的交换和更大范围的交互,交互形成的规模经济和运输成本的权衡决定交互的范围和规模,从而产生城市空间体系。随着精神产品的内生增长,运输成本将下降,规模经济在加强,产品的种类在增加,促使城市体系的空间范围逐步扩大,内容也不断丰富。在城市体系内,作为特定集聚空间的城市不仅在功能上不尽相同,而且在规模、等级、外部联系、辐射带动等方面存在差异,由此决定了各个城市在城市体系中的层级与地位。

总之,在多元交互以及集聚力和分散力相互作用及大小变化之下,经济空间集聚体系不断经历分散集聚、集中集聚和聚中有散的循环,经济集聚空间体系及范围加快拓展。在此过程中,国家城市联系体系取决于集聚空间之间产业联系及链网化发展,城市规模体系受制于经济集聚空间的人口分布,城市组织体系内生于经济集聚空间的土地体系,城市体系的动态演进响应经济空间集聚体系的长期趋势,这是城市体系形成演进的基本规律与一般特征。

(二)中国特征

与欧美发达国家以及一些发展中国家明显不同,中国城市体系长期发展的特殊条件包括中国多元而复杂的自然地理环境、制度文化的路径依赖以及在此基础上的技术进步、人口增长和人均收入增长的差别。但仅就传统社会向现代社会过渡的城市体系发展而言,中国存在如下特点。

第一,中国是一个人口众多、地域广袤的大国,空间差异明显,这决定了中国城市体系的规模和范围巨大。中国城市体系发展演变中有三个因素就显得尤为重要：一是国家规模。国家规模巨大为城市增长与转型的先聚集后扩散创造了更好的条件，并为中国城市规模分布及规模体系赋予新内涵与新特点。中国庞大的人口规模决定了其基本的城市区域单元将是比单个城市规模更大的城市群（或大都市区）。二是地理距离。中国幅员辽阔的疆域使得城市间的地理距离以及交通距离成为经济主体选址决策、城市间相互联系和相互作用必须考虑的因素，也显示了快速交通网络在压缩时空距离和塑造城市体系中的重要性。三是地域多样性。反映了中国城市体系的地域空间结构以及不同地区城市体系内部城市分布、排列、组合的地域差异和不平衡特征，也凸显了在全国层面进行统筹、协调与平衡的重要性、迫切性和艰巨性。

第二，中国处在由计划经济体制向市场经济体制转型过程，决定了市场配置和政府调控在城市体系演变中发挥着重要作用。新中国成立后中国城市发展的经济制度初始条件是计划经济。1978 年之后，中国开启了由计划经济向市场经济的转型，中国的产权制度、政府角色以及微观主体交易选择方式等都发生了重要转变。改革的目标模式是公有制为主体和多种所有制并存，市场在资源配置中发挥决定性作用，政府在资源配置中发挥更好的作用，地方政府在改革过程中获得了更多自由和权利，并扮演了更加灵活的新的行为主体角色，企业生产经营与政府社会管理逐步分开为产品和要素的市场化配置创造了条件。涉及城镇化的土地制度、人口制度、户籍管理制度改革也不断推进和深入。这些不断改革深化的制度因素激发了庞大市场主体的能动性和创造性，决定着中国城市化的与众不同和不断变化。

第三，与发达国家相比较中国处在后发地位，中国城市拥有的后发优势和面临的后发劣势并存。新中国成立后中国经济发展的初始条件是典型的农业大国、城市化水平低、工业技术水平低、依靠农业剪刀差方式的资本积累缓慢。改革开放后，中国的经济社会快速发展，工业化、城市化、信息化等都得到了长足进步，社会主要矛盾也在发生变化，但发展不平衡不充分问题始终突出。与发展大国相比中国处在后发地位，这使得中国城市拥有后发优势，可以通过模仿和学习发达国家及先行城市的科学技术、管理模式来获得较快的发展，但也面临制度创新滞后等后发劣势。

第四，中国在新一轮全球化中从封闭走向开放，开放条件下的城市体系经历着深刻的重塑过程。全球化背景下产业链从一国内部分工到全球各国分工，再到全球城市分工，意味着全球生产服务活动的空间布局不断调整。随着对外开放步伐不断加快，中国积极参与和融入世界经济，利用全球化提供的发展机遇。在此过程中，中国一些先行优势区域的城市国际化水平不断提高，在世界城市网中层级和地位跃升，并对从区域城市体系到国家城市体系再到世界城市体系演变产生重要影响。但同时，一些经济地理条件较差、发展受限的地区和城市在全球化浪潮存在被边缘化的风险。

第五，世界正在发生第四次新技术革命并对中国城市体系演变形成叠加影响。以机器人、人工智能和物联网为特征的第四次技术革命正在发生，前三次技术广泛影响中国城市化，使之与其他先发国家和地区的城市化有相似之处，第四次技术革命的叠加影响集中体现在中国广袤国土空间上将呈现更大范围、更深层次、更多形式的聚集与扩散，中国城市体系的组织、结构、联系等都将因为新的技术革命与中国个性特征的交织而形成深刻和复杂的变化。

以上五因素加上政府部门的特殊性，决定中国城市体系发展机制有别于发达国家及经典模式，发展表现也将有所不同。

（三）中国框架

中国城市体系的组织、规模、结构和联系受普遍的经济规律影响，然而在叠加中国的个性特征后其表现有别于一般的、经典的中心地城市体系模式，呈现具有多重空间均衡的多层级"多中心—外围"模式，并统一于城市体系发展演变及影响的中国框架内（见图7.3）。

一方面，家庭、企业、政府部门三主体交互作用，在物质资本、科学技术、制度文化、公共资源、人力资本和人力资本六要素循环结合的过程中，制度创新、政府竞争、全球分工、非农集聚是中国城市体系及其演变作用机制的核心部分，其中市场配置和政府调控是两大支撑，全球分工、非农集聚、城市经营与交通建设是四大杠杆，城市间的竞争与耦合是中国城市体系形成及演化的机制内核。

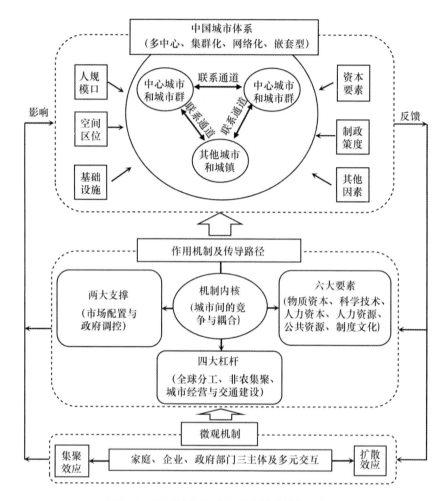

图7.3　中国城市体系演变及影响的机制框架

　　另一方面，中国多中心集群网络化城市体系通过反馈路径对三主体的交互、六要素的循环结合产生深刻的影响，并将通过多中心集群网络化城市体系形成的"1＋1＞2"整体协同效益、发展动能聚合效应、结构优化效应以及利益分享促进效应促使达到"城市—区域—国家"在社会、经济和环境方面实现效益最佳的总目标，对中国的高质量发展产生深远影响。

三　中国城市体系及其多中心集群网络化演变的影响机制

（一）市场配置与政府调控支撑中国城市快速成长和城市体系深刻演变

一方面，无形的有效市场为中国城市崛起和城市体系加快演变创造了条件。随着社会主义市场经济体制的建立，绝大部分商品的价格和产量由市场决定。城镇国有经营土地使用权逐步实行"招拍挂"，这提高了土地资源的市场化配置水平。以劳动合同为核心的用工制度的建立和富余员工下岗再就业政策的推进，使劳动力市场不断完善。多层次的资本市场逐步建立，汇率市场化不断深化。商品和要素的市场化配置为其向非农产业和城市自由的流动、聚集和最优配置创造了条件。另一方面，为政府、为中国城市崛起和多中心城市体系演变提供了保障。实行经济责任制、建立现代企业制度、完善现代产权制度等一系列改革创新持续激发经济主体的能动性和创造性；实施协调、统筹和协同的区域战略，制定实施涉及新型城镇化、主体功能区、城市群发展的规划体系，引导促进了区域经济布局优化和城市体系多中心发展；立足中国国情并在新形势下不断调整优化城市发展方针，推动了不同类型、层次、规模城市的布局和城市之间分工协作的相互关系。此外，在广袤疆域规划布局多个国家中心城市和区域中心城市，在全国范围有条件的城市设立新城新区，加速带动了城市的崛起，增强和城市间联系，促成城市体系的多中心网络化。

（二）全球分工、非农聚集、城市经营与交通建设是中国城市体系多中心集群网络化演变的四大杠杆

第一，全球分工让中国城市获得国际资本、国际技术和外溢效益，并为中国城市提供了广阔的市场，促使城市体系加速演变。20世纪80年代以来，全球掀起了新一轮一体化和分工浪潮，中国开启了对外开放和参与全球分工、利用国际市场的大门。参与全球分工不仅使中国城市获得大量的资本和技术，还为中国城市发展提供了广阔的全球市场，一些优势区域城市积极承担加工制造功能，并在学习中不断创新，获得技术外溢和创新外溢效益。让中国一些发展区位和条件较好的沿海地区和

内陆地区吸引了大量外资和技术，从而在市场力量下城市快速崛起①，并带动周边地区发展，形成较高发展层次的城市群和区域城市体系。但也让一些发展条件欠佳的城市出现相对收缩甚至衰退，重塑着区域城市体系的性质与形态。

第二，非农聚集使得中国城市获得人力资本、人力资源和递增的规模报酬，城市体系的规模不断扩大。集聚在城市和非农领域的大量农民工拥有显著的数量和成本比较优势，也有难得的质量比较优势。随着个人及家庭部门相对独立的责权利关系的确立，竞争性劳动力市场形成，农村潜在的剩余劳动力走向收益更高的非农即工业和城市，城市规模不断扩大。同时大量受教育青年人群留在城市，高校扩招后大学生的集聚让城市人力资本高质量积累。这种非农聚集不仅创造、壮大了城市，而且创造了地方化经济和城市化经济，形成经济聚集的市场效应和成本效应，产生递增的规模报酬和积累的因果效应②，推动中国城市加速崛起和城市体系规模结构的演变。

第三，城市经营以政府与市场"两只手"结合推动中国城市快速增长和城市的规模层级演变。在中国，市政府作为城市空间的代理人和相对独立的利益主体，会将城市空间视作"企业"进行经营，尽力促进地方更快发展，通过城市经营实现城市经济、社会、环境的协调发展和综合效益的最大化③。一方面，市政府通过招商引资、招才引智、优化环境等途径展开吸引企业和生产要素的竞争，从而激励城市奋力前行，也迫使城市间相互学习、取长补短。另一方面，市政府开展当地资源特别是土地资源资本化运作，以此促进本地经济和税收的增长并用于基础设施建设和公共服务完善。特别是相比于一般的城市，那些具有较高行政级别、拥有更强优质公共资源配置权力的省会城市、直辖市，凭借突出的城市经营成效进一步吸引人口和优质要素集聚，促使城市规模、层级不断提升并持续保持优势。

---

① 韦倩、王安、王杰：《中国沿海地区的崛起：市场的力量》，《经济研究》2014 年第 8 期。

② 倪鹏飞：《中国城市竞争力报告 No. 16——40 年：城市星火已燎原》，中国社会科学出版社 2018 年版。

③ 谢文蕙、邓卫：《城市经济学》（第二版），清华大学出版社 2008 年版。

第四，交通建设为中国城市间网络联系、城市集群组织聚合和城市体系范围的拓展提供重要硬件保障并发挥交通制导作用。基础设施特别是交通基础设施具有典型的公共物品和公共服务属性，是保障人员交流和物资交换的基础。中国是一个疆域辽阔的大国，加强基础设施建设对城市发展和城市间的联系有基础性和先导性影响。新中国成立以来，交通基础设施网络规模持续扩大，区域内城市间和不同区域城市间的联系日益快捷。截至 2018 年，中国基本形成以"五纵五横"综合运输大通道为主骨架的综合交通网。基础设施网络结构日趋优化，基本形成以"四纵四横"为主骨架的高铁网络，"首都连接省会、省会彼此相通，连接主要地市、覆盖重要县市"的国家高速公路网络已建成①。尤其是高速铁路的大规模建设显著压缩了时空距离，都市圈、城市群加快形成且空间范围不断扩大。交通、通信等基础设施覆盖广度和密度不断提升，形成了较为完善的全国综合交通多极支撑、轴带串联的网络体系，为城市群内城市间、不同地区城市间的互联互通和中国多中心集群网络化城市体系的形成提供了最为重要的硬件保障，交通与通信的发展极大影响着中国城市体系的范围与密度。

总之，全球分工、非农聚集、城市经营和交通建设相互作用，并通过交互的形式形成杠杆式放大效应。全球分工所带来的全球资金、技术和市场与中国的无限供给高质量的农村剩余劳动力利益相互吸引，导致非农聚集。交通建设支撑城市间的联系以及城市规模的持续扩大和城市对外联系的不断拓展，塑造了规模和范围更大的城市、都市圈和城市群以及城市间相互联系范围更广的区域城市体系，推动中国城市体系的多中心集群网络化。但一定时期内工业化与城市化在时间上的不同步和空间上的不平衡也导致了"人口半城市化"、城市发展不平衡不协调等问题。

（三）城市间的竞争与耦合是中国多中心集群网络化城市体系形成演变的机制内核

中国多中心集群网络化城市体系形成是城市之间竞争与耦合的决

① 国家发展改革委（官方百家号）：《扎实推动基础设施高质量发展》，https://baijiahao. baidu. com/s？ id = 1641751315866130977&wfr = spider&for = pc。

定。城市集聚了大量家庭和企业部门，城市之间存在基于市场攻守、腹地范围的竞争，也存在服务辐射联系。特别是在中国这样的发展中大国，发展属性较强、极力做大做强本地经济的市政府部门的参与还加剧了城市之间的竞争。但不管是竞争还是合作，城市之间从互不联系转向相互联系，从城市分散、均衡布局转向联结、非均衡发展，拥有不同腹地势力圈的中心城市崛起，形成由多个中心城市引领的城市体系。不同主体在不同空间和区域的交互下，与多种要素的循环结合，生产相同或不同产品（物质产品和精神产品）的城市间的竞争与合作越来越普遍和深入，不同城市乃至不同区域城市体系通过相互作用而彼此影响以至联合起来，即形成耦合，从而形成城市间竞争与耦合推动多中心、多层级、嵌套型城市体系。中国广袤国土空间内城市间竞争与耦合的广度和深度决定了中国城市体系是大范围、多层次的，并在各城市的边际收益相等的情况下达到局部均衡或全域均衡。

中国多中心集群网络化城市体系发展是城市之间竞争与耦合的演化。随着三主体交互和各素循环结合、知识的内生增长、开放条件下分工的深化、交互内容的升级和运输成本的下降，区域城市体系和全国城市体系将从均衡向不均衡再向均衡的方向不断演变。城市之间相互联系和相互作用的边际收益在不断变化，中国城市体系不断调整和升级。一方面，中国城市体系的性质在发展变化。地域近邻的、跨区域的城市之间在竞争与耦合中将形成更广泛联系和相对平等的网络关系，推动中国城市体系由传统垂直等级模式主导向现代城市网络模式主导转变，城市功能的变化重新定义和塑造着城市的等级与层级。另一方面，中国城市体系的形态在发展变化。当中国不同地区出现较多中心城市、都市圈和城市群且被各种联系通道联结时，城市体系从原来的小城市主导的体系经过大城市主导体系，继而发展到多中心都市圈体系甚至多中心城市群主导的体系。

四　中国城市体系及其多中心集群网络化演变的作用机制

合理有序的城市空间组织结构是资源要素有序流动、高效集聚和优化配置的空间载体和重要依托。中国多中心集群网络化城市体系的形成与演变，对家庭、企业和政府部门三主体以及物质资本、科学技术等六要素及其循环结合产生深刻影响，这种影响叠加传导到区域—国家层面后，对整个中国的发展产生深远影响。

（一）中国多中心集群网络化城市体系对三主体和六要素的影响

第一，为企业部门依托多中心集群网络化城市体系搜寻优质资源和拓展市场创造条件，促使中国城市物质资本和科技资本持续增加。城市为企业发展提供空间依托并创造良好的知识环境，城市间网络联系的加强有助于企业搜寻优质要素和互补资源，同时重新布局和调整优化不同的生产和服务环节，激发企业创新活力。依托规模和范围不断扩大的多中心城市体系中相对集中分布的人口和需求，企业可以开拓市场、加强投资，将物质产品和精神产品输送到城市体系覆盖得更远的地域。一是加速国际国内资本的流动，拓展物质资本的来源，加速物质资本的集聚。中国多中心集群网络化城市体系中具有更高层级和能级的多个中心城市，凭借在全国和全球范围内强大的资源要素吸引、控制和配置能力，从国际和国内市场吸引资本，并在多中心网络体系中进行重新优化配置。但由于城市的发展异质性，具有逐利本质的国际、国内资本流动速度和集聚规模若在时间维度上不同步在空间维度上的不平衡，也有可能进一步固化"强者愈强、弱者愈弱"的城市不平衡发展格局。二是促进科技开发及创新合作网络，推动中国城市学习与创新从单一重复模仿到城市学习和创新体系形成，从零碎片面学习到多层次学习和创新主体系统协同的演化。中国多中心集群网络化城市体系推动在全国塑造多个科技创新中心和区域（城市群）协同创新共同体，并服务辐射更多的地区和城市，使集聚效应与创新溢出效应由单个城市延伸到都市圈和城市群，形成与城市规模体系相匹配的城市创新发展格局（见图7.4）。北京、深圳、上海等高层级中心城市及其引领的城市群凭借强内聚与广外联优势，不断加强科研开发，组织创新合作网络并将科研成果转化为生产力，成为中国创新发展的第一梯队。多中心集群网络化城市体系通过大规模、多向度的信息流、人流、物流等促进新思想、新观念、新理念在不同城市和地区的传播，营造良好创新发展环境，推动不同城市的企业等市场主体进行交流学习，开展协同创新。

第二，为广大家庭部门在城市内和城市间拓展活动空间、选择自由和实现全面发展形成载体，推动人力资本积聚和人力资源高效开发，促使中国家庭部门收入和消费持续增加、家庭教育支出大幅提升、家庭住

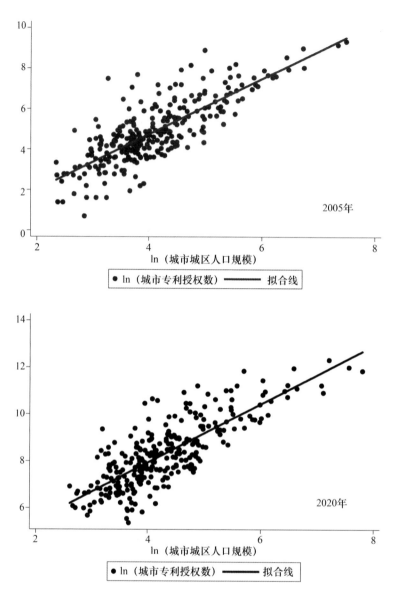

图 7.4 中国 285 个地级及以上城市城区人口规模与专利授权数散点图

资料来源：根据《中国城市建设统计年鉴》、中国研究数据服务平台（CNRDS）相关数据
绘制。

房跨越式发展和住房品质明显改善。依托多中心集群网络化城市体系，
居民和家庭拥有更多的居住、就业活动空间区位选项和选择自由，可以
跨区域或就近获得个人奋斗和实现个人更高追求的机会与空间，在中心

城市引领的一体化都市圈和城市群内享受集聚经济带来的就业机会增加、收入水平提升等好处，实现更高质量的生活、居住和就业。在大规模、广范围的城市体系中，广大居民消费种类更多、质量更优的物质产品和精神产品，不断满足日益增长的美好生活需要。同时，利用中国多中心集群网络化城市体系中人口集聚分布、基础设施和公共服务集中配置等优势，一方面便于家庭部门加强在教育、健康等方面的投资，进一步促进人力资本积累和集聚；另一方面，通过促进人口和劳动力进一步向中心城市、都市圈和城市群集聚，显著促进了人力资源的集中开发与管理，为居民的收入提升、消费升级、居住条件持续改善和个体的全面发展等持续创造有利条件。

第三，为政府部门加大城市基础设施建设、基于城市间水平网络化联系来强化府际合作并为寻求互利互惠提供可能，促使中国城市基础设施水平快速跃升，推动中国城市从竞争主导的竞争与合作转向合作主导的竞争与合作。随着大规模城市化进程的推进，具有分散化集聚优势的中国多中心集群网络化城市体系，促进政府部门集中、高效地进行市政建设，供给基础设施和公共服务，并提高城市基础设施利用效率和城市间设施联通的通达均衡性以及基本公共服务均等化，中国城市道路建设等基础设施供给与中国城市体系规模结构相匹配（见图7.5）。特别是随着中国城市体系由传统垂直等级模式向现代水平网络化方向的转型，以及城市体系中城市间的互联和交互作用的持续加深，城市间的过度竞争在逐渐弱化，合作互惠将成为主流，这种"1+1＞2"空间外部性的存在直接或间接改变了地方政府部门的利益诉求和行为模式。地方政府不再封闭、狭隘地考虑本地利益以及与其他城市展开激烈竞争，而是会更主动结合、统筹本地与周边城市乃至更远城市间的关系，更重视寻求合作和协作，以实现联通互惠、优势互补与互利共赢。多中心集群网络化城市体系在重塑地方政府行为模式的同时，推动了中国城市由"税收财政"到"土地财政"再到"土地融资"的演变以及中国城市土地"资源—资产—资本"的转变，迫使或促使城市地方政府更加科学有效地规划利用土地。依托城市群和都市圈形成大中小城市协调发展格局和集约高效、疏密有致的经济空间布局，显著提高了区域和全国总体的城市土地集约利用水平。此外，一些地方政府先行先试的制度改革、治理经验、可行模式、有效做法等通过城市间垂直等级传递和水平网络化联系通道逐步向外扩散，使得整个区域乃至全国层面的制度创新能力和政府政务服务水平不断提升。

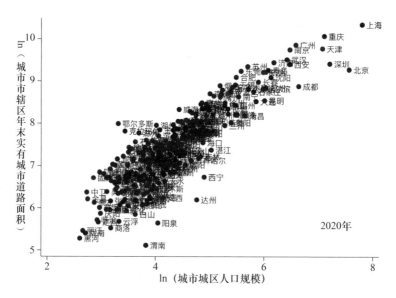

图7.5　中国285个地级及以上城市城区人口规模与市辖区道路面积散点图
资料来源：根据《中国城市建设统计年鉴》《中国城市统计年鉴》相关数据整理绘制。

综上所述，中国规模巨大、日渐成型的多中心集群网络化城市体系将影响家庭、企业和政府部门三主体更加频繁、更加深入的交互，也将影响物质资本、人力资本、人口资本、公共资源等要素在更大范围、更深层面的循环结合与优化配置。

（二）中国多中心集群网络化城市体系对中国高质量发展的影响

中国多中心集群网络化城市体系因同时具备多中心、集群化、网络化等组织结构特征，可以对多向度的集聚外部性与网络外部性形成互锁，将各区域分散的比较优势叠加聚合转化为整体发展优势①。一是有助于促进经济增长，提升经济竞争力。二是助力带动社会公平，增强社

---

① 丁如曦、刘梅、李东坤：《多中心城市网络的区域经济协调发展驱动效应——以长江经济带为例》，《统计研究》2020年第11期。

会凝聚力。三是有助于实现环境可持续，提高环境承载力。这些影响将集中体现在中国多中心集群网络化城市体系对中国创新、协调、绿色、开放和共享发展的影响上。

第一，驱动中国创新发展。一方面，通过中心城市及其引领的都市圈和城市群内的近域集聚扩散与整合优化，多中心集群网络化城市体系将不断汇聚、激发集聚经济的共享、匹配和学习效应，推动城市间协同创新能力及协同创新绩效的提升；另一方面，通过中心城市间、核心城市群之间远程网络联结激发网络外部性的互补与协同效应，强化节点城市的创新策源能力与服务辐射带动作用。有助于塑造驱动中国创新发展的空间动力系统。

第二，促进中国协调发展。以多中心集群网络化城市体系为统领，可以聚合各地区分散的比较优势并叠加形成整体发展优势。通过中心城市引领城市群发展、城市群带动区域发展的方式促进区域板块间融合互动。有助于在全国范围构建辐射东中西部、南方与北方、内陆与边疆的多极网络空间和梯次分布的增长极体系，助力扭转中国区域经济发展分化态势、破除发展动力过度极化现象，在发展中促进相对平衡。

第三，助力中国绿色发展。多中心集群网络化城市体系对人口和经济的组织集聚，一方面有助于提高中国城市化地区的资源环境综合承载力，并通过集约利用土地资源、高效共享基础设施等促进集约节约、绿色低碳发展；另一方面可以释放非城市化地区比如农业主产区、生态功能区等的比较优势，缓解其人口压力，并提供更多的农产品和生态产品，促进人与自然和谐共处。第四，加速中国开放发展。具有开放性特征、多层次嵌套的中国城市体系是"双循环"的发动机组，城市体系中的多个国家中心城市、区域中心城市是国际和世界城市网络中的重要节点或门户枢纽，以全球城市、国家中心城市引领中国特大、超大城市群发展，会作为"主引擎"有力带动"双循环"，支撑和促进中国更高水平的开放和内外有机联动。第五，推进中国共享发展。中国多中心集群网络化城市体系将欠发达地区、边疆地区等城市和城镇有机联结，统一纳入全国发展"一盘棋"，有助于基础设施通达均衡性的提升、基本公共服务均等化供给。便于集中弥补欠发达地区、中小城市、潜力型县城与小城镇在基础设施建设、公共服务供给方面的短板与弱项，促使全国不同地区的基础设施通达均衡化水平、基本公共服务均等化水平、居民基本生活保障水平大体相当，共享发展成果，促进共同富裕。

总之，在发挥市场对资源配置决定性作用和更好发挥政府作用的前提下，中国以中心城市和城市群为支柱，以多中心集群网络化城市体系为依托，以各类经济区位和功能区为腹地来实现高质量发展是必由之路。中国多中心集群网络化城市体系有助于驱动全国统一大市场和双循环新发展格局的形成，促成疏密有致、集约高效、高质量发展的区域经济布局和国土空间体系，有力支撑和促进中国的统一、发展与平衡。

典型城市

南京：建设跨省都市圈，打造城市体系典范①

自 2014 年中共中央、国务院印发的《国家新型城镇化规划》明确提出"都市圈"概念以来，都市圈在中国国民经济中的地位作用日益突出，已成为推动新型城镇化的重要载体。截至 2020 年年年末，全国共形成了 34 个都市圈，总面积约为 134.7 万平方千米，占全国面积的 14.0%，集聚了全国 50.4% 的人口，创造了 65.6% 的 GDP②。南京都市圈是中国最早启动建设的"跨省都市圈"，也是全国首个国家层面批复的都市圈。如今的南京都市圈形成了"8 + 2"格局，主要涵盖南京、镇江、扬州、淮安、马鞍山、滁州、芜湖、宣城八市及常州的溧阳市和金坛区，总面积 6.6 万平方千米。2020 年，南京都市圈常住人口约 3529 万人，地区生产总值合计达到 41750.78 亿元，占全国比重 4.1%，人均 GDP 达到 11.8 万元，接近高收入国家水平。

在城市体系上，竞争与合作使得城市之间的关系变得复杂而特别，也使得中国的城市体系及其演化有自己的特色。强势政府增加了竞争的动力和压力，也增添了合作的难度。但合作共赢驱动着中国城市之间从小尺度的竞争主导走向合作主导，也从大尺度的合作主导转向竞争主

---

① 作者：谢琳，中国社会科学院大学人口与劳动经济学系，博士研究生。
② 数据来自清华大学中国新型城镇化研究院发布的《中国都市圈发展报告 2021》。

导,应对竞争与合作变化,都市圈尤其跨越行政区的都市圈的发展考验政府的智慧。自启动建设以来,在中央相关省市领导和社会各界的支持下,南京都市圈积极主动构建跨省城市间多级协调机制,促进互联互通,聚力产业集群发展,促进跨域公共服务共建共享,很好地推动了都市圈参与城市经济共同发展和人民福利的共同提升,成为城市间跨域融合发展的典范。

第一,构建多级协调机制,助力高质量发展。高效的协调机制有助于激发圈内城市之间的分工合作潜能。20 年来,南京都市圈创新协调机制,构建了党政领导联席会决策、市长联席会协调、都市圈秘书处和区县政府落实的三级协调机制,综合协调基础设施、产业发展、社会事业、城乡规划和跨界地区协调 5 大类 17 个专业委员会持续推动多领域合作。随着都市圈正式启航,各成员城市进一步建立了常态化协调机制,最主要体现为南京都市圈建设办公室的揭牌成立。与此同时,市场主导的协调机制对于推动都市圈高质量发展也具有不可替代的作用。都市圈智能制造发展联盟、新媒体联盟、物流标准化联盟、律师协会等组织相继成立,构建行业内常态化交流机制,形成强大合力与影响力,引导社会各界参与都市圈建设,推进都市圈高质量发展。

第二,互联互通,共建轨道上的基础设施都市圈。互联互通是都市圈得以形成和发展的基础性要素。南京都市圈建设始终坚持交通先行理念,各成员城市以增强都市圈基础设施连接性、贯通性为重点,以推动一体化规划建设为抓手,共同构建多层次的"大交通"格局。一是持续滚动实施省际、市际"断头路"畅通工程与"卡脖子路"拓宽工程,进一步提升行政区域的交通便利度。二是扩容高速公路廊道,推进都市圈环线高速的建设,增加城市间公路通道,加快构建高速公路、国省干线等都市圈多层次公路网。三是加快推进以城市轨道、市郊铁路、城际铁路、干线铁路为主的多层次轨道交通资源整合,打造便捷通勤的轨道交通运输体系。随着圈内基础设施建设步伐的加快,尤其过江通道和高速通道建设速度的加快,"小时都市圈"的框架基本建成,使都市圈城市"跨"出了畅通新体验。

第三,聚力产业集群,打造"链"上都市圈。多年来,南京都市圈各城市通过跨区域协作,打造"链"上都市圈,逐步实现都市圈各区域协同发展。一是推动要素资源加强产业协作分工、加快产业集聚发展，建设形成了扬子江产业带、皖江产业带、宁杭生态产业带等较为发达的制造业聚集带。二是合力推动集群强链，构建安全韧性的产业共同体。南京都市圈按照集群化、规模化方向，对集成电路、智能制造装备等8条产业链进行强链补链，打造产业地标集聚鲜明特色。目前，整个都市圈在新型电力装备、汽车制造、电子信息、智能装备、新能源、新材料等多个领域已形成一批有较强竞争力的产业集群，比如汊河轨道交通装备产业园、宁淮智能制造产业园等，对于聚焦供应链安全稳定、创新链深度融合意义重大。

第四，跨域公共服务共建共享，构建便民生活都市圈。在民生服务方面，主要是发挥南京龙头引领作用，释放南京中心城市的优质服务和公共资源。例如，南京市与都市圈内其他城市合作办学，都市圈内设立公共卫生服务平台，方便都市圈的居民到南京就医。在落实宁镇扬一体化的过程中，宁镇扬异地就医实现联网结算，启用了宁镇扬旅游一卡通，实现畅游三个城市不同的景点。南京优质的教育、医疗和商业资源多年来持续为都市圈内其他城市提供高水平的公共服务，提升了长三角西部地区整体公共服务的品质。与此同时，都市圈内公共服务一体化加速推进，比如139项群众急需的服务事项接入"跨省通办"，61项高频政务服务实现"南京都市圈通办"，金融服务一体化合作等，对于推动南京都市圈融合、高质量发展都具有广泛而深远的意义。

南京都市圈跨域建设取得了显著的进展，以南京为中心的通勤圈、产业圈、生活圈正在形成，经济社会发展持续向好，区域综合承载能力的不断提高，经济总量由2006年的7300亿元持续增长至2021年的41750.78亿元，都市圈内丹阳、扬中、句容、仪征、高邮、溧阳和宝应县7个县（市）2021年经济总量排名均已进入全国百强县（市）。

南京建设跨省都市圈，探索打造城市体系典范的经验给我们的启示在于：一是要构建政府引导和市场主导的多级协调机制，助力以高效的制度供给激发跨域城市之间的分工合作潜能；二是坚持交通先行，构建多层次的"大交通"格局，增强跨域都市圈基础设施连接性、贯通性，打牢跨域都市圈发展基础；三是合力构建产业集群，推动都市圈内产业跨域协同发展；四是持续推动公共服务共建共享，构建便民生活都市圈，提升人民福利，促进都市圈城市跨域深度融合。

第二节　中国城市人口体系*

城市规模体系反映了一国或一地区的城市规模分布特征，通常可以用城市人口规模、城市经济总量、城市建成区面积、城市夜间灯光数据图等作为反映城市规模体系的具象性指标。在一个国家或者地区的地理空间边界内，通常有多个不同人口规模的城市，不同人口规模的城市共同构成城市人口规模分布体系。不同时空下的城市人口体系、城市人口规模分布结构是有差异的，并随着时间变化而动态演化。改革开放以来，中国城市人口体系发展有哪些特点？中国城市人口体系发展的影响机制如何？中国城市人口体系发展的作用机制如何？带着这些问题，本节将基于三主体（家庭、企业和政府）、三交互（市场循环、创新学习、竞争合作）、六要素（人口资本、人力资本、物质资本、科学技术、制度文化、公共资源）的理论分析框架，来考察中国城市人口体系的演进，探索城市人口体系背后的城市发展经济学逻辑。从现实发育和演化看，中国城市人口体系正在向去扁平化、去倒挂化、深度开放化转型。

一　中国城市人口体系发展的特征事实

人口和经济活动日益集中是任何一个经济体发展进程中的必经之路。新中国成立后特别是改革开放40多年以来，中国城市化进程步入加速发展阶段，国家层面、城市群层面以及省域层面的城市人口体系均处于不断的动态调整之中，塑造了人类历史上最为气势恢弘的城市人口空间版图。

（一）中国城市人口体系经历了严格控制大城市规模到大中小城市和小城镇协调发展的演变

改革开放以来，城镇化政策和战略导向的转变对城市人口规模分

---

*　作者：周晓波，中国光大集团。

布的变化产生重要影响，带来了劳动力的非农聚集和经济的聚集效应。1980 年到 20 世纪 90 年代末，大致是中国城市人口体系发展的第一阶段。这个阶段地方乡镇企业蓬勃发展，为防止大城市出现过度拥挤，当时中央政府确立了"严格控制大城市规模，合理发展中小城市，积极发展小城镇"的城市发展战略。例如，Li Fang 等（2017）[①]认为中国城市体系受到不同阶段城市发展战略的影响，中国的城市发展政策经历了 1949—1978 年的逆城镇化，改革开放后范式转移，1978—1999 年的限制大城市、促进小城市发展，再到 2000—2012 年的城镇化协调发展阶段。

从 21 世纪初开始到 2012 年是中国城市人口体系发展的第二阶段。这个阶段中国的城市发展战略出现了重要调整，城市发展的指导方针是"坚持大中小城市和小城镇协调发展，走中国特色的城镇化道路"。由于调整后的城市化政策导向不再是"控制大城市规模"，大城市的户籍政策有所放松，大城市的经济集聚能力得到提升，中国城市规模分布的特征从先前的分散化发展开始转向集中化发展。例如，唐为（2016）[②] 发现 2000—2010 年中国城市人口体系由扁平化逐渐向大城市集中演进。

党的十八大以来到现在是中国城市人口体系发展的第三阶段。2012 年召开的党的十八大肯定了"新型城镇化"的概念，党的十八届三中全会又进一步提出"走中国特色、科学发展的新型城镇化"道路；2021 年，"十四五"规划纲要进一步提出了"以城市群、都市圈为依托促进大中小城市和小城镇协调联动、特色化发展"。中国特色新型城镇化道路有两个重点，一是坚持"以人为核心"，侧重如何使得流动人口"落地""市民化"，如何使得中西部地区的农民"就地""就近"城镇化；二是科学规划城市群规模和布局，侧重以城市群、都市圈为依托优化中国城市人口体系（见表 7.1）。

[①] Li Fang et al., "China's Development Policies and Urban Dynamics：An Analysis based on the Zipf Law", *Urban Studies*, Vol. 12, No. 54, 2017.

[②] 唐为：《中国城市规模分布体系过于扁平化吗?》，《世界经济文汇》2016 年第 1 期。

表 7.1　　　　　　　　　中国城市发展战略与政策的演变

年份	主要发展政策
1978	控制大城市规模，多搞小城市。
1980	控制大城市规模，合理发展中等城市，积极发展小城市。
1990	严格控制大城市规模，合理发展中等城市和小城市、小城镇大战略。
2000	大中小城市和小城镇协调发展的道路，将成为中国现代化进程中的新动力源。
2002	坚持大中小城市和小城镇协调发展，走中国特色的城镇化道路。
2007	走中国特色城镇化道路，促进大中小城市和小城镇协调发展。以特大城市为依托，形成辐射作用大的城市群，培育新的经济增长极。
2012	科学规划城市群规模和布局，增强中小城市和小城镇产业发展、公共服务、吸纳就业、人口集聚功能。
2014	以城市群为主体形态，推动大中小城市和小城镇协调发展；优化城镇规模结构，实施差别化落户政策，严格控制城区人口 500 万以上的特大城市人口规模。
2021	坚持走中国特色新型城镇化道路，深入推进以人为核心的新型城镇化战略，以城市群、都市圈为依托促进大中小城市和小城镇协调联动、特色化发展。
2022	推进以人为核心的新型城镇化，加快农业转移人口市民化。以城市群、都市圈为依托构建大中小城市协调发展格局，推进以县城为重要载体的城镇化建设。

　　注：1978 年根据"第三次城市工作会议"，2014 年根据《国家新型城镇化规划（2014—2020 年）》，其他年份根据历次国家五年规（计）划和党的十六大、十七大、十八大、二十大报告整理。

　　资料来源：笔者参考刘学华等（2015）的基础上整理。

　　（二）中国城市人口体系呈现扁平化特征，但正逐步向最优城市人口体系稳态逼近

　　静态看，中国的城市人口体系仍未达到"位序—规模"法则（齐普夫法则）下的最优分布状态。从理论上看，应该存在某一最优的城市规模分布[①]，经验分析上，通常也将符合齐普夫法则的城市人口体系，视为一个帕累托最优城市人口体系的基准和理想状态。经验证据也印证了有一种潜在的力量支撑着城市人口体系向齐普夫法则收敛。对美国、

---

　　① W. C. Wheaton and H. Shishido, "Agglomeration Economies, and the Level of Economic Development", *Economic Development and Cultural Change*, Vol. 30, No. 1, 1981.

法国等多个国家的经验研究显示，大体上服从但又没有严格地服从该法则。当前，中国城市人口体系的齐普夫系数值仍然小于1，整个城市人口体系仍然呈现扁平化特点，具体表现在大城市人口的相对规模发展不充分。从头部城市人口规模占全国总人口比重的尺度看，中国超大城市的人口承载规模比重小于国外发达国家，没有实现"大国大城"的城市人口体系发展格局。

动态看，中国城市人口体系的齐普夫幂律值在向1靠近，正逐步向最优城市人口体系稳态逼近。Li Fang 等（2017）[1] 对 1949—2012 年中国城市齐普夫幂律值的验证发现：2000 年以前中国的城市规模分布比较均衡，2000 年以后这种均衡分布发生逆转。相对于所谓最优城市人口规模，中国的城市人口规模相对过小[2]。国内学者陈洁仪等（2022）[3]研究发现，过去二十年，中国城市人口体系的齐普夫幂律值一直小于1，说明中国中小城市发育更加突出，大城市发育不够充分；从趋势上看，齐普夫幂律值不断上升，从 2000 年的 0.7445 上升到 2015 年的0.7759，再到 2019 年的 0.7821，这一趋势反映了中国大城市的集聚作用在逐步增强，城市人口规模分布的变化趋势整体是朝着集中化方向发展，但集中化的趋势在放缓（见表 7.2）。

表 7.2　　　　　　　中国城市齐普夫函数回归的估计结果

年份	2000	2010	2015	2016	2017	2018	2019
α	0.7445 *** （−21.31）	0.7490 *** （−23.58）	0.7759 *** （−19.25）	0.7789 *** （−19.19）	0.7789 *** （−19.19）	0.7813 *** （−19.33）	0.7821 *** （−19.26）
lnA	9.1285 *** （54.03）	9.2291 *** （59.95）	9.3636 *** （47.89）	9.3828 *** （47.65）	9.3941 *** （47.81）	9.4056 *** （47.96）	9.4149 *** （47.82）

注：*** 、** 和 * 分别表示 1%、5% 和 10% 的显著性水平。

资料来源：陈洁仪等（2022）。

① Li Fang et al.，"China's Development Policies and Urban Dynamics：An Analysis based on the Zipf Law"，*Urban Studies*，Vol. 54，No. 12，2017.

② C. Au and J. V. Henderson，"Are Chinese Cities Too Small"，*Review of Economic Studies*，Vol. 73，No. 3，2006.

③ 陈洁仪、张少华、潘丽群：《中国城市规模分布特征研究——基于 2010—2019 年普查数据的分析》，《产业经济评论》2022 年第 1 期。

未来，随着城市群高质量一体化，以及推动公共资源由按城市行政等级配置向按实际服务管理人口规模配置转变，大城市的数量和人口规模将进一步提高，中国城市人口体系的扁平化格局也随着制度因素的改革而得到一定程度的改善。

（三）中国城市人口集聚与城市经济集聚倒挂化

城市人口集聚与经济集聚倒挂化主要体现在省会城市/副省级城市功能作用发挥不够。从省域层面看，首位人口城市通常是省会城市和非省会计划单列市。沿海发达省份城市人口布局大多较为分散，通常存在两个或三个城市人口中心，而部分中西部省份省会城市人口分布存在"一支独大"现象。统计发现，过去一段时间，一方面中国省会城市/副省级城市 GDP 占比在上升，另一方面，中国省会城市/副省级城市人口占比却在下降。从表 7.3 看，存在省会城市和副省级城市的人口承载规模与其 GDP 规模和要素投入、公共资源占有量不匹配的问题。

根据段魏等（2020）的研究发现，中国直辖市、省会及副省级城市、一般地级市的平均人口规模在 2000—2017 年分别增长了 72.03%、63.44%、78.10%，省会及副省级城市平均人口规模增长率最低。倪鹏飞等（2014）[1] 研究发现也印证了过去较长一段时间中国发达省份的省会城市人口集聚滞后于经济集聚，他们发现从 1990—2011 年这这段时期，在中国人均 GDP 较高的省份，人口重心是在缓慢地远离省会城市，而人均 GDP 较低的省份，人口重心还在不断向省会城市聚集（见表 7.3）。

表 7.3　2000—2017 年中国城市人口集聚和城市经济集聚的相对变化

年份	城市等级	平均规模（万人）	人口占比（%）	人均建设用地（平方米/人）	GDP 占比（%）
2000	直辖市	1054.94	9.78	57.56	12.18
	省会/副省级城市	338.84	24.34	45.82	27.91
	一般地级市	115.82	65.88	39.44	59.91

① 倪鹏飞、杨华磊、周晓波：《经济重心与人口重心的时空演变——来自省会城市的证据》，《中国人口科学》2014 年第 1 期。

续表

年份	城市等级	平均规模（万人）	人口占比（%）	人均建设用地（平方米/人）	GDP 占比（%）
2010	直辖市	1574.69	9.85	72.07	12.03
	省会/副省级城市	483.09	23.41	76.91	27.41
	一般地级市	170.09	66.74	61.80	60.56
2017	直辖市	1814.82	9.53	76.70	12.24
	省会/副省级城市	553.19	22.51	92.38	28.59
	一般地级市	206.27	67.96	67.89	59.18

注：表中人口数据均为地级市的城镇人口数量。2000 年、2010 年人口资料来源于第 5 次、第 6 次全国人口普查数据，2017 年人口资料来源于各城市统计公报；人均建设用地数据由城市建设用地面积除以城镇人口得到，城市建设用地资料来源于相应年份的《中国城市建设统计年鉴》；地价资料来源于相应年份《中国国土资源统计年鉴》中土地出让成交款项与出让面积之比；GDP 和工资资料来源于相应年份的《中国城市统计年鉴》。

资料来源：段魏等（2020）。

未来，随着一些省份大力推行"强省会"政策，倒挂趋势可能得到缓解。根据十九届中央第一轮巡视的各省整改进展通报，中央巡视组在山东、福建、辽宁、黑龙江、江苏等省份的反馈意见中提及"省会城市功能作用发挥不够""副省级城市的功能作用发挥不够"等问题，各省份整改措施包括"提升省会城市功能和中心城市首位度"等。

（四）中国城市人口体系是世界城市人口体系的组成部分

随着改革开放的深化，中国城市人口体系已经深度嵌入全球产业分工和市场体系，成为世界城市网络的重要枢纽。20 世纪 80 年代，通过设立 4 个经济特区、开放 14 个港口城市、建设珠三角沿海城市开放区和设立海南省，中国快速实现了沿海城市的率先开放格局。20 世纪 90 年代，通过建立浦东新区和实施沿边、沿江、沿路及内陆开放战略，迅速实现了全国城市的全面开放格局。随着 2001 年加入 WTO，中国城市经济全面融入世界经济，中国城市对世界经济增长贡献率稳定提升。

一是中国城市人口体系融入全球贸易网络。中国劳动力和企业逐渐加入全球经贸网络，外资企业以占市场主体 2% 的比重，带动了约 4000

万人的就业，占全国城镇就业人口的 1/10，贡献了中国 1/6 的税收，2/5 的进出口[①]。从广义角度看，作为拉动经济增长的"三驾马车"之一，外贸总共带动就业 1.8 亿人[②]。从数据上看，中国作为全球货物贸易第一大国地位进一步巩固，货物贸易进出口总额连续 5 年排名全球第一，占国际市场的份额从 2012 年的 10.4% 提升到 2021 年的 13.5%。

二是中国城市人口体系融入全球生产网络。"中国制造"走向全球，工业产品出口覆盖世界几乎所有国家和地区。目前长三角、粤港澳大湾区等地区已经成为全球生产网络的重要节点，并从全球产业分工的中低端价值环节加快迈向全球价值链前沿领域。从数据看，制造业增加值占全球比重由 2012 年的 22.5% 提高到 2021 年的近 30%，持续保持世界第一制造业大国地位。

三是中国城市人口体系融入全球创新网络。长三角、粤港澳大湾区、京津冀等地区的核心城市链接全球创新要素，聚集一大批国际化人才、天使/VC/PE 资金、国家实验室、研发中心等创新资源，并培育出一批具有全球竞争力的世界一流企业，孵化出全球数量第二多的独角兽企业。中国头部城市已经逐渐成为带动全国乃至世界整体产业链升级、向价值链高端发展的火车头和创新高地。

二 中国城市人口体系发展的总体机制

（一）一般机制

基于比较优势和规模经济和知识内生经济追求，实现各城市边际收益相等，三主体、三交互、六要素的循环结合影响人口、空间和产业从孤立城市到城市体系，从地方城市人口体系到国家甚至国际人口城市体系，人口城市体系又影响三主体及其三交互、六要素的循环结合。需要尤为强调的是，在中国城市人口体系发育的特定历史阶段，相对于家庭个体和企业因素的影响，地方政府在城市结构体系形成的过程中扮演着十分重要的角色，有为政府作用背后有适应和顺应市场思维的考虑，市场力量背后有政府意志的影响。尽管浓重的政府干预不可避免地对城市

---

① 资料来自 http://www.gov.cn/xinwen/2021 - 08/24/content_5632902.htm。

② 资料来自 http://www.gov.cn/xinwen/2022 - 05/21/content_5691587.htm。

人口规模分布产生一定的扭曲，但三主体、三交互和六要素将共同影响其演化路径，并对其起到内生性塑造作用，这也是中国城市人口体系的城市发展经济学逻辑。从现实发育和演化看，中国城市人口体系正在向去扁平化、去倒挂化、深度开放化转型。反过来看，中国城市人口体系的结构变迁，也对三主体、三交互、六要素产生反向影响。

（二）中国特征

中国城市人口体系的长期发展的特殊条件包括自然地理环境、制度文化的路径依赖，以及在此基础上的技术进步，还有开放条件下中国与外部市场、外部资源的关系。但是仅就从传统向现代社会过渡的城市人口体系发展而言，中国存在着如下特点。

第一，中国是个人口、空间大国且空间差异比较大。经济要素的初始条件是有十多亿人口，地域辽阔，城市层次多样，这决定中国城市人口体系具有层次性和超大规模市场的特征，城市人口体系的演变也必然具有自己的特点。大国层次性表明中国同时存在扁平化和去扁平化、倒挂化和去倒挂化、深度开放化和浅层开放化的非均衡城市人口体系。比如，当前中国既包括以长三角和珠三角为代表的成熟城市群构成的城市人口体系，也包括一些由成长型城市群构成的城市人口体系。同时，巨大的国家地理空间和人口规模，为城市人口体系增长与转型的先聚集后扩散创造了更好的条件。

第二，中国处在由计划经济体制向市场经济体制转型的动态过程。经济制度的转轨特点在城市人口体系维度表现在历史上国家实施的限制大城市发展的城市化战略，以及户籍制度限制、地方保护主义导向下的市场分割、公共服务资源不平衡的区域分割等，使得中国城市之间劳动力的流动不够充分，阻碍了人口向大城市的自然集聚和市场化集聚。因此，转轨特点对中国城市人口体系扁平化、倒挂化、开放化产生了历史遗留的影响。改革开放以来，不断改革的城市人口管理制度以及城镇化、工业化以及信息化、数字化因素推动着中国城市人口体系不断变化。

第三，与发达国家比较中国处在后发阶段。经济发展水平的初始条件是典型的农业大国，城市化水平极低，初步实现工业化水平，工业技术水平低，依靠农业剪刀差方式的资本积累缓慢。后发特点决定了中国城市人口体系结构不协调，突出表现在大城市数量偏少，中小城市数量偏多。中国城市拥有后发劣势，也存在着后发优势，即可以充分吸收英、美、日、韩等发达国家的先进技术以及借鉴城市产业发展方面的经验，促进企业模仿式创新和产业起飞，加快家庭个体人力资本积累，激活蛰伏的经济发展潜力，最终优化中国城市人口体系的发展格局。

第四，中国在新一轮全球化中从封闭走向开放。发达的城市人口体系通常是一个面向外部资本和产业的开放高地，对外联系活跃。因此，外部联系是城市人口体系的一个重要特点，利用外部资源要素和服务外部市场的程度可以影响城市人口体系发展。在开放条件下，中国人口体系内部流动性明显加快，对外贸易、技术引进和吸引外资流入显著促进了城镇化、工业化以及信息化、数字化进程的快速向前推进，开启了人类历史上史无前例的农村人口向城市、中西部地区向东部沿海地区的大规模迁徙和流动，导致城市人口空间分布格局在较短时间内的急剧性变化。

第五，世界正在发生第四次新技术革命。第一、第二、第三次技术革命之后，第四次技术革命正在发生的过程中，不仅前三次的技术广泛影响中国城市人口体系，使之与其他先发国家和地区的城市人口体系有相似之处，还因为第四次技术革命的影响而有所不同，集中体现在大数据、云计算、人工智能、区块链、元宇宙等技术对城市治理能力和管理水平的赋能，可能促进人口要素在空间上更大的聚集和更大的扩散。

城市人口体系是一个机理复杂的生态系统，作为一个系统，有其内在规律。受政治、经济、历史、文化、地理与环境等诸多因素的相互作用，共同影响了单一城市和整个城市人口体系的分布结构，并导致城市发展格局不断动态演化。城市人口体系在不同国家和地区呈现不同的形式，比如，中国城市人口体系的发育就沿袭一些具有中国特色的历史条件，长期计划经济体制和严格的户籍管理制度、城乡二元结构与城市化滞后工业化等大国特征、后发特征、转型特征、开放化特征、技术特征交错在一块。以上五种因素特别是政府在其中扮演的特殊性作用，决定中国城市人口体系发展的内在机制和外在表现可能有别于国外发达国家和地区。

（三）中国框架

一方面，三主体、三交互、六要素对中国城市人口体系（扁平化、倒挂化、开放化）产生广泛的影响。

家庭个体根据自身的禀赋、人力资本条件以及对城市公共服务、产品结构多样化偏好在城市体系中选择适合自身职业发展的城市工作居住，形成人口集聚效应，这个过程塑造了城市人口体系的扁平化和去扁平化、人口集聚与经济集聚倒挂化、开放化特征。

企业是市场经济的微观主体，是市场经济的细胞，企业根据自身的竞争优势和对劳动力、土地、资金要素需求偏好在城市体系中选择适合自身产业的城市进行生产经营布局，参与产业分工和市场竞争，促进了不同城市市场规模的变化，这个过程塑造了城市人口体系的扁平化和去扁平化、人口集聚与经济集聚倒挂化和去倒挂化、开放化特征。

与国外不同，中国城市发展过程中行政因素和政治影响发挥了重要作用。地方政府通常享有一定的自由裁量权或非正式的控制权。改革开放后，在中国推动市场化改革和融入全球竞争的进程中，地方政府逐渐成为推动区域经济发展的重要力量，在经济活动中扮演了"有为政府"的作用，并对城市人口体系的扁平化和去扁平化、人口集聚与经济集聚倒挂化和去倒挂化、开放化特征产生重要影响。

另一方面，中国城市人口体系的特征事实（扁平化、人口经济倒挂化、开放化）又反过来对三主体、三交互、六要素产生重要影响。

城市人口体系的扁平化和倒挂化特征，背后反映了区域市场分割、制度分割、公共服务分割等二元经济，导致家庭个体迁移流动不充分，束缚了劳动力要素的生产率提高，也不利于企业生产力扩大和发挥规模经济效应，削弱了地方政府的营商环境，这些副作用迟滞了统一大市场的形成，加剧了市场循环不畅通，通过负反馈效应减少了三主体发展红利、三交互效率、六要素发展水平。

城市人口体系的开放化特征有助于吸收外部先进技术、信息、资本、人才等要素，扩大国内外合作和交换，促进创新链、产业链、资金链、人才链深度融合。凭借着成本优势，有助于吸引大批制造业和现代服务业企业，使中国加快成为"世界工厂"，使得家庭个体和企业嵌入全球价值链分工各个环节，为家庭个体的就业生活提供更多城市选择，为家庭个体"干中学"等人力资本的提升创造外部条件，也为地方政府带来税收收入，激励地方政府为地区经济增长而开展各种竞争和制度性创新。

三　中国城市人口体系发展的影响机制

在中国城市人口体系的发展演进脉络中，三主体、三交互、六要素对城市人口体系产生深远影响，影响的结果就是导致城市人口体系中的扁平化和去扁平化、人口集聚与经济集聚倒挂化和去倒挂化、开放化特征。

（一）家庭和三交互行为对中国城市人口体系的影响

从中国城镇家庭人口转型特征事实看：第一，随着家庭收入增长，家庭个体参与并进一步扩大市场循环中的消费规模，通过需求牵引供给，促进了城市市场规模的扩大，从而加快中国富裕的农村剩余劳动力向城市转移，同时吸引更多中小城市劳动力向大城市流入，强化了城市人口体系中的去扁平化趋势。第二，家庭个体的平均年龄对人均消费、创新创业活跃度产生重要影响。例如，一些城市的家庭个体的年龄结构的系统性老化将加剧城市收缩和产业衰退，削弱城市人口体系的去扁平化趋势。第三，在劳动力自由流动前提下，家庭个体作为具有消费者和投票者双重身份的居民，将选择那些能够最好满足其公共产品偏好的地区，通过"用脚投票"对城市人口体系产生重要影响，加快城市人口体系的去扁平化进程。

从中国城市住房特征事实看，大城市的高住房成本会限制人口进一步向大城市流入，高房价或高房租问题导致城市出现集聚不经济和负外部性，成为抑制个体流入城市的反向作用力。高房价引致的负外部性会对制造业造成向外挤压的效应，减少城市就业承载能力，同时高房价引致的负外部性使得一些中低收入家庭个体向邻近的其他城市转移扩散，导致城市人口体系内部各城市边际收益动态变化，强化了城市人口体系的扁平化趋势。

（二）政府和三交互行为对中国城市人口体系的影响

从中国城市制度文化特征事实看，中国城市人口体系受到有为政府和有效市场共同作用。其中，相对其他西方国家，政府更为强势，同时又是制度供给的主体。一是城市化战略的变化也会对城市人口体系产生重要影响，特别是国家层面城市化发展战略的导向作用，对城市人口体系的扁平化和倒挂化产生影响。二是户籍管理等制度对城市人口体系发展的深远影响。户籍制度及其衍生的社会保障制度、义务教育制度等制度性屏障导致劳动力市场分割，限制了劳动力自由流动，提高了农民工市民化转变的成本，使得劳动力资源密集的地区无法将人口完全从农业部门转向非农部门，同时也阻碍了人口向大城市的集聚，进而导致了中国城市人口体系的扁平化和倒挂化。三是省级政府层面的"强省会"政策，特别是 2010 年后，部分省份强化了提升省内中心城市首位度的政策导向，这种以行政手段提升首位度的做法，对城市人口体系的去扁平化和去倒挂化产生了重要影响。四是地方自身出台的一些人才政策对城市人口体系发展的影响。一些省会城市出台了关于高端人才特殊政策、购房落户等优惠的市民化政策吸引外部人口的流入。上述政策效果或强化或削弱了城市人口体系中的扁平化和人口集聚与经济集聚倒挂化的特征。

从中国的城市政府特征事实看，中国城市政府的需求偏好和预期收益决定其深度参与城市发展。第一，一些城市积极运用产业政策，促进地方经济发展和实现经济赶超，城市政府根据自身历史发展基础、资源优势、区位优势等特点，在城市体系中选择适合自身比较优势的城市经营模式和产业发展战略。一方面，地方政府通过优化营商环境，深化"放管服"改革，吸引人才集聚，鼓励创新创业，在这个过程中对城市人口体系扁平化和人口集聚与经济集聚倒挂产生积极影响；另一方面，地方政府之间存在相互竞争，引起区域市场分割，加大了劳动力进入城市和跨区域流动的成本，进而导致中国城市体系的扁平化，加剧人口集聚与经济集聚的倒挂化特征。

从中国城市土地资源特征事实看，城市政府在政绩考核的激励下，通过"土地财政""土地金融"手段，完善基础设施建设，加强公共服务资源供给，培育战略性新型产业，为企业技术引进、产业升级提供更好的财税、金融、用地等优惠政策安排，在这个过程中对城市人口体系扁平化和人口集聚与经济集聚倒挂产生影响。此外，随着中国城市土地制度由计划供给转向垄断供给，尤其是东部大城市可供开发的土地资源有限，而国家的土地供给偏向政策使大城市的人口集聚不够充分，最终导致中国城市人口体系的扁平化，加剧人口集聚与经济集聚的倒挂化的特征。

从中国城市空间体系特征事实看，城市土地供给结构严重失衡。一是特大城市用地面积紧张，中小城市用地规模较大，将不利于大城市的人口持续流入，最终形成城市人口体系的扁平化和倒挂化；二是中国城市间基础设施尤其是高速公路和高速铁路网络建设的不断完善，城市基础设施网络密度逐步提高，城市间时空距离大幅压缩，城市空间联系的频率不断增强，可能产生促进大城市人口持续流入的虹吸效应，成为城市人口体系去扁平化的力量。与此同时，大中小城市交通基础设施和信息基础设施的一体化，使得一些远离大城市的中小城市也被有效地包含在由大城市形成的城市网络体系内，有利于小城市在避免大城市集聚不经济的同时利用大城市集聚经济的优势，这可能强化城市人口体系的扁平化特征。

（三）企业和三交互行为对中国城市人口体系的影响

从中国城市产业链体系发展特征事实看，企业在生产经营过程中把各种要素组织起来，利用中国劳动力成本较低的比较优势和国内超大规模市场优势降低单位生产成本，为充分参与全球产品、服务、技术、资本、资源、市场交换创造了条件，促进中国产业体系从国内循环到国际循环再到双循环，在这个过程中，中国城市人口体系得以深度嵌入全球产业分工和市场体系，不断推动中国城市人口体系深度融入全球生产网络、贸易网络和创新网络。

从中国城市学习与创新特征事实看，中国城市在学习中模仿创新，助推中国奇迹的形成。其中，通过发挥企业家创新精神，实现供给创造需求，创造了新技术、新模式、新业态、新市场，提供了一批跨境电子商务、新能源汽车、高铁、5G技术等新的产品、服务、标准，扩大了市场增量规模，促进中国城市人口体系嵌入全球产业分工和市场体系，不断推动中国城市人口体系深度融入全球生产网络、贸易网络和创新网络。

从中国典型城市经济特征事实看，在城市经济形态快速从轻工制造主导到重化制造主导，再到服务业主导，接着到知识服务主导的产业结构变迁过程中，通过就业创造效应影响到城市人口的集聚能力，其中，服务业企业特别是知识和信息密集型现代服务业企业对人口聚集的要求更高，有利于提高扩大家庭个体就业容量，加快了城市人口体系的去扁平化和去倒挂化趋势。

四 中国城市人口体系发展的作用机制

结构与功能是相适应的。中国城市人口体系的扁平化、人口集聚与经济集聚的倒挂化、开放化特征，对三主体、三交互、六要素也会产生重要影响。

（一）扁平化和倒挂化特征对三主体三交互六要素的影响

城市人口体系的扁平化和倒挂化对一国一地区经济社会发展有多个负向影响。

第一，从中国城市经济体系特征事实看，城市人口体系的扁平化和倒挂化会扩大城市之间人均收入差距。当前，中国城市经济体系重心从内陆到沿海，从北方到南方，南北人均收入差距不断扩大，一个重要原因就是受到公共服务和户籍制度的制约，东部沿海发达地区的大城市户籍人口城镇化水平还大幅低于常住人口城镇化水平，大城市人口在全国占比远低于其经济在全国占比。以上海为例，根据2021年第七次全国人口普查的数据，上海人口约占全国总人口的1.76%，而上海2021年GDP总值约占全国的3.78%，人口集聚远远低于其经济集聚水平。相反，北方地区的一些城市人口集聚却高于其经济集聚水平。因此，大城市人口集聚不充分，中小城市人口聚集相对过度，无法实现从人口集聚中走向区域平衡，结果扩大了不同地区大中小城市之间的人均收入差距。

第二，从中国城市化的特征事实看，城市人口体系的扁平化和倒挂化会拖累非农经济快速发展和户籍人口城市化水平的提升。从人口规模视角看，大城市不大和省会城市不强的城市人口体系造成了聚集经济损失，无法充分发挥大城市和省会城市的集聚效率。相对于农业部门和农村地区，大城市就业机会多、工资水平高，可以产生以工带农、以产助农的牵引力作用，从而加速农业人口市民化；同时，相对一些中小城市，大城市可以带来更多的差异化产品和服务，提升家庭个体的效用水平，从而提升更多劳动力流入的吸引力。因此，在一定程度上看，中国的户籍人口城镇化与常住人口城镇化差异巨大，以及城市化滞后于工业化的阶段性发展特点，背后均有城市人口体系扁平化和倒挂化的影子。

第三，从中国城市产业链体系发展特征事实看，城市人口体系的扁平化和倒挂化会制约中国城市产业链体系的高质量发展。大城市的集聚效应和超大市场规模效应，不仅为非农产业提供了广阔市场，而且为非农产业发展提供了劳动者和经营者，为企业生产函数提供充足的人力资源、人力资本以及物质资本。然而，城市人口体系的扁平化和倒挂化导致大城市、省会城市的集聚效应和超大市场规模效应被抑制，不利于提高制造业和服务产业生产率，也不利于缩小非农产业与农业相对生产率。从文献上看，柯善咨和赵曜（2014）利用地级市数据，发现了产业结构与生产率的关系取决于城市人口规模，只有当城市达到一定的人口规模时，更高的服务业比重才会带来更大的生产率提升，对于小城市而言第二产业的比重更为重要。

第四，从中国城市学习与创新特征事实看，城市人口体系的扁平化和倒挂化会阻碍从单一重复模仿到渐次的城市学习和创新体系形成，影响城市生产力的进一步提高。当城市的人口规模分布过于分散时，各个城市存在集聚不足的问题，无法发挥规模经济效应和供给效率提升。相对于区域性中小城市，通常大城市和区域中心城市经济实力强、发展潜力大，在城市体系中掌握更多公共资源、拥有较高质量的软硬基础设施，会在一定程度上吸引周边城市的各类资源集聚过来，并通过要素自由流动带来集聚租、知识溢出、外部性等效应，促进家庭个体知识共享、技能岗位匹配和学习模仿，实现更高的生产率。城市人口体系的扁平化和倒挂化发育导致大城市数量少、中小城市数量多，不利于充分发挥大城市、省会城市学习和创新作用。

第五，从中国典型城市经济特征事实看，城市人口体系的扁平化和倒挂化会抑制城市经济规模持续增长。相对于农村地区和中小城市地区，大城市可以充分发挥递增的规模报酬效应，扩大供需潜力，形成产业聚集和人口聚集的自我强化机制。家庭个体从农业部门向非农部门转移、从小城市向大城市这一转移过程中，作为企业产品和服务的消费者的家庭个体的效用将得到提升，作为劳动力要素供给的家庭个体的生产率也将得到大幅提升。因此，城市人口体系的扁平化和倒挂化可能会抑制城市供需规模的扩大，无法形成需求牵引供给、供给创造需求的更高水平动态平衡。从文献研究看，周晓波和倪鹏飞（2018）研究发现，中国城市群体系结构的齐普夫幂律值与其对应的人均 GDP 增长率之间为倒"U"形关系，优化中国城市群体系可以释放城市化的巨大潜力，培育经济增长的新动能，促进经济可持续增长。

第六，从中国城市竞争与合作特征事实看，城市人口体系的扁平化和倒挂化会阻碍中国城市之间竞争与合作从劳动力主导到外资主导，到土地主导，再到人才主导的转型。大城市有更多的工作机会和更高的工资收入水平，但同时个体工作和生活压力、房价水平等较高，而中小城市为家庭个体成长创造的工作机会相对较少，但同时个体工作和生活压力、房价水平等也较低，对个体选择不同城市居住能够起到分层作用。通常来说，大城市能够满足各类人才的需要和偏好，具备较高人力资本的高学历人才、具备熟练技能的工程师、工匠在大城市更有竞争优势，有能力或有意愿忍受大城市高房价等生活成本。然而，大城市不足、小城市过多的扁平化和倒挂化城市人口体系，不能为各类专业人才匹配更多的发展平台和工作机会，不利于城市之间竞争与合作从劳动力主导向知识经济和人才主导的顺利转型。

（二）开放化特征对三主体、三交互、六要素的影响

第一，中国城市人口体系融入全球网络，对经济社会发展有多方面的积极影响。从中国城市产业链体系发展特征事实看，城市人口体系的开放化特征会促进城市产业链体系的高质量发展。中国城市深度融入全球贸易网络、全球创新网络以及全球生产网络，企业可以更好利用国内国外两种资源、两个市场，加快城市人口体系内部和外部的人流、物流、资金流、信息流的交换，促进中国产业体系现代化和产业规模体量高速发展，提高中国企业的创新力和国际竞争力，最终助力中国产业体系从国内循环到国际循环再到双循环。

第二，从中国城镇家庭人口转型特征事实看，城市人口体系的开放化特征会扩大中国人口红利优势，并促进家庭个体人力资本提升。中国城市深度融入全球贸易和生产网络，一方面将中国庞大的人力资源和劳动力成本优势与国际市场对接，使得家庭个体和企业嵌入全球价值链分工各个环节，形成共轭环流效应，为家庭个体的就业提供更多发展机会，从而促进家庭个体通过"干中学"提升人力资本水平；另一方面，

为中国企业吸收外部先进管理、技术、信息、资本创造了条件，这一过程有助于提升企业创新力，培育更多现代产业工人、工匠、工程师以及熟悉国际经贸规则的专业化、国际化人才，塑造和释放科技是第一生产力、人才是第一资源、创新是第一动力的大国优势。

第三，从中国城市竞争与合作特征事实看，城市人口体系的开放化特征会促进中国城市在全球城市竞争与合作中集体快速崛起和集体发展。随着过去一段时间的经济全球化进程推动国际经贸交往深化，国内城市可以充分利用全球化的知识、信息、技术、管理等资源要素，叠加港口城市及沿边沿江城市以及交通发达城市具有明显的贸易成本优势，助力这些城市参与国际分工和全球市场竞争，在更大范围进行商业贸易合作，使中国城市获得了经济全球化的外溢效益，发挥出城市人口体系的熵减效应。在参与全球经济竞争合作过程中，促使中国的城市以远高于仅依靠自我积累发展的速度实现崛起，加快了中国城市的经济增长，更多中国城市成为全球性城市，全球影响力和创新活力不断增强。

第四，从中国典型城市产生特征事实看，城市人口体系的开放化特征会促进城市从小城镇到开发园区和产业园区再到新城新区的发展。开放条件下，凭借着成本优势、资源优势、区位优势、政策优势等基础条件，地方政府设立了大量经济技术开发区与高新技术开发区，通过实行扩大国内外合作的优惠政策和深化放管服改革，提升市场化、法治化、国际化的营商环境，吸引大批制造业和现代服务业等外资企业落地，促进地方创新链产业链资金链人才链深度融合。这一过程也为地方政府带来巨大税收收入，使得城市政府拥有发展经济的动力和能力，从而为地方政府提升社会管理、公共服务水平提供了更多资金，反过来承载和吸引更多企业和人口流入，促进城市经济技术开发区与高新技术开发区高质量发展和可持续发展。

第三节　中国城市空间体系[*]

城市空间体系或城镇空间形态体系是以城镇形态为主导，各种规

　＊　作者：王雨飞，北京邮电大学经济管理学院，副教授。

模、各种类型城市在空间上形成的分布结构关系和有机整体。中国的城镇规模体系的变化除了人口向大城市集聚之外，还表现为"土地财政"驱动的土地城市化，即区域城镇在土地规模上存在的结构性关系。以城市建成区面积构建 Zipf 模型，以全国地级及以上城市为研究对象，对中国城市规模体系的空间格局进行深入研究可以发现，中国县级及以上城市建成区面积分布的年度齐普夫指数呈现下降趋势，出现了城市规模由高位次城市的建成区面积占比尤为突出、中小城市发育较弱，发展到位次较低的中小城市城市规模逐渐突出、位次较高的大城市逐渐萎缩的变化，即从城市规模分布的较不均衡发展到比齐普夫定律所描述的更均衡的特征。作为城市空间体系的支撑，城市之间的空间联系不但始终贯穿于城市空间体系的存在与发展的全过程，更是造成城市空间体系结构与动态变化的根本原因。事实上，城市空间联系在很大程度上依赖于城市之间基础设施尤其是交通运输网络系统、信息通信网络系统、能源电力网络系统的构建、连通与发展。

一　中国城市空间体系的特征事实

中国城市空间体系的特征主要总结在以下两个趋势：其一是不同空间规模的城市形成的位序规模特征以及位序变化趋势；其二是由基础设施尤其是交通基础设施体系反映的城市之间的相互作用以及联系的演进趋势。从新中国成立初期到改革开放再到经济高质量发展的今天，中国城市空间体系发生了巨大变化，不仅表现为城市空间规模的持续扩张，还表现为交通等传统基础设施建设以及互联网等新型基础设施建设均取得了重大突破，充分发挥了基础设施在国家建设中的战略性、基础性和先导性作用，中国已经成为了当之无愧的"基建狂魔"。

（一）中国城市空间面积的"规模—位序"结构从较不均衡发展到比齐普夫定律所描述的更均衡的特征

城市空间规模的衡量更多反映在城市空间面积的变化上，尤其是从城市建成区面积的变化趋势可以窥见城市空间规模的演变规律。不同规模城市在空间上有序分布，形成城市群体系的基本结构特征，是经济活动在地理上集聚的重要规律之一。评判城市规模空间分布以及城市集聚和城市体系的合理性，齐普夫定律是一个重要依据。图 7.6 是用全国600 余个县级及以上城市的建成区面积计算的城市空间规模的齐普夫指数。数据显示，1999—2021 年，全国县级及以上城市的建成区面积分布的年度齐普夫指数呈下降趋势，指数由 1.13 下降至 0.96。这说明中国城市空间体系规模分布出现了城市规模由高位次城市的建成区面积占比较为突出、中小城市发育较弱，发展到位次较低的中小城市城市规模逐渐突出、位次较高的大城市逐渐萎缩的变化，即从城市规模分布的较不均衡发展到比齐普夫定律所描述的更均衡的特征。

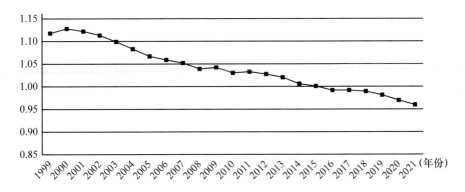

图 7.6　全国县级及以上城市建成区面积的齐普夫指数年度值

具体来看，1999—2013 年，城市建成区面积的齐普夫指数大于 1，这一阶段中国城市的空间规模体系表现出大城市比齐普夫定律描述的更大，中小城市发育相对较弱；2014—2018 年，城市建成区面积的齐普夫指数更接近于 1，此时中国城市的空间规模基本符合齐普夫法则下的城市分布，城市空间规模分布较为均匀；2018 年以后，城市建成区面积的齐普夫指数小于 1，此时中小城市的空间规模有所扩大，而位次较高的大城市其空间规模在萎缩相对不是很突出。

改革开放以来，全国城市的建成区面积稳步上升，从 1981 年不足 1 万平方千米，2021 年全国城市建成区面积总量超过了 6 万平方千米。特别是 2000 年以后，中国城市空间规模进入了高速发展时期，相比前 20 年城市的建成区面积有了飞跃式发展。按照城区常住人口将城市规模划分为超大城市、特大城市、大城市、中等城市和小城市 5 类，2000

年、2010 年和 2020 年不同规模的城市数量和建成区面积变化如表 7.4
所示。从城市数量来看，全国超大城市、特大城市以及小城市的数量增
长较快，大中城市数量呈下降趋势。从建成区面积来看，全国特大城
市、超大城市以及大城市的建成区的用地规模虽然显著增加，但其占全
国建成区总面积的比重仅为 57%，而中小城市的比重虽然由 2000 年的
52% 下降到 2020 年的 43%，其建成区面积依然占据了全国的半壁江山。
可以认为，中国城市空间体系中的大城市建成区土地增长相对较为缓慢，
而中小城市用地则相对丰裕。

表 7.4　　　　　　中国县级及以上城市数量及建成区用地
规模结构变化（2000—2020 年）

城市规模	2000 年		2010 年		2020 年	
	城市/个	用地/平方千米	城市/个	用地/平方千米	城市/个	用地/平方千米
超大城市（>1000 万人）	2	861.36	4	3884.99	7	8726
特大城市（500 万—1000 万人）	3	1306.67	4	2943.01	14	9045.88
大城市（100 万—500 万人）	95	7613.45	60	13131.39	76	17576.47
中等城市（50 万—100 万人）	136	4849.08	97	7558.9	120	11084.65
小城市（<50 万人）	349	6483.18	448	12443.87	460	15335.56
合计	585	21113.74	613	39962.16	677	61768.56

资料来源：笔者根据《中国城市建设统计年鉴》数据整理所得。

（二）不同区域的中心城市的空间规模存在差距，且城市空间规模
的差距在不断扩大

改革开放以来，东部城市的发展一直优于中西部城市。大城市大多
都集中在东南部沿海地区。因此，城市规模分布必然存在差异。考虑城
市规模与城市行政等级高相关，将全国地级及以上城市按区域划分，并

抽取中心城市分成东南部城市、中西部城市两组，其中东南部城市有 8 个，中西部城市有 18 个（见图 7.7）。从近 20 年城市建成区面积的均值变化来看，东南部城市的用地规模一直以来都大于中西部城市，而且东南部城市与中西部城市之间的平均规模的差距在逐渐增大。

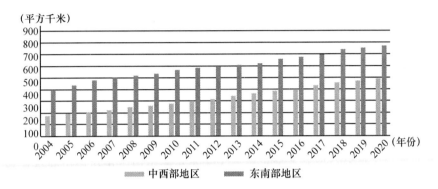

图 7.7　中西部和东南部地区中心城市建成区面积均值的
年度变化情况

资料来源：笔者根据《中国城市建设统计年鉴》数据整理所得。

如果将分区域的全部城市建成区面积均值的历年变化情况做成图 7.8 可以发现，中西部地区与东南部地区城市的建成区面积差距比中

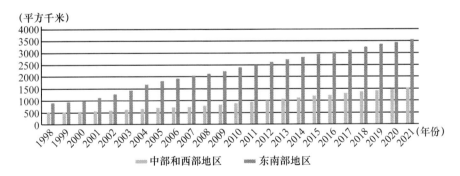

图 7.8　中西部和东南部地区全部城市建成区面积均值
年度变化情况

资料来源：笔者根据《中国城市建设统计年鉴》数据整理所得。

心城市之间的差距更大，而且这种差距在迅速拉大。具体来看，中西部地区城市建成区面积的均值虽然也呈上升趋势，但发展速度相当缓慢。在最近的 20 年，中西部地区城市建成区面积均值从 500 平方千米仅增加到 1500 平方千米，相比之下，东南部地区从 1000 平方千米快速提升，其建成区面积的均值已经超过了 3500 平方千米。两者之间的差距也从 20 年前的不到 400 平方千米变成了如今的 2000 平方千米。这充分说明中国城市空间规模的区域差距较大，城市空间规模发展并不均衡。

（三）基础设施建设起步虽晚但迭代迅速，城市间的时空距离大幅压缩

近些年，中国凭借一系列大规模基础建设和超级工程，被冠以"基建狂魔"的称号，全国层面交通工具的迭代速度加快，高速公路、高速铁路迭代了普通公路和普通铁路，大大小小的民用机场在城市间迅速普及。中国的交通基础设施已由新中国成立初期的小、慢、简、疏、单一等特征，发展为目前的大、快、繁、密、立体等特征的交通运输网络。截至 2021 年，全国基本形成了以枢纽机场为核心、干线机场为支撑、支线机场为补充的长途与短途相互交织的航线网络布局；以八纵八横主干通道为骨架、电气化改造线路为衔接、城际铁路为补充的高速铁路网也正在加速完善；高速公路网络已经覆盖了 98.8% 的城区人口 20 万人以上城市及地级行政中心，连接了全国约 88% 的县级行政区和约 95% 的人口。中国目前已建成全球最大的高速铁路网、高速公路网、世界级港口群，航空航海通达全球，综合交通网总里程突破 600 万千米，已经形成了让世界瞩目的规模巨大、内畅外联的综合立体交通运输体系，对城市间的空间距离产生了巨大的压缩效应，城市间空间联系的频繁程度显著提升，形成了"山河屹立、川流不息"的中国城市画卷。

从具体数据来看，中国公路网密度达到每百平方千米 55 千米，比 2012 年增长 24.6%，其中，新增高速公路约 7 万多千米，通车总里程将近 12 万千米，普通国道通车里程 25.77 万千米，公路总里程已逾 500 万千米（见图 7.9）；中国铁路营业里程突破 15 万千米，其中高铁超过 4 万千米，旅客乘高铁从首都北京出发，半日内即可到达 54 个城市（见图 7.10）；航空方面，新建、迁建运输机场 82 个，全国机场总数达到 250 个，全国机场总设计容量超过 14 亿人次，国内航线将近 550 万

千米,国际航线已突破 400 万千米(见图 7.11)。交通运输设施的发展不仅缩短了时空距离,也加速了物资流通和人员流动。2021 年数据显示,全国平均每天约有 6.9 万艘次船舶进出港,2.68 万架次飞机起降,快件处理接近 3 亿件。高峰时,平均每天铁路开行旅客列车超过1 万列,高速公路流量超过 6000 万辆次。一大批战略性重大工程项目托起一个流动的、压缩的、高效的网络中国。

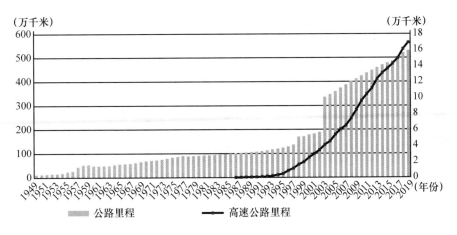

图 7.9 中国铁路、电气化铁路、高速铁路运营里程

资料来源:国家统计局。

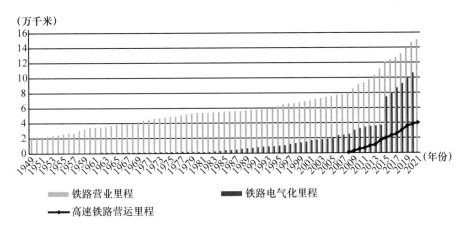

图 7.10 中国公路里程

资料来源:国家统计局。

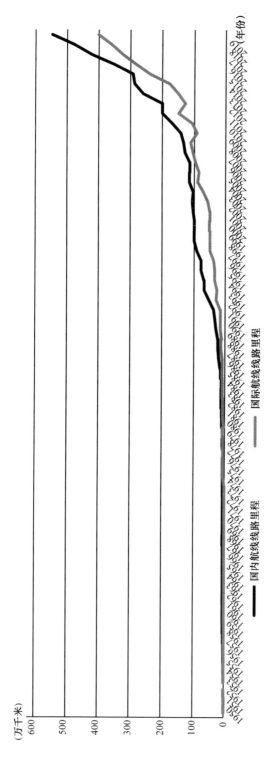

图 7.11 中国国内、国际民航线路里程 ①

资料来源：国家统计局。

① 受新冠肺炎疫情影响，航空数据 2019 年以后波动较大，图中数据截止到 2019 年。

　　除交通外，以移动电话、互连网为主的无线通信方式迭代了有线电话、有线电报等传统通讯手段，中国的信息通信业实现迭代跨越，建成全球规模最大、技术领先的网络基础设施。伴随着网络强国、宽带中国、"互联网＋"等行动的开展，光纤网络接入带宽实现从十兆到百兆再到千兆的指数级增长，移动网络实现从"3G 突破"到"4G 同步"再到"5G 引领"的跨越。2012 年全国移动电话基站数刚刚突破 200 万个，到 2021 年年末，这一数字达到了 996 万个。目前，已历史性实现全国行政村"村村通宽带"，宽带网络平均下载速率提高近 40 倍，4G 基站规模占全球总量的一半以上，建成 5G 基站达到 161.5 万个，5G 基站数量全球排名第一。在电信新技术的引领下，电子商务、电子政务、远程办公等互联网应用全面普及，移动支付年交易规模达 527 万亿元，发达的信息基础设施网络彻底改变了民众的生活习惯。互联网在生产领域的应用也正在加速拓展深化。截至目前，工业互联网高质量外网覆盖全国 300 多个城市，培育较大型工业互联网平台超 150 家、连接工业设备超过 7800 万台（套），工业互联网应用已覆盖 45 个国民经济大类。从中央到地方，包括 5G 基站、工业互联网、数据中心在内的新基建项目仍在扎实推进中，着力从算力层和算法层打造可支撑智能化时代，包括对传统基础设施的智能化改造，如智能电网、智慧铁路、智慧公路等。以创新驱动的新基建助力经济高质量发展和民生持续改善。

　　（四）中国城市基础设施网络密度逐步提高，城市空间联系的频率不断增强

　　中国的城市基础设施趋向于网络化发展的特征事实，总体呈现全国重要节点城市率先连接成网，其他城市作为支线节点陆续接入由重要节点城市组成的骨干网络。以高铁网络为例，历经十余年的发展，中国已经建成全球规模最大的高铁网络，突破了城市空间关联的邻接关系和地理距离的限制，一定程度上推动了中国城市的重新洗牌。伴随高铁网络的不断完善，城市发展也存在着跌宕起伏，重要节点城市成为了高铁网络的受益者。京沪广深在"八纵八横"高铁网络布局中扼守国家全部干线通道，可直接通达除西藏、台湾以外的所有省份；石家庄、南京、兰州、沈阳、成都这些城市从"普铁时代"延续到"高铁时代"始终

都是交通枢纽；合肥、郑州、重庆、西安、武汉、长沙、南昌、杭州、福州在"四纵四横"到"八纵八横"网络布局中华丽"转身"，成为高铁加速发展的既得利益者；贵阳、银川、南宁、昆明从曾经的边陲之地变成了如今西部地区高铁枢纽，通过跨域高铁干线如今也可直抵全国经济中心。相比之下，非重要节点城市在高铁时代却有崛起也有衰落。在"八纵八横"网络布局中，襄阳、九江、徐州的交通地位甚至可以与省会城市媲美；常德、宜昌、宜宾、赣州、桂林等城市成为国家干线通道的交汇点，交通地位的上升同时促进了经济水平的提高；然而株洲、达州、柳州等城市却因为错过了高铁干线的列车而失去了曾经交通汇集地的光辉。

事实上，中国高铁的骨干网络是以全国中心城市为重要节点构成的。2004 年，国务院批准了《中长期铁路网规划》，规划提出要"建立省会城市及大中城市间的快速客运通道以及环渤海地区、长江三角洲地区、珠江三角洲地区 3 个城际快速客运系统"。其中，"四纵四横"高铁骨干网络上共有 28 个节点城市，包括了直辖市、副省级城市、计划单列市、省会城市等 24 个全国及区域中心城市。"四纵四横"是中国高铁网络的基础，根据 2016 年新修订的国家《中长期铁路网规划》，即将形成的"八纵八横"高铁网络是对"四纵四横"网络的扩展和完善。由此可见，国家高铁网络骨架线路规划具有一定的政策倾向性，中心城市率先连接成网、非中心城市作为支线节点陆续接入由中心城市组成的骨干网络是高铁网络扩张的路径与事实。除高铁网络外，包括高速公路网络和航空网络在内的中国交通基础设网络均呈现以上特征，而且网络还在不断加密。

依托城市交通网络，城市之间形成了频繁、广泛、复杂地空间联系。事实上，城市空间联系一方面因交通基础设施的快速迭代使得城市间的空间距离大幅压缩变得更加便捷，另一方面，交通基础设施之间往来车次频率的增加也是让城市空间联系更加便捷的重要因素。往来车次的频率越高，城市间的空间关联性就越强。事实上，随着高铁的快速发展，高铁线路和通车城市不断增加缩短了城市间交通距离的同时，城市间往来车次的频率也在不断提高，到 2019 年，全国已经形成日均开行超过 6000 列的动车组列车的巨大规模。根据 2019 年 1 月《全国铁路旅客列车时刻表》，按照城市行政等级和城市规模相近的原则，我们筛选了以北京、上海、广州为出发站，以全国其他区域中心城市为到达站的城市之间往来车次数据（见表7.5）。可以看出，随着高铁的快速发展，中心城市之间的交通距离形成了大幅度的压缩，城市间的往来车次相当频繁，与高铁开通的早期相比，网络节点间通车的频繁程度还在不断提升。

表7.5　　　　　北上广到全国其他区域中心城市的距离与日通车频率

出发站	到达站	地理距离（千米）	交通距离（小时）	通勤频率（次）	到达站	地理距离（千米）	交通距离（小时）	通勤频率（次）
北京	南京	901	3.9	100	西安	917	3.9	36
	济南	366	1.7	170	大连	463	3.0	22
	郑州	624	2.3	111	沈阳	628	2.5	53
	南京	901	3.9	100	长春	862	3.5	23
	郑州	624	2.3	111	青岛	547	2.7	32
上海	武汉	691	2.7	132	南昌	608	3.0	67
	济南	730	3.2	132	厦门	822	3.7	50
	杭州	165	0.7	320	宁波	152	1.0	116
	济南	730	3.2	132	郑州	829	3.3	76
	武汉	691	2.7	132	福州	610	2.9	66
广州	昆明	1116	5.5	66	武汉	836	2.1	155
	南宁	514	2.7	148	贵阳	775	5.2	90
	杭州	1050	4.8	10	南宁	514	2.7	148
	长沙	567	2.4	255	合肥	1050	3.1	10

二　中国城市空间体系的总体机制

（一）一般机制

关于城市空间体系的形成机制，城市经济学中的城市系统理论通过引入集聚外部性和土地市场，揭示了城市系统中不同规模城市的形成机制，即集聚外部性反映的集聚力与城市地租和通勤成本反映的分散力之间的权衡。新经济地理学则通过引入垄断竞争市场结构、规模报酬递增、交易成本以及要素流动，同样揭示了区域城镇体系形成的"集聚—

分散"机制，尤其是集聚经济的内生机制。事实上，集聚经济理论的最大弱点在于将城市体系中各个城市视作彼此独立的存在，只关注城市在空间上大小差异以及"规模—位序"结构，而忽视了通过交通基础设施将不同规模的城市联系而成的城市系统，正是基于交通基础设施形成的不同城市间通过要素流动、经济交换、协作与分工，以及日益紧密的信息联系等形成了今天的城市空间体系。本书在更一般的分析框架下，认为家庭、企业和政府三主体的行为以及交互作用引起的人口资本、人力资本、物质资本、科学技术、制度文化与公共资源六要素共同构成了城市空间体系的动力循环过程来实现要素的内生增长。图 7.12 绘制了城市空间体系形成与演变的一般机制。

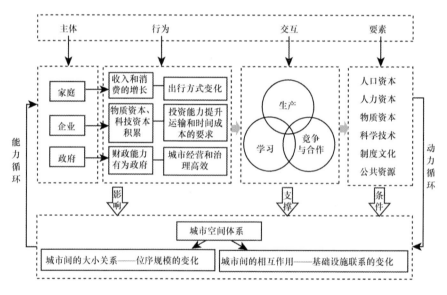

图 7.12　城市空间体系形成与演变的一般机制

家庭、企业与政府及其相应的行为是物质资本发展的原动力。首先，随着居民家庭收入和消费水平的增长，家庭行为将发生变化从而引起城市空间体系在"规模—位序"和空间联系两个层面的改变。居民家庭收入和消费水平的提高将改变人们的生活和出行方式，通过家庭的房产等投资行为、家庭迁移方向以及家庭出行方式的改变是的城市人口规模和空间规模出现调整和变化，同时城市间的联系也因此而发生变化。其次，企业作为微观经济主体，一方面通过企业规模的扩张，引起城市空间体系在"规模—位序"上的变化；另一方面通过与其他企业或机构之间正式和非正式的交流，以降低市场交易成本或自身规模发展的高成本，引起城市空间联系的变化。企业规模的扩张获得了规模报酬递增产生的集聚经济，促使人口资源、人力资本、物质资本、科学技术等生产要素趋向于在空间上聚集。与此同时，交通基础设施尤其是快速交通网络的建设提高了空间可达性带来运输成本降低的福利，使得聚集经济带来的正边际收益大于交易、运输成本产生的负边际收益，将带来城市人口规模的增加和空间规模的外扩，甚至改变了城市间的地位关系，导致城市空间体系得到演化。企业的合作行为促成了企业网络，企业的组织关系和以城市为中心、跨地区的区位决策是城市间经济联系的构建者，企业间的联系以及由此形成的企业网络承载并推动生产要素流动在城市间的流动，将城市彼此连接并嵌入城市网络，带来了城市间空间联系的变化。第三，在中国现行的体制背景下，政府在城市土地开发及其带来的城市空间增长过程中发挥着主导作用。中国城市空间增长驱动要素还需考虑中国制度背景，地方政府积极参与城乡土地流转和分权改革对城市空间增长产生影响，分权水平越高，地方政府财权和事权不平衡就越严重，因此获取额外土地出让金的激励更大，城市建设用地的供给增多。此外，通过政府行为主导的制度文化要素、公共基础设施以及公共资源要素的不断完善并逐渐纳入建成区，城市范围因此扩大。

家庭、企业与政府行为之间的交互影响通过作用于人口资本、人力资本、物质资本、制度文化、科学技术以及公共资源要素来影响城市空间体系的发展。一是家庭与企业的交互主要通过人口资源、人力资本与科学技术影响城市空间体系的发展。家庭是要素市场的供给方同时又是产品市场的需求方，在要素市场上家庭通过劳动力成本影响企业生产成本，通过自身素质和技能的提升影响企业的生产扩张和技术进步；在产品市场上通过市场需求影响企业规模的扩张，最终导致城市空间体系的变化。二是政府与企业的交互主要通过物质资本、公共资源与科学技术要素起作用。在考核体系的影响下政府之间会形成激烈的竞争，主要在于争夺优质企业的落户从而提高城市产出，在这一过程中，城市物质资本迅速积累，政府在产业发展竞争中对创新的支持政策也会引起城市科学技术要素快速提升，政府主导公共资源配套倾斜，这些终将导致本市场竞争加剧、生活成本持续提高，城市拥挤效应增强，人口、资源和技术等生产要素开始向外扩散，空间规模继续扩张。三是政府与家庭的交互主要体现在公共资源的配置、制度文化变迁和人力资本的聚集上。政府对社会、对家庭的干预，一定会引起社会中的家庭变迁，政府推行的各项宏观经济政策一定具体影响到每个家庭的行为，政府通过提供公共服务如交通、医疗等公共资源与家庭紧密联系在一起，长期以来形成了特有的制度文化，又会深切影响家庭行为。同时，政府通过教育提高人力资本水平，家庭也为政府提供了原始的人力资本积累。长期以来形成的政府和家庭交互影响下生产要素的积累与分布差异影响了城市空间体系的形成与演变。

在此基础上，家庭、企业和政府主体及其交互关系带来的生产要素的聚集与流动与城市空间体系的形成与发展之间，形成如下经济循环：一方面，从动力循环来看，经济主体及其交互关系将进一步引起人口资源、人力资本、物质资本、制度文化、科学技术以及公共资源等要素的变化，从而影响城市空间体系的形成与发展。家庭、企业和政府之间的交互关系，有效打破了区域间的市场分割，提高了城市空间关联程度，扩大了城市间联系的范围与频度，加速了劳动力、资本和技术等生产要素的区间流动，以经济往来带动城市空间联系的频繁交汇成为城市空间体系形成与变化的源泉。另一方面，从能力循环来看，城市空间体系的形成与发展也可能会引起家庭、企业与政府行为的变化以及三者之间的交互关系影响下生产要素的变化。城市空间体系下的城市空间关联依托完善的快速立体交通网络缩短了城市间的交通距离，不仅改变着居民的出行方式，也深刻改变着企业之间、政府之间的空间关联关系，进而对家庭、企业和政府主体的行为和交互作用产生影响。

（二）中国特征

中国城市空间体系长期发展的特殊条件包括中国的自然地理环境，中国制度文化的路径依赖，以及在此基础上的技术进步、人口增长和人均收入增长，还有中国与周边国家的关系。但是与国际主要国家相比，中国的城市空间体系具有如下独特之处。

第一，中国是个人口、空间大国且空间差异比较大。人口规模巨大、地域空间辽阔、地区间的资源禀赋与地理区位的差异导致城市之间的发展水平差异较大，决定了中国城市空间联系的不均衡性和多样性，由此决定了中国城市空间体系的复杂性。

第二，中国处在由计划经济体制向市场经济体制转型的动态过程。城市空间体系的形成实际上是城市空间背后的家庭、企业和政府等利益主体之间相互博弈和均衡的公共决策过程。在市场经济转型的特殊时期，由于制度环境和发展模式的制约可能会存在公平与效率的失衡，这些特色制度及其不断变革也决定着城市空间体系的形成与演进过程具有特殊性。

第三，与发达国家相比较中国处在后发地位。中国城市空间体系的发展既有不同又有共性，中国相比国际发达国家处于落后状态，这意味着中国可以充分利用后发优势，借鉴国际主要发达国家的经验和规律，避免可能存在的问题，并结合实际找到适合自身的城市空间发展路线。

第四，中国在新一轮全球化中从封闭走向开放。中国经济体系从1978年到2000年迅速完成了由封闭到开放的转变，在经济全球化迅速扩展的同时，中国加速融入了全球经济。这一时代背景决定了中国城市空间体系的形成和发展将受到内外多种因素影响。

第五，世界正在发生第四次新技术革命。中国城市空间体系的形成与演化处在第四次新技术革命的过程中，以信息科技、人工智能技术为引领，新技术革命不仅深刻改变全球产业体系，也深刻改变人类交互的交通与通信工具及基础设施。基础设施手段的改变使得城市空间联系可以超越时空的限制，智慧交通、大数据平台、5G等新技术的突破，从而在较大程度上影响了中国城市空间体系的变化。

（三）中国框架

基于城市空间体系形成与发展的一般机制，并结合中国城市空间体系长期发展的特殊条件，本书提出城市空间体系的中国框架：家庭、企业和政府行为的特征事实以及三者的交互关系共同决定了今天的中国城市体系；反之，中国城市体系的特征事实也影响了家庭、企业和政府以及三者的交互关系所形成的特征事实。

首先，家庭、企业和政府行为以及由此产生的人口资本、人力资本、物质资本、科学技术、制度文化和公共资源六要素对中国城市空间体系的形成产生了深远影响。一是中国人口资本的积累、家庭收入、消费和投资的增长以及中国城市家庭住房呈现的跨越式发展，使得城市建成区面积不断向外扩张，不同层级的城市在空间规模上出现了更加均衡的发展，而且中小城市空间规模扩张较快。二是城市经济体系存在的东西差距和南北差距、市场的空间分化、物质资本发展的区域分化特征、金融资源区域分布差异尤其是核心区域与中心城市显著的金融集聚效应以及科技要素资源向中心城市聚集等因素导致了中国城市空间规模的差距在不断扩大，尤其是区域间中心城市的空间规模存在较大差距。三是中国正经历人口红利驱动经济增长转变为人才红利驱动的转型时期，全国各级教育规模快速扩大，家庭教育支出持续上升，为国家储备了丰富的人力资本，这为大型基础设施的建设提供了重要人才保障。四是中国快速城市化过程中物质资本迅速增长、物质资本发展的来源具有多样化特征，为大型基础设施的建设提供了重要物质保障。五是中国城市科技创新成果持续增加，中国城市科技从学习引进科技要素主导，到模仿创新科技要素主导，向自主创新科技要素迈进，都为大型基础设施的建设提供了重要科技保障。六是中国城市政府深度参与城市发展，地方政府拥有规模庞大且以财力性资产为主的净资产，中国特色社会主义基本经济制度的独特性优势，为大型基础设施的建设提供了重要制度保障。有力的人才保障、科技保障、物质保障和制度保障这正是中国基础设施建设起步虽晚但却能做到迭代迅速的重要原因。

其次，家庭、企业和政府行为产生的三大交互关系，即生产、学习和创新、竞争与合作对中国城市空间体系的形成产生了重要推动作用。一是中国的产业体系正在经历从国内循环到国际循环再到国内国际双循环的格局转变，产业规模体量高速发展，制造业在经历高速增长，尤其是与产业发展相配套的城市金融深化趋势明显，为中国城市空间面积的扩张以及不同层级城市空间规模的均衡发展奠定了基础，产业发展促使中小城市的空间规模扩张较快。二是中国城市学习与创新能力不断增强，从单一重复模仿到渐次的城市学习和创新体系形成；从零碎片面学习到多层次学习和创新主体协同系统的演化；中国城市在学习中模仿创新，斐然成绩助推中国"基建狂魔"奇迹的形成。三是中国城市从竞争主导的竞争与合作到合作主导的竞争与合作；中国城市在全球城市竞争与合作中集体快速崛起和集体发展；中国城市之间竞争与合作经历了从劳动力主导到外资主导、到土地主导、再到人才主导的过程，共同推动了中国城市空间体系"规模—位序"特征的形成，也助推中国城市间庞大、复杂、立体的基础设施体系的形成。

最后，中国城市空间体系的形成与发展也会引起新一轮家庭、企业与政府行为及其交互变化，进而引起人口资本、人力资本、物质资本、科学技术、制度文化与公共资源要素的变化。一是中国城市空间面积的"规模—位序"结构从较不均衡发展到比齐普夫定律所描述的更均衡的特征，大城市建成区土地面积增长趋缓，中小城市的空间规模扩张较快的特征事实，会改变家庭的劳动力供给决策，从而对人口资源要素产生影响。二是中国基础设施建设迭代迅速，城市基础设施网络密度逐步提高将加速城市资本的积累，城市空间联系的加强将有助于城市物质资本积累来源的多样化。三是在生产过程中形成的"干中学"、技能培训以及就业竞争都将推动人口素质和受教育程度的提高，对实现城市人力资本要素的快速积累起到重要作用。四是中国基础设施体系的发展客观上为知识生产部门的产生与扩大以及科技成果转化提供了条件，从而引起科技技术要素的变化，促进中国城市学习与创新能力不断增强。五是便捷的交通基础设施体系将城市紧密联系在一起形成了庞大的城市网络，有利于全国统一大市场的形成，同时也推动中国建立并完善了开放、法治化、国际化的市场化制度，激发了创新、创业的社会文化，引起制度文化要素的变化。六是城市空间规模的扩张以及城市基础设施体系的完善提高了城市政府公共产品供给的数量与质量，从而引起城市教育、交通、医疗等公共资源要素的变化。

三　中国城市空间体系的影响机制

（一）城市空间体系的形成与发展离不开物质资本积累和城市金融的支持

中国城市空间规模的均衡发展以及城市基础设施体系的建设与完善发生于中国经济高增长的年代，基础设施的瓶颈和国家投资能力的增强为发动基础设施建设提供了重要条件和保障。近年来，城市金融体系的深化发展使得金融服务实体经济的水平逐年提高，形成了坚实的资本积累，在多方面影响了城市空间规模的扩张和基础设施的投资：一是金融发展带动了经济水平的提升，促进了国家大型基础设施建设工程的顺利实施；二是资本积累构筑了新的金融市场环境，促进基础设施产生了新的投融资模式，拓宽了交通基础设施的融资渠道，使民间资本能够参与到基础设施的建设中，起到缓解政府在交通基础设施建设过程中的压力的作用，提高了融资的市场化程度；三是金融发展提高了交通基础设施企业的投资效率，尤其表现在信用体系的完善，明确了交通基础设施投融资过程中的权责划分，对融资双方起到了维系信用关系的作用，同时提升了企业在交通基础设施投资方面的效率，降低了交通基础设施投融资的风险。

（二）中国城市空间体系的形成与中国的人口资源和人力资源优势分不开

改革开放以来，中国劳动力总量和劳动力比重的快速增长为经济发展提供了充足的低成本劳动力，较低的老龄化水平促进了经济积累，由此形成传统人口红利效应。巨大规模的农业人口存量相当于建设中国经济的人力资源"蓄水池"，通过大规模农业人口向城市的非农产业迁移和聚集推动了城市空间规模的均衡发展和城市基础设施的建设。中国新产业工人拥有难得的质量比较优势，吃苦耐劳的精神和心灵手巧的技能，塑造了新产业工人干事创业的本领。因此，新产业工人成为了大型基建的中坚力量，同时也带动了中国的城镇化进程。此外，教育水平提高和寿命延长促进了人力资本水平提高，使得中国城市基础设施建设能保持竞争优势，这是中国城市基础设施技术来源由国外引进转向自主创新的底气。人力资本的提升具有要素集聚功能，即人力资本存量增加会造成其他生产要素集聚，促进技术升级，这对城市基础设施建设具有重大推进作用。

（三）中国城市空间体系的形成与发展得益于一个科技迅速发展的伟大时代

改革开放为外国引入带来科学技术，同时通过引进消化在吸收到集成创新再到原始创新提供了重要条件。但是仅仅依靠技术引进是不足以实现技术进步的。中国城市基础设施体系尤其是高速铁路技术的发展是从国外引进路线转向自主创新和开发的。这个过程虽然是从大规模引进技术开始，但中国并没有完全或纯粹依靠技术引进，因此，中国城市基础设施的建设也没有陷入技术依赖状态。从新中国成立至今，中国城市基础设施建设的技术进步是建立在中国工业的能力基础之上的，使技术引进成为自主开发的补充而不是替代，高速铁路、国家电网等大规模基建也为中国工业提供了持续技术创新的应用机会。

（四）中国一以贯之的制度优势和丰富的公共资源为城市空间体系的形成提供了制度保障

城市空间规模的调整既是市场行为也由政府主导，中国政府深度参与城市发展，中国特色社会主义基本经济制度的独特性优势，可以形成全国城市空间规模的统一规划和指导，保证城市空间规模的有序发展，推动城市空间用地更加符合"规模—位序"法则，实现均衡发展。城市基础设施体系如交通、能源、通信系统一定是大型技术系统，其开发、建设和运营涉及多个行动主体，包括企业、政府和监管机构。大型技术系统包含许多有区别但互相联系在一起的系统，其中每个系统都执行独立的任务，但被"集成"起来完成一个共同的目标；它们同时也具有明显的层级，由此构成了大型、复杂、多主体的庞大系统。一方面，系统要想正常运行，其内部涉及的多个企业、研发单位等市场主体之间需要高度配合，还需要征地、环保和地方政府的合作，这必定需要受到系统集成者的协调，这时一个强有力、高效的政府就要发挥重要作用。政府的作用不仅在于从顶层制订政策，更重要的作用在于巧妙运用激励制度和优化资源配置的能力。另一方面，城市基础设施体系具有公共属性，其投资与回报之间的超长期关系以及社会评价带来的政治压力等因素并不允许政府超脱于市场竞争，中国的市场化改革进程为城市基础设施体系的形成与发展提供了基础动力。

四　中国城市空间体系的作用机制

均衡发展的城市空间规模以及良好的城市基础设施不仅推动城市的建设的良性发展，更能保障居民生活的便利与质量的提高；城市空间规模和基础设施是城市各种生产要素集聚的物质基础，是城市存在和发展的物质条件。城市空间规模是家庭、企业等重要经济主体生活和生产的空间载体，城市基础设施体系是实现不同规模、层级城市空间联系的重要手段，是城市间生产要素流动的基础，是全社会生产、分配、交换、消费各个环节得以正常进行的重要桥梁和纽带，对国民经济和社会发展发挥着举足轻重的保障和促进作用，尤其是现代的交通发展使得各区域、城市连接起来，促进了资源的合理配置、专业化的合理分工、工业化以及城市化的稳定发展，对国家和地区的经济起着非常重要的推动作用。

（一）中国城市空间体系对企业和家庭生产生活的影响

1. 对企业行为的影响

大中小城市用地空间规模的均衡发展以及城市基础设施体系的建设与改善，拉近了不同规模、不同层级城市以及工业中心之间的距离，有利于形成统一的市场竞争机制，为企业的发展提供了良好的环境。一是城市空间规模的均衡发展为企业生产留足了发展空间，企业基于成本的考虑，会在本地集聚外部性与城市规模带来的集聚规模不经济（如高昂的地租或通勤成本，以及拥堵和污染等）之间的权衡，当大城市由于城市病带来的负效应高于企业因规模报酬递增取得的收益时，企业将选择向外迁移，城市空间规模的均衡发展为企业降低了企业的选择成本。二是城市基础设施体系的快速发展打通了中国区域分割的脉络，加速且扩大了创新要素空间流动的速度和规模，带动了越来越多的中国企业提高创新能力，让中国经济重新沸腾起来。三是便利的城市基础设施，在很大程度上成为企业吸引投资的重要因素，也有利于资本的有效流动和合理配置，克服生产中的瓶颈状况，实现企业效益的最大化并完成进一步扩张。四是节约企业交易和运输成本。企业资本的配置与交通运输成本密切相关，当交通运输成本昂贵时，企业可配置资金中就要划分出很大一部分用于交通运输。节约成本相当于对企业资本配置进行了优化，这对于优化企业融资结构、投资结构、提高资本产出率都有重要意义。五是城市基础设施体系将有效改善企业所在城市的投资环境，提高交通沿线地区的区位优势，从而吸引更多的外商投资，间接地促进了对外贸易的发展。

城市基础设施体系尤其是快速交通网络体系将不同规模、不同等级的城市连接成网，城市包含的企业也随即连通组成了庞大的企业网络，尤其可以促进企业的合作创新。快速交通网络突破了城市间的地理边界，企业对外合作的空间半径得到延展，合作创新的市场扩大，可选择的合作对象与合作机会增加，通过拓展企业合作的扩展边际影响企业创新合作行为，实现了对企业合作创新数量的空间优化。快速交通网络还优化了企业之间创新合作的空间布局，快速交通网络对企业合作创新的影响具有方向上的选择性，企业之间的"强强联合""强弱合作"等多样化的创新合作模式不仅促进了优质企业之间的合作创新，还起到了对落后地区、落后企业的带动作用。此外，快速交通网络可以通过降低低质量的企业创新合作，并进一步提高近距离范围内高质量的企业创新合作，实现对企业合作创新质量的空间优化。图 7.13 是 2005—2019 年连通高铁和未连通高铁城市上市公司合作申请专利总数，整体来看，连通高铁和未连通高铁城市上市公司合作申请专利总数均呈现总体增长的趋势，但连通高铁城市的增长速度显著高于未连通高铁城市；具体来看，连通高铁与未连通高铁城市合作专利数量差距从 2009 年开始逐渐增大，在 2016—2018 年前后达到最大。

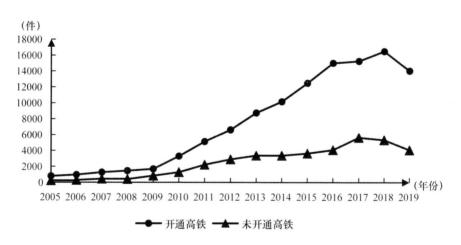

图 7.13　2005—2019 年连通高铁和未连通高铁城市上市
公司合作申请专利总数

2. 对家庭生活的影响

城市基础设施的快速迭代和城市空间规模的均衡发展对居民的影响主要在两个方面，其一是对居民出行的影响，其二是对居民消费的影响。城市基础设施体系的重要组成部分是快速交通网络的发展，交通网络的优化为居民出行提供了极大便捷，在运输途中提供的个性化的服务，提高人民的幸福感与获得感。便捷的交通运输系统为人们生活水平的改善提高、娱乐文化活动等方面的发展都起着重要的推动作用，大大方便了交流活动的开展，在交流过程中有利于改变传统的思维模式，拓宽城市发展的思路，也从另一层面为城市经济的发展提供良好的社会环境和源源不断的动力支持，从而更好地促进城市经济的发展，使人们享受出行的快乐。

随着快速交通网络化的发展，企业商品运输成本大幅下降，使得产品价格有所下降。水陆空联运的物流方式扩大了商品的交易覆盖范围，使得商品经济进一步发达，丰富了产品种类，消费者有了更多更好更有性价比的选择，在互联网加物流的配合下提升了消费的便捷性，进一步扩大了消费规模。交通运输效率和能力的发展，使得消费商品和服务种类日益增多，消费方式新颖多样，为城镇化整体的发展带来了新的高层次消费观念，从质的方面优化了消费结构，最终促进了消费结构的升级，刺激了消费的潜力。

（二）中国城市空间体系对工业生产和工业体系空间分布的影响

1. 对产业发展和产业结构调整升级的影响

城市基础设施体系尤其是快速交通网络的迅速发展，通过吸引优质资源要素集聚，衍生出新产业类型或新型服务功能，促进城市现代产业体系重构和升级。一方面，现代化的城市基础设施体系的建设与发展对产业转型发展带来了直接的促进作用。主要体现在现代化城市基础设施的建设需要攻克众多高精尖技术，从而必将直接带动一系列高新产业的发展。另一方面，现代化的城市基础设施体系的建设与发展对产业发展带来间接影响。具体表现在交通建设会提升城市的交通便利度，增强城市的可达性，从而不仅会促进城市人口增长、要素流动，在一定程度上促进城市第三产业的迅速发展，有利于产业结构升级，推动产业结构趋向合理化、高效化，同时还起到调整能源配置的作用。

优良交通基础设施是吸引要素流入的重要条件，提高城市间交通基础设施水平也就提高了地区的"聚合力"，能够促进工业活动向本地区集聚，尤其对于经济水平较为发达的大城市而言，提高区域内城市间的交通基础设施水平对工业活动的集聚作用更强。从更大范围来看，提高跨区域的区际交通基础设施水平会降低生产要素和工业产品在地区间的运输成本，从而改变工业活动的空间分布。现代化的基础设施体系加速并优化了产业布局的调整，这一过程促进了区域分工和优势互补。此外，在城市基础设施体系得到迅速发展之后，对工业产品的出口与进口，工业技术的学习与提升都有很大意义，运输网发达带来了运输成本的降低，有利于国内工业产品在海外的推广。

2. 对工业体系空间布局的影响

新中国成立以来，中国的工业空间分布经历了政策导向到市场导向的转变，形成了沿京广、京沪、哈大等重要铁路干线建设的工业基地，沿黄河流域布局的能源开发工业带，沿长江流域以上海、南京、武汉、重庆等城市为中心的沿江工业带，沿海地区集中的长三角、珠三角、京津唐等工业经济核心区的基本格局。中国城市在地理区位、经济基础、资源禀赋、基础设施、市场化水平等诸多方面存在显著差异，不同区域内工业集聚水平存在的巨大差异，其影响因素也是极其复杂的。然而，从中国工业体系的基础布局不难发现，现代交通基础设施的网络化建设是形成今天的工业体系空间布局的基础条件。城市基础设施体系尤其是现代化的快速交通网络体系影响了城市之间的要素流动，改变了城市间的要素禀赋差异和资源条件，对中国工业集聚和工业转移现象起到了至关重要的作用。城市交通基础设施体系强化了核心城市因其要素优势对工业企业产生集聚力，同时也会因拥挤效应对工业企业产生分散力。在交通便利化以及成本优势的吸引作用下，边缘城市会产生对中心区工业企业的"拉力"。最终结果是中心区产业实现调整或升级，传统产业向边缘区转移或扩散。在上述产业集聚和转移过程中，交通基础设施的网络化布局会对其产生加速和促进作用。

（三）中国城市空间体系对中国城市体系、经济体系和城乡体系的影响

1. 对中国城市体系和经济体系的影响

中国城市空间体系在规模上显示出以下两个特征：其一，空间面积的"规模—位序"结构从较不均衡发展到比齐普夫定律所描述的更均衡的特征，尤其表现出大城市建成区土地面积增长趋缓，中小城市的空

间规模扩张较快的特征；其二，不同区域的中心城市的空间规模存在差距，且城市空间规模的差距在不断扩大。以上两个特征直接影响了中国城市体系由单层级、单中心向多层级、多中心演变，城市体系由小规模、小范围向大规模、大范围发展，城市组织由孤立松散型逐步向开放联结集群化演变。中国城市空间体系在空间联系上体现出的基础设施体系迭代迅速，网络化程度高等特征也深入影响了中国城市体系的城市联系由垂直等级联系逐步向水平网络联系演变。具体来看，中国城市基础设施体系在新中国成立尤其是改革开放以来得到了快速发展，逐步形成了系统完备、高效实用、智能绿色、安全可靠的现代化城市基础设施体系，建设方式基本实现绿色转型，设施整体质量、运行效率和服务管理水平达到国际先进水平。城市基础设施体系尤其是综合交通运输网络展现出了惊人的交通运输能力、超高的运行效率以及强大的服务质量，交通运输成本大大降低，极大地满足了社会和国防建设对运输的需求，提高了国家和地区之间的联系，为全社会经济的快速发展起着重要支撑作用。

由航空、高铁和高速公路组成的快速、立体交通网络，其网络特征影响了中国城市的空间联系，进而影响了中国城市空间体系的格局形成和演变。首先，航空网络的跨越性和等级性特征以及高铁网络的地缘属性和邻接属性强化了城市空间格局的点团状分布格局，少数中心城市成为交通网络的控制中心。与此同时，随着快速交通网络的扩张与加密，处于地理劣势的内蒙古、海南、川鄂渝、陕甘宁、云贵川等地区通过实现重点城市之间的交通联通，加强了与全国中心城市的联通；通过对东中部苏北、皖北、豫南、闽西、粤西等快速交通网络薄弱区域的强化建设，有效推动了以上地区经济的平稳快速发展，而且原本地处相对薄弱的边缘地区的贵阳、昆明、南宁等省会城市如今甚至成为全国经济发展的先驱。

中国快速交通网络正在扩大快速交通网络覆盖率的同时需要提高网络密度改善交通网络结构，尤其重点支持了中小城市、山区城市、内陆沿边城市、少数民族地区等边缘城市改善交通环境，实现边缘城市从"点对点"到"点对网"的升级，将更多城市纳入"一小时、两小时经济圈"，提升边缘城市与中心城市互融互通的网络效能，促进了边缘城市与区域中心城市的空间关联，优化了中国城市空间体系的格局。

以高铁网络为例，高铁网络使得城市空间关联突破了邻接关系和地理距离的限制，一定程度上推动了中国城市的重新洗牌，中心城市成为高铁网络的受益者，而非中心城市在高铁时代却有崛起也有衰落。为揭示非中心城市嵌入高铁网络的程度与其经济发展水平之间的关系或潜在规律，我们将 2010—2018 年非中心城市每年直接和间接连通的中心城市数量做了加权标准化处理，得到非中心城市高铁网络嵌入度指数，并按样本城市历年指数均值分成嵌入度高、低两组，分别绘制了两组城市人均 GDP 均值的变化趋势（见图 7.14）。可以明显地看到在高铁网络建设的早期年份，两组非中心城市的人均 GDP 差距并不明显，但 2012 年后，随着干线高铁线路的大规模通车，嵌入度高与低的两组非中心城市人均 GDP 均值之间逐渐拉开了差距且不断扩大。从数据的变化来看，嵌入高铁网络的程度差异确实对非中心城市的经济发展水平产生了不可忽视的影响。因此，可以说中国城市空间体系的发展尤其是交通基础设施体系的发展对中国经济体系的空间重塑起到了重要作用。

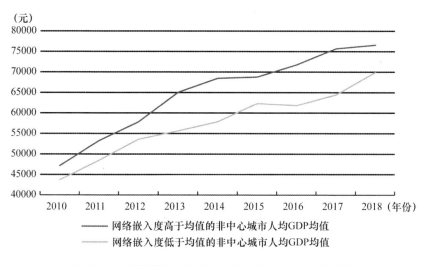

图 7.14　网络嵌入度与非中心城市人均 GDP 变化趋势

2. 对中国城乡体系的影响

中国城市空间体系在"规模—位序"上的均衡发展，尤其是中小城市用地规模加速扩张的特征对中国非农经济快速发展具有重要作用，中小城市的快速发展使得中国城市化滞后问题逐渐消除，土地城镇化从稳步增长进入快速推进期。城市基础设施体系尤其是现代快速交通基础设施的建设能够有效带动生产要素的流动，而生产要素的流动是城镇化发展有的主要推动力。在交通运输较为落后的阶段，高额的运输成本限制了城市间的经济往来，大多数企业会把城市经济发展水平作为选址的首要条件，落后的交通条件将经济的多样化限制在市场集中的大城市范围内。随着快速交通网络的发展，缩短了城市间的距离，地理距离的约束不断减弱，长距离的商品运输成为可能，围绕着中心城市的腹地市场开始增长，中等城市和小城市开始出现，促进了聚集经济效应的充分发挥，推动了城市向外分散型发展，出现了大都市圈、城市群。另外，快速交通网络的发展让人口迁移通道的阻力不断减弱，城市的宜居环境、更多的就业机会和非农产业的吸引力对农村人口向城市迁移的"拉力"不断增强；于此同时，农村地区也有更多机会承接产业转移带动当地经济不断发展，使得城镇化水平不断提高。

第四节　中国城市经济体系[*]

　　改革开放以来，中国城市经济体系发生巨大变化。城市经济体系的重心从内陆转移到沿海，并出现了由北方向南方转移的新趋势，城市经济体系发展的动力也由外循环主导向双循环新发展格局变化，城市产业体系经历了由轻工业到重工业再到服务业、特别是知识密集型服务业的转变，而城市经济体系中要素竞争关系则经历了由物质资本主导向人力资本主导转型的过程。本节在梳理中国城市经济体系发展特征事实的基础上，总结城市经济体系发展的一般机制，提炼中国城市经济体系发展的中国框架，探讨中国城市经济体系发展的影响机制与作用机制。

　　[*] 作者：曹清峰，天津财经大学现代经济管理研究院，副教授；刘凯，中南财经政法大学工商管理学院，硕士研究生导师。

一　中国城市经济体系发展的特征事实

改革开放以来，伴随市场化、工业化、城市化与全球化的进程，中国城市经济体系迅速发展，城市经济体系的格局、发展动力、产业关联以及要素竞争关系等都发生了复杂而深刻的变化，主要体现在：一是城市经济体系重心出现了由内陆向沿海、北方向南方转移的趋势。改革开放以来东部沿海城市率先开放，改变了计划经济时代内陆与沿海的均衡发展格局，在市场机制的作用下要素向东部沿海地区集聚，从而导致了中国城市经济体系的重心由内陆向沿海移动；随着改革开放的进一步深化，南方与北方城市转型速度的差异又引起了城市经济重心由北方向南方的新一轮转移。二是城市经济体系的发展动力由外循环主导逐渐转变为双循环驱动。1978—2008年，对外贸易、FDI等外循环因素对中国城市经济体系的影响不断上升，2008年国际金融危机后外循环因素的影响下降，而国内大市场等内循环因素对中国城市经济体系的影响不断上升。三是城市经济体系的产业关联经历了由轻工业到重工业、再到知识密集型服务业的升级。改革开放初期至90年代初，基于劳动力比较成本优势，中国城市产业关联主要以劳动密集型的轻工业为主导；90年代初至"十二五"时期，中国城市重工业为主导的态势增强，轻工业的比重不断下降；在此基础上，知识密集型服务业得到了迅速发展，在城市经济体系产业关联中占据了主导地位。四是城市间的要素竞争由物质资本主导向人力资本主导转变。改革开放以来物质资本的相对稀缺导致城市间在要素竞争上主要以招商引资争夺物质资本为主，但在2008年之后，随着物质资本回报率的下降，产业转型升级的要求使得城市间在要素竞争上更加注重对人力资本的争夺。

（一）城市经济体系重心由内陆向沿海、由北方向南方转移

改革开放引起了中国城市经济体系重心由内陆向沿海转移。新中国成立初期，国家在政策上向北方倾斜，"一五"期间156项重点工程70%以上布局在北方，第一批新工业城市，即八大重点城市（包括西安、武汉、太原、兰州、成都、洛阳、包头和大同）全部分布在内陆省份，北方城市尤其是华北地区、东北地区发展领先于东部沿海地区。

1978 年，中国东部地区城镇化率仅为 15.73%，而东北地区为 37.01%。[1] 1981 年，中国城区人口超过百万的大城市共 18 个，其中北方地区 12 个，南方地区仅有 6 个。1984 年后，中国改革重点逐步从农村转移到城市，从内陆转移到沿海，从计划经济转向市场经济，从内向经济转向外向经济，推动了城市经济体系的重心从内陆转移到沿海，打破了改革开放初期的城市格局。

随着改革开放的进一步深化，中国城市经济体系出现了由北方向南方转移的新动向。经过改革开放 40 多年的发展，南方城市快速崛起，不仅形成诸如长三角、珠三角等大规模城市群，还形成了一批重量级的世界产业集群。中南部省市，特别是长江中下游省市和西南地区省市，也进入了工业化驱动的快速增长期。与此同时，北方和内陆部分城市面临资源枯竭、投资拉动减弱、产业结构调整等问题，经济增速放缓。南北城市实力对比变化明显，经济差距不断扩大。1988 年全国 GDP 前 20 强中，南方城市占据了 11 个，南方省市占全国 GDP 总量的 57.4%；2021 年，全国城市 GDP 前 20 强中，南方城市占据了 15 个（见图 7.15），南方省市占全国 GDP 总量的 64.7%。[2]

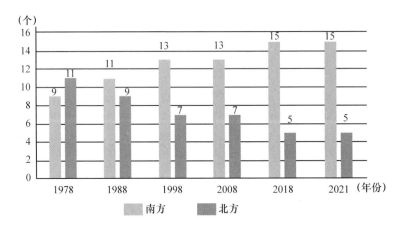

图 7.15 中国城市 GDP 前 20 中南方与北方城市数量变化

---

① 徐林、范毅：《改革开放 40 年中国的城市化：经验、问题和出路》，中国发展出版社 2019 年版。

② 笔者根据 CEIC 数据库数据整理所得。

（二）城市经济体系的发展动力由外循环主导向双循环驱动转变

改革开放之前的计划经济时期，中国城市经济体系是由内循环主导的。新中国成立初期，以美国为首的西方发达国家对新中国采取政治敌视和经济全面封锁政策，新中国的对外开放只能是对苏联和东欧社会主义国家的有限开放，城市间的经济联系主要在国内发生，且由于华北、东北等地区的城市工业基础较好，它们之间的经济联系网络密度远超过同时期的东部沿海地区和内陆其他省市。

改革开放使得外循环在中国城市经济体系中的地位上升。1978年后，中国实行从沿海到内陆、从局部到整体的渐次开放政策，逐步明确了出口导向型的工业发展目标，推动了城市联系从国内扩大到国际。一些东部沿海城市迅速抓住改革开放提供的便利条件，积极利用外资，大力发展出口加工和贸易，率先融入全球分工体系，沿海地区主导全国对外联系的中心地位逐渐确立起来。在叠加改革红利和港口水运优势下，东部沿海一直是中国开展国际贸易的活跃地区，也是接纳外商直接投资的前沿阵地。从贸易规模和体量上来看，东部沿海地区优势明显。2017年，在36个主要中心城市中，东部城市占据了货物进出口总额的84.2%，占全国货物出口总额的48.69%，几乎是中国对外贸易的半壁江山。从外商直接投资流入来看，中国直接吸收的外商投资85%以上集中在东部沿海地区，实际吸收的外商投资70%以上集中在珠江三角洲、长江三角洲和环渤海湾三大核心区。

2008年后，随着外循环作用下降，中国的超大市场规模优势不断凸显，此时中国城市经济体系的发展也开始进入双循环新发展格局。在构建"双循环"新发展格局的趋势下，中国正在加快形成全国同一大市场，地区市场交易壁垒逐渐削弱，沿海与内陆城市的经济联系将不断得到加强，最终形成陆海内外联动、东西双向互济的开放格局。

（三）城市经济体系的产业关联经历了由轻工业到重工业、再到知识密集型服务业的升级

改革开放初期至90年代初，中国城市产业关联以轻工业为主导，此时轻工业比重不断攀升，轻重工业结构不断协调，服务业发展进入补偿阶段。该阶段，中国贯彻"调整、改革、整顿、提高"方针，压缩工业基本建设规模，放慢了重工业的发展速度。重工业的服务方向和产

品结构得到调整，老企业的技术改造取得成效，纺织轻工等消费品工业获得了很大发展。沿海城市加快吸引外资，大力发展出口加工业和三来一补贸易等，推动了劳动密集型制造加工业比重上升。1978—1991 年，轻工业比重从 43.1% 上升至 48.4%，上升了 5.3%。[1] 与此同时服务业在该时期迅速上升，改变了重生产、轻流通、轻服务的城市发展模式。

90 年代初至"十二五"时期，中国城市间产业关联以重工业为主导的态势增强，轻工业的比重不断下降，服务业发展增速变缓。该时期地方政府为追求政绩大力发展短期能见效的加工制造业，从而促使 90 年代中后期工业产出比重不断提高，到 2001 年，重工业占据了全部工业 60.57%，而轻工业的比重则下降到了 39.43%。[2] 2001 年入世之后，中国城市迅速而全面融入全球经济体系，工业尤其是制造业迅速发展，并逐步取得了"世界工厂"的地位。

2011 年后，城市服务业无论在产值结构还是就业结构上，都超过了工业，产业联系进入服务业主导阶段，并向知识密集型服务业升级。2011 年前服务业虽然得到快速发展，但房地产和其他产业占据了较大比重。在"土地财政"刺激下，以房地产为代表的消费性服务业发展大大超前于研发、金融、物流等为代表的生产性服务业。在新一轮科技革命和产业革命的带动下，中国涌现一批新经济、新业态、新模式，信息经济、共享经济、平台经济、数字经济等蓬勃发展，不仅形成一大批规模庞大的新兴服务业，也推动了研发、金融、物流、商业、信息与通信等为代表的知识密集型服务业比重不断上升，促进着城市产业结构由轻重工业主导向高质量发展的服务业过渡。

（四）城市经济体系的要素竞争由物质资本主导向人力资本主导转变

改革开放以来，得益于城乡二元经济转型过程中的人口红利，物质资本相对于劳动力在长期内都保持了相对稀缺的状态，从而维持了较高的资本回报率。因此，城市间的要素竞争长期以来都以物质资本要素的竞争为主。改革开放初期，在出口导向的工业化发展目标下，沿海城市等地区积极承接国际产业的梯度转移，通过招商引资等大力发展贸易加

---

[1] 笔者根据 CEIC 数据库数据整理所得。

[2] 笔者根据 CEIC 数据库数据整理所得。

工。20 世纪 90 年代初至"十二五"时期,城市间在物质资本要素的竞争上更加激烈。该阶段中国经历了市场化体制改革和加入世界贸易组织,在市场化改革和制造业全球化浪潮的带动下,城市的工业从出口加工、初级制造业、轻工业走向重工业、高技术,重工业比重的主导态势增强。特别是 2001 年后,外商直接投资大量涌入,东部沿海城市的新设外商投资企业数量不断增加,物质资本要素在推动城市经济发展中起到重要作用。

2008 年国际金融危机以后,随着物质资本回报率的明显下降,知识密集型工业和服务业越来越成为城市经济增长的重要引擎。该阶段,中国劳动力的成本优势逐渐消退(见图 7.16),农民工规模增速下降,全球政治经济不确定性增加,过去城市发展所依赖的内部条件和外部环境都发生了剧烈变化,经济发展模式从依靠增加要素投入的粗放型高速增长,转变为依靠技术进步和人力资本的集约型增长。因此,城市间的竞争转向了针对人力资本特别是高素质人力资本的竞争。

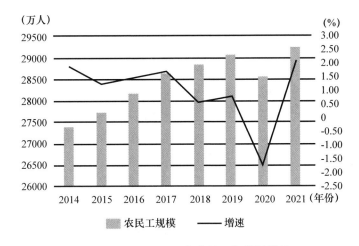

图 7.16　2014—2021 年农民工规模及增速

在上述特征事实基础上,本书认为未来中国城市经济体系的演变将会出现以下趋势:一是城市经济体系的重心将加速向南方转移。伴随东北地区、黄河中游地区等资源枯竭型城市的收缩衰落,人口资源、产业资源、创新资源进一步向东南地区集中,中国城市经济体系中的南北差距将加大。二是双循环新发展格局下中国城市经济体系将更加协调。随着"双循环"新发展格局的建立，沿海与内陆、内陆与外围的交往空间将进一步拓展，达成陆海内外联动、东西双向互济的均衡状态，有助于形成区域间平衡发展的格局。三是在新一轮产业革命和科技革命的推动下，知识密集型服务业在城市产业中的引领作用会越来越突出。特别是在数字技术革命下，数字产业化与产业数字化将使得高素质人力资本集聚成为影响城市在城市经济体系中地位的主导因素。

二 中国城市经济体系发展的总体机制

(一) 一般机制

城市经济体系是不同城市通过产业、要素关联形成的经济系统。家庭、企业与政府的集聚与扩散行为以及由此带来的空间经济规模报酬递增对城市经济体系的发展起到了关键作用。一是家庭的集聚与扩散行为主要体现为人口资源与人力资本要素的集聚与空间流动。要素市场上人口资源与人力资本要素的集聚会形成劳动力池效应，产品市场上人口资源的集聚意味着市场规模的扩大，从而产生本地市场效应，这会导致要素与产品市场上的规模报酬递增；同时，人口资源与人力资本的空间流动会影响城市间的要素与产业关联，引起城市经济体系空间分布格局的变化。二是企业的集聚与扩散行为主要体现为物质资本与科学技术要素的集聚与空间流动。物质资本中固定资本的集聚是导致企业生产中存在规模报酬递增的重要原因，物质资本的空间流动会带动产业在城市间的转移，影响城市经济体系中的产业关联；而科学技术要素集聚带来的技术进步会影响城市经济体系的长期增长速度，其空间流动也是推动城市经济体系转型升级的重要因素。三是政府行为主要体现为制度文化的变革以及公共资源的空间配置。政府可以从制度改革、优惠政策等制度层面以及基础设施建设、公共服务供给等公共资源配置层面影响家庭劳动力供给与消费决策、以及企业的生产决策，从而引起城市经济体系变化；政府间的竞争与合作行为也会影响产业与要素在城市间的分布，从而对城市经济体系的动态演变产生影响。

城市经济体系的发展也会进一步引起经济主体行为以及人口资本、人力资本、物质资本、制度文化、科学技术以及公共资源要素的新一轮变化。城市经济体系空间格局的演变会改变人口资本、人力资本、物质资本、科学技术等可流动要素的流动方向与分布格局，城市经济体系产业与要素关联的变化也会引发制度文化的改革与公共资源配置的变化。因此，城市经济体系的形成是以家庭、企业、政府为主体，基于对比较优势、规模经济以及知识内生经济的追求，通过对人口资本、人力资本、物质资本、科学技术、制度文化、公共资源六要素的生产、消费、学习、创新、竞争与合作，不断促进城市经济体系发展。

（二）中国特征

中国城市经济体系的发展具有以下特征：一是大国的人口红利影响了城市经济体系的发展速度。改革开放以来，中国拥有的大量低成本劳动力为城市经济体系的发展提供了重要的比较优势，从而影响了改革开放初期城市经济体系的发展速度；随着中国经济进入"新常态"，人口红利的逐渐消失引发的中国城市经济体系中产业升级也使得城市经济体系进入了新的增长阶段。二是市场化制度改革为城市经济体系"双循环"新发展格局的形成提供了原动力。改革开放40多年来，在中国特色社会主义市场经济体制从建立到完善的过程中，国内城市经济体系的资源配置效率与产业结构得到了极大优化，在城市间形成了具有超大规模、一体化的全国统一大市场，从而促进了"双循环"新发展格局的形成。三是后发展地位为城市经济体系发展提供了能动力。改革开放初期中国利用与发达国家的技术差距，通过吸引国际产业转移为城市经济体系发展提供了初始能动力。在此基础上，通过深度参与全球产业链分工体系，在从产业链低端不断攀升的过程中，为城市经济体系的升级提供了新的能动力。四是全球化影响了城市经济体系中地方政府的城市经营行为。改革开放过程中，参与全球化通过以开放倒逼改革，极大影响了地方政府的城市经营行为。在开展对外贸易、引进外资的过程中，城市政府围绕着城市的"软环境"与"硬环境"进行竞争，引起了制度文化与城市基础设施的巨大变化。五是新一轮科技革命深刻影响了城市经济体系的转型与升级。新一轮科技革命带动了新业态、新模式的出现，引起了产业组织的变革，这也会引起城市经济体系内部分工的变化，从而影响城市经济体系的转型与升级。

（三）中国框架

改革开放以来中国城市经济体系的发展受到人口资本、人力资本、物质资本、科学技术、制度文化、公共资源六要素的影响。一是人口资本、人力资本、物质资本与科学技术要素禀赋的变化为中国城市经济体系的发展提供了基本的能动力。人口资本、人力资本、物质资本与科学技术直接影响了劳动力、资本与技术等基本生产要素的供给，生产要素相对数量的变化会引起要素价格变动，导致生产过程中要素投入比例的变化，从而影响城市经济体系中主导产业的演变。其中，人口资本数量可以通过影响劳动力成本作用于城市经济体系的发展；人力资本积累与人口资源的共同作用会影响国内市场需求，通过本地市场效应从需求端影响城市经济体系的发展。对于物质资本而言，由于改革开放以来中国长期处于资本相对稀缺的状态，物质资本的丰裕度及其回报率的变化也影响了城市经济体系中主导产业的发展。科学技术要素则通过影响技术进步与生产率的途径作用于城市经济体系的发展。二是制度文化要素的变革为城市经济体系的发展提供了长期原动力。改革开放引起的制度文化变革为政府、企业与家庭提供了基本激励，通过影响政府的城市经营、企业的生产与区位选择以及家庭的劳动力供给与迁移行为在不同阶段促进了城市经济体系发展。三是政府在公共资源的配置过程中，通过改变城市"软环境"与"硬环境"对城市经济体系发展产生了长期影响。

在此基础上，城市经济体系发展又会反过来引起人口资本、人力资本、物质资本、科学技术、制度文化、公共资源六要素以及家庭、企业和政府行为的变化。一是城市经济体系空间格局的变化会引起人口资源、物质资本以及科学技术要素的重新配置，要素总是倾向于向回报率更高的区域流动。二是城市经济体系中主导产业的变化会影响地方政府间的竞争与合作行为，这是因为随着城市经济体系产业的变化，城市间的竞争会引起双输、单赢以及共赢等多种不同结果。三是城市体系中要素竞争的变化会对城市制度文化与公共资源产生影响，这是因为不同要素对城市环境的需求不同，城市政府为了在竞争中取胜，需要营造最适宜要素发展的环境，从而促进制度文化的变革，改变公共资源的配置。四是城市经济体系发展过程中内外部因素作用的此消彼长，会通过引起要素的流动以及空间经济的规模报酬递增效应，导致城市体系的格局发生变化。

三 中国城市经济体系发展的影响机制

（一）非平衡的空间渐进式制度改革是推动中国城市经济体系重心由内陆向沿海、由北方向南方转移的原动力

改革开放以来中国城市经济体系的重心经历了两大方向上的转移：东西方向上由内陆向沿海的转移，南北方向上由北方向南方的转移。导致城市经济体系重心转移的深层次原因是中国非平衡的空间渐进式制度改革进程。一是市场化制度建立阶段东部地区率先改革推动了中国城市经济体系重心由内陆向沿海地区转移。新中国成立初期，中国实施的是计划经济体制下的平衡发展战略。从 1964 年到改革开放之前，针对当时严峻的国际政治形势，基于国防安全的考虑，中国在内陆 13 个省区开展了"大三线"建设以及全国 28 个省区市腹地开展了"小三线"建设。计划经济时期的"三线建设"改善了中国工业布局，缩小了东西部发展差距。三线建设使得中国工业布局从沿海到内陆的战略性大转移。沿海与内陆的工业总产值，新中国成立初期是"七三开"，到 1978 年是"六四开"。同时极大了促进了内陆地区的城市化进程，推动了内陆一大批城市的发展，崛起了一批新兴工业城市，如攀枝花、六盘水、金昌、十堰等；兴起了一批中小型工业城市，如绵阳、德阳、遵义、凯里、曲靖、宝鸡、天水、南阳、襄樊、宜昌、怀化、柳州等；促进了一批中心城市的发展，如重庆、成都、贵阳、昆明、兰州、西安、银川、太原等[1]。改革开放初期，为了实现由计划经济向市场经济的平稳转型，中国实施了东部地区城市率先改革的策略。从 20 世纪 80 年代率先在东部地区设立深圳、珠海、汕头、厦门和海南四个经济特区，到率先开放 14 个沿海港口城市，再到 20 世纪 90 年代建立浦东新区，在此基础上市场化改革才逐步向沿边、沿江、沿路以及内陆地区逐步推进。因此，东部地区率先改革使得市场化制度率先在东部地区城市建立并完善，由此释放了政府、家庭与企业的经济发展原动力，从而推动中国城

---

① 冯明、黄河：《三线建设历史回眸》，《中国社会科学报》2022 年 7 月 4 日第 5 版。

市经济体系由内陆向沿海地区转移。二是市场化制度完善阶段南方城市率先转型推动了中国城市经济体系重心由北方向南方转移。中国城市经济体系重心由北方向南方转移的趋势与 2010 年以来中国改革进入深水区这一阶段是一致的。随着改革进入深水区，传统增量改革的难度增大，经济体制改革进入经济、政治、文化、社会与生态"五位一体"的全面深化改革阶段，此时市场化改革的关键是处理好政府和市场的关系，其转型的重要方向是使市场在资源配置中起决定性作用以及更好发挥政府作用。在该阶段，由于前期改革形成的不同发展模式，使得南方城市在转型速度上明显快于北方。突出体现在东北、华北地区城市在之前改革进程中形成了以国有企业为主导的经济发展模式，而南方的浙江、福建和广东等省份则形成了以民营经济为主导的经济发展模式，这导致北方城市在市场化制度转型上要慢于南方城市；同时，叠加中国经济进入"新常态"的发展阶段转换期，进一步加速了城市经济体系重心向南方转移。

（二）不同要素丰裕度变化是引起中国城市经济体系的产业关联由轻工业到重工业、再到知识密集型服务业梯次升级的重要能动力

发展经济学的经济增长阶段理论中，库兹涅兹认为经济发展阶段可分为工业化初期阶段，工业化中期阶段与工业化后期阶段。同时，根据"霍夫曼定理"，工业化过程中资本资料工业（重工业）的规模相对于生产资料工业（轻工业）的规模是不断提高的。改革开放以来中国城市经济体系中产业关联的演变也大致经历了上述阶段，依次经历了劳动力密集型的轻工业、资本密集型的重工业以及技术密集型的知识性服务业主导阶段。从深层次来看，人口资源、资本与技术要素丰裕度的变化是导致中国城市经济体系产业关联出现上述阶段性特征的重要能动力。一是人口资源相对于资本要素由相对丰裕到相对稀缺的变化驱动了中国城市经济体系产业关联由轻工业向重工业转型。改革开放初期，家庭联产承包责任制的突破以及竞争性劳动力市场的形成，使得大量农村家庭剩余劳动力从自身最大化利益出发，有动力和条件离开农村地区和农业部门，向收益更高的非农部门和地区聚集，从而产生了大规模由农村向城市的劳动力转移，这也使得中国城市劳动力相对于资本长期处于相对丰裕状态。

根据卢锋（2012）的测算[1]，中国农民工的实际工资在 20 世纪 80 年代末到 90 年代末除去少数年份有明显增长外，基本处于停滞状态，这是劳动力处于无穷供给的一个重要证据。由于人口资源相对于资本要素处于丰裕状态，改革开放初期中国城市实施了轻工业优先发展的策略，例如城市大力发展了"三来一补"业务（即来样加工、来料加工、来件装配、补偿贸易）等劳动密集型产业。在此基础上，随着农村剩余劳动力减少，劳动力供给逐渐越过"刘易斯第一拐点"；同时，中国城市物质资本存量有了极大增长，使得资本相对于劳动力的丰裕度上升，这也进一步助推了中国城市工业的发展与转型升级，特别是 2003 年以来中国重工业经历了一个快速发展的时期。二是技术要素丰裕度的提高加快了中国城市经济体系产业关联向知识型密集型服务业转型。改革开放以来，中国技术进步经历了引进、模仿到自主创新的不断升级过程，中国的科技创新投入不断增长，出现了深圳、上海、北京等全球科技创新中心城市。在这个过程中，中国城市产业结构不断升级，服务业逐渐占据主导地位。特别是以科技创新服务、高端专业服务等为代表的知识密集型服务业成为中国城市经济体系产业关联的主导因素。

（三）要素回报率在长期中的波动是导致城市间要素竞争由物质资本主导向人力资本主导转变的原动力

为了获取最大的经济发展收益，地方政府总是倾向于在竞争中争夺高回报率的要素。改革开放初期，在劳动力、物质资本以及技术三大基本的生产要素中，中国劳动力要素最为充足，而物质资本与技术最为缺乏；其中，以物质资本回报率在长期中的波动最为明显，这也导致中国城市间要素竞争主要分为两个阶段：第一阶段是从改革开放到 2008 年前后，中国在长期内保持了较高的物质资本回报率[2]，较高的物质资本回报率使得该阶段中国城市间要素竞争主要以争夺物质资本要素为目标的城市间招商引资竞争为主。在该阶段中国城市吸引了

---

①　卢锋：《中国农民工工资走势：1979—2010》，《中国社会科学》2012 年第 7 期。

②　C. Bai et al., "The Return to Capital in China", *Brookings Papers On Economic Activity*, Vol. 37, 2006.

大量的外资流入。改革开放初期，中国的利用外资规模几乎为零，随着改革开放的不断推进，中国利用外资规模迅速扩大，1992 年首次突破百亿美元，占全球比重的 6.8%；2008 年，首次突破千亿美元，占全球比重的 7.3%；2021 年中国 FDI 流入占全球比重达 11.4%，居世界第二。第二个阶段是从 2008 年以后，中国物质资本回报率出现了持续的下降趋势，物质资本回报率降低，甚至在某些行业出现了投资过剩的情况。此时，城市间要素竞争转向了回报率更高的人力资本要素，出现了争夺高端人力资本要素为目标的城市间招才引智竞争。近年来不同城市地方政府也纷纷出台了大量的人才引进政策，内容涵盖宽松落户、就业创业激励、租房住房优惠、现金补助等诸多方面，其重要目的之一在于通过吸引高素质人力资本的流动，推动当地产业结构升级，为当地经济发展赢得更多主动权。

（四）供给与需求侧的规模报酬递增是引发城市经济体系发展由外循环主导到双循环新发展格局的重要能动力

1978—2008 年以对外贸易、FDI 为核心的外循环在改革开放后相当长的一段时间内对中国经济发展起到了主导作用[1]。改革开放初期，由于资本、技术的缺乏，中国主要利用劳动力成本优势，通过"两头在外，大进大出"逐渐融入到全球产业分工体系。在这个过程中，东部沿海地区迅速崛起了一批外向型城市，中国城市经济体系形成了以东部沿海为核心、中西部地区为边缘的"核心—边缘"格局。特别是 2001 年中国加入 WTO 到 2008 年国际金融危机期间，中国城市经济体系进入全面开放新格局，通过深度融入全球价值链分工体系获得了迅速增长，外循环对中国城市经济体系的影响也在该阶段达到峰值。

2008 年后国际金融危机的负面冲击使得外循环的影响逐渐下降；同时，改革开放以来供给与需求侧形成的规模报酬递增使得内循环的影响不断上升，中国城市经济体系的演变逐渐进入双循环新发展格局。内循环动力的增长主要有两方面的来源：一是供给侧产业集聚形成的规模报酬递增。经过经济改革开放的长期积累，中国已经建立起

---

① 江小涓、孟丽君：《内循环为主、外循环赋能与更高水平双循环——国际经验与中国实践》，《管理世界》2021 年第 1 期。

门类齐全、配套完善的制造业体系，2010 年中国的制造业增加值约占全球制造业增加值的 1/4，超越美国成为全球头号制造业大国，已成为新的"世界工厂"。产业集聚形成的共享、学习与匹配等正外部性会促进提高生产率、经济增长，中国内陆也出现了北京、上海、深圳等一系列全球城市。二是需求侧超大市场规模优势形成的规模报酬递增。空间经济理论认为，大市场形成的本地市场效应是影响经济空间格局演变的重要因素。随着中国城市化进入中后期，城市群的发展推动了市场的空间一体化进程，国内市场扩大；同时，伴随着改革开放以来中国人均收入水平的迅速提升，中国长期以来被压抑的市场潜力被释放出来，通过循环积累因果效应进一步放大了内循环对中国城市经济体系的影响。

四　中国城市经济体系发展的作用机制

（一）城市经济体系重心的转移重塑了人口资源的空间分布格局

改革开放以来中国城市经济体系重心由内陆向沿海、再由北方向南方的移动也改变了人口资源要素的流动方向，从而使得要素空间分布格局发生变化。一是城市经济体系重心由沿海向内陆转移引起了人口向东部地区长期、大规模的跨区域人口流动。改革开放以来中国城乡二元经济的转型过程中大约有 6 亿人口由农村转移到城市，这些人口主要转移到了东部地区。具体来看，东部地区的流动人口全国占比由 1982 年的 34.05% 上升至 2015 年的 51.24%，上升了 17.19 个百分点；而其他中部、西部与东北三个地区人口占比同期均有所下降，其中，降幅最大的为东北地区，下降了 10.43 个百分点；中部地区位居次席，下降了 6.49 个百分点；西部地区基本保持稳定①。二是城市经济体系重心由北方向南方转移引起了人口向南方沿海地区转移。改革开放初期，东北地区仍然是流动人口主要的流入地，1982 年东北三省吸纳流动人口占全国的 16.80%，但随着城市经济体系重心的南移，2015 年东北三省吸纳流动人口占全国比重已经下降为

---

① 尹德挺、袁尚、张锋：《改革开放四十年中国人口流动与分布格局变迁》，《人口与计划生育》2018 年第 12 期。

6.37%；与此同时，南方的上海市、江苏省、浙江省、广东省四省市吸纳全国流动人口占比之和从 1982 年的 16.50% 提升至 31.86%。此外，在城市经济体系重心南移的过程中，随着中南与西南部城市的崛起，人口资源流动也出现了由东部地区回流的现象，湖北、四川等省份跨省流动减少，人口回流明显。同时，随着户籍制度改革的推进，乡城人口流动趋缓，城市与城市之间流动增加，城市之间人口流动将会成为主流（肖子华，2019），人口资源也正在加速向长三角、粤港澳以及成渝等南方城市群集聚。

（二）城市经济体系产业关联的变化使得城市竞争由"零和博弈"向双赢转变

中国城市经济体系的产业关联由轻工业到重工业、再到知识密集型产业的梯次升级改变了地方政府之间招商引资的竞争与合作结果，推动了城市竞争由不利的"零和博弈"向双赢转变：一是传统针对轻工业与重工业的招商引资竞争非常容易出现"零和博弈"的结果。其原因在于传统的轻工业往往属于劳动密集型产业，其产品附加值率低；而重工业往往属于高耗能、高污染产业。一方面，地方政府在招商引资竞争中往往采用税收、低工业低价等优惠政策来制造"政策洼地"吸引产业入驻，这会引起产业在城市间的再配置，并引起土地资源的浪费等问题，长期内对城市经济增长向集约方向转型也是不利的。同时，地方政府在招商引资经济中往往存在通过放松环境规制来吸引企业的动机，从而产生"逐底竞争"的不利结果[①]，这也会产生环境污染、生态破坏等问题。二是城市经济体系产业关联向知识密集型产业升级有利于城市竞争的结果向双赢转变。这是因为知识密集型产业往往属于高附加值行业，这为不同城市在竞争中共享收益提供了前提。同时，在知识密集型产业主导的城市产业关系阶段，城市间无形的信息流、知识流、资金流非常频繁，不同城市可以基于自身比较优势来实现产业链上的差异化分工，并通过要素在城市经济体系中的流动过程中分别获取其增值收益，从而实现城市竞争的双赢。

---

① 薄文广、徐玮、王军锋：《地方政府竞争与环境规制异质性：逐底竞争还是逐顶竞争?》，《中国软科学》2018 年第 11 期。

（三）城市经济体系要素竞争的变化推动了城市经营重心由"硬环境"向"软环境"转变

改革开放以来城市经济体系中要素竞争由物质资本向人力资本的转变引起了地方政府城市经营重心的变化：一是针对物质资本的竞争使得地方政府城市经营以基础设施、土地等"硬环境"为重心。改革开放以来，为了在招商引资中占得先机，中国城市政府在交通、邮电、供水供电、园林绿化、环境保护等基础设施方面进行了大量投资，建设了大量配套齐全的产业园区；同时，也出台了大量的税收、补贴等方面的优惠政策，吸引了大量外资的流入。同时，对物质资本的竞争也加剧了地方政府以土地为工具的城市经营行为。一方面，地方政府通过无偿划拨、税收返还等方式压低工业用地价格，吸引产业资本的流入；另一方面，随着城市化过程中房地产市场的发展，地方政府通过商业、居住用地的出让获取高额的土地出让金，并进一步投入到新城新区、旧城改造中，极大改善了城市"硬环境"的面貌。二是针对人力资本的竞争使得地方政府城市经营转向以营商环境、公共服务等"软环境"为重心。随着中国对外开放程度的进一步加深，传统"硬环境"的改善面临天花板，而高素质人力资本更看重营商环境、公共服务以及生态环境等软环境。因此，地方政府城市经营开展转向对标全球，建设廉洁、高效、精明的城市政府与开放、便利的要素流动、贸易与投融资体制，打造优质的公共服务与生态环境。

（四）城市经济体系驱动力由外循环向双循环的切换使得中国城市体系由非均衡向均衡格局演变

改革开放初期在对外贸易、外资等外循环因素的主导下，东部沿海地区城市迅速崛起，中国城市体系总体形成了以东部沿海地区城市为核心，其他区域城市为外围的非均衡格局。改革开放之前，1949—1957年东部年均新增城市数量不到西部地区的四分之一，1958—1978年东部地区的城市数量总体上呈负增长；而改革开放之后，1978—1992年东部地区的城市数量年均增长 12.2 个，明显快于中部（8.5 个）和西部地区（4.3 个），东部地区城市得到了更快的增长（孙久文和焦张义，2012），这也使得 2000 年前后中国总体上形成了东部沿海地区及特大城市周边地区集群式布局与东中西非均衡发展的城市空间格局（鲍超等，

2015）。但是，随着外循环动能的减弱与内循环动能的上升，中国城市体系逐渐向更加均衡的方向转变。国内大市场引发的本地市场效应带来的规模报酬递增使得城市群成为中国城市体系的重要空间形态。目前中国大部分主要城市已经被纳入城市群的次级城市体系中（曹清峰、倪鹏飞，2020），城市群内中心城市的溢出和扩散效应促进了城市群内部的均衡发展。同时，城市群的发展推动中国城市体系向多中心、群网化的格局演变，开始打破传统板块的非均衡格局，特别是中西部地区的成渝城市群、长江中游城市群以及中原城市群的迅速发展正在推动中国城市体系向更加均衡的方向转变。

典型城市

长春：强化龙头企业带动，聚力实体经济升级[①]

20 年来，很多老工业基地城市相继进入产业转型期，面临企业改制、资源枯竭、人口外流、老龄化加速等问题，经济发展显著落后于其他地区，如东北地区 10 个百万人口以上城市 GDP 年均增速只有 8.4%，七普数据与五普数据相比人口仅增长了 3.3%。

长春市作为典型的东北老工业基地城市之一，通过全面强化龙头企业作用、突出实体经济升级发展等举措，成为 20 年来东北地区 100 万人口以上城市中经济增速最快的城市。其经济年均增速达到 10.2%，人口增幅达到 11.2%，显著高于东北三省平均水平，占东北三省经济总量的比重从不足 10% 提高到 12.75%，成为东北地区全面振兴的标志之一。

"强化龙头企业带动，聚力实体经济升级"是长春市经济发展的主线，体现在长春市顺应全国市场经济发展规律，强化中国一汽集团等龙头企业作用，突出发展以制造业为核心的实体经济并不断推动产业体系升级，有效强化了产业发展韧性，助力了区域经济高质量发展。

第一，抢抓消费升级趋势，推进汽车产业升级。2000 年以来，中

---

① 作者：赵光远，吉林省社会科学院农村发展研究所，研究员

国汽车消费加速进入快车道。长春市作为中国一汽集团总部所在地和新中国汽车工业的摇篮,建设全国唯一的国家汽车产业开发区,推进中国一汽集团"六个回归",打造更低成本、更高效率、更具稳定性的汽车产业发展生态,推动汽车产业向电动化、智能化、网联化、共享化新产业体系升级。汽车制造业营业收入从不到 1000 亿元增长到 6335.59 亿元,汽车产量从 30 万辆水平增加到最高近 290 万辆水平。2022 年 11 月份,长春市汽车产业集群上榜国家先进制造业集群决赛优胜者名单,标志着长春市已经成为全国乃至全球重要的汽车产业基地。

第二,发挥创新驱动作用,强化新兴动能培育。2000 年以来,创新驱动已经成为经济发展的关键词。长春市充分发挥中科院"一院三所"、吉林大学等机构科研优势,孵化壮大一批科技型企业,形成区域发展新动能和产业体系新力量。金赛药业、奥普光电、长光卫星、圣博玛生物等"独角兽"企业或"专精特新"企业发展都离不开创新资源支撑,长春高新区、长春经开区、长春净月高新区、长春新区、长春自创区等 10 余个国家级平台的创建和发展,全面展现了创新驱动发展成就。目前,围绕中科院长春光机所和长光系企业,长春市区东部已经形成了贯通南北的光电特色产业带。

第三,持续深化全面改革,激发创新创业活力。2000 年以来,深化改革的力量不断融入到长春市经济发展的各个角落。国有企业改革、民营经济改革、人才管理改革、营商环境改革等加速推进,"科技红娘""多证合一""摆渡经验"等都走在全国前列。近年来,公主岭市划归长春、建设长吉接合片区国家城乡融合发展示范区、制定出台《长春市科技创新条例》、打造环吉大双创生态圈和环南湖科技创新先导区、设立 300 亿元"长兴基金"、高质量建设长春现代都市圈等,显著强化了区域引擎功能。目前,长春市市场主体已经达到 140 万户,培育出东北地区首家"独角兽"企业,成为东北地区"VC 必须拜访的城市"。

长春上述经验取得了一定成就。20 余年来,在东北三省第二产业比重从 50.1% 下降到 35.2% 的大背景下,长春市第二产业比重始终保持在 40% 以上,年均增速比东北三省平均水平高 3.4 个百分点,对东北三省第二产业增长的贡献率达到 17.33%,已经成为国家重要的汽车产业基地和战略性新兴产业基地。

　　长春市发展经验，对于老工业基地城市和其他城市发展都具有一定参考意义。一是要依靠龙头企业完善产业体系，抢抓市场机遇应对外部冲击。特别是对于经济相对欠发达区域，顺应市场趋势抓好大企业、大项目十分关键。二是要聚焦核心领域营造特色优势，既要挖掘大企业产业资源，又要挖掘科研机构创新资源，联手推动实体经济发展，在全国统一大市场中抢占一席之地。三是要抓住创新优势培育发展动能，坚持深化改革先行和长期持续扶持，让"独角兽"成为营商环境新标志和城市发展新品牌。

第八章　中国城乡体系的发展

第一节　中国的城镇化框架[*]

改革开放以来，中国的城镇化取得了令全世界瞩目的高速发展。1978 年中国的城镇化率仅为 17.92%，但 2021 年中国的城镇化已经达到了 64.72%。1981 年中国的城市人口密度仅为 697 人/平方千米，2020 年中国的城市人口密度已经达到了 2778 人/平方千米。仅仅用了40 余年的时间，中国完成了有史以来最大规模的城镇化，创造了中国式城镇化发展的奇迹，极大地推动了中国城乡结构从"二元"向"一元"的转变。

一　中国城乡结构转型的特征事实

新中国成立初期，中国农村就业人口比重接近于 90%，第一产业比重超过了 50%，形成了以农村经济为主的经济结构。随着重化工业发展和改革开放的深化，中国的非农经济快速发展，滞后城市化从严重走向消除，非农产业与农业生产率比值先扩大后缩小，城乡结构逐步从"二元"走向"一元"。

（一）非农经济快速发展

回顾新中国成立后非农产业发展历程，既有成功之道，亦有曲折之路。图 8.1 为 1952 年至 2021 年中国非农产业占比的变动情况，从中可以看新中国成立初的快速发展、50 年代末的高速发展、60 年代初的快

---

    * 作者：颜银根，南京审计大学经济学院，教授。

速回落、70 年代后的稳步发展以及 80 年代以来的持续高速发展。

改革开放前，中国的非农经济发展较快，但波动较为明显。第一个五年计划时期，中国开展了 156 项重点工程的建设，工业产值占国内生产总值的比重从 20.8% 上升到 29.6%，非农产业产值比重从 49.5% 提高到 59.9%。随后三年"大跃进"时期，工业经济发展更是迅速，1960 年非农产业产值占比已经达到了 76.80%。但随后受"上山下乡"等政策的影响，非农产业产值比重快速下滑。1968 年占比已经下滑到 58.4%，退回到 1957 年的水平。随着城市工业经济的逐步恢复，1978 年非农产业产值的比重也回升到了 72.3%。

改革开放后，中国的非农经济发展略有波动，但发展更为迅速。改革开放初，由于农业经济发展迅速，非农产业产值比例一度出现下降。1982 年非农产业产值比重下降到 67.2%，比 1978 年下降了 5.1 个百分点。随着改革开放的进一步深化，城市工业经济快速发展，非农产业产值的比重也出现了快速上升。1986 年非农产业产值比重已经达到了 73.4%，超过了 1978 年的 72.3%，产值更是达到了 1978 年的 2.86 倍。其后，非农产业产值比重虽偶有波动，但整体上保持快速增长。1978 年至 2021 年，非农产业的年均增长率高达 15.2%，远高于 1952—1977 年 8.9% 的年均增长率（见图 8.1）。

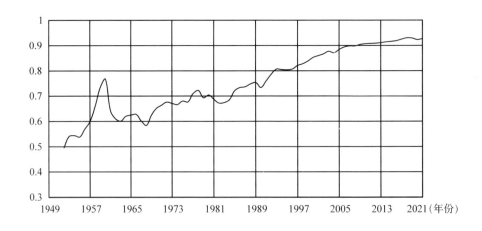

图 8.1 1952—2021 年中国非农产业比重变化

资料来源：国家统计局。

城乡结构从"二元"走向"一元"，其本质是农业经济向非农经济的转型以及农村人口向城市人口的迁移。从世界各国的发展经验来看，非农经济的发展是从"二元"走向"一元"的关键所在。只有非农经济良性发展，才能进一步推动农业劳动力向城市转移，避免城市贫民窟的出现。新中国成立以来，中国的非农经济比值虽然有阶段性的波动，但非农经济发展迅速，为中国的城乡结构从"二元"走向"一元"提供了坚实的基础。

（二）城市化滞后从趋于严重走向消除

城市化与工业化的时序联动关系是一国经济发展过程中的重要结构关系。多数国家城市化和工业化同步进行，但也有部分国家工业化滞后于城市化，或者城市化滞后于工业化。图 8.2 为 1952—2021 年中国城市化滞后变情况，从中可以发现中国城市化滞后由趋于严重逐步走向消除。

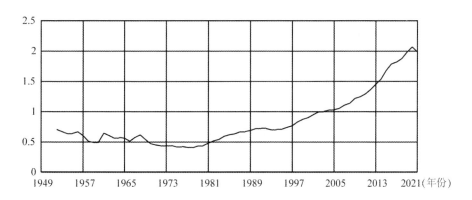

图 8.2　1952—2021 年中国城市化滞后变化

资料来源：国家统计局。

改革开放前，中国工业化率提升迅速，但城镇化率提升缓慢，城市化滞后日趋严重。新中国成立之初，中国的工业经济、商业经济都获得了较大的恢复与进展，同时期中国的城市化水平也在不断地提升。在"一五计划"156 个建设项目和"大跃进"重化工业发展推动下，1960 年中国的工业化率比 1952 年提升了 21.5 个百分点，城镇化虽然在工业化的带动下也提高了 9.11 个百分点，但城市化滞后逐步明显。随后，中国的工业化率缓慢提升，但城镇化率出现了下降，城市化滞后更加凸显。1978 年，中国的工业化率达到了 44.1%，城镇化率仅为 17.9%，两者相差了 26.2 个百分点，城市化滞后问题较为严重。

改革开放后，中国的工业化率稳中有降，城镇化率上升迅速，滞后城市化逐步消除。短短四十余年，中国的城镇化率从 1978 年的 17.92% 高速上升到 2021 年的 64.73%。1996—2020 年，年均城镇化率更是上升了 1.39 个百分点，城镇化成为了这一时期中国经济社会发展中最为重要的推动力量。改革开放后城镇化创造这样的奇迹，既得益于中国外向型经济的发展、乡镇企业的发展以及服务业的发展，也是得益于中国人口流动的加速。无论是小城镇、大城市抑或城市群的发展战略，都有效地推动了中国城镇化的进程，共同创造出中国城镇化发展的奇迹。2003 年，城镇化率达到了 40.5%，新中国成立以来首次超过工业化率，滞后城市化问题逐步消除。

城市化率和工业化率从两个方面反映了城乡结构的转型，城市化率反映的是人口从农村向城市的转移，工业化率反映的是人口从农业向工业部门的转移。改革开放后，中国滞后城市化率的变化，与这一时期城市化的高速发展密不可分，由此推动了城乡结构从"二元"走向"一元"。

（三）非农产业与农业相对生产率先扩大后缩小

城市化的进程中，一方面会出现农村人口向城市地域上的转移，另一方面会出现农业人口向非农产业转移。由于非农产业主要集中在城市和小城镇，因而从农业和非农业生产率的变化中也可以判断出城乡关系的变化，图 8.3 为 1952—2021 年中国非农业与农业生产率的比值变化。

改革开放前，中国的农业和非农生产效率稳步提升，相对生产率略有波动。1953 年至 1957 年为新中国成立的第一个五年计划时期，这一时期中国开展了 156 项重点工程的建设，工业产值占国内生产总值的比重从 20.8% 上升到 29.6%，城镇化率也从 12.46% 提高到 15.39%。第一个五年计划后工业经济建设进一步推进，非农生产率保持攀升。整体而言，1952—1960 年，中国的农业和非农产业生产效率都有着大幅提升。相比较而言，这一时期非农产业生产效率提升更高，非农产业生产率与农业生产率的比值虽然波动，但稳重有升，从 7.19 倍增加到

10.69 倍。1961—1977 年，中国的城市化进程缓慢，非农产业的就业比重和非农产业产值比重变化幅度也不大。这一时期，非农产业的就业比重从 20.85% 上升到 23.18%，非农产业产值比重从 64.2% 上升到 71.0%。受"上山下乡"政策的影响，这一时期的城镇化率变动甚微，非农与农业生产率的比值也处于 6.55—8.30 之间，城乡结构相对较为稳定（见图 8.3）。

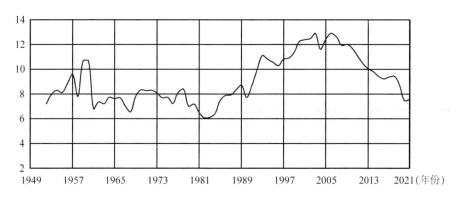

图 8.3　1952—2021 年非农产业与农业生产率的比值变化
资料来源：国家统计局。

改革开放前三十年，非农产业相对农业生产率整体上升。改革开放初期，受家庭联产承包责任制的影响农业就业比重从 76.31% 下降到 74.77%，农业产值比重却从 27.7% 上升到 32.6%，非农产业与农业生产率的比值从 8.41 快速下降到 6.07。但随着改革开放的深化，城市非农产业快速发展。1983 年至 1992 年，非农产业就业比重仅上升了 1.7 个百分点，但非农产业比重却上升了 11.3 个百分点，非农产业与农业生产率的比值快速从 6.11 快速上升到 11.12。其后，在改革开放的进一步深化下，非农就业比重和产值比重保持着快速上涨，非农产业与农业生产率的比值稳重有升，并于 2006 年达到了新中国成立以来的最大值 12.91。

2007 年以来，非农就业比重快速上升，与城镇化率保持同步，非农产业相对农业生产率整体下降。2007—2021 年，非农就业比重从 41.09% 上升到 62.65%，年均上升 1.54 个百分点。同期，非农产值占比仅从 89.8% 上升到 92.7%，累计上升 2.9 个百分点。由于非农就业的快速上升，这一时期非农产业与农业生产率的比值快速下降，从 12.91 下降到 7.57，与改革开放前的比值相似。

根据 1952—2021 年非农产业与农业生产率的比值，可以分为四个时期：新中国成立初期的快速上升期，1961—1977 年的稳定期，1978—2006 年的快速上升期和 2007 年后的快速下降期。而根据不同时期的比值变化趋势，可以判断出城乡结构正在从"二元"走向"一元"。

城乡结构的转型是一个长期的过程，其规律是由农业经济和农村人口占据主导，逐步转向非农经济和城市人口占据主导。新中国成立以来，中国的非农经济比重不断攀升，城市化由高度滞后逐步走向正常，非农产业与农业生产效率差距由扩大变为缩小，从不同视角反映了中国的城乡结构正由"二元"转型"一元"。伴随着新型城镇化和乡村振兴的进一步推进，中国的城乡结构变为"一元"结构，预期在 2035 年前能够实现城乡一体化。

二　中国城乡结构转型的总体机制

城镇化是人类社会发展到一定阶段的必然产物，同时也是一国或地区走向现代化的必经之路。城镇化的过程中，城乡非均衡发展现象极为普遍，城乡结构也因此发生转型。城乡结构的转型有着其一般规律，同时中国的城乡结构转型也有着其独特的特征和框架。

（一）一般机制

城市和农村有着本质的差异：农村以传统经济为主，城市以现代经济为主；农村人口密度低，城市人口密度高。城镇化的进程中，要素在城乡间的流动加速，从而城乡结构转型更加明显。尽管各国或地区面临着不同的发展环境，但普遍通过"城市工业模式""城乡发展模式""农业城镇模式"和"城乡边缘区模式"等模式去实现城乡结构的转型。

第一，城市工业模式的城乡结构转型。该模式由刘易斯首先提出，经过拉尼斯和费景汉完善。传统部门（农业部门）中需要土地资源的投入，但土地资源是有限的。大量人口集中在农村土地上生产，非但不能提高劳动生产率，反而会出现农村劳动力的剩余。农业生产技术的提高，加速农村剩余劳动力的出现。但是，现代部门（以工业部门为先导）则不同，由于资本的积累促进现代部门规模的扩大，需要不断地吸引劳动力。传统部门主要集中在农村地区，现代部门主要集中在城市地区，从而出现农村剩余劳动力向城市的流动。劳动力的城乡流动也带来了城乡劳动力的边际生产率的变动，当两者一致时城乡结构从二元转向一元。

第二，城乡发展模式的城乡结构转型。在观察亚非拉等发展中国家和地区城镇化时，托达罗发现农村劳动力向城市流动的速度远超过城市现代部门创造就业的速度，城市普遍存在着失业现象。因此，如果仅仅依靠城市工业模式去推动城乡结构的转型是远远不够的。城乡收入差距以及失业预期是劳动力在城乡流动的关键所在。在发展城市工业模式的同时，还要注重农村经济的发展和农村劳动力生产率的提升，包括重视农业发展、发展农村非农产业、加强农村基础设施建设以及发展职业教育等。通过城乡同时发展，最终实现城乡结构从二元走向一元。

第三，农业城镇模式的城乡结构转型。弗里德曼和道格拉斯认为，在城乡的联系中需要有更加宏观的模式，针对农业区集中发展农业城镇。其目的在于，一方面分散过于集中的城市机构，另一方面提供农村居民更好发展的场所。在他们看来，城乡结构的转型，不能局限于城市地区的发展，对于有条件的农业区应当形成新的城镇。这样，既能促进农业发展，同时又能很好地解决农村地区劳动力的问题。通过农村综合发展计划，推动农业劳动力在农村地区的发展，最终实现城乡结构从二元走向一元。

第四，城乡边缘区模式的城乡结构转型。该模型与农业城镇模型有相似之处，只不过这一模型更多是自发形成。亚洲发展中国家或地区在城市化的过程中，普遍存在类似城乡边缘区。这些地区有着高密度的人口，在农忙时从事农活，在农闲时从事现代部门非农工作。这一区域的形成，主要由城市工业向外扩展和农村非农产业发展构成，同时具备城市工业模式、城乡发展模式和农业城镇模式的一些特征。城乡边缘区的模式，不再局限于农业和非农业的明确区分，呈现二元向一元的逐渐转变过渡。

从世界各国的城镇化进程来看，二元结构走向一元结构将是必然的。所不同的是，不同国家的城乡结构转型的速度是不同的，其模式也会存在一些差异。但整体而言，不同国家或地区的城乡结构转型采取的模式通常为上述四种模式中的一种或者几种，最终都有望实现从二元的城乡结构转向一元的城乡一体化。

（二）中国特征

纵观中国城镇化历程，中国的城乡结构转型更像是上述四种模式的叠加。当然，在不同的发展时期，某种模式更加凸显。中国有着众多历史悠久的城市，自然地理、文化制度、人口增长都是影响城市发展的重要因素。需要指出的是，中国城乡结构的转型也只是近些年的事情，多种模式的出现与这些因素有着一定的关联，但更是由中国城市化发展中面临的典型特征来决定的。

第一，大国特征决定了中国城乡结构转型更具复杂特性。中国作为典型的发展中大国，具有人口多、土地广以及空间差异大的特征。大国经济更具有规模性、内源性和多元性，也具有更加复杂的经济结构。人口规模巨大，意味着城镇化进程中的迁移和流动的规模是巨大的；土地广，意味着城镇化进程中发展城市的数量和层级更多；空间差异性大，则意味着城镇化进程中需要有着更多有针对性的发展战略。大国特征决定中国城乡结构转型不能局限于某种模式，需要更加复合型的模式解决城乡二元结构的问题。

第二，经济体制转型决定了中国城乡结构转型更具探索特性。改革开放前，中国长期实行计划经济体制，城乡要素和商品的流动由计划来决定；改革开放后，中国不断探索社会主义市场经济之路，城乡要素和商品的流动逐步由市场来决定，充分发挥市场在资源配置中的作用。从实行高度集中的计划经济到"计划经济为主，市场调节为辅"和"有计划的商品经济"，再到党的十四大确立"社会主义市场经济"，从市场对资源配置"起辅助性作用"到"起基础性作用"，再到"起决定性作用"，经济体制转型绝非一蹴而就的事情。城乡结构转型与经济体制的转型是相伴而生的，从而经济体制转型的探索性也就决定了中国城乡结构转型需要不断探索。

第三，后发地位决定了中国城乡结构转型更具艰巨特性。1952 年，中国的农业占国内生产总值的比重为 50.5%，乡村就业人数占总就业人数的比重高达 88.01%，城镇化率仅有 11.99%，属于典型农业社会国家。从传统的农业社会转向现代社会，需要依靠工业经济的发展，因此"一五"期间中国的经济发展主要以工业布局为主。但是，由于底子太薄，中国的工业经济在探索过程中走过了一段弯路。直至改革开放前夕，中国的农业占国内生产总值的比重仍然达到了 29%，乡村就业人数占总就业人数的比重依然高达 76.82%。后发地位让中国在城乡结构转型中有着更多的经验可以借鉴，但起点低的后发地位也意味着面临着更大的挑战。

第四，开放体系决定了中国城乡结构转型更具快速特性。改革开放后，中央政府出台了一系列的对外开放政策，包括设立经济特区、设立沿海开放城市以及设立沿海经济开放区，给予外商投资者和出口若干优惠政策。外向型经济的发展，加速了农村力从农村地区向城市地区转移，对中国的城镇化起到了巨大的推动作用。一方面，出口的快速增加和外资的流入推动了工业规模的扩大，带动了就业的需求；另一方面，城市人口的增加推动了城市服务业的快速发展。开放体系吸引了农村剩余劳动力的转移，为中国城乡结构转型在短短的几十年时间内取得巨大进展做出了重要的贡献。

第五，科技革命决定了中国城乡结构转型更具机遇特性。科技的发展推动着人类的文明，也加速了欠发达国家和地区从传统产业向现代产业的转型。中国的城镇化历程，恰逢科技应用高速发展阶段。科技的发展对中国城乡结构转型的影响是重要的，一方面加速了要素在城乡之间的流动，一方面创造了若干新的就业岗位，加速了从"二元"走向"一元"的进程。而以人工智能、大数据和物联网为前沿的第四次工业革命，更加有望改变城乡要素流动不畅通和资源分配非均衡的局面，为中国城乡结构转型提供更多机遇。

整体而言，中国特征决定了具有非农经济发展迅速、城市化滞后从趋于严重走向消除以及农业与非农相对生产率先扩大后缩小的特征事实。从新中国成立至改革开放初期，大国特征、后发地位和经济体制转型占据主导，城乡结构转型起步较难，城乡二元结构问题变得更加突出。但在改革开放深化期，开放体系及科技革命加速了中国城乡结构转型，而大国特征、经济体制转型、开放体系和后发地位也通过多样性的城乡结构转型模式助力城乡结构转型。

（三）中国框架

中国的城乡结构转型有着一般性的规律，同时有着中国的典型特征。在中国的城乡结构转型过程中，微观经济三主体、三交互以及六要素相互结合，为中国式的城乡结构转型提供了动力。同时，动态变化的城乡结构转型，反作用于微观经济主体、三交互以及六要素。

第一，中国式城乡结构转型的推动力。中国式城乡结构转型，关键时期在改革开放之后。这一时期，微观经济主体、交互影响以及要素对城乡结构转型有着重要的影响。首先，资本的快速积累、外资的流入以及民营乡镇企业的兴起，家庭收入、消费以及投资的增长，以及城市住房呈现的跨越式发展、城市基础设施快速发展等，推动了非农经济的快速发展和城市化的发展，为城乡结构转型提供了坚实的基础。其次，城市产业体系的发展、学习创新体系的形成、协同系统演化以及模仿中的创新，推动了农业和非农产业生产效率的提高，为城乡结构转型提供了重要的支撑。最后，人口质量不断提高、资本投入不断增加、教育水平不断提高、科技成果不断增加、城市规模不断扩大以及渐进式的制度改革等，共同影响着中国的非农产业的发展、工业化和城市化的联动发展以及农业和非农产业生产效率的提高，为城乡结构转型提供了强劲的动力。

第二，中国式城乡结构转型的作用力。随着中国式城乡结构的转型发展，微观经济主体、交互影响以及多重要素同样受到城乡结构转型的作用力。首先，城乡结构的转型推动了非农经济的迅速发展，带来了资本积累的增加和企业投资的增加，促进了城乡居民的收入水平的增加和消费的增加，由此也带动了城市住房和基础设施建设的需求。其次，城乡结构的转型促进了生产效率的提高，从而促进了微观经济主体的相互交互，强化了具象行为、学创行为以及竞争与合作行为。最后，城乡结构的转型推动非农产业和农业现代化的发展，促进了要素从低效率的地区和行业向高效率的地区和行业流动，扭转了资源在空间和行业间的错配，由此推动要素的质量提升和数量的积累。

中国城乡结构转型中，快速的工业化带动了人口从农业向非农的迅速转移，高速的城镇化带动了人口从农村向城市的转移，由此带来了"两步走"的中国式城镇化。中国城乡结构转型同时包括"城市工业模式""城乡发展模式""农业城镇模式"和"城乡边缘区模式"等模式，面临着大国特征、经济体制转型、后发地位、开放体系以及科技革命等典型特征，由此推动着三主体、三交互以及六要素与城乡结构转型的相互发展，推动着中国城乡结构从二元逐步走向一元。

三　中国城乡结构转型的影响机制

传统农业社会中土地是重要的投入要素，在生产技术和人力资本较低时，只能维持基本的生存，从而形成了若干个间隔分布的村落。但随着农业生产效率的提升，农产品出现剩余，人口出现了增长，内生需求引致非农产业的出现。由于微观经济三主体、三交互以及六要素的循环结合，城乡出现了人口转型、空间转型和产业转型，最终从二元逐步走向一元，实现要素的单向集聚走向双向流动。

（一）微观经济主体对城乡结构转型的影响分析

城乡结构转型的微观经济主体，包括家庭、企业和政府三主体。企业是城乡结构转型的发动机，非农产业的快速发展加速了家庭从农村向城市的迁移；家庭是城乡结构转型的关键性因素，家庭由农村向城市迁移为非农产业提供了劳动力和消费；政府是城乡结构转型的加速器，通过提供优惠政策和公共服务吸引着家庭和企业不断向城市集聚。微观经济主体为城乡结构转型提供了原动力，推动着城乡结构从二元走向一元的转型。

第一，企业是中国城乡结构转型的发动机。改革开放以来，外商直接投资流入出现了大幅增加，成为中国经济增长的重要力量。外商直接投资的流入，一方面为资本稀缺的中国提供了丰裕的资本，另一方面为技术欠缺的中国带来的先进的技术。由于大量的外商直接投资流向了劳动密集型产业，从而大幅度提升了城市非农产业对劳动力的需求，吸引了农村劳动力向城市的转移。与此同时，国内的资本积累开始增加，再加上外商直接投资企业的技术溢出效应，民营企业迅速崛起，进一步吸引着农村劳动力向城市的转移，加速了城市化进程。

第二，家庭是中国城乡结构转型的核心因素。无论是外资企业还是民营企业，如果没有劳动力的乡城迁移，最终会因利润不足而陷入发展的困境。但是，由于中国有着大量的农村廉价劳动力，这就为企业的发展提供了充裕的劳动力，从而形成了循环积累因果联系。然而需要指出的是，如果乡村迁移成本过高，这一过程同样不具有持续性。多数家庭基于利益最大化的考虑，并未将迁移定居作为首选，而是选择先工作再定居的策略，形成中国城市化进程中的"两步走"的结果。毫无疑问，这一选择降低了农村劳动力向城市转移的成本，从而有利于加速农村劳动力向城市的转移。

第三，政府是中国城乡结构转型的助推器。在中国城乡结构转型的过程中，政府发挥了重要作用。一是利用城市国有土地以及税收等优惠政策来吸引企业。土地及税收优惠政策，大幅降低了企业的生产经营成本，从而扶持了企业的快速发展，加速了中国的工业化。二是通过户籍等政策降低了迁移家户的政府支出。一方面，政府放松了劳动力从农村向城市的流动，甚至鼓励农业人口进程从事商贸业。另一方面，政府对于农业转移人口没有提供相应的公共服务，从而降低了劳动力迁移所带来的社会支出。政府的行为，加速了企业的发展，从而能够在短时间内吸引更多的农村劳动力向城市转移。

（二）微观经济主体交互行为对城乡结构转型的影响分析

微观经济主体的行为通常并非是单向的，他们之间会形成交互行为，从而对城乡结构转型形成动力。微观经济主体这种交互影响主要包括三个方面内容：一是通过生产、交换、消费等行为形成具象行为的影响；二是通过学习、创新和重复等学创行为形成交互影响；三是通过竞争与合作等竞争与合作行为形成交互影响。

第一，微观经济主体的具象行为会对城乡结构转型产生影响。中国的城市化进程中，外向型经济发挥着重要的作用。改革开放后，中国吸引了大量的外商直接投资，出现了"两头在外"的加工型贸易，迅速地嵌入了全球产业链。外向型的经济，一方面带来了工业生产，一方面带来了国外家庭的需求，规模经济效益日益凸显。由于工业经济的迅速发展，农村剩余劳动力的需求急速增加，从而加速了劳动从农村向城市转移。劳动力的流入，进一步带来消费的增加，从而促进城市服务业的发展，加速了城乡结构的转型。

　　第二，微观经济主体的学创行为会对城乡结构转型产生影响。无论是企业、家庭还是政府，都具有学习、创新和重复的行为。从供给端来看，一方面外商直接投资进入中国后，国内的企业从产品到经营管理进行了模仿学习和创新，从而促进了民营经济的快速发展；另一方面，劳动力在"干中学"不断提升技能水平，提升了城乡家庭的劳动生产率。从消费端来看，随着城市工业和服务业发展，城市家庭的消费能力增强，居民的消费层次不断提高，农村家庭也在不断地进行模仿。价值政府在政策制度和基础设施建设方面不断进行创新，促进了企业规模的扩大，加速了城乡结构的转型。

　　第三，微观经济主体的竞争与合作行为会对城乡结构转型产生影响。企业、家庭和政府相互之间，会形成平行和交换的竞争与合作关系。在城市化的进程中，企业、家庭会对城市土地等资源形成竞争，从而通过城市房价等来影响城乡结构的转型。不同地区的政府也会形成竞争，一方面会促进城市竞相发展，以吸引外部的要素和资源，从而推动城乡结构的整体提升；另一方面，由于资源的非均匀分布，不同区域的城市化发展速度不一，轮番推动着城乡结构的转型。

　　（三）要素对城乡结构转型的影响分析

　　城乡结构的转型，归根到底依然是要素的空间流动和经济活动的空间分布问题。因此，城乡结构的转型依赖于要素的动态变化来提供动力，这其中包括人口资本、物质资本、人力资本、科学技术、制度文化和公共资源。

　　人口资本对城乡结构转型的影响，包括城乡人口自然增长率的差异和城乡人口的迁移。在家庭联产责任承包制等制度进步和农药化肥等农业技术的提高下，一方面农业产量的增加供养更多的人口。但受计划生育的影响，人口数量的增加又会受到限制。这两种因素对城乡人口的自然增长率影响不同，从而影响着城乡结构的转型。农业生产技术的提高，增加了农村剩余劳动力的数量，从而推动剩余劳动力向城市的转移。而农村剩余劳动力的迁移会促进城乡收入和消费方面的差异，从而进一步影响着城乡结构的转型。

　　物质资本对城乡结构转型影响，包括国外的资本流入和国内的储蓄增加。外商直接投资流入后，在东部沿海城市创造了大量的就业岗位，加速了城乡结构的转型。城市经济的快速发展，促进了城乡居民收入水平的提高，进而促进了城乡居民的储蓄水平。伴随着金融快速发展，资本储蓄转化为投资，从而促进了城乡结构的转型。

人力资本对城乡结构转型的影响，包括教育的发展以及勤劳的优良品质。一方面，九年制义务教育的推动和职业教育的发展，极大地提高了中国劳动力的人力资本水平，为企业提高了更加匹配的劳动力。另一方面，中国劳动力具有勤劳的优良品质，这就确保中国产品的生产具有质量高和速度快的特征。匹配的人力资本和高素质的人力资本，都能促进资本进一步的集聚，从而加速城乡结构的转型。

科学技术对城乡结构转型的影响，包括国外引进的先进技术、技术溢出和再创新。国外引进先进的技术，包括直接引进购买和出国学习是城市化过程中早期的主要途径。随着外商直接投资的大量流出，技术溢出成为重要的途径。国内企业在技术积累到一定阶段后，再创新的能力明显得到加强。无论是引进技术、技术溢出或者是再创新，促进了城市工业经济的快速发展，从而加速了城乡结构的转型。

制度文化对城乡结构转型的影响，包括户籍制度、财税政策和土地制度等。放松的户籍制度，加速了劳动力的乡村流动，改变了城乡人口结构转型。优化的财税政策为企业经营和地方政府发展提供了诸多政策支持，促进了城乡产业结构转型。宽松市场化的土地政策，加速了城市建设，促进了城乡土地结构的转型。

公共资源对城乡结构转型的影响，包括空间区位差异和城市土地要素增加。不同地区的区位存在着较大的差异，企业选择集聚在港口条件较为优越、制度条件较为宽松的沿海城市，优先促进了沿海地区城乡结构的转型。土地资源虽然优先，但城市建设用地面积不断扩大，从而促进了城市经济的快速发展，加速了城乡结构的转型。

四　中国城乡结构转型的作用机制

城乡结构转型是一个动态的、变化的、发展的过程。因此，在城市化的发展过程中，不仅微观经济主体行为和要素对城乡结构的转型会产生了影响，同时城乡结构转型也会反作用于微观经济主体及其交互行为和要素。

（一）城乡结构转型对微观经济主体的作用

在城乡结构转型过程中，作为参与主体的企业、家庭和政府始终追求收益的最大化。因此，在不同的发展阶段，这些微观主体会根据要素和商品的价格变化而做出不同的反应，以此实现利润最大化、效用最大化和社会福利最大化。

第一，城乡结构转型对家庭产生影响，包括家庭财富变化和家庭消费的变化。城乡收入差距是劳动力城乡迁移的最为主要的原因之一，而由于中国劳动力的迁移成本相对较低，因而更易于受到收入差距的影响。城乡结构的转型中，城乡非农产业与农业生产效率之比出现了倒"U"形，这也带来了城乡家庭的财富和消费出现了先扩大后缩小的变化。

第二，城乡结构转型对企业产生影响，包括企业规模和企业分布的变化。城乡结构转型促进了专业化的生产，率先推动了非农经济的发展规模。而随着农村劳动力的减少，农业可以更好地实施机械化，从而加速了农业经济规模化的发展。在企业规模化发展的同时，城乡结构转型也改变了劳动力在空间的分布，从而影响着企业在空间上的分布。

第三，城乡结构转型对政府产生影响，包括财税收入和基础设施的变化。城乡结构转型，尤其是非农产业的快速发展，为政府提供了大量的税收收入。城市人口的增加，造成了土地资源稀缺性增强，政府可以获得更多的土地出让金。利用财税收入，中央和地方政府可以开展交通基础设施等建设，从而有助于提升社会福利水平。

（二）城乡结构转型对微观经济主体行为交互的影响

城乡经济结构的转型中，微观经济主体会根据转型阶段性而做出不同的反应，以获得最大化的收益。而随着微观主体行为的变化，他们的交互行为也会发生改变，城乡经济结构的转型也会对微观经济主体的具象行为、学创行为以及竞争与合作行为产生一定的影响。

第一，城乡结构转型对具象行为会产生影响。城乡结构的转型，降低了农业经济的比重，提升了工业和服务业的比重。由于工业经济的快速发展，要素和商品在空间的流动增强，促进了交通运输、现代物流等生产性服务业的快速发展。在农产品和工业品得到满足的情况下，城乡居民对服务业的消费有着更多的需求，从而影响着经济活动的生产、交换和消费等具象行为。

第二，城乡结构转型对学创行为会产生影响。城乡结构的转型中，起初可以大规模的复制非农经济，以满足工业品和服务的短缺。通过企业的溢出和学习模仿，可以迅速提高企业生产效率，极大地提高了产品和服务业的数量。但随着行业内的企业数量增加，产品的差异化显得越来越重要，进而推动着企业的创新行为。

第三，城乡结构转型对竞争与合作行为会产生影响。传统的农业经济部门，由于家庭的数量巨大，因而具有完全竞争的市场属性。但是现代的工业经济部门，企业的数量则相对较少。在城乡结构转型中，由于产业从传统的农业向现代的工业过渡，因而竞争关系也由农业完全竞争逐步走向非农产业的不完全竞争。

（三）城乡结构转型对要素产生的影响

城乡结构的转型，会带来非农产业规模的扩大和农业产业化发展，促进要从低效率的农业部门向高效率的非农部门转移，吸引要素城市集聚再次乡村扩散，带来城乡差距倒"U"形的变化和经济结构的变迁。在城镇化的进程中，城乡结构的转型对不同的要素都会产生或多或少的影响，从而影响着整个社会的经济效率。

城乡结构转型对人口资本产生的影响，主要体现在人口的迁移和规模方面。由于非农产业的快速发展，大量的农村剩余劳动力流向城市。出于谨慎性行为，最初的迁移通常并非整个家庭，而随着城乡结构的转移，最终会实现举家迁移。收入水平的提高，带来抚养成本的提高，因而人口的规模也会出现下降。

城乡结构转型对物质资本产生的影响，主要体现在资本积累和资本的流动方面。城乡结构的转型，居民的收入水平不断提高，从而有着更多的财富用于储蓄投资，社会的资本积累加速。城乡结构的转型，促进了不同行业的快速发展，形成了网络化的存储机构，加速了资本在不同行业间的流动。

城乡结构转型对人力资本产生的影响，主要体现在教育的投入变化方面。城乡经济结构的转型，人力资本在社会经济发展中的作用变得越来越重要，教育受重视的程度也就得到了大幅度的提高。政府注重基础教育，家庭注重高等教育，企业更加注重职业教育的作用，这对人力资本的形成积累起着极大的推动作用。

城乡结构转型对科学技术产生的影响，主要体现在科技创新和技术成果的转化方面。城乡结构的转型，科学技术不再仅仅是一门学科，更加容易实现他们的经济价值。科技成果也更加容易变现，从而加速了科技成果的转化速度。为了能够更好的转化，科技成果的应用性也有了极大的提高。

城乡结构转型对公共资源因素产生的影响，主要体现了大量的园区开发建设方面。虽然自然地理因素无法发生改变，但城乡经济结构的转型却可以改变了经济活动的地理空间。城乡经济结构的转型，为规模经济和聚集经济提供了可能，这也加速了城市规模化的开发工业园区和开发区等产业园区。

城乡结构转型对制度文化因素产生的影响，主要体现在社会文化的变迁和政府制度的更迭创新。城乡经济结构的转型，农村人口向城市转移带来了城乡文化的交汇与多样性。在城乡结构的转型过程中，出现了众多更加复杂化的问题，国家治理和社会治理需要不断推进更迭，以更好地促进社会经济的发展。

典型城市

苏州："放权"全域共同发展，"让利"城乡均衡一体①

近 10 年来，全国城市城乡融合发展体制机制和政策体系不断建立健全，城乡一体化进程持续加快，城乡融合取得进展。根据国家统计局数据，2021 年城乡居民人均可支配收入比值为 2.50，比 2012 年降低 0.38 个百分点，10 年来城乡居民收入相对差距持续缩小。

改革开放以来，尤其是近 20 多年来，苏州探索了不同于先富带后富，而是共同发展的和城乡均衡的道路。主要是以经济建设为中心，放权使市县镇竞相争先，弘扬奋勇争先的历史文化，激发全民发展的内在动力，从而共同繁荣。将破除城乡二元结构作为发力重点，

---

① 作者：张洋子，中国社会科学院，经济学博士。

让城镇村互利多赢，从而实现一体均衡，推进经济、生态、文化、社会全面发展。

第一，"放权"赋予各级政府和市场主体全域共同发展的权力和动力，使地方政府既有权利也有动力。苏州各县、镇、区政府积极发挥主观能动性，出台地方政策，切实推动产业发展。例如，张家港市委提出"工业超常熟，外贸超吴江，城建超昆山，各项工作争第一"的"三超一争"目标，抢建全国第一家内河港型保税区、修通全国县级市第一条高等级公路、建起全国第一条城市步行街。又如，昆山政府探索形成"以房解困""以房入股"等4种闲置宅基地盘活利用模式，创新推动土地管理制度不断完善。政府鼓励民营企业创新发展，引导民企围绕光电、半导体、生物医药和智能制造等高端产业开展战略布局，加速建成"一站式"新型科技服务综合平台。

第二，充分调动下一级县、镇政府积极性，推动全域开放发展，大力招商引资。苏州经济增长70%来自于外商的贡献，对外开放对苏州的发展贡献巨大。以昆山为例，昆山发展从零起步，以"自费"创办的开发区为战略平台，以对外开放为发展主线，加强跨区域的横向经济联合和大力引进外资，稳居全国百强县第一名。昆山大力实施外向带动战略，利用浦东效应，迎来了招商引资新一轮高潮。到1995年，昆山外商及港澳台经济工业产值占全市工业比重达到41.6%，外资开始成为昆山经济增长的主要动力。苏州园区的发展同样将开放的视野投向全球。园区依托中新合作机制，积极借鉴新加坡经验。到2018年年底，园区累计上缴税收8000多亿元，实现进出口总额超1万亿美元，完成全社会固定资产投资9000亿元，实际利用外资312.7亿美元。

第三，自加压力，创新探索，负重前行。苏州大力激发各级政府和全社会奋发有为的内在动力，从而为同步发展、共同发展最深厚的奠定了微观基础。张家港精神、昆山之路、园区经验"三大法宝"相互激荡，相得益彰。先后形成了"团结拼搏、负重奋进、自加压力、敢于争先"的"张家港精神，"以改革开放为时代特征、以创业创新创优为精神动力、以人民幸福为不懈追求"的"昆山之路"，"借鉴、创新、圆融、共赢"的"园区经验"。

第四，通过利益引导和"让利"促进城乡均衡一体和共同发展。一是统筹利益，打破区域空间分割。推动工业、农民、农用地区域优化，促进城乡空间融合。主要体现为"三集中"，即工业向规划区集中、农民向社区集中、农用地向规模经营集中，促进城乡空间融合、资源优化配置。二是统筹各项目标，协同推进，实现资源整合。推进"三同步"，即工业向规划区集中与资源节约、环境保护同步推进，农民向社区集中与就业、富民同步实施，农用地向规模经营集中与现代农业发展同步进行。三是推进全域公共服务均等化。苏州上线医保"一卡通"项目，实现医保同城同服务，建立与居民人均消费支出挂钩的低保标准动态调整机制，认定低收入人口并实施动态监测。实施失业保险基金市区统筹，打造"就在苏州"一体化服务平台。

苏州全域共同发展的成就突出表现为"城市有强县，县里有强镇"。主要成果如下。

一是市、镇、村经济总量在全国均排名领先。目前，苏州在经济总量上排在江苏省首位、长三角第二位，被社会认为是中国地级市发展的范例之一。从市到县（市）、乡镇、行政村，最近数年内，苏州市、昆山市、玉山镇、永联村分别在全国地市、县市、乡镇、行政村中经济总量位列第一。二是形成一批有影响力的县级、镇级、区级企业。例如，张家港市永联村永钢集团 2021 年营业收入超过千亿元，恒力、盛虹、沙钢三家企业进入世界 500 强企业行列。三是带动农村居民收入显著提升。根据 2022 年 5 月召开的苏州市政协政情通报会公布的数据，目前，全市农民人均可支配收入提升至 4.15 万元，预计今年底，全市村均年可支配收入超过 1150 万元。城乡居民收入比进一步缩小到 1.85∶1。

苏州全域共同发展有着深刻的理论基础。空间经济学方面，亨德森认为行业内的外部性表现为行业层面的外部性并进而导致产业集聚。新经济地理学方面，克鲁格曼认为产业集聚的外部性本质是规模经济。发展经济学方面，拉尼斯、费景汉、拉格纳·纳克斯、罗森斯坦－罗丹等学者强调城市与农村全面发展的均衡发展。福利经济学方面，按照庇古的观点，公共服务越是均等化，社会经济福利也就越大。苏州市、县、镇的全域共同发展的实践符合经济学规律。苏州并没有把县域经济和镇的发展孤立为单独经济体，而是统筹考虑县域、镇域系统和市域系统的双向协调机制以及整个区域的空间聚集和分散，以镇（街、区）为基本地理单元，区域内主导产业相对集中、经济规模较大、专业化配套协作程度较高的区域经济发展形态。形成了三者的耦合协调、互利共生的关系，即市域经济的发展与扩张带动县域经济的快速进步，而县域经济的发展促进城市的不断壮大。

晋江：致力产城人融合发展，打造新型城市化典范①

协调人口、城市与产业的同步和融合发展是中国当前谋求发展的关键。历经四十余年，中国顺应工业化与城市化浪潮，积极构建产城人融合的城市更新体系，破解"重产轻城""产城分离"等困境，社会整体稳步运行。党的二十大强调"推进以人为核心的新型城镇化"，推动城市发展不断向高质量目标迈进。

福建晋江是中国的沿海城市，紧握改革发展机遇，坚持"强产业、兴城市"双轮驱动，经济总量实现了从改革初期 1.45 亿元到 2021 年 2986 亿元的高质提升，城镇化率突破 69%，人民社会保障健全，城市环境治理良好，成功入选 2020 全国县域经济综合竞争力百强第 5 名。

遵循城市化发展规律，福建晋江探索和践行了新型城镇化模式。以人口城镇化为核心，从需求和供给两方面促进城市建设和产业发展；以产业非农化依托，吸引和支持人口城镇化，推动城市建设即空间城镇化；以空间城镇化为载体，支持人口城镇化和产业非农化。同时实现了三者的匹配、同步、互动、协调，从而实现高质量城市化发展。具体经验如下。

第一，打造产业链群，推动城市基建完善与人口跨区域流动。晋江着眼产业发展现状，形成"生产—制造—配套"产业链生态，从链条、科创、开放、服务方向赋能，打造产业独特优势。以产业链群吸纳创新人才，带动人口就业与实业发展。产业的发展推动了城镇化进程，决定了人口聚集路径。产业结构调整促使周边区域人口快速流动，提升城市基建服务、积累人力资本、完善城市功能性空间布局。

---

① 作者：李博，天津理工大学，副教授。

第二，落实人口政策，刺激产业用人需求并提升城市化水平。晋江放开落户限制、实行积分管理等政策，推动农村与外来人口迁入与市民化。第七次全国人口普查数据显示，其常住人口206万人，比第六次人口普查（198万）增加7.5万人，年平均增长率0.37%。人口集聚不但为产业发展汇集新动力，影响岗位设置与人才需求，还推动城市改善生活环境，完善设施建设以综合优化城市空间布局。

第三，完善基建服务，促进产业生态重塑与居民幸福感提升。晋江始终将"人"融合到城市发展理念中，用文化活动提高人民素养，升级基础设施、促进产业发展，实现城市空间、经济组织的良性互动，构建生产、生活、生态一体的绿色城市。2020年晋江市总投资969.03亿元，建成124个5G、智能制造、园区基础设施等新基建项目。由此看出，城市基建服务是人民生活和产业发展的重要基础，城市功能的完备更为产业发展与人民生活提供了空间载体。

在产业转型与城市发展的良性机制作用下，晋江实现了区域良性互动、协调并进，具体表现在以下三个方面：一是促进物质生活改善，为人民美好生活筑基。晋江坚持"以人为本"，承担多项新型城镇化改革试点，完善公共服务、丰富城市内涵、实现均衡普惠。二是催生高效经济动能，带动产业发展与就业。晋江锚定实体经济，拥有鞋服、纺织两个千亿产业集群与上千家工业产值过亿的企业，以产蓄能；同时积极利用外资引产引能、优化产业结构、吸纳就业人口，实现了城镇人口集聚和城市化水平的提升。三是实现城市功能更新，促进区域创新协调发展。晋江完善交通网络、医疗教育等基础设施，运用智慧城市解决城市病问题，实现城市功能提升。以实体经济优势吸附企业入驻，增强区域发展活力，形成科技创新主导、龙头企业引领城市产业的新发展格局，为福建省贡献了约6%的经济总量。

产城人模式是将"功能主义"回归到"人本主义"，遵循城市化的客观发展规律，实现人与城市、产业的良性循环和均衡融合，以促进经济发展和社会福利最大化。晋江在满足科学发展规律的基础上，以人为本，以产为力，以城为基，推动三者在机制运作上的匹配协调，共同促进经济效益、社会效益与生态效益的有机统一，三者的循环协作是其他城市在发展过程需要关注的重点。

第二节　中国的人口城镇化[*]

中国的城乡人口城镇化属于城乡体系部分，城市人口转型包含总体城乡人口数量和比例、城乡人口素质水平及变化，城乡人口关系及变化。城乡人口转型，可以创造更多的就业机会，带动广大的农村地区发展，缩小城乡发展差距，推动产业创新和经济发展方式转变。

一　中国人口城镇化的特征事实

改革开放以来，中国不仅经历了人类历史上最大规模的城镇化过程，而且创造了由贫穷乡村中国向小康城市中国嬗变的人类奇迹，探索了既符合一般规律又具有个性特色的城镇化道路，相比而言中国的人口城镇化具有以下特征。

（一）中国常住人口城镇化和户籍人口城镇化增长迅速，经历了快速、加速、放缓的增长过程

1978—2021 年，中国常住人口城镇化率从 17.92% 增长到 2021 年的 64.73%，年均增长 1.09 个百分点；中国户籍人口城镇化率从 15.8% 增长到 46.7%，年均增长 0.72 个百分点。相应的，城镇常住人口从 1978 年的 1.7 亿人增长到 2021 年的 9.1 亿人，城镇人口增加了 7.4 亿人，平均每年增加了 1600 多万人；城市数量地级市数量从 1978 年的 98 个增长到 2021 年的 293 个；市辖区数量从 1978 年的 408 个增长到 2021 年的 977 个；城区人口 100 万以上的城市从 1981 年的只有 18 个，增长到 2020 年的 98 个，500 万以上的超大特大城市 21 个。

40 多年来，中国人口城镇化主要经历了快速增长、加速增长和放缓增长的三个阶段。首先，1978—1995 年为以小城镇主导的快速城镇化阶段，中国常住人口城镇化率从 17.92% 上升到 30.48%，年均增长 0.73 个百分点。这一阶段在农村经济体制改革的背景下，农村耕地被

---

　　[*] 作者：徐海东，中国社会科学院财经战略研究院，助理研究员；倪鹏飞，中国社会科学院财经战略研究院，研究员。

联产承包，乡镇企业异军突起，农村剩余劳动力"离土不离乡""进厂不进城"，小城镇大量出现并成为城镇化主要载体。其次，1996—2010年为以异地城镇化主导的加速城镇化阶段，中国常住人口城镇化率从30.48%上升至49.95%，年均增长1.39个百分点，户籍人口城镇化率从24%增长到34%。这一阶段对应社会主义市场逐步建立和对外开放不断加快，国有企业改革、民营企业发展大中小城市提供了大量的就业机会，尤其外资企业大量进入，加快东部沿海地区经济发展，农村剩余劳动力转移规模逐步增加，由此拉开了中国区域间、城乡间大规模人口迁移的序幕。最后，2011—2021年为就地城镇化与异地城镇化并重的快速增长阶段，中国常住人口城镇化率从51.27%上升至64.73%，年均增长1.346个百分点，户籍人口城镇化率从34.70%上升到43.70%（见图8.4）。这一阶段随着率先发展的东部地区的生产成本上升，以及西部大开发和中部崛起等战略的效果显现，一些制造业开始从东部向中西部扩散，中西部农村剩余劳动力异地转移占比和规模开始下降。相比国际主要国家而言，常住人口城镇化率从30%增长到60%，美国用了60年，法国用了70年，德国用了50年，日本用了32年，而中国只用了20年，特别是中国40多年新增城镇人口相当于美国总人口的2.2倍、日本总人口的5.9倍、英国人口的11倍，这一增量和增速在全球屈指可数。当前，城镇化快速推进但速度放缓，再次进入就地城镇化与异地城镇化并重的新阶段，对应中国进入全面深化改革的新阶段。在此阶段，中国城镇化全面进入以提升城镇化质量为主的新阶段。

（二）中国的户籍人口城镇化与常住人口城镇化差距巨大，经历了差距扩大到差距放缓的过程

图8.4还表明虽然常住人口城镇化率和户籍人口城镇化率都在迅速上升，但是户籍人口城镇化率与常住人口城镇化率存在巨大的不匹配状态，户籍人口城镇化率长期显著低于常住人口城镇化率，二者差距经历了差距加大到差距放缓的过程。1978年，户籍人口城镇化率与常住人口城镇化率之间的差距为2.12%，后缓慢波动到1996年的5.2%；在1997年常住人口城镇化率超过30%以后，户籍人口城镇化率与常住人口城镇化率之间的差距迅速扩大，二者差距由1996年的5.2%迅速扩大到2015年的最大值19.35%；2015年以后户籍人口城镇化率与常住

人口城镇化率之间的差异有所降低，从 2015 年的 19.35% 降低到 2020 年的 18.49% 。按照中国总人口来看，这表明有 2.6 亿人仅仅完成了人城一体或者是职城一体，而并未真正做到所有公共服务一体。

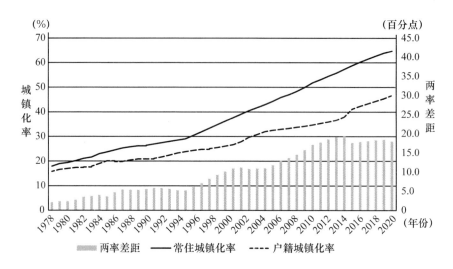

注：2011 年及之前户籍人口城镇化率为非农业人口比重数据。

图 8.4　1978—2021 年中国常住人口城镇化和户籍人口城镇化

资料来源：CEIC 统计数据库。

（三）中国城乡人口素质持续转型提升，经历了由城市到镇村的过程

中国人口城镇化的推进过程中，由于城镇非农产业相对于农产业而言，需要更高的人力资本，从而在中国人口城镇化推进的初期，城镇化的持续是相对高端人口优先转型，即城镇人口率先进行素质转型提升。此时，农业产出增长有限，农村基层政府的公共收入和支出有限，导致教育等人力资本投资也十分有限，由此导致乡村人口素质和人力资本增长有限，人口素质转型提升较慢。随着城镇化的推进，城镇和农村产出均有显著增长，一方面城镇的人力资本提升会带动农村人力资本提升，另一方面城镇和农村产出的增加会加强教育等基础设施投资，促进人力资本提升。从中国城、镇、村人口的受教育程度来看，2000 年城市的文盲率为 4.57%，镇的文盲率为 6.45%，乡村的文盲率为 11.55%；到

了 2020 年，城市的文盲率降为 1.26%，镇的文盲率为降 2.76%，乡村的文盲率为降 5.93%（见表 8.1）。城、镇、乡的人力资本水平持续提升，且在城镇化超过 50% 以后，乡村的人力资本水平提升得更快。

表 8.1　　　　　　　城市、镇、乡村受教育人口变化　　　　　单位：人；%

类型	年份	15 岁及以上人口	文盲人口	文盲人口占比	受教育人口占比
城市	2000	244103931	11152442	4.57	95.43
	2010	354375039	6747570	1.90	98.10
	2020	484961166	6125384	1.26	98.74
镇	2000	130157088	8393894	6.45	93.55
	2010	221320852	8558885	3.87	96.13
	2020	259872015	7175092	2.76	97.24
乡村	2000	583823613	67445733	11.55	88.45
	2010	535792357	38884409	7.26	92.74
	2020	411561605	24403541	5.93	94.07

资料来源：第五次、第六次、第七次全国人口普查数据。

　　展望未来，为了在城镇过上美好生活，获得基本或优质的衣食住行、安居乐业、获得更加优质的公共服务将是未来人口城镇化的主要牵引力。特别是更加长寿化、聪明化的城镇转移人口将绘就更加美好的现代化中国。

二　中国人口城镇化的总体机制

（一）一般机制

　　城市产生前，由于农业技术和劳动者人力资本较低，人们只能通过土地与劳动的结合生产维持生存的农产品，由于土地是直接投入，所以农业生产只能分散经营，这也决定人类生活居住必须分散集聚，假定在一个球形的陆地上，有连绵的农田围绕着无数个间隔分布的村落。每个循环往复的"干中学"的农业生产在创造农产品的同时也创造了农业的生产技术知识和人力资本，从而使得农业产品出现剩余，这也导致人口增长的同时，内生需求提升导致的非农产品和服务生产出现，而非农产品由于不需要土地直接投入，所以为了分享规模经济而减少空间成本，非农产业及其生活将聚集在村落的基础上，在一些有利的村落或空间区位上形成非农生产集聚，整个经济体系出现多个分别由连绵的农田、间隔的村落围绕的间隔的城镇，形成了从事非农生产和生活的人口。在此条件下，城市政府和企业为人口提供生活、生产保障，资本、技术、产业、公共资源等作为城市生产、学习、竞争的基本要素，在此三主体六要素的多重交互循环结合作用下，不仅导致城乡的人口、人力资本、物质要素、知识要素的不断增长，更会导致人口不断向城市聚集，推动城乡人口持续转型。相应地，随着人口城镇化的不断推进以及城乡人口的持续转型，将有效的推动产业结构转型升级和科技创新，这会倒逼企业和政府不断提高基础设施和保障水平，更会带动城市和国家经济增长。

（二）中国特征

中国城镇长期发展的特殊条件包括中国的自然地理环境，中国制度文化的路径依赖，以及在此基础上的技术进步、人口增长和人均收入增长，还有中国与周边国家的关系。但是与国际主要国家相比，中国人口城镇化发展具有以下独特的特征。

第一，人口巨量且空间差异巨大。中国相对于其他国家而言，无论是各区域人口规模还是各省市人口的规模均是巨大的且差异显著。不同地域之间的社会发展水平与各类资源配置不均衡，造成人口流动的不稳定。在其他要素相同的条件下，丰富的人口资源决定了中国的人口城镇化相对于其他国家而言，速度更快、规模更大，并且区域内部各城市的变化差异也更大，更决定了中国城镇化在大区域范围内平衡和区域小范围内失衡并存。

第二，制度改革的不断深化。中国的城镇化进程伴随着涉及人口、户籍、土地等制度不断深化改革的过程。在涉及城镇化的人口制度方面，从"允许农民自带干粮进城，但不予落户"的人口迁移政策，到通过购房办理城镇落户，放开大中城市落户限制，再到常住地提供公共服务制度推出；在涉及城镇化的土地制度方面，农村集体耕地制度从承包制到"三权分置"，城市国有土地从有偿出让到"招拍挂"。这些涉及人口城镇化的制度不仅可能广泛影响城市人口规模的大小，更是影响中国户籍人口城镇化与常住人口城镇化的差异性。

第三，对外开放的逐步推进。随着改革开放的逐步推进，中国存在巨量的剩余劳动力，可以利用本国廉价劳动力和外国商品市场，加快工业化进程并带动城镇化发展。在此过程中，初期中国的农村转移劳动力从事轻工制造行业且工资相对较低，中期从事加工制造和重化工业且工人平均工资水平攀升，工资水平带来的国内市场需求增加，将对常住人口城镇化和户籍人口城镇均造成影响。

第四，城镇化与新技术革命相伴而行。中国的城镇化处在新一代的技术革命进程中，相对于前几次的技术革命，新技术革命所带来的基础设施提升将各个城市联系在一起，深刻改变人类交互的交通与通讯基础设施，强有力地促进和保障城乡人口自由流动，从而较大程度上影响城镇化的产业形态以及人口规模与空间规模。

（三）中国框架

改革开放以后，一方面，制度改革和技术进步带来了农业和非农业生产率快速发展，带来了相对充裕的农产品剩余，也使得农村家庭释放无限供给的劳动力；另一方面，全球化带来了国际家庭的大量非农消费市场和国际企业的物质资本和知识技术；加上需求偏好和预期收益决定地方政府有深度参与城市发展的动力，其通过经营城市土地和城市环境，引进外资和技术，发展乡镇企业、民企以及改革国有企业。最终上述三主体的多重交互叠加六要素不断推动人口城镇化进程和城乡人口持续转型。但是一方面由于中国的制度改革是渐进式的制度变革且过程中还存在不完善的地方，另一方面由于转移人口素质与城镇户籍人力素质存在差异，叠加城市教育、住房、土地等公共服务等要素在发展过程中存在显著的错配问题，进而也导致了中国的户籍人口城镇化率显著低于常住人口城镇化率且差异逐渐扩大。

随着中国人口城镇化和城乡人口素质持续提升，城市必然有能力带动城市教育、住房、基础设施等公共服务不断完善、产业结构持续升级、人口素质不断提升、物质资本迅速增长、科技不断进步。但户籍人口城镇化率与常住人口城镇化率之间的差异不断扩大又会带来转移人口素质提升缓慢、物质资本回报率降低和城市间公共服务错判等问题。如此循环轮动影响常住人口和户籍人口城镇化进程。

三　中国人口城镇化的影响机制

（一）三大经济主体对城镇化及城乡人口转型的影响

家庭、企业和政府始终是中国人口城镇化和城乡转型的主体。家庭是人口城镇化的直接基础，只有大量的剩余劳动力才能推动人口城镇化；企业是人口城镇化的推动力，大量剩余劳动力要想在城市中生存必须要有一定的就业主体，即大量的企业；政府是人口城镇化的保障，政府通过提供制度保障、优惠政策和公共服务吸引着企业不断向城市集聚，并以此推动人口转型。从中国城镇化发展的实践来看，先有政府主体提供支持保障，发展企业主体，再由企业创造工作机会，推动农村剩余劳动力向城镇聚集，从而推动人口城镇化进程。

第一，家庭是中国人口城镇化和城乡人口转型的基础动力。中国人口城镇化发展的最关键基础是中国拥有大量的劳动力，特别是随着改革开放农村出现了大量的剩余劳动力，出于利益最大化的考虑，巨量的农村剩余劳动力开始向城市转移，从而推动常住人口城镇化不断提升。改革开放以来，家庭的人口规模和质量不断提升，又会进一步推动常住人口城镇化和户籍人口城镇化的提升。但是由于流动人口无法享受与城市相同的权益和服务，从而造成户籍人口城镇化要低于常住人口城镇化，造成"半城镇化"问题。

第二，企业是中国人口城镇化和城乡人口转型的推动力。农村剩余劳动力进入城市主要目的是就业和获得报酬，而就业最主要依靠的是企业，只有城市拥有大量的企业才能承接大量的农村剩余劳动力。巨量的劳动力在企业中一边进行生产赚取报酬，一边不断在"干中学"的进程中，随着企业的规模发展和生产率提升来提升自身水平，进而不断推动城市、城镇、农村的人口持续转型。

第三，政府是中国人口城镇化和城乡人口转型的保障。中国城镇化的发展是政府、企业、家庭三主体共同推动的结果，中国人口城镇化的核心在于政府的作用，因为随着制度改革的推进，虽然企业和家庭的作用越来越大，但是政府的作用并非逐渐减弱，而是与企业、家庭一样也越来越强，只是政府的职责不同，特别是在需求偏好和预期收益条件下，政府有深度参与城市发展的动力。政府通过优惠政策来吸引企业进入，为人口进入提供物质保障；通过打通户籍制度、资源要素的限制，促进人口、资源要素自由流动；通过逐渐为流动人口提供公共服务和社会保障，从而促进人口在城市安家落户。

（二）耦合交互行为对城乡人口转型的影响

城镇化经济发展的主要动力是政府、企业和家庭的交互活动，不同的利益主体出于自身的利益目标，共同推动了城镇化的发展。经济主体的交互活动主要包含生产、交换、消费等具象行为，学习、创新和重复等学创行为，竞争与合作等关系行为。

第一，生产、交换、消费等具象行为。相对于农村而言，城市不但拥有更多的消费舒适物，而且具有更大的宽容度和多元性，其生产、交换和消费都更加多样化、巨量化，从而推动人口城镇化发展。但是其在推动城乡人口发展的同时，巨量和多样化的生产消费等活动又会需要巨量的流动人口，造成常住人口的增速要显著高于户籍人口增速，加大了户籍人口与常住人口之间的差距，即加大了中国的半城镇化问题。

第二，学习、创新和重复等学创行为。对于家庭而言，为了获得更高的劳动报酬，劳动力将不断提升自己的人力资本，劳动力个体人力资本越高，就越倾向于定居城市，从而更为高层次人力资本青睐。对于企业而言，企业也会不断进行学习、创新从而提高生产率，推动高端人才的进入从而不断推进城乡人口转型。

第三，竞争与合作等关系行为。从政府角度来看，一方面，地方政府基于政绩考核的压力，在财政大包干和分税制改革以后，通过对土地资源的掌控，充分调动企业、银行、开发商等多方利益主体的积极性，并以此吸引大量企业进入并创造了大量的就业机会，对人口城镇化的推进起到了重要的作用。另一方面，地方政府间竞争通过提升自身治理水平，不断完善相应的法律法规、制度设施、公共服务等，为企业和家庭提供保障，也推动了人口城镇化进程。从企业角度来看，企业作为最重要的微观经济主体，其一直是竞争与合作的参与方，一方面，企业为了追求利益，在政府相关政策的支持下进行合作，不断促进城市产业及产业链发展；另一方面，企业相互竞争追求超额利润，不断提高生产率，从而必然要吸纳大量的非农劳动力参与生产，从而促进人口城镇化。

（三）制度文化既是人口城镇化稳定提升的基础和保障也是中国人口半城镇化的壁垒

制度文化既包含政府制度也包含市场制度，政府制度包含户籍制度、土地流转制度、财税制度、社会保障制度、建设规划制度和社会管理制度等，市场制度包含产业制度、产权保护制度、市场准入制度、公平竞争制度等。政府制度最大的优势是制定公共政策，提供公共物品、服务、基础设施等，市场制度最大的优势是实现资源的有效配置，调动市场的积极性。稳定的政府制度可以明确城市和农村居民的权利、责任和义务，市场制度可以保障居民自由流动，政府和市场两大核心制度主体通过发挥各自的优势为人口城镇化提供保障，促进常住人口城镇化快速提升。但同时，改革开放以来，制度文化的渐进性推进既要维持原有的制度基础，又要进行制度突破，也造成了户籍人口城镇化显著低于常住人口城镇化，这是中国人口"半城镇化"问题产生的根本原因。特别是户籍制度对人口流动的管制，使得整个社会不仅在地域空间上，而且在社会空间上被人为地分离开来。户籍制度俨然已成为以户籍性质和户口所在地为依据的权利界定和利益分配制度。此外，当前不利于农民工迁移并落户城市的农地制度、就业制度、社保制度、培训制度等也是中国"半城镇化"现象产生的重要制度原因。

从中国人口城镇化制度的发展进程来看，改革开放以来主要经历了政府主导的计划经济制度为主、市场调节为辅，到市场在资源配置中起到基础性作用，再到市场在资源配置中起到决定性作用，及更好的发挥政府的作用，以有为政府和有效市场推动全国统一大市场形成的演变。1980年，国家出台政策支持部分专业技术干部的农村家属迁往城镇并解决其粮食供应问题；1984年，中共中央、国务院转发农牧渔业部《关于开创社队企业新局面的报告》同意将社队企业改称乡镇企业，同年，党的十二届三中全会通过了《中共中央关于经济体制改革决定》，开启了城市体制改革，经济重心转向城市，特别是乡镇企业异军突起，以小城镇为主导的农民就近城镇化成为主流，大部分农村剩余劳动力就近流入小城镇，初步推动了人口城镇化进程；1985年，公安部出台《关于城镇暂住人口管理的暂行规定》，承认农村居民在城镇暂住的合法性。这些政策的实施有力地推动了农村转移劳动力进入城镇就业、居住与生活的进程。进入 20 世纪 90 年代，对户籍制度、住房制度、土地制度、城市就业和社会福利制度的限制逐渐放开，特别是明确提出发展小城镇，进一步吸引了大批农村剩余劳动力，人口城镇化规模进一步提高，与此同时，户籍人口城镇化率与常住人口城镇化率之间的差距也在逐渐扩大。如 1992 年，公安部在小城镇、经济特区、开发区等地率先推行当地有效城镇居民户口制度，即"蓝印户口"，持有者可享受与当地常住城镇居民同等的教育、医疗、就业等待遇，两年后可转为常住城镇居民户口；1997 年，国务院批准公安部《小城镇户籍管理制度改革试点方案》《关于完善农村户籍管理制度的意见》，标志着小城镇落户政策的全面放开，这一时期的户籍人口城镇化率也呈现明显的提升。然而，更多的农村转移劳动力依旧集中在户籍管理严格的大城市。市场化改革不断完善，市场在资源配置中的作用逐步提升，促使国民经济高速发展，推动城乡生产力的持续发展，更推动了常住人口城镇化率的飞速提升，进一步扩大了与户籍人口城镇化率之间的差异。

2010 年以后，制度有所放松，一方面进一步放松大城市落户限制、改革住房制度、土地制度，另一方面发挥市场的决定性作用，促进资源有效流动，进一步促进高质量的城镇化。如 2012 年《国务院办公厅关于积极稳妥推进户籍管理制度改革的通知》发布后，各区域相继出台了户籍制度改革的措施，促使户籍城镇化明显提高，半城镇化率有所下降。2014 年出台的《国家新型城镇化规划（2014—2020 年）》明确指出，新型城镇化是"人的城镇化"，必须切实提高"以人为本"的城镇化水平质量，户籍制度改革进入深化阶段。同年，国务院发布《关于进一步推进户籍制度改革的意见》，再次明确取消农业与非农业户口划分、建立城乡居民统一户口登记制度的必要性。在具体执行中需因地制宜，对不同规模的城市执行有差别的落户原则，"全面放开建制镇和小城市落户限制，有序放开中等城市落户限制，合理确定大城市落户条件，严格控制特大城市人口规模。"2019 年，国家发展改革委印发《2009 年新型城镇化建设重点任务》，再次强调全面放开大城市落户限制，对特大城市的积分落户政策作出调整。户籍制度改革，特别是大城市落户政策改革的深入推进，对缩小两个城镇化率的差距起到了一定作用。过去

40 多年中国已经收获了巨大的改革红利，但是制度改革没有完成，制度创新没有止境。目前建设高水平的社会主义市场经济体制的目标还没完全实现，有关现代城市经济的交往规则也没有完全建立。市场取向的制度改革会优化劳动力、资金和土地等硬件资源配置，而创新制度将优化人力资本和知识资本的配置。改革还将激发市场主体创业与创新的动力，降低商品、服务与要素的交易费用，同时释放软件和硬件资本规模报酬递增的动能，这些均将推动人口城镇化进程。

（四）乡村人力资本积累不够同样阻碍城镇化进程

中国的城乡制度政策固然阻碍农村流动人口享受城镇化发展带来的成果，但是流动人口自身的人力资本水平相对较低也是影响中国半城镇化的重要因素。可以说，劳动者科学文化素质的提升和劳动技能的提高是实现人的城镇化的重要基础。一方面，城镇流动人口相对较低的科学文化素质阻碍了大部分流动人口市民化。另一方面，城镇流动人口的相对就业竞争力不强同样阻碍其市民化。技能缺乏、工作含金量不高是妨碍农民工向现代产业工人转型的主要障碍。从实际数据来看，中国的农村人口受教育水平，要显著低于镇人口的受教育水平，更是要显著低于城市人口的受教育水平，所以相对而言，农村或镇人口在像城市进行转移的时候，其本身的竞争力要显著低于城市人口的人力资本水平。

（五）城市优质的公共资源是人口城镇化的吸引力

人口进入城镇一方面是为了衣食住行等基本的生活需求，另一方面也是最重要的是为了共享城市的优质基础设施和公共服务。基本公共服务均等化向人的城镇化迈进了一大步，是农民工向市民转变的重要标志。基本公共服务及资源作为满足人民日益增长美好生活需要的必然要求，有助于人的生活与生产方式的重塑以及文明素质和社会权益的提升，对促进流动人口稳定性和家庭完整迁移产生重要作用。

城镇化前期，劳动力进入城市为了家庭基本生存，良好的公共服务为大量流动劳动力提供相对较好的工作环境和机会，为民众提供公共教育、卫生、文化、交通、通信等方面的基本保障；个人生存和发展所需的其他各类公共服务，如就业服务等，不断吸引农村剩余劳动力向城市集聚，从而为早期工业化、城镇化发展提供源源不断的动力，有力地推动了常住人口城镇化的进程，促进常住人口规模和速度的飞速提升。随着经济主体的基本物质需求得到满足以后，必然要追求相应的精神需求，此时优质的公共服务是吸引人口流入和留在城市的关键要素。在城镇化中期，城市和乡村公共服务、基础设施及附加权益的差异性，决定了城市必然要比农村更加有吸引力。城市相对优质的基础设施和公共服务，一方面通过改善生活条件、提高生活质量、提升幸福指数等方式促使人口从农村流入城市，推动常住人口城镇化不断发生；另一方面其所带来的人力资本提升和代际转移在不断促进城乡人力资本提升的同时也促使人口不断在城市安家落户，进一步巩固了常住人口城镇化。但在这一发展过程中，一方面由于城乡政府和市场制度壁垒的存在，阻碍了城镇流动人口逐步市民化，使得城镇户籍人口规模和增长率显著低于常住人口城镇化，导致户籍人口城镇化率与常住人口城镇化率之间的差异逐渐扩大；另一方面由于在城市发展初期，城镇提供的基本公共服务与城市的经济发展水平相挂钩，城市资本积累来源的多样性、差异性以及有限性决定城市经济发展的资本积累只能有部分用于城市的基本公共服务建设，从而只能提供有限的、基本的公共服务和社会保障，即大部分流动人口并没有享受与城市居民同等的权利和服务，进一步扩大了常住人口城镇化与户籍人口城镇化之间的差距。但是城镇化发展后期，随着城乡公共服务逐渐一体化，城乡各类公共服务质量基本一致，城乡人口开始双向流动，常住人口城镇化率与户籍人口城镇化率之间的差异又会逐渐减少，直至相同。

（七）产业等物质资本是人口城镇化的强力支撑

资本利润始终是经济主体所追求的，农村剩余劳动力来到城市核心就是为了赚钱维持家庭生计，在城镇化初期或中期，这是大部分劳动力流入城市最主要的因素，而支撑大量农村剩余劳动力流入城市的关键在于城市拥有一定相应的物质资本和产业基础。产业等物质资本一方面为劳动力提供大量就业岗位，并支付足够经济主体生活的基本报酬；另一方面为城市创造财政税收，增强城市提供公共服务的能力。

基础产业和物质资本推动城镇化前行。在城镇化发展初期，相对较高的工业报酬吸引劳动力进入，但是基础产业的生产率上限是确定的，若基础产业效率不提升，城市一定的产业基础只能容纳相对应的人口，在推动城镇化前行一段时间以后，城镇化会停滞不前。当前大部分"中等收入陷阱"国家的城市以及城市周边的"贫民窟"均是如此。因而这就要求城市在城镇化的推进过程中合理考虑产业布局和产业水平,产业水平不提升就无法可持续地支撑城镇化。改革开放以后,中国的城镇化初期主要是由轻工业制造来推动,借助对外开放战略,通过招商引资、承接全球产业转移,中国成为"世界工厂",创造大量就业机会,吸引农村剩余劳动力转移,为农村人口进入城市创造条件,一方面带动常住人口城镇化的快速发展,另一方面促进城镇乡人口持续转型。但是,在产业经济发展的初期,其与巨量的城镇流动人口不匹配,造成了大量城镇流动人口并没有正在享受城市基础设施、公共服务等权益,形成半城镇化问题。随着产业经济的发展,中国的产业经济形态呈现从轻工制造主导,到重化制造主导到服务业主导,再到知识服务主导的趋势,城市产业经济的结构占比中知识产品相对于物质产品的占比呈现波动性增加,服务业、知识化、智能化等高端产业将推动城镇化高质量发展。在城镇化中后期,城镇化发展的支撑力量必然转向产业结构高级化,城市产业结构只有不断地进行产业升级,才能提高生产效率,一方面满足所有农村转移人口的基本工作需求,特别是高端人才的就业需求,另一方面满足高端医疗、教育、基础设施等方面的供给。

(八)科学技术是人口城镇化的根本动力

科学技术的发展带来劳动生产率提升,推动人口城镇化跨越式发展。从政府和企业主体来看,一方面提高了农村的劳动生产率,使得农村积累的大量的剩余劳动力;另一方面促进城市工业发展,吸引人口。科学技术的发展能够带动地区生产力的高效发展,吸引大批相关企业入驻,从而充分带动经济和区域科学技术的发展,与此同时,大批企业的入驻能够吸引更多的社会资本在高新技术产品研发、生产、销售等多个环节发挥作用,能够从根本上保障城镇化的发展,同时可以创造更多的就业岗位,为城镇化的发展建设提供源源不断的就业动力。从家庭主体来看,科学技术的提升一方面减少城、镇、乡等所有经济主体二次学习的成本,促进城、镇、乡的人口持续转型;另一方面促进人才的交流与流动,有利于新知识、新技术在企业间流动,能够降低企业研发成本,这些都有助于企业增强竞争力,进一步扩大规模,同样助推城镇人力资本的提升。人才集聚带来的技术发展可以衍生大量的相关行业,如配套的生产性服务业，金融服务、信息服务、物流服务、商务服务，等等，从而衍生大量的劳动力需求，带动相关产业发展，进一步促进剩余劳动力集聚，也会进一步带动人口持续转型。科学技术可以提升政府和市场的治理能力，从而推动人口城镇化高质量发展。技术产业集聚导致的需求结构变化、就业结构变化、产业结构升级等都将推动地区政府治理能力的提升，政府治理的过程中基础设施的不断完善、制度的完善健全能有效降低企业及个人的生产生活成本，推动城镇化进程。其次，政府治理能力的提升将使得生产、消费、金融、法律等行业更加完善、合理，环境污染治理更加高效，环境质量等到提升，从而提高高新技术产业集聚质量，进一步推动城镇化高质量发展。最后，在高新技术产业集聚的过程中，随着政府治理能力效力的提升，就业、教育、医疗、养老等问题都将得到缓解，高新技术产业集聚将由注重集聚规模逐步转向集聚质量，加快新型城镇化进程。

四　中国人口城镇化的作用机制

（一）城镇化的发展持续推进人口转型，但也导致人口职住分离

人口城镇化的表现为人口持续向城镇、大城市、中心城市聚集，带来巨大的规模效应。城镇化会创造大量的就业岗位，城城之间、城乡之间的劳动力交流越频繁、竞争也越来越激烈，在"关系行为"的作用下，政府、企业间相互竞争与合作，一方面，直接加强教育投入，加快提升城市本身的人力资本水平；另一方面，完善相关基础设施和公共服务为人力资本提升创造必要条件，如加大普惠性人力资本投入，逐步提高医疗卫生、社会保障、住房保障水平，不断吸引高水平人才流入。其次，在"抽象行为"的作用下，城镇居民在生产产品、提供服务的同时，也在积累经验，从经验中获取生产技能与知识，有助于提高生产效率和累加知识总量，在"干中学"和知识外溢的规模报酬递增条件下，初始和以后进入城市的人力资本水平将会不断提升。

从中国城镇化的历程来看，城镇化初期，城镇化的持续推进是相对高端人口优先转型，而大规模城镇化在导致城市人力资本飞速提升的同时，也使得农村剩余劳动力素质上升缓慢。与此同时，由于农村产出增长有限，农村基层政府的公共收入和支出有限，教育等人力资本投资也

十分有限，由此导致乡村人口素质和人力资本增长有限，人口素质转型较慢。随着城镇化的不断推进，一方面，城镇人力资本在竞争中不断向外转移，促进三四线城市、中心城市的周边城市、农村等地区人力资本提升；另一方面，城镇与农村的基础设施公共服务逐步一体化，有效地缓解农村优秀劳动力向外转移，从而促使总体人力资本提升。

同时中国户籍人口城镇化与常住人口城镇化之间差异导致的半城镇化问题也导致人口职住分离。在城镇化发展过程中，农村转移劳动力的无限供给，以及开放的国际市场，使得农村转移劳动力的工资处于较低的水平。农村转移人口到城镇赚取略高于农业生产的报酬，但不足以覆盖在城镇生活的全部成本，这使得转移人口仅能先实现职业转化，即从农村的农业活动转向城镇的非农活动，其家庭生活仍然主要在家乡的农村。

（二）城镇化的发展推动城乡公共服务供给水平显著提高的同时，也导致城乡公共服务资源错配

城镇化的飞速提升以及城镇乡人力资本的提升都显著提高了城乡的公共服务水平。在城镇化发展过程中，城镇化、工业化的发展，对各种公共服务制度的产生提出了要求，公共服务制度的缺失会成为城镇化发展的障碍，引起社会的不稳定。为此，政府和市场开始出台各种公共服务政策，不断调整和完善与城镇化相适应的公共服务水平，由此不断推动公共服务水平提升。一方面，促使城镇在交通、就业、医疗卫生、文化教育、基础设施环境等方面得到了实质性的提升，促使市政设施逐渐完备、交通出行更加便利、教育文化事业稳步发展、社保医疗体系不断健全、居住环境更加美丽。另一方面，高端人才也推动城市提供高质量的公共服务，进一步推进公共服务、环境卫生、市政公用、产业配套等设施提级扩能，为更多的人才流入提供优质的保障。

但是，随着常住人口城镇化的推进，城乡公共服务配给的差异也在逐渐扩大，公共产品分异。在城镇化的发展过程中，由于农村转移劳动力的无限供给，以及户籍与公共服务挂钩的制度，农村转移人口虽然在城镇实现了就业，但是难以与所在城镇的户籍居民平等分享更充分的公共服务，只能享受其户籍所在地即家乡的相对薄弱的农村公共服务。

（三）城镇化的发展促进体制改革和对外开放

制度改革推动中国的城镇化进程，而城镇化进程反过来也倒逼制度

改革。改革开放以来，中国城镇化发展取得了巨大的成就，但是在城镇化的推进过程中仍然存在制度缺失问题，使得中国的城镇化呈现不完全、半城镇化的特征。上述的一系列问题不断推动各项制度方面的改革。第一，推动政府城镇规模制度政策改革。21 世纪以前中国城镇实行的政策为小城镇发展模式，2001 年以后开始提出中心城市、大城市、城市群发展模式，如"十五"规划提出"引导城镇密集区有序发展"，2006 年"十一五"规划提出"把城市群作为推进城镇化的主体形态"，2011 年"十二五"规划提出"要以大城市为依托，以中小城市为重点，逐步形成辐射作用大的城市群"，2016 年"十三五"规划提出"以城市群为主体形态"和"加快城市群建设发展"，2021 年又提出大中小城市协调发展。由此可见，城镇化的发展不断推动中国城镇制度政策的发展。第二，推动户籍制度等改革。中国的城镇化持续推动着中国户籍制度的松动，如为适应城镇化发展出现了"蓝印户口"，后由于一些城市并未兑现"同城同待遇"的承诺，"蓝印户口"后被叫停；又如"居住证制度"，先对主要引进的人才实行，后逐步扩大到全部流动人口。2015 年国务院发布《居住证暂行条例》，对居住证申领、福利和服务，以及积分落户制度等进行了详细规定以赋予城市流动人口基本的权利和便利。第三，推动土地管理制度改革。城镇化的发展对土地提出了巨大的需求，土地作为最直接的固定生产要素，为企业和人口提供支持。随着城镇化的发展，土地政策制度经历了土地使用权有偿转让、推动土地转让"招拍挂"等一系列措施。第四，倒逼城市住房制度改革。随着城镇化推进，城镇住房已经不能满足流动人口的需求，1998 年国务院出台的《关于进一步深化城镇住房制度改革加快住房建设的通知》提出"停止住房实物分配，全面实行住房分配货币化"，确定了城镇住房市场化、货币化、商品化方向。到 2001 年，以住房分配货币化、完善经适房为主的多层次城镇住房供应体系、发展住房金融、培育和规范住房交易市场等为主要内容的"一次房改"基本完成，住房实现了商品化。住房制度改革催生的房地产市场繁荣，成为中国经济快速增长的重要动力。第五，城镇化推动中国城市住房保障制度的建立和完善。中国的住房保障制度开始于 20 世纪 90 年代中期，1995 年国家提出了"安居工程"，1998 年提出"以经济适用住房为主"，2007 年调整为"以廉租住房制度为重点、多渠道解决城市低收入家庭住房困难", 2010 年开始将公共租赁住房作为重要途径, 2017 年又进一步提出"多主体供给、多渠道保障、租购并举的住房制度", 开展了包括棚改、集体土地建设公租房、共有产权住房等在内的多种探索。

中国城镇化发展为中国社会主义市场经济体制的构建和与全球经济接轨提供了巨大的场景, 对市场经济体制的制度供给和参与世界的开放接轨提出了巨大的需求, 大幅促进城乡、区际和国际生产要素和商品服务的自由贸易和合理配置, 从而促进了中国的经济改革和对外开放。

(四) 城镇化的发展引领产业升级和科技创新

持续高速的城镇化使得城市有能力为产业升级和科技创新提供了强大的内生需求和支撑。在城市经济高增长的引领下, 在过去 40 多年的时间里, 中国迅速从农业大国转变为工业大国, 正在向服务大国转变, 同时快速地从制造大国向制造强国和智造大国转型。城市产业结构的调整, 就业机会的创造和生产效率的提升, 也带动了科学技术的飞速提升。

城镇化通过优化劳动力结构、改善基础设施、促进资源要素自由流动来促进产业结构升级。一方面, 在城镇化的进程中, 劳动力、资源、资本、技术等生产要素得以充分的自由流动, 并不断流向第二、第三产业, 推动了产业的分工与重组, 特别是对第三产业或服务业占比的迅速上升起到了积极促进作用, 使产业结构不断优化。另一方面, 新型城镇化将产生巨大消费和投资需求, 有利于带动一系列相关产业的发展, 使新型城镇化与服务业的快速发展相呼应。城镇化带来城市交通、教育、医疗等基础设施公共服务全面提升, 为产业发展提供支撑和保障, 推动产业结构的优化升级。随着产业的不断升级, 城镇化带来的集聚效应将会不断吸引高端企业、资源要素、人才在城市中集聚, 在多主体、多要素互相竞争与合作条件下不断促进城市创新水平提升。此外, 城镇化的推进有利于思想交锋、资源共享、信息交流和技术创新, 对优化和提升城镇化效率具有重要影响, 城镇化的高效率可以吸引更多的资源和人才, 能够产生重要的规模效应和和聚集效应, 进而不断促进科技创新。另一方面, 半城镇化问题也会抑制产业升级和科技创新。随着常住人口城镇化率与户籍人口城镇化率之间的差异逐渐扩大, 大量的城镇常住人口无法享受与本城市户籍人口同等的待遇。大量有经验、有能力的城镇常住人口在赚取一定的收入以后开始离开城市,从而抑制本城市的产业升级。

(五)城镇化对三主体及三交互的影响

第一,对家庭而言,持续推进人们家庭和转型。城镇化引起农村剩余劳动力的转移,农村的大量剩余劳动力涌入城镇,参加务工就业,这极大地提高了农村居民人均收入。随着城镇规模的扩大,就业机会必然增多,加上国家政策的扶持,社会保障与补贴的完善,城镇工资必然能够进一步提高。此外,城镇化还促进渐次的城市学习和创新体系日益形成,使中国城市学习和创新成绩斐然。第二,对企业而言,带动企业发展和转型。城镇化发展为城市提供了大量优质(低廉)劳动力、完善的基础设施、完备的制度保障,会吸引大量国内和国际资本进入,从而不断推动企业发展;城镇化进程中的人口与产业集聚会进一步吸引企业、大学、各种商业机构和金融机构以及信息、技术、知识和人才等创新要素在城市聚集,这些集聚为企业的创新活动提供了坚实的基础。最终,城镇化导致了要素资源配置经历从小企业向大企业、从落后部门向先进部门的转变。第三,对政府而言,带动城市和国家经济增长也加剧了城市竞争与合作。城镇化能够通过增加物质资本投资、促进人力资本提升、促进科学技术的创新、提升消费水平、优化产业结构升级等方面推动城市和国家经济增长。但是,城镇化发展也加剧了城市竞争与合作。此外,在城镇化发展过程中,虽然商品市场化改革快速完成,但主要涉及城镇化的要素市场化改革相对较慢,土地和劳动力的流动一直受到限制,难以实现自由的流动、分离和结合。多数农业转移人口的就业在城镇,而生活、居住、公共服务等仍在农村,这导致新型的乡村治理和现代的城镇治理都不够完善。

典型城市

重庆:探索市场城镇化,保障新型城镇化①

积极探索户籍、土地、住房和融资制度的改革创新,实现经济发

---

① 作者:谢海生,中国信达资产管理股份有限公司,首席不动产研究员。

展、社会进步、民生改善。一方面，让市场化在城镇化中发挥决定作用，促进劳动力、土地、住房、金融等要素和资产在城乡之间自由流动和转移。另一方面，围绕以人为核心的新型城镇化，使农业转移人口与城镇居民享有同等的城镇基本公共服务和住房保障。

重庆历史悠久、地处西南战略要冲，是中国最早对外开埠的内陆通商口岸。自1997年恢复直辖以来，重庆的GDP从1525亿元增长到2021年的27894亿元，人均GDP从5306元增长到2021年的86879元，城镇居民人均可支配收入从5323元增长到2021年的43502元，城镇化率从31%快速增长到2021年的70.3%。改革开放以来，中国用几十年走完了发达国家需要几百年时间的工业化历程，创造了举世瞩目的发展奇迹，这都与中国式新型城镇化有莫大关系。中国式新型城镇化既有世界各国城镇化的一般性，更有基于中国国情的特殊性。重庆正是中国式新型城镇化的典型代表，它是人口规模巨大的城镇化，是城乡居民共同富裕的城镇化，是物质文明和精神文明相协调的城镇化，是人与自然和谐共生的城镇化。其成功得益于以下四条经验。

一是形成了负重坚韧、开拓创新的城市精神，农村转移人口规模大、质量高。重庆常住人口3200多万人，是中国人口规模最大的城市，恢复直辖以来，1000多万人从重庆农村转移出来的剩余劳动力既为重庆、也为其他城市发展做出了重要贡献。重庆下辖38个区县，不少处于山区，农村地区多、农业人口多，独特的自然环境、艰辛的历史磨炼，造就了深入重庆人骨髓的"棒棒精神"，它是中国人民不怕吃苦的勤劳象征，通过"负重前行、爬坡越坎、敢于担当、不负重托"实现城镇化，推动重庆经济社会快速发展。通过推动户籍制度改革，深入实施以人为核心的新型城镇化战略，重庆除中心城区外的城镇落户限制全面放开，农业转移人口同等享有城镇基本公共服务。

二是通过城乡融合发展，推动"人、地、钱"等要素在城乡之间高效配置和双向流动，让农民既进得了城市，又回得去农村，没有后顾之忧。探索农村土地制度改革，重庆探索多种形式放活土地经营权，如农村承包土地的所有权、承包权、经营权实行"三权分置"，进一步确立了集体对土地的所有权，稳定了农民对土地的承包权，让经营权能够顺畅流动，满足农业新型经营主体对土地生产要素的需求，同时让农民能够从承包地中获得更多收益。创新实施地票制度，增加城市建设用地供给、让农民进城安居有资金保障。重庆敢为人先，2008 年创新实施地票制度，唤醒农民"沉睡的资产"，促进城乡土地资源要素的市场化配置。通过将农村闲置、废弃的建设用地复垦为耕地，腾出建设用地指标优先保障农村自身发展后，节余部分以市场化方式公开交易形成的在全市规划建设范围内使用指标。重庆的地票制度既落实了最严格的耕地保护制度，又打破了土地资源配置的空间局限，支持了新农村建设，还赋予农民更多财产性权利，进而推动农业转移人口融入城市。通过地票交易制度，农民进城有了"安家费"，相应的养老、住房、医疗、子女教育等资金都能很好地解决，可以让农民更好地融入城市。

三是构建联结紧密的利益共同体，全面推开"三社"（供销社、农民专业合作社、信用社）融合，夯实基层供销社力量，提升专业合作社质量，探索解决农民融资难、融资贵等深层次问题。2018 年起探索推进"三变"改革（资源变资产、资金变股金、农民变股东），实现"产业连体""股权连心"，全市"空壳村"基本清零，新型农村集体经济发展势头良好，农民获得感明显增强。

四是住房领域"低端有保障、中端有市场、高端有调控"；坚持"房住不炒"定位，合理供应土地，保持合理房价水平，率先推出公租房，并将外来务工人员纳入较高品质公共租赁住房体系。重庆不依赖高房价，2021 年重庆的住宅平均销售价格仅为 9678 元/平方米，低于全国平均水平（10396 元/平方米）；从购房负担来看，重庆房价收入比低于全国 50 个大中城市平均房价收入比，远低于北京、上海、深圳等一线城市。重庆按照"均衡布局、交通方便、配套完善、环境宜居"思路，在建设主城区公租房时选择临近交通站点地段，并按 1∶3 比例与周边商品房"插花式"分布，力争使公租房小区品质与周边商品房小区品质基本一致。此外，在公租房分配过程中，不设户籍要求，将外来务工的无住房人员也纳入重点保障人群。

第三节　中国的土地城镇化 [*]

中国的土地城镇化是中国城市发展的一个缩影，既有曲折中的不懈探索，更有与本土实际相结合的制度完善和模式创新。土地资源是经济增长和社会发展的空间依托，土地城镇化一般指土地利用由农业用地转变为非农建设用地、城市建设用地的过程。本部分是中国城乡体系的发展的一部分，基于城市的集聚优势和非农产业的比较优势，改革开放以来，中国土地城镇化持续快速发展，大规模的发展加之超快的速度，使中国创造了历史上空前的土地城镇化进程，推动中国城乡体系的变革和演化。

一　中国土地城镇化的特征事实

改革开放以来，随着中国经济的快速发展和城镇化的加快推进，中国土地城镇化从稳步增长进入快速推进阶段，土地价格从一元性到二元性过渡并固化，土地城镇化与产业城镇化、人口城镇化不匹配矛盾较凸显。

（一）土地城镇化从稳步增长进入快速推进

改革开放以前，中国土地城镇化受到高度集中的计划体制制约，发展速度较慢；改革开放以来，尤其是 20 世纪 90 年代中期以来，中国的土地城镇化进入了加速发展时期，但在不同时期、不同区域差异较大。1987 年深圳开始了中国土地使用权拍卖的尝试，国有土地告别了"无偿、无限期、无流动"，开启了"有偿、有限期、有流动"的新时代。1998 年"房改"实行住房分配货币化，2002 年土地招拍挂制度加速了中国的土地城镇化进程。

1990—2020 年，全国城市建成区总面积由 7438 平方千米增长至60721.3 平方千米，年均增长 1556.75 平方千米（见图 8.5）。1990—2020 年，建制镇建成区总面积由 82.5 万公倾增长至 433.9 万公顷，年均增长 12.16 万公顷（见图 8.6）。

＊　作者：蔡书凯，安徽工程大学，副教授。

（平方千米）

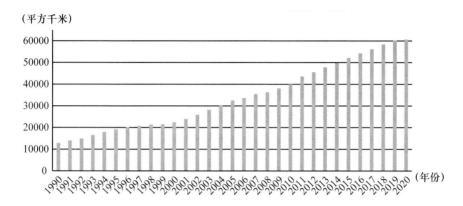

图 8.5　1990—2020 年全国城市建成区总面积
资料来源：根据《中国城乡建设统计年鉴 2020》相关数据整理所得。

（万公顷）

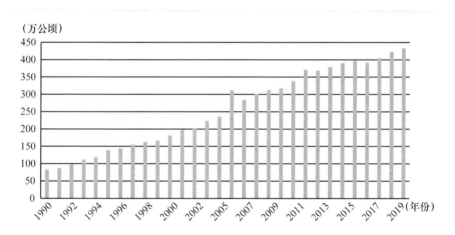

图 8.6　1990—2020 年全国建制镇建成区总面积
资料来源：根据《中国城乡建设统计年鉴 2020》相关数据整理所得。

1990—2020 年，全国城市建成区总面积增长率经历三个快速增长时期（见图 8.7）。1990—1993 年，城市建成区总面积增长率由 3.16%增长至 10.89%，至 1999 年降至最低，为 0.68%。由于 1998 年"房改"实行住房分配货币化，1999—2003 年，全国城市建成区总面积由 0.68%增长至 8.99%。2008—2011 年，由于"四万亿"投资带来的加速效应，由 2.33%增长至 8.85%。随后，中国土地城镇化的速度逐渐降低。

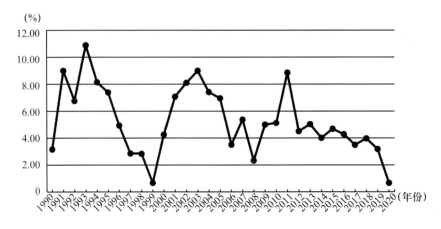

图 8.7　1990—2020 年全国城市建成区总面积增长率

资料来源：根据《中国城乡建设统计年鉴 2020》相关数据整理所得。

（二）土地城镇化的模式从政府主导向市场主导、政府引导模式转变

在计划经济体制下和改革开放初期，土地城镇化完全由政府主导。中国城市土地使用是实行无偿、无限期、无流动使用的制度，形成了无偿调拨土地的计划管理体制。土地需求方由计划管理部门立项批地，然后由土地管理部门无偿划拨土地。由于完全由政府主导缺乏市场机制的作用，这种无偿调拨、以需求定供给的土地城镇化体制，导致了城市土地利用效率低下、城市土地资源严重浪费等一系列问题，土地城镇化速度也很缓慢。

1994 年，中国进行了分税制改革，叠加 2002 年的土地"招拍挂"制度的实施，土地城镇化的模式从政府主导向市场主导、政府引导模式转变。这种模式下土地城镇化主要采用土地国有化的方式展开。通过先征收集体土地所有权和农户土地使用权，将其转变为城镇土地和国有土地储备；土地使用主体通过"招拍挂"等方式获得国有土地使用权、政府同时取得土地出让收益。目前城市国有建设用地无偿划拨比例不断下降，有偿出让比例不断上升，在有偿出让土地中，协议出让比例不断下降，"招拍挂"出让比例不断上升。中国特色的土地城镇化市场主导、政府引导模式形成主要受到人多地少、人增地减的影响，这也是国际环境下的国家粮食战略安全、工业化发展阶段、城镇化发展阶段、城乡二元土地

产权制度安排、计划经济体制的路径依赖等多种因素锁定的结果。

（三）土地城镇化与产业城镇化、人口城镇化从低水平均衡向高水平不匹配转变

随着经济社会的发展，土地城镇化与产业城镇化、人口城镇化从低水平均衡向高水平不匹配转变。土地城镇化在各个维度的转变对产业城镇化、人口城镇化的适应性不足，不匹配性突出。

首先是土地城镇化与产业城镇化不匹配。土地城镇化滞后于产业城镇化，一方面，随着产业向城镇不断集中，土地资源存在城乡错配情况，即城市建设用地紧缺，而农村集体建设用地规模较大、低效利用的情况突出。目前城乡统一的土地市场尚未全面建立，导致土地资源的城乡之间分割，农村建设用地闲置、宅基地荒废、农民返乡自建房等问题仍较严重，大量的农村土地无法城镇化。特别是部分大城市"一边楼宇经济，一边瓦片经济"的现象比较普遍，而城镇产业发展、居住用地等相对紧张。另一方面，土地资源在不同城市、不同区域间的分布不均衡加剧了这种态势。产业发展较快、人口迁入规模较大的城市或地区，城市建设用地越来越紧张，而产业发展滞后、人口迁出或相对稳定的地区，城市建设用地大规模闲置或低效利用。东部地区产业发达，建设用地土地边际产出大，土地利用效率高，然而用地指标却非常紧张，部分中西部城市建设用地边际产出低下而用地指标却较为宽松，用地空间配置与产业需求脱节。

其次是土地城镇化快于人口城镇化。政府主导的城镇化发展道路，导致人口城镇化远滞后于土地城镇化。随着房地产开发的进度的推进，城区面积不断扩大，城市所占用的土地远远大于所吸纳进入城市的人口。城市过快扩张，意味着土地的快速城镇化，也造成了资源的浪费。从用地主体上看，部门或企业用地矛盾突出，为推动中国的工业化，长期以来政府工业用地低价出让，导致粗放利用，大量工业用地配置效率低下，而再配置渠道不畅使工业用地供后管理面临再配置困境，先发企业大量低价占地，即使效率低下也持地待价而沽，后发高效企业土地的获得成本不断攀升。而居住用地供应比例低于国际水平，导致居住用地难以满足人口快速增长条件下的住房需求增长和品质提升要求，也带来居住用地价格过快上涨（见图8.8）。

（元/平方米）

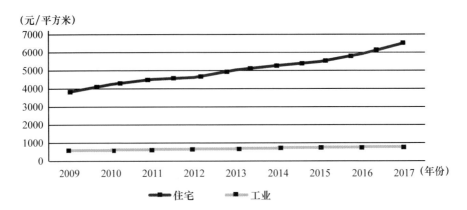

图 8.8　2009—2017 年 105 个城市建设用地平均价格

资料来源：《中国国土资源统计年鉴 2010—2018》。

未来，随着中国城市进入数字化（知识密集型）主导的服务化阶段，未来一个突出的变化是土地城镇化的"全面减速"。土地城镇化也由过去的高速转向高质量。随着中国城镇化率的不断提升，今后一段时间内，中国城镇化率的提高速度会大幅下降，居民对土地的需求将大幅度减少。中国经济高速增长阶段形成的产业结构也将加速发生深刻变化，降低企业主体对土地的需求。同时土地市场进入存量时代。对住宅土地需求来说，核心城市的二手房市场已经取代新房成为楼市的主导力量，二手房成交占比持续提高。以北京为例，二手房成交占比高，达72%，深圳、厦门二手房成交占比也分别高达 69.7% 和 66.7%[①]。在工业用地领域，自 2013 年深圳率先进入"工改工"时代，优化用地结构，加大盘活已有工业用地，"亩均论英雄""工业上楼"将成为未来工业土地用地的主要标准。

二　中国土地城镇化的总体机制

（一）一般机制

土地资源是经济增长和社会发展的空间依托。土地一旦进入生产领

---

① 《2020 年全国二手房交易金额 7.3 万亿元，比上年增长 8.1%》，https：//card. we ibo. com/article/m/show/id/2309404593303038329032。

域，随即成为重要的生产资料。由于土地资源地理空间位置不可移动性，只能是产权主体变化、产权性质与结构变迁和土地用途改变。当土地资源成为人们之间进行分配的物质之后，更全面地成为反映生产关系（即人们在劳动中构成的相互关系）的客体。土地资源通过与人类劳动结合，创造越来越多的物质财富。优化土地资源空间配置，提升土地资源配置效率和产出效率，是经济高质量发展与区域协调发展的必然要求。中国的城镇化以土地要素为依托，在对土地进行开发和利用的基础上，城市发展空间和布局不断得到拓展，城乡地域关系发生改变。土地城镇化为大规模基础设施建设、产业结构调整、人口集聚、企业集中、产业集群发展提供了重要支撑。基于比较优势、规模经济和知识内生经济追求，三主体及其三交互、六要素的循环结合，土地城镇化影响空间从乡到城，空间从乡到城又影响三主体及其三交互、六要素的循环结合。

（二）中国特征

中国城市的长期发展的特殊条件包括中国的自然地理环境，中国制度文化的路径依赖，以及在此基础上的技术进步、人口增长和人均收入增长，还有中国与周边国家的关系。但是仅就从传统向现代社会过渡的城市发展而言，中国的土地城镇化存在如下特点。

第一，中国是个人口、空间大国且空间差异比较大。中国是个人口、空间大国，从总量上看，中国土地资源总量居世界第三，土地资源总量丰富。但中国人均土地资源占有量小，人均仅占世界平均水平的1/3。从区域分布来看，土地资源分布在胡焕庸线的东侧，也即东部地区，而高原、高山和大盆地主要分布在西部地区，叠加产业、人口的分布也主要分布在东部地区，土地城镇化的空间差异较大，加剧土地城镇化与产业城镇化、人口城镇化之间的不匹配。

第二，中国处在由计划经济体制向市场经济体制转型的动态过程。与国外的土地城镇化主要由市场自发调节不同，由于中国仍处在由计划经济体制向市场经济体制转型的动态过程中，虽然，近年来中国土地城镇化发展由政府主导模式逐步向市场主导、政府引导模式转变，但政府在其中的作用依然极其重要，中国的城市土地制度是国有的，导致土地供应是的行政垄断，特别是地方行政垄断，土地供应也受到用地指标的限制。相对于其他主体，中国的城镇化过程中政府尤其是地方政府在其中起到了关键作用。

第三，与发达国家相比较中国处在后发地位。与发达国家相比较，中国的土地城镇化仍然处于推进过程中。一方面，中国的土地城镇化市场机制仍在健全中，另一方面，中国的土地城镇化仍然具有较大的空间。不同于西方国家人均城镇用地水平总体较高，在人均用地水平方面，中国城镇人均用地在全球并不高。根据 Angel 等估计[1]，全球城镇人均用地为 214.1 平方米，发达国家为 351.7 平方米，发展中国家为 153.0 平方米。在 208 个存在城镇人口和用地数据的国家中，中国内陆城镇人均用地面积仅 102.9 平方米，排第 179 位，位居倒数，中国的土地城镇化仍然有一定的空间。

第四，中国在新一轮全球化中从封闭走向开放。在中国逐渐走向开放的过程中，土地的快速城镇化，叠加多重交互效应，使中国在很短的时间内就成了全球公认的"世界工厂"，"中国制造"走向全世界。同时，国外大量价廉物美的农产品（例如，玉米、大豆、肉类等）进入中国，也减轻了中国的耕地保有压力，为土地城镇化创造了有利的外部条件。党的二十大报告提出要推进高水平对外开放，中国开放的大门将会进一步敞开。这将进一步促进跨国公司的全球分工、农业劳动力的非农聚集和地方政府的城市经营三者相互作用。

第五，世界正在发生第四次新技术革命。农业技术领域的技术变革，如智慧农业、农业机械化的普及，大大提升了农业的生产率和中国粮食自给能力。为在保障粮食安全的前提下，土地的非农化转变提供了技术保障，也为农业人口从农村地区向城市地区的转移提供了条件，有助于推动土地城镇化。

（三）中国框架

中国土地城镇化的初始驱动来源于企业扩张所需要的土地要素，家庭迁移一方面产生对城镇土地更多的需求，另一方面也为摆脱土地依赖提供了条件。政府则是土地城镇化的主要推动者，通过土地征用、拆迁

---

[1]　Angel S, et al., "The Persistent Decline in Urban Densities: Global and Historical Evidence of "Sprawl"", *Lincoln Institute of Land Policy Working Paper*, 2010.

等获得城镇发展、非农产业发展所需土地，并通过土地使用指标限制、耕地保护等措施控制土地城镇化的进程和速度。国际产业向中国的大规模转移也带来大量的土地需求，促进了土地城镇化。改革开放以后，人口不断向非农产业、城市的转移，以及人口红利和人力资本的大幅提升，在显著推动经济增长绩效的同时，也推动了土地城镇化。技术的变革和国际贸易的发展也为土地城镇化提供了条件，放松了中国人口大国面临的土地稀缺约束。地方政府之间的招商竞争主要通过土地优惠得以实现，地方政府之间的相互学习进一步刺激了各类开发区的建设和土地城镇化。

土地城镇化也为企业主体扩张提供了基本要素，为地方政府获得"价值捕获"、获取城镇建设的资金提供了条件，为人口的大规模向城镇转移提供了空间。土地城镇化通过各主体间的具体行为、抽象行为和关系行为，解放了劳动资本，提升了人力资本，积累了物质资本，推动了科学技术的进步，带来制度文化的变革和公共资源的均衡。

三　中国土地城镇化的影响机制

（一）企业是土地城镇化的核心需求力量

土地城镇化是外部经济社会发展、内部地理要素及区位条件共同驱动，其中工业化发展和区位条件是核心影响因素，发展导向和政策影响也起到引导作用。工业化以及人口向城镇的大量涌入，带来土地城镇化的核心需求力量。改革开放以来中国持续升级的工业化过程，吸纳了大量人口向城市持续稳定流入，以此为基础叠加衍生性的第三产业需求和供给增加，获得了中长期维度下土地城镇化不断推进的根本动力，创造出持续稳定增长的土地需求，推动了土地城镇化从稳步增长进入快速推进。同时，地方政府大量兴建工业园区和"以地引资"的策略，吸引外商投资和企业向城镇的集中，进一步加速了土地的城镇化。大量跨国企业进入中国与农村剩余劳动结合，通过招募价廉质优的劳动力，并与技术性的机器等资本结合，从而生产出价廉物美的产品和服务，形成了大量的土地需求，不断推动中国土地城镇化进程。同时，企业的选址偏好和集聚使中国的企业和产业主要集中在长三角、珠三角、京津冀等城市群和大中城市，也导致土地城镇化与产业城镇化从低水平均衡向高水平不匹配转变。

（二）地方政府是土地城镇化的主要推手

地方政府在土地城镇化过程中不可替代的推动性作用。中国地方政府大规模动员能力和掌握了庞大的资源，具有推动大规模土地城镇化的能力，同时中国地方政府的需求偏好和预期收益也决定其有深度参与土地城镇化的动力。地方政府是征地拆迁的主体，是征地拆迁的规划者、管理者和公共利益的代理人，按照法律规定，地方政府是国有土地的事实上的所有者，面对 GDP 增长和招商引资压力，地方政府通过对土地的控制支撑着传统外延增长模式，掌握着土地的供给。另一方面，地方政府通过招商引资、人口导入等城市建设进行增量式扩张，推动土地城镇化的需求。同时，地方政府也面临征迁土地的成本高涨和吸引投资过度竞争的压力、既得利益阶层的城市户籍居民对农民工市民化的阻力、债务和政绩约束的压力等，间接形成土地城镇化与产业城镇化、人口城镇化的高水平不匹配格局。

（三）中国家庭是土地城镇化的重要需求

改革开放以来，伴随经济的高速增长，中国城镇居民家庭人均可支配收入总体上处于高速增长期，对居住需求和品质要求也越来越高，促进了土地城镇化。家庭是住房市场的需求主体，伴随中国人口从乡到城的大规模迁移，家庭消费能力不断提升，家庭投资也不断增长，家庭对城镇住房及其城镇土地的消费量爆发式增长，这构成了房地产快速发展的基石。城乡政府基于决策使得的人力资本投资不断增加，在此基础上，家庭基于最大化效用决策权衡也将加大人力资本投资。同时由于不同家庭收入及偏好不同，不同家庭人力资本投资是不同的，从而决定了集聚人口的人力资本及其结构在整体提升的同时也在不断地变化。教育投入和人力资本的不断增长通过产业生产效率的改善和国际竞争力提升进而实现居民收入的提升，形成较强的住房购买能力，促进土地城镇化。

（四）中国制度是土地城镇化的加速器

中国制度安排使得政府具有推动土地城镇化的能力。中国特色的征地制度在推动基础设施和城市建设、完善现代工业体系等方面发挥了重要作用，经济快速增长阶段的征地制度进一步为城镇化的发展提供了空间保障。基于追赶逻辑，中国在改革开放之初就确定了城乡二元土地制度安排。在既得利益的推进及改革路径依赖的双重作用下，城乡二元土地制度持续演进。土地公有制构成了中国土地城镇化进程中的一大基本特征，1982 年《宪法》规定：城市土地为国家所有，农村土地为集体所有。中国城市建设用地使用权事实上属于城市政府，农村集体土地以村社为边界、集体成员可准入，宅基地的使用权也归农民所有。这为土地城镇化提供了条件。

现有的财政税收体制安排则为地方政府推动土地城镇化施加了正向影响，提供了动力。从土地收益分配制度来看，目前中国的土地收益分配机制主要特点体现在：中央政府不参与土地出让收益的分配，除提取 10% 的教育资金、水利建设基金外，都归地方政府支配；土地出让金一次性收取。从土地出让制度来看，按照现行的法律制度，对于经营性用地的出让必须通过公开招标、拍卖或挂牌等方式。"招拍挂"土地出让制度造就了土地价高者得的现状，地方政府通过"低买高卖"（即低价征用农民土地，高价卖出）获取级差收益，使得地方政府有动力去推动土地城镇化。

中国制度安排下土地城镇化带来了大量的资金积累和财政支持，极大改善了城市的基础设施建设，提高了城市的公共服务水平，城市的综合承载能力显著增强，推动了"人口城镇化"以及随之而来的"土地城镇化"。商住用地出让金激增又反过来刺激地方政府通过招商引资，先借债或垫资建设工业园区，低价出让工业用地吸引制造业，然后带动房地产业为主的第三产业发展，更快地驱动地方政府的土地城镇化行为；而公共资源的城市偏向配置和城市房产的上涨预期，驱动原有城市空间不断扩张、新兴城市迅速崛起。

农村土地制度改革，通过明确土地产权、土地征收、土地流转等方式进行，重构土地与劳动力之间的要素配置机制，对土地城镇化发展进程产生了深刻影响。土地产权的确立赋予了农民自主择业的权利。随着城市经济的不断发展，预期收入增加、劳动力需求加大，以及公共服务的城乡差异、区域差异，大量农村剩余劳动力基于收益最大化的考量，不断进行跨区域非农转移，进一步推动了土地城镇化与产业城镇化、人口城镇化的不均衡发展。

中国特殊的政治行政架构加剧了土地城镇化、产业城镇化、人口城镇化从低水平均衡向高水平不匹配转变。中国的政治行政架构里，各级政府是经济发展的决策机构和工业化的发动者，所以中国土地城镇化较快的区域和城镇的建设和发展基本上是由政府支配的，从而形成了政治中心与经济中心两位一体的城镇网络。在某些时期，各级政府的投资重点一般均放置在所在城市或其周围地区，其结果是各级行政中心也就自然成为所在地区的最大经济中心，中央直辖市、省会城市、县城所在地的发展都是如此，推动了大中城市、省会城市、城市群城市土地资源的快速城镇化，但整体滞后于产业发展速度和人口流入速度。三四线城市的土地资源相对丰富，人口和产业导入较慢，甚至在大中城市的虹吸效应下，人口不断流出，产业发展滞后，土地城镇化速度快于人口城镇化速度，加剧了土地城镇化与产业城镇化、人口城镇化从低水平均衡向高水平不匹配转变。

四　中国土地城镇化的作用机制

（一）土地城镇化对企业的作用机制

中国快速的土地城镇化除了满足了企业发展扩展所需的土地要素，一是相对低廉的工业用地价格，大大降低了企业的用地成本；二是土地城镇化过程中地方政府有财力对产业发展进行大规模补贴和技术创新补贴，工业化快速推进、企业创新能力的提升、国际竞争力的提升和市场规模的不断扩大，扩大了交互规模经济，降低了交互的空间成本，逐步拓展了交互的集聚空间规模，形成超大规模的市场优势、国内国际市场深度融合和大国经济体。土地城镇化的模式从政府主导向市场主导、政府引导模式转变，使得中国城市土地供给机制开始从原来的行政调拨转向以市场管理和市场分配为主的城市土地供给机制。城市土地供给机制的这种转变，也有利于健全企业的经营管理机制，加强企业用地的自我约束，提高城市土地的利用效率。

土地城镇化过程中，土地城镇化模式从政府主导向市场主导、政府引导模式转变，产业城镇化、人口城镇化从低水平均衡向高水平不匹配的转变，使得商住用地成本不断攀升，商住用地价格的上涨传导到用工成本的增加，导致消费长期低迷，廉价劳动力等低成本优势的逐步丧失，例如，中国平均工资 2000 年为 9371 元，至 2020 年增长为 97379 元，为 2000 年的 10.39 倍。想要在中国建厂，就必须承担更高的人员工资和租金，促使企业在全球配置资源。近年来，一部分产业开始迁往成本更低的内陆地区，最近几年又开始向东南亚国家转移。"十三五"时期，对印度、印度尼西亚、新加坡、泰国、越南五个东南亚国家的对外直接投资总额逐年增加，由 71 亿美元增加至 121 亿美元，涨幅为 70.42%，占亚洲地区对外投资总额的比重由 44.44% 增长至 52.10%。①

（二）土地城镇化对家庭的作用机制

在中国土地城镇化从稳步增长进入快速推进的过程中，家庭的居住条件有了极大的改善。但土地城镇化的模式从政府主导向市场主导、政府引导模式转变中，土地价格的长涨引起了房价的上涨对家庭产生极大的影响。一方面，房价上涨影响居民投资，财产性收入增加，产生财富效应，增加了家庭的财富。另一方面，土地城镇化的模式从政府主导向市场主导、政府引导模式转变带来的房价过高也会对消费产生挤出效应，压缩非必需品的消费，抑制经济活动，实体经济持续萎靡承压。尤其是土地城镇化与产业城镇化、人口城镇化从低水平均衡向高水平不匹配转变，加剧了部分区域房价的上涨和职住不平衡，给家庭了带来了沉重负担。日益上涨的房价也让年轻人的房贷负担越来越重或者根本买不起房子，使得生育率岌岌可危。2000 年人口出生率为 14.03‰，自然增长率为 7.58‰，至 2020 年仅分别为 8.52‰、1.45‰，出生率仅为 2000 年的 60.73%，自然增长率仅为 2000 年的 19.13%。

土地城镇化与产业城镇化、人口城镇化的高水平不匹配，推动家庭人口向大中城市（群）、非农产业的转移。一方面有助于人口产业的集聚和教育水平的提升，加快隐性知识的转移，劳动力在大城市更容易获得新的技能、知识和新的就业，提升人力资源和人力资本。根据历年全国人口变动情况抽样调查，2000 年全国平均受教育年限为 7.11 年，至 2019 年平均受教育年限增长为 9.28 年，增长 2.17，涨幅为

---

① 资料来源：《2016—2021 年中国统计年鉴》。

30.52%。推动形成了全球规模最大、最具成长性的中等收入群体。另一方面也带来教育的非理性投资，导致家庭对教育的过度投资，增加了家庭负担。

（三）土地城镇化对政府的作用机制

土地城镇化的模式从政府主导向市场主导、政府引导模式转变，在工业化加速、人口流入、城镇化提速、地产需求旺盛的背景下，极大的增厚了地方政府财政实力，并形成了大量的财富和政府资产，也为地方政府之间的竞争提供了基础。土地出让也成为地方政府吸引资本、发展经济的主要手段。2000 年，国有土地使用权转让收入，2000 年全国土地出让金为 595.5848 亿元，占一般公共预算财政支出比例仅为 3.75%，2020 年土地出让金高达 84142 亿元，是 2000 年土地出让金的 141 倍，占当年一般公共预算财政支出的比例为 39.96%，这不仅带来城市产业的增长，也促进城市建设的增长，加快了城市的发展和崛起。

但土地城镇化也带来了地方政府的"土地财政"依赖，至 2020 年，江苏、浙江、山东、四川、福建、湖南、湖北、江西、重庆、贵州、广西 11 个省份的政府性基金收入均超过一般预算收入，"土地财政"依赖程度较强。上海、北京、山西、天津、内蒙古、新疆、黑龙江、宁夏和西藏 9 个省份对"土地财政"的依赖程度较低，但政府性基金收入均占一般预算收入在 50% 左右。

土地城镇化也强化了资源在大城市的集中，突出表现为对周围区域资源包括人才、资本、产业的吸附，也给自身发展带来严重的城市病。相关土地领域、房地产领域的问题不断显现，大城市病问题突出，土地相关领域违法问题不断涌现，也增加了政府的运行成本。

（四）土地城镇化对城乡转型的作用机制

随着土地城镇化的推进，政府资源、市场资源、技术资源和社会资源等外部支持不断注入乡村，自上而下地改变乡村结构。同时，通过学习机制、地方政府的竞争，通过乡村与外部世界形成良性互动形成利益联结制度，实现乡村可持续发展，这些都促进了城乡关系的改善。但人为的市场隔离带来城乡衔接不畅，"土地财政"的快速膨胀，一方面使地方政府更愿意将公共资源配置在城镇区域，2000—2020

年，农村小学数量由 44.0 万所锐减至 8.6 万所，数量仅为 2000 年的五分之一。一个显然的事实是教育和医疗资源在城镇的快速集中，导致中国城乡在公共资源的配置上出现严重的失衡，农村公共资源供给严重不足，农村基础设施严重滞后于城市，导致城市和农村居民享受到的公共服务数量、质量均呈现"剪刀差"状态，其差距甚至超过纯收入的差距。另一方面，也使得地方政府有一定的财力改善农村区域的公共服务和基础设施。国家财政用于农业支出，2000 年为 1231.5 亿元，2020 年增长至 7514.4 亿元，增长超过 5 倍，至 2020 年对农村综合改革的支出为 1822.4 亿元，固定资产投资完成额为 8363.3 亿元（《中国农村统计年鉴 2021》）。城乡之间未能形成良性循环，土地市场的人为隔离也导致城乡融合的空间支撑不足。

土地城镇化通过"城市反哺农村、工业反哺农业"的产业运动过程，实现对传统农业、农村、农户的现代化改造。土地城镇化为农村税费改革创造了条件。农村承包地和宅基地的保障功能为亿万农民进城解除了后顾之忧，大量农民离开乡村进城，直接参与城镇化建设，推动了城市经济的发展。有部分工业企业进入农业领域，向农业领域进行产业、资本、技术和生产方式的转移、注入、渗透和重组再造，即越来越发达的互联网和物流网实现了将物理性的空间距离转变为时间距离，推动经济资源快速集聚集中，赋予农业、农村生产要素更多的商业色彩，通过新的产业链、产业集群、产业圈和巨大的产业能量，带动区域经济一体发展，促进了城乡融合发展。

土地城镇化过程中存在的与产业城镇化、人口城镇化高水平不匹配问题，使部分地方产业、人口流失严重，从长期来看，不仅不能推动城乡协调发展，反而会使城乡差距扩大，抑制城乡关系转型。尤其是部分土地城镇化落后的城市，在培育出新的生产力和地区新增长极方面困难重重，城乡融合发展建设步伐缓慢。

（五）土地城镇化对制度转型的作用

土地城镇化的快速推动，推动了产业发展和集聚效应提升，实现经济和社会效益帕累托改进，为制度创新提供了先决条件。

针对土地城镇化过程中出现的各种问题，中央政府和地方政府也推动了一系列制度变革。如国家出台了一系列新的土地用地政策，加强对土地领域的改革，如土地的"增减挂钩"、耕地占补平衡、开展集约用地、调整工业用地最低价格对工业用地价格进行限制等。地方政府也在积极探索促进土地有效配置的模式和实践，无论是一些地区尝试的"腾笼换鸟""退二进三""土地置换"，还是近年来多地推行的深化土地资源配置市场化改革等政策创新，本质上都旨在纠正土地资源错配，以提升土地配置效率。

土地城镇化的推进为产权制度和要素市场化配置机制的完善创造了条件，有助于实现市场、要素和主体的全面激活，这又进一步推动了农村土地向城市的转移。例如，在农村推动土地承包权和经营权的分离，实现从"两权分离"到"三权分置"的转变，全面推进农村土地确权登记颁证工作，赋予农民对承包地占有、使用、收益、流转及承包经营权抵押、担保权能等。

随着土地城镇化速度的放缓，将影响到地方政府融资能力，带来财政压力、城投信用风险上升。促使地方政府通过制度变革，进一步改善营商环境、推动当地产业转型、持续吸引人口流入来优化税基，进而提高财政的可持续性。同时，也促使地方政府通过优化支出结构，压缩一般性支出，实施全面预算绩效管理，提质增效，在财税政策上作出更大的改革。土地城镇化与人口城镇化的不匹配，也带来部分城市的人口规模急剧膨胀，推动城市管理制度的变革。

（六）土地城镇化对两大市场的作用机制

土地城镇化模式从政府主导向市场主导、政府引导模式转变过程中，土地"招拍挂"制度中的"唯地价价高者得"使得土地价格不断上涨，带动住房价格不断上涨。住房价格上涨带来部分群体的财富效应，提高了居民的消费能力和房地产行业的繁荣，但导致信贷资源更多的流入非生产性领域，大量市场资金流向房地产行业，导致实体经济的资金来源、人力资源越来越匮乏，最终导致实体经济空心化出现。土地城镇化带来的挤压效应大规模推高了居民的生活居住成本，除了严重地削弱居民的消费能力、加大实体经济的运营成本、压缩实体经济的生存空间、影响中国的人口结构外，也对产业结构调整、高新化发展的带来负面影响。同时，完全垄断建设用地供给的"用途管制＋征地制度"，很大程度上阻碍了农民分享城镇化带来的土地增值收益，由此导致土地增值收益在城乡之间分配严重不公，极大压缩了农民消费能力和农村市场潜力。

土地城镇化过程中，地方政府获得大量廉价土地和土地出让收入并补贴工业用地，对出口相关产业进行扶持和补贴，大规模升级换代基础设施，降低制造业生产成本，提高了中国出口产品国际竞争力，为中国企业参与全球竞争提供了支持，促进中国对外贸易、投资、吸收外资等外向型经济全球领先。在这个过程中形成了庞大的国内供应链网络，开拓了国际市场竞争。大规模的土地城镇化也推动形成了超大规模市场需求，中国对高质量产品与服务的消费能力提升增长迅速，部分跨国企业在中国市场的渗透率已经远高于其本土市场的渗透率，中国超大规模市场需求对全球需求的外溢效应明显上升，推动中国从"世界工厂"到"世界工厂"＋"世界市场"的双重角色的转变。

第九章　中国城市的统一发展

第一节　中国城市总量增长的特征事实[*]

中国城市在过去四十年呈现了人口和 GDP 双曲线增长的事实，全要素生产率实现了阶段性提升，城市无论从发展数量还是质量都呈现跨越式的突破。改革开放至今，超千万人口的城市达到 16 个，2020 年中国常住人口城镇化率已经达到 63.89%，相较 1978 年实现翻番，"未来之城"雄安新区进入实质性建设阶段，深圳从昔日的小渔村发展成为现在的国际大都市，发展落后的成渝地区正加快建设全国具有影响力的科技创新中心，全国范围内形成了以京津冀、长三角、粤港澳为首的十大城市群，中国城市实现了人类历史上的发展奇迹。

一　中国城市经济和人口增长的特征事实

五千多年来，中国城市人口变化和经济发展之间存在着一定联系，社会发展过程是在经济和人口相互作用、相互制约中实现的。古代时期，人口数量的变化受政治、经济、自然环境等各种因素影响呈现阶段性增长或衰减现象。秦汉时期，黄河流域一直是中国经济、政治重心，而人口也多聚集于黄河城市带左右，但由于受到战乱和自然灾害的影响，中国人口逐渐形成"南重北轻""东多西少"的分布格局，而国家

---

[*] 作者：刘伟，中国社会科学院科研局管理七级；张五明，产业中国研习社理事长，北京立言金融与发展研究院产业创新研究所，副所长；孟烨，产业中国研习社科技创新中心主任，北京立言金融与发展研究院产业创新研究所，研究员。

的经济中心也逐步向东南地区转移。新中国成立后，国家社会安定、经济发展速度逐渐加快，医疗条件得到有效改善，人口在这一阶段呈现爆发性增长态势，而政局的稳定和国家推行土地改革、"三大改造"等，实现了新民主主义经济形态向社会主义经济形态的过渡，国民经济快速恢复，但随之而来的"三年困难"时期对中国人口和经济增长造成重挫，经济发展较为缓慢。为扭转经济发展预势，提高人口综合素质，1978 年党的十一届三中全会提出改革开放，在"四五"时期开始对城市人口增长进行有序调控，中国的经济发展和人口变化进入新的历史阶段。

（一）1979—1995 年：改革开放后中国城镇化进程加快，城市经济和人口进入快速发展阶段，人口机械增长呈现剧烈波动

改革开放以后，中国城市经济和人口都实现不同程度的增长，改革开放成果初具成效。从经济方面来看，伴随着国家相继开放经济特区和 14 个沿海开放城市，国民经济实现平稳快速增长，中国城市 GDP 总量从 1988 年的 11004.3 亿元增加至 1995 年的 52739 亿元，上涨 3.8 倍，年均增加 5216.8 亿元，国家 GDP 也突破 6 万亿元大关。1992—1995 年，城市经济增速达到一个小高峰，于 1994 年达到最大增速 44.45%，城市经济整体保持增长趋势不变（见图 9.1）。

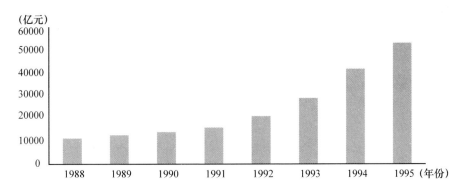

图 9.1　1988—1996 年中国城市 GDP 增长趋势

资料来源：中国城市统计年鉴。

从人口方面来看，城市人口总数稳步增长，人口机械增长数上下波

动，人口自然增长数呈现先增加后下降的趋势。城市总人口数从 1979
年的 18495 万人上涨至 1995 年的 35174 万人，人口总数增加 16679 万
人，年均增长 981.12 万人，城市人口年均增长速度 4.29%。随着国家
把实行计划生育、控制人口增长提高到了战略高度，计划生育被确定为
一项基本国策，影响城市人口出生，但 20 世纪 60 年代出生潮的人进入
适育年龄又带动城市人口出生率短暂提升，推动城市人口自然增长，城
市人口自然增长数呈现先增加后下降的过程，城市人口自然增长数从
1979 年的 214.71 万人增加至 1995 年的 371.08 万人，其间在 1987 年城
市人口自然增长数达到最大值 459.68 万人。与城市人口自然增长数的
平稳趋势不同，城市人口机械增长数呈现"大起大落"的波动增长过
程，从 1979 年的 1250 万人增加至 1995 年的 1005 万人，其间呈现一次
上涨小高峰和一次下降过程，1980—1984 年，城市人口机械增长数从
645 万人上涨至 1743 万人，人数增加 1098 万人，增加 170%，这是由
于大批下乡青年和干部回到城市引发"返城"热潮以及国家开始放宽
对人口迁移的制度限制的双重影响下出现一次城市迁移小高峰，城市人
口增长率也高达 7.83%。人口机械增长数处于下滑阶段是在 1987—
1990 年，人口机械增长数从 1308 万人下滑至 655 万人，增长数减少
653 万人，下降 49.92%（见图 9.2）。

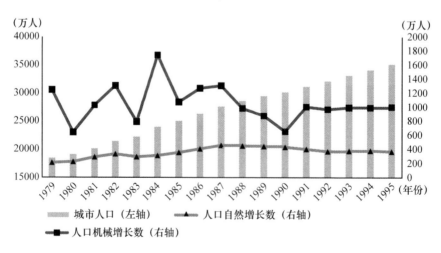

图 9.2　1979—1996 年中国城市人口增长趋势

资料来源：中国城市统计年鉴。

总体来看，1979—1995 年城市经济和人口双重增长，国民经济上升势头明显，城市人均 GDP 在 1995 年达到 14994 元，人口红利尚未完全激发，人口增长动力带动城市建设促进经济发展的优势尚未完全发挥。这一阶段城镇化率从 1979 年 18.96% 上升至 1995 年的 29.04%，上涨 10.08%，中国城市发展趋势良好①。

（二）1996—2010 年：中国城镇化率突破 30%，城市经济呈现指数化增长，城市人口稳步提升，人口机械增长动力作用明显

1996 年中国城镇化率突破 30% 大关，达到 30.48%，城市人口总数稳步增加，城市经济高速增长，改革开放成果进一步提升。从经济方面来看，城市经济上涨势头不变，但增速略有波动，随着中国经济体量的不断扩大，城市 GDP 从 1997 年的 69318 亿元增加至 2010 年的 430689 亿元，上涨 521%，年均增加 25257.1 亿元，年均增速 14.72%。2001—2004 年，由于中国加入 WTO，进入世界大市场，加强和深化与世界各国的经济交流合作，城市进一步对外开放，城市经济增速达到一个小高峰，为近些年最高值 20.16%，中国城市经济在这一阶段高速增长（见图 9.3）。

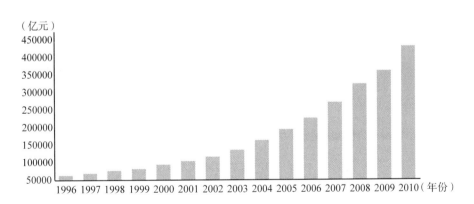

（亿元）

图 9.3　1996—2010 年中国城市 GDP 增长趋势

资料来源：中国城市统计年鉴。

从人口方面来看，随着国家计划生育政策的严格执行和人民生育观

① 资料来源：中国统计年鉴。

念的改变，国家整体人口增长速度放缓，但并未影响到城市人口数量的增加。中国城市人口总量由 1997 年的 39449 万人增长到 2010 年的 66978 万人，净增 27529 万人，整体人数增加 69.78%，年均人口增长速度 5%。但城市人口总量的增多并未能缓解城市人口自然增长人数下滑的趋势，城市人口自然增长数从 1997 年的 396.86 万人下降至 2010 年的 320.83 万人，其间数值险些跌破 300 万人的水平线，中国城市逐渐步入老龄化社会。城市人口机械增长数值趋于平稳且在 1700 万—2500 万人区间浮动，其间人口机械增长数最多年份为 2010 年（2466 万人），最少年份为 2008 年（1770 万人）。造成这种趋势的原因一方面在于国家计划生育的影响，另一方面是城市就业环境以及公共服务条件优越等都在促进人口向城市迁移，使得整体城市人口上升势头趋势保持不变（见图 9.4）。

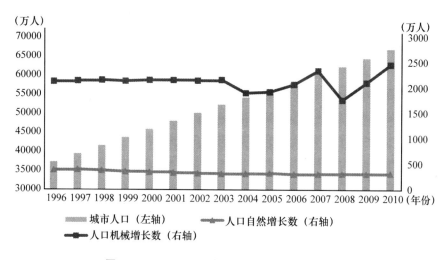

图 9.4　1996—2010 年中国城市人口发展趋势

资料来源：中国城市统计年鉴。

总体来看，这一阶段城市经济和人口高速发展，人口向城市聚集，大量劳动力的出现推动城市经济建设。各个城市在改革开放成果和"人口红利"的双重影响下，取得长足的进步，中国城市 GDP 总量达到新高点，城市人均 GDP 从 1996 年的 10473 元上涨至 2010 年的 64303 元，增长了 5.1 倍，年均增速高达 34.27%，人口增长成为经济发展的推动

力。城镇化率也从 1996 年的 30.48% 上升至 2010 年的 49.95%，年均
提高 0.672%，接近突破 50% 大关。①

（三）2011 年至今：伴随城镇化率突破 50%，城市进入人口增速放
缓和经济高质量发展时期，人口机械增长动力呈现下降趋势

2011 年中国城镇化率正式突破 50%，达到 51.83%，超过半数的中
国人民生活在城市当中，结束了以乡村型社会为主体的时代，开始进入
到了以城市型社会为主的新时代。中国进入到城市人口总数趋于饱和，
增速放缓，经济向高质量发展转变的新发展阶段。从经济方面来看，随
着中国经济体量的不断扩大，已经从高速发展阶段向高质量发展阶段进
行转变。中国城市 GDP 从 2011 年的 515128 亿元上涨至 2021 年的
1097246 亿元，实现翻一倍的壮举，也突破了百万亿大关，总共增加
582118 亿元，年均增长 52920 亿元，年均增速 10.27%，较上一个阶段
城市 GDP 年均增速下滑 4.45%，城市 GDP 增速逐年放缓，2020 年由于
受到新冠肺炎疫情的影响，GDP 增速下滑至 5% 以下，但在 2021 年城
市 GDP 增速回升，增加至 11.95%（见图 9.5）。造成这种现象的原因
主要在于一方面是 2008 年国际金融危机余波影响、国际政治环境动荡
以及城市人口红利逐渐衰退，另一方面是中国城市经济发展谋求转变，
转而向高质量发展靠拢。

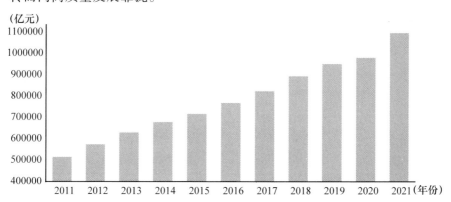

图 9.5　2011—2021 年中国城市 GDP 增长趋势

资料来源：中国城市统计年鉴。

_____

① 资料来源：中国统计年鉴。

从人口方面来看，城市人口发展进入新阶段，中国城市人口总数由2011年的69927万人增加至2021年的91425万人，人口总数净增21498万人，年均增长1954.36万人，中国成为世界城市人口基数最大的国家。在这一阶段，中国城市人口增速逐渐放缓，2021年城市人口增速仅为1.34%，部分城市人口数量趋于饱和。随着中国城市化进程的加快，进而带来的生活成本的提高、教育成本的增加、房价的不断攀升以及就业压力增大等社会发展问题，抑制了当代年轻人的生育意愿，也成为农村劳动力落户城市的门槛，这些因素使得城市人口自然增长数和人口机械增长数呈现不断下降趋势。城市人口自然增长数从2011年的428.65万人下滑至2021年的31.08万人，人口自然增长数量逐年缩减8.43%，即使国家在2016年开始实施"全面二孩"政策来刺激人口增长，实现城市人口自然增长数缓慢回升，也没能阻碍人口自然增长数下滑的趋势。城市人口机械增长数从2011年的2948.96万人下滑至2021年的1205万人，人口机械增长数整体下降1743.96万人，增长数量年均缩减5.38%（见图9.6）。城市过高的房价以及过大的生活压力都在阻碍新生力量来到城市参与城市建设，使得城市人口机械增长数在这一阶段呈现下滑趋势。

图9.6 2011—2021年中国城市人口增长趋势

资料来源：根据中国统计年鉴数据整理所得。

总体来看，中国经济和人口增长趋势平稳，经济逐渐向高质量发展阶段转变，城市人均 GDP 从 73667 元增加至 120016 元，人民生活水平逐渐提高。城市人口增速逐步放缓，人口增长促进经济发展的动力放缓，人口结构向高素质结构转变，创造出人才红利，人力资本成为推动城市经济发展的新动力。这一阶段中国城镇化率在 2021 年高达 64.72%，年均提高 1.17%，稳步向 70% 的中等发达国家关口迈进，城市成为承载中国人民生活的重要主体[①]

（四）典型城市分析

随着世界窗口的打开以及国家进一步对外开放，不同城市之间对人口具有不同的吸引力，且城市经济发展出现明显分层。此处根据中国城市经济和人口发展变化，可以将中国城市大致分为三个梯度。

处于第一梯度的是国际中心城市，典型代表有北京、上海、深圳等地。这一梯队城市大多位于沿海一线城市和内陆靠海城市，城市发展水平与国际接轨，拥有较为完备的城市功能，位于城市群和都市圈的核心地位。进入新世纪以来，这一梯队城市 GDP 和人口保持高速增长趋势，凭借政策红利、优越的地理位置和宽广的就业面，带动人口向一线城市聚集，促进城市经济发展，带动城市基础设施建设，良好的城市建设与公共服务条件又反过来进一步吸引人口到来参与城市建设，人口迁移成为城市经济建设的主要推动力。但随着这类城市人口数量趋于饱和，以及高额的房价和过大的生活压力使得一线城市不再具有 21 世纪初期一样的吸引力，越来越多的人不再把这些城市当作落户的第一选择，城市人口增速放缓，城市经济发展策略开始转型，提高人口综合素质、通过科技创新赋能城市高质量发展成为新方向。

处于第二梯度的是区域中心城市，典型代表有成渝、西安、武汉、南京等地。这一梯队城市通常是各省的政治中心、经济中心和教育中心，多数属于新一线城市，是第一梯队城市人口和产业转移的首要承接区域。2001 年以来，这类城市的 GDP 和人口总数一直处于较快增长阶段，通过吸引大量人口来弥补城市就业缺口、加快城市经济建设，同时凭借都市圈中心城市的先发优势以及政策倾斜，逐步接收一线城市的转

---

① 《中华人民共和国 2021 年国民经济和社会发展统计公报》。

移产业和转移人口，推动经济发展的人口动力逐渐凸显，城市经济和人口实现相互促进，逐步打造地区城市集群经济和人口增长高地。以南京为例，2020年高新技术企业增长率从前一年的16%猛增至169%，其中，来自北京的企业超过50%。

处于第三梯队的是收缩型城市，典型代表有兰州、呼和浩特、哈尔滨等地。这一梯队城市整体发展速度较慢，受区域中心城市资源虹吸效应明显，产业结构以工业为主，面临新旧动能转换的巨大转型压力。这类城市通常不具备第一、第二梯队城市优越的地理条件和资源条件，城市建设和公共服务条件较为落后，无法吸引足够的人口来参与城市建设，部分地区还出现人口流失的现象。近20年来，这一梯队城市同样实现了经济的快速发展，但是经济增速相较于第一、第二梯队差距明显，且城市人口增长未有较大变化，部分地区人口负增长明显。

二　中国城市过去20年全要素生产率增长的特征事实

党的十九大报告指出，中国经济由高速增长转向高质量发展阶段，必须以供给侧结构性改革为主线，推动经济发展质量变革、效率变革、动力变革，大力提高全要素生产率（Total Factor Productivity，TFP）。城市的全要素生产率代表着城市的整体生产活动发展效率水平，是体现一座城市技术进步、规模递增、资源配置等多方面发展效率的综合指标。在过去的20年间，中国逐步由要素驱动、投资驱动向创新驱动发展转型，中国城市不仅在总量规模上实现了快速发展和提升，在城市发展效率和产业结构调整方面也取得了系列新的突破，加速向高质量发展转型已经成为各大中小城市的共同发展目标。

（一）2001—2020年中国城市全要素生产率变化情况

1. 全要素生产率指数的阶段性增长

从全要素生产率指数来看，中国城市在2001—2020年整体表现出从高速增长向中速增长转变、从增幅剧烈波动向趋于平缓转变的发展特点。基于2001—2020年283个中国城市的全要素生产率指数数据，可以看到整体分为两个发展阶段。

第一阶段是2001—2005年，中国成功加入WTO，这一时期在开放政策的引领下，城市与国际社会交流方式更加多元，国际国内资源流动更加便利，外商投资和进出口贸易增加带来了显著的技术外溢效应。国外的先进技术、制度文化等冲击引起了中国城市全要素生产率指数的剧烈波动，也充当了中国城市经济快速发展的重要动力，这一时期中国城市的全要素生产率累计提升了 25.56%。

第二阶段是 2006—2020 年，2006 年中国提出自主创新、建设创新型国家战略，城市开始从追求规模增长向效率提升转型，趋于紧缩的宏观调控政策发挥成效，中国经济步入增速放缓期。2008 年国际金融危机的爆发，加速了中国城市全要素生产率减速进程，2009 年全要素生产率指数为近 20 年来的最低点，这一时期城市全要素生产率指数整体呈现稳中有升、平稳增长的发展趋势（见图 9.7）。

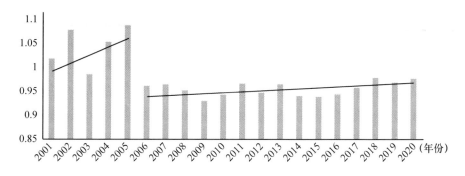

图 9.7　2001—2020 年中国城市全要素生产率指数

2. 全要素生产率对经济增长的贡献

2001—2020 年，中国全要素生产率整体对经济增长的贡献值呈现负增长，考虑全要素生产率测算方法在学界仍然存在争议，数据呈现负值并不能完全说明全要素生产率对经济增长的动力作用是消极的，下文全要素生产率增长率的分解也能说明这一问题。因此，此处重点观察全要素生产率对经济增长贡献的趋势特点，不对具体数据做分析。

从变化趋势来看，全要素生产率贡献在 2009 年达到最低点之后，整体呈现稳步增长的发展趋势。相反，2009 年之后，尽管劳动力和资本等要素的贡献仍然占据主导位置，但是要素投入贡献值放缓，整体呈现下降趋势，全要素生产率的增速明显快于要素投入增长。以全要素生产率为代表的知识产出和以要素投入为代表的物质产出，整体呈现一增一降的发展趋势，说明2009年之后，中国城市经济发展转型效应明显，要素驱动的动力效应逐步向创新驱动的动力效应转变。尤其是2015年之后，随着供给侧结构性改革在中央财经领导小组会议上首次提出，中国城市经济结构性改革加速推进，全要素生产率贡献增幅更为明显（见图9.8）。

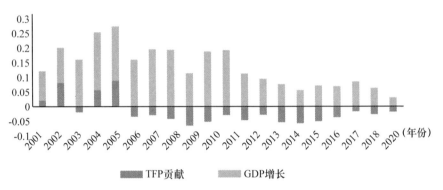

图9.8　2001—2020年中国城市全要素生产率对经济增长的贡献

3. 全要素生产率增长率及其分解

本文通过采用更具一般性的超越对数生产函数形式，以随机前沿方法（SFA）测算中国283个城市2001—2020年的城市全要素生产率变化率（TFPC），与全要素生产率指数变化近似，全要素生产率增长率的变化以2006年为界，整体可以分为两个阶段。

在2006年之前，中国城市全要素生产率增长率基本上呈现 M 字形发展模式，其中，2005年全要素生产率增长率为9.1%，达到近20年来增长的最高峰。2006年之后全要素生产率增长率转负，尤其是在2008年国际金融危机之后，2009年中国城市的全要素生产率增长率一度下滑至 -6.8%，之后随着宏观政策调整和经济恢复，全要素生产率降幅在不断减小，整体发展趋势向好（见图9.9）。

对全要素生产率增长率进一步分解，由技术进步率（TPC）、技术效率变化率（TEC）、规模效率变化率（SEC）和配置效率变化率（AEC）四个部分组成，可以说明中国城市的技术进步、技术效率、规模效率和资源配置效率的变化情况。从全要素生产率各项分解指标来看，近20年来，在中国城市全要素生产率增长上，技术进步和技术效率主要发挥了正向作用，而规模效率变化率（SEC）和配置效率变化率

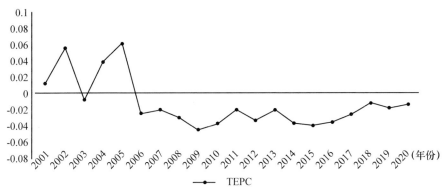

图 9.9 2001—2020 年城市全要素生产率及其分解指标增长率

（AEC）则更多发挥了负向作用。具体来看，2006 年之前，城市发展的资源配置效率变化率（AEC）基本与全要素生产率增长率（TEPC）走势基本相同，规模效率（SEC）和技术效率变化率（TEC）一降一增。2006 年之后，中国城市全要素生产率增长率波动趋于平缓，整体呈现稳中有增的趋势，这一阶段城市发展的资源配置效率变化率（AEC）、技术效率变化率（TEC）更加贴合全要素生产率增长率（TEPC）的增长趋势。对比两个发展阶段，可以看出，尽管技术进步和资源配置在城市经济发展中均发挥着重要作用，但是 2006 年之前，资源配置的作用明显大于技术进步。2006 年之后，技术进步在城市的经济增长中的贡献则明显高于资源配置，城市经济正在从要素粗放型增长向集约型增长模式转变（见图 9.10）。

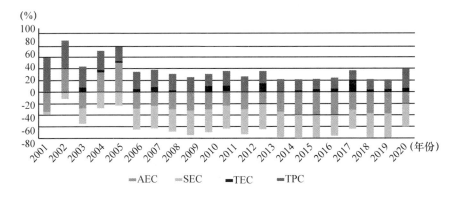

图 9.10 2001—2020 年城市全要素生产率增长率分解

（1）技术效率快速增长

TE 代表实际产出与最大潜在产出差距变化的轨迹，是现有技术对生产前沿的追赶程度，可以说明现有技术的发挥程度。无论是经济高速增长阶段还是趋缓阶段，技术进步在近 20 年的城市发展中均发挥着不可忽视的重要作用，如图 9.11 所示，2001 年以来，中国城市的整体技术效率（TE）呈现逐年递增的发展趋势，说明中国城市的整体技术发展水平与不断地与前沿技术拉近差距，中国在自主创新的道路上正在从"跟跑""并跑"加速向"领跑"方向转变。同时，城市技术效率变化整体稳定在 0.47—0.61 的区间，说明在近 20 年的发展中，中国城市并未出现技术变革和技术范式的大幅转化，仍然处于颠覆性技术大规模应用的积蓄期，这也是全球多数城市共同面临的现状。

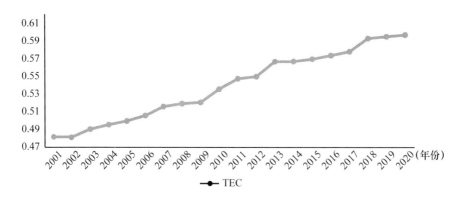

图9.11　2001—2020 年城市技术效率变化情况

（2）规模效率呈现 U 形曲线

SEC 表示规模效率的变化，SEC 的正负性主要取决于生产是否处于规模报酬递增阶段。如果资本和劳动力的产出弹性之和大于 1，则生产处于规模报酬递增阶段；如果小于 1，则生产处于规模报酬递减阶段。当生产处于规模报酬递增阶段时，随着产量的增加，生产每单位产品所需要的要素数量就越来越少，在要素相对价格及技术水平保持不变的情况下，规模报酬递增会产生规模经济的现象。如果 SEC 为负，说明整体上处于规模报酬递减阶段。

2001 年以来，中国城市整体处于规模报酬递减的阶段，依靠单纯的要素投入增长带来规模经济效应已经不能作为城市经济发展的主要动力，这与中国经济发展的实际相符。具体来看，2001—2006 年劳动力的平均产出弹性大于 0，2006 年之后弹性开始转为负值，并呈现下降趋势，这说明劳动力投入对城市经济增长的整体动力作用由正转负。从资本投入的产出弹性来看，2001 年以来平均弹性系数均大于 0，且随着时间的推移呈现上升趋势，表明我国资本要素投入的边际产出仍然呈现逐年增长的趋势（见图 9. 12）。

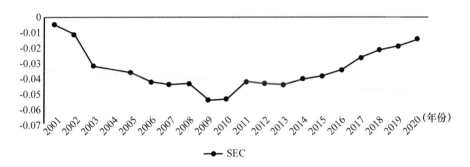

图 9.12　2001—2020 年城市规模效率变化情况

（3）资源配置效率波动中提升

AEC 代表资源配置效率，显示了要素投入比例变化导致的生产率变化。理论上，在部门间收益率存在差异的条件下，要素配置的调整是经济增长和生产效率提高的重要来源，因为通过要素配置的调整，有限的资源可以更多地被分配到 TFP 水平更高的部门，从而带来整体经济效率的提高。但是，要素配置的调整反映在显示数据中，对全要素生产率变化起到阻碍作用。

具体来看，2001 年以来，中国城市 AEC（资源配置效率）与 TFPC（全要素生产率变化率）的整体走势基本一致，综合分解的四类指标走势来看，AEC 对 TFPC 的阻碍作用在时间序列趋势上是绝对成立的，资源配置效率变化是造成全要素生产率呈现负值的主要因素。整体来看，AEC 的阻碍作用呈现下降趋势。2006 年以来，AEC 数值呈现整体波动中提升的趋势，在 2007—2010 年呈现下滑趋势，2010 年探底后分别于 2011 年和 2013 年形成两个波峰然而并没有成功扭转趋势，直到 2015

年后才迎来稳步回升（见图9.13）。

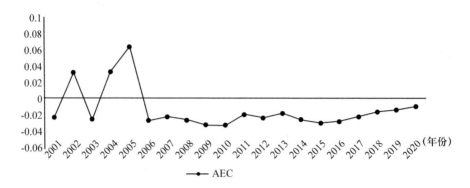

图 9.13　2001—2020 年城市资源配置效率变化率

（二）不同规模城市全要素生产率比较

改革开放以来，伴随着工业化进程加速，中国城市化取得了巨大成就，城市数量和规模都有了明显增长。为了更好地了解中国城市全要素生产率的全貌，在上文对中国城市全要素生产率整体变化趋势的直观认识基础上，进一步对城市进行归类分析和比较分析，展现不同规模城市的全要素生产率和变化趋势，为城市发展提供新的思路。

参照《国务院关于调整城市规模划分标准的通知》（国发〔2014〕51 号），以城区常住人口为统计口径，将 283 个城市样本分为五类：城区常住人口 50 万人以下的城市为小城市；城区常住人口 50 万人以上100 万人以下的城市为中等城市；城区常住人口 100 万人以上 500 万人以下的城市为大城市；城区常住人口 500 万人以上 1000 万人以下的城市为特大城市；城区常住人口 1000 万人以上的城市为超大城市（以上包括本数，以下不包括本数）。

城区常住人口水平代表着城市发展的人才吸引力，常住人口规模越大的城市，往往城市经济发展水平更高、基础设施和社会保障体系也更加完善。根据第七次人口普查数据，中国有 7 个超大城市、14 个特大城市、84 个大城市、135 个中等城市、443 个小城市，多数城市城区人口规模均分布在 50 万人以下。从样本数据来看，各类规模城市的全要素生产率均为正值，特大城市 > 超大城市 > 中等城市 > 大城市 > 小城

市；从全要素生产率增长率看，除特大城市外，其他规模城市均为负增
长，与近年来武汉、西安、杭州、南京等新一线城市经济增速较快的现
实相符。

从技术效率来看，各类城市的技术效率和技术进步变化率均为正
值，并且城市规模越大，技术效率系数越高，说明规模越大的城市，技
术对经济发展的动力作用越明显，人口聚集与技术要素聚集呈现正相
关，人力资本在城市发展中作用不可忽视。同时，各类城市的规模效率
和资源配置效率均为负值，其中，大城市的规模报酬递减效应是最明显
的，对生产率的阻碍作用远远高于超大城市和特大城市的规模效率；超
大城市的资源配置效率对生产率的阻碍作用是最明显的，说明城市在人
口规模扩张的过程中，对于资源配置的要求越来越高（见表9.1）。

表9.1　　　　　　　　不同规模城市全要素生产率相关指标

城市分类	超大城市	特大城市	大城市	中等城市	小城市
城区人口（万人）	≥1000	500—1000	100—500	50—100	<50
样本数（个）	7	14	79	102	81
TEC	0.0135	0.0127	0.0085	0.0055	0.0018
TPC	0.0223	0.0298	0.0285	0.0290	0.0313
SEC	−0.0267	−0.0322	−0.0381	−0.0376	−0.0361
AEC	−0.0314	−0.0089	−0.0227	−0.0142	−0.0185
TFPC	−0.0223	0.0014	−0.0238	−0.0174	−0.0215
TFP	1.0527	1.2017	0.8925	0.9388	0.8683
TE	0.8330	0.7756	0.6226	0.5134	0.4256

（三）不同区域城市全要素生产率比较

中国幅员辽阔，区域经济发展的差异性长期存在，分析不同区域城
市的全要素生产率，对于推动区域协同发展具有重要意义。随着经济空
间格局的演变，中国经济发展初期所设立的东、中、西三个地区划分方
法已难以适应区域协调发展战略、新型城市化等新形势要求。因此，在
上文分析基础上，采用国务院发展研究中心的提法，将中国经济发展划
分为八大综合经济区，具体区域划分见表9.2。

表 9.2   中国八大综合经济区

经济区	包含省份	功能定位
东北综合经济区	辽宁、吉林、黑龙江	该经济区主要作为中国的重型装备和设备制造业基地、专业化农产品生产基地,同时保持其能源原材料制造业基地的地位。
北部沿海综合经济区	北京、天津、河北和山东	该经济区主要推动环渤海经济带发展以及京津冀区域一体化,促进经济区成为具有实力的高新技术研发和制造中心之一。
东部沿海综合经济区	上海、江苏、浙江	该经济区旨在成为全国最具竞争力的经济区之一,同时成为国家最具影响力的多功能的制造业中心。
南部沿海综合经济区	福建、广东、海南	该经济区是全国最重要的外向型经济发展的基地、消化国外先进技术的基地、高档耐用消费品和非耐用消费品生产基地及高新技术产品制造中心。
黄河中游综合经济区	山西、陕西、河南、内蒙古	该经济区主要作为国家能源基地,是全国最大的煤炭开采和煤炭深加工基地、天然气和水能开发基地、钢铁工业基地、有色金属工业基地、奶业基地。
长江中游综合经济区	湖北、湖南、江西、安徽	该经济区主要建设以水稻和棉花为主的农业地区专业化生产基地及相关深加工工业、以钢铁和有色冶金为主的原材料基地、武汉"光谷"和汽车生产基地。
大西南综合经济区	云南、贵州、四川、重庆、广西	该经济区以重庆为中心的重化工业和以成都为中心的轻纺工业两大组团,形成以旅游开发为龙头的"旅游业—务业—旅游用品生产"基地。
大西北综合经济区	甘肃、青海、宁夏、西藏、新疆	该经济区主要是重要的能源战略接替基地、最大的综合性优质棉、果、粮、畜产品深加工基地、向西开放的前沿阵地和中亚地区经济基地和特色旅游基地。

    通过样本数据测算八大综合经济区全要素生产率及其增长率平均值,测算结果如表 9.3 所示。从全要素生产率排名来看,东部沿海城市 > 南部沿海城市 > 北部沿海城市 > 大西北城市 > 东北城市 > 大西南城市 > 黄河中游城市 > 长江中游城市。沿海城市的全要素生产率水平

明显好于其他区域城市，东部沿海和南部沿海综合经济区表现最好，全要素生产率平均值均大于1，分别为1.2754和1.2569，全要素生产率增长率平均值为正值，分别为0.0017和0.0012；其他六个综合经济区相对优势不突出，全要素生产率增长率平均值均为负值，其中，长江中游综合经济区的全要素生产率及其增长率均为最低值，分别为0.7710和−3.3%。

从技术效率排名来看，八大综合经济区均为正值，东部沿海城市＞北部沿海城市＞南部沿海城市＞长江中游城市＞黄河中游城市＞东北城市＞大西南城市＞大西北城市，基本符合中国城市的东、中、西部发展规律，经济发展水平越高的区域，其技术效率的动力作用越明显。与城市整体全要素生产率指标分解情况一致，八大综合经济区的规模效率均为负值，其中，长江中游和大西南区域城市的规模报酬递减作用最为显著，东北区域的规模报酬递减效应最低，沿海区域城市相对中等。从资源配置效率排名来看，东部沿海城市和南部沿海城市的资源配置对生产率的作用为正，是较为理想的发展模式，要素投入比例的变化有助于提升全要素生产率；此外，其他区域城市资源配置效率均为负值，其中长江中游区域为−0.0294，为八大综合经济区的最低值，要素投入比例变化阻碍生产率增长。

表9.3　　　中国八大综合经济区全要素生产率及其增长率平均值

城市分区域	样本数（个）	TEC	TPC	SEC	AEC	TFPC	TFP	TE
北部沿海	34	0.0068	0.0336	−0.0349	−0.0176	−0.0120	0.9582	0.6413
大西北	30	0.0026	0.0316	−0.0303	−0.0194	−0.0155	0.9335	0.4137
大西南	25	0.0057	0.0312	−0.0401	−0.0243	−0.0274	0.8174	0.4705
东北	32	−0.0010	0.0305	−0.0286	−0.0226	−0.0217	0.8408	0.4931
东部沿海	46	0.0121	0.0194	−0.0383	0.0084	0.0017	1.2754	0.7052
黄河中游	52	0.0051	0.0311	−0.0388	−0.0246	−0.0272	0.7988	0.5037
南部沿海	45	0.0082	0.0220	−0.0330	0.0039	0.0012	1.2569	0.6062
长江中游	19	0.0073	0.0314	−0.0425	−0.0294	−0.0332	0.7710	0.5283

第二节　中国城市真实总量增长的机制[*]

结合中国城市发展的内涵框架，将城市的经济增长定义为两部分，即物质产品增长与知识产品增长，而城市真实总量增长体现在城市知识产品的增长。物质与精神的性质有所不同，物质主要是形态的变化，没有真正增量产出的扩张。从经济学的逻辑而言，物质产品增长体现为要素投入规模扩张所带来的产出，其本质是物质财富形态的转换，本身并不产生真实财富的增长。而知识产品则可以无中生有，由少增多。城市真实总量增长的逻辑是知识投入导致的内生增长。产品的附加值实质上是知识产品的附加值。高附加值产品指智力创造的价值在附加值中占主要比重，低附加值产品指智力创造的价值在附加值中占次要比重。基于这样的逻辑，城市的总产出由物质产出与知识产出共同构成，但真正的增长逻辑是在知识产品增长方面。知识产品增长可以导致物质投入扩大，而物质投入的扩大又体现出附着其上的知识产品的增加。中国城市的真实总量增长，正是政府、企业和家庭三主体交互与中国发展的本土化特征结合从而形成的以规模经济、专业化经济和追赶型经济为特点的增长。

一　中国城市真实总量增长的总量测度与特征事实

（一）中国城市真实总量增长及其构成的总量测度

结合真实总量增长的定义与内涵，我们用两种方法来测度中国城市二十年来的真实总量增长。一种方法是基于"索洛残差"思想的增长核算法；另外一种则是财富（资本）增量核算法。

1. 基于增长核算法的中国城市真实总量增长及其分解

基于增长核算法，可将每年总产出分解为两个部分，一是物质产品增长，即要素投入带来的物质形态转换，二是用全要素生产率来表达知识产品的增长，也即真实总量增长，全要素生产率分解的那些内容，可以理解为：技术进步、人力资本和制度。

---

* 作者：郭晗，西北大学经济管理学院，副教授。

这一思路的核心要点包括以下三个部分。

第一，总经济产出不断增长。国民生产总值即 GDP 可以表示物质产品和知识产品的市场价值综合，是指经济社会（即一个国家或地区）在一定时期内运用生产要素所生产的全部最终产品（产品和服务）的市场价值。物质产品增长是全部要素投入带来的经济增加值的增长，知识产品增长是全要素生产率增长所带来的经济增加值的增长。

第二，物质产出。物质与劳动投入与产出始终是等价的，物质资本和劳动（由劳动力及消耗的维持生存的物质转化的能量）就是物质要素的再重组，物质要素是等价的转换，它的增长主要是由于知识产品导致的物质投入要素随时间变化逐步增加。

第三，知识产出。知识投入带来更大知识产出（包括知识的创造、模仿和复制）包括规模经济、比较经济和内生经济，是总产出中剔除物质产品增长的部分。而全要素生产率又分解为：技术进步、技术进步率、规模效应和配置效率等，它正是人力资本、科学技术、制度文化等创造的。

2. 基于财富增量法的中国城市真实总量增长及其分解

由于采用索洛残差思路的增长核算法存在缺陷：第一，增长核算法计算出的全要素增长率，其本质是"不能被资本和劳动要素所解释的其他所有因素"，因此，不单单是技术进步、人力资本和制度，也包括结构转变带来的资源配置优化。第二，增长核算法计算某一段时期内的要素产出弹性是固定不变的，即便采用变系数模型或者分年度回归，获得可变的要素产出弹性，其变化趋势也非常稳定，在这种情况下，如果某年度资本增长率出现大幅波动（劳动增长率一般维持稳定），那么就可能造成当年物质产品增长（要素产出带来的增长），即超过当年的总产出，从而导致知识产品增长（全要素生产率带来的增长）为负。

为了解决这一问题，我们采用另外一种办法来测度真实总量增长，即财富增量核算法。这一思路的核心要以包括以下方面。

第一，全社会的物质产品增长表现为当年物质财富的增加量，所有的物质产品，本质上是物质财富的形态转化，物质财富是通过投资积累形成的，因此基于永续盘存法计算出的全社会物质资本存量相较前一年的变化量，就是物质财富的增量，也就体现为物质产品的增加。

第二，全社会知识产品增长表现为当年人力财富的增加量，所有的知识产出，都内化于人力资本当中，因此，基于全社会人力资本所获得的预期终身收入的贴现值，就等同于当前所拥有的精神财富总和，而基于明瑟方程所计算出的全社会人力资本存量相较于前一年的变化量，就是人力财富的增量，也就体现为知识产品的增加。

3. 中国城市真实总量增长测度

选取中国283个地级以上城市的数据，运用索洛残差公式，分别对物质产出和知识产出进行倒算。总经济产出方面，以2000年不变价格折算的实际国内生产总值作为产出水平的衡量指标。物质产品投入方面，以实际就业人数作为劳动力的衡量指标，选取的9.6%折旧率以永续盘存法按2000年不变价格计算物质资本存量。在知识产品投入方面，主要基于J-F终身收入法对人力资本进行计算。同时，为了反映各投入要素的变化情况，我们还采用研究与试验发展投入来衡量技术进步（资料来源于国家统计局、历年城市统计年鉴、CEIC数据库、中国人力资本与劳动经济研究中心，部分缺失数据使用线性插值法进行补齐）。需要说明的是，对于全要素生产率的测算方法仍然存在许多争议，而由于传统的索洛余值法本身的局限，所以部分年份的测算结果差异较大，部分年份的知识产出呈现负增长现象（见表9.4）。

表9.4　　　2002—2019年中国城市真实总量增长及要素变化率

年份	增长核算法（万亿元）			财富增量法（万亿元）			要素变化率（%）			
	总产出	物质产出	知识产出	财富增量	物质财富增量	人力财富增量	劳动力	固定资本	人力资本	科学技术
2002	12.0	10.1	1.9	15	1.0	14	17.25	4.58	11.78	23.52
2003	13.7	6.6	7.0	14.2	2.2	12	0.61	9.38	9.63	19.57
2004	15.8	10.3	5.4	11.9	1.9	10	17.99	7.52	6.83	27.71
2005	18.0	20.9	-2.9	15.9	3.9	12	21.52	14.00	7.88	24.60
2006	20.8	16.3	4.5	27.6	4.6	23	2.30	14.54	14.08	22.58
2007	23.8	18.0	5.8	22.6	4.6	18	4.05	12.68	9.53	23.55
2008	26.9	12.6	14.2	17.8	2.8	15	2.26	6.93	7.26	24.41
2009	29.8	52.2	-22.3	42.3	10.3	32	3.34	23.57	14.56	25.70

续表

年份	增长核算法（万亿元）			财富增量法（万亿元）			要素变化率（%）			
	总产出	物质产出	知识产出	财富增量	物质财富增量	人力财富增量	劳动力	固定资本	人力资本	科学技术
2010	34.3	29.4	4.9	31.8	8.8	23	2.60	16.23	9.08	21.73
2011	38.7	22.8	15.9	29.5	5.5	24	3.50	8.70	8.83	22.99
2012	42.0	59.6	-17.6	40.6	10.6	30	2.29	15.47	10.20	18.55
2013	45.0	87.9	-42.9	52.2	13.2	39	6.57	16.67	11.92	15.03
2014	47.5	97.9	-50.4	45.3	14.3	31	1.39	15.48	8.45	9.87
2015	49.1	156.8	107.6	40.4	18.4	22	0.38	17.32	5.65	8.87
2016	51.9	91.6	-39.6	50.8	17.8	33	0.47	14.27	7.88	10.63
2017	55.5	25.5	30.0	43.7	6.7	37	0.01	4.66	8.23	12.31
2018	58.4	24.5	33.8	36.2	5.2	31	-0.09	3.45	6.46	11.77
2019	61.0	47.2	13.8	35.7	7.7	28	0.55	4.99	5.44	12.53

（二）中国城市真实总量增长及其构成的特征事实

近20年中国城市增长的驱动力，从物质产出驱动逐渐转向知识产出驱动。基于增长核算法的真实总量增长测算来看，中国城市经济增长的驱动力特征，就是知识产出增长速度快于物质产出增长。2002—2019年，中国城市经济总产出由12万亿元上升至61万亿元，年均增长率达到10.21%，其中物质产出总量和知识产出总量分别由10.1万亿元、1.9万亿元增长至47.2万亿元、13.8万亿元，物质产出和知识产出占总产出的比例分别由83.76%、16.24%变化至77.41%、22.59%。从整个过程的特征事实来看，尽管物质产出增长仍然占重要地位，但知识产出增长的速度明显快于物质产出增长。2009年以前，中国城市物质产出和知识产出一同保持高速增长态势，而2009年后由于物质资本的显著增加，物质产出与知识产出总量反向发展，知识产出一度出现负值，然而随着资本要素的增速回归平稳，知识产出再次递增，在2018年知识产出达到了样本期内的最高值33.8万亿元。

近20年中国城市增长的拉动力，从需求侧刺激拉动逐渐转向供给侧改善拉动。从基于财富增量法的真实总量增长测算来看，以2009年的强需求刺激政策和2017年供给侧结构性改革为分界点，近20年中国城市真实总量增长具有非常明显的阶段性。2002—2019 年，中国城市财富增量从 15 万亿元增长到 35.7 万亿元。从阶段性和结构性特征来看，可以分为三个阶段：第一个阶段是从 2002—2008 年，这一阶段创造的总的财富增量是 125 万亿元，年均增量达到 17.86 万亿元，其中代表物质产出的物质财富增量占比为 16.8%，而代表知识产出的人力财富增量占比达到 83.2%；第二个阶段是 2009—2016 年，这一阶段是中国的杠杆上升期，在 2009 年强需求刺激的扩张性政策的影响下，中国城市物质资本扩张速度加快，这一时期创造的总的财富增量达到 332.9 万亿元，年均增量达到 41.61 万亿元，物质财富增量和人力财富增量都出现了显著扩张，而尤以物质财富增量增长速度更快，整个时期内物质财富增量占比为 29.7%，而人力财富增量达到 70.3%；第三个阶段是 2017—2019 年，随着供给侧结构性改革的逐步推进，在去杠杆的作用下，物质财富增量相比较前一阶段有所降低，这一时期的创造的总财富增量达到 115.6 万亿元，年均增量达到 38.53 万亿元，而物质财富增量占总财富增量比重又降至 17%，人力财富增量占比又回到 83%。据此也可以看出，需求侧扩张政策可以推动物质产出的短期快速增长，但知识产出增长主要源自于供给面的改善。

近 20 年中国城市增长的要素结构特征，从物质投入的有限性转向知识投入的无限性。对中国城市真实总量增长的内部投入结构进行分析，可以发现，中国城市的总量增长并不简单是物质产品投入的形态转换，以人力资本、科学技术为代表的知识产品投入在总量增长中产生着重要的作用。并且，从近 20 年来各要素的变化率趋势来看，物质产品投入增长表现出有限性，速度不断下降。而知识产品投入增长一定程度上表现出无限性，可持续维持较高速度。从物质产品投入来说，样本期内，由于中国人口老龄化的加深和劳动年龄人口的下降，劳动力数量对产出的贡献持续下滑，劳动力要素投入出现趋势性下降现象，在 2018 年首次出现负增长，而物质资本要素尽管在样本期内维持年均增长率 11.4% 的较高水平，但自 2017 年以来已降至 5% 以内的较低速度。从知识产品投入来说，持续积累的人力资本形成了中国第二次人口红利，有机地适应了新经济和数字经济发展的需要，人力资本存量年均增长率高达 8.83%，与此同时，科技投入始终保持高速增长，R&D 经费投入年均增速高达 18.66%，且增速高于人力资本要素，这也反映了知识产品投入的快速扩张。

二　中国城市真实总量增长的总体机制

（一）城市真实总量增长的一般机制

从现代经济体系中真实产出总量增长的逻辑来看，企业、家庭和政府三主体，基于最大化实现自身期望福利的现值总和的目标，利用要素进行多重交互，要素之间循环结合，从而形成知识产品和物质产品的增长和重构，不断实现所有市场上的市场出清，决定中国集聚空间的经济形态，进而决定某一时期的均衡经济体系和用价值计量的均衡的经济总量。

人类本能与个体行为形成真实总量增长的根本动力。人口的需求牵引、身心禀赋的条件、意识的主动行为，这三大要素决定经济行为和人的循环往复发展。人的循环往复的行为在重塑物质的同时也在创造经验和技能，从而使得人的财富不断增加。个体需求、智慧和意识本能产生个体行为，这是经济发展的最根本的内在动力。

个体交互形成三大组织主体，主体交互推动市场成长和规模经济。个体间的交互行为催生出政府、企业和家庭三大组织主体，主体间的交互产生规则、制度和文化，在此基础上推动市场的成长，进而形成产生规模经济的总量增长。总量增长包括两个部分，一是形成物质产出，二是形成以人力资本和知识存量为代表的知识产出。

偶发性技术进步与经验积累，导致偶发性真实总量增长。主体交互的过程当中，首先出现偶发式的技术进步与经验积累，并通过教育和传播实现知识和人力资本的复制。在这个过程当中，人口规模是重要的，人口规模决定了偶发性技术进步发生的可能性，以及知识传播的范围。这种精神层面的创新生产是偶然的，随着人口规模的扩张和市场范围的扩大，这种偶发性的技术进步更加容易被复制，从而带来了真实产出增长。但真实产出增长由于技术的偶然性，也表现出比较明显的波动性。

专业化知识生产部门的产生和扩张，使真实总量增长从偶发性转向周期性和持续性，形成真实总量增长的能力。主体交互的过程当中，随着人力资本的不断积累，其在总量增长过程中的投入数量和投入质量得到持续提升。而人力资本区别于物质资本的一个独特性质是，它的投入使用不是一个消耗过程而是增值过程，一方面企业可以为进入其中的人力资本提供"干中学"和积累才能的机会，使人力资本增值，另一方面，随着人力资本的增值和知识的积累，出现专业化的知识生产部门，导致作为知识产出的人力资本和技术进步逐渐从偶发性走向周期性和持续性，即从知识产出增量的偶然性增长，转型到周期性持续性技术突破导致的增长，专业化知识生产部门，也使得城市具备了真实增长的能力。

知识积累的过程中呈现报酬递增性，"用知识生产知识"的报酬递增机制使真实总量增长从离散化转向常态化，形成真实增长的能动力。在城市经济增长的过程中，知识体现出比较明显的报酬递增性，其机制在于，知识存量的积累本身就是知识生产的基础条件之一，当知识生产以偶发性知识为主时，知识产出增长呈现离散化趋势，用知识生产知识的情况较少，当知识积累到一定程度，并通过教育等形式将既有知识内化于人力资本当中，后来的知识生产就会更加依赖于现有知识的积累，即"用知识生产知识"，此时就呈现报酬递增的特征。报酬递增机制使得知识生产呈现加速趋势，也使得知识生产从离散化转向常态化，真实总量增长既有动力基础，更形成了能力基础，从而形成驱动真实增长的能动力。

（二）可能影响城市真实总量增长的中国特征

中国城市发展的基本特征是巨大的人口规模和空间差异。中国地域辽阔，不同地区在地理区位、人口分布、资源禀赋、制度环境等方面差异很大，2021 年，中国总人口已经达到14.13 亿人，约占全球总人口的18%，是世界第一人口大国，然而人口空间分布差异明显，人口增长沿"胡焕庸线"向东西分裂，"胡焕庸线"两侧的中间地带成为中国人口净迁出不对称的分水岭①。另外，中国区域差异、城乡差异问题也不容忽视，2021 年，广东、江苏、福建、浙江、山东，以及北京、上海、天津五省三市，国土面积仅占全国的5%，但贡献了全国1/2 的GDP，城镇居民可支配收入为47412 元，农村居民可支配收入为18931

---

① 吴瑞君、朱宝树：《中国人口的非均衡分布与"胡焕庸线"的稳定性》，《中国人口科学》2016 年第 1 期。

元，城乡收入比为 2.504，空间差异仍较为明显。较大的空间差异，意味着城市真实的"追赶型增长"具有很大潜力空间。

中国城市发展历经由计划经济体制向市场经济体制转型的动态过程。从中华人民共和国成立到 2021 年，历经经济重建和恢复（1950—1956 年）、苏联模式计划经济（1957—1977 年）、计划体制向市场转轨释放（1978—2010 年）和二元体制转轨并存胶着（2011—2021 年）四个时期的 GDP 年均增速分别为 14.64%、5.12%、10.01% 和 6.92%。《中共中央关于党的百年奋斗重大成就和历史经验的决议》指出，经过持续推进改革开放，中国实现了从高度集中的计划经济体制到充满活力的社会主义市场经济体制、从封闭半封闭到全方位开放的历史性转变。尽管从大的转型特征来看，这种转型实质是从限制性秩序向开放性秩序的转型，但是中国经济体制改革的独特之处是以渐进式的存量调整和增量提升为特征，这就意味着中国转型的动态过程极具灵活性。这个特征使得中国在转型过程中表现出更好的经济绩效，即在实现经济快速增长过程中减少了波动。

中国城市发展过程中存在与发达国家相比的较大追赶和学习潜力。改革开放以来，中国综合实力不断崛起，成为仅次于美国的第二大经济体，是世界多极力量中的重要一极，然而中国工业化起步较晚，资源、制度、技术相对有限，导致基础创新不足，2019 年中国基础研发投入占研发总投入的比例为 6.1%，远低于发达国家 15%—25% 的水平[①]。同时中国全要素生产率水平仍然较低，当前还面临需求收缩、供给冲击、预期转弱的三重压力，1960—1999 年，中国全要素生产率仅为美国的 29.46%，即使随着市场化改革的推进快速提升，2017 年仍然不足美国的一半。中国目前仍处中等偏上收入国家行列，发展不平衡不充分问题仍然突出，人均 GDP 尚未达到高收入国家下限标准，2020 年人均 GDP 为 10434 美元，是美国的 1/6、七国集团的 1/5，与发达经济体仍然存在较大的差距。中国在国际上人均收入水平的相对地位，意味着其发展中的后发优势仍然存在，还有追赶空间。

---

① 王一鸣：《百年大变局、高质量发展与构建新发展格局》，《管理世界》2020 年第12 期。

中国城市崛起伴随着新一轮全球化中从封闭走向开放。经济全球化是社会生产力发展的客观要求和科技进步的必然结果，表现为国际贸易、资金流动和移民的大量增加，改革开放 40 多年来，中国始终坚持对外开放的基本国策，不断扩大对外开放，积极融入全球化的发展进程。1978—2021 年，中国货物进出口总额由 0.36 万亿元增加到 39.1 万亿元，占全球贸易总额的比重由不到 1% 提高到 21.26%，外汇储备由 1.67 亿美元增加到 32501.7 亿美元，显示中国强大的综合实力，实现了从封闭半封闭到全方位开放的伟大历史转折，重新定义了全球价值链中的地理分配和分工地位，在这个过程中，中国增长的禀赋结构不断升级，从而在全球分工体系和全球价值链中的地位也不断攀升。

中国城市崛起伴随着第四次新技术革命的发生和演进。第四次科技革命的浪潮扑面而来，世界格局与人类社会已经进入大调整的变革期，技术研发与商业应用同步推进，截至 2021 年第二季度，全球已经有 71 个国家部署了 5G 商用网络，终端连接数达 4.53 亿个。2010—2021 年全球累计人工智能专利申请数 58.2 万件，累计授权量 17.8 万件。以数字经济快速发展为内容的第四次新技术革命，不仅推动各类生产要素快捷流通、各类市场主体加速融合，打破时空限制，延伸产业链条，催化新业态和新模式，还为中国经济提供了重要机遇，全球科技进入空前密集活跃的时期。新技术革命可能造成"技术—经济"方式的转换，给中国城市增长带来"弯道超车"的新机遇。

（三）城市经济真实总量增长的中国框架

从中国城市经济真实总量增长的框架来看，中国城市的经济发展是三主体及其交互与中国发展的五大特征结合从而形成的发展机制。其具体的框架可以概括为四个方面：一是三主体及其交互形成中国真实总量增长的基础条件；二是"投资扩张 + 市场成长"而形成的中国城市真实总量增长的规模经济机制；三是"开放发展 + 全球融入"而形成的中国城市真实总量增长的专业化经济机制；四是"后发优势 + 技术创新"所形成的中国城市真实总量增长的追赶型经济机制。

三主体及主体交互为中国城市真实总量增长提供基础条件。从三主体作为发展条件的框架来看，中国的真实总量增长中，家庭、企业和政府提供了发展所必须的基本要件。其中，家庭为中国城市真实总量增长主体，主要提供了发展所需的基本要素，包括作为物质产出投入的劳动力和资本，以及作为知识产出投入的人力资本。企业作为中国城市真实总量增长的主体，吸收了家庭所提供的物质投入与精神投入，在这个过程中，一方面，企业扩张为中国数以亿计的劳动力提供了"干中学"的人力资本积累机遇，另一方面，企业为获取利润而进行的研发投入，形成了知识存量的积累，也培育了专业化从事知识生产的人力资本。政府作为中国城市真实总量增长的主体，主要提供真实总量增长的环境基础建设，包括硬环境和软环境两个方面，硬环境主要指城市发展所需的基础设施建设，软环境包括推动真实总量增长的规则和制度体系的建设。除此之外，政府也推动基础科研和通用技术的发展，为人力资本积累和知识生产提供加速度。

三主体及主体交互与中国的超大规模与市场转型特征相结合，形成规模经济的真实总量增长机制。中国城市的真实总量增长，是建立在一个超大人口规模国家的市场化转型基础上的。在这个过程当中，有三大主要特征：一是家庭完成了人口从乡村向城市的转移，形成了人口的集聚，形成城市发展中的巨大的消费需求，也为发展提供了劳动力基础；二是企业在这个过程中得以迅速扩张和发展，并形成了城市发展的巨大的投资需求；三是政府推动了作为公共产品的市场的形成，并逐渐完善其运行机制。政府、企业和家庭三者之间的交互，结合中国大规模人口转移形成的超大生产和市场体系，形成了中国城市真实总量增长的规模经济机制。

三主体及主体交互与中国的开放发展与全球融入特征相结合，形成专业化经济的真实总量增长机制。中国城市的发展是伴随着对外开放和融入全球分工体系中的，在这个过程当中，无数处于家庭主体中的劳动力通过企业主体进入到全球分工生产体系，形成了具有熟练技能特征的专业化人力资本。同时，大量的中国企业为在开放发展中不断提升自身国际竞争力，在部分领域取得了全球领先地位，形成了专业化优势。而地方政府通过软硬环境建设等方式招商引资，积极培育各类市场主体，打造形成完整的产业门类和完整的产业链条，使专业化优势得以充分发挥。

三主体及主体交互与中国的后发优势与技术革命特征相结合，形成追赶型经济的真实总量增长机制。中国城市真实总量增长过程中存在后发优势，这使得中国的地方政府在引入外商直接投资过程中，给企业主体提供了大量的学习机会，从而推动了中国本土企业与发达国家企业技术水平差距的收敛，也推动了人力资本的快速积累和扩张。与此同时，中国城市真实总量增长的过程中伴随着第四次新技术革命的产生和演进，新的技术经济范式的变换，为中国技术创新提供了弯道超车的机会，从而就有可能在与发达国家技术水平收敛的基础上实现超越。特别是在新的技术和产业革命背景下，政府积极发挥新型举国体制的制度优势，加大关键性知识和人力资本投入，并引导企业主体融入新的技术与产业的发展，进而形成中国发展中追赶型经济的真实总量增长机制。

三　中国城市真实总量增长的影响因素及其机制

（一）主体对中国城市人力资本和技术进步总量增长的影响

1. 家庭对中国城市真实总量增长的影响

家庭是人力资本形成的首要基础条件和重要微观主体，薛海平（2017）[①] 的研究表明家庭文化资本越高，其影子教育和学校教育机会的获得就越高，科尔曼也认为微观层面的家庭教育支出对学生的正外部性比政府教育支出更为有效[②]。教育是人力资本形成中最基础、最核心的部分，受教育程度较高的劳动者具有学习适应能力和技能创新能力，家庭对于教育的投资是人力资本增值的基本条件，对个体的人力资本形成有着直接的影响，从而推动技术结构升级和各类技术创新。2002—2020 年，随着家庭中教育投入的不断增多，城市本专科在校生人数从903 万人增加到3285 万人，研究生在校人数从50 万人增加到304 万人，每十万人口高等学校平均在校生数从1146 人增加到3301 人，人力资本得到迅速积累，为技术创新提供了丰富智力支撑。

2. 企业对中国城市真实总量增长的影响

随着大数据、物联网和人工智能等新一代技术的应用，中国出现了

[①] 薛海平：《家庭资本与教育获得：影子教育的视角》，《教育科学研究》2017 年第2 期。

[②] James S. Coleman et al., *Equality of Educational Opportunity*, Washington, U. S. Dept. Of Health, Education, And Welfare, Office Of Education, 1966.

大量的技术性企业，企业中的"知识溢出"效应不断提升，企业在研发设计、生产制造和销售等环节形成大量的发明专利，并利用新技术提升生产经营效率，不断增强人力资本价值创造和创新能力。截至2021年，纳入全国科技型中小企业信息库的企业数量达32.8万家，众创空间、孵化器等创业孵化载体超过1.4万家。技术型企业的发展不仅为中国发展提供了大量就业岗位，也使得劳动力在"干中学"的过程中积累了知识与人力资本，为中国城市知识产出增长提供了重要支持。另外，2002—2020年，研究与试验发展企业资金经费支出从708亿元增加到18895亿元，这也极大地推动了以技术进步和知识积累为特征的知识产出增长。

3. 政府对中国城市真实总量增长的影响

国民收入的增长为政府带来了更多的财政收入，进一步增加了对公共教育尤其是高等教育的投入，公共教育投入的增加能够有效降低接受教育的收入门槛，高等教育由精英模式走向大众模式，带来了与国民收入增长同步演进的人力资本结构高级化。2002—2020年，国家财政预算内教育经费从0.31万亿元增长到1.68万亿元，其中高等学校国家财政预算内教育经费从0.075万亿元增长到0.383万亿元。人力资本是技术创新的基础，高级人力资本是能力、知识和经验的载体，推动技术创新效率变革、质量变革和总量增长。此外，政府的科技投入特别是基础科学研究投入的增长是推动通用技术创新的重要方面。2002—2020年，中国研究与试验发展政府资金经费支出从397.5亿元增加到4825亿元，为基础科研和共性技术研发提供了巨大投入，为知识产出增长提供了重要支撑。

（二）三主体交互对中国人力资本与技术进步总量增长的影响

1. 三主体生产、分配、交换、消费对中国城市真实总量增长的影响

生产、分配、交换、消费是经济活动的四大要素，在三主体交互过程中周而复始地进行物质资料的生产才能不断地为社会提供所需的物质资料，而物质资料生产的不断进步也伴随着人口再生产的不断进步。这一过程既是物质资料再生产由低级向高级的发展过程，也是人口再生产由低级向高级的发展过程，在这个过程中形成了人力资本和知识的积

累。这个过程中，三主体的分配也对中国的真实总量增长形成了影响。20 世纪 90 年代以来，随着中国禀赋结构的升级和重化工业的快速发展，偏向物质资本的分配使物质资本存量加快积累，主要推动的是代表物质产出的物质财富增长，而近年来，随着中国产业结构演变中出现的"从制造到服务"的转型，以及推动共同富裕导向的分配政策，出现偏向劳动力和人力资本的分配，使代表知识产出增长的人力财富得以快速增长。三主体交互中的交换和消费则推动的市场的扩张和成长，进而为人力资本的进一步积累提供了更多的"干中学"环境。

2. 三主体创新、学习对中国城市真实总量增长的影响

人力资本的形成不仅依赖于人本身，而且也依赖于企业和政府，创新激励机制诱发劳动者和企业在生产过程中加强对技术的吸纳、研发和创新能力，各个主体对创新、学习的探索能力和主动意愿是社会原始创新能力持续提升的重要环节，直接影响了人力资本的形成过程，也成为推动前沿技术创新的重要因素。伴随着 20 世纪 90 年代以来政府公共教育投入和家庭教育投入的快速增长，基于教育形成的人力资本为中国真实总量增长提供了基础动力。同时，大量的人力资本进入到政府和企业中的专业化知识生产部门，通过创新和学习激发了技术前沿面的扩张，推动了技术的进步。

3. 三主体的竞争与合作对中国城市真实总量增长的影响

政府、企业与家庭是知识经济社会内部创新制度环境的三主体，公共教育可以提高私人教育对人力资本积累的贡献率，这将激励家庭增加教育投入，有效缓解了家庭人力资本投资的不足；政府和社会资本在教育方面的合作缓解了政府财政压力，充分调动社会资本，推动形成跨领域、跨学科、跨平台的高等教育体系，打破相互独立的组织界限，与市场经济有效衔接；企业与家庭的合作帮助家庭突破自有资源的约束，形成教育合力，实现人力资本投资的最优化，供给高层次应用型人才，促进劳动力素质与劳动能力的提高，进一步推动社会劳动生产率的提高，逐步演化成以人力资本结构高级化为基础的区域创新网络。另一方面，竞争是市场经济发展所必需的动力，政府对于人力资本的投资重点关注社会的共同需要，不具有个人针对性，家庭和企业的人力资本投资是政府投资的重要补充，通过劳动力市场的竞争，就能够发现人力资本的最

优价格，进一步实现人力资本要素的最优配置，从而提升效率，推动创新。

（三）三要素对真实总量增长的影响

1. 人口增长与转型对中国城市真实总量增长的影响

根据第七次全国人口普查公报，与第六次人口普查数据相比，中国15—59岁人口的比重下降了6.79%，劳动年龄人口大幅减少，同时0—14岁和60岁以上的人口分别上升1.35%和5.44%，同步提高了人口抚养比，数量型人口红利逐渐消失，增加了劳动人口的抚养负担，消费增加储蓄减少，储蓄率的降低不仅拉低投资率减少了物质资本积累，还直接影响人力资本投资，抑制劳动力市场规模扩张，降低劳动生产率与资本形成率。另一方面，公报数据显示中国人口受教育程度大幅增加，平均受教育年限提升到9.91年，新一代人口生产率水平提升，人力资本积累速度、存量规模与质量水平显著上升，对社会创新水平有显著影响。

2. 物质资本积累对中国城市真实总量增长的影响

一方面，物质资本回报率的上升会导致人力资本投资的下降，二者存在一定程度上的替代效应[1]，因而物质资本积累可能对人力资本和技术进步产生负反馈效应。另一方面，物质资本也是人力资本形成的重要因素，人力资本与技术进步的形成和发挥必须以相应数量和质量的物质资本为基础，在阿罗的"干中学"模型中，知识是关于物质资本量的函数，并且随着物质资本积累的增加而提高，精细化的分工、全球化的协作生产与供应以及规模化的生产逐渐将人力资本从一般劳动力中分离出来，具有一定技能水平的劳动力在新的经济领域开始具备了资本形态，也在很大程度上决定了人力资本依附于物质资本的社会属性[2]。

3. 空间转型对中国城市真实总量增长的影响

公共产品供给差距是诱发人口城乡流动、按城市等级流动和跨国流

---

① 王询、孟望生：《人力资本投资与物质资本回报率关系研究——基于世代交叠模型的视角》，《当代财经》2013年第7期。

② 马红旗、王韧：《对人力资本形成理论的新认识》，《经济学家》2014年第12期。

动的重要因素①，大城市为劳动者提供了更优质的学习平台和更低廉的学习成本，降低了信息不对称带来的约束，因而公共产品供给更优质的地区人力资本积累也更高，人力资本存量的积累进一步促进了技术扩散和知识外溢。随着人口、资本等要素在城乡的重新配置，人口和经济活动由单向集聚于城市转变为城乡双向扩散，加速了中国空间格局的重塑，城市开始突破自身的行政边界，区域空间已扩展为要素流动空间与地理场所空间交互作用的新型网络空间，新型城镇化的持续推进为人力资本和技术进步提供持续正向反馈，加速了人力资本时空交互，创造了新的区位优势。

四 中国城市真实总量增长的主要作用及其机制

（一）真实总量增长对中国主体的作用

1. 改变了家庭

人力资本与技术进步总量增长改变了中国近十亿家庭的命运，塑造了越来越多的中产家庭，根据麦肯锡的测算，2000—2022 年，中国城市家庭中产阶层的比例由 4% 上升到了 75%，中产家庭的资本存量较高，具有较强的经济实力，成为教育投资的主力军，与此同时，教育热潮也使得家庭负债同比增加。另一方面，对国外家庭而言，2010 年中国工业增加值超过美国成为"世界工厂"，而廉价是中国出口商品的显著特征，中国通过廉价商品补贴了全球，为全球家庭投资带来机会，增加了全球福利。

2. 改变了企业

成就了现代企业体系和良性的企业竞争生态。根据第七次人口普查数据，中国每 10 万人中具有大学文化程度的人数已高达 15467 人，新增劳动力中接受过高等教育的比例已经超过了一半，人力资本日趋充足。人力资本积累与技术进步结合市场成长形成了大量的商业机遇，成就了一大批民营企业和技术型企业，成为推动中国城市真实总量增长的重要力量。同时，中国本土的社会创新也迎合了全球企业增长和发展的

---

① 刘守英、王志锋、张维凡、熊雪锋：《"以地谋发展"模式的衰竭——基于门槛回归模型的实证研究》，《管理世界》2020 年第 6 期。

需要，为全球企业提供投资机会和利润，是扩张业务版图的利器，对全球企业良性竞争的生态起到很大推动作用。

3. 改变了政府

人力资本高级化的劳动率提升效应有效提高了生产力水平，加速变革了政府治理体系运作流程、职能结构甚至组织体系，层级式、分散式的传统政府治理模式已经无法适应当今经济社会的需要，同时人力资本积累和技术进步的过程也对公共产品的数量和质量提出了更高的要求，政府举债动机增强，债务负担率增加，如果政府不能自我约束，将会导致政府的膨胀。另一方面，得益于质量型人口红利的后发优势，依托完整的工业体系，中国互联网行业快速崛起，数字经济大国的地位逐渐稳固，在对数字经济进行规范性治理的过程中，政府的数字治理体系和治理能力得到了很大提升。

（二）真实总量增长对主体交互的作用

1. 真实总量增长对三主体生产、交换、消费和服务的影响

经济社会运行的本质是以生产为起点，分配和交换为中间环节，消费为终点的一系列动态循环，社会主义发展到自由商品经济阶段，科技和教育加速了劳动力向人力资本的转变，劳动以人力资本形式参与剩余产品价值的分配[①]。人力资本与技术进步为经济动态循环过程塑造了正的外部性环境，使得循环过程中的资源、信息、商品交换更加高效，缩短流通时间，减少中间环节的资源浪费，通过革新生产模式，提升交换、分配效率，催生新型消费，加速了经济循环，提高资源配置效率。

2. 真实总量增长对三主体学习、创新和重复的影响

新一代技术的快速发展使生产效率快速提升的同时也在不断加速淘汰机械性、重复性的劳动，创新能力成为个人发展的门槛，而技术与教育的有机结合为大规模个性化学习提供了可能，标准的教育体系和模式由此改变，社会对个人的学习能力也提出了更高的要求，劳动者在无形中增强了自身的人力资本水平。随着人口科学素质的不断提升，企业的

---

① 何爱平、刘雨：《以人为本：社会主义市场经济生产观新论》，《改革与战略》2014 年第 10 期。

核心竞争力由廉价劳动力转向核心技术，就业中的技能结构由此改变，高技能劳动者的收益不断递增，企业也在"干中创""创中创"的过程中形成大量的发明专利，可见人力资本和技术进步极大提升了家庭、企业、政府和科研机构的探索意愿和创新学习能力。

3. 真实总量增长促进了主体之间的竞争与合作

政府、企业、家庭都是人力资本与技术进步的主体，在市场经济的背景下，有效竞争是提升效率、实现资源有效配置和增加社会福祉的重要途径，比如大数据的充分利用加速了数字技术的更新迭代，反而加速了互联网行业的竞争强度。同时，人力资本积累和技术进步让政府、企业、家庭打破时空约束，免于投入大量资源进行资源整合，可以让各主体积极地获取并共享信息，利用各创新主体之间的监督和制衡作用，抑制创新主体的逆向选择行为，推动主体间的合作创新①，各主体深入沟通、相互协调、互惠互利，形成了多元主体的良好协同合作效果。

（三）真实产出总量增长对要素变迁的作用

1. 促进了人口转型

人口科学素质的不断提升和新兴技术的快速发展提升了劳动生产率、增加了居民收入，这一方面提高了对劳动者创新能力和技术技能的需求，而工业化腾飞阶段所需的熟练劳动力逐渐被智能机械替代，就业结构随之改变，另一方面，人口受教育程度的大幅提升将会促进劳动力素质和劳动能力的优化，家庭人口再生产的机会成本上升，家庭越来越重视生育质量和子女教育，而不是简单地追求生育孩子的数量。人口总量和结构的双重转变充分释放了人口资源潜力，改善人口资源质量，开启了第二次人口红利，实现了由数量型劳动力优势向质量型的转变，推动中国人口加速进入转型期。

2. 促进资本积累

改革开放以来，中国经济高速增长，在疫情全球大流行的 2020 年，总量依然突破 14.37 万亿美元，人力资本与技术进步通过促进社会分

---

① 安同良、周绍东、皮建才：《R&D 补贴对中国企业自主创新的激励效应》，《经济研究》2009 年第 10 期。

工、提升生活质量、创造新供给和新需求，对财富创造产生巨大的影响，知识经济成为财富增长的重要形式，公共产品供给也得到极大改善。中国过去的发展模式过度依赖能源消耗，导致生态环境遭到巨大破坏，当前人力资本结构的优化为生态环境保护提升了人才保障，以大数据、人工智能、云计算的数字技术也为生态环境逐步恢复创造了条件。因此，代表真实总量增长的人力资本积累与技术进步，不仅推动了物质资本的积累，也推动了生态资本的积累。

参考文献

顾朝林：《中国城镇体系——历史·现状·展望》，商务印书馆 1992 年版。

卡尔·马克思：《政治经济学批判》，柏林敦克尔出版社 1859 年版。

柯武刚、史漫飞：《制度经济学：社会秩序与公共政策》，商务印书馆 2000 年版。

柯武刚、史漫飞：《制度经济学：社会秩序与公共政策》，商务印书馆 2000 年版。

兰小欢：《置身事内：中国政府与经济发展》，上海人民出版社 2021 年版。

梁琦：《分工、集聚与增长》，商务印书馆出版 2009 年版。

林毅夫、蔡昉、李周：《中国的奇迹发展战略与经济改革》，格致出版社和上海人民出版社 1999 年版。

倪鹏飞：《中国城市竞争力报告 No. 13——巨手：托起城市中国新版图》，社科文献出版社 2015 年版。

倪鹏飞：《中国城市竞争力报告 No. 14——新引擎：多中心群网化城市体系》，中国社会科学出版社 2016 年版。

倪鹏飞：《中国城市竞争力报告 No. 16——40 年：城市星火已燎原》，中国社会科学出版社 2018 年版。

倪鹏飞：《中国城市竞争力报告 No. 17——住房，关系国与家》，中国社会科学出版社 2019 年版。

史正富：《超常增长：1979—2049 年的中国经济》，上海人民出版社 2013 年版。

谢文蕙、邓卫：《城市经济学》（第二版），清华大学出版社 2008 年版。

许涤新、吴承明：《中国资本主义发展史》第 2 卷，人民出版社 1990 年版。

杨小凯、黄有光：《专业化与经济组织一种新兴古典微观经济学框架》，经济科学出版社 1999 年版。

张维迎：《市场的逻辑》，上海人民出版社 2010 年版。

周黎安：《转型中的中国政府：官员激励与治理》，格致出版社和上海人民出版社 2008 年版。

［英］安格斯·麦迪森：《中国经济的长期表现：公元 960—2030 年》，任晓鹰、马德斌译，上海人民出版社 2019 年版。

［英］罗纳德·哈里·科斯、王宁著：《变革中国：市场经济的中国之路》，徐尧、李哲民译，中信出版社 2013 年版。

［美］RH 科斯、A. 阿尔钦、D. 诺斯等：《财产权力与制度变迁——产权学派与新制度学派文集》，刘守英等译，上海人民出版社 2004 年版。

［美］道格拉斯·C. 诺思：《经济史中的结构与变迁》，陈郁、罗华平译，上海人民出版社 1994 年版。

［美］加里·贝克尔：《人力资本：特别是关于教育的理论与经验分析》，北京大学出版社 1987 年版。

［美］帕克等：《城市社会学——芝加哥学派城市研究文集》，宋俊岭、吴建化、王登斌译，华夏出版社 1987 年版。

［美］约瑟夫·熊彼特：《经济分析史》（第一卷），朱泱、李宏译，商务印书馆 1996 年版。

Andy Thornley、于泓：《面向城市竞争的战略规划》，《国外城市规划》2004 年第 2 期。

安同良、千慧雄：《中国居民收入差距变化对企业产品创新的影响机制研究》，《经济研究》2014 年第 9 期。

薄文广、徐玮、王军锋：《地方政府竞争与环境规制异质性：逐底竞争还是逐顶竞争？》，《中国软科学》2018 年第 11 期。

蔡昉：《理解中国经济发展的过去、现在和将来——基于一个贯通的增长理论框架》，《经济研究》2013 年第 11 期。

蔡昉：《推进全面配套改革》，《经济理论与经济管理》2012 年第 10 期。

蔡昉：《中国的人口红利还能持续多久》，《经济学动态》2011 年第 6 期。

曹清峰、倪鹏飞：《中国城市体系的层级结构与城市群发展——基于城市
　　全球竞争力、全球联系度及辐射能力的分析》，《西部论坛》2020 年第
　　2 期。

陈波翀、郝寿义、杨兴宪：《中国城市化快速发展的动力机制》，《地理学
　　报》2004 年第 6 期。

陈杰：《新中国 70 年城镇住房制度的变迁与展望》，《国家治理》2019 年
　　第 14 期。

陈洁仪、张少华、潘丽群：《中国城市规模分布特征研究——基于 2010—
　　2019 年普查数据的分析》，《产业经济评论》2022 年第 1 期。

陈向明：《互补协同：全球城市竞争与合作的新趋向》，《探索与争鸣》
　　2019 年第 3 期。

陈银娥、孙琼：《中国基础设施发展水平测算及影响因素——基于省级面
　　板数据的实证研究》，《经济地理》2016 年第 8 期。

陈莹：《县级城市融入长三角一体化发展的路径选择——基于综合竞争优
　　势的视角》，《江南论坛》2020 年第 12 期。

陈永伟、顾佳峰、史宇鹏：　《住房财富、信贷约束与城镇家庭教育开
　　支——来自 CFPS2010 数据的证据》，《经济研究》2014 年第 1 期。

程风雨：《政府间税收竞争、贸易开放与区域经济增长——基于中国八大
　　城市群面板数据的实证研究》，《江汉论坛》2021 年第 1 期。

程磊：《新中国 70 年科技创新发展：从技术模仿到自主创新》，《宏观质
　　量研究》2019 年第 3 期。

邓晓兰、刘若鸿、许晏君：《经济分权、地方政府竞争与城市全要素生产
　　率》，《财政研究》2019 年第 4 期。

邓忠奇、宋顺锋、曹清峰：《中国城市规模之谜：一个综合分析框架》，
　　《财贸经济》2019 年第 9 期。

邓仲良、张可云：《中国经济增长的空间分异为何存在？——一个空间经
　　济学的解释》，《经济研究》2020 年第 4 期。

丁鸿君、周玉龙、孙久文：《中国小城市的最优规模》，《城市问题》2017
　　年第 9 期。

丁如曦、刘梅、李东坤：《多中心城市网络的区域经济协调发展驱动效应——以长江经济带为例》，《统计研究》2020 年第 11 期。

段继红、苏华山、张成：《生育成本对二孩生育意愿的影响》，《当代财经》2020 年第 1 期。

樊纲：《两种改革成本与两种改革方式》，《经济研究》1993 年第 1 期。

樊光义、张协奎：《房地产市场化改革与实体经济发展——兼论金融的调节作用》，《南方经济》2022 年第 1 期。

范红忠：《有效需求规模假说、研发投入与国家自主创新能力》，《经济研究》2007 年第 3 期。

方创琳、宋吉涛、张蔷、李铭：《中国城市群结构体系的组成与空间分异格局》，《地理学报》2005 第 5 期。

方航、程竹、陈前恒：《农村教育投资存在同群效应吗？——基于中国家庭追踪调查（CFPS）的实证研究》，《教育与经济》2021 年第 3 期。

冯明、黄河：《三线建设历史回眸》，《中国社会科学报》2022 年 7 月 4 日第 5 版。

冯云廷：《论城市竞争与产业地域分工的冲突——兼论"产能过剩"的形成原因》，《天津社会科学》2014 年第 5 期。

傅利平、李永辉：《地方政府官员晋升竞争、个人特征对城市扩张的影响——基于全国地级市面板数据的实证分析》，《城市问题》2015 年第 1 期。

傅晓霞、吴利学：《技术差距、创新环境与企业自主研发强度》，《世界经济》2012 年第 7 期。

傅勇、张晏：《中国式分权与财政支出结构偏向：为增长而竞争的代价》，《管理世界》2007 年第 3 期。

高波：《完善保障性住房的分配与退出机制》，《现代城市研究》2012 年第 5 期。

高翔：《城市规模、人力资本与中国城市创新能力》，《社会科学》2015 年第 3 期。

宫攀、张槊：《标度律视角下城市体检评估与地区差异研究》，《城市问题》2022 年第 8 期。

辜胜阻：《中国城镇化机遇、问题与路径》，《中国市场》2013 年第 3 期。

郭克莎：《中国房地产市场的需求和调控机制——一个处理政府与市场关系的分析框架》，《管理世界》2017 年第 2 期。

韩增林、温秀丽、刘天宝：《中国人口半城镇化率时空分异特征及影响因素》，《经济地理》2017 年第 11 期。

胡鞍钢：《中国式科技现代化：从落伍国到科技强国》，《北京工业大学学报》（社会科学版）2022 年第 10 期。

胡晨光、程惠芳、俞斌：《"有为政府"与集聚经济圈的演进——一个基于长三角集聚经济圈的分析框架》，《管理世界》2011 年第 2 期。

胡晨光、潘莉燕、王婷婷：《最优城市规模研究：文献综述》，《经济学家》2017 年第 9 期。

胡光旗、踪家峰：《财政压力加剧了边界空气污染吗——基于地级市微观面板数据的经验证据》，《山西财经大学学报》2021 年第 10 期。

胡杰、李庆云、韦颜秋：《我国新型城镇化存在的问题与演进动力研究综述》，《城市发展研究》2014 年第 1 期。

胡佩、王洪卫：《住房价格与生育推迟——来自 CGSS 微观数据的证据》，《财经研究》2020 年第 4 期。

胡思佳、徐翔：《招商引资竞争与土地供给行为：基于城市经济发展的视角》，《改革》2021 年第 7 期。

黄金川、黄武强、张煜：《中国地级以上城市基础设施评价研究》，《经济地理》2011 年第 1 期。

黄群慧、余泳泽、张松林：《互联网发展与制造业生产率提升：内在机制与中国经验》，《中国工业经济》2019 年第 8 期。

季斌：《新形势下城市核心竞争力探析——基于城市竞争机制的视角》，《现代城市研究》2008 年第 5 期。

冀福俊、宋立：《资本的空间生产与中国城镇化的内在逻辑——基于新马克思主义空间生产理论的视角》，《上海经济研究》2017 年第 10 期。

江小涓：《大国双引擎增长模式——中国经济增长中的内需和外需》，《管理世界》2010 年第 6 期。

江小涓、孟丽君：《内循环为主、外循环赋能与更高水平双循环——国际经验与中国实践》，《管理世界》2021 年第 1 期。

蒋瑛、李翀：《住房价格水平变化对中国家庭金融资产配置影响研究》，

《四川大学学报》（哲学社会科学版）2019 年第 2 期。

焦晓云：《城镇化进程中"半城镇化"问题及对策探析》，《当代经济管理》2015 年第 3 期。

金炳橡、王瑾、许成钢：《私有企业的发展是改革和发展的关键：来自主要转轨经济的企业层面证据》，《经济学报》2014 年第 3 期。

孔令乾、付德申、陈嘉浩：《城市行政级别、城市规模与城市生产效率》，《华东经济管理》2019 年第 7 期。

黎仕明：《试论近代以来中国城市化与工业化之关系》，《乐山师范学院学报》2003 年第 2 期。

李爱民：《中国半城镇化研究》，《人口研究》2013 年第 4 期。

李春生：《中国两个城镇化率之差的内涵、演变、原因及对策》，《城市问题》2018 年第 1 期。

李力行、黄佩媛、马光荣：《土地资源错配与中国工业企业生产率差异》，《管理世界》2016 年第 8 期。

李若愚：《新型城镇化路在何方?》，《财经界》2013 年第 4 期。

李扬：《中国经济发展新阶段的金融改革》，《经济学动态》2013 年第 6 期。

李勇刚、李祥：《财政分权、地方政府竞争与房价波动：中国 35 个大中城市的实证研究》，《软科学》2012 年第 1 期。

梁婧、张庆华、龚六堂：《城市规模与劳动生产率：中国城市规模是否过小?》，《社会科学文摘》2016 年第 1 期。

梁琦、陈强远、王如玉：《户籍改革、劳动力流动与城市层级体系优化》，《中国社会科学》2013 年第 12 期。

廖红伟、杨良平：《"一带一路"沿线国家 OFDI、产业结构升级与经济增长：互动机理与中国表现》，《社会科学研究》2018 年第 5 期。

林崇建、毛丰付：《财政投入与城市治理绩效分析——以江浙城市群比较为例》，《财贸经济》2012 年第 12 期。

林毅夫、张鹏飞：《后发优势、技术引进和落后国家的经济增长》，《经济学》（季刊）2005 年第 4 期。

刘金山、杜林：《房价上涨是否推迟了初婚? ——基于 CGSS 数据的实证分析》，《北京航空航天大学学报》（社会科学版）2022 年第 6 期。

刘蕾、陈灿：《资源竞争还是标杆竞争？——地方政府城市基础设施投资的策略互动行为研究》，《公共行政评论》2020 年第 5 期。

刘培林、刘孟德：《发展的机制：以比较优势战略释放后发优势——与樊纲教授商榷》，《管理世界》2020 年第 5 期。

刘生龙、胡鞍钢：《基础设施的外部性在中国的检验：1988—2007》，《经济研究》2010 年第 3 期。

刘守英：《土地制度变革与经济结构转型——对中国 40 年发展经验的一个经济解释》，《中国土地科学》2018 年第 1 期。

刘守英：《以地谋发展模式的风险与改革》，《国际经济评论》2012 年第 2 期。

刘守英、王志锋、张维凡、熊雪锋：《"以地谋发展"模式的衰竭——基于门槛回归模型的实证研究》，《管理世界》2020 年第 6 期。

刘守英、熊雪锋、章永辉：《土地制度与中国发展模式》，《中国工业经济》2022 年第 1 期。

刘守英、熊雪锋、章永辉、郭贯成：《土地制度与中国发展模式》，《中国工业经济》2022 年第 1 期。

刘玉：《浅析经济全球化语境下我国的城市竞争》，《经济问题探索》2007 年 6 期。

卢锋：《中国农民工工资走势：1979—2010》，《中国社会科学》2012 年第 7 期。

芦艳荣、周绍森、李斌、胡德龙、刘绿茵：《科技进步对经济发展贡献的研究与建议》，《宏观经济管理》2010 年第 11 期。

陆铭、李杰伟、韩立彬：《治理城市病：如何实现增长、宜居与和谐？》，《经济社会体制比较》2019 年第 1 期。

陆铭、向宽虎、陈钊：《中国的城市化和城市体系调整：基于文献的评论》，《世界经济》2011 年第 6 期。

吕红平：《论子女成本——效用理论在中国的应用》，《人口与经济》1998 年第 2 期。

罗志华、吴瑞君、贾志科：《家庭养育成本对已育一孩夫妇生育意愿的影响——基于 2019 年西安市五城区调查数据的分析》，《人口与经济》2022 年第 3 期。

马红旗、王韧：《对人力资本形成理论的新认识》，《经济学家》2014 年第 12 期。

毛丰付、郑芳：《人才引进政策如何影响了劳动力市场?》，《商业经济与管理》2021 年第 11 期。

毛丰付、郑好青、王海：《数字基础设施与企业技术创新——来自地方政府政策文本的新证据》，《浙江学刊》2022 年第 6 期。

毛丰付、诸梦思、徐畅：《金融知识与创业房产租购决策：买房干还是租房干》，《贵州财经大学学报》2022 年第 5 期。

毛其淋、许家云：《市场化转型、就业动态与中国地区生产率增长》，《管理世界》2015 年第 10 期。

倪鹏飞：《货币政策宽松、供需空间错配与房价持续分化》，《经济研究》2019 年第 8 期。

倪鹏飞：《中国城市崛起的经验提炼与理论启示》，《天津社会科学》2019 年第 4 期。

倪鹏飞、徐海东：《面向 2035 年的中国城镇化》，《改革》2022 年第 8 期。

倪鹏飞、颜银根、张安全：《城市化滞后之谜：基于国际贸易的解释》，《中国社会科学》2014 年第 7 期。

倪鹏飞、杨华磊、周晓波：《经济重心与人口重心的时空演变——来自省会城市的证据》，《中国人口科学》2014 年第 1 期。

牛婷、赵守国：《我国城市环境基础设施建设投资与经济增长之间关系的实证研究》，《城市发展研究》2010 年第 6 期。

欧阳秋珍、陈昭、周迪：《技术进步对人力资本水平的空间效应分析》，《统计与决策》2022 年第 14 期。

欧阳峣、汤凌霄：《大国创新道路的经济学解析》，《经济研究》2017 年第 9 期。

潘士远、朱丹丹、徐恺：《中国城市过大抑或过小？——基于劳动力配置效率的视角》，《经济研究》2018 年第 9 期。

钱学锋、刘钊、陈清目：《多层次市场需求对制造业企业创新的影响研究》，《经济学动态》2021 年第 5 期。

邵英、孙卫东、陈志刚：《同侪效应：地方政府竞争对城市建设用地扩张的影响》，《现代城市研究》2020 年第 6 期。

沈立、倪鹏飞：《中国工业发展空间格局演变：历史、现状及趋势》，《河北经贸大学学报》2022 年第 2 期。

盛中明、余永定、张明：《如何提高财政政策的有效性?》，财新网，2022 年 11 月 13 日。

斯蒂格利茨：《中国第二步改革战略》，《太平洋学报》1999 年第 1 期。

孙斌栋、魏旭红：《多中心结构：我国特大城市的未来形态》，《人民论坛·学术前沿》2015 年第 17 期。

孙久文、张超磊、闫昊生：《中国的城市规模过大么——基于 273 个城市的实证分析》，《财经科学》2015 年第 9 期。

孙三百、洪俊杰：《城市规模与居民福利——基于阿玛蒂亚·森的可行能力视角》，《统计研究》2022 年第 7 期。

孙志燕、郑江淮：《积极应对全球价值链数字化转型的挑战》，《经济日报》2021 年第 9 期。

锁利铭：《协调下的竞争与合作：中国城市群协同治理的过程》，《探索与争鸣》2020 年第 10 期。

唐为：《中国城市规模分布体系过于扁平化吗?》，《世界经济文汇》2016 年第 1 期。

陶然、苏福兵、陆曦、朱昱铭：《经济增长能够带来晋升吗? ——对晋升锦标赛理论的逻辑挑战和省级实证重估》，《管理世界》2010 年第 12 期。

陶志梅、杨景方：《城市基础设施系统与城市发展互动关系研究——以北京市为例》，《城市》2022 年第 4 期。

万海远：《城市社区基础设施投资的创业带动作用》，《经济研究》2021 年第 9 期。

王鹤、尹来盛、冯邦彦：《从传统城市化到新型城市化——我国城市化道路的未来选择》，《经济体制改革》2013 年第 1 期。

王宏伟、郑世林、吴文庆：《私人部门进入对中国城市供水行业的影响》，《世界经济》2011 年第 6 期。

王俊、李佐军：《拥挤效应、经济增长与最优城市规模》，《中国人口·资源与环境》2014 年第 7 期。

王世权、张伯瑞、姚钧瀚：《经济劣势下人才竞争如何破局高端人才困境？——基于副省级城市的政策评价研究》，《软科学》2021 年第 3 期。

王文清：《中国城市竞争新格局和武汉发展的战略适应》，《管理世界》2005 年第 9 期。

王询、孟望生：《人力资本投资与物质资本回报率关系研究——基于世代交叠模型的视角》，《当代财经》2013 年第 7 期。

王雅莉、朱金鹤：《地方政府间多维竞争对城市污染的影响研究》，《现代经济探讨》2020 年第 4 期。

王一鸣：《百年大变局、高质量发展与构建新发展格局》，《管理世界》2020 年第 12 期。

王媛玉、杨开忠：《集聚经济、城市生产率与最优规模》，《统计与决策》2022 年第 2 期。

王振波、徐小黎、张蔷：《中国城市规模格局的合理性评价》，《中国人口·资源与环境》2015 年第 12 期。

王智勇：《城市规模与劳动生产率——基于 283 个地级市面板数据的分析》，《劳动经济研究》2020 年第 6 期。

韦倩、王安、王杰：《中国沿海地区的崛起：市场的力量》，《经济研究》2014 年第 8 期。

韦森：《中国经济增长的原因再反思》，《探索与争鸣》2015 年第 1 期。

魏后凯：《中国城市行政等级与规模增长》，《城市与环境研究》2014 年第 1 期。

魏后凯：《中国城镇化进程中两极化倾向与规模格局重构》，《中国工业经济》2014 年第 3 期。

魏婕、安同良：《面向高质量发展的中国创新驱动》，《中国科技论坛》2020 年第 1 期。

魏守华、杨阳、陈珑隆：《城市等级、人口增长差异与城镇体系演变》，《中国工业经济》2020 年第 7 期。

吴敬琏：《中国的发展方式转型与改革的顶层设计》，《北京师范大学学报》（社会科学版）2012 年第 5 期。

吴瑞君、朱宝树：《中国人口的非均衡分布与"胡焕庸线"的稳定性》，《中国人口科学》2016 年第 1 期。

吴晓波、付亚男、吴东等：《后发企业如何从追赶到超越？——基于机会窗口视角的双案例纵向对比分析》，《管理世界》2019 年第 2 期。

线实、陈振光：《城市竞争力与区域城市竞合：一个理论的分析框架》，《经济地理》2014 年第 3 期。

许瑞恒、刘洋、刘曙光：《房价对企业技术创新产出的成本效应与投资效应研究——基于 A 股上市公司数据的实证分析》，《重庆大学学报》（社会科学版）2020 年第 3 期。

薛海平：《家庭资本与教育获得：影子教育的视角》，《教育科学研究》2017 年第 2 期。

闫先东、朱迪星：《基础设施投资的经济效率：一个文献综述》，《金融评论》2017 年第 6 期。

杨孟禹、蔡之兵、张可云：《中国城市规模的度量及其空间竞争的来源——基于全球夜间灯光数据的研究》，《财贸经济》2017 年第 3 期。

杨孟禹、梁双陆、蔡之兵：《中国城市规模为何两极分化：一个空间竞争的经验解释》，《财贸经济》2018 年第 8 期。

杨庆：《浅析科技进步对资本有机构成的新变化——基于马克思科技批判思想》，《法制与社会》2019 年第 27 期。

杨小科、王晶：《城市公共资源配置与家庭住房投资——基于 CSS（2006—2015）五轮调查数据的研究》，《公共行政评论》2018 年第 11 期。

杨小林、张亚美、金英淑、朱万晶：《基于竞争——合作视角的中原城市群城市竞争力空间格局研究》，《改革与开放》2018 年第 15 期。

杨晓兰、张安全：《经济增长与环境恶化——基于地级城市的经验分析》，《财贸经济》2014 年第 1 期。

姚洋：《中国经济成就的政治经济学原因》，《经济与管理研究》2018 年第 1 期。

易先忠：《技术差距双面效应与主导技术进步模式转换》，《财经研究》2010 年第 7 期。

尹德挺、袁尚、张锋：《改革开放四十年中国人口流动与分布格局变迁》，《人口与计划生育》2018 年第 12 期。

尹来盛、冯邦彦：《从城市竞争到区域合作——兼论我国城市化地区治理体系的重构》，《经济体制改革》2014 年第 5 期。

于斌斌、蒋倩倩：《土地供给如何影响产能过剩：机制与检验》，《经济社会体制比较》2022 年第 5 期。

余壮雄、张明慧：《中国城镇化进程中的城市序贯增长机制》，《中国工业经济》2015 年第 7 期。

张传勇、张永岳、武霁：《房价波动存在收入分配效应吗——一个家庭资产结构的视角》，《金融研究》2014 年第 12 期。

张光南、陈广汉：《基础设施投入的决定因素研究：基于多国面板数据的分析》，《世界经济》2009 年第 3 期。

张景奇、娄成武、修春亮：《地方政府竞争的空间形态——基于长三角城市群蔓延的实证分析》，《中国软科学》2020 年第 5 期。

张静、付金存：《城市基础设施领域中政府与市场的互补及融合——基于规制与竞争互动演进视角的分析》，《城市问题》2015 年第 1 期。

张军：《分税制是对的》，《商周刊》2013 年第 17 期。

张来明、李建伟：《推动共同富裕的内涵、战略目标与政策措施》，《改革》2021 年第 9 期。

张维迎、栗树和：《地区间竞争与中国国有企业的民营化》，《经济研究》1998 年第 12 期。

张学良：《中国交通基础设施促进了区域经济增长吗—兼论交通基础设施的空间溢出效应》，《中国社会科学》2012 年第 3 期。

张艳、李子联、金炜皓：《高等教育质量影响产业结构升级的机理与证据》，《高等教育研究》2021 年第 2 期。

张扬、姚志毅：《中国城市集聚与最优规模研究》，《江西社会科学》2018 年第 12 期。

张艺帅、赵民、程遥：《面向新时代的城市体系发展研究及其规划启示——基于"网络关联"与"地域邻近"的视角》，《城市规划》2021 年第 5 期。

张自然：《城市规模、空间聚集与政府管理模式研究》，《社会科学战线》2022 年第 10 期。

赵曦、司林杰：《城市群内部"积极竞争"与"消极合作"行为分析——基于晋升博弈模型的实证研究》，《经济评论》2013 年第 5 期。

赵燕菁：《土地财政：历史、逻辑与抉择》，《城市发展研究》2014 年第

1 期。

郑世林、周黎安、何维达：《电信基础设施与中国经济增长》，《经济研究》2014 年第 5 期。

郑思齐、孙伟增、吴璟、武赟：《"以地生财，以财养地"——中国特色城市建设投融资模式研究》，《经济研究》2014 年第 8 期。

钟荣桂、吕萍：《我国住房保障制度的变迁、政策范式与展望》，《现代经济探讨》2017 年第 4 期。

周飞舟、吴柳财、左雯敏、李松涛：《从工业城镇化、土地城镇化到人口城镇化：中国特色城镇化道路的社会学考察》，《社会发展研究》2018 年第 1 期。

周健：《第二次人口红利视域下的我国教育红利——基于日本的比较研究》，《理论与改革》2021 年第 6 期。

周琳、范建双、虞晓芬：《政府间竞争影响城市土地市场化水平的双边效应研究：基于财政竞争和引资竞争的不同作用》，《中国土地科学》2019 年第 5 期。

周其仁：《制度变迁驱动经济增长》，《新经济导刊》2010 年第 5 期。

周韬：《空间竞争视阈下中国城市群形成与发展的动力、模式及对策研究》，《社科纵横》2020 年第 1 期。

周晓波、倪鹏飞：《城市群体系的规模分布结构及其经济增长效应》，《社会科学研究》2018 年第 2 期。

周兴、张鹏：《市场化进程对技术进步与创新的影响——基于中国省级面板数据的实证分析》，《上海经济研究》2014 年第 2 期。

周业安、冯兴元、赵坚毅：《地方政府竞争与市场秩序的重构》，《中国社会科学》2004 年第 1 期。

庄德林、韩荣、王春燕：《中国城市软实力竞争：动因、瓶颈与营销战略》，《青海社会科学》2014 年第 1 期。

卓玛草：《中国城市规模与劳动生产率关系再检验——基于集聚来源与规模效率内在机理的分析》，《人口与经济》2019 年第 5 期。

A O. Hirschman, *The Strategy of Economic Dynamic*, Yale University, 1958.

A. Gerschenkron, *Economic Backwardness in Historical Perspective*, Belknap

Press of Harvard University Press, 1962.

A. Marshall, "Some Aspects of Competition", *Journal of the Royal Statistical Society*, Vol. 53, No. 4, 1890.

A. Marshall, *The Principles of Economics*, Macmillan, 1920.

A. Smith, *An inquiry into the Nature and Causes of the Wealth of Nations: Volume One*, printed for W. Strahan; and T. Cadell, 1776.

A. Weber, *The Theory of The Location of Industries*, The University of Chicago Press, 1909.

Angel S, et al., *The Persistent Decline in Urban Densities: Global and Historical Evidence of Sprawl*, Lincoln Institute of Land Policy Working Paper, 2010.

C I. Jones and P M. Romer, "The New Kaldor Facts: Ideas, Institutions, Population, and Human Capital", *American Economic Journal: Macroeconomics*, Vol. 2, No. 1, 2010.

C I. Lewis, *Mind and the World-order: Outline of a Theory of Knowledge*, Courier Corporation, 1956.

C. Au and J. V. Henderson, "Are Chinese Cities Too Small", *Review of Economic Studies*, Vol. 73, No. 3, 2006.

C. Bai et al., "The Return to Capital in China", *Brookings Papers On Economic Activity*, Vol. 37, 2006.

C. Chankang, *Road Development, Economic Growth, and Poverty Reduction in China*, Research Reports, 2005.

D C. North and R P. Thomas, *The Rise of the Western World: A New Economic History*, Cambridge University Press, 1973.

D H. Perkins, "China's Recent Economic Performance and Future Prospects", *Asian Economic Policy Review*, Vol. 1, No. 1, 2006.

D W. Jorgenson and Z. Griliches, "The Explanation of Productivity Change", *The Review of Economic Studies*, Vol. 34, No. 3, 1967.

D. Aaronson et al., "Fertility Transitions along the Extensive and Intensive Margins", *American Economic Review*, Vol. 104, No. 104, 2014.

D. Pelletier and C. Tunc, "Endogenous life-cycle housing investment and portfolio allocation", *Money, Credit and Banking*, Vol. 51, No. 4, 2019.

D. Puga, "The Magnitude and Causes of Agglomeration Economies", *Journal of Regional Science*, Vol. 50, No. 1, 2010.

D. Ricardo, *On the Principles of Political Economy*, J. Murray, 1821.

Daron Acemoglu and Pascual Restrepo, "The Race between Man and Machine: Implications of Technology for Growth, Factor Shares, and Employment", *American Economic Review*, Vol. 108, No. 6, 2018.

E D. Domar, "Capital Expansion, Rate of Growth, and Employment", *Econometrica, Journal of the Econometric Society*, 1946.

E L. Glaeser et al., "Growth in Cities", *Journal of Political Economy*, Vol. 100, No. 6, 1992.

E L. Glaeser, "Learning in Cities", *Journal of Urban Economics*, Vol. 46, No. 2, 1999.

E S. Mills, "An Aggregative Model of Resource Allocation in a Metropolitan Area", *The American Economic Review*, Vol. 57, No. 2, 1967.

E. J. Rauch, "Bureaucracy, Infrastructure, and Economic Growth: Evidence from U. S. Cities During the Progressive Era", *The American Economic Review*, Vol. 85, No. 4, 1995.

F. Auerbach, "Das gesetz der bevölkerungskonzentration", *Petermanns Geographische Mitteilungen*, Vol. 59, 1913.

F. Zhang et al., "Green Infrastructure for China's New Urbanisation: A Case Study of Greenway Development in Maanshan", *Urban Studies*, Vol. 57, No. 3, 2019.

G K. Zipf, *Human Behavior and the Principle of Least Effort*, Addison-Wesley Press, 1949.

G S. Becker and K M. Murphy, "The Division of Labor, Coordination Costs, and Knowledge", *The Quarterly Journal of Economics*, Vol. 107, No. 4, 1992.

G S. Becker et al., "Human Capital, Fertility, and Economic Growth", *Journal of Political Economy*, Vol. 98, No. 5, 1990.

H B. Chenery, *Capital-Labor Substitution in Metalworking Processes*, University of Stanford, 1957.

H. S. Esfahani and M. T. Ram rez, "Institutions, Infrastructure, and Economic Growth", *Journal of Development Economics*, Vol. 70, No. 2, 2003.

J A. Mirrlees, *Welfare, Incentives, and Taxation*, Oxford University Press on Demand, 2006.

J H. Thünen, *Der isolierte staat*, Beziehung auf Landwirtschaft und Nationalökonomie, 1826.

J M. Keynes, "The General Theory of Employment", *The Quarterly Journal of Economics*, Vol. 51, No. 2, 1937.

J S. Mill, *Principles of Political Economy with Some of Their Applications*, Social Philosophy, 1848.

J V. Henderson and Y M. Ioannides, "A Model of Housing Tenure Choice", *The American Economic Review*, Vol. 73, No. 1, 1983.

J V. Henderson, "The Sizes and Types of Cities", *The American Economic Review*, Vol. 64, No. 4, 1974.

J. A. Schumpeter., *The Theory of Economic Development: An Inquiry Into Profits, Capital, Credit, Interest, and the Business Cycle.* Transaction Publishers, 1934.

J. Jacobs, *The Death and Life of Great American Cities*, Random House, 1961.

J. Mill, *The Article Government: Reprinted from the Supplement to the Encyclopædia Britannica*, Traveller Office, 1821.

J. Schumpeter, *Theorie der wirtschaftlichen Entwicklung*, Duncker und Humblot, 2013.

James S. Coleman et al., *Equality of Educational Opportunity*, Washington, U. S. Dept. Of Health, Education, And Welfare, Office Of Education, 1966.

Jr R E. Lucas, "On the Mechanics of Economic Development", *Journal of Monetary Economics*, Vol. 22, No. 1, 1988.

K. Behrens et al., "Productive Cities: Sorting, Selection, and Agglomeration", *Journal of Political Economy*, Vol. 122, No. 3, 2014.

L. Benguigui and E. Blumenfeld-Lieberthal, "A Dynamic Model for City Size Distribution beyond Zipf's Law", *Physica A: Statistical Mechanics and its Applications*, Vol. 384, No. 2, 2007.

L. Mumford, *The City in History: Its Origins, Its Transformations, and Its Prospects*, Houghton Mifflin Harcourt, 1961.

Li Fang et al., "China's Development Policies and Urban Dynamics: An Analysis based on the Zipf Law", *Urban Studies*, Vol. 54, No. 12, 2017.

M P. Feldman and D B. Audretsch, "Innovation in Cities: Science-based Diversity, Specialization and Localized Competition", *European Economic Review*, Vol. 43, No. 2, 1999.

M P. Todaro, "A Model of Labor Migration and Urban Unemployment in Less Developed Countries", *The American Economic review*, Vol. 59, No. 1, 1969.

M. Charles M, "Tiebout. A Pure Theory of Local Expenditures", *Journal of Political Economy*, Vol. 64, No. 5, 1956.

M. Fratantoni, "Homeownership, Committed Expenditure Risk, and the Stockholding Puzzle", *Oxford Economic Papers*, Vol. 53, No. 1, 2001.

M. Fujita and H. Ogawa, "Multiple equilibria and structural transition of non-monocentric urban configurations", *Regional Science and Urban Economics*, Vol. 12, No. 2, 1982.

M. Fujita et al., "Krugman P, Mori T. On the evolution of hierarchical urban systems", *European Economic Review*, Vol. 43, No. 2, 1999.

M. Fujita, *Urban economic theory*, Cambridge Books, 1989.

M. Hobday, "Innovation in East Asia: Diversity and Development", *Technovation*, Vol. 15, No. 2, 1995.

M. Peneder, "Industrial Structure and Aggregate Growth", *Structural Change and Economic Dynamics*, Vol. 14, No. 4, 2003.

M. Todaro, "A. Model of Labor Migration and Urban Unemployment in Less Developing Countries", *American Economic Review*, Vol. 59, No. 1, 1969.

N. Kaldor, *Capital Accumulation and Economic Growth: The Theory of Capital*, Palgrave Macmillan, 1961.

O. Parent and S. Riou , "Bayesian Analysis of Knowledge Spillovers in European Regions", *Journal of Regional Science*, Vol. 45, No. 4, 2005.

P K. Chang, *Agriculture and Industrialization*, Harvard University Press, Cambridge, 1949.

P K. Losch, *Staining of the Dental Structure in Jaundice of the New Born*, J Dent Res, 1940.

P M. Romer, *Increasing Returns, Specialization, and External Economies: Growth as Described by Allyn Young*, 1986.

P M. Romer, *Trade, Politics and Growth in a Small Less Developed Economy*, 1990.

P M. Romer , "Increasing returns, specialization, and external economies: Growth as described by Allyn Young" , Rochester , 1986.

P M. Romer, "Trade, Politics, and Growth in a Small, Less Developed Economy." Working Paper, University of California, Berkeley, 1990.

P N. Figueiredo, "Learning Processes Features and Technological Capability-accumulation: Explaining Inter-firm Differences", *Technovation*, Vol. 22, No. 11, 2002.

R A. Knox, *Enthusiasm: A chapter in the History of Religion*, University of Notre Dame Press, 1994.

R F. Muth, "The Derived Demand for Urban Residential Land", *Urban Studies*, Vol. 8, No. 3, 1971.

R M. Solow, "A Contribution to the Theory of Economic Growth", *The Quarterly Journal of Economics*, Vol. 70, No. 1, 1956.

R. Baptista and P. Swann, "Do Firms in Clusters Innovate More?", *Research Policy*, Vol. 27, No. 5, 1998.

R. Chetty and A. Szeidl, "Consumption Commitments and Risk Preferences", *The Quarterly Journal of Economics*, Vol. 122, No. 2, 2007.

R. Harrod, *An essay in dynamic theory*, Palgrave Macmillan, 1972.

R. Louf and M. Barthelemy, "Modeling the polycentric transition of cities", *Physical Review Letters*, Vol. 111, No. 19, 2013.

R. Nurkse, *Problems of Capital Formation in Underdeveloped Countries*, Oxford University Press, 1966.

S S. Kuznets, *La croissance économique des petites nations*, Presses Universitaires de France, 1959.

S S. Kuznets, *Modern economic growth*, Yale University Press, 1966.

S. Kuznets, *Economic Growth of Nations. Total Output and Prodaktions Structure*, Cambridge (Mass), 1971.

S. Zheng et al. , *Towards a System of Open Cities in China: Home Prices, FDI Flows and Air Quality in 35 Major Cities*, National Bureau of Economic Research, Inc, No. 1, 2009.

T R. Malthus , "An essay on the principle of population" , London: J. Johnson in St Paul's Church – yard, 1798.

T W. Schultz, "Capital Formation by Education", *Journal of Political Economy*, Vol. 68, No. 6, 1960.

T. Baudin, et al. , "Fertility and Childlessness in the United States", *American Economic Review*, Vol. 105, No. 6, 2015.

T. Palivos and P. Wang, "Spatial Agglomeration and Endogenous Growth", *Regional Science and Urban Economics*, Vol. 26, No. 6, 1996.

Val R. González et al. , "Size Distributions for All Cities: Which One is Best?", *Papers in Regional Science*, Vol. 94, No. 1, 2015.

W C. Wheaton, "A Comparative Static analysis of Urban Spatial Structure", *Journal of Economic Theory*, Vol. 9, No. 2, 1974.

W E. Oates, "An Essay on Fiscal Federalism", American Economic Association, Vol. 37, No. 3, 1999.

W E. Oates, "An Essay on Fiscal Federalism", *Journal of Economic Literature*, 1999.

W J. Baumol, "Entrepreneurship, Innovation and Growth: The David-Goliath symbiosis", *Journal of Entrepreneurial Finance*, *JEF*, Vol. 7, No. 1, 2002.

W W. Rostow, "The Problem of Achieving and Maintaining a High Rate of Economic Growth: A Historian's View", *The American Economic Review*, Vol. 50, No. 2, 1960.

W W. Rostow, "The Stages of Economic Development", *Economic History Review*, 1971.

W. Alonso, "The Historic and the Structural Theories of Urban form: Their Implications for Urban Renewal", *Land Economics*, Vol. 40, No. 2, 1964.

W. C. Wheaton and H. Shishido, "Agglomeration Economies, and the Level of Economic Development", *Economic Development and Cultural Change*, Vol. 30, No. 1, 1981.

W. Christaller, *Die zentralen Orte in Süddeutschland*, Fischer, Jena, 1933.

X. Gabaix, "Zipf's Law for Cities: an explanation", *The Quarterly Journal of Economics*, Vol. 114, No. 3, 1999.

X. Yang and G. Hogbin, "The Optimum Hierarchy", *China Economic Review*, Vol. 1, No. 2, 1990.

Y M. Ioannides, "Product Differentiation and Economic Growth in a System of Cities", *Regional Science and Urban Economics*, Vol. 24, No. 4, 1994.

后　记
一段研究中国城市传奇发展的学术故事

　　光阴似箭，日月如梭。转眼，第 20 份《中国城市竞争力报告》（以下简称《报告》）即将付梓出版。一时间，20 年的许多往事涌上心头，想起了北京月坛北小街 2 号院 2 号楼 2418 微型办公室的挑灯夜战，想起了大雪纷飞之时赴全国各地进行问卷调查，想起了春节去侯庆虎同学家共同计算数据，想起了每次《报告》发布后要被打爆的办公电话，想起了香港发布会上记者提出的"难题"，想起了相关城市领导们的"喜忧"，想起了获奖及其前辈经济学家的嘉许。

　　《报告》生逢其时，21 世纪的前 20 年，不仅是过去 40 年，也是过去 5000 年中国城市快速崛起的黄金年代，正是城市竞争推动中国城市及国家经济高速发展。《报告》纪录了波澜壮阔的中国城镇化加速进程，描绘了壮怀激烈的中国城市崛起进程，刻画了中国城市千年巨变的历史拐点。《报告》尝试用不断完善的指标体系引导城市发展，不断刷新的城市排名激励城市争先，不断总结的经验案例启发城市探索。虽然课题组强调《报告》不是评价城市的一般标准，仅是学术研究的一家之言，但《报告》每次发布都会受到社会尤其是城市政府特别关注和广泛解读，不少省市将《报告》作为城市发展评价和决策的重要参考。无疑《报告》对中国过去 20 年城镇化和城市发展产生了些许影响。

　　《报告》备受关注，不仅在于《报告》聚焦了时下中国城市发展的关键，还在于她根植城乡大地，散发着泥土芬芳。《报告》计算中国城市火热实践所不断刷新的数字，采集中国城市沸腾发展中持续发生的故事，汲取中国城市发展生动实践的经验、智慧和灵感。我清晰记得《报告》中很多不断完善的指标（如经济密度），都是来自实践（如亩均增加值），然后用于引导发展。

在经历了 19 次的重复之后，《报告 No. 20》做出了颠覆性创新。不再将城市排名和热点主题作为内容，而是给出了自主创新的解释中国城市增长与转型的新理论，这也是偶然中的必然。

从 2016 年开始，课题组与联合国人居署合作共同研究并发表年度《报告》，除了对全球 1000 多个城市的经济竞争力和可持续竞争力进行评估外，还以全球城市发展为主题，在 6000 多年的时间跨度内，每年度选一个时间跨度研究全球城市发展，最后在合成提炼 6 年主题的基础上，形成一部《千年全球城市经济文明发展》的著作，这为创新城市统一发展经济学提供了学术积累。

而在 2018 年，为了纪念中国改革开放 40 周年，《报告 No. 16》将主题确定为"40 年，城市星火已燎原"。之后课题组一直尝试创新建立一个适宜的框架来解释中国城市发展的奇迹，要克服新古典经济学甚至新增长经济理论等经济发展理论解释现实的不足，不仅要建立新的城市发展经济学框架，还应该建立一个更一般的经济增长与转型分析框架。同时，为了实现教学相长，我主动请求为中国社会科学院大学经济学院的本科生开讲《城市发展经济学》课程。

在经过多年思考研究及近 2 年的埋头写作，初步形成了从统一发展经济学到城市统一发展经济学和中国城市经济学的理论框架。偶然的因素使我产生了将《中国统一城市发展经济学》作为第 20 份《报告》的灵感。

《中国统一城市发展经济学》即《报告 No. 20》，是我们自主创新，将统一发展经济学理论与中国城市发展实践相结合的成果。之所以称之为统一发展经济学，是相对奥戴德 – 盖勒的统一增长理论，但是统一发展经济学与统一增长理论有着质的差异。统一发展经济学的核心创新是：认为经济增长的实质是知识增长而不是物质增长，真正借鉴物理学"大统一"的概念，创建并使用"力量"这一新分析工具统一解释人类经济发展。在 5 个假设和 3 个规律的基础上，提出了"3353"的分析框架即，直接将政府作为经济的三个主体之一，但不是认为政府要过度干预经济。将生产与消费、学习与创新、竞争与合作的三重行为统一起来，解决了三者分析互不兼顾的问题。经济发展的 6 类性质不同的要素尤其制度，通过主体和行为及其力量的引入，可以实现兼容而内生，从而克服了先前经济增长理论的难题。经济发展最终表现为主体、行为、要素在不同的产业、空间和时间上的存在和耦合。

而在此基础上形成了中国城市统一发展经济学的"3363"框架，核心思想是：中央政府的制度改革开放，形成并使得家庭、企业和城市政府成为相对独立的经济利益主体并产生内在动力，使得家庭、企业和城市政府掌握了相关要素动能，导致拥有人口和人力的家庭，拥有资本和技术的企业，拥有土地和环境的政府，进行竞争与合作、学习与创新、生产与消费的三重交互行为，即制度创新、非农集聚、全球分工和城市竞争，在城市空间、非农部门和连续时间上展开和循环决定。也使得：中国城市发展的主导要素从人口资本到金融资本到土地资本再到知识资本，中国城市经济的主导形态从制造到服务再到知识服务转型，中国城市发展的抽象行为从重复向学习再向创新转型，中国城市体系关系从国内竞争和国际合作转向国内合作和国际竞争转型，中国城市化发展从不完全城镇化到完全城镇化，等等。总之，不断增强的三主体的内部趋利动力和外部竞争压力，以及其所控制的要素动能所合成的能动力，驱动中国城市持续高速发展，决定城市、城市体系和城乡体系不断变化和转型。

与其说《报告 No. 20》是对一般理论与具体实践的结合，不如说统一发展经济学是从中国城市伟大实践中获得灵感。在中国城市数千年发展的拐点处，这短短 40 年几乎浓缩了人类数千年经济的增长与转型，不仅包含了农业城市、工业城市和数字城市三种形态，而且经历了农村向工业和工业向智慧的两次形态转变；不仅包含了从人口资本、物质资本和知识资本三类主导要素，而且经历了从人口资本向物质资本再向知识资本的动能转变；不仅包含了非市场经济和市场经济制度，而且经历了从非市场经济向市场经济的转变。22 个城市所代表千城万镇的崛起和转型故事，22 个经验案例所扛鼎的中国城市发展的经验框架，正是生动的中国城市统一发展经济学的理论画卷。

《报告》是集体智慧的结晶。从《报告 No. 1》到《报告 No. 20》，尽管随着主题的变化，课题组成员也不断调整，每次报告的团队成员都达数十人甚至百人。《报告 No. 20》的理论框架和重要结论仍由我作出，徐海东、曹清峰、郭靖进行联络统筹、讨论整理以及后期修订，各节文字贡献已在文中据实署名。参加《报告 No. 20》写作的成员有 55 位，由于每个作者都负责一部分，贡献相等，所以署名不分先后，每人都是并列前 5 的作者。

"却顾所来径，苍苍横翠微"。20 年来，不仅收获了 20 份知识成果，也培养了 20 批栋梁英才。通过对城市竞争力问题长期的学习、研究、思考、讨论和实地调研，团队成员不仅习得贯通理论、实证与对策研究的技能及知识。20 年来，目睹城市日新月异崛起，企业一日千里发展，家庭蒸蒸日上的变化，见证市长千方百计的努力，厂长千难万险的奋战，家长千辛万苦的拼搏。20 年来，领悟到中国发展的无限伟力，感染了中国城市发展的进取精神，更改变了"需求偏好"和"预期收益"，激发了不负时代与全力以赴的原动力。20 年来，参与报告写作、组织调研和接受调研的成员达到数百人、数千和数万人。数百位核心成员，通过《报告》的历练及自身的努力，多已成为政产学领域的栋梁之才。

《报告》从 No. 1 到 No. 20 始终得到了报告顾问及出版、新闻等诸多机构和人士真诚无私的支持，这是《报告》坚持 20 年的主要力量。感谢院所领导、全体同事、老师同学及朋友给予的真诚无私的支持和帮助。感谢社会各界尤其许多城市政府对《报告》持之以恒的期待、重视和肯定，更感谢各位读者对《报告》的监督、质疑和批评，这是激励和约束课题组坚持不对任何城市偏私的学术操守、客观公允、持之以恒地完成每一份报告的压力和动力。就我本人体会，批评所产生的动力要数倍于表扬所产生的动力。

滴水之恩，当以涌泉相报。所有的帮助、肯定和批评都是《报告》发展和转型的力量源泉，我们永远铭记。

事了拂衣去，转型再出发。《报告》的研究要告一段落了，但是由此开辟的统一发展经济学研究还需要深化、扩展、论证和检验。基于《报告》所历练的学术意志决心、学术乐观预期及其转化的学术动力，基于《报告》所积累的学术要素、学术智慧及其转化的学术动能，将推动我们继续坚定前行。

倪鹏飞

2022 年 11 月 25 日